博雅经典阅读文丛

A Brief History of Western Civilization

西方文明简史

王初华 ◎著

煤炭工业出版社
·北　京·

图书在版编目（CIP）数据

西方文明简史／王初华著．--北京：煤炭工业出版社，2016

ISBN 978-7-5020-5273-7

Ⅰ．①西… Ⅱ．①王… Ⅲ．①西方文化—文化史 Ⅳ．①K500.3

中国版本图书馆 CIP 数据核字（2016）第 078060 号

西方文明简史

著　　者　王初华
责任编辑　刘少辉
封面设计　文贤阁

出版发行　煤炭工业出版社（北京市朝阳区芍药居 35 号　100029）
电　　话　010-84657898（总编室）
　　　　　　010-64018321（发行部）　010-84657880（读者服务部）
电子信箱　cciph612@126.com
网　　址　www.cciph.com.cn
印　　刷　北京市松源印刷有限公司
经　　销　全国新华书店

开　　本　710mm×1000mm $^1/_{16}$　**印张**　40　**字数**　700 千字
版　　次　2016 年 9 月第 1 版　2021 年 1 月第 2 次印刷
社内编号　8124　　　　**定价**　68.00 元

目录 CONTENTS

第一章

西方文化的起源

西方文化最重要的源头和渊源是古希腊。这并非是无缘无故的，古希腊的地理与气候是最基本的原因。古希腊呈现出区别于其他地区的明显的海洋性。这主要表现为：古希腊人的经历多而见多识广，容易接受外来文化的先进成分；海上生存的特质，容易培养人民的独立性和平等观念。法国艺术史家丹纳在谈论古希腊气候对文化的影响时说："这种温和气候中成长的民族，一定比别的民族发展更快。"古希腊气候温和，人们十分喜欢户外活动。这种气候使人消沉或懒惰，不像严寒使人僵硬迟钝。这与以后体育赛会的举办也不无关系。临海和气候温和又造就了美丽的自然风景。

在人们面前的自然界是非常清晰和明确的，没有出现上古文明中其他地区的人们面对巨大事物时，因为无知而产生恐惧的现象。故此，古希腊人的宗教发展得不太成熟，这有助于古希腊人理性和科学精神的发展。总之，在这样得天独厚的条件下，古希腊这片土地上成立了欧洲最早的国家，出现了自由平等的观念、民主政体和科学精神，因而使古希腊成为西方文化的根源。

第一节　文化的内涵

什么是文化？文化的内涵到底应该如何判定？这是文化研究首要解决的问题。"文化"一词在我国古代时就已经出现。"文"的本义，是指各色交错的纹理，有纹饰、文章之义。（《说文解字》称："文，错画也，象交文。"）其引申义则为包含语言、文字在内的各种形象符号，以及文物典章、礼仪制度等。"化"本义为变易、生成、造化，所谓"万物化生"（《易・系辞下》），其引申义则为改造、教化、培育等。"文"与"化"连接使用，最早似乎出自《周易・贲卦》："观乎天文，以察时变；观乎人文，以化成天下。"这里的"天文"，应该指自然天体的构成及其规律；"人文"，应该指人类社会关系的构成及其规律，包含文明礼仪、人伦道德在内。而"人文"与"化成天下"相结合，实际上已经具有了"以文教化"的"文化"一词的基本内涵。凡武之兴，为不服也，文化不改，然后加诛。汉代之后，"文"与"化"才结合生成"文化"一词。刘向《说苑・指武》中说："圣人之治天下也，先文德而后武力。"晋代束皙《补亡诗》称："文化内辑，武功外悠。"南齐王融《曲水诗・序》中前言："充神理以景俗，敷文化以柔远。"值得引起我们注意的是，在这些有关"文化"一词的早期用法中，"文化"经常与"武力""武功""野蛮"相对应，说明此词包含一种正面的理想主义色彩，体现了治国方略中"阴"和"柔"的特点，不但有政治内容，还有伦理意义。

除此之外，我国古代在相当程度上是将这个词当作一个动词在使用，是一种治理社会的方法和主张，它既与武力征服相对立，却又与之相联系，相辅相成，所谓"先礼后兵"，文治武功，先施以文德教化，如果效果不明显，再加以武力。这种政治主张形成了古代的"文治主义"，对中国政治文化影响深远。此处应予以说明的是，"文化"一词在中国古代并不流行，现代意义上的"文化"一词源自日本。关注"文化"一词的历史发展过程，对于我们正确理解和把握中国语境下的"文化"内涵很有好处。只是随着社会的发展变化，"文化"才渐渐地由动词成为名词，内涵也随之发生变化。故此，我们不但要理解中文“文化”一词的起源和内涵，还要领悟西方语境中的文化含义。在西方各语系中，“文化”一词的拼法有一些不同之处，在英文和法文中为 Culture。在德文中为 Kultur。从语源学的角度看，它们都来自于拉丁词汇，意思为“耕耘”，最早是指人类针对自然的改造活动，现在英语的“农业”（agriculture）和“园艺”（horticulture）等词仍然保留着这种含义。

后来人们就渐渐地将其含义引申为人类自身的教育、训练和培养。早在古罗马时代，思想家兼教育家的西塞罗就已经提过 Culture mentis（耕耘智慧），说明 Culture 一词已经有了新的意思。到 18 世纪，伏尔泰等学者已经在法语中用一种全新的意义使用“文化”一词，即“文化”是指训练和提高智商心态的结果和状态，良好的风度、修养、艺术和科学等都被称为“文化”。18 世纪末，赫尔德等德国学者也开始将“文化”一词引申为生活中的知识和技术，并提出了不同的民族拥有不同的文化。到 19 世纪，西方学者已经开始运用现代意义上的“文化”概念，将文化看作是“一种物质上、知识上和精神上的整体生活方式”。现在，有关“文化”的研究已经成为一门学问。不过，由于人们认识角度的不同，强调的着重点不同，对文化内涵的概括和所下的定义差别也很大。依据有关研究，学者们对文化所下的定义已经有数百种之多，都属于“文化”。换句话说，“文化”就是“人化自然”。这些各种各样的文化定义，粗略地可分为广义和狭义两类。广义的文化，又叫作“大文化”，主要着眼于人与自然的本质区分，认为凡是人类有意识地作用于自然界和人类社会的一切活动及其结果，是人类发挥其主观能动性，把人的智慧、创造性、情感世界注入自然，使自然成为被人所理解、交流和利用的对象。人化自然的开始即意味着人类远远自立于自然之上，超越自然而迈进改造自然的历史进程之中。故此，“文化”就是人类独特的生活方式，人的一切活动根本上都具有文化的性质。简单来说，“文化”即是“人化”，是人类改造自然和社会而逐步实现自身价值观念的过程。从这一广义的文化判定出发，著名学者梁漱溟提出：“文化，就是吾人生活所依靠之一切文化之本义，应在经济、政治，乃至一切无所不包。”狭义的文化，则叫作“小文化”，主要是去除广义文化概念中的物质性部分，把文化限制在人类精神创造活动及其结果这方面。英国人类学家爱德华·泰勒在其所著的《原始文化》一书中提出：“文化是包含知识、信仰、艺术、道德、法律、习俗和任何人作为一名社会成员而获得的能力和习惯在内的复杂整体。”中国文化学者田汝康也是从狭义的“小文化”来判定文化的内涵，指出“文化”一词包含有三层内容：“一、指一个国家或是民族长期累积下来的精神财富——实际指的就是思想史。二、指与物质文明相对应的精神文明——简言之也就是教养问题，包括了语言、社会风尚、道德规范等。三、指区别于经济、科技、教育的文化艺术活动。”

故此，就广义而言，文化是人类生活的总和，包括精神生活、物质生活和社会生活等非常广泛的方面。就狭义而言，文化就是人的全部精神创造活动，是意识、观念、心态和习俗的总和。一般来说，我们更多的是在狭义文化的层面上使用文化的概念。在研究人类的精神创造时，不可忽略物质创造活动的基础地位和决定性作用；在探索讨论观念文化和心态文化问题的时候，不可忽略物质文化、制度文化、行为文化对观念和心态文化的影响、限制。值得引起我们注意的是，即使可以因认识角度的不同，对文化作广义和狭义的判定，不过二者又是不可直接分割的，存在着内在的逻辑关系。文化一经形成，便具有其独立的形态、系统和结构，我们也可以依据这些对文化作出形形色色的分类，以掌握不同文化形态的特征。

依据文化的不同作用，可分为：礼仪文化、企业文化、校园文化、饮食文化、服饰文化等；依据文化的不同形态，又可分为：物质文化、精神文化、制度文化、行为文化等；依据不同地区，还可分为：西方文化、东方文化、中国文化、美国文化、海洋文化、大陆文化等；依据文化的历史发展过程不同，则可分为：原始文化、古代文化、近代文化、现代文化、后现代文化等。文化不但具有其特殊性和区分性，也具有普遍性和共性。比如，那些具有永恒生命性的文学艺术作品、科学技术发明、某些先进的生产方式、管理方式、某些宗教风尚、道德规范、生活方式与生活情趣等，体现了文化的人类共同性，为全人类所拥有和传承，成为人类共同的生活经验和财富。文化的人类共同性特征，成为世界各地区、各民族、各国人民之间友好往来、交流与认同的共同文化基础。此外，在探讨文化的内涵时，还有必要认清文化与文明的概念。文化与文明是两个既有联系又有区别的概念。在中国古代汉语中，“文明”一词的含义与“文化”的含义非常相近，难以区分。不过，在西方的概念中，“文明”与“文化”是含义完全不同的两个词。文化的范围比较宽泛，更多的是强调共时的意义，而文明则更多地强调历史的意义。

文化与人类社会几乎同时产生，有了人类活动，“文化”也就想当然地随之产生。然而文明则是人类历史发展到一定时期，文化发展到一定阶段后才产生的。美国人类学家摩尔根认为，人类社会的远古时代经历了蒙昧、野蛮和文明三个不同的时期，文明是人类社会发展到一定阶段才产生的。“文明”是对“野蛮”的否定，是作为“野蛮”的对立意义而出现的。在西方，“文明”（civilization）一词源于拉丁语 civilis，原本含义是公民的、社会的，用来体现社会的进步状态。故此，文明与人类的物质和智慧的进步相联系，是指文化中的积极而进步的成果。总之，文化与文明是两个既有区别又有联系的概念。文化与自然相对，文明与野蛮相对；文化更多地体现着共时性，文明则更多地体现着历史性。文化与文明又存在着紧密的联系。文化创造了文明，文明促进并发展了文化。一个社会文明昌盛的时候，也是文化比较发达的时候；反之，若野蛮盛行，文明遭难，则必定会出现文化的危机。

第二节　西方文化的基本内涵和特征

在世界历史的进程中，因为历史条件和地理环境的不同，生活在不同的国家和地域的人们创造了形态各异、丰富多彩的文化。这些不同特色的文化又组成了琳琅满目的世界文化。在众多辉煌灿烂的文化之中，西方文化则因源远流长的历史积淀、丰富的内涵和蓬勃发展的活力而成为当今世界的主流文化。它既是一个历史的范畴，也是一个地理的内涵。西方文化又叫西洋文化，是西方历史发展中经济、政治和精神文化等因素相互作用而形成的、动态的文化共同体。从历史的角度看，西方文化的发展经历了以古希腊文化和古罗马文化为代表的古典文化时期，聚集古典文化、基督教文化和日耳曼文化的中世纪时代，经过文艺复兴、宗教改革和启蒙运动确立起来的近代资产阶级文化时代以及以现代科学技术为基础，以非理性主义与理性主义并存、多元化和大众化为特征的现代文化时期。就地理位置来说，它指起源于古希腊古罗马，发展和成熟于西欧，以大西洋两岸为主体的欧美文化。西方文化的内涵非常丰富。就其基本因子而言，西方文化主要是由传统的古希腊古罗马文化、基督教文化、日耳曼文化，以及近代以来形成和发展起来的资产阶级文化所形成。

在古希腊古罗马文化中，前者信奉理想主义、理性主义、人文主义和科学精神，后者则凸显淳朴浑厚、诚实守信，注重秩序和纪律，恪守法治精神；基督教文化强调虔诚信仰和普世主义的价值观，实质上是一种信仰文化，它在西欧首次形成了基督教文化共同体，并在此基础形成了人性二元观（灵与肉）和社会二元观（天国与俗世、教会与国家）的独特二元文化形态；西方文化中的日耳曼文化起源于古代日耳曼人部落，它主要体现为一种对传统风俗习惯的尊重，同时也表现为军事部落民主制时代的遗风余象，即民主的传统和英雄主义的品质。这些习俗和传统在一定程度上影响了西方人的生活方式和精神世界。以文艺复兴为开端的西方资产阶级文化，继承了古希腊古罗马文化中的理性主义、人文主义、世俗主义和法治精神，并在此基础上发展了自由主义、个人主义、功利主义和科学主义的现代西方主流价值观。其中，前者促使科技文化出现了空前的飞速发展。在资产阶级文化中，理性受到前所未有的尊重，文化的多元性趋势特别凸显。极大地改变了人类社会的发展进程；后者则表现为以广泛吸纳为特点的强大的文化包容性和文化构成、文化观念的多样性。这些文化特点已经成为当今西方各国文化的共同特征。

起源于古希腊、古罗马，且以西欧为核心发展起来的西方文化不但历史悠久，富有生命力，而且具有强大的扩张性。

15 世纪末以后的数百年中，随着新航路的开辟，欧洲对全球的殖民扩张和世界的“欧化”成为世界历史进程的主旋律。它不但欧化了美洲、瓜分了非洲、霸占了大洋洲，也撼动了亚洲。欧洲的文化思想和制度也伴随着世界的“欧化”进程，影响着世界的每个角落，成为一种对全世界产生剧烈冲击的最强势文化。西方文化之所以有深厚、持久的历史文化传统和创造性活力，其中有三个因素不容忽视：一是西方社会（尤其是西欧）较完整地经历了奴隶制社会、封建制社会和资本主义社会等历史阶段而趋于成熟；二是西方社会诸多民族与国家既有文化的同一性，又有创造的多样性，自古以来交往密切，便于相互传播、分享各自的文明成果，共同促进西方文化的进展；三是西方文化在各个历史阶段，善于从周边诸文化中汲取优秀文化成果，来充实和壮大自身。西方文化的形成有其客观存在的自然和社会条件，而这种客观条件在一定程度上形成了西方文化的基本特征。

以古希腊文化形成的条件为例，古希腊文化源于地中海东部的爱琴海周围。这曲折而漫长的海岸线和优良的港湾，培养了希腊人的海洋意识，造就了他们发达的海洋文化；地少山多的弊端使当地粮食生产不足，人们被迫转向采矿业和手工业，通过商品贸易换取日常生活所需，从而形成了发达的工商业文化；以雅典为代表的奴隶制民主政治的发展，则促进了公民的主体意识，提高了人们从事科学研究和文化创造的积极性；对古代埃及和两河流域等外来文化的汲取养成了人们兼容并蓄的文化情怀。它与以大河意识、农业文明、专制和封闭保守为背景而形成的东方文化形成了鲜明的对比。西方文化正是基于这种古希腊文化之上，进一步形成了以海洋意识、工商业活动、民主传统和开放兼容为基础背景的特征。

总括而论，西方文化演化到现在，具有几个与其内涵联系十分密切的明显特征：一是理性与科学的精神。这种精神来源于古希腊、古罗马时代，虽在中世纪曾经一度受到压制，但在经历了文艺复兴和启蒙运动后，却得到进一步的弘扬。正是在理性之光的指引下，西方人呈现出顽强的探索精神、创新改革精神和求实、求真精神，在探索自然和推动社会发展的过程中，取得了骄人的成就。

二是民主和法治精神。西方文化中的民主和法治精神可以从古代希腊和古罗马找到它的历史渊源，雅典民主政治、罗马法即是这种精神的彰显。它们也可以从日耳曼人的传统中寻找到答案，中世纪德国的王权选举传统、英国的“大宪章”、日耳曼人的各种宪法都是这种精神的表现。近代以来，这种民主和法治的精神则进一步加强，成为西方社会的不二准则。

三是个人主义观念。在西方社会中，个人主义作为一种生活方式、人生观和世界观，具有整体性和普遍性意义，它形成了西方人赖以把握人和世界关系的基本方式和存在状态。古希腊时代的人们对于个人的关注和对“个体幸福”的思考即是个人主义传统的萌芽。近代以来，个人主义则成了西方文化模式的基础。文艺复兴时期，人们在反对封建神学的斗争中，提出了以人为本的主张，宗教改革运动则把与上帝的关系简化为“因信称义”和预定论。将上帝的救赎建立在个人的信仰和奋斗之上。在资产阶级反对君主专制和争取自由的斗争中，则进一步使个人主义价值观得到发展。如今，高度重视个人自由，广泛强调自我支配、自我控制和不受外来约束，已经成为西方世界一种自然的价值认同。

四是基督教精神。基督教并非产生于西方社会内部，却一度成为西方文化和文明的基础。中世纪，占统治地位的基督教在一定程度上规范着西方文化的发展模式和方向。近代以来，虽然传统的宗教观念受到强烈冲击和削弱，然而，基督教所宣扬的上帝、原罪、堕落、救赎等观念已经深深地植根于西方社会，成为西方社会道德观念的基石，西方的政治、经济、文化艺术和社会生活等领域无处不渗透着基督教的影响。基督教关于"爱人如己"的教义、在上帝面前平等相待的观念等，则成为资产阶级博爱、平等、自由观念的重要来源。其普世主义价值观则使西方文化成为一种开放且极具扩张性的文化。

五是资本主义精神，正是这种精神推动了近代资本主义在西方的兴起和发展。资本主义精神是近代社会以来西方资本主义社会文化价值取向的整体体现，是一种现代化的、以增长为导向的精神。马克斯·韦伯在《新教伦理与资本主义精神》一书中认为，资本主义精神就是诚实、守时、勤奋、节俭的理性精神和生活态度，是资本家的"节欲"精神。"资本主义精神的发展完全可以当作理性主义整体发展的一部分"，"在构成近代资本主义精神乃至整个近代文化精神的各种基本要素之中，以职业概念为基础的理性行为这一要素，正是从基督教禁欲主义中产生出来的"。另一位德国著名学者桑巴特则跟马克斯·韦伯的意见相反。他在《奢侈与资本主义》一书中描述了西欧上流社会追求财富与追求奢侈挥霍无度的风气，认为奢侈"生出了资本主义"。实际上，马克斯·韦伯与桑巴特看到的是资本主义精神的两个方面：一方面，禁欲、勤劳；另一方面，贪婪、渴望财富。这两种精神正是近代以来西方资本主义社会发展的双重因素。文化具有传承性，是一个历史的过程，有一定的连续性；同时，文化又具有鲜活性，是一个动态的概念，在不断地发展与变化。

当然，也有西方学者认为，冒险、投机和革新等精神也是西方资本主义精神的重要内容。因此，在解读西方文化时，不但要看到其传统的一面，而且还要看到其现实的一面，要从历史和现实两个方面去进行追溯、考察和探索，前者可以加强人们对西方文化的历史认识，避免停留在表面，后者则可以向人们提供形象直观的视点，以免陷于空洞和抽象化。

第三节 克里特文化

古代希腊的文化史是从克里特岛开始的。

克里特岛是爱琴海的第一大岛。它距离西亚、北非海岸都很近，正常情况下，以当时的船只航行两三天就可到达，因此，很容易受这两个人类文明发源地的影响。同时，由于与这两个地区隔海相望，以当时的航海技术来看，这些强大的文明中心还难以征服克里特岛。这种过渡型文化传播到希腊本土，与后来的希腊文化相融合，进而形成了特色鲜明的古希腊文化。这种地理位置使克里特岛既便于吸收周围各文明的先进成分，又避免了侵略和骚扰，也有利于保留民族文化的特色。新石器时代，克里特岛接纳了第一批居民。这些人不是后来的希腊人，而是地中海民族。公元前3000年前后，克里特岛进入了青铜器时代。公元前3000—前1200年这1800年间，克里特岛的历史交相更替，其中，公元前1700—前1400年，是克里特文化最为繁盛的时代。

克里特文化的中心是克诺索斯城，这个城市商业发达，传说中米诺斯王建立了海上霸权，控制了整个爱琴海地区。同时，还与埃及和西亚保持着紧密的联系，如埃及第十八王朝宰相列赫米拉墓中就有壁画表现出克里特使节奉献方物，题词称："海中诸岛及克夫提乌大君和平抵达。"这里的克夫提乌有可能就是克里特岛。此外，在埃及等地也发现了克里特岛的陶器。与东方联系密切的直接后果就是：克里特岛的社会政治制度类似于古代东方王国的制度。

一、建筑

克里特文化在建筑、艺术、文字和宗教等方面都有骄人的成就。它以其独特的建筑风格给后人留下了深刻的印象。其中心克诺索斯城，人口达8万之多，依山傍海。最后落成的王宫是环绕中央庭院的多层楼房建筑群，面积达2.2万平方米，房间有1500间以上。王宫楼层密集，布置不讲究对称，外人难以探其究竟，被誉为"迷宫"，相传是能工巧匠代达洛斯为米诺斯王设计建成的。王宫内部建筑布局复杂，讲究精致小巧，惯用上粗下细的木柱，与后来的爱奥尼亚柱式有相似之处。

宫内卫生设备先进，浴室的陶制浴盆样式和现代浴盆十分相似，厕所还有专门的冲水设备。在将卫生与文明等同看待方面，克诺索斯城确实是名副其实的先驱。英国记者柯特勒尔说："尽管克诺索斯王宫财富众多，艺术非凡，但在一般参观的群众眼中，却只有这个3600年前的厕所可以给他们留下深刻的印象，它属于我们引以为豪的技术科学的典型产物。"通过对克诺索斯王宫供水设备的剖析，完全可以把它看作罗马高架引水桥的先导。克里特人用陶管来引水、排水，水源是19公里以外的山上清泉。他们还设计了抛物线形的沟槽底部，以减缓水速和沉淀泥沙。此外，克里特人还发明了折叠门扇，冬季可关门保暖，夏季把门折入柱内让凉风流通。王宫内还有一些备受瞩目的建筑，如双斧大门和中央楼梯。以上种种，在同期其他文明中极为独特。

二、壁画和彩陶

与建筑相连的是壁画。在克里特岛各地发现了许多克里特文化时期的壁画，尤其是在克诺索斯城。壁画与建筑相连是克里特人的艺术特点，王宫内各处都有华丽的壁画装饰。重要的作品有《牛戏祭礼》《海豚戏水》《宫廷舞蹈》等，为我们展现了当时人们的宗教仪式、生活方式及生活内容。其中如《观戏》图，描绘的是几个女子交头接耳的场景。可见当时人们审美意识的提升，同时也反映了当时妇女相当高的社会地位。她们衣着大方，举止自如，形象生动，考古学家称她们为"巴黎女郎"，意思是如同20世纪初巴黎女郎那般时尚。克里特壁画艺术的另一个重要宝库是较晚发现的锡拉岛的壁画。该岛壁画题材以反映渔民生活和航海经商活动居多，在古代壁画中别具一格。这些壁画与克诺索斯王宫壁画风格相似，是同一流派的产物，不过较之王宫的作品又更加自由奔放，可能与此地大多是渔业贸易场所有关。例如，壁画中的《春天》图表现了花草间成对翩翩起舞的燕子；《少年搏斗》图表现了两个只在腰间束一布片却戴有拳击手套互相搏斗的少年；《渔家少年》图更是表现了一位双手各执一串鲭鱼却全身赤裸的少年，手法简明且富有灵秀之气。

克里特岛和锡拉岛的艺术喜欢表现健美的人体，这与古典希腊的艺术之间具有渊源关系。

这些壁画涉及生活的方方面面，表现了克里特人远离鬼神、热爱生活的一面；在表达技巧上，展现出色彩鲜艳明亮，艺术形象栩栩如生。这种艺术与古埃及艺术非常不同，看不到埃及艺术题材中那种人物形象过于严肃和古板以及着重于表现王室、贵族个人形象的特征。因此，尽管克里特文化受到埃及文化的影响，特别是在政治上，不过它还是在很大程度上保留着自身文化的特点。克里特文化中艺术创作的另一个方面是彩陶。在实用器皿上，克里特人也爱用美好的图案来进行装饰。非常引人注意的是这种陶器的彩绘装饰，一般在暗青或黑色底色上用白纹花草来描绘，夹杂着红、黄、褐色图纹和斑点，或附塑立体花朵，极为优雅，被认为是古代世界最精美的彩陶。克里特文化早期生产了一种叫作卡马雷斯的彩陶，有罐、钵、杯、碗、花瓶等类型。杯碗之类小件器壁极薄，精致灵巧，获得“蛋壳陶”的雅称，是古代陶艺的杰作。到后期，彩陶底色变浅，以重色描绘自然舒展的花草和海洋生物的形象，其中如章鱼、海星、贝壳等皆在其他文明艺术中十分少见，更加凸显出克里特文化的海洋文化特质。

三、文字

克里特的文字经历了象形文字和线形文字两大发展阶段。象形文字是从图画文字演变而来的，一些符号也可能使用了埃及的象形文字。在克诺索斯王宫发现了这种文字的刻写物，主要用于印章和财物的标记，一般只有几个字符成文，极为简短，说明它处于文字发展的早期阶段。到克里特文化早期较晚的时代，象形文字中的线体写法又快速减少到90个，已经能用符号表示音节，是走向拼音文字的第一步。后来，象形文字有实体、线体两种写法，都是以图形说明字义，据统计，已知符号约35个。克里特文化鼎盛时期，线形文字在全岛通用，刻写文字的泥板文书也日益增多。这种文字又称线形文字A，用来区别于后来迈锡尼文化的线形文字。目前，“线形文字”尚未成功翻译解读。

四、宗教

克里特文化宗教氛围非常浓厚，其文化内涵又往往打着非常明显的宗教烙印。物质文化的遗迹有利于我们了解古代克里特人的信仰。山上的神堂是备受瞩目的、举行宗教仪式的古迹。这种建筑物规模一般有两间房舍。在那里，克里特人带着有供物的器皿、偶像和其他物品，顶礼膜拜伟大的自然之神。他们希望感动自然女神，获得她的好感。因为古代人认为干旱、丰雨、丰收和歉收是自然女神掌握的；她还可以在打猎时赐予幸运，因为她也是百兽的主宰。有时，人们把身体患病的地方捏成泥像扔进火中，因为他们相信自然女神可以为之治病。不过还有一些宗教活动不在神堂内举办，而往往选择在露天场地。例如，在一幅克诺索斯壁画上描绘着许多人，坐在橄榄树荫底下，欣赏长发姑娘们表演宗教舞蹈。对牡牛的尊崇在宗教中也起着重要的作用。在克诺索斯王宫的壁画和巨大的浮雕上可以看到许多牡牛的形象，在宗教仪式、浩大的游艺和庆典中，它也毫无疑问地起着重要作用。牛也成为克里特人殡葬的祭品。斗牛场面经常表现在他们的艺术中特别是壁画上，这说明斗牛也具有宗教仪式的性质。

应该说明的是，在克里特，牡牛也是一种祭祀的牲畜，因为在克诺索斯王宫一间所谓“祭祀室”的房间内，发现了带大角的牛头被放在赤色陶土制成的供物台面前。古代克里特还流行对双面斧的推崇。开始时用斧头做各种宗教仪式的供物，而随着时代的变迁，斧头便成了推崇的对象。在克里特许多描绘崇拜仪式的壁画上、神堂的柱子上和陶器上都出现了双面斧头的标记。在克里特的神堂里，经常能够见到持蛇女神的画像以及与祭蛇有关的供物。人们推测，克里特人很可能认为蛇是保护房屋安宁的神明。克里特人相信有冥国。他们在坟墓中放入了各种各样的物品，如器皿、武器、工具、装饰品等。

克里特人用一种特殊的仪式把祭品放在坟墓旁，希望祭品被死者带走。总之，克里特人的信仰处在比信奉“万物有灵”稍微进步的阶段，偶像崇拜的现象较为常见。尽管克里特文化基本上沿用了东方的政治制度，实行君主制，且君主是宗教首领，不过其艺术则反映了克里特人关心生活和性情开放、乐天的特点。这与古典时代的希腊人具有某些类似的精神气质。基于此可知，虽然克里特人在很多方面借鉴了北非、西亚古代文化，不过也逐渐形成了其独特的属于海洋文明的价值观念，对后世的希腊人有着十分重要的影响。克里特文化是上古文明由西亚、北非向欧洲大陆传播的一个重要阶段，同时也是古代希腊地区文化的第一个繁荣期。公元前 1450 年前后，渡海的迈锡尼人到达克里特岛，其文化与克里特文化相融合，产生了独具风格的陶器、武器和壁画，这些在克诺索斯王宫中也都有发现。从此，希腊地区的迈锡尼文化成功地取代了克里特文化。

第四节 迈锡尼文化

约公元前 1600 年，印欧一支属于希腊语族的部族——亚该亚人进入南希腊，他们逐渐被克里特文化影响，形成了迈锡尼文化。但它实际上是克里特文化的继续，只不过又加上了希腊民族文化的一些要素。迈锡尼文化得名于迈锡尼城，不过是希腊本土青铜文化的通称。公元前 1400—前 1300 年间，迈锡尼文化达到极盛。迈锡尼是最强大的起领导作用的国家，不过派罗斯、梯伦等也是非常重要的城市。拿迈锡尼文化跟克里特文化相比较，迈锡尼文化较差一点儿，其艺术遗物处处反映出模仿克里特甚至依赖克里特的痕迹。迈锡尼城墙用巨石环山建成，厚达 5 米，高 8 米，迥然不同于克里特王宫建筑而全无防御设施。城堡大门置于城垣凹道尽头，门楣上立三角形石刻，表现双狮拱卫一柱，这就是著名的“狮子门”。王宫建在城堡内中央高处，风格与克里特文化有相似之处，如楼层曲折，厅房众多，喜用上粗下细的圆形柱子，彩绘华丽，等等。不过它也具有希腊本土的特点，最明显的是：依据对称布局把中央大厅放在首位，与克诺索斯王宫建筑不追求对称的风格相比，显现了其希腊特色。这种中央大厅称为米加隆厅，前有门廊，内厅是方形，以 4 根圆柱支顶，中间设神灶，倚墙置宝座。这种形制是克里特文化以前所没有的，它的来源可追溯到古希腊本土的新石器文化。

王宫的壁画喜欢表现车马战斗等场面，体现了该文化的主人在精神和体魄上的强健，与克里特壁画表现出的欢快祥和可谓有天壤之别。在墓葬中还发现了数量极多、工艺精湛的豪华陪葬品，如金面具、金角杯、金指环、金印章等。作品形制和风格以模仿克里特文化为主，一些有可能直接来自克里特工匠之手。同时也有受埃及和叙利亚、小亚等地的影响，例如埃及的纸草、莲花图案等。此外，还有一个直径达 15 厘米的整块水晶雕刻的鸭形水钵，器柄刻成弯颈鸭首，器沿束为鸭尾，极其生动优美，学者普遍认为是来自埃及或小亚。迈锡尼人入住克诺索斯王宫以后，在王宫书吏的帮助下，用线形文字符号记录迈锡尼语言，发明了线形文字，并把线形文字传播回古希腊本土各地。

不过这些精美的工艺品也表明了迈锡尼文化的一些特色，与克里特文化有很大差别，例如装饰图案喜用狩猎、战争题材，墓碑上描绘马拉战车，金面具有唇须，喜用琥珀和野猪牙头盔的装束，等等。在迈锡尼、派罗斯王宫中有大量线形文字的泥板文书出土。1952 年，英国学者文特里斯和查德威克成功地译读完成线形文字，为研究迈锡尼文化做出了重要贡献。线形文字的材料充分证明迈锡尼语言是希腊语的一支。就文字本身而言，线形文字的符号和克里特线形文字同气连枝，都有表示音节的符号 90 个，不过线形文字常用的符号已缩减到 59 个，拼音倾向更为严重。

迈锡尼与克里特文化往来极为密切，并且是直接往来。公元前 18—前 15 世纪，克里特的东西在迈锡尼和希腊大陆其他大城市的贵族中间非常流行。克里特文化衰亡后，许多克里特工匠返回大陆，并且在这里制造了华美精致的陶器、金属品、首饰和其他工艺品，这些都深深地影响了迈锡尼的手工业者。在派罗斯泥板中，“克里特工匠制”这句话是高级艺术品的代名词。当然，迈锡尼文化在其整个存在时期仍然保留着自己的特点。这些特点可以从建筑形式和壁画的题材以及葬仪、葬具中体现出来。公元前 1250 年前后，由于海上民族的侵略以及其他原因，西亚、埃及经历盛极而衰，迈锡尼人的货物出口锐减，市场和生产减少。为了自救，迈锡尼人开始把目标瞄准小亚，打算掠夺富裕的特洛伊，并控制黑海与地中海的交通要道，以图振兴其对外贸易。经过 10 年征战，迈锡尼人攻陷特洛伊城，不过也深受影响。随着另一支从北方来的希腊部族多利亚人的攻入，迈锡尼文化逐渐消退。

第五节　荷马时代文化

古希腊人远征特洛伊的文字记录只出现在《荷马史诗》中，人们认为这是一个神话传说。不过 19 世纪后半叶，德国考古学家施里曼历经千辛万苦，发掘了特洛伊遗址，向世人证明了《荷马史诗》中的特洛伊战争是真实存在的。战争之后，爱琴文明彻底衰落，由此进入荷马时代。公元前 1100—前 800 年之间，正是《荷马史诗》描述的年代，故称“荷马时代”。不过也有一些学者因为这个时代遗存的文物十分罕见又难以证明其文化之辉煌，将其称为“黑暗时代”。不过这值得特别注意，《荷马史诗》包括《伊利亚特》和《奥德赛》。关于《荷马史诗》，人们的疑惑颇多，如荷马其人、史诗的形成等。《荷马史诗》描述的时代是希腊的英雄时代，不过因为它形成在古风时代，因此在描述生活、生产方式方面有很多内容属于古代时期。目前，学界一般认为，《伊利亚特》和《奥德赛》并不是出于一个诗人的手笔，而是由古代民歌、神话传说和英雄传说经过长期流传、演变而形成的。

史诗的起源是多方面的，其中最古的传说，可能早在迈锡尼时代就已经出现，不过特洛伊战争及其有关的事件，产生了许多英雄传说。在史诗的长期创作过程中，古代歌谣所赞颂的真实史迹，逐渐被遮盖上神秘的面纱，演变成神话和传说，并逐渐添加英雄人物战斗、游历及种种历险的描写。刚开始，这些诗集的故事由行吟诗人口耳相传，彼此转述；每逢盛宴或节日，诗人便在军事领袖及其战友的宫中咏唱。公元前8—前7世纪，这些零零散散的故事和颂歌便被收集起来，加工成艺术作品——史诗。成形后的《荷马史诗》成为一部结构完整、内在联系有序的作品，成为留给后世希腊人最为珍贵的文化财富，也是世界文学的杰作。

《伊利亚特》全诗15693行，现今流传的24卷本是公元前3世纪亚历山大城的学者依据古代抄本考订、划分流传下来的。该诗叙述的是希腊人与特洛伊人的战争。特洛伊王子帕里斯去斯巴达拜访做客，拐走了世间最美丽的女子——斯巴达王之妻海伦。于是希腊人组成联军，由斯巴达王之兄、迈锡尼王阿伽门农为统帅，进军特洛伊。历经10年的战争，希腊人终于打败了特洛伊，夺回海伦。史诗虽然描述特洛伊战争，不过诗人并没有描述它的全过程，而是摘取其中的一段进行描述，集中描写了战争在进行到第10年时（约50天里）所发生的事情。对于此后的事件，诗人也只选择其重要者，略作交代。对于此前发生的事件，诗人只在适当的地方加以补叙或稍稍提及。在约50天的故事里，诗人让它始终围绕一个人——希腊大将阿喀琉斯，和一件事——阿喀琉斯与统帅阿伽门农之间的矛盾展开，叙述了愤怒的起因、后果和消解，而把其他有关事件一并作为穿插，从而做到情节的统一。《伊利亚特》这种精心的题材裁剪和结构安排，表明了当时的史诗叙事艺术已经达到很高的水平。《奥德赛》全诗共12105行，后来被分为24卷。故事的线索发端于特洛伊战争。

战后，以智慧闻名的希腊将领伊大卡国王奥德赛（亦译作俄底修斯），历尽艰难险阻，经过10年的海上漂流重返伊大卡。返乡后，他与儿子一起，对一帮长期对其妻纠缠不休的贵族进行报复，最终一家人得以团圆。《荷马史诗》塑造了一系列有血有肉的人物形象，其中，主要人物不但形象鲜明，独具个性，且许多次要人物也给人以深刻的印象。而且依据当时的宗教观念，上帝决定人们的事情，命运决定一切，不过诗人在塑造人物时更欣赏的是人的主动进取精神。史诗歌颂英雄和他们的美德，不过他们并非完美无缺。诗人不仅赋予他笔下的人物高大的形象，同时也点明他们的弱点，这些弱点成为他们个人悲剧的根源，使全诗渲染着一种悲剧的气氛。诗人主要通过人物的语言（独白或对白）、行动和环境衬托来刻画人物形象，不注重白描。除此之外，史诗中的人物性格基本是定型的，很少有心理描写。

当人物心理发生矛盾时，经常让上帝出面解决，这明显是当时诗歌的普遍特点。《荷马史诗》不但具有很高的艺术价值，还具有珍贵的文献价值，它再现了荷马时代希腊生活的真实情景。陶艺是荷马时代的一种珍贵的艺术形式。陶器表面大多用几何图形来装饰，因此荷马时代的考古文化通称为陶器文化。在荷马时代以后，陶器在希腊城邦形成初期（前800—前700）还有重要的发展，不过基本风格和精神却是在荷马时代形成的。原始几何形风格的特征是用多管笔在器物上描绘平行线纹、波浪纹和同心圆图案，条纹分明、简略得当。几何形风格则多用各种几何形图案组成的装饰带缠绕器表，不像原始几何形的风格那样留有空余（即在器腹中部和底部留下空白），并在几何纹中夹杂着鸟兽等动物图案。

后期更在器腹、颈等重要部位用带几何图案风格的简单人物形象描画。这种变化表明，经过长期文化的衰落之后，希腊文化又重新恢复了元气。从来源上看，这些严谨朴素的几何形图案，一方面是植根于原始社会末期常见的陶器和编织纹样；另一方面则与迈锡尼文化末期渐趋粗略的陶器装饰风格有相似之处。因此，它虽然兴起于多利亚人入侵之后，却并不是多利亚族独有的文化特征，而是普遍见于同时代的各希腊人部族中，且以非多利亚族的雅典为其最大的中心。

几何形风格强调规范化的朴素图案，与迈锡尼宫廷的豪华装饰相对，是适合荷马时代社会生活的艺术。因为，在公元前10世纪前半期，爱奥尼亚移民渡海东迁的活动正处于高潮，其后，雅典成为爱奥尼亚移民中心，故此陶艺也随着新移民的到来以及雅典与各地交往的加强而盛行一时。它的制陶工艺，其土质、火候、釉色等仍属陶艺的上乘。综上所述，爱琴文明经历了一个盛极而衰的过程。不过，随着希腊种族进入希腊地区，以及希腊文化中心的北移，古希腊文化也逐渐脱离了来自西亚和北非文明的突出而又明显的影响，形成了具有自己独具特色的希腊民族文化，奠定了日后欧洲文化的根基。同时值得注意的是，埃及和西亚仍然继续影响着希腊文化，是日后希腊文化繁荣的必要条件之一。

第二章

希腊古典时代的文化

迈锡尼文化衰落以后，在荷马时代，过去的城市文明不再存在，高雅的艺术品也逐渐消失。野蛮的征服者在古老文明的废墟上开始了他们的农耕生活。爱琴文明的火种并未完全熄灭，它已经植根在征服者的心中。从历史的连续性来说，古老世界是不会消失的，他们的遗物还在潜移默化地影响着征服者，古代英雄们的故事也在薪火相传。到公元前 8 世纪，新文化的曙光又升起了。希腊半岛经过长时间的民族迁徙以及随之而来的动荡时期，生产逐渐发展起来，商业和城市再度振兴。

在古希腊史上，通常把公元前 8—前 6 世纪这段时期称为“古风时代”，这是古希腊文化发展和形成的重要时期；公元前 6 世纪以后直至马其顿征服希腊，称为“古典时代”，是上古希腊文化发展的繁荣时期；古典时代以后到奥古斯都打败安东尼的这一时期，为“希腊化时代”，是上古希腊文化广泛传播于欧、亚、非三大洲许多地区的时代，同时也是希腊文化逐渐衰落的时代。

第一节 早期希腊的文化

这里的“早期希腊”就是希腊的“古风时代”。希腊文化在古风时代受到影响最大的事件是殖民运动。这一运动起因于希腊本土人口逐渐增加并趋于饱和。随着人口压力的增加，曾经有航海传统的希腊人开始向地中海沿岸各地移民，主要方向是小亚细亚地中海沿岸、黑海沿岸和南意大利。移民者逐步建立起城邦，在殖民运动中形成了民主制度，并很快在希腊世界风行开来。殖民运动在文化发展上有着深远的影响。由于有经商和移民这两种力量的作用，希腊民族逐渐成为擅长航海和经商的民族。因为航海经商，希腊人对东方的优秀文化有了了解，依据奥斯温默里的说法，甚至在古风时代初期，希腊人经历了一个东方化的阶段，主要指的是希腊人与东方古老的文明发生了密切联系，并被西亚和埃及的文化深刻影响。在这个过程中，希腊人接受并学习了腓尼基人的字母，创造了希腊字母，为希腊文化的发展提供了最基本的工具。这一时期，希腊文化在宗教、艺术、文学、科学和哲学等方面都取得了很多骄人的成就。

这时希腊文化的特点仍然受东方文化的影响，不过其自身的特点已经非常明显。古希腊文化源于爱琴文化。爱琴文化是指公元前20—前12世纪存在于地中海东部的爱琴海诸岛、希腊半岛及小亚细亚西部的欧洲青铜时代的文化，因为环绕爱琴海地域而得名。爱琴文化包括克里特文化和迈锡尼文化两个阶段，前后相继。爱琴文化给古代希腊留下了一笔丰富的文化遗产，其农业、手工业生产技术和航海技术，为古代希腊人所传承。爱琴文化中的壁画、雕刻艺术以及建筑方法到希腊古典时代得到了充分地发展。在迈锡尼时代的泥板文书中，已有宙斯、赫拉、阿尔忒弥斯、波塞冬等诸神的名字。以迈锡尼时代为题材的《荷马史诗》，对于希腊精神的形成产生了深远的影响。

希腊文明也曾经从相近的近东地区，尤其是两河流域（美索不达米亚）和埃及汲取了大量丰富的优秀成分，进一步形成自己的独特文化，为西方文化的雄起奠定了基础。希腊与近东文化交流沟通的主要通道是小亚细亚、叙利亚、巴勒斯坦地区和塞浦路斯，上述地区本身也受到两河流域文化深远的影响，因此它们成为东西方文化的中枢地区。

此外，希腊文字学习了若干楔形文字的单词。从交往的方式上看，还有移民、通商、战争、联姻、传教、旅行等。两河流域文化对希腊文化的影响主要表现在语言文字、文学、科学和占星术、史学、宗教、建筑艺术等方面。在语言文字方面，约公元前1000年，希腊人使用腓尼基字母（腓尼基字母源于西亚的楔形文字和埃及的象形文字），创造了世界上第一个包含辅音和元音的字母表。在文学方面，希腊早期古代文学作品，包括史诗、谚语、寓言和格言，大多与两河流域的文学有紧密关系。例如，《荷马史诗》赞叹《伊利亚特》和《奥德赛》的情节明显受到了世界最早的英雄史诗《吉尔伽美什》的影响。在科学和占星术方面，两河流域的数学（十进位制、六十进位制）、天文学（阴历月、星期、黄道十二宫学说、天文仪器）、占星术都为希腊人完全接受。在神话与宗教方面，两河流域宗教严整的神灵体系、神人同形同性、某些神话故事包括创始神话等，对希腊文化都有多多少少的影响。

古埃及文化对希腊文化的形成也具有培育作用。希腊文字的发展受到腓尼基字母的直接影响，可谓是在埃及24个象形符号的间接影响下发展起来的。希腊的许多伟大哲学家、科学家和史学家，如毕达哥拉斯、德谟克里特、柏拉图、希罗多德等都曾到访过埃及，有的还曾经在那里学习过，汲取了当地的文化成就，形成了自己的成果。在宗教方面，古代埃及人对奥西里斯、伊西斯和荷鲁斯的尊崇，为希腊——罗马世界充分吸收。“历史之父”希罗多德遍游埃及，他表明过希腊人的一些宗教崇拜，如对酒神狄奥尼索斯的崇拜、宗教仪式中用牺牲占卜、节日集会、游行行列等都是从古埃及人那里学习并引用来的；希腊人还从埃及人那里学会了量地法和几何学。

在文学方面，古埃及的文学不管是在题材上或体裁上，都长期地影响着古希腊文学。古希腊文化的繁荣是多方面的，是在一定的社会历史条件下，多种因素综合作用的结果。首先，自然条件与民族特征是古希腊文化繁荣的重要条件。与古代东方文化的大河流域、沃野千里的特征相比，希腊地少山多，少量的平原分布在沿海地区，河流短小而急促，海岸线漫长而曲折，多半岛及优良港湾；粮食生产不足，坡地适宜种植葡萄、橄榄等经济作物，且适宜发展畜牧业；山地盛产大理石、陶土、银等矿藏，形成采矿业和发达的手工业。这些都对希腊与外界的联系有着非常重要的作用。交往的必要使得征服海洋成为希腊人迈向世界的第一步，培养了希腊人的冒险和探索精神。希腊的大部分地区属地中海式气候，温和宜人，一年四季无酷暑严冬。

这种地理位置与气候特点养成了希腊人乐观的心态、自由的精神，形成了他们热爱生活、崇尚自由、享受创造美好人生的心理特征。

其次，对古代近东文化的创造性吸收是古希腊文化繁荣的外部条件。在特殊地理环境作用下的古希腊文化表现出区别于其他地区的、明显的海洋性和开放性特征，易于接受外来文化的先进成分。“历史之父”希罗多德在他的历史著作中对近东文化抱着赞赏的态度，认为东方是一切文化和智慧的源泉，希腊曾向东方国家借鉴了许多优秀成分。随着希腊经济的繁荣带来的文化繁荣，许多学者纷纷到外地考察学习，这种交流为近东文化的传播做出了不可磨灭的贡献。更重要的是，希腊文化以其独特的世界眼光，对外来文化够海纳百川、兼收并蓄，在不断地交流、交往过程中对外来文化进行消化、改造并为我所用。

再次，奴隶制民主政治是希腊文化繁荣的政治保障。尤其明显的是，希腊人对腓尼基文字的再改造，使之发展成为希腊的字母文字，为西方各国乃至全世界做出了不可磨灭的贡献。古希腊的奴隶大多数是外来的，尤其是在雅典，自梭伦改革以后，债务奴隶制被废除，奴隶主要是外邦人。雅典的公民避免了沦为奴隶，城邦居民获得了充分的公民权，因而激发了雅典公民从事手工业、科学文化、艺术创造的积极性，提高了他们的热情。政治生活中的民主自由原则使公民的独立人格得到了充分尊重，言论自由使个性得以充分地表现和发展，从而增强了雅典公民的主体意识。这种精神也渗透到了他们的文化创造中，从而创造出高智慧、高水平的古代文化。

最后，宗教对希腊文化具有非常重要的作用。古希腊的宗教与东方不同，自始至终既没有形成一种大一统宗教，也没有东方宗教的严整、神秘和恐怖的感觉。神人同形、同性是古代希腊宗教的最大特点。在古代希腊人看来，神具有与他们同样的属性，同人一样的身体、弱点和需求。因此，人们在信神的同时更相信人自身的智慧、力量。他们非常注重对现实世界的观察。这种宗教氛围和生活理想造就了希腊人独特的美学观点和创作构思，从而可以充分发挥自己的想象力。

1．神话和宗教

希腊最古老的意识形态是神话。神话与故事之间有着根本上的区别，故事是一种自觉的虚构，神话则是先民认识周围现实、增加自己的生活经验以及抒发其创作幻想的尝试。希腊神话之所以比别的神话优雅，是因其不是运用单调的故事形式而是运用艺术和哲学的形式传承下来的。神话是希腊的诗人、悲剧作家、哲学家和艺术家都喜欢运用的形式，他们经常赋予神话以新的内容。希腊的祭司只负责处理宗教仪式方面的事务，他们很少将其势力和影响附加于宗教以外的事物。希腊神话之所以繁荣且丰富，其中的一个原因是希腊没有强大的祭司阶级，不像古代东方那样，祭司竭尽全力去统一意识形态和思想观念。

最初，希腊每个部落都有自己的神灵和英雄故事，薪火相传。然而随着各地区之间交往的日渐频繁而且紧密，众多的零散神话汇集并构成了非常复杂的神话系统，这也是《荷马史诗》和赫西阿德的《神谱》向后人所描述的。这一神话系统逐渐成为全希腊共同的精神财富。希腊人认为，宇宙刚开始时混沌一片，然后才有天地之分，地母盖娅是万物和众神之源，由她孕育了天神乌拉诺斯，然后天地结合再生众多巨人之神。

这是神的原始时代，巨人神中除了普罗米修斯创造了人类并为人类偷来火种以外，其他大多有弑父食子等暴力残虐的行为，体现了他们属于尚未建立秩序的旧神界。希腊人遵奉的新神是从宙斯开始的，他是乌拉诺斯的孙子，得以逃脱其父克洛诺斯的吞食，打破了巨人神的统治，建立了新秩序。宙斯把神宫建立在奥林匹斯山上，娶其姐赫拉为后。这一对神王神后和他们的兄弟儿女共 12 人组成奥林匹斯众神，并一起成为希腊城邦宗教信仰的核心。他们拥有各自的领域和职责：宙斯是众神之王和天地之主，以闪电霹雳作为武器；神后赫拉兼为天空之神；宙斯之弟波赛冬为海神，其子女则有智慧女神雅典娜、太阳神阿波罗、月亮女神阿耳忒弥斯、爱与美之女神阿佛洛狄忒、战神阿瑞斯、火神赫淮斯托斯、商旅之神赫尔墨斯。

此外，宙斯的两个姐妹也是非常重要的女神：农业神迪米特尔和灶神希斯提亚。这样一个最初起源非常复杂的神的谱系，在荷马时代末期和古风时代早期，逐渐组成众多独立城邦的希腊民族共同的记忆。希腊宗教是多神教，最重要的特点是“神人同形同性”。表面来看，神力与祭司之分与其他古代宗教没有太大差别。不过“神人同形同性”论认为，神是人最完美的体现，神与人同一形象，同一性格，只是神可以长生不老而已。从此说出发，也可以认为神与人同样具有七情六欲，同样会出现错误，甚至也不免有徇私护短、挟嫌报复等缺点。因此，希腊宗教与古代东方的宗教显示出很大的差异。例如，古代东方只把帝王个人提升到神的境界，天神则被提升得更高，被奉为至高无上的宇宙主宰，神性高不可攀，人性卑贱如同草芥。

希腊则把神降低到人的中间，神性与人性不但没有不可跨越的界限，而且是交相辉映的，神是人的最高代表，在神的形象中可以预想到人的智慧和美德可能达到的最高境界。

这样一来，希腊宗教中神的形象和神话故事都变得动听优雅，且具有生活气息，有助于表现宗教神话的文艺作品趋向于现实主义。由于众多神之间的钩心斗角，也从侧面表现了希腊社会多元化的基本特征。因此，马克思说，“希腊艺术的前提是希腊神话”。希腊神话不仅是希腊艺术的武器，它也有助于使整个希腊文明都具有人本主义的色彩，即以人作为衡量一切的尺度和出发点。古希腊宗教的另一个特点是不存在一个庞大的僧侣阶层，各个城邦都建有神庙，但只依靠少量的男女祭司进行管理，这有利于发展希腊的民主制度。与东方相比，希腊宗教在人们的生活中不占主导地位。但是，希腊宗教地位却十分重要，它是城邦生活的一个组成部分，因而渗透到城邦生活的各个方面。不过宗教阐释了物质世界、日常献祭活动和种种社会制度，也是诗人、艺术家创作灵感的主要源泉。为了进行宗教崇拜，希腊人兴建神庙，举行各种宗教仪式和节日庆祝活动，这些庆祝活动包含歌舞和体育比赛，等等。每当神庙节庆，人们从四面八方纷沓而来，渐渐地，一些节庆成为全希腊的节日。

在戴尔菲举行的皮提翁节庆，是为了纪念阿波罗征服毒龙皮提翁。这一节庆有音乐竞赛，后来又增设了体育和竞技这些活动。奥林匹克的赛会，有徒手竞走、持械竞走、战车竞赛和角斗。后来，诗人和演讲家也纷纷参加奥林匹克赛会。奥林匹克赛会在夏季举行，连续举行5日，竞技的胜利者获得桂冠和橄榄枝，并且拥有立像的权利，这不但使胜利者及其亲属，并且使整个城邦或部落也引以为傲。据传说，第一次奥林匹克节庆是在公元前776年举行的，后来希腊人就以此为纪年，每四年当作一个“奥林匹克节纪”。从宗教庆典中我们已可观察到，古典时代丰富多彩的文化生活在古风时代即已出现端倪。

2．文字和文学

古风时代之初，希腊人从腓尼基人那里学会了腓尼基字母，创造了以24个字母（含子音、母音）为基础的希腊文字。希腊文字的创造，为希腊人整理和修订长期口耳相传的史诗提供了便利，也推动了希腊文学创作的繁荣。古风时代的希腊文字以赫西阿德的诗歌和抒情诗为代表。

赫西阿德是古希腊首位个人作家，他出生于中希腊波俄提亚的一个农民家庭，其生活和创作的年代为公元前8世纪上半叶。《工作与时日》描述了赫西阿德的弟弟打算依靠当地贵族势力吞占他的财产，他创作此诗劝诫其弟。他的作品分成两大组：一组以《工作与时日》为中心，属于教谕诗，包括生产技术的指导和伦理道德的训诫；另一组以《神谱》为中心，追溯诸神的世系和部落及名门望族的始祖。

全诗共828行，诗中描写人类生活的艰辛，提及人类的黄金时代、白银时代和黑铁时代。全诗谴责贵族的骄纵跋扈，赞颂辛勤劳动的农民，是古希腊传承下来的第一首以现实生活为题材的诗作，风格明丽清新，平易简洁。《神谱》创作之前，希腊盛行三种宗教，即奥林匹斯崇拜、俄尔普斯教派和厄琉息斯秘仪。《神谱》继承了《荷马史诗》的传统，确立了宙斯在天上和人间的统治地位，推动了人们从对奥林匹斯诸神的崇拜转变为宙斯崇拜占统治地位的过程。此外，《神谱》对希腊自然哲学的产生和发展也有直接的影响。古希腊自然哲学一开始便以探寻世界的本原为主题，这和《神谱》中追忆诸神的起源有着直接的联系。在荷马和赫西阿德之后兴起的是抒情诗。抒情诗这一文学形式产生于希腊发生巨变的时代。古风时代，古希腊经历着从自然经济到货币经济、从氏族庇护到相对崇尚个人自由和独立自主的转变过程。

在当时，个人失去了往日的榜样，抒情诗恰好表达了那个时期人们的心理。公元前6世纪派罗斯岛的阿客罗科斯开抒情诗之先河，他在抒情诗方面的重要性仅次于荷马在史诗方面的重要性。他经历和感受过那个时代人们的一切悲哀、困扰、痛苦和快乐，使他毅然决然地舍弃史诗的冷静和创作方法，转而创作主观的（抒情的）诗歌。他控制着一种力量，能够把自己的情绪和感受倾诉为时作时辍的诗歌。他有时针对自己的敌人进行辛辣的讽刺和诅咒，有时转向对生活的歌颂，呼吁人们去享受生活的快乐，告诫人们须知时光易逝，欢乐苦短，命运无常。在列斯堡的女诗人萨福和男诗人阿尔开俄斯的歌体诗、颂歌、讽刺诗中，抒情诗达到最高的表现水平。

他们赞颂爱情、自然、朋友和美酒。至于鼓动其同辈人的那些政治问题，他们只是捎带过而已。他们在诗中表达的主观经验，已经给全人类作出了重要的参考，其诗的价值即在于此。满怀着热爱的心情，沉湎于因嫉妒而困扰的妇人，以及溺爱自己孩子的母亲……在萨福的诗中占据中心地位。在萨福的诗作中，伤感主题给她的诗蒙上了一种独特的悲观主义色彩。公元前7—前6世纪的抒情诗，只传诵于一个人数极少的社会阶层。这个阶层没有物质困扰的羁绊，因而沉浸在自己的个人经验里面。僭主们的宫廷成为诗人做客之地。僭主往往都欣赏诗人，喜欢邀请诗人到他们的宫廷里做客。

开俄斯的阿那克瑞翁便是个典型的宫廷诗人。他生于公元前6世纪后半叶。自称其诗为歌颂美、爱情与欢乐的歌，对政治、战争和生活的骚乱常常忽视。

在他看来，只要是破坏和谐生活的一切都是不好的，尤以钱财为甚。他创作诗的形式达到了完美之境，他写过哀歌体诗、讽刺诗、短长格诗。在民主政治下，城邦变成希腊人生活中的第一大事，已经难以再给个人的哀怨和情感留出更多的发挥空间，一切都以城邦间的竞争为主，公民的集体治权得到进一步强化。到了公元前6世纪末至公元前5世纪初，抒情诗便衰落了，它已经不能够满足新的民主制度社会的要求。亚里士多德甚至说：“人是天生的政治动物。”这样的社会氛围是很难允许诗人抒发个人情怀的。

希腊最后一个抒情诗人是底比斯的品达（前522—前442），他有“白羽的天鹅”之称。品达站在两个时代和两种文艺风格的分界线上——一方面是抒情诗；另一方面是悲剧和喜剧。品达以其歌颂奥林匹克节庆、皮提翁节庆及尼弥亚节庆的竞技胜利者而获得希腊世界的荣誉。

3．艺术

古风时代，雕刻艺术是希腊文化成就的另一个特色。公元前7世纪中期，希腊人开始用大理石雕刻巨大的人像。希腊人制作这种直立人像的灵感，明显看得出是来自埃及，并从他们那里学习了雕刻技术。埃及人在动手雕刻之前，必须事先在一块石料的三面或四面描画好人像轮廓，石料正面描画人物正面像，头的厚度同画的轮廓相同。希腊人在制作雕像时，很大程度上使用了埃及人雕刻人物形象的比例系统。人像轮廓都是依据固定不变的比例系统画线，以便作品完成后不管从前面还是两边看，它们都能相互融为一体，这就是为什么早期希腊雕像看上去与埃及雕像酷似的原因。希腊人制作的男子雕像分别用于以下三种用途：表现神的雕像、作为美好的物品供奉给神以及用它作为个人的纪念碑放置在死者的坟墓上。这三种用途既没有阻碍过雕像的形式，也没有阻碍艺术家自由的改变形式。这与埃及的情况大相径庭。在埃及，雕像往往服务于一种半巫术。例如，一个人的木乃伊不小心被毁坏时，就由别人选择雕像作为死者的“卡”（即人的灵魂）的家。

因此，巫术运用了大理石的自然防腐和不易变形的特点制作雕像，与其说是追求艺术表现，倒不如说是为了原始形制的崇拜。这也是埃及雕像的风格和形式历经上千年还如此相似的主要原因。然而希腊的雕像功能则不限制其形式，雕刻家逐渐地改变了原先的艺术风格，最后形成了自然主义的风格。比如，古风时期早期的男子立像，已经逐渐近似于真实的人物形象和神态，而非埃及人呆板的姿态和表情。其风格比埃及人的雕像表现得更自然，艺术充满了生机与活力。石雕风格的转变影响了公元前 5 世纪早期的青铜雕像。从此，希腊雕塑艺术经过了漫长的学习探索过程，终于形成了自身生动、形象和善于表现力的特点。

希腊画师先后发明了黑像瓶画技法和红像瓶画技法，让画中人体变得更为生动，衣服更柔软逼真，人物具有更多的生活气息。与雕像同步发展的是希腊的木绘和陶绘艺术，不过木绘的遗存现在已难以看到。古风时代希腊文化的发展为古典时代希腊文化的繁荣发展打下了坚实的基础。古希腊文化作为古典文化的代表，在西方乃至世界都占有十分重要的地位。古希腊文化丰富多彩、生动活泼，具有人类社会童年时代天真烂漫的特征。这种特征主要表现在以下几个方面：

（1）理想主义

古希腊的一个重要美学思想就是和谐美。古希腊人在很早以前就提出了黄金比例的观点，并将其运用于绘画和雕刻。毕达哥拉斯学派哲学观的最基本的思想，就是宇宙和世界是依据“数”的关系和原则构成的，因此是最和谐的、最具有数的规律性。文学作品中，男性大多具有非凡的力量、帅气的相貌、发达的肌肉，女性则有美丽的容貌、诱人的胴体。神其实与人一样拥有情感、缺点，只是他们拥有人所没有的神力，换句话说，神只是理想化了的人。

（2）理性主义

比起其他民族，希腊人的理性色彩非常明显。希腊学者是首批尊崇理性智慧的知识分子。在非理性起着主要作用的古代世界中，希腊人作为崇尚理性的先驱者登上舞台。依据亚里士多德和希罗多德的观点，只有希腊人超越了实用和宗教的目的，提出了“为什么”的问题。在希腊人看来，自然是有其规律可循的，世界具有永恒不变的秩序，理性正是通往知识的道路。希腊理性精神的深入就是彻底地反思和质疑，执着地探寻事物的终极真理。希腊人将这种精神运用于哲学，思索世界的本原，探寻悖论的逻辑；运用于科学，研究杠杆、滑轮、浮力，发现数的奥秘。在自然科学中，当时哲学家有一个普遍的目的，就是在自然界纷繁芜杂的现象之中，寻找控制一切的原则或元素，基于此发展出几何学、算术、逻辑学、天文学、生物学、物理学、医学等最初的科学形态。

（3）人文主义

希腊人注重个人价值，追求自由享乐。希腊神话中常常出现半人半神般的英雄，像赫拉克勒斯、提秀斯、珀修斯等。神同人一样，喜好女色，争强好胜。自由观念的深入人心，也使尊重个体、发展个性成为神圣不可动摇的信念。

第二节　古典时代的文学

古典时代的希腊文化基本可以称为雅典的文化。这个时期，雅典在文学、艺术、哲学、史学等方面人才辈出，创造了辉煌的文化成就，就是这个时候在古代世界的文化最为巅峰。相比较之下，希腊其他城邦在文化方面则大多乏善可陈。出现这种状况的原因主要有以下几点：

首先，雅典率先建立了民主政治，经历过梭伦、克利斯梯尼和伯里克利的改革，雅典公民集团蜕变为古代最为民主的政体，民主制度有利于发挥公民个人的积极性。其次，希波战争胜利后，雅典的奴隶制经济逐渐繁荣，雅典公民集团创造的灿烂文化，正是建立在占城邦人数一半以上的奴隶的艰苦劳动的基础上的。再次，希波战争后，雅典海军在地中海东部获取霸权。古典时代（前500—前338）是希腊文化的黄金时期，在哲学、文学、史学、艺术等领域都取得了很高的成就。建立了提洛同盟，雅典掠夺了同盟城邦大量的财富，雅典的文化建设从中取得了充足的财力支持。最后，雅典是当时希腊最大的工商业城市，商品经济和海外贸易发达，其经济基础成就了城邦的开放性，促使文化交流的逐渐频繁，因此灿烂的文化之花在雅典这片沃土上绽放出来。

哲学方面，古希腊资深的唯心论哲学家有苏格拉底、柏拉图和亚里士多德。苏格拉底（前469—前399）强调知识的作用，强调理性，鼓励人们用自己的思想、自己的内心世界去了解外界事物。柏拉图（前428—前348）哲学思想的核心为“理念论”，提倡对永恒的真善美即理念世界的寻求。亚里士多德（前384—前322）是一位百科全书式的学者，对柏拉图的“理念论”作了有力的批判。亚里士多德虽然承认物质的客观存在，不过他认为物质只是一种消极的可能性而已，唯有形式才能给物质以积极的现实性。在他看来，物质或质料是事物的最原本基质，形式是它的外部结构。

文学方面，戏剧（包括悲剧和喜剧）在雅典取得了空前的繁荣。当时悲剧的杰出代表是三个雅典作家：埃斯库罗斯、索福克勒斯和欧里庇得斯。埃斯库罗斯（前525—前456）被恩格斯称为“悲剧之父”。索福克勒斯（前496—前406）被誉为“戏剧艺术的荷马”。希腊喜剧的最杰出作家是雅典的阿里斯托芬（前450—前385），被称为希腊“喜剧之父”。

历史学方面，希罗多德（约前484—前425）是西方第一个系统性叙述历史的学者，他建立的以史事为中心的记叙体成为后来欧洲历史著作的正规体裁。修昔底德（约前460—前400）治史严谨，他致力于研究事件发展的因果关系，并能够注意到经济因素在历史进程中的作用。在艺术方面，希腊的雕塑作品以体态健美、形象逼真和比例匀称而获得普遍的称赞。米隆（约前480—前440）以雕塑《掷铁饼者》驰名于世。波利克里托斯的杰作为《持矛者像》，人物形象铿锵有力，长期被奉为人体雕塑的典范。希腊化时代（前338—前30）是古希腊文化的最后阶段，也是东西方文化的大融合时期，在自然科学和艺术等领域获得了很大成就。流体力学中的阿基米德原理和静力学中的杠杆原理被阿基米德（前287—前212）发现。在自然科学领域，欧几里得（前330—前275）的《几何原本》系统地阐述了圆和直线的几何学知识。他还利用内接和外切多边形的方法测量圆周率。希腊化时期，雕刻艺术成就超然。希腊化时代雕刻艺术的中心是地中海上的罗德斯岛、小亚细亚的帕加马和埃及的亚历山大里亚。罗德斯岛的雕刻擅长于塑造矫健有力的男性人体。《罗德斯巨人像》是用青铜铸成的太阳神像，高达 34 米，以宏大壮丽著称，被誉为古代世界七大奇迹之一。总之，这一时期雕刻艺术的特点是构思周密、工艺完美，常常追求形式和场面的宏大，将外观迷人和工艺技巧放在首位，但是比较缺乏深刻的内容和真挚的感情。

一、悲剧

古典时代的辉煌文化突出表现在文学方面，而它的主要表现形式是雅典的戏剧（悲剧和喜剧）。希腊悲剧是从称赞酒神的颂歌和祭祷发展而成的。“悲剧”，原意是“山羊之歌”。在祭祀酒神的庆典上，与祭者穿上羊皮，模拟酒神的从者——萨提尔（半人半神）。原来的酒神颂并不复杂，只是合唱队的合唱罢了，既没有音乐的变化，也没有艺术性。自从合唱队中增加一个表演的人员——演员——这才向前跨了一大步。就像戏剧一样，希腊剧场也是跟酒神崇拜及酒神祭礼分不开。演员朗诵关于酒神的神话，和合唱队对答台词。演员和合唱队之间有了交谈——对白——就构成了戏剧表演的基础。在举行献祭或神秘仪式之际，与祭者在靠着祭坛附近的山坡上环立，如同后来圆剧场一样的位置，这就是希腊剧场的起源。圆剧场的原则一直在后世留存。希腊剧场始终是圆剧场，倚山坡而筑，露天，没有屋顶，没有台幕，是一片自由宽阔的场所，作半圆形。

因此，剧场的设计已经包含民主和开放的原则，不会因为设备而受到局限，剧场规模非常大，可以进入大量民众。例如，雅典的狄奥尼索斯剧场可以容纳上万观众。剧场的主要部分包含观众场、歌队场（初时是演员所在的地方）和前台（以前是悬挂剧场装饰的地方，后来是演员表演的地方）。装饰富丽的酒神祭坛，设在歌队场的中央。前台的背景饰有廊柱，一般来说常常建作王宫模样。观众所在的地方，则用木栅或石墙与市区隔开，不过不盖屋顶。自从伯里克利颁行观剧津贴之后，雅典所有公民都可以进入剧场观看演出。演剧只有在酒神狄奥尼索斯祭的节日进行，最开始的时候只是祭仪的附属品。后来，剧场逐渐取得了社会意义，成为政治的论坛及休息与娱乐之地。

希腊城邦人民文化的高度水平，在很大程度上是组织民众、教育民众、启发民众的戏剧的作用。演剧与城邦是不可分离的，城邦的民主没有演剧是无法想象的，甚至有时候全城大约有一半人都去观剧。希腊悲剧的内容和主题是丰富多彩的。然而，悲剧又惯常依据某些神话或英雄传说，如取材于《荷马史诗》，而极少取材于历史事实。依据这些非现实的题材，悲剧作家在其中加入了希腊人关心的一系列现实问题，如命运问题、社会与个人之间的冲突、爱国与卖国，等等。希腊悲剧具有世界历史意义的原因，主要有两个方面：一是在内容上，其想象力十分丰富，且处理问题具有哲学深度；二是在形式上，既有诗的精练，又不失语言的丰富与华丽。

希腊悲剧因为使用了非现实的题材，让观众能够超越具体的内容，更深入地理解剧情；同时，在剧中又融入了现实的内涵，使观众关心剧情变化，戏剧基于此接近并吸引观众。他们的作品达到了人类文学史上难以超越的高峰。历史与时代意义在古典作家的作品中和谐地交融在一起。在希腊悲剧作家中，最有名的是埃斯库罗斯、索福克勒斯和欧里庇得斯。一般来说，埃斯库罗斯是希腊悲剧的真正创立者。他在剧中加入了第三个表演者，使剧情更加生动，使戏剧更多动作，因而更接近生活，也更贴近观众。此外，戏场道具的改良——利用剧场装饰、面具、高底鞋、飞行装置、雷声装置以及其他器械——皆得益于埃斯库罗斯的主意。总之，希腊戏剧的历史是从埃斯库罗斯开始的。

埃斯库罗斯（前525—前456），生于神秘阴森的厄琉息斯秘仪的中心地厄琉息斯。在希腊与波斯的战争中，他生逢其时，曾经亲自参加过与波斯人的战争。相传埃斯库罗斯的剧本共有70部，但是完整保存下来的只有《奥瑞斯忒亚》三部曲，包括《阿伽门农》、《奠酒人》、《降福女神》、《波斯人》、《七将攻忒拜》、《被缚的普罗米修斯》和《求援女》。埃斯库罗斯的剧作极富生命力，这与他所受的神秘主义宗教的影响有关；同时，他所处的时代是一个希腊人充满自信心的时代。他的思想深刻、雄伟且带有神秘主义，他的语言英气蓬勃，擅长隐喻或辞藻，他描写的人物性格刚强。在他看来，世上一切矛盾冲突的根源都来源于命运，不论是人还是神都无法抗拒命运的安排。个人的自由意志与不可抗拒的命运之间的永恒冲突，正是埃斯库罗斯在其悲剧中所要表现的主要思想。

与命运这一观念密切相关的是埃斯库罗斯（应该说古希腊人）的报应观念，即一个人有意无意间所种下的恶果，都不可避免地会遭到报应。这在

《阿伽门农》一剧中表现得最为明显。阿伽门农王出征前以女儿祭神，战争结束后，他被妻子勾结他的弟弟所杀，这一结果是对之前行为的报应。在《被缚的普罗米修斯》中，这两种观念紧紧地联结在一起。报应观念与妥协观念在其他剧中也有所反映。因此，该剧具有两个主题：对自由和创造的迫切希望与不可以获得自由的种种障碍，可以是氏族的、地区的、宗教的以及其他的各种传统与偏见。用古代悲剧作家的话来说，这一切不过是所谓的命运。在埃斯库罗斯之后，索福克勒斯在悲剧中进一步深化了命运和报应理念，使之更加明确。

索福克勒斯（前 496—前 406），生于雅典，与伯里克利处于同一时代。他一生创作了 123 个悲剧，其中流传下来的有 7 个：《俄狄浦斯王》、《俄狄浦斯在科隆诺斯》、《安提戈涅》、《斐罗克忒提斯》、《埃亚斯》、《特拉基斯少女》和《厄勒克特剌》。人们把他比作戏剧的荷马。

正如荷马全面的展现了英雄时代一样，索福克勒斯热情讴歌、细致描画了他所处的那个伟大的时代。他在剧作中反映出他对命运的看法："命运这一理念是与人类表现的伟大天才混合在一起的，人是一切价值的尺度"。应当说，这样的自信也是一个激昂、奋发创造的时代的产物。依据命运这一理念来说，索福克勒斯的看法比埃斯库罗斯的观点更为抽象。在埃斯库罗斯的作品里，命运是接近神性的，索福克勒斯则不然。把这一点表现得最为突出的是《俄狄浦斯王》。俄狄浦斯生下来时就有人预言他将弑父娶母。不过一旦知道自己的命运，他又尽力地运用意志的力量去改变，去逃避命运给以他的打击，这里将命运与报应的意义，表现得十分清楚。不过在作者看来，命运的不可抗拒性不能磨灭人的个性，改变人的自由意志。他把人描写成自觉的生灵，自己的过失自己负责。与以上两位作家不同，在欧里庇得斯的想法中，命运就在个人的身上。

欧里庇得斯（前 480—前 406），出身贵族，常常周旋于雅典当时的名流之间。他把命运与人睥睨一切的激情看成一个东西。他写过 70 余部悲剧，不过保存下来的仅有 18 部，包括《美狄亚》、《特洛伊妇女》、《伊菲革涅亚在奥利斯》、《希波吕托斯》等。此外，还有一部讽刺剧《圆目巨人》。其作品的特点是映射出了当时的一些严重问题，如神性与人性问题、崇拜的意义问题、自然法问题、妇女权利问题、两性关系及家庭问题等。与索福克勒斯表现的理想人物不同，他描绘了人类高尚与卑劣的、激情的冲突。在这方面，不妨说欧里庇得斯是莎士比亚的真正先辈。《美狄亚》是欧里庇得斯描写妇女悲剧中最重要的一部。美狄亚深爱她的丈夫，但是丈夫却抛弃她另娶。于是，美狄亚由爱转恨，不但毒杀了丈夫的新妇，而且在挣扎中杀死了自己的两个儿子，基于此对丈夫进行惩罚，实现了“悲剧”。并且，他的剧作标志着旧日悲剧的结束。在他的笔下，命运不再存在于人之外，人与命运的矛盾变成了人自身内在的斗争。

二、喜剧

希腊人也对喜剧十分热爱。亚里士多德将喜剧定义为对丑的与滑稽的事件和人物的模仿。古典时代雅典的喜剧主要是政治喜剧。这与雅典的民主政治有关。因为实行民主政治，特别是直接民主制，尤其凡公民都有参政权，因此他们都关心国家大事。因而与悲剧一样，喜剧起源于祭酒神的狂欢歌舞和民间滑稽戏。喜剧以轻松的形式给人们提供了一个参政议政、理解政治的方式。后来，狂欢游行的歌曲经过艺术加工，便形成一种新的文艺体裁——喜剧。日常生活中的一切事物都能够成为喜剧的题材。

喜剧的语言与日常会话接近。不同于常规的语言，在用字、构句、分场、设境等方面比悲剧显得有更大的自由度（悲剧必须按严格的规律写作）。喜剧的舞蹈尤其放纵狎昵，妇女和儿童不可以临场观看喜剧演出。喜剧的技巧和内容比较放松。喜剧的登场人物比悲剧多，服饰更绚丽多彩，面具也更多姿多彩。在喜剧中，作者的个性也表现得愈加突出，他甚至可以以演员的身份登场和观众交流。

阿里斯托芬（前450—前388），雅典人，堪称政治喜剧的能手，是喜剧创作的代表人物。他一生创作了44个剧本，保存下来的有11个。他的创作特色是：艺术性的形式美，无穷无尽的机智，悲剧的、喜剧的和抒情诗的三种情调的结合。他生活于希腊历史上的动荡时期，他的一生在伯罗奔尼撒战争中度过了一半的时间。他热爱雅典的民主政治，热爱和平，用手中的笔愤怒地揭露了当时社会上的种种丑恶行为。对于政治人物，他的攻击尤为激烈。

在《巴比伦人》和《骑士》两剧中，他讽刺了雅典的民众领袖克利翁；在《和平》中，他肆无忌惮地嘲笑了引起雅典从事伯罗奔尼撒冒险而毁坏了雅典的一切幸福的主战派；在《鸟》中，他讥笑煽动诱惑雅典人去从事种种冒险事业。毫无疑问，《鸟》剧所指的正是后来带给雅典人巨大灾难的西西里远征。他在《蛙》里描述了埃斯库罗斯和欧里庇得斯彼此的斗争。阿里斯托芬还把矛头指向了雅典的文化界。这出喜剧的历史价值，在于使人们看到了知识分子当时的真实状况。而在《云》一剧里，他则讽刺了诡辩学派和新式教育的规则，当众讽刺苏格拉底的不切实际。对于日常生活中人们的贪得无厌、雅典人的诉讼狂等，他在剧中都有细致的刻画。总之，阿里斯托芬的喜剧不但反映了当时的一切重大事件和现象，而且表现了社会不同阶层的精神面貌和生活状况。因此，他对同时代人的影响十分巨大。希腊戏剧既是希腊人在文化史上最主要的成就之一，也是给后世留下的一笔丰厚的文化遗产。

第三节　古典时代的建筑、雕刻和绘画

一、建筑

希腊人的建筑艺术集中体现在宗教和公共建筑上。出于宗教原因，希腊人虔诚地为他们的神修筑庙宇，同时庙宇也成为人们公共活动的场地。希腊的建筑主要有三种形式：多利亚式、爱奥尼亚式和科林斯式。由于希腊神庙是依据简单的立柱和横梁的原则构成的，因此希腊建筑以柱式分类，垂直的柱子支撑着水平的过梁。多利亚式是强健的、朴素的和粗壮的，圆柱柱身粗大（其高度仅是底部直径的4—6 倍）并直接立于基座上。最初的建筑材料是木头和泥石，之后学习埃及人采用了大理石材料。柱身顶端的柱头由朴素的、像垫子一样隆起的圆形垫石和一块没有装饰的正方形顶板组成，顶板托住没有装饰且未分割的框缘。爱奥尼亚式比较华美和秀气，柱身细长（柱高是柱底直径的 8—10 倍）并立于精心制作的柱基之上。爱奥尼亚式柱头依曲线从上方向左右两旁蜷缩成涡旋形，并且用顶板盖住柱头，底板托住框缘。

以上两种形式的基本特征经久不变，不过某些要素和比例可以作小幅度的修改。爱奥尼亚式常常比多利亚式得到更多自由的处理。公元前 5 世纪末，人们创造了科林斯式柱头，其风格华丽，柱头刻有精美的叶形装饰。这种款式在希腊极少使用，由于装饰过分，且在古罗马时才被大量采用。某种意义上说，它是爱奥尼亚式华丽的变体。希腊所有神庙都盖有斜坡式的屋顶，屋顶由前后三角形山墙托起，三角形山墙又称为人字墙。装饰的雕刻饰物使山

墙的三角形变得柔美，并使神庙屋顶的标准几何形状变得柔和。在雅典卫城顶上，为女神雅典娜修建的帕提侬神庙是雅典最宏伟的建筑。它气势宏伟，饰以黄金象牙，富丽堂皇，由艺术家菲狄亚斯（生卒年不详，活跃在前450—前430）负责设计。全部工程从公元前447年开工，直到公元前432年才完成，全部都用大理石建成。

神庙是多利亚柱式，与此同时也采用了爱奥尼亚柱式的手法，显示了希腊各种艺术的气魄。因为希腊神庙的平面布局和柱式风格此时已定型，因此建筑家可以自由发挥之处主要在细部比例和做工精细等方面。与神庙相对的伊力特盎，则主要用爱奥尼亚柱式建造，它以其精修典雅与帕提侬的雄浑庄重相对照。帕提侬神庙正是有了精益求精的安排才得以成为世界建筑史上的顶级之作。比如，艺术家注意到了人类视觉误差的现象。对此庙各处安排了一系列“视觉矫正”的措施，例如，地基中央较凸起，柱子较向内倾，各处直线改为细微的曲线；柱间距明处较窄、暗处较宽，等等。这些虽然肉眼不易观察出差别，却可以曲尽其妙，其艺术处理使神庙形象雄伟而不呆板，坚实而有生气。

二、雕刻

历经古风时代漫长的学习和探究，到古典时代，希腊雕刻已改变了埃及风格的呆板、僵硬，在现实主义的表现特色上达到很高的境界。希波战争后，希腊人最为突出的是雅典人爱国主义情绪高涨，要求塑造理想的英雄形象。曾在海里发现的宙斯青铜巨像和希腊战士青铜像均是这一需要的产物。社会的需求激发了艺术的进步，促成了近代艺术家称为“高贵的单纯与静穆的伟大”的古典盛期风格。除此之外，崇拜神像是希腊雕刻的另一个主题。在歌颂英雄主义、崇拜神灵时，艺术家极力表现出人体的健壮优美，从而使一些雕像越来越接近于自然的人像，逐渐走上了完美表现人体的现实主义道路。古典时代的希腊人虽然喜欢描绘裸体男子，但却喜欢雕刻着衣的女子。古风时代，艺术家们已经可以表现雕像生动自然的脸、臂和脚，不过他们在涉及衣服这种无生命的领域时，就单单表现了它那整齐的外表，大理石雕像垂直的衣褶既未表现出衣服柔软地自然垂落，也未暗示衣服下面鲜活的女性身体的风采。

到古典时代，雕刻家创造了一些技巧和规则，将披着衣服的女性雕像表现得像生动形象的妇女穿着用柔软衣料做的衣服一样。自然主义的表现技巧有了显著的进步。古希腊三大雕刻家是菲狄亚斯、米隆（生卒年不详，活跃期为公元前460—前430年）、波里克里斯特（生卒年不详，活跃期为公元前450—前420年）。他擅长雕刻神像，以两座巨大雕像最为著名。菲狄亚斯与伯里克利关系非常融洽，帕提侬神庙的雕塑和浮雕就是由他操办雕刻的，故被称为"菲狄亚斯风格"。一座是帕提侬庙内的女神雅典娜的雕像，用象牙和黄金做成，高达12米，绚丽夺目，神采奕奕；另一座是奥林匹斯山上宙斯神庙内的神像。米隆也生活在公元前5世纪，擅长于雕塑运动员的形象，名作《掷铁饼者》鲜活地表现了运动员弓身掷饼的瞬间神态，极富神韵。波里克里特斯则致力于研究人体表现的比例原则，代表作品《赫尔墨斯神像》是这位希腊古典大雕刻家现实保留唯一的原作，其表现力的高超完美，现代艺术家也为之惊叹。

三、绘画

古希腊的绘画艺术，几乎所有都被毁坏了，现在只能通过陶土瓶上的瓶画进行推测研究。古典时代以红像瓶画技巧为主。其中最著名的是科林斯彩陶，有图案和色彩线条等，画的内容有狩猎、收割、神话等。著名的画家有伯利诺塔斯（活跃期为公元前490—前460年）和爱钵罗多（活跃期为公元前420—前390年）。前者作有公元前490年马拉松战役图一幅；后者创造了明暗法，发明出一种表现逼真的绘画艺术。

第四节　古典时代的哲学、科学和史学

1．哲学

古希腊哲学的最初形态是自然哲学。因为宗教的世俗化，人们对自然界产生的疑问已经很难从宗教中得到解答，因此，人们开始理性地考虑自己所处的环境。哲学的发源地是在社会生活发展最快的小亚，其代表人物是泰勒斯（前624—前547），他创立了米利都学派。泰勒斯认定水是万物之源。最著名的有小亚细亚以弗所的赫拉克利特（前530—前470），他认为火是万物本原。自然哲学的思想随后也传播到了希腊各地。居于其之下的是古希腊的毕达哥拉斯（约前580—前500），他认为万物的本原是数。在自然哲学上与

现代观念最为接近的是德谟克里特（约前460—前370），他认定一切事物的本原是不能够再分的原子与虚空。以上所列举的是古希腊哲学的代表人物。其实，在古典时代早期，希腊各地思想家关于自然的本原论述是十分丰富的。这个时期希腊哲学以探究自然为主，学者们主要研究构成自然界的要素，关于自然界的运动思考较少，那对于社会生活的思考就更罕见。

不过他们之中的赫拉克利特是比较特殊的，他进一步研究了自然界的运动，认为世界处于按一定的规则进行的永恒的变化之中。他的学生提出了一个对后世影响深远的命题："一个人不能两次踏进同一条河流"，这一结论形象地表述了人们在生活中面对的环境都是具体的、变动的哲学思想。

苏格拉底（前469—前399）使希腊哲学开始有了微妙的变化。学者研究的主题也从自然向人为的道德伦理和思想本身转变。人们就以此为划分阶段的标准，称这之前的哲学为前苏格拉底哲学。苏格拉底和他的弟子柏拉图以及他的再传弟子亚里士多德奠定了后世西方哲学的坚实基础。苏格拉底认为，哲学的原始任务就是探究与人生幸福有关的道德伦理问题。他对于知识的认知和探讨哲理的方法很有特色，提倡"知德合一"说，他的思想里美德基于知识、源于知识，而两者的获得应依靠教育。他坚持以破求立的求知方法，以不断地追问使人们的传统思想暴露出来破绽、出现谬误，最后分析出正确的结论。苏格拉底的职业，有人说是石匠，总的来说地位不算高，不过他却喜欢在公共场合探讨知识，加之他独特的引导讨论的方法，引起了一大批年轻人的注意。后来雅典法庭以渎神、败坏青年罪名判处他死刑。

他一生虽然无著述，不过其弟子柏拉图和色诺芬记录了他的思想。临死之际，他坦然自若，坚持自己的思想。总之，苏格拉底在哲学上的启蒙作用高于具体成就，人格魅力又在学识之上。

柏拉图（前428—前348年）是苏格拉底的得意门生。苏格拉底逝世后，他在雅典设立学园，广招弟子，一生除了短暂参与叙拉古的政治以外，以教书为乐，著述十分丰富，影响深远。柏拉图思想的核心是"理念论"，理念就是事物之概念。他的认知里只有理念才是真实的，具体的事物与事物的理念相比都是不完善的。因为理念存在于人的心灵或灵魂之中，因此认识理念无须学习，只凭"回忆"即可。柏拉图这套哲学对西欧后来的唯理主义哲学影响极为深远，黑格尔的哲学核心问题即基于此而来。然而他所著的、对后世产生深远影响的《理想国》，就是他的哲学思想在政治领域的应用和引申的突出成就。至到今日，欧洲一些哲学家仍旧认为，现代欧洲的所有哲学讨论，好像都可以从柏拉图哲学中找到一些思想养料或问题的根源，只不过现代运用的分析工具比较新颖，内容有所不同罢了。

亚里士多德（前384—前322）是柏拉图的弟子，年轻时从马其顿到雅典学园学习，学成回国后担任亚历山大大帝的老师。之后在雅典也办一学园，称“逍遥学园”。他既是哲学家、科学家，同时也是百科全书式的学者，集精深广博于一身，著作十分丰富。据说，他一生所写的著作约400—1000卷，现存的也有162卷。在哲学上，他坚信“吾爱吾师，吾更爱真理”，指出并抨击了柏拉图理念论的妄言之处，他的思考中，理念是人类思维抽象出来的共相，且没有什么理念世界。同时，他确立了自己的“四因说”，认为一切事物的产生、运动和发展，都不外乎四种原因的作用。这四因是质料因、动力因、形式因和目的因。但是他并未摆脱理念论的影响，他认为形式可支配物质，只不过形式属于精神世界而已。经过认真的研究，他创立了形式逻辑，尤其是对三段论推理的系统性研究独树一帜。他十分重视逻辑学，把它看作哲学的部分和人们获得科学知识的认识工具。他第一次提出了逻辑思维的三个规律，即同一律、矛盾律和排中律。并通过例证和论证，确立了三段论的各种有效形式。其中第一格所用的例子：“一切人都是会死的和所有诗人都是人”，基于这得出结论“一切诗人都会死的”，后来被称为“典型格”。经亚里士多德的不懈研究，传统的形式逻辑的基本内容大体上已规定下来。

2．科学

因为生产和海上贸易的发展，在古典时代，希腊人在科学上也取得了很多成就。在天文学方面，泰勒斯预言过公元前585年的一次日食，毕达哥拉斯则提出了最早的太阳中心说。然而在数学方面，泰勒斯提出几个几何学命题，并且加以证明。据称，后来欧几里得的《几何原本》的许多内容都是毕达哥拉斯及其学派研究的成果。毕达哥拉斯在数学方面的贡献十分优异，他证明了毕达哥拉斯定理（中国称为“勾股定理”）。在医学方面，最有代表性的是“医学之父”希波克拉底（约前460—前377）。他把医学从巫术向科学引导，他坚信各种疾病产生的原因都是生理失调和外界的影响。他是第一个倡导体液学说的人，并依据体液把人分为四种气质：多血质、黏液质、胆汁质和抑郁质。他对医学的最大贡献是“希波克拉底誓言”，以誓言的方式规定了医生的职责和道德，直到现在仍被奉为国际医务道德准则。

亚里士多德是古典希腊科学的集大成者，也是一些学科的开创者。他参与并开创了逻辑学、生物学、物理学、心理学等学科。他是第一个认真研究物理现象的人，汇集其著作的《物理学》一书是世界上最早的物理专著，其中主要是力学方面的研究。

在生物学方面，他的作品中有1/3是关于生物学的内容，并对动物进行了分类。他被后人称为：伟大的生物学家，生物学分门别类第一人，或“生物分类学之父”。他一生研究了500多种动物，亲自解剖、观察的动物不少于50种，基于此掌握了丰富的动物知识。推翻了当时主流的许多观点和看法，例如，大象必须靠在树上才能睡觉，等等。他对动物的观察和解剖的细微，令许多科学家感到折服；他的许多表述直到19世纪才被科学证实。不过，由于他不进行人体解剖，导致了他对人体器官功能的表述有很多错误。由于古典时代科学的局限是多运用演绎法的推理方法，因此错误之处较多。古典时代的科学理论到希腊化时代被广泛应用在实用技术上。

3. 史学

古希腊人在史学方面也取得了十分优异的成绩。在众多的史学家中，希罗多德和修昔底德犹如一对灿烂的双子星座闪耀在古今的历史长河之中。希罗多德（前484—前425），小亚细亚哈利卡尔纳索斯人，曾遍游地中海各地，后居于雅典，为伯里克利好友。该书通篇采用叙述方式，其中一些资料来自于过去史话家的著作，不过更多的是他遍访各地、追寻真相所得。他写的《历史》一书（也称《希波战争史》）共9卷，以希波战争为主要线索，前4卷讲述埃及、巴比伦、波斯、印度、小亚细亚和黑海北岸的历史，后5卷翔实地记载了希波战争的历史（至公元前479年）。他眼界开阔，用理解和友好的方式描述其他民族。在各种事件中，他采取各种方法加以证明，去伪求真，而不是偏听偏信。因此，《历史》被公认为西方现存的第一部历史著作。并且，因为它具有怀疑和批判精神以及其生花妙笔的描述而为千百年来的人们所喜爱，因此人们称希罗多德为“历史之父”。

修昔底德（前460—前395），雅典人，曾任雅典将军，被解职后对正在进行的伯罗奔尼撒战争进行了深入的探究，写成《伯罗奔尼撒战争史》。此书共 8 卷，结构严整，具有十分重要的史料价值。修昔底德治史态度严谨，是西方史学中第一个具有批判和求实精神的史学家。他非常注意用经济因素分析历史事件，在后世享有极高的声望。其他有影响的希腊历史学家还有苏格拉底的弟子色诺芬，他著有《希腊史》、《回忆苏格拉底》等著作。

第三章

希腊化时代的文化

公元前334年，马其顿—希腊军队由亚历山大带领开始远征，先后征服了埃及、波斯帝国，其中包括现在的阿富汗和印度西部的一些地区，建立了一个地跨欧、亚、非三洲的庞大帝国。亚历山大大帝死后，他的部下分别在埃及、波斯故地和马其顿等地建立了三个昌盛的希腊人的王国，即托勒密王朝、塞琉古王朝和安提柯王朝；此外，还建立有类似于帕加马这样的希腊世界的小王国。公元前30年，最后一个希腊化王国灭亡。这长达300年的时间，常常被称作“希腊化时代”。

第一节　希腊化时代文化的含义和产生的历史条件

“希腊化”的提法是“类似原来的希腊人”的意思，是由19世纪德国史学家德罗伊（Droysen）提出来并被广泛接受的，并不是一个古已有之的概念。从文化史的角度来看，希腊化时代的文化，指的是希腊文化在亚历山大征服的地区广泛传播所获取的成果，是征服者和被征服地各族人民一起创造的文化。希腊文化在融合被征服地区特别是古代东方文化的过程中，得到进一步发展，发挥着维系征服地区居民的作用。一方面，在被征服地区转化成型了一个以希腊语言、艺术和知识为主，囊括了波斯和埃及等文化因素的共同文化圈；另一方面，马其顿—希腊军队在征服地区建立统治的同时，希腊文化也征服了被征服地区的文化，使其衰落下去，如两河流域和埃及。亚历山大大帝在位时，十分重视建设新城市，据说在东方建立的以他名字命名的城市就有70座，经考证和发掘核实的也有近40个。

亚历山大的继承者承袭了他的做法。在希腊化时代建立的城市达200多个，其中好多城市的人口在10万人以上，而亚历山大里亚和安条克城的人口各50万。三个王国实行的是东方式的君主专制体制，不过各城市在内务上仍然保留了希腊城邦的许多民主传统，即享受自治权，制定法律。各城市都有自己的公民大会、议事会、市政官员等，城市公民通过这些机构参与城市管理。在教育方面，希腊化时代文化承袭了希腊城邦重视教育和体育锻炼的传统，甚至在一些地方，女子也可以接受学校教育。城市成为来自各个地方市民的集居地，成为非希腊人学习采用希腊文化的中心和媒介。一个城市就是一个文化中心，拥有剧院、神殿和图书馆等，成为诗人、作家、教师和艺术家的繁育沃土，也是普通市民学习的地方。在埃及和叙利亚的城市里，一些当地人成长为精英，他们身穿希腊式服装，口中讲着希腊语，遵循着希腊的习俗。因为人口的迁徙流动日益频繁，贸易的扩大和发展以及采用共同的货币标准等，出现了希腊与近东地区市场一体化的趋势，进一步加强了民族的交流和融合。希腊文明由爱琴海向两河流域和印度河传播，使希腊化世界拥有了一个文化共同体。

希腊化时代文化的发展，首先是多元文化相互交流和融合的利益成果。一方面，统治者重视与异地异族的交流和融合。亚历山大的征服，给东方各地人民带来了杀戮和苦难，同时也带来了不同文化之间的交流。亚历山大逐渐采取融合东西方文化的政策，要求军人娶波斯女子为妻，接受东方的宗教和礼仪等。他的后继者大都承袭了这种政策。在冲突与融合之中，希腊语作为通用语言被征服地的人民所接纳，成为维系诸希腊化王国的纽带。这是希腊化文化形成的关键。另一方面，与西欧封建社会早期“蛮族”人出征古罗马不同，亚历山大征服的国家是东方古代文明地带，当地的文化比它还古老，而且发展水平较高，在某些方面甚至比它还先进。因此，既没有出现“征服者被被征服者的文化所征服”的情况，也没有全盘否定当地文化的现象，而是在相互吸收之中，当地居民对外来的文化有了新的探索的愿望。

其次，新的环境迫使统治者选择了比较适宜当地实际情况的统治方式，且保护和鼓励艺术和学术。希腊化王国的君主们还保持了古典希腊城市的很多民主传统。这对于希腊化时代的兴盛和文化繁荣起了重要的作用。如阿塔鲁斯王朝的君主们痴迷于希腊艺术，雇用了一批当时最著名的艺术家，使它很快成为著名的艺术中心。

最后，希腊化各国经济、文化联系紧密，文化中心对文化的发展起到领头羊的作用，起到集中传播希腊文化和融合异地文化的效果。

除了雅典作为希腊地区的文化中心外，在东方也逐渐形成了更具活力的两个文化中心：帕加马和埃及的亚历山大里亚。这些城市都会聚了大量的希腊学者、工程师和艺术家。这些城市一般都建有图书馆和神殿等，供市民学习、交流和研究之用。如亚历山大里亚，城里有图书馆、博物馆、植物园、天文台和实验室等，藏书量达50万册（一说70万册），是当时世界上藏书最丰富的图书馆。它逐渐发展成为希腊化时期的希腊本土之外，一个最为著名的文化中心。亚历山大里亚的学者利用希腊和东方文化的优秀成果，在天文学、地理学、动植物学、物理学、数学、文学和史学上都取得了斐然的成就，对后世产生了深刻的影响。该文化中心的学术性影响一直延续到基督教时期。这样的经济、政治、人才和图书等条件，为艺术、学术的繁荣提供了保障。

第二节　希腊化时代的文学、史学和艺术

一、文学和历史学

希腊化时代的文学有各种各样的体裁，如喜剧、牧歌、伤感小说、拟曲、散文等。阿波罗·尼奥斯写下的《阿戈尔船英雄记》，是一部具有荷马风格的史诗，主要描述的是伊阿宋觅取金羊毛的故事。提奥克里图斯（前305—前245）创作了诗歌《丰收节》等，热情歌颂田园的美景和牧人的爱情，内

容优美动人，富有感染力，将抒情、写景、叙事熔于一炉。米南德（前342—前291）是雅典著名的戏剧作家，创作的剧本多达105部，不过保留下来的甚少。他为希腊的牧歌（田园诗）奠定了坚的实基础。

《兄弟》和《双料骗子》是米南德的名作，作品以描绘公元前4世纪末的雅典市民的生活为主。他将喜剧艺术推向了自阿里斯托芬之后的又一个高峰。芝诺多德（约前325—前260）是亚历山大城第一任图书馆长，第一次出版荷马史诗鉴定本，其编目直到今天还在使用。波利比乌斯（前200—前118）坚持以目击者（包括他自己的经历）为依据，认真审查材料的来源，力求达到客观性。他的著作反映了希腊化时代总的发展趋势，特别是有关罗马的描述，更具有权威性。

二、城市规划、建筑和雕塑

亚历山大建立的各个新城市的策划，全部按以前惯用的几何学形式进行设计和安排，大体上呈棋盘格式，街道系统也开始独立存在。这种城市规划在近代也有很重要的影响。古希腊原本的城市街道只有12或13英尺宽，而今扩大到18或19英尺，然而在亚历山大里亚的主要通衢卡诺皮克大街则有100英尺宽。总体规划的意识也渗透到建筑概念中去，3层楼房和隆起的穹顶也修建起来了。协调性美学在城市建筑中得到充分的体现。规划师和建筑师在建筑物中创造出金碧辉煌的美学效果，这不仅表现在单体建筑物上，还表现在建筑物之间以及建筑物与场地环境的密切联系之中。如在绵长不断的街道中，高度一致的列柱（主要是比较纤细和华丽的爱奥尼亚式柱子），一眼望去，近大远小，排列有序，自有一种远景的吸引力。受东方建筑艺术风格的影响，希腊化时期的建筑追求宏大、壮观和金碧辉煌的装饰。如建在亚历山大港的法洛斯灯塔高130多米，同样被称为“古代世界七大奇观”之一，而雅典风塔内径7.95米，高12.80米。

雅典奥林匹亚、宙斯神殿等大多是规模很大的建筑。同样被称为“古代世界七大奇观”之一。甚至，连罗德斯岛的太阳神青铜雕像也追求这一风格，雕像修筑12年，高达34米（与纽约自由女神像的高度相差很小）。这个时期雕刻艺术取材广泛、构思缜密、工艺完美，具有区别于古典时代作品的特色。除了表现神和英雄人物的作品之外，裸体妇女、野蛮人、孩子和老人等都被当作有描绘价值的素材，映射了社会的宽容和融合。青铜雕塑《垂死的高卢人》、《杀妻自杀的高卢人》和罗德斯岛发现的《拉奥孔》等都是这个时期的代表之作，影响到后来文艺复兴艺术家的创造艺术风格。不过，有部分人物雕像已失去了古典时期的那种阳刚、自信和朝气。

第三节　希腊化时代的哲学

希腊哲学是西方哲学的本源，意为爱智。对希腊人来说，这种智慧是理性认识，是关于事物的原因和原理的知识。这种独特的哲学思维是在古风时代形成的。遵照古希腊思想家的看法依据，哲学的产生需要如下一些条件：(1) 惊异，就是看到事物有好奇感，有提出问题、追根究底的兴趣和能力；(2) 闲暇，它建立在生产力发展的基础上，使得一部分人能够从繁重的体力劳动中解放出来，从事脑力劳动；(3) 自由，即思想自由的氛围和环境。古希腊城邦时代相对民主和自由的社会环境来说，缺乏系统、严格的宗教教条和宗教伦理，为希腊哲学的产生与高度发展创造了基础。这种思考从开始就表现出与宗教和神话世界观不同的特征与独立性。希腊人从丰富多彩的生产生活中也渐渐认识到了大量的自然现象，并力求从宗教神话之外观察和思考世界万物的本原及其运动的变化和发展的规律。

智者们怀着揭秘自然的热情，较早地开始思考神话世界观所无法解释的各种问题，古典的自然哲学基于此诞生。泰勒斯（前624—前547）是西方哲学史上公认的第一位自然哲学家，他开创了哲学史上最早的米利都派。泰勒斯出生于小亚细亚的米利都望族，早年曾到埃及学习科学技术，回来后从事几何、天文、气象等方面的研究工作，以渊博的学识被列为当时的希腊“七贤”之一。在哲学上，泰勒斯第一个提出了“什么是世界本原”的问题。他认为，万物的本原是水，一切生于水还于水，大地也漂浮在水上。他的这种认知是一种高度的抽象，创立了用自然本身的物质去说明自然的唯物主义世界观，具有重大的革新意义，因此被誉为哲学之父。继泰勒斯之后，他的学生阿纳克西曼德（约前610—前546）看到了水本原说的不足，认为世界万物及其性质的多样性不能被归结为某一特定的物质形态和属性。他指出，水本原可以释义事物的湿性，却不可以说明火的干性、气的冷性；反之亦然。他进一步认为，火、气、水、土的任何一种都不能生成万物，生成万物的本原，只不过是其中的某种中介。他把这种本原称作“无限”，是一种调和各种规定性的中性状态。

一切生于无限又复归于无穷，无穷的变化就构成了万物的产生和消亡，而无穷本身既不能被创造也不会被消灭。这种以无限为始基的思想显然深化了泰勒斯以一物为本的学说，在哲学史上具有重要的意义。

此后，阿纳克西曼德的学生阿纳克西米尼（约前585—前525）又认为万物之源为气，气有稀散凝聚二元对立的运动，基于此产生了自然界的万千变化；阿纳克西米尼还进一步指出，气具有冷热两种不同的性质以及与此相应的聚拢和发散两种对立运动，从而第一次为世界的本原赋予了特定的性质。他们三人虽然各有主张，不过都肯定了物质第一性的哲学原理，是希腊哲学园地里的第一批唯物主义者。他的观点里，火是万物之源，世界处在有规律的永恒运动之中，故此人不可以两次踏进同一条河流，原因是河水川流不息。因此以弗所的哲学家赫拉克利特（约前530—前470），除了主张万物出于物质的自然哲学主张之外，还提出了初步的辩证法思想。前者已去，后者方至，再次踏进亦非故流。除此之外，赫拉克利特还逐渐地意识到万物运动变化的原因在于对立面的斗争，并且相信一切都产生于斗争，故此被称为辩证法的奠基人之一。

除了唯物主义和辩证法之外，唯心主义哲学也开始有了很大发展，其中代表人物是数学家兼哲学家的毕达哥拉斯（约前580—前500）。他将数学理论应用于对自然的思考，认为万物的本原是一种抽象的、非物质的东西“数”，由数而生万物；宇宙的运动也必须服从数学关系等。随着希腊社会生产和文化的繁荣，哲学的内涵、体系也得以进一步发展，渐渐变成一门包罗万象的智慧之学。毕达哥拉斯的观点有助于哲学研究的发展。唯物主义、唯心主义和辩证法思想的相继出现，人类首次摆脱宗教神话观的约束，对宇宙和自然做出的新的探究，标志着古代希腊哲学的诞生。总体来说，希腊化时代的哲学家继承了古典希腊哲学的理性传统，认为受理性支配的人类能够认识受普遍规律支配的宇宙。希腊化世界里出现了四个主要的哲学学派：伊壁鸠鲁学派、斯多葛学派、犬儒学派和怀疑主义学派。

一、伊壁鸠鲁学派

伊壁鸠鲁学派执牛耳者为伊壁鸠鲁（约前341—前270）。他的祖籍在雅典，生于萨默斯岛，36 岁时返回雅典，创办了一所名叫“伊壁鸠鲁学园”的学校，招收男女学生，甚至有奴隶加入。伊壁鸠鲁继承和发展了德谟克里特的原子论，坚持唯物主义哲学。据说他的著作本身，达 300 多卷，不过近乎全部散逸，留存下来的只有几封信和一些作品的片段。他认为，感觉是判断真理的标准。感觉是直接的，无所谓错误，错误只发生在对感觉的判断中。他依据感觉经验，确定物体的存在，进一步发展了德谟克里特的原子论理论。他在《给赫罗多德的信》中补充了德谟克里特有关原子有形状、大小的猜想，认为原子还有重量，提出了原子重量的学说。他进而认为，原子在虚空中有三种运动，提出了原子运动中的偏离学说，从而充实了物质自己运动的思想。

他说：“原子永恒运动，它们一些碰撞后弹跳得甚远，一些则由于为一群具有犬牙交错形状的原子或为它们包围而在同一个地方震动。……所有这一切都是没有开始的，因为原子和虚空都是永恒存在的。”他用唯物论来反对神学，认为在一个原子相互碰撞的宇宙中不存在一个支配万物的神明；还认为，神明或许存在，不过他们不卷入人类事务，人可以改变自己的生活。他对“灵魂”作出了符合原子论的解释，认为灵魂是由热、气、风和一种非常精细的原子构成的混合物，因此人死灵魂灭。伦理学是伊壁鸠鲁的主要研究所在。他把人生的快乐看成是幸福生活的开始和目标，认为幸福生活是人天生的最高的善。他主张增加个人的快乐，但是反对暴饮暴食、玩弄权术和性交等纵欲无度的享受主义，他提出，为了达到快乐，人们应该“平凡地生活”，不该去追求财富、权力和声誉。事实上，伊壁鸠鲁是理性的快乐主义者。

二、斯多葛学派

芝诺（前 335—前 263）是斯多葛学派的开创者。他出生于塞浦路斯岛，青年时代移居雅典，终身在雅典从事教学。因他长期在柱廊的阴凉里讲学，他的学派基于此得名（“斯多葛”意即“柱廊”）。芝诺之后，斯多葛学派主要的代表人物有巴乃修斯、波塞唐纽斯、西塞罗、赛湿卡、爱比克泰德等人。人是宇宙的一部分，拥有充溢于宇宙的逻各斯。斯多葛学派的学说兼有唯物论和唯心论的原因，以重视现实世界为特点，在继承赫拉克利特关于逻各斯学说的基础上，认为理性是客观规律，它支配着宇宙万物，支配着自然界的一切秩序。逻各斯具有理智的行为，可以理解和支配自然界的法则。因为有了理性，所以，不论是希腊人还是野蛮人、自由人、奴隶等都是平等的，都是同胞兄弟。因此人要通过自身具有的理性，面对命运的沉浮，发扬勇敢、谨慎、正义和节制的品德。并且，不同民族的人民都有公民资格，都遵守“大同国家”的法律，这个法律与自然规律是完全相同的，从而演绎出天赋人权、天赋法律和自然道德法则的观念。这些都对之后罗马法的形成产生过影响。并且，斯多葛主义也成为后来基督教的重要源头之一。对此，罗素曾经评论说：“斯多葛主义比起我们以前探讨过的任何哲学派别都更少希腊性。”开始的斯多葛派大多是叙利亚人，而后来的斯多葛派则多是罗马人。

三、犬儒学派

犬儒学派源于苏格拉底的弟子安提斯泰尼，成形于他的弟子第欧根尼（前404—前323）。安提斯泰尼不喜欢诡辩。不过喜欢结交下层民众，演讲用的是普通民众都可以理解的语言。他信仰回归自然，其思想基本上是对现实的否定。很快，他的名声就被弟子第欧根尼所超越。这恰是那个时代人们思想的普遍反映。第欧根尼不但潜心研究他老师的学说，并且力行实践，主动选择朴素、贫困的生活，犬儒学派之得名，就来自于他决心“像犬一样”生活，拒绝接受一切现有习俗。如今，“犬儒”一词具有玩世不恭的意思，不过第欧根尼的言行却与玩世不恭不同，他在追求禁欲主义生活中，热烈追求德行，对于世俗的财富则弃之如敝屣，甚至认为，人唯独对幸运获得的财富无动于衷，才可以真正从恐惧中摆脱出来。犬儒学派重在实践自己信奉的哲学，培养闲逸、冷漠和不动感情，忍受饥饿、寒冷，过禁欲的生活。犬儒主义在当时影响深广，不但影响了对于社会生活感到失望的所谓中下层民众，也影响了很多知识分子，甚至上层的权贵。

四、怀疑主义学派

皮浪（约前365—前270）是怀疑主义的代表人物。据拉尔修说，他曾经到过印度，与当地的苦行僧有过交流，对印度哲学有所了解。怀疑主义学派将其大部分时间花在批评甚至诋毁其他学派的学说上，力图证明那些学说荒谬和缺乏依据。与皮浪有关的最著名的故事是他坐船遇到风暴，同行人异常慌张，只有皮浪镇定自若，他指着船上一头正在吃食的小猪说：“这就是智慧之人所应具有的宁静状态。”皮浪认为，事物难以认识，是非无法判断，因此要对现实漠不关心，以求心灵的安静。他崇拜荷马，原因是荷马有这样的诗句："人的生命就像树上的叶子。"他还引述《荷马史诗》中揭示人的反复无常、徒劳无功和幼稚愚蠢的章节段落，借此表明他的人生态度。皮浪之后，他的弟子以及大部分怀疑论者，主要有腓洛、赫卡泰乌和蒂蒙等人。怀疑主义并不是希腊化时代独有的精神产品，不过在那个时代，怀疑主义却和犬儒主义、斯多葛主义以及伊壁鸠鲁学说，共同构成人们精神生活的主要社会思潮，映射着不稳定、动荡的希腊化时代人们的精神状况。

第四节　希腊化时代的科学

希腊化时代的科学是古典希腊科学技术的继承和发扬，达到了西方古代世界科学技术的巅峰，是 17 世纪之前西方科学史的辉煌时代。其影响深远。在天文学方面，它以希腊的自由和理性思想为主导，综合了古代的东方特别是古埃及和古巴比伦天文学的研究成果等加以进一步发展。

阿里斯塔库斯（前 310—前 230）提出了太阳中心说，这比哥白尼的日心说早了 1700 年。他认为太阳的直径要比地球的直径大，因此地球绕着太阳而动，而不是相反转动，所以，月光是月亮对太阳光的反射。他所著的《论日月的体积和距离》一书流传到现在，记录了他的观测。希帕库斯（约前 185—前 120）在具体的天文研究中建树颇多。他发展了天体运行学说，认为可以用具体数据和机械原理来说明天体的行踪。他确定回归年的长度为 365 日 5 时 55 分 12 秒，比实际数只多出 6 分钟，是西方古代最精确的计算。他还发明了天文仪。托勒密（85—165）测算的月亮离地球的平均距离比希帕库斯的要更接近现在测算出来的数值，并认为太阳和行星与月亮一样绕着地球运转。这一思想的影响持续到了哥白尼提出的"日心说"后，才逐渐被消除。在数学方面，欧几里得（约前 320—前 270）与阿波罗尼厄斯、阿基米德一起，被誉为希腊三大数学家。《几何原本》是欧几里得的代表作，它集希腊古典数学之大成，构造了世界数学史上第一个宏伟的演绎系统，并且使几何学逐渐成为独立发展的正式学科体系。

它是除了《圣经》之外翻译的语言最多和印数最大的一本书。直到现在它仍被西方高等学府用作教材，以及阿波罗尼厄斯（约前 247—前 205）和阿基米德（前287—前212）研究出立体几何和正侧曲线理论。然而天文学家希帕库斯和其他学者创立了三角学。从阿基米德开始，算术和代数开始成为一门独立的数学学科。与此同时，他也是一位物理学家，杆杠原理和浮力定律便是他发现的。他用数学上的穷竭法把圆周率的计算精确到3. 1428571和3. 1408451之间（实际值为3. 1415927）。在地理学方面，埃拉托色尼（前275—前195）著有《地理学》一书（已失传），建立了科学地理学的完整体系，从科学的角度阐述了自然地理现象。他将地球分成多个气候带，画出一幅当时所探明的地球情况的地图，上面画有经纬线，并标出五个地带：两个寒带、两个温带和一个热带。他认为，海洋是相连的，人们可以沿着同一平纬圈从西班牙坐船直到印度，从而准确地推测出地球是圆的。除了地理学之外，他对数学、哲学、文学和史学都有精深造诣，是一个文理皆通的天才科学家。不过，他的地理学的许多见解不为世人所接受，希腊人还是无法脱离天地迥别的想法。

第四章

罗马时期的文化

古罗马历经千余年，孕育了辉煌灿烂的古代文化，为丰富世界文化宝库做出了巨大的贡献。然而，罗马文化并不是罗马人独自创造的文化，而是在外来文化的影响下，罗马国家各民族共同智慧的结晶。公元前 3 世纪中叶，古希腊文化开始直接影响罗马。共和初期，罗马人在生产技术、建筑工程、宗教信仰和艺术风格等方面都受到当时先进的伊达拉里亚文化的影响，并且间接地接触了希腊文化。100 年之后，即罗马征服整个巴尔干半岛之后，希腊文化大规模地传入意大利。受过良好教育的大批希腊人被当作奴隶带到罗马，给罗马奴隶主贵族充当家庭教师、医生、仆人、建筑师、乐师，等等。奴隶教化了主人。这些希腊人为罗马文化的形成做出了杰出贡献。

与此同时，大量希腊艺术品被视作战利品运到罗马，各类哲学、文学和科技著作也渐渐地流向罗马，为罗马人所吸收和借鉴。因此有人说，在罗马征服希腊的同时，希腊也在文化上征服了罗马。除此之外，罗马对地中海沿岸地区，如西亚、埃及、迦太基进行征服和统治的同时，也将东方文明带入了罗马。当然，罗马对外来文化，尤其是希腊文化的吸收并不是盲目的，而是取其精华，去其糟粕。唯其如此，罗马文化才得以既继承希腊传统，又保持民族特色和独立发展；罗马文化也才得以与希腊文化共同构成西方文化的古典传统。

第一节　罗马时期的文学

一、古罗马文化的渊源

1. 历史地理环境

意大利位于地中海中部，是一个靴形半岛。这里属地中海类型，气候温和，降雨充沛。意大利海岸线虽长，不过较为平直，良港较少，沿海岛屿很少，航海条件不如希腊优越，不像希腊城邦一开始就以海洋联系来发展自身。然而，意大利占据着控制整个地中海区域的战略地位，从海上可以南连非洲，西及如今的法国和西班牙，东通希腊、小亚细亚和叙利亚，是通达欧亚非三洲的重要之地，这也为罗马文化的崛起提供了很好的地理条件。

2. 伊达拉里亚文化

伊达拉里亚是一个神秘的民族，其文字到现在也尚未释读成功，对其来源的研究，学界尚无定论。公元前 6 世纪，伊达拉里亚臻于鼎盛，其势力范围由意大利北部扩展到南部的坎佩尼亚，因此在罗马兴起之前，伊达拉里亚文化是意大利半岛上最为丰富的文化。伊达拉里亚文化直接融入早期罗马文化，在生产技术、工商业、城市建筑、城邦制度、宗教习俗等方面，对罗马文化的兴起也起到了十分重要的作用。伊达拉里亚人吸纳古代东方和希腊的文化，已经创造了较高的文明，且农业水利发达，工商业兴盛，擅长冶金工艺，在海外贸易中有金银细工器物大量外销。在政治制度上，伊达拉里亚是由 12 个城邦国家组成的联邦体制，政治上采用贵族政体，阶级关系盛行保护制，这对罗马共和时期的政治体制起到了影响作用。在社会的生活习俗方面，诸如罗马的王和执政官的服饰、仪仗、凯旋仪式以及角斗等都源于伊达拉里亚。早期罗马王权的象征，包括王冠、权杖、王袍、王座以及著名的“法西斯”均来自伊达拉里亚文化。所谓“法西斯”（fasces），是指国王的扈从所携带的短棒和斧头，用以执行国王发出的处罚令，并基于此引申出了后来的“法西斯主义”一词。有关“法西斯”的最早实物就出自伊达拉里亚的墓葬。古罗马著名的凯旋式最初源自伊达拉里亚宗教中的崇拜天神朱庇特仪式。罗马贵族典型的中心庭院式住宅，以及罗马人典型的服装宽大的长袍也是伊达拉里亚人的发明。在宗教方面，罗马人的朱庇特神庙，是依据伊达拉里亚人的神庙设计的。特别需要指出的是，罗马人创造的拉丁文字虽然最终受到希腊字母文字的影响，不过并不是直接取自于希腊，而是取自伊达拉里亚人参照希腊字母创造的伊达拉里亚文字。基于此而产生的拉丁字母，成为后来欧洲多种文字的基础。

3. 希腊文化

公元前8—前6世纪，希腊人在南意大利建立了许多殖民城邦，将希腊的社会政治制度、工艺技术、精神文化传播于意大利，使罗马文化在起源上成为希腊文化的后继。这些先进希腊城邦对古罗马文化的兴起具有深远的影响。最初，罗马人接受伊达拉里亚人的文化，统一意大利以后，又在半岛的南部与希腊人的文化接触。罗马人虽然军事强大，但是在文化上却远远落后于希腊人，他们遂以希腊为师，对希腊文化加以吸收利用，甚至在生活方式、衣着服饰等方面也以希腊人为榜样。公元前3世纪之后，罗马出现了希腊热。许多希腊人移居罗马城，充任使节、教师、医生、商人。罗马人在欧洲的活动范围远比希腊人广阔。罗马帝国统治是以武力征服而实现的，在武力征服的同时，希腊文化也便借助罗马人的武力从南欧逐渐传播到了欧洲的广大地区。因此，罗马权力的每一次扩张。都播撒了希腊文明的酵母。经过几个世纪的罗马统治，希腊文化便深深地植根于西欧，并基于此奠定了作为欧洲传统文化的地位。

二、古罗马文化的特征

罗马文化是西方古典文化的重要组成部分，它与希腊文化有着千丝万缕的历史联系。不管是在宗教、科学、哲学，还是在文学、艺术等方面都能够清晰地看到希腊文化的影响和印记。不过，罗马文化绝不是对希腊文化的简单模仿和承扬。它在继承和发扬希腊文化的同时，也表现出自身的文化特点：

第一，朴实淳厚、诚实守信的民族特性。前者严肃、质朴、坚忍、勇敢、虔敬、爱国、守纪，但是又有一些固执、粗暴，缺乏想象力；后者活泼、奔放、善辩，崇尚智慧、爱好自由和理想之美，不过又有点多情、散漫和不切实际。罗马人与希腊人即使同是西方古典文化的创造者，但是在民族精神上却有很大差异。前者热衷于文治武功的实践，后者擅长于创造性的理论思考。罗马人的民族精神中首要的表现是：质朴务实的传统美德。罗马人是一个农业民族，在很长的一段时间内都保持着一种浑厚质朴、勤恳务实的民风。人们衣着俭朴、饮食简单；元老们在议事厅开会时，坐的是硬板凳，冬天也不生火。身穿华美衣服和使用豪华桌子的人会受到监察官的声讨。早期罗马人不但质朴尚俭，而且大多保持着诚实清廉的美德。在罗马民族精神的影响下，质朴务实成为罗马文化最重要的特点。

第二，注重秩序和纪律的法治观念。出于维系庞大的帝国集权制经济和政治的需要，罗马帝国十分注重法学理论和很多法律的制定，从公元前450年制定《十二铜表法》到公元6世纪查士丁尼皇帝编成《民法大全》，罗马法历经千年积累，内容丰富、义理精深，形成了古代社会最为发达和完善的法律体系。罗马法对后世的影响深远，它的许多内容被近代和当今世界各国所借鉴和使用。

第三，现实主义和求实致用。罗马人是一个讲究实际的民族，他们忙于现实的创造，致力于军事和政治的建设，但在哲学、文学和史学方面与希腊人相比稍显逊色。不过，罗马人始终以开阔的眼界，广泛吸收其他民族尤其是希腊人的文化成果。罗马文化的一大特色就是讲求实用性，这充分体现在罗马人对自然科学研究的重视上。并结合罗马的现实情况，逐渐形成了具有罗马特色的文化。罗马时期的科学技术成就表现在两方面：一是将希腊古典时代以来的科学知识更加系统化，一些学科形成了精深而又有创新的理论体系；二是重视科学知识在生产领域的实际应用，使得与人们生活密切相关的农艺、建筑、军事、医学、工程技术、城市建筑等实用科学技术都达到古代世界的最高水平。

三、古罗马文化的成就

古罗马文化一般分为两个时期，也就是共和时期（前509—前30）和帝国时期（前30—476）。

1. 发展阶段

共和时期的罗马文化成就，主要表现在文学、史学、建筑等领域。在文学和史学方面，拉丁散文的开创者当推老伽图（前234—前149），他曾经用拉丁文写过一部罗马历史《创始纪》，现在只保留有残篇。共和国晚期文学家和雄辩家的代表人物是西塞罗（前106—前43）。西塞罗的文体被誉为拉丁文学的典范，对罗马帝国时期和后世的西方产生了很大的影响。恺撒（前102—前44）在罗马文学与史学两方面均占有重要地位，其《高卢战记》和《内战记》是研究公元前1世纪中期罗马历史以及高卢、日耳曼历史的珍贵文献。波里比阿所著《通史》主要讲述了罗马与迦太基之间的“希腊化”各国的历史。

建筑方面，罗马建筑收纳伊达拉里亚和希腊建筑艺术的成果，广泛地采用柱廊式并饰以各种雕刻绘画，除神庙之外，还大规模地兴建各种公共建筑物，如剧场、会堂、桥梁及凯旋门等。恺撒广场及其周边的建筑群，能够看作共和时代建筑艺术成就的一个缩影——公元前1世纪中期罗马的朱里亚。帝国时代的罗马文化成就主要表现在自然科学、法学、史学和文学艺术等领域。在自然科学领域，各种应用科学和综合性研究的成就比较突出。农艺学方面，科路美拉写成《农业论》（12卷），涉及了农牧业生产技术和管理经验，对中世纪的庄园管理有过重要的影响。名医盖伦（129—199）在解剖学、生理学、病理学及医疗学方面有所发现。托勒密（85—168）的《天文集》（13卷）集地心说之大成，建立了地心说的体系，谬说流传颇为深远。老普林尼（23—79）所著《自然史》（37卷）是当时的一部包罗万象、广博宏富的百科全书，论及天文、地理、动植物、农业、矿物、医学、冶金等方面。在史学方面，帝国时期涌现了不少著名史家和历史著作。李维（前59—17）的名著《罗马建城以来史》（又名《罗马史》）描述了公元前754—前9年的罗马史。塔西佗（55—120）的《日耳曼尼亚志》是关于日耳曼诸部落的政治、经济和社会生活情况的比较详细的记录。阿庇安（95—165）所著的《罗马史》，记述了从罗马建国至图拉真统治时期的历史。在法学领域，帝国时代罗马的法学研究和法典编纂的工作较为兴盛。

公元1世纪，法学家就开始对罗马法进行了整编、分类和注释工作。前者包含公元2—3世纪末的皇帝敕令，后者包含这以后若干年的法令。公元3世纪，法学家编成了《格列哥里安法典》与《赫尔摩格尼安法典》。438年，狄奥多西二世颁布了第一部正式的法典——《狄奥多西法典》，囊括了公元4世纪初以来的皇帝法令，共16卷。之后东罗马帝国皇帝查士丁尼终于在前述基础上编成了《民法大全》（又称《查士丁尼法典》）。罗马法对后世欧美各国的法律产生了巨大影响。文学艺术方面，奥古斯都时代被称为罗马的“黄金时代”，歌颂皇权、炫耀国威、粉饰盛世的作品占有很高的地位。著名诗人有维吉尔、贺拉斯、奥维德。维吉尔（前70—前19）在史诗《埃涅阿斯记》中赞颂罗马，把奥古斯都想象为罗马的模范人物和特洛伊战争中神话英雄埃涅阿斯的后裔。贺拉斯的《颂歌》堪称抒情诗的榜样，歌颂奥古斯都的人格及其生平事业。奥维德（前43—公元17）擅长爱情诗，其代表作是《变形记》。

罗马的建筑艺术在帝国时期也获得很大的发展。罗马城堪称壮丽宏伟的城门，以及许多宫殿、凯旋门、纪功柱等。罗马宏伟雄壮的建筑及其艺术装饰对后世艺术有很大的影响。

2. 形成阶段

早在王政时代，罗马人就依据希腊字母创造了拉丁文字。但是，直到共和国初期，罗马尚无文学创作，只有一些自古相传的民间文艺活动。公元前3—前2世纪中叶，是罗马文化的最后形成阶段。这时罗马已由一个蕞尔小邦转变成为地中海霸主，其文化也渐趋成熟。准确地说，最初的文学家不是罗马人，而是希腊人。这一时期罗马文化的最大成就体现在罗马文学方面。正是这些希腊奴隶将希腊文学作品翻译成拉丁文，始为罗马文学创作的滥觞。

这方面的代表人物就是被称为“罗马第一位诗人”的李维乌斯·安得罗尼库斯（前284—前204）。安得罗尼库斯是南意大利的希腊移民所居住的城市，城亡后沦为罗马人的奴隶。此后，由于文学上的成就而获释，安得罗尼库斯成为罗马公民。他第一个将荷马史诗《奥德赛》译成拉丁文，这是罗马第一部文学教材。

尼维阿斯（前270—前201）是第二位罗马诗人。他是坎佩尼亚人，一生翻译过无数部希腊悲剧和喜剧，也曾自己创作喜剧。由于他的喜剧讥讽了罗马权势者，因此他本人遭到监禁和流放，并死于北非。尼维阿斯的最大成就是在史诗创作方面。他的创作开启了罗马文学创作的一个新方向：以文学形式记述罗马的伟大业绩。他的7卷本史诗《布匿战争》以希腊式诗体记述第一次布匿战争，对以后的维吉尔影响颇深。

埃尼乌斯（前239—前169）是卡拉布利亚人。他曾经模仿荷马史诗而作《年代记》，叙述从传说时代至公元前2世纪的历史，不过第二次布匿战争显然是该书的主题。现今该书只存残片。埃尼乌斯不但有史诗巨著，也有悲剧、喜剧和教谕诗作品。他被后世称为“罗马诗学之父”。

以上三位人物的创作表明，罗马文学先是以希腊为师，多受希腊影响。然而罗马之于希腊，不但模仿其文学形式和技巧，更得其现实主义和人本主义精神。这就是罗马文学起步较晚、发展较快的根本原因。

3．成熟阶段

这一阶段的主要代表人物有普劳图斯、泰伦提乌斯、恺撒和西塞罗。罗马喜剧作家普劳图斯（前254—前184）与李维乌斯仅一代之隔，不过其作品却比较成熟。普劳图斯出生于罗马北面翁布雷亚山区的一个平民家庭，曾在剧场干过杂工，后来经商，失败后又到建筑工地开踏车。这些经历使他在思想感情上与下层人民更加贴近，为他的戏剧创作提供了丰富的素材，也使他的喜剧深受群众欢迎。他是一位多产剧作家，传说一生剧作130部，有21部流传到现在。

普劳图斯的剧作多为生活喜剧，情节不外乎情爱、财产纠纷。他的《吹牛的军人》描绘一位机智勇敢的奴隶帮助被军人霸占的妓女重回爱人怀抱，他自己也摆脱了军人的奴役。《孪生兄弟》描写一对孪生兄弟幼年失散、之后重逢的经过。剧中情节活跃，语言生动俏皮。《一坛黄金》描写一位贫穷而诚实的老人偶得一坛黄金，欣喜之余又怕被人偷去，因此而坐卧不宁，直到将其作为嫁妆送给女儿，才摆脱了沉重的精神负担。剧中人物刻画细腻，性格鲜明。《商人》讲述好色的父亲把儿子从外地买回的美丽女奴据为己有，从而引起一场父子纠纷。情节离奇，语言夸张，揭露了奴隶主贵族腐朽的阶级本性。

普劳图斯唯一的神话喜剧《安菲特里翁》，描绘天神宙斯趁地上国王安菲特里翁出征的时候，化作国王形象与王后阿尔喀梅娜约会。该剧讥讽了罗马统治阶级所标榜的理想道德的虚伪性。普劳图斯的喜剧语言丰富，以修辞学见长，体现了希腊化时代新喜剧的主要特点，又将其与意大利民间滑稽剧有机地结合，表现出罗马文学在希腊影响下已走向成熟。他的喜剧多为诗剧，格律丰富多变，是了解罗马早期诗歌发展脉络的重要材料。他塑造的典型形象，如吹牛的军人、江湖医生、贪婪的老鸨、机智风趣的奴隶、吝啬的老头等对后世的作家如莎士比亚、莫里哀产生很大的影响。

在文艺复兴时期，他的剧作被再一次搬到舞台，受到人文主义者的重视和群众的欢迎。

泰伦提乌斯（前190—前159）是继普劳图斯之后并与之齐名的喜剧作家。他的出身更加卑微，是北非罗马元老的家生奴隶。主人由于欣赏他的才智而让他接受与自由人同等的教育，并恢复其自由。因为主人显贵，他得以跻身于上流社会，得到了以大贵族小斯奇比奥为首的文化集团的庇护。受到少年的良好教育与成年时社交圈子的影响和熏陶，使他的文风高雅纯净，不过文学语言却失去了普劳图斯的通俗性和生动性。他的创作活动代表斯奇比奥派的文化观点。对希腊的推崇和模仿多于对罗马民间传统的应用和发掘，因此在二者的结合上就不如普劳图斯完美。泰伦提乌斯英年早逝，剧作很少，传世的仅有6部，其中《婆母》和《两兄弟》为其代表作。他的作品多是通过父子、婆媳、兄弟之间的关系反映老少两代人之间的矛盾。此后，罗马再也没有产生过伟大的喜剧作家。

老一代固守古代农业社会风尚与道德标准，新一代则要求自由奔放的生活。泰伦提乌斯的剧作对人物的刻画和塑造保持了新喜剧的特色。而剧中人物最著名的一句话“我是人，人所具有的我都具有”，更是被当作罗马人文主义思想成熟的标志。文艺复兴时期，人文主义者接受并发展了这一观点，到现在仍传诵不绝。泰伦提乌斯的喜剧也是文艺复兴时期作家们竞相模仿的样本。

恺撒（前101—前44）是罗马历史上叱咤风云的人物，一度担任集政治、军事、司法、宗教权力于一身的终身独裁官，奠定了专制政体的基础。他的军政生涯这样光辉夺目，以至于人们常常忽视他在文学上的成就。事实上，他出身于朱里亚望族，幼时受到良好的教育，年轻时师从希腊修辞学大师，得亚狄加派之精髓，其文风单纯朴素、平铺直叙，一反雕琢细巧、辞藻华丽的时尚。他的文学著述分为演说词和散文两部分，皆与当时的政治、军事有关。《高卢战记》共8卷，前7卷出自恺撒之手，第8卷为史学家希尔提斯之续作；恺撒的散文传世者有《高卢战记》和《内战记》两部。

《高卢战记》叙述恺撒经营高卢的始末，记载了他对高卢人、日耳曼人所进行的一系列战争以及他两次入侵不列颠岛的经过。全书上下联贯，一气呵成，没有一行称赞自己的词句，却又时时刻刻都在塑造自己的伟大形象。此书文笔优美、流畅，雅俗共赏，老少咸宜，成为罗马家喻户晓的作品。连他的政敌西塞罗也称它“值得最高称赞，因为它文风简朴，不事雕琢，直率而优美”。《高卢战记》在文艺复兴以后成为人们学习拉丁文的启蒙读本。

《内战记》分为 3 卷，记录他战胜庞培及其党从的过程。篇幅短小精悍，简洁明了。恺撒写作的本意虽有政治宣传之嫌，然而其散文创作却为罗马文坛带来了一股清新之风，具有很高的文学成就。

西塞罗（前 106—前 43）是与恺撒同时代的演说家、修辞学家和文学家，其文学成就比恺撒更加显著。他出身于拉丁姆骑士家庭，曾经在公元前 63 年任执政官，任期结束后进入元老院，成为共和制度的捍卫者，但是之后惨死于对头之手。西塞罗的著述传世者很多，有 57 篇演说词和 900 篇书信。著有《控诉伯利斯》、《反对卡提林》、《反对安东尼》、《论司令官格涅乌斯培》等。演说是罗马政治斗争的有力武器。西塞罗也曾赴希腊拜师学艺，汲取亚狄加派之精华并将其融入罗马传统，逐渐形成了自己的风格：精心雕凿与自然流畅相结合，行文结构严谨，词汇优雅，句法整齐。西塞罗的散文代表了罗马文学的最高水平，被后世奉为拉丁文学典范，其本人也荣获“拉丁散文泰斗”的桂冠。他的散文包含了政治、哲理、伦理、园艺等各个方面。

奥古斯都成为罗马帝国第一任皇帝之后，帝国进入了长期的和平发展阶段，经济繁荣，百业兴旺。

为了确保国家长治久安，奥古斯都大力推行复古、尊古运动，加强专制。文化政策上，在加强审查和管制的同时，也拉拢宠幸诗人，而诗人则为皇帝歌功颂德，粉饰太平。罗马诗歌经过数百年的发展，此时已臻巅峰，产生了维吉尔、贺拉斯和奥维德等伟大诗人。

维吉尔（前 70—前 19），是罗马文学史上最卓越的诗人。参加过恺撒的军队，后来在那不勒斯乡间定居，是早期奥古斯都延揽的诗人之一。他的早期作品《牧歌》，是模仿希腊田园诗而作。《牧歌》刚刚面世便在诗坛引起轰动，并受到奥古斯都的重视。《牧歌》共 10 篇，描绘田野自然景色和恬静优美的乡村生活，反映了人民对和平生活的向往和青年男女对纯洁爱情的向往，既带有浓烈的乡村气息，又带有坚定的哲理意趣。公元前 37—前 30 年，维吉尔受到麦凯纳斯文化集团的委托，写了《产事诗》。诗人描述了带有浓郁泥土味的农业生活，称颂了劳动人民的辛勤、伟大及意大利的田园风光，表达出他对乡村生活的热爱。从公元前 29 年开始，维吉尔把全部精力投入史诗《伊尼阿特》的创作。该诗共 12 卷，近万行。维吉尔模仿《荷马史诗》的体裁，向世人讲述动人的故事：特洛伊被攻陷之后，伊尼阿斯逃到西西里，受到神祇阻挠，迫于风暴不得不去北非古城迦太基，与女王相爱结婚。

不过由于神命所遣，忍痛离开迦太基，奔赴意大利，致使恋人悲愤自杀。伊尼阿斯终于来到拉丁姆，得女巫之助游历阴间。亡父向他预示未来之事。此后，拉丁姆王拉丁努斯盛情款待伊尼阿斯，并以女儿相许。不过婚事遭到鲁图利亚王图尔努斯嫉恨。他就是罗马人的祖先，也是罗马的开国之君。伊尼阿斯杀死了图尔努斯。《伊尼阿特》取材于意大利民间传说，以称颂罗马祖先的丰功伟绩为主题，激发罗马人的爱国精神，是罗马民族的史诗。读者很容易体会到传说的现实含义。主人公伊尼阿斯虔诚、勇敢而又慈善，是理想的罗马英雄形象；伊尼阿斯是维纳斯女神之子，在世系上是朱里亚家族的远祖，因此恺撒和屋大维都是女神后裔，奥古斯都的统治乃天命所归。这部史诗与《荷马史诗》有很多相似之处，然而与《荷马史诗》相比之下，它显得严肃、深沉且更富有戏剧性。其中的战争和搏斗场面惊心动魄，情爱缠绵之处则催人泪下，彰显了作者博大精深的诗才和功力，其文学成就和宏伟气魄可与《荷马史诗》相媲美。《伊尼阿特》问世后被译为各种欧洲文字，对古典主义和文艺复兴文学产生了巨大的影响。

贺拉斯（前65—公元8）是罗马讽刺诗人的代表、抒情诗人和文艺批评家。他出生于南意大利的维努西亚，是释奴的儿子，从小受到良好教育，年轻时赴希腊深造，回到罗马后以写诗为业。他的诗长于短歌抒情，传世之作有《颂歌》4卷、《讽刺诗集》2卷18首和《书札》2卷。《书札》中有一封诗体信，是贺拉斯对皮索父子提出的一些文艺问题的回答，称为《诗艺》。《颂歌》是贺拉斯的上乘作品，内容广泛。其中最动人的是那些歌咏田园乡村的优美恬逸、人情的温馨、道义的崇高的诗章。他主张罗马新诗歌应该以希腊古典为形式，以民族精神为内容。在文艺创作上，他继承亚里士多德的现实主义文艺传统，倡导以理性为标准，创作要合情合理，寓教于乐。《诗艺》在西方文艺理论史上占有重要地位。贺拉斯在吸纳希腊文艺理论成果的基础上，提出了一整套古典主义创作原则，对后世影响很大。

奥维德（前43—公元17）是奥古斯都诗坛的第三颗明星。他出生于中意大利图尔沙的一个古老骑士家庭，接受过良好教育，擅长写爱情诗。他的3卷本《情诗集》是成名之作，很受年轻人欢迎。

他的《爱的艺术》和《淑女书简》确定了他在罗马文学界情诗奇才的地

位。奥维德对爱情故事大胆地描写触犯了奥古斯都“澄清风俗”和“恢复古风”的政策，以至于他晚年被流放于黑海之滨。在流放期间，他完成了15卷《变形记》。该书成为罗马文学中最受欢迎的作品。它讲述了数百个神话故事，都是以其主人公最后变为飞禽走兽、花木神异之类为结局。奥维德的创作手法狂放、怪诞、大胆、直率、不同凡响，大大丰富了古典文化。奥古斯都时代的文学虽然处于专制之下，尚可以以其爱国主义而大放异彩，但渐渐加强的专制断绝了古典文学赖以生存的自由民主土壤，出现了万马齐喑的征兆。因此，奥古斯都以后，古典文学渐趋颓靡。虽然罗马文坛不乏名家高手，不过再也没有像维吉尔、贺拉斯和奥维德那样伟大的诗人。帝国初期的唯一文学建树就是对共和以来文学的总结。

昆体良（35—100）是一位修辞大师，他的12卷本《修辞学教程》不但是一部文学教材，而且是一部介绍古典传统的百科式读物。因此，当这部名著于文艺复兴时期在一座修道院的故纸堆里被发现时，立即博得了文化界的欢呼。它将共和以来文学修辞的优秀成果加以总结，不但系统地阐述了文学培训和理论，还将古典的道德理想和价值观念传留给后世。值得一提的是，随着城市的繁荣和商业的兴旺，出现了一种市民文化。这种新的文化孕育了一种新的文学体裁——小说。其中代表作是《金驴记》。这是一部长达20万字的拉丁文学著作。它的作者阿普列尤斯（约125—180）出生于北非的官吏之家，曾遍游埃及和希腊各地，最后定居于迦太基。

《金驴记》采用市井小民的语言叙述希腊民间传说，描绘一个希腊少年路克优斯由于迷恋巫术，误服魔药，变为一头毛驴，开始遭遇苦难，阅尽人间奇闻逸事，最后被埃及女神爱希斯所救，恢复人形。这部小说保持了民间故事的风格，其间穿插了不少流行的小故事。叙述生动、诙谐，雅俗共赏，渗透着商人的文化色彩。它是罗马文学中最完整的小说，为欧洲长篇小说奠定了基础。

第二节　罗马时期的哲学和法学

一、哲学

罗马哲学的主要功绩在于对希腊哲学的继承和发扬。公元前3—前2世纪，各种希腊哲学流派流行于罗马，其中斯多葛学说影响最大。不过，与希腊人相比，罗马人更讲究实用。因此，哲学家倾向于调和各派哲学思想，择其可用之处为罗马理想服务。这就是罗马哲学领域里的折中主义，以西塞罗为典型代表。西塞罗竭力歪曲和反对伊壁鸠鲁的原子学说，在他的观念里世上本无虚空，也无看不见的原初物体——原子。他留存于后世的哲学著述有《论善恶之定义》和《论神之本性》。在认识论方面，他将斯多葛派的观点和柏拉图的回忆说掺杂起来，认为一切真实的知识只是不朽的灵魂对理念的“回忆”；但是同时他又接受怀疑论，认为事物是不可知的，对任何事物都不可以判断“是”与“否”。

在灵魂与肉体的关系上，他又搬用毕达哥拉斯和苏格拉底的观点，认为灵魂是不灭的、崇高的，而肉体以及肉体的快乐则是低贱的。基于此，他提出禁欲主义观点，作出推论：人要顺应自然，豁达知命，节制肉体快乐，追求美德和心灵静谧之乐。西塞罗在哲学上产生的影响，主要是以生动的拉丁语言将希腊哲学思想通俗化，这有利于罗马人对希腊哲学的了解，促进了罗马哲学的发展。

罗马共和末期的唯物主义哲学家是卢克莱修（约前99—前55）。其生平已无从查考，留存于世的只有一部洋洋数十万言的6卷本诗《物性论》。他承袭并发展了德谟克里特和伊壁鸠鲁的原子唯物主义。卢克莱修认为，任何事物都不是由神的意志从无形中产生出来的，任何事物都不可能消失为无，也就是说，物质是永恒的。原子是肉眼看不见的，不过却是真实存在的，是组成一切物体的基本粒子，即原初物体。自然界的物质可以分解为不能再分解的物质微粒，即原子。自然界除了原初物体之外，还有一种虚空。因为，如果没有虚空，世界会塞满物体，那就不会有运动。他基于此而得出结论：全部自然由物体和虚空组成。卢克莱修还区分了灵魂和精神。他认为，它们都是物质，由极其微小的原子构成。精神所在地是胸的中央，灵魂则分布于全身。精神和灵魂与躯体同生死，因此那些灵魂不死的学说是荒诞可笑的。

他还认为，运动是物体的本性，而原子的偏离运动是世界万物的形成原因。他用偏离运动证明人的自由意志，认为人的命运不是由天命决定，而是由自己的意志支配。万物都受自然界所固有的规律支配，“神的威力也不可以抗拒自然的命令”。万物绝不是神力创造，而是由“自然”创造。卢克莱修从这种无神论观点出发，对宗教进行了猛烈抨击。他认为，宗教是使人贫困和犯罪的根源。他表示，自己要继承和发扬伊壁鸠鲁的学说的原因，就是要“解开束缚着人们心灵的宗教锁链”。但是，由于历史条件和阶级的局限，卢克莱修尚未认识到宗教产生的根源，也没有找到消灭宗教的途径。在认识论方面，卢克莱修继承了德谟克里特和伊壁鸠鲁的“影像说”，认为每一个物体的表面不断地放送出这一物体的影像。影像接触我们的感官，基于此产生了我们对这一物体的视觉、听觉、味觉等感觉。感觉是认识的来源。在社会历史观上，卢克莱修认为，人类社会是发展变化的，地球上最先出现植物，之后才有动物和人类。人类最初也和动物一样，过着野蛮的生活。经过漫长的岁月，人类才逐渐学会用火，制造工具，进入文明时期；再往后，又产生了家庭、国家、法律等。历史是不断进化的，旧事物应该给新事物让位。《物性论》在当时的自然科学发展的基础上，以大量生动的事例论证了原子唯物论。

因为德谟克里特和伊壁鸠鲁的著作大量散失，《物性论》成了研究希腊罗马原子论的重要著作，对近代唯物主义和自然科学的发展产生了深远的影响。卢克莱修与西塞罗在哲学上的对立，代表了古代罗马唯物主义与唯心主义之间针锋相对的斗争。

在卢克莱修之后的另一位唯物论思想家是卢西安（约 120—190）。他有著述 70 余篇，其中以《神的对话》、《冥间的对话》、《佩雷格林之死》、《亚历山大——假预言者》最为著名。卢西安出生于幼发拉底河畔的一个手工业者家庭，原籍是叙利亚。卢西安是一位无神论者，擅长用喜剧性的对话题材，被恩格斯称为“古希腊罗马时代的伏尔泰”。他积极拥护德谟克里特和伊壁鸠鲁的原子唯物主义，反对以柏拉图主义和斯多葛主义为代表的唯心主义。他把那时候的唯心主义哲学家称为“吹牛的人”“骗子”“傲慢者”“各种各样的坏蛋”。他的杂文深刻而俏皮地批判了当时流行的宗教，包括希腊罗马的宗教、东方各种宗教和基督教。比如，他的《佩雷格林之死》就揭露了流氓无赖是如何利用基督教进行欺骗讹诈的。

罗马帝国早期，盛行新斯多葛主义。与早期斯多葛主义相比，新斯多葛主义偏重于宗教伦理思想，但是对人生伦理问题也作了颇为深刻的思考。它的奠基者是尼禄皇帝的老师塞涅卡（约前 4—公元 65），在罗马宫廷中有较大影响。他有一句名言："愿意的人，命运领着走；不愿意的人，命运拖着走。"他宣扬宿命论和禁欲主义，认为命运决定一切，任何人都不可以改变。一方面，他主张鄙弃物质欲望，追求心灵安宁，认为肉体上的快乐是不足道、短暂且非常有害的；另一方面，他获得皇帝的大量封赐，贪得无厌，生活奢侈腐化。

新斯多葛学派的另一位代表人物，是被称为"宝座上的哲学家"的罗马帝国皇帝马可·奥勒留（121—180）。他的主要著作是在鞍马劳顿中所写的《沉思录》12 卷，是属于他个人的哲学思考录。书中提出了以忍受和顺从整体利益为中心的道德观。他认为，人是理性动物，理性动物也是一种政治（社会）动物。人是宇宙的一部分，与其他部分密切相关，凡是为了整体而存在的，对于其中一些就不会有害。人不要只去关心自己的命运，只去关心自己的责任，而责任就是对整体的承受和服从。他赞美世界国家，认为不管你身居高位，还是身处下层，大家的命运都是一样的，公民个体是国家不可分割的一部分，人与人之间是兄弟，应该彼此相爱，甚至对罪人也要同情和宽容，他进而认为，追求内心安宁、皈依自然是哲理的最高准则。

他提倡的人的平等，也只停留在人天生的理性平等和精神平等的意义上，对于现实中的等级制度他却竭尽全力地维护。他同时也认为，万物基于神而又复归于神，与神意和谐便是善。而且，他在当政的 20 年中，特别是最后 10 年里，东征西讨，戎马倥偬，与《深思录》追求心静、安宁形成鲜明对比。

古罗马最后一个哲学派别是新柏拉图主义。实际上，这是一个各派哲学的大杂烩。正如恩格斯所说："新柏拉图派的哲学不过是斯多葛派、伊壁鸠鲁派和怀疑论派的学说跟柏拉图和亚里士多德的哲学内容的荒唐的结合。"新柏拉图哲学的代表人物是普罗提诺（204—270）。他的代表作是《九章集》。他认为，不可明白和不可说明的神是万物的始源，神超越于存在和思维之上。这种"超存在"的神创造出万物。人生的目的就是回到神，把灵魂从躯体中分离出来，与神合一。新斯多葛主义和新柏拉图主义早已逐渐进入了神秘主义和宗教迷信，其中许多观念被基督教吸收和利用，构成基督教神学的哲学基础。

二、法学

在文化统一综合的大势之下，罗马在法制建设上的成就早早地超过了希腊，对世界文化的贡献也最大。罗马法是指公元前6世纪末共和初建直至公元6世纪查士丁尼编纂法典为止的所有罗马法律。平民与贵族的斗争贯穿共和国历史的全部，斗争的结果就是成文法的产生。到公元前5世纪前半期为止，罗马只有习惯法。在法律实施上只因循先例，并无成文规定。因此，法律具有很大的伸缩性和不确定性。平民在诉讼中常常由于贵族的滥用职权而遭到欺压。为了获得人身和财产的安全保障和改变不平等的社会地位，平民组织起来，不断向政府施加压力，终于导致公元前450年《十二铜表法》的产生。

从后人引述的条文片段来看，其内容十分广泛，总汇了过去实践的习惯法。这部法律以刻于12块铜板而得名，原版早已不复存在。其主要内容如下：第一、第二表申明了诉讼程序和法律规则；第三表关于债务；第四表有关父权、家长权；第五表有关监护、遗产和遗嘱；第六表有关契约、贸易及各种财产权；第七表有关土地问题；第八表是伤害法；第九表是有关宪法的一些规定；第十表是神圣法；第十一表是婚姻法；第十二表关于诉讼的一些补充规定。《十二铜表法》保留了许多原始的陈规陋习，如同态复仇、巫术惩罚，对债务人的残酷处置，严禁平民与贵族的通婚，等等。然而，它作为罗马的第一部成文法，使司法审判、量刑定罪以明文规定为根据，对贵族专权是一个沉重的打击，对平民来说则是一大胜利。

随着之后平民与贵族斗争的日益加深，不断有新法案出台，对罗马法律加以改进和充实。公元前445年的卡努利乌斯法案允许平民与贵族通婚；公元前326年的彼提留安法废止了债务奴役制，搬去了压在平民头上的一座大山；公元前287年的霍腾西乌斯法案规定平民大会拥有最高立法权，实际上取消了罗马公民在法律上的一切不平等地位。一系列立法活动使罗马公民内部达到“人人平等”的地位，调整了罗马社会的阶级关系。从内容和包含范围来看，公元前3世纪中叶以前的罗马法律全都属于公民法。所谓公民法，就是罗马政府为本国公民颁行的法律。其适用范围只限于罗马公民。居住在罗马的异邦人和被征服地区的广大人民即使是自由民，也没有权利享受公民法所赋予的权益。公元前3世纪以来，罗马通过对外征服，成为地中海的主人，版图急剧扩大，政治、经济关系发生了巨大变化；民事和商事活动的主体成分日趋复杂，罗马公民与异邦人以及异邦人与异邦人之间的案件日益增多；罗马的商品经济已经突破了原来可以容纳的限度，狭隘的公民法显然已不足以适应变化了的政治经济条件，万民法应运而生。

自公元前242年起，罗马在大法官中设立“外事裁判官”，专门审理涉外案件，他们不可以套用公民法。久而久之，便形成了公民法之外的独立的法律体系，即万民法。也不可以完全依据异邦民族的法例，只有相互参照权衡，作出切实可行的判决。它适用于罗马境内所有民族。除了具有普遍性和灵活性之外，万民法因其所涉及的案件多与经济贸易有关，而更具有商法的特征。这样，万民法与公民法并行而治，成为罗马法的两大体系。

罗马法律的日臻完备是与法学家的诠释分不开的。这些法学家一般出身于平民上层，精通法律条文，多以向公民和执政官、大法官提供法律咨询为业。但是他们的意见没有法律效力。直到奥古斯都授予特定法学家以“公开解答法律的特权”之后，法学家的诠释才具有法律效力，从而构成了罗马法的一个重要来源。自奥古斯都到公元3世纪是罗马法学的黄金时代，堪称百家争鸣，人才辈出。法学家中以盖乌斯、伯比尼安、保罗斯、乌尔比安、莫迪斯蒂努斯最为著名，人称“法学五杰”。从公元3世纪开始，罗马帝国境内的居民地位发生了极大地变化。他们不仅仅从法理上对公民法、万民法和自然法作了详细论述，而且还对三者的相互关系作了系统地解释，促进了罗马法的发展和完备。到安敦尼王朝时，各行省居民已普遍获得公民权。212年，塞维鲁王朝皇帝卡瑞卡拉颁布敕令，给予帝国境内一切自由民以罗马公民权。从此，在自由民之间存在的公民与非公民的区别没有了，达到了自由民主之间的“私人的平等”。

原来适用于不同法律主体的公民法与万民法之间的区别也便没有了意义。这样，随着公民权利的统一，罗马法律在帝国范围内统一起来。罗马法基于此进入汇编阶段。法律的汇编工作从哈德良时期就已开始。皇帝哈德良、戴克里先、狄奥多西二世时期都有法律整理、编纂活动。不过大规模、系统的法律汇编工作则是在查士丁尼时代。528年，东罗马皇帝查士丁尼指令以特里波尼安为首的十人委员会对历代皇帝的敕令进行整改、审定，删除过时和与现行法律相矛盾的内容，编辑成册，是为《查士丁尼法典》，颁布于529年。此后，又陆续完成了《法学总论》、《法学汇编》和《新敕令》三部法典。它们与《查士丁尼法典》一起被称作《查士丁尼民法大全》（以下简称

《民法大全》)。

《民法大全》是世界上第一部最完备的奴隶制法典。它明确的划分了公法与私法：公法是有关罗马帝国政府的法律，私法是有关个人利益的法律。其中，私法中的物法明确确立了私有财产神圣不可侵犯的法律地位，是私法的核心。罗马法体现了私有制和商品交换本质的法律关系问题，是“以私有制为基础的法律的最完备形式”。它在世界法制史上占有极其重要的地位。

十五六世纪，西欧各国普遍出现了采用罗马法的热潮。因为它是完整地体现简单商品生产的法律，因此正好符合了近代资产阶级的需要。1804 年，法国出现了一部资产阶级革命成果的法典——《拿破仑法典》。这部被恩格斯称为“典型资产阶级社会的法典”，从结构、内容、基本原则甚至法律术语上都继承了罗马法。罗马法产生于古罗马，不过它的影响却大大超出了孕育它的社会，也大大超出了它产生的那个时代。它不只是罗马人的文化遗产，更是全人类的文化遗产。

第三节　罗马时期的建筑和雕刻

罗马建筑与雕刻贯彻古典文化统一与综合的大势，先在伊达拉里亚，后在希腊影响之下，渐渐地形成自己的风格。而公元前 2 世纪以来，对水泥和大理石两种建筑材料日渐广泛地应用，对罗马建筑和雕刻风格的形成起了推进作用。

一、建筑

柱式体系是希腊建筑的精华，罗马人将其完全的传承下来，并有所发展。希腊的多利亚柱式粗壮牢实，常被罗马人用于建筑物的基层最需承重之处。在希腊多利亚柱式的基础上，形成了朴素的罗马多利亚柱式或托斯堪式。爱奥尼亚柱式华丽灵巧，科林斯柱式雍容华贵，两者深受罗马人喜爱，并在帝国末期被合为一体，发展为一种集合柱式。这样，古典柱式在罗马建筑中由 3 种变为 5 种，成为西方古典建筑传统的主轴。罗马在古代建筑史上还有一大突破，即拱券的广泛应用。拱券技术起源于古代东方文明，但是仅偶尔采用。罗马人将其与柱式结合起来，发展为半圆形拱顶、四方拱顶（交叉拱顶）和穹隆圆顶。拱券技术炉火纯青的运用不但为建筑物内部提供了宽阔高敞的空间，而且使建筑物内外部更具气韵，是罗马建筑史上的辉煌成就。公元前312年，罗马建成第一条长16公里的地下引水道，把泉水从东郊引至罗马城内，以满足人口增加带来的日益增长的需水量。由于政治和军事的需要，罗马早期建筑十分关注引水工程、道路和营寨建设，建筑风格也以坚实耐用为主，较少的发生变化，不以美观取胜。罗马共有11条引水道，其中，9条建于帝国时期，有3条至今仍在使用。

罗马的道路建设非常发达，素有“条条大路通罗马”之称。公元前312年，阿庇乌斯路建成，这是罗马第一条高水平的道路，全长212公里，从罗马直通坎佩尼亚首都卡普亚。路面是用沙石铺就的，上下4层。基层以石块平铺于夯实的路基上；第二层是混合的灰土与石块；第三层是混凝土；表层以雕刻平整、严丝合缝的石块铺成。在修筑这条南下之路的同时，罗马人还修建了一条北上的弗拉米尼乌斯路，全长368公里，直达北意大利重镇阿里米昂。从这条大道可入波河流域，与今天的法国、瑞士、奥地利等地相连。这两条质量上乘的道路代表了古代罗马道路建设的最高水平。除此之外，罗马的建筑艺术主要集中在以下几个方面：

1. 神庙

罗马宗教受到伊达拉里亚和希腊的强烈影响，罗马的神庙建筑也在它们的作用之下走向成熟。大约公元前509年，罗马人建成供奉朱庇特、朱诺和密涅瓦三神的卡彼托林大神庙。从建筑风格上看，它仍属于伊达拉里亚式的木石结构，之后直到共和晚期，才相继出现了萨冬农神庙、塞勒斯谷神庙、麦库里商神庙、阿波罗太阳神庙等。公元前4世纪中期以后，希腊建筑的影响日甚，罗马神庙由从前的正方形向长方形过渡，并且采用了希腊柱式体系。

奥古斯都时代，为纪念屋大维战胜布鲁图斯而建的战神马尔斯神庙是奥古斯都广场的中心建筑，一色的大理石结构，高大的台阶上排以八柱门廊。柱廊间、殿堂里、独出心裁的半圆形凹廊空间中，按顺序罗列着从伊尼阿斯到恺撒的列祖列宗雕像，更加突出了奥古斯都广场的政治教育意义。罗马帝国最著名的神庙是万神殿，最初由奥古斯都的女婿阿格里巴所建，供奉众多神祇。而神庙所体现的新古典风格不但成为当时各省类似建筑所仿效的样板，更是被后世奉为古典建筑的典范。后来该庙被毁，仅存门廊。公元118—128

年间，皇帝哈德良将其重建。除了保留以前的八柱门廊外，他一反以前的神庙设计，将长方形殿堂改为通体浑圆的穹隆式。殿堂平面直径43米，圆顶端点距地面也是43米。整个殿堂只有一个门洞出入，其余龛窗封闭而内向，殿堂采光仅凭圆顶中央那个直径9米的天窗。圆顶之下除边墙外没有任何支撑物，给人以高大空旷的感觉。万神殿坚韧牢固，巍然屹立到现在，显示了水泥结构的优势和拱券原理应用的出神入化。文艺复兴以后数百年来，它一直是西方建筑竞相效仿的对象。

2. 广场

罗马的广场是在一块开阔的空地四周配以各具特殊用途的建筑，如神庙、会堂、廊庑等。因此，广场不但是罗马政治、经济活动的场所，也是罗马历代建筑和艺术的展览中心。公元前7世纪末至公元前6世纪初，罗马人修建了罗马历史上第一个广场——罗马广场。许多经济活动，如商业洽谈、签约以及有关法律事务均在此进行，于是有了会堂和法厅的修筑。东北角的会堂是库里亚会议集会的地方，之后成为元老院的办公场所。东面的“王宫”在王政时代是国王处理国家大事的地方，共和时期又成为执政官的驻地，许多国家档案也庋藏于此。在平民与贵族的斗争中，罗马广场是平民政治集会的地方。在古罗马千余年的历史中，很多重大事件不断在此上演。

它的面积仅是罗马广场的五分之一，不过却开了罗马皇帝为自己开辟广场的先例。恺撒广场建于奥古斯都时代，呈长方形，柱廊环绕，北面是祭典朱里亚家族祖先的维纳斯神庙。之后在它的旁边陆续兴起了奥古斯都广场、和平广场、涅尔瓦广场、图拉真广场等，一个比一个豪华，一个比一个有气魄。这些广场上的附属建筑，如奥古斯都广场上的马尔斯战神庙、和平广场上的图书馆、图拉真广场上的纪念柱，既体现了罗马建筑和艺术的发展脉络，也展示了古典精神的内涵。在诸广场中，图拉真广场是最大的一个（其面积等于前几个广场之和），也是最后一个。凯旋门，这项建筑源于伊达拉里亚文化。开始，凯旋门只是临时性的木结构，共和晚期发展为永久性的石结构，以后则全是大理石结构。凯旋门呈拱形，希腊柱式传入后，门两边饰以两柱。两柱顶端或砌山墙或加顶阁。再之后门道由一变三：中间一大门，两侧两小门，门柱随之增多。凯旋门配以精美的雕刻，更显丰富多彩。罗马帝国时期，凯旋门成为皇帝歌功颂德的纪念性建筑。

3．会堂

会堂是用来开会的建筑。罗马最初的会堂建于罗马广场边沿，呈长方形，内部用木柱分隔为一个主厅和两个侧厅。共和末期以后以石柱替代了木柱，屋顶以木梁支撑，内厅四周环绕石柱。帝国后期以降，以拱券代替木梁屋顶，使会堂建筑更上一个台阶。特别是会堂石柱，成为雕刻艺术尽情发挥的场所之一。

4．剧场

兴起于希腊的剧场到罗马帝国时期有了更大的发展。希腊剧场建于山坡之上，以自然倾斜面构成观众席，坡底为舞台，只有半圆形一种。罗马剧场则有半圆形和圆形两种，且多建于平地，以多层结构构成观众席。圆形剧场用于角斗和斗兽，可进入数千至数万观众。罗马最大、最著名的剧场科罗西姆大剧场始建于韦伯芗时代（公元69），成于提图斯时代（公元80），是为纪念镇压犹太人起义成功而建的。5 万个观众席位绕舞台而设，是现代体育场的雏形。这座古代规模最大的剧场外墙高 48. 5 米，长 188 米，宽 155 米；舞台长 86 米，宽 57 米，可表演角斗和斗兽，也可灌水表演海战场面。这座剧场共分四层，底层采用坚实的多利亚柱式；二层采用秀丽的爱奥尼亚柱式；三层采用华丽的科林斯柱式；最上层采用方倚柱。柱式配以拱券，整个建筑结构严谨。外观宏伟，达到了力与美的高度统一，也是古典文化精神的最佳表现。

二、雕刻

罗马的艺术成就主要表现在雕刻方面。共和初期，罗马作为一个蕞尔小邦要确保自己的生存，自然没有精力投入艺术创造，所以此时的罗马所能留给后世的艺术珍品凤毛麟角。就连那尊硕果仅存的青铜母狼雕像（现存于卡彼托林博物馆）据说也是一位伊达拉里亚匠师所作，采用的是伊达拉里亚冶铸技术。而且，这座雕像反映的是母狼哺乳罗马建城者罗慕路斯兄弟的传说，制成后一直供奉于最重要的神庙——卡彼托林神庙中，日后又被选为罗马城徽，是罗马民族精神的象征。罗马充分吸收了希腊浮雕善于塑造人物形象、布局井然有序的优点，且将其与罗马民族特色相结合。罗马的雕刻主要有叙事浮雕和肖像雕刻两类，且一直以写实求真为基本创作方向。共和晚期，罗马雕刻已无限接近于希腊雕刻水平。这个时期的典型作品就是多密图斯 · 阿享诺巴尔布斯祭台浮雕。这组浮雕作于公元前 2 世纪，雕刻了一个公民应征入伍的完整场面：从社区户籍审查、宣布名额、应征登记、资格复核、体检、入伍编队、领取装备一直到祭神谢恩、奔赴疆场，事事皆有交代。

罗马浮雕以反映公共事件和历史场面为主要内容，常常出现于凯旋门、神庙、祭坛等纪念性建筑中，佳作层出不穷，到奥古斯都时代达到登峰造极，其代表作就是和平祭坛。祭坛四面墙壁以大理石砌成，上面刻满浮雕。内壁下刻栏杆，上刻花环，代表和平；外壁下刻花草纹样，代表和平带来的兴旺，上刻一系列人物浮雕，体现奥古斯都巡视帝国各省之后举行和平大祭。女神形象在健美之余又无比端庄典雅，强调母性的丰盈与生机。大门两边是神话浮雕与和平寓意浮雕，现仅存在表现大地女神哺育万物的一块。和平祭坛的浮雕刻制精美，生动优美，是当时雕刻艺术的最高成就。奥古斯都之后，一度被压抑的希腊化派的巴洛克艺术风格逐渐兴旺起来，它的代表作便是举世闻名的拉奥孔群像。群像描绘特洛伊祭司拉奥孔及其二子被巨蟒吞食的传说。群像以拉奥孔为中心，两子夹峙左右，巨蟒缠绕，拼搏激烈，炉火纯青地表现了人的动态与感情；它所展现的艺术风格和人文精神为后世艺术家莱辛、歌德等推崇备至。

帝国时期罗马浮雕创作的高峰在提图斯到图拉真之间。最具代表性的是：图拉真广场上的纪念柱。全柱高 38.70 米，通体绕以一条宽 1.25 米的浮雕带，带长达 200 米，刻画的人物形象达 2500 个，可以划分的情节和场面也达 155 项。由于人物和场景太多且有大有小，所以它采用多视角表现手法，如大军渡河的场面采用平视，修墙筑垒场面采用俯视，皇帝演说的场面则采取仰视。这条浮雕带表现了图拉真征服达西亚（今罗马尼亚）的战争，在创作手法上它既有对前代的综合，也有新的突破。图拉真纪念柱代表了古典浮雕的最高水平。肖像雕刻源自罗马人的祖先崇拜。共和末期，罗马的肖像以石刻代替了原来的蜡模，在写实之上具有了精神和气韵。从收藏于罗马托尔隆尼亚宫的那尊老人肖像雕刻（约作于公元前 80 年）上，可以看出此时的罗马肖像雕刻已开始走向成熟。帝国时期，为自己或为祖先制作雕像留念已成上流社会的时尚，形式是各种各样的，有全身像、胸像、头像，等等。

帝制之初产生的青铜骑马像也受到皇帝们的喜爱，骑马像的雕制技术也在图拉真、哈德良时期达到鼎盛。这类雕像保存下来的仅有一尊，就是现今还立在卡彼托林广场上的马可·奥理略骑马雕像。这位皇帝紧握缰绳，端坐于马背，战马则昂首举步，稳步而行，显示出帝制之下的太平与稳定。这匹骏马不但有解剖上的精确，而且体壮力强，气势不凡，更是衬托和强调了骑马人的气魄。雕刻作为罗马艺术的代表在图拉真之时达到鼎盛之后，便开始走下坡路。此后的雕刻虽然在制作技术上更加纯熟，不过重形更胜于重质，最后终于被中世纪基督教艺术所代替。

第四节 罗马时期的科学

古代社会的生产力在罗马时期达到了最高水平。在农业方面，罗马人创造了带轮的重型犁具，在意大利本土和高卢、西班牙等地广泛使用，极大地提高了农业生产效率。工业方面，水力机械，如水轮机、水磨、水车等也广泛地应用于采矿业、磨粉业和纺织业。手工业生产技术日渐完善，产品种类繁多，技术分工细密。除意大利本土之外，帝国各行省出现了金属冶炼、纺织、制陶和玻璃工业中心。

罗马的科学以高端的生产力为基础，汇聚帝国各民族科技成果，获得了卓著的成就。罗马的农业科学非常发达，早在公元前 2 世纪中期，就出现了第一部农学专著《农业论》。它的作者是当时著名的监察官老伽图（前 234—前 149）。老伽图学识渊博，《农业论》只是他众多作品中的一部，传授侄子农庄经营管理经验的家庭教育用书。公元前 1 世纪中叶，农学家瓦罗（前 116—前 27）也写了一部《农业论》，共 3 卷。这部书总结了前人和作者自己的农业实践经验，为我们提供了当时意大利奴隶制经济发展状况的珍贵资料。第一卷论农业经验；第二卷论牲畜饲养；第三卷论鸟、鱼饲养。这部书比较全面地总结了罗马的农业科技成果，是后世了解罗马庄园的珍贵资料。第三位农学家是科鲁美拉。他出生于公元 1 世纪的西班牙迦狄斯，写有 12 卷本《论农务》。第一卷是序言；第二卷论农作物和土地；第三、四卷论种植葡萄；第五卷谈论土地面积和树木；第六、七卷论动物家畜；第八卷论家禽和鱼类饲养，第九卷论野牛和养蜂；第十卷论菜园和果园经营；第十一卷论庄园管理和历法；第十二卷论女管庄职责。以上三位农学家的作品向世人说明了：著作展示了罗马奴隶制庄园的产生、发展和衰落的全过程。

在罗马自然科学领域成就最高者当推老普林尼（公元 23—79）。老普林尼生于北意大利的科莫，曾担任意大利西海岸司令。他一生好学不倦，广于收集，著述颇丰，最著称于世的是《自然史》37 卷。这是一部百科全书式的科技著作，大致包括天文、地理、动物学、植物学、医学、农业、矿业、冶金等各方面。这部内容浩繁的科技著作的意义不在于创造，而在于综合。根据统计，这本书摘引和参考的文献达 2000 种，提到的作者达 500 位左右。它保存了大量的古代科技信息。《自然史》中还提到了中国，即“赛里丝”（丝绸之国）。公元 79 年，维苏威火山大爆发。老普林尼为取得火山爆发的第一手资料而亲赴险区，不幸中毒而死，他是科学史上为学术而献身的典范。

在医学方面，名医塞尔苏斯（约前 30—公元 45）写了一本 8 卷本的《医学大全》。他把医学分为三个部分：饮食医药、药物治疗和外科手术。医学家盖伦（129—199）曾经担任皇帝御医，是古典医学的集大成者。他的书提到脸部整形手术、扁桃腺手术、膀胱结石手术，这在医学史上堪称前无古人。他在 16 岁当学生时，就立志学医并开始编写医学书籍。由于当时人体解剖受到限制，他只能用动物做解剖实验，写成《解剖过程》《身体各部的机能》等书。这不但标志着解剖学的萌芽，也代表了古代医学的最高水平。

在生理学、治疗学和病理学方面，他的成就也很卓著。他认为，肝脏和血管为人的整个身体提供营养；肺、左心室和主动脉维持了整个身体的活力和内部热量；而大脑和神经则通过一种特殊的心灵活力来控制感官和肌肉组织的运动。这对中世纪的生物学产生了很大的影响。他把神经分为三类，分别是运动神经、感觉神经和混合神经。他提出的生理机制“三灵气”说，直到 17 世纪血液循环说成立之前，在医学界一直占着主导地位。

第五章

西方封建文化的兴起和发展

第一节　西方封建文化的含义和特点

一、中世纪西方文化的源流

西方中世纪文化形态源自于古希腊古罗马的古典文化、基督教文化和日耳曼蛮族文化。古典文化为中世纪文化提供了一份理性资源，应用理性去阐释，或论证基督教教义构成中世纪宗教文化的典型特点；基督教文化为中世纪文化规定了性质、方向和模式，使中世纪文化在本质上成为一种信仰文化；中世纪习俗文化的重要成分是蛮族文化，影响了中世纪人们的生活方式和精神特质。其中，基督教作为古典文化的继承者和保存者，为中世纪文化奠定了根基，从而成为中世纪文化的核心。

1. 古典因素：理性与法治

中世纪西欧文化是在古罗马帝国的废墟上成长起来

的，然而罗马黄金时代的文化，大部分又是从古希腊文化演变而来的。希腊人在社会政治生活中，依靠的是人的理智，而并不是神的指引。雅典等城邦充分地树立起政治民主自由的理想，他们把国家看作是自由公民的社会团体，公民为了自己的利益制定法律。希腊人相信他们拥有自我管理的能力，提倡积极行使公民的义务和责任。在希腊人看来，国家是使人民享有美好生活的一个文化机构，基于此得出“理性国家”或“法律国家”的概念。在这里，法律既不是意志的产物，也不是强权和个人私利的结果，而是理性思想的体现，是正义和社会公众利益的体现。希腊人坚持认为，只有人类理智本身才是管理权和统治权的依据。

罗马文化继承了希腊文化精神，并将其进一步传播给其他民族，从而扩大了希腊文化的范围。罗马人在哲学、科学等精神文化方面，逊色于希腊人，但是在政体和法律方面的表现则更为出色。基于此，罗马人使法律成为理性的杰出作品。罗马超越了城邦制狭隘的政治框架，创立了一个将地中海世界的不同国家合为一体的世界国家，发展了一种在整个帝国范围内都可以使用的法律和公民制度，即“万民法”。古希腊—罗马的古典文化遗产为中世纪基督教文化提供了重要的思想来源。中世纪前期，占统治地位的奥古斯丁神学体系信奉柏拉图主义的哲学，中世纪后期占统治地位的是托马斯，阿奎那神学体系则奉行亚里士多德主义的哲学。他们都充分利用了古典文化遗留下来的理性资源为信仰服务，强调信仰是出发点和目标，理性是方法和途径，从而确立了中世纪特有的意识形态——基督教神学和经院哲学。罗马法则成为日后许多国家法律体系的基础。

2．基督教因素：信仰、普世主义与二元观

中世纪文化的另一重要出处则是基督教精神。早在中世纪之前，基督教就已经与古希腊罗马文化展开了碰撞、交融，并渐渐地取代古典文化成为社会的主流意识形态。基督教的发展乃至胜利，是对古典文化的继续和超越。在罗马帝国后期，古典文化日益从理性走近宗教，哲学家越来越渴望摆脱令人窒息的尘世，与一个更高的理想世界进行接触，以来世来慰藉众人。自此之后，人们不再将理性看作是理想的生活指南，而是让自己的智慧屈从于感情和想象。在古典主义文化衰落的背景下，基督教为精神破灭的罗马世界开创了一种理想生活的可能性，这就是个人永生的希望。宗教信仰比理性更加具有征服人心的力量。基督教的普世主义对西方文化产生了重要影响。

它破除了犹太教的特殊神宠论观念和犹太律法的限制，摒弃了狭隘的民族局限性，最终成为普世性的宗教。它宣扬的一神论为突破狭隘的族群意识、确立普遍的人类意识开辟了道路，并为中世纪前期的政治统一做出了贡献。基督教涵括的博爱精神是救济贫苦穷人的慈善事业的精神动力。基督教普世主义的兴起深刻地改变了西方文化的面貌。基督教兴起和教会组织出现以后，彻底改变了古代单一结构的社会观念，在西方逐渐形成了二元社会观以及与之有关的二元社会结构。基督教的人性二元观（灵与肉）和社会二元观（天国与俗世、教会与国家）与古代的法治思想相结合，形成了一种新的社会政治伦理，即政府在法律的框架之内进行统治，并接受社会（教会）的道德督察。

3. 日耳曼因素：习俗、习惯法和英雄精神

公元5世纪末期，伴随着日耳曼人对罗马帝国的征服以及蛮族国家的建立，日耳曼人的文化也随之成为中世纪文化的重要组成部分。日耳曼人的部落习惯法在逐渐收纳罗马法的一些成分后写成书面文字，取代了罗马法，并在整个欧洲传播，成为中世纪法律文化的一个重要成分。日耳曼人社会的法律主要是习惯的产物，群体中每个成员的生活都是依据惯例决定的，都必须以神明、祖先、长者为榜样。以惯例为法律的蛮族社会关系的基本性质是自然性和血缘性，主要表现为世袭关系、家庭关系、家族关系。因此，蛮族人生来就具有某些权利和特征，个人生活的一切方面都被其所属的群体规定着，任何行动都要考虑到维护其家庭或家族的名誉，个人的道德品质也是其所属的家庭、家族、社会阶层所特有的品德体系，个人的权利和义务亦然。

相应的，高贵的人们在受到伤害时要得到比较丰厚的补偿，而肩上的责任也更大。如果他犯了法，则受到的惩罚也比一般自由民要严厉得多。日耳曼人首领和扈从之间的那种带有交换性质的保护与服从关系，对中世纪领主和附庸间的荣誉关系、统治者和臣民间的契约关系也产生了非常重要的影响，所有这些习俗观念成为欧洲中世纪封建制度的主要依据。在这里，法律表现出鲜明的道德特征，一个人的法定身份既决定着、也反映着个人的道德品质。日耳曼人把财富和道德联系在一起的思想观念，勇敢好战和重视名誉的精神品质以及慷慨与挥霍的生活态度，也都构成了中世纪文化结构中的某些基本特性和基本价值观念。例如，西欧中世纪的骑士文化，就体现着耳曼人文化

的武士精神和基督教文化的神圣精神的巧妙结合。

二、中世纪西方文化的实质和特征

整个中世纪的西欧文化，同时并不排除文艺复兴初期，都是以基督教为题材、以基督教思想为背景的。中世纪西方文化的实质就是基督教文化，基督教渗透到西方社会文化生活的每一个层面，各个阶层的生活都自然地被打上了基督教的烙印，哲学成了宗教神学的婢女，文学成为基督教教义的衍生物，艺术成为基督教神灵的装饰物。因此，中世纪西方文化表现出以下特征：

第一，基督教处于万流归宗的精神主宰地位。在中世纪的西欧，基督教拥有极大的经济、政治特权，严密的教会组织分布在世界各国，它既是有巨大统治力量的社会制度和社会组织，又是占绝对统治地位的意识形态，基督教的神光笼罩着整个中世纪西方的精神文化。政治思想上的王权神授、法律上的教会法、道德上的禁欲主义，为西方确立封建的政治、法律和伦理道德的秩序，提供了理论依据和精神支柱。基督教神学具有至高无上的思想主宰地位，支配着哲学、伦理学、文学、艺术、史学等各种精神文化形式。它作为普遍唯一的精神信仰，牢牢地控制着西方人的心灵，起着精神枷锁的作用。

第二，独具特色的封建化道路是西欧封建基督教文化形成的历史前提。当然，基督教在中世纪的西方并非一成不变，它自身也因社会历史的变迁而处于变动之中，中世纪西方学术文化的新因素、新进展，大都发生在基督教文化的庞大外壳之内，表现为基督教文化自身的变革与突破，这在中世纪盛期理性的觉醒所引起的基督教文化内部的变革中，表现得特别显著。西欧封建社会是在西罗马帝国奴隶制崩溃和封建因素萌芽的前提下，在日耳曼部落氏族社会制度业已解体的基础上，综合罗马、日耳曼两种因素而形成的一种新型的社会制度。新兴的蛮族王国迫切需要一套能够适合当时社会发展状况的思想文化体系，以满足地缘性极强的封建等级结构。但是居于统治地位的日耳曼各族本身文化发展水平低下，难以应付复杂多变的局势。除此之外，蛮族各部落在建立国家的过程中，对当地原有的罗马文化采取轻视甚至厌恶的态度，高度发达的罗马文化湮灭在蛮族的铁蹄之下。在这种情况下，从罗马帝国遗留下来的基督教会和基督教的典章规则就成为蛮族王国唯一可以借鉴的政治实体和文化模式。

第三，中世纪西方文化表现出文化的统一性和多样性。中世纪西方文化首次将西欧连成一个文化共同体。中世纪西方文化由日耳曼文化与希腊罗马文化传统融合而成，而罗马的正宗基督教又在其中起着引领性作用，整个西方首次逐渐成为一个基督教文化共同体，各国、各地区的文化呈现出某些本质的统一性，如基督教精神、相似的法典文化和伦理道德精神等。中世纪西方在地缘政治上虽然各国分立，甚至诸侯割据，不过它们有共同的文化基因，每有精神文化的新变动、新因素，往往都可以较快地传播至整个西方，成为共同的精神文化财富，这从修道院的变革、经院哲学的演变和文学艺术思潮的变化中都可以明显看出。这种文化同一性和民族文化的多样性，之后会极大地影响到西方文化的演进。此外，由于西方各族的文化有差异，各民族融合成分不同，历史经历各异，形成统一的民族国家或早或晚，中世纪西方文化共同体内，民族文化传统的多样性早已显现出来。

第四，中世纪西方文化起步晚、起点低，在发展过程中却充满活力和创造性。西方中世纪的精神文化不是漆黑一团、始终倒退停滞，反而呈现具有时代特色的演进过程。中世纪早期，西方曾经历了两次蛮族入侵和战乱对文化的摧残，文化的复苏比较缓慢；进入中世纪盛期以后，学术文化迅速繁荣，内容上也有较大演变与更新。

三、中世纪西方文化的成就

中世纪西方文化本质上是一种以西方封建制度为基础的基督教文化形态。它并不是一个停滞、野蛮的“黑暗时代”，而是经历了从封建制度确立到全面鼎盛的动态演进过程。公元5—8世纪是西欧社会转型与文化整合时期，这一时期的文化成果带有浓厚的宗教色彩。特别是西方进入中世纪鼎盛期后，学术文化昌盛，在许多方面取得了重要成就，开始孕育人文主义精神和科学思想，为西方经由文艺复兴向近代文化过渡，在文化上进行了准备工作。公元6世纪的东哥特王国，出现了两位积极整理与保存古典文化的有识之士博提乌斯和卡西奥多罗斯。前者著有《哲学的慰藉》，为中世纪信仰的理性化和经院哲学的兴起奠定了坚实基础，后者则收集整理了大量希腊文和拉丁文手稿，并提出了实行高等教育的主张。公元6世纪末，格列高利咏叹调成为中世纪各地教会宗教礼仪音乐的范本，深刻地影响到了中世纪教堂音乐乃至整个欧洲的音乐发展。公元7世纪时，英格兰诺森伯里亚王国的修道院仍保留着古代学术传统。成为西欧学术活动的重要中心。

修道院撰写了大量书籍，包括弥撒书、赞美诗、《圣经》注释、法典、书信集和布道词。最有代表性的学者是比德（672—735），其《英吉利教会史》采用新的以耶稣诞生之年为基准的“我主纪年”的公元纪年法成为现在通行的纪年方法。中世纪前期西方文化的代表是卡洛林文艺复兴。也被称为是“欧洲的第一次觉醒”。卡洛林文艺复兴主要包括两方面的内容：首先是普及基督教教义，其次再全面实现对蛮族的基督教化。

正因为如此，查理大帝（742—814）把教堂变成讲授神学的学校，从不列颠、意大利、西班牙等地延聘神学家，加强神学教育。查理大帝在崇尚基督教一统地位的前提下，对基督教文化的正规化做了大量的组织工作和宗教文化范本的定型工作，指派阿尔昆（735—804）统一了《圣经》文本并将其译成拉丁文，成为后来天主教通用的定本。查理大帝通过对基督教思想的倡导和宗教教育的发展来统一民心，使基督教的传统与日耳曼民族的活力融为一体。在此之后，普及拉丁文教育。查理大帝从个人爱好出发，同时也从培养治国的人才考虑，带头学习拉丁文。在查理大帝的大力推动下，拉丁文一定程度上在西欧世界重新复苏和普及。查理大帝还修筑图书馆，开办宫廷学校，教授贵族子弟，聘请阿尔昆等饱学之士承担宫廷教师的责任。卡洛林王朝文艺复兴促进了基督教与拉丁文化的结合，推动了经院哲学的兴起。

中世纪早期另一文化成就是教会法体系的形成。教会法用于整理教会内部以及教会与世俗当局的各种关系，最早产生于罗马帝国晚期。教会法在其形成过程中，受到《圣经》、罗马法和日耳曼习惯法的影响。至12世纪，教会法体系最终形成，其内容涉及婚姻、继承、财产、契约、诉讼程序等方面。教会法与世俗法并列，这极大地影响了后世的法律观念、法学理论、法律原则和制度等方面。十二三世纪文艺复兴是中世纪西方文化发展的又一高峰，它由新兴的市民阶层自下而上发动，带有很大程度的自发性，这主要体现在法律、文学、哲学、艺术等方面。法律方面很明显地表现为罗马法的复兴。以研究《民法大全》为突破口和中心，形成了一个世俗的法学家阶层。改变了教会僧侣掌握法律知识的情况。在文学方面世俗文学诞生。

从题材看，新兴的世俗文学包括拉丁文学、方言文学、骑士文学和市民文学等。世俗文学反映了商品经济兴起后，以市民阶层为主体的世俗社会的需求，具有人文主义和现实主义的思想特征。在哲学方面，理性主义思潮兴起，其主要表现是亚里士多德学说的流行和阿维罗伊主义的传播。到13世纪中叶，《亚里斯多德全集》用希腊文翻译出版。阿维罗伊主义的核心思想是强调科学与宗教之间存在着并行不悖、各自独立的关系，认为科学隶属于实验的现实范畴。宗教则属于超验的灵魂范畴，两者各有自己存在的领域。在艺术领域，哥特式建筑风格开始流行。其建筑风格是以尖顶的拱门、交叉的肋状拱顶和飞拱取代了罗马式建筑的圆顶和附墙柱结构，显得清新、壮丽、典雅。欧洲的大学诞生于12世纪。其中较为著名的有巴黎大学、博洛尼亚大学、牛津大学、奥尔良大学和剑桥大学等。12—13世纪文艺复兴对后世影响最大的无疑是大学的出现。14世纪末，欧洲已有40余所大学，到1500年达到65所。中世纪西欧的大学，一般都办在经济比较发达、交通比较便利的城市里。教师中只有少数是僧侣，主要是世俗学者。许多大学都有自己的特色，如博洛尼亚大学以法学著称，巴黎大学以神学著称，萨拉尔诺大学则以医学闻名。大学的兴起活跃了欧洲当时的思想文化生活，为文艺复兴时期的人文主义运动提供了人才基础和思想基础。

中世纪西方文化可以够充满活力和创造性的原因，根本原因是经济的发展，庄园制逐渐衰落，城市经济日益活跃。10世纪以前，西欧曾长期处于分裂割据局面，封闭性庄园体制在西欧许多地区先后确立。在庄园体制下，社会各个阶层的思维空间变得越来越封闭，越来越狭隘。在这样一个广袤的文化沙漠中，在经院哲学内部和文学艺术等文化形式中，已经孕育着理性主义和人文主义。基督教便成了世人唯一的精神支柱。11世纪以后，由于蛮族入侵的停止以及封建经济自身的成熟发展，工商业繁荣，城市广泛地流行开来，市民阶级涌现，封建庄园制逐渐瓦解，封建割据的政治开始向君主专制的民族国家转变，众多大学的建立带动了学术文化的振兴。这种突破神学专制的新文化要素不断地积累，正是西方文艺复兴的进行曲。

此外，西方中世纪学术文化的复苏与高涨，在很大程度上还得益于同拜占庭文化、阿拉伯文化的交流，正是它们所留存的大量希腊罗马文化典籍，通过拜占庭、西西里和西班牙三条渠道，重新传入西方，西方学术文化界对其做了许多发掘、整理和注释工作，使其融入中世纪的精神文化之中，从而为文艺复兴做了文化准备。

依据西方史学的分期方法，自公元5世纪西罗马帝国灭亡至15世纪西欧文艺复兴时期约1000年的时间被称为“中世纪”或“中古时代”。意大利文艺复兴时期的人文主义者认为，古代希腊、罗马是文化高度发达的黄金时代，他们自身所处的时代是古典文化复兴时期，而处在两者之间的则是文化普遍衰落的野蛮时代，即所谓的“中世纪”。本章主要探讨封建文化在该时期西欧社会中的历史行程；至于文艺复兴和宗教改革，则将其作为由中古向近代过渡时期的文化而专辟另章论述。一定时期的文化（或文化运动）百分之百是以一定的社会生产方式为根基和条件的。总的来说，西方封建文化主要是指西欧封建主义产生、发展、成熟和衰亡时期的文化。西方封建文化可以简单地归纳为宗教文化和世俗文化两大类。宗教文化居于主导地位，属于主流文化，世俗文化处于从属地位，并且深受宗教文化的影响，其中包含了许多宗教的因素，以致不少学者只热衷于谈论这一时期的宗教文化，很少介绍或肯定世俗文化。基督教文化通过中世纪的发展而趋于系统化，成为西方现代文化的一个重要来源。

对于中世纪西欧的历史文化状况，在很长一段时期内，存在者两种截然不同的观点。一种为“黑暗论”。如19世纪中叶，瑞士著名历史学家布克哈特认为，在中世纪，人类意识处于梦寐或半睡半醒状态，意志沉迷，无所事事，缺乏创新精神，愚昧无知的教会控制着社会。在众多历史学家数百年的着力渲染下，“黑暗中世纪”的概念深深浸入世人的观念之中。另一种为“优雅论”。19世纪初期以后，西方一些学者，尤其是某些浪漫主义学者一反传统看法，认为中世纪是一段令人钦羡的美好时光，是一个让人留恋的理想社会。在他们的笔下，中世纪的民众遵纪守法，轻松悠闲，快乐美满，毫无现代社会中那种恐惧和紧张现象，尤其是那些坚固的城堡、多情的骑士以及美丽的贵妇等更是让人追慕无穷。

今天的史学已经在一定程度上修正了上述两种极端的观点，一个客观、公正、科学的“中世纪”形象开始逐步地树立。社会价值理念的颓废，特别是统治阶级的人们，已为有识之士和基督教徒所诟病。其实，在罗马帝国后期，希腊罗马文化已衰落。他们力图采用新的价值观念取代旧的、已广泛流行的理念。而在这些方面，基督教早期教父显得尤其积极。这也就为基督教文化能够在后来的“蛮族”国家站得住脚，并为很快占据主流地位埋下了伏笔。在西欧封建社会早期阶段，出现了日耳曼民族接受已经衰落并遭受严重破坏的罗马文化，产生了外来民族文化与被侵占地旧文化的交融；出现了基督教会部分地接受希腊罗马文化，基督教会文化与旧的希腊罗马文化开始融合的过程。当日耳曼民族在原罗马帝国土地上根基稳固了，巩固了统治之后，或在巩固统治的过程中，日耳曼民族接受了基督教，产生了“蛮族”文化与基督教文化的融合的现象。

因此，当封建生产方式在西欧最后建立起来的时候，展现出来的新的封建主义文化有别于早已衰败的希腊罗马文化，呈现出一定的新活力和朝气。当然，在西欧封建社会早期阶段，日耳曼民族进入了罗马帝国的一段时期内，游牧民族对占领地首先采取的掠夺和破坏的社会价值取向一定会对罗马文化产生破坏；古罗马的遗老遗少颓废、失望和迷茫的价值观念导致了他们对文化的冷漠和保护的缺失；而基督教会，虽然在313年君士坦丁皇帝发布“米兰敕令”使其合法化，但是教会仍然把罗马文化当成异教文化，只吸收它的小部分，采取的主要态度是观望甚至排挤，等等。到了12—13世纪，封建主义的活力和朝气充分发挥出来，社会面貌为之一变，政治、经济、科技、文化教育等诸方面均有显著进步。这些都构成了西欧封建社会早期文化相对落后的因素，且在一个相当长的时期内存在部分宗教人士对古典文化作品的破坏，存在农奴制和宗教裁判所，以及蒙昧主义和禁欲主义盛行等状况。但是，对产生新文化的阵痛的价值判断，只可以用历史的、系统的和辩证的方法进行研究和评价。如中世纪唯名论与唯实论（也称实在论）之间的争论，看似烦琐，而实质上是欧洲哲学从古代关注的宇宙论、本体论转变到近代关注的认识论的中间环节。

又如，13世纪的多明我会修士大阿尔伯特，有“全能博士”之称，在巴黎大学任“外教”期间，不顾有关禁止传播希腊科学的规定，讲授亚里士多德的科学等。类似这些情况，并不是个案。他依据形态差异，将植物进行系统化分类，对植物的研究极具原创性。西方封建文化在经过吸收、融合之后，走上了创新之路，这与其他文化形式发展的一般路径并没有太大区别，只是在发展的成果和特色上各有不同罢了。归纳起来，西方封建文化的主要特点有：一是体现了三种文化的融合，即“蛮族”文化、基督教文化和已经衰败的罗马文化的融合，而因为各自原有水平的差异和区域封建割据严重等原因所致，融合的时间较长；二是基督教文化处于主流地位；三是市民文化发展顺利、较快，独立性强；四是基督教文化与世俗文化在冲突中发展，在攻防中彼消此长和相互吸收贯穿于整个中世纪。

第二节　西方封建文化产生的社会、宗教和经济条件

一种文化的存在和发展以及一种文化与另一种文化之间存在这样或那样的差异，除了传统因素以外，主要决定于不同文化所面临的时代面貌和所处的空间环境。在中世纪时期，西方文化具有鲜明而又突出的特质，这就是封建宗教文化占据统治地位，宗教渗透到西方社会文化生活的各个层面，各个阶层的精神生活和物质生活都绝无例外地被厚重地打上了宗教的烙印，哲学成为宗教神学的女仆，教育成为宗教扩张的工具，文学成为宗教教义的衍生物，艺术成为宗教神灵的物化剂。毋庸置疑，中世纪西方文化与宗教神学密不可分的原因，主要是这种文化赖以产生的社会环境所致。

首先，与众不同的封建化道路是西欧封建宗教文化得以形成的内在必然性要求。西欧封建社会是在西罗马帝国奴隶制崩溃和封建因素萌芽的前提下，在日耳曼各“蛮族”部落氏族社会制度业已解体的基础上，以外族入侵征服的形式，综合罗马、日耳曼两种因素而形成的一种新型的社会制度。

这种封建等级制度内部不具备血缘凝聚体，宗法伦理方面的约束机制在这里已全然无效，因此，新兴的蛮族王国迫切需要一套能够适合当时社会发展状况的思想文化体系，以满足地缘性极强的封建等级结构。与东方各国的封建形成方式不同，西欧“蛮族”国家的封建制彻底打破了过去的血缘关系，建立起较为完全的地域社会政治结构，“蛮族”首领的亲信侍从、昔日罗马帝国上层社会的遗老遗少以及地位日隆的基督教会中上层僧侣等，都依靠自身特殊的荣誉和地位而获得了规模不等的领地或封地，并基于此形成了层层相依的西欧模式的封建等级制度。但是，占总人口约5%的居于统治地位的日耳曼各族本身文化发展水平低下，文明程度较为原始，这种滞后性的文化使之难以应付复杂多变的局势。

除此之外，“蛮族”各部落在建立国家的过程中，对当地原有的罗马文化采取轻视甚至厌恶的态度，虽已衰落但发展程度仍甚高的罗马文化被湮灭在“蛮族”的铁蹄之下，众所周知的以破坏文化著称的“汪达尔主义”即出现于这一时期。这样，本来可以通过改造为其所用的古典文化思想体系也失去了立足之地，零星残存的古典文化片段在“蛮族”建国后最初几个世纪中

不能引起世人的兴趣。在这种情况下，从罗马帝国遗留下来的基督教会和基督教的典章制度成为“蛮族”王国唯一可以借鉴的政治实体和文化模式。并且，有着不凡的适应力的基督教文化能够响应时代的呼唤，迅即转为新主服务。因此，中世纪西欧文化带有浓厚的宗教色彩也就在情理之中了。

其次，万流归宗的宗教神权是西欧宗教文化得以产生的外在强制性要求。在世界各地，文化受宗教影响的情况极为普遍，但是就大多数而言（伊斯兰文明是个例外），宗教的势力尚属有限，在宗教影响下的文化生活仍然呈现出多姿多彩的景色。就中世纪初期的西欧而言，基督教会也曾面临过一个前途未卜的动荡时期，如果不是“蛮族”首领们适时地伸出结盟之手，基督教会的势力就难以预测了，中世纪西欧文化的发展方向也会发生逆转。

但是，历史却赋予基督教会大显身手的机会，基督教会也积极运用历史所赋予的机会而纵横捭阖，扩张自己的实力。在“蛮族”王国（主要是法兰克王国）的利用性支持下，基督教会的势力逐渐增大，从弱变强，实力日益膨胀：496 年，克洛维率领众亲兵皈依基督教；754 年和 756 年，丕平两次率兵远征意大利，并将夺自伦巴德王国的领土赠送给罗马教皇，教皇国基于此形成；774 年，查理出兵支持受伦巴德人威胁的教皇及新兴教皇国，确认“丕平献土”，并为之增加新的领土，基督教会拥有政治实体的精神领袖地位逐渐确立并不断得到加强。

该文件伪称，罗马皇帝君士坦丁在公元 4 世纪初把拉特兰宫、罗马及帝国西部交给教皇管理，自己则迁居帝国东部；它还宣称教皇是教会首脑，皇帝是教皇的扈从。与此同时，基督教会本身也竭尽全力地从历史和现实两个方面寻找根据以强化自己的实力，甚至处心积虑地伪造历史文件来装点自己的门面，其中最为昭著的当数教皇斯提芬三世在 753 年前后于罗马伪造的文件《君士坦丁的赠礼》。经过几个世纪的经营，从 12 世纪晚期至 14 世纪初，基督教会进入其顶峰阶段，罗马成为当时西欧最大的国际政治中心。为了确保教会政治经济地位不受侵蚀，罗马教会必然要从思想文化上对西欧社会各个阶层加以钳制；同时，也正是因为教会手中握有无可匹敌的政治经济力量，才使得教会的文化钳制政策可以达到转变为现实的威力，对书刊的查禁、对异端的镇压以及对政敌的惩罚等各种恐吓威逼手段都必然导致西欧中世纪文化面貌带有一种强制性的整齐划一的色彩，宗教的怪光必然流溢于西欧大地的上空。

最后，自给自足的封建庄园体制是西欧中世纪宗教文化能够扎根并繁茂的土壤。罗马帝国时期，奴隶制城市商品经济较为发达，市民文化较为繁荣，各个地区之间的文化交流较为频繁，贴近自然的和切合人之本性的古典文化氛围较为浓厚，因此，基督教文化只是支流。但是，进入封建的中世纪以后，西欧曾长期处于分裂割据局面，封闭性庄园体制在西欧许多地区先后确立，特别是在法国和英国，经济自给的庄园更为发达。在庄园体制下，社会各个阶层的思维空间都变得越来越闭塞，越来越狭隘。社会中下层特别是普通农奴除了单调的男耕女织和为领主服劳役以外，谈不上什么接受知识性教育的权利。因此，总体来说，他们处于一种文化上的蒙昧状态。至于社会的中上层，虽然个别统治者提倡文化教育，不过收效并不显著，许多贵族依然目不识丁，甚至连自己的名字也不会写，对于他们来说，那种人吼马嘶的私战、比武和决斗更有刺激，会不会写字读书则无关紧要。

在这样一个广袤的文化沙漠中，基督教便成了世人唯一的精神支柱。西欧社会的文化生活也便不得不染上强烈的宗教色彩。基督教会则充分利用各个阶层的这种麻木无知的特点而积极展开宣教活动，将那些处于混沌状态的、虚位以待的大脑塞满光怪陆离的、引人虔信的信条和说教。

以上我们从总体上分析了西欧中世纪文化的本质特征及其形成的社会背景，不过需要注意的是，不能把宗教文化在西欧文化生活中的统治地位绝对化，而应作具体客观的分析，否则便有可能出现形而上学的偏差。

首先，基督教会的文化专制政策虽贯穿于整个中世纪，不过其专制程度却有一定的阶段性。在中世纪最初几个世纪，天主教正统观念虽被一再强调，但是在具体施行过程中仍有一定的灵活性，而自13世纪以后的几个世纪中，教会的文化专制政策则显得日益残酷和僵硬。

其次，基督教的文化垄断地位具有相对性，纵使在宗教文化最为昌盛的12—13世纪，世俗文化也从未中断过，反映城乡普通民众日常社会生活的文学艺术作品仍时有出现。

再次，基督教文化内部存在深刻的矛盾，哲学领域中的唯名论和唯实论的斗争持续数个世纪之久，教派之间的斗争更是接连不断，最后直接导致天主教会的大分裂，路德教和卡尔文教等一批新教从中分离出来。

最后，基督教文化的作用具有两重性，一方面要看到它在阻止西欧科技进步、妨碍民族文化的形成以及延缓西欧封建体制等方面所产生的负面影响；另一方面也要看到它在促进西欧封建统治制度和封建土地制度的形成、保存某些古典文化和农业生产技术以及普及初等文化知识等方面所起的正面作用。

第三节　哲学和神学的二位一体

哲学与神学在内涵上本属两个范畴，不过在中世纪西欧特定的历史和社会环境中，两者却成了一对密不可分的连体。神学以哲学的面目登台，哲学为神学粉金饰银。哲学的首要任务及其存在价值就是为基督教神学呐喊助威或虚张声势，其原有的独立地位已不复存在，哲学完全蜕变为神学的奴仆或工具。在古代和中世纪，基督教哲学曾先后经历过两种不同的形态，前期为教父哲学，后期为经院哲学。两者在本质上是同一个性质，都是官方正统的宗教哲学。两者之间的关系是，教父哲学是经院哲学的前期准备和基础，经院哲学是在新形势下对教父哲学的发扬光大。

一、教父哲学

教父哲学产生于公元2世纪末，繁荣于西罗马帝国行将崩塌的公元4世纪末5世纪初。当时，随着罗马奴隶制内部危机的日益加重和社会矛盾的全面激化，统治阶级逐渐认识到宗教意识形态的作用，合理地利用它，就有可能对动荡不安的社会起到镇定和缓解的效果。因此，基督教这一原本属于下层贫民的宗教在统治阶级的扶持下，逐步取得合法地位，并渐而成为罗马帝国的国教。为了使正处于角色变换过程中的基督教更好地为现实的社会政治服务，教会上层人物和一些精于基督教神学的高级教士开始制定适合政治统治需要的教条和教义，并利用当时流行的各种唯心主义哲学对之进行粗浅的论证。经过教会人士阐发的各种教理渐渐地取得历代统治者的认同，成为中世纪西欧正统的官方神学理论。教父哲学在实际意义上与真正的哲学并没有多少共同之处，它是徒具哲学外表的唯心主义神学思想体系。

在历史上创造并论证基督教教义和教条的教会人士被尊称为“教父”，由他们创建的哲学与神学的混合体则被称为教父哲学。至公元5世纪前期，教父哲学的内容已经趋于完整，日益具有体系化特征。教父们创立的基督教神学理论主要包括以下几方面内容：第一，创世论。人类社会的物质世界乃至精神世界全部是由全智全的上帝从“虚无”中创造出来的，上帝有“无中生有”的超凡神力。第二，三位一体论。上帝有三个位格（Persona），即圣父、圣子和圣灵，不过三个位格又不可分离，它们统一存在于上帝本体之中。第三，原罪论。人类始祖亚当和夏娃在蛇的诱惑之下偷食伊甸园中的禁果并因此而获罪，这种罪恶会代代相传，因此人人生而有罪。第四，救赎论。上帝为了拯救人类于罪恶之中，令圣子降为肉身并使之成为人类的救世主，不过救世主并不是要解除人们现世的苦难，而是要人们忍受目前的一切痛苦，这样才可以得到最后的拯救，才能获得苦极生乐、否极泰来的理想结果。第五，末日审判论。当世界末日来临之际，包括肉体已经死亡之人在内的所有人的灵魂都要接受基督的审判，行善的义人之魂将升入天堂，作恶的歹人之魂将被罚入地狱。第六，天启论。信仰高于一切，并且信仰完全来自于上帝的启示，理性和知识必须从属于信仰，一切与得自天启的信仰相矛盾、相抵触的东西均属谬误。第七，教权至上论。君主享有权力的原因，只不过是得到教会手中权力的暂时委托，教会可随时予以收回，因此，教权高于俗权，教会高于国家。教父哲学在形成和发展过程中的主要代表人物有德尔图良、奥里金和奥古斯丁等。教父哲学的上述基本内容一直为西方正统教会所沿用，但同时也成为基督教内部长期争论不休的几个问题，各种“异端”思想也不断对此提出种种质疑。

德尔图良（约160—222），生于北非迦太基城，被称为第一个拉丁教父。他全力论证了耶稣基督的出生问题，认为在创造物质世界之前，上帝与逻各斯（道或话语）即已先在；创世时，上帝利用逻各斯而衍生出圣子；圣子以“圣灵”的方式借童贞女马利亚取得肉身，降为世人，这就是“道成肉身”。这种论证后来被定为基督教的正统教义。

德尔图良还特别强调上帝创世的方式问题，认为上帝是超自然的威力无穷的最高神灵，具有自由意志，根本不受现实物质世界的限制。因此，上帝在创世时并未使用现有的物质材料，而是直接从“虚无”中创造世界的。除此之外，德尔图良还坚持认为，信仰是第一性的，只有通过虔诚地信仰才可以认识真理，人的理性在认识真理方面则显得渺小和乏力。德尔图良曾留下一段常被后人视为笑料的“名言”，他说：“上帝之子死了，虽然是不合理的，不过却是可信的；埋葬后又复活了，虽然是不可以的，不过却是肯定的。”可以看出，德尔图良的所谓哲学就是一种蒙昧主义思想，是与理性思维背道而驰的宗教迷信。

奥里金（约185—254），生于北非亚历山大城，被视为希腊教父中的执牛耳者。在上帝创世的问题上，奥里金继承了柏拉图的理念论，并将之糅合于宗教词句和宗教论证之中。他认为，上帝是处于绝对第一性地位的绝对本原的纯粹精神，是万原之原，万本之本；在第二位的是上帝所创的精神世界，它是“实在”的世界；处于第三位的是与精神世界同时被造的物质世界，它的存在完全依托于精神世界，物质世界只是精神世界借以活动的工具和手段。在信仰问题上，奥里金将有关的人分为三个层次：低层次之人只能通过虔诚的信仰而得到救赎之道；中间层次之人在有了初步信仰之后，可通过哲学以获得一些有益的知识，加强信仰，加快救赎，不过是通过哲学而得来的知识不可以违背已有的信仰；高层次之人凭借信仰和自身的能力可以达到“认识上帝”的地步，从而进入非感性的神秘的最高境界。

从本质上看，奥里金的神学思想与德尔图良的神学思想并没有多大的出入，它们均属唯心的神秘主义、蒙昧主义和信仰主义，只不过奥里金更多地搬弄了古希腊的哲学思想，从而使自己的神学体系在表面上稍稍显得“合理”一些而已。

教父哲学最著名的代表人物是奥古斯丁（354—430）。奥古斯丁生于北非的塔加斯特（今阿尔及利亚）。他一生勤勉，著述颇多，其中大多完成于任希波主教时期，比较著名的有《上帝之城》、《忏悔录》、《三位一体》、《教义手册》和《预定论》等。他在年轻的时候信仰起源于波斯地区的主张善恶二元论的摩尼教，后转变思想，开始信奉基督教。奥古斯丁的神学思想较为复杂，有时甚至陷入了混乱，其思想来源既有基督教本身的，也有摩尼教的，与此同时还受到柏拉图主义和新柏拉图主义等唯心主义哲学广泛而深刻地影响。

奥古斯丁宗教神学思想对后世基督教的发展产生了重大影响，主要包括以下几个方面：

首先，是上帝神性论。奥氏从各个方面论证上帝的神性。第一，上帝是永恒的。作为最终实在的上帝是圆满无缺的，故没有理由让之变化。第二，上帝是创造的。关于人们对上帝从"虚无"中创造世界一事感到迷惑不解的问题。奥氏解释说，人们往往把人的创造力等同于上帝的创造力，不过人的创造力充其量不过是对现有质料的重新组合，而上帝的创造力深奥难测，它与人的创造力是风马牛不相及的两种类型。第三，上帝是永恒的。时间是上帝创造的，上帝存在于时间之外，不受时间流变的影响和制约。第四，上帝是全善的。每一件事物是善的原因，只是因为它是实在的，而上帝是至高无上的实在，因此上帝是全善。其次，奥古斯丁积极赞同"三位一体论"。他说："既非三个神，亦非三个善，而是一个至善全可以的上帝，即三位一体自身。"他接着又解释道，如果有人要问三位到底是什么，我们就会感到人类语言竟会如此贫乏，以至于无法表述。再次，奥古斯丁竭力宣扬双城论。在《上帝之城》中，他将世界分为上帝之城和尘世之城。

尘世之城指的是末日审判后恶人所居留的地狱和人们现世栖息生活的世界，上帝之城指的是上天之中永恒的幸福和现实生活中的基督教会。奥古斯丁的哲学神学思想在公元5—6世纪的西方基督教世界占据主流地位，且对整个中世纪时期、宗教改革时期乃至近代的宗教神学都产生了深刻的影响。他基于此认为，教会的权力应当高于世俗的权力，只有如此，尘世之城才可以得到救赎而成为上帝之城的组成部分。教父哲学于公元9—10世纪逐渐让位于经院哲学，11世纪时完全被经院哲学所取代。

二、经院哲学

从公元八九世纪开始，特别是自11世纪以后，西欧社会在经济、政治和文化生活等方面发生了新的变化，但新的矛盾也随之出现。

首先是经济发展与政治分裂之间的矛盾。11世纪前后的西欧封建经济开始以较快的速度向前发展，农业、手工业以及城市商品经济比以前有了较大的改观。但是西欧各国在政治上大都处于四分五裂的状态，给经济的进一步发展造成严重的阻滞作用。在此情形下，各国封建君主依靠中小封建主、市民及其他下层民众积极展开领土统一和加强王权的斗争。然而，以罗马教皇为首的西方基督教会却竭力反对王权的加强，因为君主权力的扩展便意味着教会权力的沦丧。因此，教俗矛盾日益激化，斗争日趋尖锐，不过斗争的结果在不同地区和不同时期有着不同的表现。在英国和法国，君权发展相对较快，教权则较为收敛；在德意志和意大利等地，情形则正好相反。除此之外，在 12—13 世纪，教权发展至鼎盛时期，有名的教皇莫诺森三世（1198—1216 年在位）曾宣称："教权是太阳，君权是月亮；教权来自神的创造，君权来自人的狡诈。"

不过，应当注意到，教俗矛盾仍然是统治阶级内部的矛盾，两者之间在斗争的时候，也有团结一致和相互利用的一面。上述这种矛盾和斗争必然要对当时的思想文化生活产生投射作用，所以也就必然会曲折地反映在哲学和宗教神学领域之中。

其次是世人认识能力的提高与教父哲学的粗鄙之间的矛盾。随着人们思维广度和深度的逐渐扩大，原有的教父哲学越来越显现出自身的缺陷和不足，渐渐地为世人特别是宗教领域内的知识阶层所诟病。中世纪初期的社会进步包含着科技水平的提高和知识总量的增长，因此也就不断地促进人们认识问题和思考问题能力的提高。一批宗教哲学家开始投身到对教父哲学进行改造的活动之中，盛行于中世纪中后期的经院哲学逐渐的形成。经院哲学最初起源于公元 9 世纪前后兴起的各种宫廷学校、教会学校和修道院。在这里，学生和教师均以《圣经》和教父哲学中的教条为主要阅读对象，并对之展开空洞抽象的演绎论证；与此同时，运用古代哲学和当时的一些哲学思想来协助构建自身的宗教神学体系。上述方式进行《圣经》研究的场所被称为经院。后来，那些把哲学作为外壳、以《圣经》及各种教条为研究目标、并采用玄虚烦琐的论证方法的教会学者被称作经院哲学家，其思想体系便被称为经院哲学。经院哲学的根本任务是：以教父哲学为基本对象，以哲学的形式对已有的天主教教条和教义进行论证和辩解。

经院哲学家们借用柏拉图的唯物主义理论，并孤立和歪曲使用亚里士多德的形式逻辑理论，通过三段论推理，把本来已经不合时代要求的教父哲学变得更为思辨化、系统化、理论化和哲学化，论证的最终目的就是证明天主教的教义和教条的绝对正确，永无谬误。他们的研究已经完全脱离了现实，因而他们只能在既定的时空中做一些咬文嚼字的、玩弄概念的和抽象无聊的文字游戏，烦琐地论证一些表面玄妙莫测、实质荒谬绝伦的神学问题，例如"把猪牵到市场上去的到底是手还是绳子?"经院哲学的研究对象并不是客观的物质世界，而是虚无缥缈的上帝、圣子、圣灵、天使、魔鬼、天堂和地狱的超验世界，如"上帝用泥土捏成的人类始祖亚当有没有肚脐眼?"等这一类的问题。对于这些子虚乌有的命题，经院哲学家却要皓首穷经地去旁征博引，并展开激烈的论战，在谁也说服不了谁的情况下，便会演变为谩骂甚至斗殴，最后仍是无果而终。

经院哲学的历史可分为两个时期，公元 9—12 世纪为形成和发展阶段，13—15 世纪为兴盛并开始衰败阶段。在前一个发展阶段，经院哲学家利用的思想材料主要是柏拉图学说、新柏拉图主义和奥古斯丁的宗教哲学思想。此间经院哲学的重要代表人物是安瑟伦（1033—1109）。安瑟伦生于意大利，主要作品有《独白篇》、《宣讲篇》和《神何以成人》等。安瑟伦是典型的信仰主义者，竭尽全力肯定宗教信条的绝对权威。他说："不是先理解，后信仰；而是先信仰，后理解。"作为"最后一个教父和第一个经院哲学家"，让安瑟伦闻名于世的应当是他所谓的"上帝本体论证明"。事实上，安瑟伦的论证是荒诞的，他在命题的前提中已经肯定了所要证明的结论，在没有任何依据的情况下断定上帝是最完备的实体，其论证只是空洞无用的"同语反复"。为了证明上帝的存在，他提出了一个三段论式理论：上帝的概念是最完善的概念；而最完善的东西必然包括存在，不然就不可以说是最完善的；因此，上帝是存在的。

在第二个发展阶段，经院哲学家主要根据亚里士多德的哲学思想和形式逻辑来为基督教教条和教义做论证和辩解，使之变得更为系统化和逻辑化。这一时期最为重要的代表人物是托马斯·阿奎那（约 1225—1274），他的宗教哲学可以称为整个经院哲学的最高成就。托马斯出生于意大利的一个贵族家庭，一生共写有 18 部著作，重要的有《反异教大全》、《哲学大全》、《论存在与本质》和《神学大全》等，其中以《神学大全》最为著名。托马斯创造了前所未有的最为系统的天主教思想体系，内容涉及政治、经济、文化、教育及宗教等各个学科。在宗教哲学方面，他极有耐心地采用大量的三段式演绎推理论证信仰与理性的关系、上帝的创世和上帝的存在等一系列神学问题，其中他所创立的"宇宙秩序论"对后世产生了极大的影响。他认为，整个宇宙秩序是上帝按等级体系有目的地进行安排的。

从最低一级的无生命界起，到植物界、动物界，再升华到人、圣徒、天使，至高无上的是上帝，每一个等级都在追求进入更高一级，上帝是宇宙的终极目的。在宇宙等级中，下级从属于上级，上级统御下级，最后统属于上帝。他还认为，人们中间也因智商有差异而形成等级体系，如果有人想改变上帝的安排，去提高等级，那就是犯罪。托马斯的思想体系因糅合有亚里士多德的哲学而一度受到正统派的抨击，甚至被斥为异端，不过其流传却越发广泛，信徒逐渐增多。1323 年，教皇约翰二十二世承认托马斯为圣徒，这标志着其学说最终会取得胜利。

经院哲学虽然是中世纪西方的正统官方哲学，不过从它诞生之日起，其内部就存在着唯名论与唯实论之间的斗争。时至近代乃至今天，西方天主教会仍崇奉其学说思想，罗马教廷下属的所有大学都有专门研究托马斯学说的课程，可见其影响是极为深远的。唯名论属于非正统派，认为个别事物是先于概念而存在的，概念只不过是用来表示事物的相似性，是事物的名称，是后于个别事物而出现的。唯实论（又译实在论）则属于正统派，认为一般概念是存在于个别事物之先的某种精神的实际存在。可以看出，两派之间争论的焦点是共相（即一般）与殊相（即个别）的关系问题。唯实论者把一般概念当作是第一性的东西，而把个别事物看作是第二性的东西，属客观唯心主义。唯名论则相反，强调个别事物的真实性。因此，一般来说，它具有唯物主义倾向。但是，唯名论并没有摆脱宗教神学的束缚，且否定一般概念的客观内容，因而在一定条件下也会给主观唯心主义提供可乘之机。

唯实论的代表人物就是我们前面提到的安瑟伦和托马斯·阿奎那。在安瑟伦的观念里，一般概念是先在的、离开具体事物而独立的客观存在，是上帝造物时的原型，这些原始模型也就是上帝所具有的“理念”。这种论点实则是柏拉图理念论的翻版，在经院哲学史上被称为“极端实在论”。托马斯·阿奎那的观点则属于“温和实在论”。他的观点是一般也是一种“实体形式”（或称“隐蔽的质”），它既存在于个别事物之内，又存在于上帝与人的理性之中。因为，既然一般高于个别，一般比个别更实在，那么，越是一般、越是普遍的东西就越高、越实在，而上帝的观念是最为普遍的，因而上帝就是最高的实在。这种说法虽较为巧妙，不过最终还是认为一般先于个别，一般比个别更实在。唯实论的思想对于维护罗马教会的绝对权威具有重要理论意义。除此之外，罗马天主教会是势力遍及各地的实体，其普遍性和实在性要远远高于各个具体的国家，因此，教权高于王权，国王要服从教皇。

唯名论的主要代表人物有贝伦加尔、阿伯拉尔和罗哲尔·培根等。贝伦加尔（约 1000—1088）是法国神学家。他断言，除了实体以外没有任何真实的东西，而实体只能是为感观所感知的东西。他反对圣餐中实体转化论。他说，我们吃的明明是面包，喝的明明是酒，要是大家都去吃基督的身体，那么，即使他的身体大如巨塔，也早就被这么多人吃得一干二净了。最著名的唯名论者是法国神父阿伯拉尔（1079—1142）。他认为，一般是从许多个别事物中抽象出来的共性，不过这种共性在每一个个别事物中又被完全个别化，与个别事物是同一的。基于此可知，在客观上只有个别，没有一般，一般只不过是人通过抽象而形成的概念。因此，教会所普遍宣传的三位一体、原罪、实体转化等教条都是根本不存在的。除此之外，一位有名的唯名论者是 13 世纪英国牛津大学教授、近代自然科学的先驱罗哲尔·培根（约 1214—约 1292）。在具有唯物主义倾向的唯名论思想的指导下，他在数学、物理、化学、光学和医学等领域进行广泛研究，并取得丰硕的成果，不过他却因此受到教会的迫害，被囚禁达 14 年之久。

在哲学上，他也否认一般的独立自在，而认可个别事物的客观存在。唯名论与唯实论之间的斗争并不是一场纯思辨的争论，它是封建政治斗争在宗教哲学领域里的映射，是以王权与教权之争作为其政治背景，曲折地体现了两种政治势力所主张的不同的政治发展方向。不过对于两者之间的分歧，不应过分夸大，因为两者之间的矛盾毕竟还是经院哲学内部的矛盾，它们对罗马教会基本教义的态度仍旧是保持一致的。

第四节　西方封建社会早期的文化教育

西方中世纪的文化教育呈现出一系列较为鲜明的特征。首先，是落后性。各“蛮族”王国建立后的、相当长的一段时期里，原先相当兴盛的文法学校和修辞学校等世俗教育机构大多消失。作为古代文化继承者和保存者的基督教会也未能即刻转化为文化教育事业的筹办者和指导者，而当它最终担当起这一任务时，西欧社会的知识领域已经严重地荒漠化。其次，是等级性。中世纪西欧是等级森严的封建社会，教会内部存在着严谨的教阶制，世俗封建主内部也依据不同的主从关系而结成地位明确的等级结构体系，处于社会底层的是没有权利的普通民众。只是经过数个世纪的积蓄和开发，落后状况才渐渐有所改观。不同等级的人所接受教育的内容也不是一样的。受教育的权利也相差悬殊，所以使中世纪西欧的封建教育带有明显的等级性特点。最后，是宗教性，宗教是中世纪西欧社会的精神支柱，是维系各阶层之间和人与人之间的桥梁和纽带。

一个人自生至死都与宗教密切相连，所以其文化教育也就必然伴随有浓厚的宗教性特征。但是，与其他一切社会、政治及经济领域一样，文化教育的发展在偌大的西欧地区也不可能绝对均衡，在不同的时期和地区，西欧的文化教育在一定程度上也出现多样化的发展趋势。例如，在中世纪初期，当西欧大陆上的文化教育受到阻碍颓唐之时，相比与世隔绝的爱尔兰却散发出勃勃生机并为大陆各地输送出一大批知识丰富的教师和各类人才。再如，当西欧大多数“蛮族”国家的统治者对文化教育持轻视甚至是反对态度之时，一些有远见的政治家如法兰克的查理大帝和不列颠岛上的阿尔弗雷德大王等却积极地发展教育以提高全民的文化素质。除此之外，在中世纪前期，教会学校在文化教育中占据主导地位，而至中后期，教育模式出现重大变化，行会学校（艺徒职业教育)、城市学校和大学相继兴起，尽管它们仍与教会存在某种关系，不过其自由度与活力却大为增强。查理大帝曾于812年发布公告：“每人必须把自己的儿子送到学校去学文法，儿童必须留在学校里勤奋学习，直到他可以学知识为止。”中世纪西欧文化教育的内容较为繁杂，在此只能选其主要，以为概述。

一、教会学校

中世纪前期，西欧文化教育事业基本上由教会负责，查理大帝及其子孙经常以各种方式支持并督促教会扩大教育范围，促成教士提高自身素养以利施教。修道院学校的办学目的主要是培养僧侣，不过也有一些修道院学校除了为本院新信徒提供基本教育之外，有时还招收修道院以外的俗家子弟，即所谓“外学”；但是一般来说，外学的规模较小，数量也不是很多。教会管辖下的教育机构主要有三种：修道院学校、主教学校和教区学校。修道院学校又称僧院学校，大概兴起于公元6世纪，它是伴随修行制度的出现而产生并发展的。主教学校又称大教堂学校，大概首先出现于公元7世纪的英格兰，随后扩及西欧其他各地。此类学校一般设于主教驻跸地，其组织情况与修道院学校相似。开始，主教本人一般情况下就是学校的常任教师。到公元8世纪时，他们开始在学校另设专门的教学人员。主教学校并不是一种统一的教育制度，其办学方向是因地制宜的。

公元 8 世纪末 9 世纪初，以主教名义兴办的学校主要有歌咏学校和文法学校。歌咏学校同样不再是培养唱诗班歌手的纯粹的专业学校，而是一种涉及基础教育的初等学校；文法学校也不再单单是为神学的学习做准备，而是一种向未来的传教士传授普通课程以及一切专业课程的机构。至 12 世纪以后，西欧各国又渐渐地在歌咏学校和文法学校之外增设了专门的神学学校。教区学校出现时间比较晚，且并不是一种普遍的教育制度。这种学校的条件一般比较简陋，校址常常设在村庄小教堂内或牧师自己的家中。牧师招收本地区的一般居民子弟入学，收取一定的费用（多以实物形式），为其讲授日常生活中所需的最基本的知识，包括识字、写字、读祈祷文和唱赞美诗等。

三类学校中，修道院学校和主教学校相对来说比较正规，办学条件比较优越，原因是它们自己拥有地产并接受社会大量捐赠而免收学生的学习费用。例如，1189 年召开的第三次拉特兰宗教会议明确规定，普通教士和贫穷的学生应接受免费教育。这种做法在之后的教会法中得到确认。当然，教会重视教育的普及工作有着比较明确的宗教意图。原因是教会发现，不给信徒特别是不给教士学习《圣经》和履行宗教职责所要求的那种文化，教会就无法深入的宣传自己的理论，也就无法达到既定的政治和宗教目的。教会学校的课程称为“七艺”，即文法、修辞、辩证法、算术、几何、天文和音乐。七艺原本是古代希腊、罗马的传统课程，教会学校因袭之，不过却赋之以浓厚的宗教神学色彩，每一学科的教学都有明确的宗教功用，如文法用于学习拉丁语并指导阅读《圣经》，修辞是为训练传道讲经的辩才，辩证法是为论证神学命题，算术和天文是为计算宗教节日和占卜星象，几何用以绘制教堂建筑图样，音乐则为礼拜和举行宗教仪式服务。即使如此，教会学校的七艺教育在客观上还是对普及基本的知识产生了影响，为后来西欧教育的大发展奠定了基础。

二、骑士教育

加洛林帝国瓦解以后，西欧各国进入了长时期的封建分割状态，在土地分封基础上形成的封建等级制度渐渐地确立下来。当时，封建混战频繁，战争胜负主要取决于骑士们单枪匹马的格斗。因此，培养骁勇善战的骑士成为各个封建主阶层的共同要求。同时，为使骑士的行为方式和道德修养符合封建上层社会的规范，骑士教育中也包括一些礼仪教程。骑士制度起源于法国，盛行于11—14世纪，尤其是11世纪末至13世纪下半叶长达200年的十字军东侵期间，骑士的地位和作用大为增强，训练骑士的教育方式在11世纪也基本形成，12世纪盛行一时。骑士教育是封建主阶级的一种特殊方式的家庭教育，大体可分为三个阶段，即侍童阶段、护卫阶段和骑士阶段。

首先是侍童阶段。幼童满七八岁以后，封建主便将其送往比自己高一级的领主府邸中接受教育。这时的儿童是主人的侍童，他们的主要任务是服侍男女主人，学习上流社会的礼仪，并学习棋、琴、诗、歌及识字等，与此同时还有宗教教育，以养成对宗教的虔诚。在体育方面，主人则委派他人训练侍童骑马、赛跑、游泳、击剑、投枪和角力等。此外，主人还要注意培养侍童的侠义精神和对荣誉的兴趣。其次是护卫阶段。至十四五岁以后，侍童变为主人的护卫，他们的主要任务是侍奉男主人，平时照料他的一切起居住行，战时则随同出征，并负担保护之责。与此同时，护卫还要忠于女主人，学会在贵妇人面前表现得文雅知礼，善于殷勤侍奉。期间，护卫还要勤练武艺，经常比武，以培养作战能力。最后是骑士阶段。护卫至约21岁时，在经过授予骑士称号的仪式后，骑士教育方告结束。直到此时，才正式成为一名骑士。

这种仪式包括许多细节：首先是宗教仪式，如斋戒、祈祷、忏悔、领圣餐和接受牧师祝福等；其次是武艺表演，以此证明自己已经掌握足够的武艺，具备对敌作战的能力；再次是宣誓仪式，宣誓内容是保卫教会、尊重妇女、助贫扶弱和忠君爱国等；最后是接受象征骑士职责的剑、战车或其他武装器械。一方面，骑士教育的直接结果就是为封建主阶级培养尚武精神有余而文化知识不足的武夫，为封建秩序的稳定提供了较为有力地保证；另一方面，骑士教育为培养西欧人乐观的现实主义人生观、爱情观及以后的绅士精神等都有一定的正面影响。至14世纪以后，随着军事科技的进步和作战方式的改变，骑士的作用渐趋减弱，与之相伴的骑士教育也随之慢慢消亡。

三、中世纪大学的兴起与发展

大学是中世纪欧洲留给人类最为重要的文化遗产之一。它之所以在12世纪的欧洲首先出现的原因，一方面是中世纪初期几个世纪所形成的文化积淀；另一方面则是11世纪以后西欧因政治经济变化而出现的文化需求。从11世纪开始，西欧经济开始快速地复苏，沿海地区特别是意大利北部地区的对外贸易再次活跃起来，一些城市渐渐地取得了独立或半独立地位，一些地方甚至建立了城市共和国，市民阶层有了较快地扩展。因此，社会对与政治经济生活有密切关系的世俗文化的需求也日益强烈。这就为西欧大学的兴起创造了必要的前提条件。除此之外，11 世纪时，阿拉伯人的数学、天文学和医学均达到较高水平，而且他们还保存了大量的古希腊哲学、自然科学及医学方面的手稿、文献和著作，并通过西班牙和西西里岛等地将这些先进的文化知识传播到西欧各地，扩大了西欧人的视野。

中世纪最早的大学是位于意大利那不勒斯附近的萨莱诺大学。

它本来是一所医学专门学校，以编译古希腊及阿拉伯的医学著作和进行医学研究而著称。1137 年发展为教授医学的萨莱诺大学，至 1231 年得到政府的正式承认。另一所古老的大学是意大利的波伦亚大学，它开始是波伦亚法律学校，以研究和传播罗马法而闻名欧洲。1158 年时，神圣罗马帝国皇帝红胡子腓特烈下谕认可它为正式的大学。法国的巴黎大学也很古老，它的基础是巴黎附近规模很大的修道院学校和主教学校。12 世纪中叶，当地教师结成同业公会，巴黎大学刚刚开始有了雏形。1174 年，罗马教皇予以承认，并恩赐它以某些特权。1200 年，法王腓力二世颁发特许状，巴黎大学正式诞生，208 年以后称“大学”。除了上述三所大学之外，12 世纪后期到 13 世纪，西欧许多国家也逐渐地成立了大学，其中著名的有英国的牛津大学（1168）和剑桥大学（1209），法国的蒙彼利埃大学（1181）、图卢兹大学（1230），意大利的帕多瓦大学、那不勒斯大学（1224），西班牙的帕伦西大学（1212）和葡萄牙的里斯本大学（1290）等。据统计，至 1500 年时，欧洲实际存在的大学总共有 79 所。

“大学”源于拉丁语（universitas），本义是指会社、社团、协会或行会。至 14 世纪中叶以后，该词才成为特指高等学府即大学的专有名词。中世纪大学的内部管理方式大体可分为两种类型，分别以波伦亚大学和巴黎大学为代表。早期的大学具备了一些相对独立性，原则上由皇帝、教皇或国王批准，不受当地教会或政府的管辖。来自各地或各国的学生为了保护自身的利益而组成各种同乡会，并效仿手工业行会的组织形式而组成“师徒会社”，这种会社就是由一群师生所组成的拥有法权的合法团体。在波伦亚大学，学校的管理工作是以学生为主体，学生们组成“学生会社”（或称“学生行会”），掌管学校行政，制定学校规章制度，负责教师聘用工作、确定学费金额、决定作息时间等。欧洲南部各国如意大利、西班牙和葡萄牙等均以波伦亚大学为模板。巴黎大学则恰恰相反，它的教学及行政管理工作以教师为主体，教师们组成自己的会社，选举校长，制订教学计划，并负责考试及授予学位等工作。北方各国如英国、德国、丹麦和瑞典等都以巴黎大学的管理模式为样本。在上述两种情况中，波伦亚模式呈逐渐衰落之势。13 世纪中叶以后，市政当局对波伦亚大学的干预力度渐渐地加大，学生会社的力量不断被削弱，至 18 世纪末，学生会社的权力被最后扫除。

当时的大学在入学年龄、入学时间和学习期限上没有很严格的规定。一般是学生在十三四岁时进入大学，先学习文科七艺和拉丁语，时间是 4—7 年。经过考试证明自己具有读、写、说拉丁语的能力后，可获得学士学位。再通过 4—7 年的分科学习（如神学、法学和医学），考试合格后可获得硕士或博士学位，从长远角度看，学位制度对教育事业的发展有推进作用，有助于社会了解一个人所掌握的专门知识的程度和质量。当然，在中世纪早期的大学中，学位制度刚刚形成，并不很完善，而且不同的大学还有不同的规定，甚至有一些大学（如牛津大学等）在相当长一段时期里还没有任何学位制度。因此，学位制度几经演变并流传下来，至今仍被广泛地采用。

大学兴起之后，世俗文化有了一定的发展，在一定程度上突破了教会对文化的垄断局面。教会则通过批准建校、给予经费或派遣神职人员等方式来操纵大学的讲坛。经过一段时期以后，有相当一部分大学终于被教会所控制，这就给大学的学术自由造成负面影响，学术研究中的经院习气也随之而来。尽管如此，大学对西欧中世纪社会发展所起的积极作用仍然是不可低估的，它使当时的思想文化生活更为活跃，并为文艺复兴时期的人文主义运动提供了人才基础和思想基础。

第五节　封建文学和艺术

一、封建文学

在中世纪西欧，文学与其他各个文化领域的有一样的情形，也是教会力图占领的阵地，教会文学成为正宗的官方文学。教会文学名为文学，实际上只不过是宗教宣传品，包含圣经故事、基督故事、圣徒传、赞美诗、祈祷文、圣者言行录、奇迹故事、梦幻故事以及宗教剧等。当然，在教会文学中，也有一些出自下层僧侣手笔的作品，它们在一定程度上映射了现实生活和普通民众的情绪。教会文学的主要目的在于宣扬和普及基督教教义，使人敬畏上帝，禁欲苦行，憧憬来世。教会虽然敌视世俗文学。不过世俗文学在整个中世纪时期并未被扼杀。在教会文学的夹缝中，英雄史诗、骑士文学和城市文学等世俗化文学形式先后发展起来，给中世纪的文化生活增添了点点新绿，与此同时也给近代世俗文学的成长带来一定的正面影响。

1．英雄史诗

英雄史诗是以历史上或传说中的英雄人物为基础而创作的诗歌形式的文学作品。中世纪西欧的英雄史诗基本上可分为两类。一类反映的是原始社会末期“蛮族”部落的生活状况，歌颂的多是部落的贵族英雄，内容大多是以神话或历史事件为根据。其代表作品是盎格鲁-撒克逊人的《贝奥武甫》。全诗共3000余行，反映公元6世纪时盎格鲁-撒克逊人在欧洲大陆的生活，是英格兰民族的第一部史诗。《贝奥武甫》分为两个部分，第一部分描写瑞典南部贵族青年贝奥武甫渡海至丹麦，替丹麦人消灭了为害的巨妖和巨妖之母；第二部分描写50年后，贝奥武甫作为国王为本族杀死焚烧人民房屋的火龙并因此而牺牲的事迹。另一类英雄史诗以民间传说和历史人物为基础，这里面的内容多是歌颂抵御外侮、要求国家统一和民族独立的爱国英雄。全诗特别强调主人公见义勇为的英雄气概，并称颂其忘我无私、具有高度责任感的道德品质，体现了氏族社会瓦解时期部落民众的理想。不过这类史诗是西欧各民族已完成封建化以后的产物，其代表作品有法国的《罗兰之歌》、西班牙的《熙德》和德国的《尼伯龙根之歌》等。

《罗兰之歌》首先流传于11世纪晚期，12世纪时用民间语言罗曼语写成。全诗约4000行，共分3个部分，它的内容是：公元8世纪后期，查理大帝在西班牙对阿拉伯人作战，阿拉伯人首领遣使求降。查理大帝指派加纳隆为使臣前往，与之议定投降条件，不过加纳隆却叛变投敌并向阿拉伯人建言献策。查理大帝班师回国时，阿拉伯人依计袭击其后卫部队。查理大帝12重臣之一的罗兰是后卫部队的主将，他与属下的2万精兵在英勇战斗并击杀了无数敌人后全部壮烈牺牲。最后，查理大帝为之报仇，消灭全部敌人，并将加纳隆处死。史诗将罗兰塑造成一位理想的骑士，具有爱国忠君、对敌勇猛、不惜献身的精神。这种描绘体现了封建阶级上升时期的理想，与此同时也符合人民保卫自己领土的愿望。《罗兰之歌》是中世纪法国的优秀文学作品。《熙德》约成诗于1140年前后，全诗共3700行，分3章。西班牙从公元8世纪初被阿拉伯人占领后，人民长期进行反击外敌入侵的斗争，11世纪后进入高潮。熙德就是这一斗争中产生的英雄。全诗的主要内容是：卡斯提国王阿尔封索听信谗言放逐熙德，熙德与摩尔人（阿拉伯人的一支）作战，不断地获胜；国王给熙德的两个女儿说亲，熙德依据封建义务勉强答应；两个女婿对妻子施加暴行，熙德与他们比武并最终战胜之。熙德和罗兰一样，是忠君爱国、英勇善战的英雄，在他的身上体现了人民心中理想的英雄品质。

德国英雄史诗《尼伯龙根之歌》约成诗于1200年，共9516行，分上下两部。上部名为“西格夫里特之死”，下部名为“克里姆希尔特的复仇”。全诗的主要内容是：尼德兰王子西格夫里特是一位有名的勇士，年轻时曾杀死怪龙，并占有尼伯龙根族的宝物，后协助勃艮第国王巩特尔打败敌人，并帮助他娶到冰岛女王布仑希尔特。巩特尔将自己的妹妹克里姆希尔特许配给西格夫里特，以示感谢。10年后，王后发现自己的婚姻是由“侍从”撮合而成的，以此为耻辱，于是教唆国王护卫官哈根在打猎时杀害了西格夫里特，其后哈根又将尼伯龙根宝物沉入莱茵河。克里姆希尔特为了替丈夫报仇，在寡居13年后，借机嫁给势力强大的匈奴国王。又过了13年，她借故约请巩特尔等亲戚到匈奴国聚会，在一次骑士竞技大会上，对勃艮第人大肆杀戮。最后哈根被俘，她要他说出尼伯龙根宝物的所在地，但遭到拒绝，于是将哈根杀死。她的部下不能容忍她的残暴，最终也杀死了她。《尼伯龙根之歌》反映了12世纪时封建主之间的权势争夺和当时的社会风尚，塑造了西格夫里特这一理想的骑士形象，是中世纪德国文学的宝贵遗产。这部史诗所用的诗体后来被称为尼伯龙根诗体，极大地影响了其后的德国诗歌。

2. 骑士文学

骑士文学是伴随着骑士制度和骑士教育的出现而渐渐发展起来的，它反映了骑上的社会、爱情和宗教生活。丨二三世纪是骑上文学的繁荣时期，其中以法国最为强盛。骑士文学可分为两种，即骑士抒情诗和骑士传奇。骑士抒情诗的中心是法国南部的普罗旺斯，作者的主体是封建主和骑士，也有少数手工艺人和农民。普罗旺斯的抒情诗继承了民间诗歌的传统，在诗法、曲调和表现技巧等方面都受民间诗歌的直接影响。他们的名字流传下来的有数百之多，不过其作品保存下来的却很少。骑士抒情诗最普遍的主题是讴歌骑士之爱。所谓骑士之爱就是骑士对封建贵妇的热情崇拜和尊敬服从，为了博得她们的爱情，有的骑士不惜冒一切危险。这种“爱情”实质上并没有多少真实的感情可言，而是精神空虚与狂妄的英雄主义情结的衍生物。骑士抒情诗的形式多种多样，如夜歌、情歌、怨歌、牧歌和破晓歌等。其中，最为出名的是破晓歌，它一般都是描写偷恋的骑士和贵妇在破晓时分情意缠绵和难舍难分的情景。

恩格斯对普罗旺斯民族及其抒情诗在语言学和诗学方面均有很高的评价。他认为：“它在近代的一切民族中第一个创造了标准语言。它的诗当时对拉丁语系各民族甚至对德国人和英国人都是望尘莫及的范例。”骑士传奇的中，在法国北方，其主题差不多都是骑士为了爱情、荣誉或宗教而表现出一种冒险游侠的精神。骑士传奇不同于英雄史诗，它没有历史事实依据，而是出自作者的虚构，有的取自民间传说，有的模仿古希腊、古罗马的作品。骑士传奇中，以描写“亚瑟王故事”的作品数量最多。其内容是关于不列颠传说中的凯尔特人国王亚瑟的 12 名骑士围坐在圆桌旁阐述爱情和冒险经历的故事。

在亚瑟王的系列故事中，以 12 世纪法国作家特洛亚所写的《郎斯洛》最为出色。亚瑟王原来是民间传说中公元 6 世纪凯尔特人的领袖，曾领导凯尔特人反对盎格鲁-撒克逊人的入侵，而在故事中则被描写为典型的封建领主。郎斯洛是亚瑟王的骑士，暗恋着王后耶尼爱佛。为了寻找耶尼爱佛，郎斯洛不惜牺牲骑士荣誉，不骑马而坐上小车，随后又冒生命危险渡过一道像剑一样锋利的桥。在比武场上，不论耶尼爱佛命令他退让还是还击，他都听从命令，绝对忠诚。郎斯洛的身上集中体现了骑士的爱情观点。骑士传奇在人物外形、内心活动和生活细节等方面一般都有细致的描写，对文艺复兴和近代文学有一定影响，与近代长篇小说更是有着较为直接的渊源关系。

3. 城市文学

11—12 世纪，一度衰落的西欧城市开始重新繁荣，世俗的市民文化渐渐地得到发展，在一定范围内突破了教会对文化的垄断。在此基础上，具有强烈的现实性和乐观精神的城市文学得到了较为充分地发展。法国是中世纪城市产生最早的国家之一，城市文学也最为繁荣。城市文学中最重要的一种民间创作是讽刺故事诗。法国城市文学中流传到现在的列那狐故事有 4 部，即

《列那狐传奇》、《列那狐加冕》、《新列那狐》和《冒充的列那狐》，其中以《列那狐传奇》最为著名。这种诗常常以一只名字叫列那的狐狸为主人公，俗称列那狐故事诗。《列那狐传奇》产生于12世纪70年代至13世纪中叶，由27组故事诗组成，全诗共3万余行。这部传奇以兽喻人，借助动物世界的故事以反映当时的社会现实。狮子是国王，狼和熊是封建廷臣，笨驴是主教，骆驼是教士，鸡、兔、蜗牛、乌鸦和麻雀等弱小动物则象征下层民众。列那狐则象征新兴的市民阶级，其特征是聪明和狡猾。在与狮、熊、狼的斗争中，胜利者一定是列那狐。同时，列那狐也欺压弱小动物，而在这些斗争中，列那狐总是失败者。该传奇在西方传播甚广，被译为英、德、意等多种语言。18世纪90年代，德国诗人歌德依据这则故事写成叙事诗《列那狐》。

《玫瑰传奇》也是法国城市文学中的一部重要作品，成书于13世纪20年代至13世纪末，由洛利斯和墨恩两位诗人完成。这部传奇采取了寓意手法，以玫瑰代表少女，描绘诗人开始追求玫瑰而无所获，后来诗人经过种种努力，克服重重困难，最终得到玫瑰。全诗的前半部基本继承了骑士文学的传统，宣扬骑士爱情观点；后半部则映射市民的思想感情，批判禁欲主义和蒙昧主义，强调要以理性和自然的原则对待爱情和生活。这部作品在中世纪曾产生过很重要的影响。

二、封建艺术

中世纪西欧的封建艺术是为基督教服务的，很长一段时期中，几乎不存在独立于宗教的艺术。在基督教会的长期钳制下，中世纪艺术呈现出一系列违背自然的特点，绘画艺术朝着公式化和简单化方向不断接近，千篇一律、单调呆板的耶稣像和圣母像被奉为标准，头大身小、比例失调的雕塑作品充斥着宗教圣坛。中世纪艺术最具代表性的是教堂建筑。11—14世纪以后，西欧封建制度大致开始稳固，作为西欧社会精神支柱的基督教会不断发展，修道院制度日益完备；特别是11世纪末十字军东侵开始后，基督教会的势力更是急剧膨胀。宗教狂热的不断升温加上经济的初步发展使得新建的教堂和修道院更是变得非常多。罗马式建筑脱胎于罗马长方形会堂建筑，它普遍采用类似古罗马的拱顶和梁柱相结合的体系，并大量采用希腊罗马时代的“纪念碑式”雕刻来装饰教堂，因此，这个时代的建筑风格被称为罗马式。中世纪教堂建筑分为两种不同的风格，公元9—15世纪为罗马式建筑，12—15世纪流行哥特式建筑。罗马式建筑的主要特征是坚实、庄严和肃穆，其基本形象是坚厚的石墙、狭小的窗户、半圆的拱门、灰暗的厅室、粗矮的柱子和圆矮的屋顶；除此之外，还有配置于建筑前后的碉堡似的塔楼。

后来，塔楼逐渐固定在西面正门的两侧，成为罗马式建筑的标志之一。这种建筑以教堂居多，具有代表性的有法国的阿耳大教堂和普瓦提埃大教堂，德国的美因斯大教堂和意大利的比萨大教堂及周围建筑群。值得注意的是，著名的比萨斜塔是教堂的塔楼，不过与教堂本身是分开的。哥特式建筑于12世纪兴起于法国北部，随后传至西欧各地。意大利文艺复兴后期，人文学者将12—13世纪至他们所处时代之间的建筑艺术称为哥特式建筑。认为它是由北方“蛮族”哥特人发展起来的，但事实上两者之间没有什么直接关系，其实质带有贬义。哥特式建筑最突出的风格是高直细尖，有尖拱门、尖高塔、尖屋脊、尖房顶和尖望楼。具体来说，哥特式建筑的显著的征就是用尖形拱门代替罗马式半圆拱门，力求增加建筑物的高度，减少内壁、内柱和支柱的厚重度；外部有许多高耸的尖塔，墙壁较薄，窗户相对来说比较大，并饰有彩色玻璃图案，室内光线比罗马式建筑通透，门前饰有很多形象生动的浮雕和石刻。哥特式风格的代表性建筑有法国的巴黎圣母院、夏特尔教堂、兰斯大教堂和亚眠教堂，德国的科伦大教堂，英国的林旨大教堂和坎特伯雷大教堂，意大利的米兰大教堂，等等。

一般来说，第一座哥特式教堂是1143年在法国巴黎郊区建成的圣丹尼教堂，它的四尖巧妙地解决了各拱间的肋架拱顶结构问题，并配有大面积的彩色玻璃窗。除此之外需要注意的是，经过中世纪的沉寂之后，从12世纪开始，圣丹尼教堂落成后，各国宗教界人士感到十分惊讶，为它的建筑形式的魅力所征服，纷纷效仿。西欧某些地区逐渐产生了一种与宗教艺术相对立的新艺术。例如，13世纪末意大利比萨雕刻家尼古拉·比萨诺以无意中发掘出来的古希腊雕刻为摹本，创作出仿古典雕刻新作品，首次打破了宗教雕刻艺术的扭曲僵化局面；13世纪，意大利画家吉奥图及其继承者利用强光和新的几何配景学使二维空间的绘画转变为三维空间的绘画，逼真自然的画面取代了从前拘谨平板的格调。这种新气象表明，中世纪教会一统艺术领域的格局已经出现裂痕，反映世俗生活的文化艺术已经破土萌芽，一个新的时代即将来临，文艺复兴的脚步已经临近。

第六章

文艺复兴时期的文化

文艺复兴，既是西欧封建社会向资本主义社会过渡时产生的一场标志性的社会运动，也是一场多元而又统一的文化运动。文艺复兴的多元统一，既表现在各种艺术流派非常得多，也体现在它的文化成分较为复杂，其中主体文化是新兴的资本主义文化，但是也有封建主义的旧文化成分，甚至带有浓厚的古典希腊、罗马文化的烙印，在大量的文化作品中，这种烙印与新文化形式很难做比较准确的分别和分裂；既体现在这场文化运动相继产生于欧洲的不同国家，也体现在它以意大利为文化中心，各国奉其为中心和主导，将意大利的艺术奉为范本；既表现在人们思想价值观念的转变，也表现在社会生活方式和生产方式的转变；等等。而西方近代文化正是在文艺复兴文化的基础之上诞生和发展起来的。对当时的西欧来说，经过人文学者的不懈创造，他们把各种各样的兴趣和风格最后结合成总体文化的一个完整形态，汇聚成自古希腊、古罗马以来西方产生的第二个文化高峰。

第一节 文艺复兴与人文主义

一、文艺复兴的背景

文艺复兴最早产生于意大利，进而发展到西欧其他的一些国家。意大利文艺复兴产生的社会背景虽然不能完全等同于整个西欧文艺复兴产生的社会背景，不过其具有典型性。

首先，14 世纪在意大利北部和中部一些发达的城市里，产生了资本主义的最初萌芽。资本主义生产关系于14 世纪时最早发生在意大利的毛纺和呢绒业工场中。一定的文化必然以一定的经济条件为依据。资本主义为文艺复兴奠定了深厚的物质基础。富裕起来的早期资产阶级看到了自身的价值，也有经济能力开展和支持新文化运动。

其次，意大利北部和中部一些发达的城市里有适宜于新文化发展的政治环境。意大利各主要城市在政治上形成了非常强大的城市共和国，把持统治权的是一些富裕商人、企业家和转向工商业活动的贵族。他们引导着城市社会，要求将炫耀财富的富足、政治地位与生活和视觉上的享受结合起来，改变生活方式和文化趣味。而城市共和国比较开明、宽松的政治环境则相对比较开放、自由的文化气氛的形成有推动作用。

再次，意大利是古罗马文化的中心和继承者，较多地留存了古罗马文化。意大利原有的得天独厚的古罗马文化，成为新文化的宝藏和养料。工商业经济的开放性和竞争性，使市民生活得到了多元化的发展。他们富有冒险、进取、创新的精神，追求一种积极、自由、现实和较理性的生活。除此之外，意大利的地理位置有很大优势，在地中海贸易中处于特殊地位，有利于直接吸收或通过拜占庭和阿拉伯人吸收希腊文化。与此同时，因传统的影响和城市中普遍重视教育，人的文化素质较高，普通的市民也具有了接受和鉴赏古典文化的能力。

当时西欧其他国家的具体情况与意大利不尽相同，但是也存在许多共性的东西。第一，各国都相继出现了资本主义的萌芽，市民阶级对中世纪的宗教文化感到不满意，要求发展一种为其服务的新文化；第二，世俗统治者

（也包括部分宗教界人士）支持人文主义者的活动；第三，人们有极大的热情搜集、研究古典文化；第四，城市市民的心态和价值观发生了新的改变。所有这些，使文艺复兴的兴起在西欧有了共同的政治、经济、文化、思想意识基础。需要说明的是，文艺复兴运动在欧洲蓬勃开展和传播还与印刷术的推广和书籍的普及相关密切。

二、文艺复兴的指导思想和特征

文艺复兴并不是希腊罗马古典文艺的简单再生，而是有其更为深刻的内涵。它实际上是新兴的资产阶级发起的一场强调自我意识的思想解放运动。而这场代表新文化的思想解放运动的指导思想、精神内涵是人文主义。这种思想文艺复兴运动的指导思想，也是资产阶级新文化的基本内容。人文主义思想是欧洲文艺复兴运动时期出现的一种新思潮，是新兴资产阶级的世界观和人生观。人文主义的核心是个人主义，理论基础是人性论。它主要关注人和人性，这包含人的尊严、人的价值、人的才能的展示，而不是神和信仰。这些恰好与处于上升时期的市民阶层和新兴资产阶级的追求和要求不谋而合。个人主义是人文主义的重要组成部分和基本内容。人文主义不但重视人的全体，更强调人的个体。因此，个人主义观念只是“人本位”思想的另一种表述。

人文主义者希望通过提出“人本位”的思想与“神本位”思想对抗，以期唤起人们对于人和人性的再认识。不过个人主义并非过分强调自私、自利，而是希望通过个人的自我约束来形成与资本主义经济制度相适应的道德观念，所以个人主义使得文艺复兴时期的人看上去比任何其他时期的人都更有信心和进取精神。世俗主义也是人文主义的重要组成部分。在世俗主义思想的影响下，中世纪流行的禁欲主义遭到抨击和摒弃，使得文艺复兴文化带有更多的世俗取向。世俗主义就是与现实生活紧密结合，强调现世生活而非彼岸世界，赋予人世间的生活以一种正面的意义。世俗主义促进了人们积极的处世态度。它强调现世生活，将现世幸福看作是人生的最高目标，而要达此目的就必须发挥人的主观能动性。世俗主义还使得人们的财富观发生变化，拥有丰厚的社会财富成为获取优渥生活和社会尊严的必备条件。为了过上幸福的生活，人们不再把发财与信仰割裂开来，发家致富也因此成为人们的共同愿望。

三、文艺复兴的成就

意大利文艺复兴分为前后两个时期：公元 14 世纪至 15 世纪中叶为前期；15 世纪后半期至 16 世纪为后期。拥有丰厚的社会财富成为获取优渥生活和社会尊严的必备条件，迅速出现了一大批文学巨匠，其中最著名的代表人物是"文坛三杰"：但丁、彼得拉克和薄伽丘。但丁（1265—1321）是意大利文艺复兴的先驱，代表作《神曲》预示着意大利文艺复兴运动的开始，它深刻地揭露了教会的黑暗腐败及教皇统治的罪恶，批判了封建统治阶级的残暴专横以及封建割据给人们带来的灾难。意大利后期文艺复兴是艺术空前繁荣的时期，迅速出现了一批杰出的艺术大师，特别是被称为"艺术三杰"的达·芬奇、米开朗琪罗和拉斐尔。彼得拉克（1304—1374）被誉为"人文主义之父"，他批评天主教会和罗马教廷，表达自己痛恨封建割据，希望意大利和平统一的爱国主义思想。薄伽丘（1313—1375）是意大利民族文学的奠基者，短篇小说集《十日谈》把矛头指向罗马教廷和天主教会，大胆地披露教会的腐化和贪婪，抨击教士的伪善和丑行，同时也无情地揭露和鞭挞统治阶级的昏庸和残暴。

这一时期，也出现了以马基雅维利和康帕内拉为代表的近代资产阶级政治思想家和空想社会主义者。德国文艺复兴运动的主要代表人物是伊拉斯谟（约 1466—1536），他是西欧著名的人文主义思想家。他的主要成就是把《圣经》和早期教父的作品从希腊文译成拉丁文，并对原文作了人文主义解释，还翻译了许多古代希腊作家的作品，有力地推动了欧洲文艺复兴运动的发展。他创作了许多具有浓厚人文主义色彩的作品，对神职人员的贪婪腐化、虚伪堕落、封建贵族的寄生腐朽、野蛮好战进行了揭露和抨击，同时大力歌颂人性，赞美世俗生活，肯定人的欲望、感情和理性。法国的人文主义运动最主要的代表人物是拉伯雷（约 1494—1553），他的长篇讽刺小说《巨人传》不但揭露了教会的黑暗腐败和荒淫贪婪，抨击禁欲主义和蒙昧主义，还提出培养"全知全能的人"的人文主义教育思想，以及人人平等、个性自由、个性解放的社会政治主张。英国文艺复兴运动的主要代表人物是托马斯·莫尔和莎士比亚。托马斯·莫尔（1478—1535）是著名的人文主义思想家和空想社会主义的奠基人，1516 年他用拉丁文写成的《乌托邦》是空想社会主义史上第一部光辉杰作。他在书中披露和抨击英国社会的黑暗，提出没有私有制，一切公有，人人参加劳动，按需分配的理想社会。

威廉·莎士比亚（1564—1616）是天才的戏剧家和诗人。莎士比亚的作品广泛而深刻地反映了16—17世纪英国社会的政治、经济、思想、文化和风俗习惯等各方面的现实，抨击封建制度的腐朽和黑暗。他的代表作很多，喜剧有《威尼斯商人》，悲剧有《罗密欧与朱丽叶》《哈姆雷特》《奥赛罗》《李尔王》和《麦克白斯》。并且揭露和批判资本主义原始积累时期的种种罪恶，表达了新兴资产阶级的思想感情和人文主义理想。西班牙文艺复兴运动最杰出的代表人物是塞万提斯（1547—1616）。塞万提斯是伟大的现实主义作家、戏剧家和诗人，代表作是长篇讽刺小说《堂吉诃德》。《堂吉诃德》描绘了16—17世纪西班牙社会的广阔画面，深刻地披露了西班牙社会的黑暗，批判了贵族和教士的奢侈与专横，反映人民群众的疾苦和愿望，同时也表达了作者反封建反教会，要求个性自由和个性解放的人文主义思想。

四、文艺复兴的意义

文艺复兴创立了瑰丽多姿的精神文化，是在希腊、罗马的古典文化之后西方社会达到的又一文化高峰。它在文学、艺术、政治思想及自然科学领域内创造了丰硕的成果，召唤了人们积极进取和科学创新的精神。

首先，文艺复兴开拓了人们的视野。丰富了人们的知识，解放了人们的头脑。自此之后，自由、科学、乐观的精神成为西方人的基本精神面貌。与中世纪相比，文艺复兴在意识形态领域内带来了一系列巨大的变化，最突出的变化是关于人的价值观念的改变。这种不可抑制的求知欲和追根究底的探究精神，为创造现世的幸福而奋斗的乐观进取精神，把人们从中世纪基督教神学的桎梏中释放了出来。

其次，文艺复兴承认了人的价值和创造力，提出人要获得解放，个性应该自由；力求发挥人的聪明才智及创造性潜力，反对消极的无所作为的人生态度，提倡积极进取的精神；重视现世生活，鄙视关于来世或天堂的虚无缥缈的神话，反对宗教禁欲主义，追求物质幸福及肉欲上的满足；提倡乐观主义的人生态度，强调利用人的理智，发展个性，反对束缚人性和自我克制，提倡“公民道德”，认为事业成功及发家致富就是道德行为。之后，文艺复兴打破了宗教神秘主义一统天下的局面。文艺复兴之后，欧洲的封建制度、封建精神和教会的愚民政策，再也不能钳制广大民众的思想和行为了。过去总是在上帝面前忏悔和自惭形秽的人们，自此之后获得了从未有过的尊严和思想自由。文艺复兴恢复了理性、尊严和思索的价值。人们不再对虚无缥缈的“来世”和“天堂”寄予莫大的期望。自此之后，教会的权威扫地，封建势力落入低谷，资产阶级开始了它的“自由”创造。

再次，文艺复兴时代产生了许多文化巨匠。他们开创的诸多文学、艺术、哲学、自然科学成就，是西方和全人类的宝贵历史文化财富。大量富有吸引力的精湛的艺术品及文学杰作，成为人类艺术宝库中的无价瑰宝，永放光芒。

最后，文艺复兴对于后来的启蒙运动以及整个资产阶级文化都有着启蒙作用。在其后的几个世纪里，它一直是“自由”、“平等”、“博爱”等资产阶级核心观念必然要回溯的精神源泉。文艺复兴所倡导的科学精神，也渗透到了自然科学的各个学科。经验被尊崇为知识的最终来源，反对崇拜无依据、无价值的权威。这种尊重事实、尊重科学原则的精神，成为近代以来科学家公认的应该遵守的行为准则。目前普遍使用的“文艺复兴”一词，来源于法语，由“再”与“生”（naissance）组合而成，意思是“复活”、“再生”。

不过最早使用“文艺复兴”一词的是意大利艺术家乔治奥·瓦萨里（1513—1574）。他在1550年出版的著作中谈到艺术在希腊、罗马时达到繁荣。其后，由于“蛮族人”入侵罗马和基督教徒的破坏，艺术衰落，直到13世纪才出现“艺术再生”。19世纪初，法国学者把文艺复兴定义为：“从15世纪至16世纪起的文学、艺术、科学运动。”1860年，瑞士著名学者雅各布·布克哈特在《意大利文艺复兴时期的文化》一书中使用“文艺复兴”一词。但是，他并不认为文艺复兴仅仅是古典文化的再生，而是把它的内容引申到人的精神生活和社会生活中的变化。自此之后，“文艺复兴”一词逐渐被广泛运用。文艺复兴绝不是古典学术、艺术的简单恢复。从文化继续性的角度来看，众口相传文艺复兴，不过是新兴资产阶级以古典文化为借鉴，在继承和利用的基础上进行创造，以适应资产阶级刚刚登上历史舞台，导演出历史新场面的需求。文艺复兴在根本上不是面向过去，而是面向现实、面向未来。法国启蒙运动的创始人之一伏尔泰（1694—1778）指出，文艺复兴的重要意义不在于复古，而在于创新。

文艺复兴既是一场新文化运动，又代表了一个历史时代。恩格斯早就指出，“文艺复兴”这个词并没有把时代完完全全地表达出来。它是社会、经济、政治、文化科学发生全面转折的伟大时代。文化运动组建文艺复兴时期的一个重要历史内容，是新兴资产阶级在思想文化领域里，向封建主义和基督教神学体系发动的一场伟大革命，它释放了人的思想。作为历史时代，它始于14世纪，终于17世纪初，长达3个多世纪；作为一场文化运动，它诞生在意大利，而后蔓延到西欧。从根本上动摇了整个西方神学世界观的基础。在运动中，人文主义者使古典文化重新绽放光芒，同时创造了光辉灿烂的新文化。其文化成就是古典时代所无法匹比的，其文化上的影响则是持久的，这也难怪人们常常把文艺复兴只理解为文化上的成就了。如果说文艺复兴是一个时代的话，那么人文主义就是这个时代新的思想体系和文化特征。它不但是一种社会思潮，也是伟大的文化建设。

Humanism（人文主义）一词来源于拉丁文 Humanus（意为“人类的”）或 Humanitas（意为“人性”）。Humanism 一词，中文译作“人文主义”或“人道主义”“人本主义”。不过一般把文艺复兴时期的 Humanism 译为人文主义，以区别于后来资产阶级的人道主义。因此，人文主义是在特殊环境下发生的，是一个历史范畴。它的基本含义有两方面：一是指与中世纪天主教神学相对立的人文学科，即以人为中心的世俗文化，包括语言、文学、艺术、伦理、哲学和自然科学等；二是指关于“人”的学说。“人文主义者”一词最早出现在15世纪中期的文学诗歌中，指的是人文学科的教师。人文主义者来自不同的社会阶层，不过基本上介于社会上层和中上层的有产阶级。其后内涵扩大，常常把继承优秀的古典文化遗产为当时的现实服务，并通过自己的著作批判天主教神学思想的人称为人文主义者。他们是新兴资产阶级知识分子阶层，以研究人和自然为对象。人文主义者总的目标可以概括为：通过对古典文化的研究、复兴和发扬，来打破中世纪的经院哲学和天主教会在精神上的专制，并依据古代的典范，创立一种摆脱教会权威的、建立在文化知识和理性基础上的对世界和对人的看法。人文主义的基本思想主要包括以下两个方面：

1. 提倡以“人”为中心，注重活在当下

人文主义者提倡以“人”为中心，反对以“神”为中心，以“人性”反对“神性”，以“人权”反对“神权”。在文艺复兴运动的不同发展阶段，人文主义呈现出不同的特点。不过，如何摆正“人”的位置，提高“人”的地位，则是不同阶段人文主义者共同思考的主要问题和为之奋斗的主要目标。在中世纪，不管是宗教界还是世俗社会，主流思想来源于《圣经》。原因是人文主义者在研究古典学问以及思考和回答现实社会的问题中，最感兴趣的是伦理的内容，而这恰恰是当时社会生活中迫切需要解决的基本问题。神创论和原罪说的普遍承认，天主教的万流归宗的地位使人们的思想受到严重地禁锢。人们普遍认为，神是全世界乃至整个宇宙的创造者、中心和主宰者。神性至高无上，神权不可侵犯，人是神的被创之物，其质料是普普通通的“泥土”，只是神的一种工具和附庸、世间的一个不光彩的匆匆过客。与此正相反，人文主义者通过对人的价值、尊严的肯定，来提高人的地位。文艺复兴时期文化的觉醒，首先是重新肯定人的价值。

（1）不以人为耻，而以为荣

人文主义之父彼得拉克说：“我没有想过变成上帝，或者居住在永恒中，亦或是把天地抱在怀抱里。属于人的那种光荣对于我就够了。”莎士比亚则赞美：“人类是一件多么了不得的杰作！多么高贵的理性！多么伟大的力量！多么优美的仪表！多么文雅的举动！”

（2）不以现世生活为罪，而以为幸福

天主教禁欲主义否定了人的现世生活，宣传追求永恒“天国”的快乐。人文主义者对人性和人的权利的肯定，主要从两个方面反映出来，即理论上的阐述和身体力行的实践。在彼得拉克的想法中，“我自己是凡人，我只追求凡人的幸福”。他还说：“忽视或蔑视人的本性、人生目的以及人们的来处和归宿，这对我们又有什么益处呢?”因此，像薄伽丘等著名的人文主义者都极力反对禁欲主义，对饮食男女之事给予肯定和追求。在人文主义者看来，渴望与追寻人生快乐、幸福、情欲等，都是人的自然本性或本能，实现人的物质欲求和趋乐避苦的本能，也就是实现人的本性。在有关人权方面，人文主义者不但认为人有生存之权、追求快乐、幸福之权，而且有自由、平等、参政、议政之权。

人文主义者先驱——但丁在《神曲》中谈道，唯独人类才有“自由的意志”。他在《论世界帝国》中，第一次从理论上提出了政治和宗教平等、政教分离的言论，向君权神授、教权高于皇权和教会至上等观点提出挑战，并在当时第一次明确地提出了“人权”概念，强调要建立统一的世界“帝国的基石是人权”，帝国“不可以做任何违反人权的事”。薄伽丘则认为，人生而平等，“我们人类向来是天生一律平等的，只有品德才是区分人类的标准，那发挥大才大德的才当得起一个‘贵’字；否则就只可以算是贱。”但丁、萨留塔蒂和布鲁尼等都把积极参加社会活动、参政议政看作是人的权利。萨留塔蒂和布鲁尼的想法里，每个人都应该积极为社会服务，关心全体人民利益，关心国家安危，不要过离群索居的“沉思生活”，而要过“积极的社会生活”。

(3) 不以“人”为奴，而为历史主人、命运的主宰

把人文主义者反对以神为中心看成是无神论者之举，这显然是不符合实际的。但是，人文主义者把人从神的束缚中解放出来，改变神人主从地位，却是不可否认的。莎士比亚把人看作是“宇宙的精华、万物的灵长”。文艺复兴时期，不少人文主义者写了人的尊严和称赞人的著作，其目的是在自我肯定的基础上，使人摆脱受神和教会的控制，还原其历史主人的本来面目。米朗多拉在《关于人的尊严的演讲》中，提出了关于人的学说代表文艺复兴时期人的理论发展的巅峰。他以上帝的名义对人类的始祖说：“人是不可以被赋予任何固有的东西的……我们不给你固定的地位，固有的面貌和任何一个特殊的职守，以便你依据你的志愿，依据你的意见，取得和占有完全出于你的自愿的那种地位、那种面貌和职守，而我们却给你自由，不受任何限制，你可以为你自己决定你的天性。我把你放在世界的中间，为的是使你可以很方便地注意和看到那里的一切。”在这里，米朗多拉充分肯定了人的自主性，从而淡化了上帝创造人的说教。阿尔伯蒂和马基雅维利等人认为，人是自己的主人，对命运要敢于斗争，人有能力去抑制命运女神。马基雅维利指出：“迅猛胜于小心谨慎，因为命运之神是一个女子，你想压倒她，就必须打她、冲击她。”因此，在布鲁尼、马基雅维利各自所写的相同书名的《佛罗伦萨史》中，他们均把历史看作是人本身活动的历史，否定了历史进程受天意决定的宗教史观。

2. 以理性和科学反对蒙昧主义和神秘主义

在中世纪，罗马天主教会在西欧处于独尊地位，思想文化领域蒙着蒙昧主义的迷雾，理性屈服于宗教信仰。对中世纪持反对态度的人文主义者，对社会和人进行理性思考，提出个性自由。他们颂扬人，把自由地、全面地发

展人的个性理想放在首位。圭查尔狄尼的想法里："信仰也就是对非理性的现象的坚定意见或确信。"不少人文主义者对神职人员、宗教组织乃至宗教信仰持否定态度。他把宗教看作是迷信。他的想法里上帝只是"对头脑糊涂的人有特别大的威力"，对于有理性的人来说已不再是崇拜的对象。虽然圭查尔狄尼和其他人文主义者一样并没有彻底否定天主教的存在，但是在他看来，在现实生活中理性已是高于宗教信仰了。这种关于人的理性的深刻发现，是对宗教神学的沉重打击。在理性面前，上帝丧失了奴役人的权力。人在摆脱上帝的羁绊之后，就获得理性的力量，从而使人获得了价值和尊严，以及个性的自由发展。

自彼得拉克开始，人文主义者就把收集和学习古典著作，掌握古典文化当成一种理性行为。在人文主义者的言行中，古典文化成为反对蒙昧主义、否定中世纪官方哲学——经院哲学的锐利武器。理性思维使人文主义者敢于大胆怀疑，大胆否定，甚至被教会奉为权威、使天主教的基本教义神圣化的亚里士多德理论，彼得拉克认为，它是那样的贫乏，远不如西塞罗和塞涅卡的著作有价值。在人文主义者的眼里，中世纪以宗教神学为核心的知识体系已经过时。社会需要新的科学知识体系，显然不能靠神或教会来创立，只能依靠人文主义者心目中的"人"——即他们自己。他们认为，人不同于动物，人是有智慧的生物，具有理性思维能力，可以认识自然、接受教育、掌握科学文化知识，成为全面发展的人，创立新的文化。而人的潜能、人的智慧必须靠人文主义教育才可以充分地发挥出来。14 世纪，当文艺复兴在意大利开始兴起时，教育界立刻受到影响。人文主义者通过开办学校以及对教学形式和内容的改革，逐步提出一套新的教育纲领。求知欲极强的青年，聚集在拥有古典名著手稿并具有解释这些手稿的知识和能力的学者周围，接受人文主义教育。

弗吉里奥（1349—1420）在教育中，坚持了古罗马教育家昆体良的"通才教育"，并且强调"自然知识、天地万事万物的法则和性质，以及它们的起因、变化和结果——这是最令青年高兴的，与此同时又是有益于青年的两门学科"。维多利诺（1378—1446）将学生学习古代希腊、罗马著作视为智力教育的基础。人文主义者除注重人文学科教育外，还注意舞蹈、音乐、绘画技能等的学习，而且还开设了体育或军事课程。14 世纪后期，经院哲学的处境已经很困难，不过是在大学里讲授从古典哲学里“再生”出来的“新哲学”，并且，新的学问在许多城市和宫庭中也传播开来。受人文主义新浪潮的冲击，1473 年，佛罗伦萨大学不再雇用僧侣担任哲学教员，原因是学生们不再接纳他们，而雇用了很有声望的拜占庭教师来解读古希腊哲学家的著作。人文主义教育反映了新生资产阶级要求启迪人的心智，传播新知识，培养多才多艺、全面发展的人才和发展资本主义的愿望。

第二节 西欧产生文艺复兴运动的社会文化条件

文艺复兴运动的发源地在意大利，它的经济和社会现状是产生文艺复兴的典型性沃土。首先是具有资本主义特征的工商业经济十分繁荣。但是，假如对意大利做个统一性的调查，就不难发现，它在工业和商业两个范畴的发展情况都比同时期欧洲其他国度要强得多。14 世纪的意大利主要由各城市共和国组成。而佛罗伦萨是工商业高度发展的典型。从 12 世纪起，佛罗伦萨的银行业在欧洲享有盛名，以致意大利其他城市也无法与之匹敌。13—14 世纪，巴第尔、美第奇等家族创办的银行，在代理罗马教廷征收欧洲各国、各地域的什一税等之中，获取了大量的财富。美第奇家族还开办公司，与其他人合伙运营商业贸易，富可敌国。佛罗伦萨银行发行的金币佛罗林，币值稳定，通行他国。工厂手工业的发展也同样处于抢先位置。1336—1338 年，佛罗伦萨的毛纺织业作坊有 200 座，年产的呢绒价值 220 万金佛罗林（约合 480 万美元）。中央曾经开始城市化过程，大量农民涌入佛罗伦萨，该城市人口约 9 万人，以毛纺织业为生的约 3 万人。该城的资本主义消费关系最早在毛纺织业中产生。在政治上，佛罗伦萨有“意大利的雅典”之称，实行城市共和国方式。

积聚了大量资本的富商们已有经济实力来展开和支持新文化运动了。佛罗伦萨城市公社在反对封建统治的斗争获得成功之后，制定了有利于中上层市民的新宪法《正义法规》，运用法律手段限制封建主权力，维护新兴市民特别是富有市民的利益。富有市民与衰败贵族交融构成新贵族，他们主要由富商、银行家、大承包商和大雇主组成，被称为贵族化资产阶级。他们在赚钱盈利、享用自由的同时控制着行会，进而控制着由市政议会成员组成的市政府。因而，即使是在城市寡头的统治时期，工商业依然得到较好地维护。教育和民智开发等曾经引起市民社会的注重。13 世纪时，顺应城市发展的需求，最早产生大学的意大利，世俗学校曾经兴隆起来，一些富有家族办起私人学校，一些教堂也办起普通班，向世俗弟子开放。培育工商业者采用的是入校学习与当学徒分离开来的方式。14 世纪，佛罗伦萨的初级学校约有 6 所，高级学校 4 所。在男性居民中，识字率约占 1/3，以致木工、漂布者和庄稼汉都丢下他们的营生职业去讨论阿波罗和缪斯女神了。这或许是夸张，但佛罗伦萨确实是当时西欧文化兴旺地域的翘楚，支持新文化有了较为普遍的社会根底。

与此同时，许多古典著作的手稿和文物被发现、搜集和传进来。西欧的本国方言土语（民族语言）在文学作品中被普遍运用，能够打动市民的乡土文学发展起来。教会特权也随着“阿维农之囚”的开始而走向衰落，普通信徒逐步控制了教区事务。西欧社会已处于急速的变化之中，最具生机的市民阶级的生活和消费的多元化发展，市民的心态和价值观念发生了一系列变化，他们力图追求一种积极、自由、理想和较为理想的生活。虽然当时西欧其他国度的详细状况与意大利不尽相同，但是也存在许多共性的东西。文艺复兴运动在意大利首先产生之后传播到整个西欧。一是各国都相继呈现了资本主义的萌芽，市民阶级对中世纪的宗教文化不满，请求产生新的文化为其效劳；二是世俗统治者（也包括部分宗教人士）支持人文主义展开活动；三是社会注重教育，人们热衷于收集、研讨古典文化；四是城市市民的心态和价值观有了新的变化。这一切，使文艺复兴的兴起在西欧有了共同的政治、经济、文化教育和思想认识的根底。在文艺复兴运动兴起之后，由于印刷术在西方的普遍运用、大量古典著作的传入、天文大发现和宗教改革等方面的影响和刺激，文艺复兴在西欧持续发展长达 300 多年之久，极大地丰富了人类文化宝库。

第三节　意大利文艺复兴早期的文学和艺术

意大利文艺复兴早期（14—15 世纪中叶），在古典文化重新被开掘和研讨的前提下，产生了以人文主义为中心的新文学和新艺术，标志着西方近代的理想主义文学和艺术的降生。这个时期，在文学创作上的代表人物主要有但丁、彼得拉克和薄伽丘，后人称他们为“文艺复兴文学三杰”。

一、文学

1. 但丁

阿利盖利·但丁（1265—1321）是意大利文艺复兴的先驱。恩格斯称他为“中世纪的最后一位诗人，同时又是新时期的最初一位诗人”。但丁虽幼年丧母，但从小受到良好的教育。他学识广博，通晓神学，对文学、美术、音乐、政治、天文、天文、历史和哲学等都有很深的研讨。他曾任佛罗伦萨的行政长官，在参与反对教皇权力的斗争失败后，遭到虐待，被判处终身放逐，晚年定居在古城拉文纳。但丁的文学著作主要有《新生》、《飨宴》、《论俗语》、《神曲》。他的第一部文学作品《新生》是写他青少年时期对一位少女的倾慕，运用民歌的方式表达了对意中人的赞誉和爱意。《论俗语》是最早的一部关于意大利语及其文体和诗律的著作。《新生》散发出一股清爽的气息，是对中世纪教会蔑视妇女美貌和人世爱情、宣扬禁欲主义的大胆否认，显现了人文主义文学理想主义的思想。书中论述了俗语的优越性和构成规范意大利语的必要性，以为俗语不只有助于意大利民族国度的统一，还能够促使意大利文学接近自然和人民；书中还对俗语在处理意大利民族语言和文学用语问题上所起的作用作了充分的肯定。

这充分表现了但丁的民族骄傲感和爱国主义，其目的在于使作品能为更多的读者所承受和引起学问界关于民族语言的留意。语言、文学与民族和国度联系在一起，这正是文艺复兴时期西欧各国文学更具有民族特性、更富有民族历史内容的表现，而但丁的主张和理论便是先声。薄伽丘曾这样赞扬但丁：“他是第一人，在诗的、特别是语言的方面，使方言升华，并获得意大利人民的尊重，就像荷马之于希腊，维吉尔之于拉丁语。”听说连驴夫也能吟诵但丁的诗句，这与但丁用方言创作不无关系。但丁是首先把古代文化推向民族文化的最前列的人。《神曲》又叫《喜剧》，在中世纪，“喜剧”和“悲剧”并不一定含有舞台剧本的意味。鸿篇巨制《神曲》是但丁被流放期间用意大利方言所写的代表作，也是欧洲理想主义文学发展史上的一座里程碑。由于但丁这部长诗叙说了从地狱到天堂，从灾难到幸福的进程，结局完美，故称为《喜剧》。后来，西方学者为了表示对但丁的尊崇，给书名冠以

"崇高"二字，因而又名《崇高的喜剧》，但中文习惯译法仍是《神曲》。但丁创作《神曲》的动机不应该是单一的，归结起来，大约有以下几个方面：一是对意中情人碧雅特丽丝爱情的寄予，并上升为一种崇高的任务感；二是政治志向无从完成的遗憾，遭受终身流放的愤怒与不平，转而将本人的理想、对芸芸众生的评判、对世态炎凉的见地付诸笔端，欲立言以垂世；三是以共同的作风对自己所理解的古典文化和中世纪的学问进行概括性地总结和运用，向世人展现自己的才气。而但丁创作的最直接动力，正如诗人自己所说："我是一个人，当爱情鼓舞我的时候，我按照它从我内心发出的命令写下来。"

《神曲》是一部不朽的长诗，内容复杂，采用中世纪梦境文学方式。全书分为地狱篇、炼狱篇、天堂三部分，共计 14233 行诗。《神曲》的主要情节是写但丁假托梦境游历"地狱"、"炼狱"、"天堂"三界的经过。正危殆时，古罗马的伟大诗人维吉尔出现了。诗中叙说但丁在黑暗的森林（意味着罪恶）里迷了路，当出了森林，忽然被三只张牙舞爪的野兽：豹子（意味着淫欲）、狮子（意味着强暴）和母狼（意味着贪心）挡住去路。他受碧雅特丽丝的嘱托来救但丁，帮他从另一条路走向"幸福之国"。维吉尔引导但丁游历了"地狱"和"炼狱"，接着，碧雅特丽丝又引导他游历天堂。她把但丁引导至九重天后，便将他交给圣伯纳特，本人归于"幸福者的玫瑰"中。但丁受圣伯纳特的指引，谒见上帝，大彻大悟，见到了"最后谬误"。《神曲》复杂而又充满意味和寓意的内容，确实使人感到读来颇为费力，但仔细的读者仍能够看到贯穿于全书的主导思想是：个人和人类从怅惘和错误中经过灾难的洗礼和考验，便能到达谬误和至善的境地。围绕着这一主导思想，但丁通过象征隐喻的笔法来表现当时的社会、政治，表现本人的宗教、哲学、思想、道德伦理观念和社会政治主张。"地狱"是理想灾难生活的写照，"天堂"是希望到达的理想境地，"炼狱"则是从理想抵达理想境地所要经历的灾难进程。

关于理想社会的丑恶现象，但丁大胆执笔。教会的贪心堕落，封建统治者的残暴专横，以及市民的贪财好利，均遭到诗人的揭露和鞭挞。所以，无论是象征隐喻还是笔法比喻，均倾吐了作者希望给人们以教育和启示，寻觅通向谬误之路，最终能到达至善境地。《神曲》是意大利封建社会向资本主义社会过渡的一面镜子，折射出过渡时期的社会理想，充分反映了但丁所扮演的双重角色。就《神曲》的中世纪要素而言，主要表现在：《神曲》故事采用了中世纪梦境文学的方式，构造充满神学意义和宗教意味。如全书分“地狱”、“炼狱”和“天堂”三篇，“三”象征神学上的“三位一体”。“天堂”分为九重天，加上“幸福者的玫瑰”构成十级。每篇分 33 歌，全书 99 歌，加上“序曲”，共百歌。“十”表示完美、圆满，“百”则是“圆满中的圆满”。而天堂十级之上是上帝，即寓意“圆满中的圆满”来自于上帝。所描写的主要内容依然是中世纪文学的典型题材。信奉禁欲主义和神秘主义的圣者，鼓吹灵魂不死和来世观念。所以，《神曲》给中世纪文化以艺术性的总结，是中世纪百科全书式的著作。但丁对古希腊、罗马文化很敬重，对古代作家极为崇敬，把维吉尔看作是理性的化身并自诩为荷马以来六大诗人之一。但是，从《神曲》中我们能够看到人文主义的萌芽，这主要表现在以下几个方面：赞誉古典文化，倡导发展文化，追求学问，反对中世纪的蒙昧主义。他赞誉人的才能和聪慧，通过古代英雄奥德赛之口指出，人“不能像走兽般活着，应追求美德和学问”。强调人的价值，认为人是有理性、有自由意志的。

尽管但丁依然认为信仰和神学高于理性和哲学，所认识的理性和至善还局限在基督教神学的观念里，但是，他认为上帝赏罚的依据在于人的功过，人的功过又只能是其“自由意志”的选择结果，因而人对命运的义务是无可推脱的。这样，但丁不但使古希腊文学中至关重要的“命运说”发生了基本性的变化，而且从实践上否认了基督教一向坚持的人是上帝的奴隶、人的个性的自由发展在地球上不可能完成的说教。对人的个性、理性、自由意志的肯定，是人文主义者的共识。赞誉现世生活，肯定人生，颂扬爱情。《神曲》充满了作者对佛罗伦萨城市特有的思想感情和关注，肯定理想生活的价值，鼓舞世人积极投身于理想斗争、追求荣誉、控制本人的命运、鼓吹人应追求爱情。但丁的作品继承了城市文学力图反映社会理想和悲观精神的要素，但比起前者，不只反映的理想面更为宽广，而且更能反映当时的严重问题，对人生的肯定，情爱的体验，乃至对古典文化社会作用的认识是前者所无法企及的。

否认神权统治和教会至上的信条，反对教会的黑暗和堕落。这表明但丁的主要政治倾向与时代发展请求相分歧，反映了新兴资产阶级请求摆脱封建教会的约束和改革教会的激烈愿望。《神曲》不但内容丰富，思想深入，而且也是一部具有很高艺术价值的作品；还有鲜明的个性和细节的真实感；写景，则有平面感，擅长衬托、渲染各种不同的环境氛围。作者以奇特、丰富的艺术想象力显现了浸透着作者审美评价和审美理想的艺术美，使得这一巨著直到今天还葆有着历久不衰的艺术魅力。《神曲》是用意大利方言写的，为意大利文学语言奠定了根底，文学史上也将但丁称为意大利的第一个民族诗人。

2．彼得拉克

弗兰西斯·彼得拉克（1304—1374）是意大利著名诗人和学者，出身于佛罗伦萨的名门望族。1312 年，他们一家搬迁到当时教廷的所在地法国南部的阿维农。彼得拉克自幼热爱文学，喜欢修辞。在大学学习法律专业时，他不研究法律，却对古典作品情有独钟，阅读了他所能找到的古罗马作家的著作。古典著作给他展现了文学和哲学的新世界，为他丰盛的想象力插上了翅膀。彼得拉克喜欢探奇览胜、游赏山川湖海。但他最大的兴趣是搜集古典著作和研讨古典文化。到彼得拉克逝世时，收集和誊写古代手稿的热情已风行整个意大利。彼得拉克在发掘古代文化、影响社会掀起收集古书手稿以及古物方面确实做出了不小的奉献。他一生研讨古典著作，以为古典著作能够限制恶人们的智力和使行为文化。直至逝世时，人们走进他的房间，发现他的头还埋在维吉尔的手稿中，真正做到了“活到老，学到老”的思想。他特别推崇西塞罗和维吉尔的诗歌，称誉他们是古典文化的“两只眼睛”。

古典文化为他提供了精神生活的原则，求知欲使他不满足于只对《圣经》神学的了解。他主张人以及理想的问题应该是思想和哲学的主要对象和关怀点，认为不应当仅仅把人看成是社会的“动物”，而且还应当看作是有聪慧和文学涵养的“动物”。借助于古典文化这一“眼睛”，他明显地感到自己所处的时期与中世纪不同，这是一个新时期。人不只要学习、控制学问，而且还要懂得为了公众利益如何去传播和运用学问。他最早提出以“人学”（即“人文学科”）对立“神学”，号召复兴古典文化，故被看作是文艺复兴第一个人文主义者、被誉为“文艺复兴之父”。彼得拉克的著作很丰富，主要有《阿非利加》、《歌集》、《意大利颂》和《名人列传》等。和但丁一样，彼得拉克也是用双语即拉丁语和意大利方言进行创作的诗人，诗成了他思想的载体，是用来进行沉思、表达满足或懊丧的心情以及提高生活质量的实践工具。史诗《阿非利加》是彼得拉克仿效维吉尔的笔法，用纯拉丁语创作的。该诗描写了古罗马统帅西庇阿打败汉尼拔的英雄故事。《阿非利加》史诗使彼得拉克蜚声诗坛，巴黎大学和罗马市政府争着给他加冕桂冠。诗人最后选择了后者。1340 年 4 月，在罗马民众和贵族的喝彩声中，他从一个元老手中承受了一顶桂冠，从此，彼得拉克获得了“桂冠诗人”的荣誉。

《歌集》是他用意大利方言写的代表诗作，共 366 首，其中主要是十四行诗，有 317 首，另有抒情诗 29 首，叙事诗 7 首，短诗 4 首，六行诗 9 首。全部诗集分上下两部分，即《圣母劳拉之生》和《圣母劳拉之死》。劳拉是彼得拉克 23 岁时在阿维农一所教堂里邂逅相识的一位贵妇人，诗人对她一见钟情。该诗寄予了彼得拉克的一片深情，他运用诗的语言使学问浅显化，也使自己的处世态度世俗化。虽然他曾任教职，并参与教廷的一些政治和外交活动，但是当黑死病夺去劳拉生命时，诗人依旧哀伤不已。彼得拉克对爱情的裸露，已是与中世纪骑士那种笼统以至是畸形的对贵妇人之爱截然不同，也与但丁笔下那种隐喻性、象征化、哲理化的爱情有很大区别。他所表达的是对实实在在的、活生生的女人的爱。他对自己的创作效果充满自信。“此后，纵使铁石心肠者，见吾诗后，任其无情无义，亦在叹息中熄灭而化为灰烬。”彼得拉克的诗很快在佛罗伦萨的学问界中传播开来，并迅速地为广阔民众所赞扬。他经过长期的探究和创作，使十四行诗在内容和方式方面发展成为一种新诗体，即“彼得拉克诗体”，为欧洲抒情诗创始了道路。英国的乔叟、莎士比亚等著名文学家和诗人均模仿了他的诗体。

彼得拉克曾讲道，他本人仿佛站在两个国度的边境上一样，既前瞻又后顾。确实，彼得拉克是一个处于两个时期交替的人。他在诗中猛烈地鞭挞教廷，称教廷是“邪教徒的寺院，引入邪途的学堂”。但他像其他的人文主义者一样，不想、也不可能从基本上否认基督教，宗教信仰和宗教忠诚在他的思想和著作中居于重要位置。他说：“我的心灵的最深处是与基督在一起的。”他固然大胆地追求爱情、世俗生活和声誉，但他对基督教的道德观念并不加以否认。他还说：“在考虑和谈到最高谬误、真正的幸福和永久的灵魂的解救时，我肯定不是西塞罗主义者或者柏拉图主义者，而是基督徒。”

他在《机密》中以向奥古斯丁忏悔的方式，把本人内心深处情感和活动交给宗教检查，认为自己对爱情和对荣誉的追求是罪恶的。这说明彼得拉克既反对经院哲学，又同时仍坚持其基督教信仰，并力图把自己的古典学识和宗教信仰调和起来。这成为人文主义者一个根本的共同特性。但相比之下，如果说但丁主要是总结过去，那么彼得拉克则主要是展现将来。

3. 薄伽丘

薄伽丘（1313—1375）是彼得拉克同时期的人，出身于佛罗伦萨富商家庭，小时候受过良好教育，在启蒙教员的熏陶下，从小喜欢文学，立志作诗。当他服从父命到那不勒斯大学学法律时，却对法律不感兴趣，“先生的教诲，父亲的命令，乃至朋友们的奉劝，都不能使我安心向学，由于好诗是抑制不了的。”阅历就是财富。走南闯北的经商，使薄伽丘得以接触社会实践，理解了各地的习俗、传统习气和民间传统故事。在那不勒斯学习的时候，正值那不勒斯国王广揽人才、奖掖文化、尊重学问、注重人才的习尚对文人学士产生很大影响。在交际活动中，信息的交流，使年轻的薄伽丘不时地扩展着自己的认识范围和生活范围，扩展了他在文化范畴中的视野，建构认识中的异中之同，与其他的人文主义者达成共识；同时，也促使他对古典著作愈加入迷，他熟读了维吉尔、奥维德和西塞罗等人的作品。薄伽丘经常参与上流社会的社交活动，结识了许多人文主义者。与其他的人文主义者一样，薄伽丘在古典文化的习得和运用的过程中，逐渐领会前人察看事物的角度和考虑的框架，获取前人遗留下来的认识成果，领悟文化的形式特征，再以此为背景、为根底、为线索和参照，不时地在继承中做出新的探察和认识，开始了他的文学创作活动。

薄伽丘终身著作甚丰，包括十四行诗、长篇小说、论文、叙事诗等。早期的文学作品大多取材于古希腊、罗马人传说以及本人的爱情阅历，普通的讴歌人世的爱情与欢乐，以表现新的人文主义观念。半诗半散文的《爱米多》、诗歌《爱情的幻影》和散文故事《心爱的菲亚达》，是他对情人玛丽亚深切怀念的流露。《心爱的菲亚达》被誉为欧洲文学史上的第一部“心理小说”。作者描绘了与情人玛丽亚（即书中的菲亚达）在一起的快乐光阴，真实而细腻地描写了女主人公的心情、愿望、妒忌和被弃的痛苦。这部作品除了采用写实主义手法之外，在艺术方式上也基本摆脱了骑士文学的影响，构成了自己的艺术作风。

薄伽丘最著名的作品是《十日谈》，这是用意大利方言写的短篇小说。这些故事题材来源非常普遍，分别取材于历史事情、中世纪趣闻逸事、法国的寓言、东方民间故事、宫廷风闻和街谈巷议等。小说叙说了 10 个男女青年为逃避瘟疫，在佛罗伦萨郊区的一座别墅里住了 14 天。在其中 10 天里每人每天讲一个故事，总共讲了一百个故事，所以叫作《十日谈》。经过作者的天才创作，艺术地再现了 14 世纪意大利宽广的社会理想生活，反映了作者的主要思想。《十日谈》对天主教会进行了锋利的挖苦和大胆的揭露。第一天第二个故事中写道：罗马教廷“从上到下没有一个不是寡廉鲜耻，犯着贪色的罪恶，以至违背人道，耽溺男风，连一点儿顾忌、羞耻之心都不存在了”。在其他的故事中，作者还揭露了教会的糜烂和黑暗、虚伪和诈骗。

《十日谈》倡导个性解放，反对禁欲主义，反对买卖婚姻，维护妇女的权益。作者在描写男女青年以至僧侣在大胆追求世俗生活的特别爱情时，充分肯定了“人生”、“人”的价值和“人”的威严，既是反对禁欲主义，也是对个性解放的肯定和赞扬。现世的吃苦是人的本性、人的权益。薄伽丘甚至提出男女对等的观念。如第六天第七个故事，叙说一个叫菲莉芭的妇女在法庭上答复法官说：“法律关于男女，应该一概对待”，“当时定下这条法律，女人并不曾同意过，而且也没征求过我们女人的意见。所以这条法律可以说是一点儿也不公平的。”结果，菲莉芭在法庭上对本人所作所为的辩白取得法庭上旁听者的赞同和法官的认可，她胜诉回家。

《十日谈》热情地称誉市民、下层人民以至异教徒的聪明、勇敢和机智。在薄伽丘看来，人是世界的主人、命运的主人，人不管出身如何，只需靠本人的聪明才智就能变不利为有利，把握好人生。

它把受封建统治阶级所轻视的商人、手艺人、诗人、艺术家作为小说的主人公来描写，而且“低贱”者常常打败“高尚”者，这是当时市民阶级壮大以及学问和艺术社会价值进步在文学上的反映。《十日谈》在写作方法和写作技巧上也获得伟大的成就。所以，如果说但丁是以其特殊的想象力，经过梦境方式创作了反映理想社会却又使人感到虚无缥缈的《神曲》的话，那么，薄伽丘则是用写实主义的手法，谱写了一首赞誉人和理想生活的“人曲”，它直抒胸臆，感情外溢，给人逼真之感。该书故事完好，情节新奇迂回，脉络明晰，构造严谨，交叉细密，语言浅显、精练、生动又带诙谐，100

个故事巧妙地串在一起，全书浑成一艺术整体。他首创了短篇小说这一共同的艺术方式，为意大利散文的发展奠定了基础，在理想主义创作方法上开一代先河。《十日谈》一经问世，便引起社会注意并很快传播到欧洲各地，十五六世纪欧洲便刊印了近 100 版。如英国乔叟的《坎特伯雷故事》，莎士比亚的两个喜剧《辛白林》、《善始善终》，法国那伐尔的《七日谈》，莫里哀的喜剧《乔治·唐丹》（或译《受气丈夫》，德国莱辛的话剧《智者纳旦》都模仿和吸收了它的成果，自创或模仿了《十日谈》的故事。

《十日谈》所反映的社会层面较广，但多数故事以不同社会层面人物的爱情和聪明才智为主题，在描绘故事主人公在情与理的抵触中，反映了作者的爱情观、人生观和价值观，都无不真实地烙下了那个特定时期的印记。薄伽丘和但丁、彼得拉克一样，同属于新旧时期交替的代表人物，不可能完全摆脱旧事物的影响。如第九天第七个故事鼓吹了封建迷信；第九天第九个故事中，鼓吹男尊女卑、"棒打出贤妻"的陈旧观念。另外，《十日谈》在反对禁欲主义、讴歌爱情的同时，既打破了陈旧的道德界线，也置普通的家庭道德观念而不顾，描写和肯定了纵容情欲。虽然作者在《十日谈》的"跋"中对自己的描绘做了辩白，但我们在不苛求古人的前提下，也应该看到没有理性的爱情是不自觉而有害的。薄伽丘后期转向学术研究。他在佛罗伦萨大学担任《神曲》的研究讲座教员，对令其崇敬的但丁进行深化研究，并撰写了《但丁传》。总之，《十日谈》新旧杂陈，是文艺复兴早期特定文化气氛的产物。作为第一个认识希腊文的人文主义者，他经过对古希腊文学作品和其他古典著作的收集和研究控制了大量的史料，写出巨著《神谱》。这两部著作出版后，扩展了文艺复兴的影响。

二、艺术

与文学范畴的变化相对应，在美术范畴里，意大利的佛罗伦萨美术家在人文主义思潮的影响下，对中世纪的艺术进行了总结和打破，克制了中世纪艺术中的笼统比、概念比的公式，借用宗教人物和宗教故事，赋予它新的内容和新的含义，表达了美术家对理想生活的讴歌，这就是早期文艺复兴美术的一个重要特性。

1．"欧洲绘画之父"——乔托

由于天文条件、文化交流以及民族特性等要素，当哥特式艺术在欧洲占主导位置时，意大利人对它则采取冷漠的态度，他们尊重的是拜占庭艺术。虽然意大利人对拜占庭的马赛古画作了改良，但依然是形象僵硬、呆板，千人一面，没有个性，缺乏生气。突破拜占庭的画风，使意大利的绘画从公式化、概念化中解放出来的首先是乔托。乔托（1267—1337）出生于佛罗伦萨左近的一个铁匠家庭，从小就喜欢画画，终身作品很多，主要是壁画，1305年左右，乔托在帕都亚作画。在阿累那教堂绘制了36幅系统壁画，其中包括《圣母生平事迹》、《基督生平事迹》、《善恶喻世图》和《最后的审讯》组画。在技巧上，乔托将富于体积感的人物置于次序井然的构图中，自然的空间感。这些精心排列的壁画，在弥漫着严肃静谧的氛围中，似乎在叙说关于基督的娓娓动人的历史故事，把一些情节各不相同的局面贯穿起来，分离成为天衣无缝的整体。这些壁画中最著名的作品是《金门之会》、《逃出埃及》、《犹大之吻》和《哀悼基督》。

《金门之会》（又称《约清和安娜的会晤》）的内容是圣母马利亚之父约清和母亲安娜在金门相会的故事。乔托描画了约清和安娜因得到天使告知将有来临的喜讯，赶往金门会晤，互相拥抱的情形。乔托的构图单纯而紧凑，一切的人物和建筑物都做了仔细地安排。约清与安娜在金门的拱门前见面，使局面显得庄严而真实。拥抱着的约清和安娜的形体绚丽，动作自然、潇洒。透过他们互相拥抱的姿态、面部表情和手势，使二老的欣喜之情流露无遗。可见，乔托是怀着对生活真实、对尘世温暖的深切感受描画这两个人物的。

《犹大之吻》是乔托的代表作之一，该画情节出自《圣经》中一个有名的故事。耶稣的门徒犹大与罗马祭司长勾结，得到30块银币的赏钱，便答应出卖耶稣。商定捕捉耶稣的暗号是犹大吻谁，谁就是耶稣。在逾越节的晚上，耶稣与12个门徒共进晚餐。席间，耶稣指出，你们中间有人出卖我。犹大见事不妙，随即逃走，并带罗马士兵和法利赛人的差役前来捕捉耶稣。画面上描写的正是敌人要拘捕耶稣的情节。画面正中是耶稣与犹大拥抱、接吻等动作。画的两侧是耶稣的门徒对抗罗马兵士的情形。乔托给这个传统题材赋予了新意，画面上的耶稣已不是神，而是一个反对叛徒告密的伟人。当犹大伸臂搂住耶稣，噘起嘴巴要与耶稣亲吻的时候，耶稣并没有相应做出接吻的动作，而是以意味深长的眼光逼视犹大的眼睛。那眼光显现出惊人的穿透性、轻视、大无畏和坚毅的拒绝。该画具有戏剧性强、心理描写突出的特性。

耶稣和犹大构成鲜明的对照：耶稣形象严肃、镇静、崇高、磊落，鼻子、嘴巴、下颌、脖子乃至胡须，外型圆满；犹大的侧面则像令人厌恶的猴子，他那非常突出的眉弓和低的前额、细小的眼睛、短而尖的下颌，使面孔显得猥劣。这象征美与丑、善与恶的形象，表明乔托对正面人物的讴歌，对背叛者的轻视和抨击；表现了乔托克制了中世纪的寓意倾向，使美德与恶行化身成为生动而有性格的人物。

《哀悼基督》也是乔托的杰作之一。耶稣被捕后，经受百般折磨，被判极刑，钉死在十字架上。故事同样出自《圣经》，讲的是基督在巴勒斯坦讲道传教，后被犹太祭司长诬告为反对罗马统治、企图当犹太国王。这幅画，乔托选取了耶稣刚从十字架上被卸下来，他的母亲马利亚、他的门徒和亲友相继赶来哀悼。该画哀悼者的手势、面孔和凝视着基督尸体的眼光，以非同寻常的感染力表达了深沉地悲哀。作者用简约的线条着力勾勒出圣母俯视基督长眠的脸，悲痛万分，表达了母爱的世俗性。而死后的耶稣一副安宁神色，似乎一切都在他生前的预料之中，表现了经过献身终于取得了整个世界的满足感。这种安宁恰恰与四周人们内心的冲动构成戏剧性比照，展现了伟大人物的共同品德。

乔托在帕都亚的系列壁画，是他艺术上成熟的标志，也是他首先突破中世纪绘画传统，为近代写实主义绘画开拓道路的标志，这种标志主要表现在如下几方面：首先表现在乔托对人物形象作出了新的阐释，他描画的人物朝气蓬勃、真实感人，有突出的个性。一方面，他像看待的确存在过的历史事情一样来看待《圣经》传说，使之有了历史的真实感；同时又将大量的理想社会中生活的细节交叉在《圣经》传说中，使之充满尘世气息。另一方面，乔托在每一个局面里，非常留意表现人的情操和感受，使笔下的人物具有因人而异的质量，具有不同的命运。乔托笔下人物的姿势与手势是多样化的、性格化的。他主要通过人物的姿态来揭示精神状态，姿态构成了每一个人物表情深入的性格描写。如《哀悼基督》中，站在耶稣左前侧的是门徒约翰，他张开双臂，流露出失望的神色。

站在外围的两个男人表情上比较宁静。空中翱翔的天使则增强了悲天悯人的氛围。乔托成功地发明了一种新的表现手法，即在构图上应用集中统一规律，使众多人物严密地联系起来，而且突出了中心。他使图画第一次变成了人与物在其中各就其位，变成了由一个统一视点构建起来的舞台，并可按几何分法计算处于统一空间里。如《哀悼基督》，背景中有一段石头的斜坡由上而下、自左至右把画面分割成两个部分，但这一段斜坡并没有破坏这幅画的完好性。《金门之会》和《哀悼基督》等，所要表现的主要人物并非处于画的中间，但作者以高超的构图技巧，使人们一眼看去便感觉到其中人物突出，主题外显。相反，它有效地将前景中的众多形象衔接起来，并凝聚得愈加紧凑和有力。而且山坡的斜线有如指引方向的标志，把观众的视野引向画中人物圣母和圣子身上。加之画中两侧人物的眼光凝视主要人物，使之主次清楚，中心突出。乔托力图在绘画平面上再现三维空间的各种形态的艺术效果。与中世纪绘画有基本区别的另一标志是，乔托以明朗色彩和明暗渲染来增强人物平面外型，使它们显现出体积感和深度感。虽然乔托不懂得解剖学，尚未掌握15—16世纪才创造和运用的明暗法，但由于对艺术的执着追求、对事物的细微察看和对技术的不竭探究，乔托应用细部省略，把握精准的形体，使形体单纯而厚重，从而到达平面的效果。

在构图上，乔托为了使形象具有浮雕感和叙说故事的必要，画面上呈现了反面和侧面的人与物，不但丰富了画面的表现，使画面的空间大大地扩展了，且空间构成的远近关系具有层次感和深远感。如《金门之会》中的人物在一个统一体中能够分为三个主要层次。拥抱着的约清和安娜为第一层次；他们身后的两位妇女为第二层次；金门下的三位妇女为第三层次，从而增强了艺术效果，摆脱了中世纪的美术形式。乔托获得了人文主义者和艺术巨匠的称誉。但丁在《神曲》中写道：乔托的荣誉盖过一切的名流。彼得拉克曾就乔托的圣母马利亚像讲道：“该画乃最杰出的画家乔托所画，此画之圆满……足以使艺术大家诧异。”达·芬奇在《论绘画》书中也写道，乔托“不只超越了当代的画家，也超越了过去几世纪以来一切的画家”。15世纪马萨乔、达·芬奇、拉斐尔、米开朗琪罗等艺术巨擘都曾揣摩过他的作品，并从中汲取灵感。

乔托为近代写实主义绘画开拓了道路，因而西方美术家尊称他为“欧洲绘画之父”。钟楼在他死后才完工。乔托暮年除继续作画外，还从事建筑设计。1334年，乔托在佛罗伦萨全城欢送中回到了故土，被政府授予“艺术巨匠”称号，并被任命为佛罗伦萨大教堂、城防建筑和其他建筑工程总监，担任设计圣玛利亚大教堂的钟楼，并参与该楼的浮雕工作。整个设计方式文雅，把哥特式作风与佛罗伦萨的罗马式装饰传统结合起来。直至今天，它仍是佛罗伦萨最优秀的古迹建筑之一。

2. 意大利建筑中新思潮的首创者——布鲁奈列斯奇

人文主义思想在佛罗伦萨普遍传播和发展，促进了新的理想主义艺术的疾速生长，城市住宅、世俗性公共建筑、修道院建筑群和宗教建筑物在新的社会条件下作了基本改动。意大利建筑中新思潮的首创者就是腓力·布鲁奈列斯奇（1377—1446）。布鲁奈列斯奇出生于佛罗伦萨一个公证人家庭，他天资聪明，对艺术有着浓重的兴趣，约年满20岁时，在各种艺术方面已显露出特殊的才华。1401年，佛罗伦萨公开举行洗礼堂的第二道铜门的浮雕设计招标，题材是“亚伯拉罕献祭”，有6位雕塑家参与了竞争。风华正茂的他正准备在雕塑方面发挥才气的时候，一场竞争促使他把主要精神投向建筑艺术方面。从现存于佛罗伦萨警监府博物馆的雕版来看，布鲁奈列斯奇的作品具有创新性和内容的真实可信性，但竞争对手基贝尔蒂的作品以其成熟性取得了优胜。不服输的布鲁奈列斯奇很快感到必须深化学习古典艺术，于是共会同参与竞争的多那太罗赴罗马学习。瓦萨里记叙道，在罗马“他自己完全投身到研讨中去了”。

他欣赏、临摹古罗马建筑和雕像，爬上古建筑遗址进行丈量。他通过对古建筑的柱子、山墙、拱门等的丈量，找到了古罗马建筑家运用的数量比率，发现了古典建筑物的规格和原理，还认识到空间观念和视觉艺术根本方面的原理，体会到古典艺术家的思想和精神本质。他绘制了各种古建筑和雕像的构图，记载了造拱工程的加固、锁紧和转向的办法，记载和绘制古代建筑的拱顶和哥特式骨架，研讨和绘制了古希腊式的多立克、爱奥尼和科林斯等各种柱式，特别认真地研讨了万圣殿的圆顶建筑。在罗马三四年间，他控制了大量的建筑学问。这一时期正是佛罗伦萨整理市容、美化城市、大兴土木之时。人文主义者萨留塔蒂曾这样赞誉自己的城市，“有哪一个城市，不只在意大利，而且就整个世界而言，可以比佛罗伦萨……在宫室建筑上得到更大的光彩，在教堂建筑上数目更多，更辉煌美丽，在城门上更宏伟，在广场上更华丽，在街巷上更悦目。”这为布鲁奈列斯奇提供了发挥才华的时机，他回到佛罗伦萨后，于1419年便承接建造育婴堂。就建筑方式而言，他仍采用了中世纪住宅和修道院的建筑群款式，即采用沿着正方形大院落四周修建的方式，用拱顶回廊环绕大院落。但不同的是，该建筑盘绕着内部院落的整个规划体系，具有层次清楚、条理井然、简约明快的特性，表现了新的倾向性。

从育婴堂的表面来看，新的倾向性就更明显，设计者的柱式构思具有首创性。显现出一派宏伟气势，广场显得十分和谐，敞廊既是相毗邻的广场的边境，又是它的延伸。该建筑的正面是由 9 个科林斯柱半圆拱门组成的敞廊，总宽度 83 米。这种建筑构造的改造，敞廊出人意料地轻灵开朗，而且总是向广场敞开，表现了一种开放思想和市民认识具有共同性的社会意义。敞廊上矫健匀称的外型非常秀丽，表现了外型的朴素和气概非凡。总之，育婴堂表现了 15 世纪意大利文艺复兴建筑艺术的典型作风，再现了古典柱式建筑设计思想，采用开阔的半圆形拱门，总体设计和各部比例简约明快，少用雕塑装饰。佛罗伦萨圣母玛利亚大教堂圆顶的设计和修建，使布鲁奈列斯奇的艺术作风发挥得淋漓尽致。按设计，圣母玛利亚大教堂有一个长长的中殿，两排耳室通向一个八角形的讲经坛大厅。小礼堂从八角形大厅的每一边向外延伸，像一朵鲜花的花瓣。中殿和耳室的宽度使教堂的空间极为宽广。如果按传统的建筑办法，要修建一个盖住大教堂中殿和耳室的拱顶需要一根约 43 米长，足够穿越八角形讲经坛大厅的大梁，否则修建拱顶之事便是纸上谈兵。

但是，如此之长的大梁显然是找不到的。集建筑师、工程师、美术家、理论家于一身的布鲁奈列斯奇将设计和修建大教堂圆顶看作是迎接应战和发挥本人才华的难得机遇，勇敢而又明智地担当起这一艰巨的任务。他胸有成竹，即置人们的讥讽而不顾，废除了传统的思想形式和旧的设计款式，充分运用所掌握的丰富的建筑设计知识和高超的艺术才能，进行了史无前例的大胆而科学的设计。为了解决圆顶跨度范围庞大和必须用木材在墙垣厚度较薄的挺拔的八角形鼓座上修盖圆顶的最棘手问题，他综合了古典建筑的圆拱与柱式体系、拜占庭建筑的三角拱架拱顶体系和哥特式建筑的曲肋体系等优点，发明出球面三角形穿插和拱形骨架。下面一层较厚的外壳担负承重担务，上面一层较薄的外壳用于隔热和遮挡风雨。为了最大限度地减轻圆顶的重量，降低对鼓座墙垣起作用的横压力，以及为了处理好隔热和遮盖风雨等问题，他设计了两层外壳的空心的圆顶构造。为了保证圆顶有足够的硬度使之不变形，承重的 8 根主要沿端椽木散布在 8 面体的 8 个角落里，并且用盘绕着 8

个角落的石环衔接起来。当整个圆顶主体工程行将完毕时，布鲁奈列斯奇又设计了作为结顶的采光塔，使之如虎添翼。

圣母马利亚大教堂的圆顶是世界上最大的不用柱子支撑的圆屋顶之一。高 30 多米，直径 44 米，是意大利文艺复兴时期第一个圆屋顶。它的外型沿袭了古罗马的万神殿，但两者之间有明显的区别。圣母玛利亚大教堂的圆顶以砖砌笼络构造代替了万神殿的单块混凝土构造，各部位都给予明白的划分。圆顶的外形也不同，万神殿圆顶的高度与底部的直径相等，像一个半球体，雄伟、淳厚、古拙之中给人一种单调乏味的感觉；圣母玛利亚大教堂圆顶外形显得乖巧、漂亮、典雅。例如，一个典型的特性就是“肋”，石头的半拱形肋带将圆顶分为不同的“瓣”。肋带与采光塔衔接在一起，构成向上伸延的动感，具有雄伟豪迈的魄力，又有直上云霄的轻灵。他把哥特式轻巧、翱翔的特性运用于古罗马的作风之中，从而缓和了罗马建筑物繁重的宏伟气势。

时至今日，伸展在佛罗伦萨天空下最令人瞩目的建筑，依然要数圣母玛利亚大教堂的圆顶。它的外形和城市的街区马路相映生辉，条条大道就像从它那里向四处扩散。宏伟硕大的圆顶显露在佛罗伦萨的地平线上，君临整个城市以及盘绕着该城的山川景物，使得它成为城市的荣耀标志。阿尔伯蒂非常佩服布鲁奈列斯奇的成就。他说：“这一建立事业在我们这个时期是不可思议的，以至于古人不晓得如何去做。”米开朗琪罗也对大教堂的圆顶给予充分肯定，曾说，他能够造一个圆拱：更大，但不能更美。或许这是巨匠的谦逊之词，但他后来设计的圣彼得大教堂的圆顶受到布鲁奈列斯奇的影响是不言而喻的。圣斯必利多教堂代表了布鲁奈列斯奇晚期成熟的古典艺术作风。它和圣罗伦索教堂均属于柱厅式教堂，其规划首创一格，除了以根本单位为根底的比例体系外，还将侧廊的方形柱按一定间距环绕着整个教堂主体的中殿、歌坛、耳堂四周，使室内空间序列更为复杂多样。

所以，虽然圣斯必利多教堂的本堂、神殿和位于中央的圆穹顶从外表上契合中世纪拉丁式十字的模范设计作风，可是，柱厅内部一排排漂亮的科林斯式圆柱，似乎在柱头上“翱翔”的拱顶，附着花饰的天花板，起棱的圆穹顶，以及廊柱上的桥跨分开于两侧、拱门上饰有连续的饰带，深色的石料与淡色的掩饰构成强烈的对照，这一切阐明了空间的处理具有崭新而十分严谨的观念，也予人以世俗建筑奢华室内景物的印象。布鲁奈列斯奇在建筑艺术上获得的伟大成就，是与他创建并严厉遵照的透视法原理分不开的。它完全是文艺复兴式的臻于白璧无瑕的整体设计作风。在中世纪，在平面上模仿空间的技术只作过经历性、直觉性的尝试，其效果并不明显。布鲁奈列斯奇在从事设计中领会到，没有一套系统的透视画法，是很难表现出间隔效果来的。经过对古典时期透视学问的理解以及刻苦研究，他约于1415年，第一次运用了中心透视法（或称单点透视法），这种透视法就是创作者首先要选取的一个点，所描画的物体正是从被假定这一点来察看的。

他得出了透视的一条公式：一切基线最终会聚于一个中心点，在这个点上它们似乎消逝掉了。例如，从圣罗伦索教堂和圣斯必利多教堂的中门向中殿大厅看去，一排排科林斯式细长的柱子成行远去，一切线条都仿佛向主讲经坛汇合，“物体按照数学原理有规则地向一个固定的消逝点减少”。反之，当人处于这个中心点时，也能看到整个建筑物。透视的焦点集中在主讲经坛的中心点，使欣赏者的视野很容易顺着一切透视的线而集中到这一中心点。运用透视法，在平面的画面上便能表现出三维空间。在这个三维空间的世界中，能够用数学的准确性断定各物体的位置以及它们之间的关系，从而使平面的画面产生平面空间感。应用这一技法能够增强理想主义的表现，使艺术家更能激起观众的感受和情感。它被应用于建筑设计，使建筑物变得对称、规整和统一；应用于绘画上，能把空间物体科学标准表现于纸上，以至能够到达以假乱真的效果；应用于雕塑上，使艺术家可以愈加真实地控制雕像的比例和姿态，特别是表现人物群体时，能使他们之间展示逼真的空间关系。

建筑是人和他的实感对外部世界的投射，表现了人的理想和价值规范。单点透视法又叫人工透视法，由于它是由人的意念发明的，是从人的角度去表现自然界，从观者的角度动身来设计建筑物。布鲁奈列斯奇对美好空间有着很强的感受力，透视法成为他表现美好空间的技艺，他借用这一技艺从人的角度去解释和了解自然，并将其表现出来。所以，他的创作表现了人是理想世界上的“中心和权衡规范”的人文主义思想。

3. 西方雕琢的传奇——多纳太罗

几乎与布鲁奈列斯奇同样齐名的是多纳太罗（1386—1466）。他出生于佛罗伦萨一个毛织手工业者家庭，幼年丧父。在学艺期间，他承受了严厉的艺术锻炼，工作勤奋，学习刻苦，具有刚强发奋、独立自主的性格；他对本人的才能充满自信心，喜欢探究，注重自由发展本人的志趣与技法。他向教员基培尔提学习雕琢手艺，向好友布鲁奈列斯奇学习新的科学学问——透视学，但未受师长作风的约束。1430—1432 年间，多纳太罗创作了现收藏于佛罗伦萨国立美术馆的大理石雕像《大卫》，这是他最早的作品之一。多纳太罗在奥尔・圣米克尔教堂的壁龛上制造的《圣马可》雕像，显现出艺术首创精神，人物形象已具有鲜明的个性，表现了新的人文主义理想。作品还没有完全摆脱哥特式传统的影响，人物缺乏个性，更谈不上首创精神。米开朗琪罗第一次见到这尊雕像时说："开步走吧。"这一作品被公认为文艺复兴时期的第一件雕塑艺术品。《圣乔治》是古罗马时期以来第一尊独立式雕像。传说圣乔治是古罗马的一名军官，在罗马皇帝戴克里先对基督徒实行镇压时，由于他声称自己也信仰上帝而被罗马统治者杀害。

据传他有一次游览到小亚细亚时，听人说在利比亚的西里内有一条恶龙食人，国王的女儿正面临被吃掉的风险。圣乔治为正义所驱动，前往救助，经过一场血战，斩杀恶龙，救出公主，并解救了全城。该城居民对乔治感恩戴德，皈依了基督教。多纳太罗为圣乔治雕像选择了战役前的局面。圣乔治身着轻薄甲胄，斗篷随意地披在肩上，两手扶住立着的盾牌，两脚左右稍微叉开，头上没有戴头盔。注视着敌人的圣乔治，无论是从他的严厉眼光上，还是人物外型上，都深入地表现了他的勇敢以及关于自己的能力毫不犹豫的自信心。而构图上处理得特别紧凑，也是为了增强人物形象上的充分精神。瓦萨里称誉多纳太罗："这个雕像的头部，以极端的写实手法再现了圣徒的青春的俊美、勇气和神态，它使一块顽石具备了生命。"圣乔治俊美的容貌成为法国人心目中的模范，在赞誉男子时，国人常说"美如圣乔治"。圣乔治雕像的成功，大大提高了多纳太罗的知名度，受到佛罗伦萨的执政者——柯西莫・美第奇的注重，并给予他极优厚的待遇。

《大卫》青铜雕像・是多纳太罗终身中最著名的作品之一，该立像取材自《圣经・旧约》中的故事：

大卫是以色列国王，少年时是个牧童。一次，非利士族的伟人哥利亚领兵攻打以色列的城池，以色列人见哥利亚神勇威武，不敢迎战。这时大卫奉命前往军营给哥哥送干粮，见状不由怒发冲冠，主动向国王请战。国王起初见他年幼，没有容许，后经大卫恳求才同意，并恩赐他衣甲和宝剑。大卫装作胆小如鼠，只带甩石机上阵。当蔑视大卫的哥利亚狂笑起来时，大卫乘机用甩石机抛出一块大圆石，击中了哥利亚的头，把他打倒在地。没等惊呆的非利士人回过神来，大卫已飞跑到哥利亚身边，夺过他的剑，割下了他的头。以色列军队趁机杀败了敌人。后来大卫屡建战功，被拥为国王。多纳太罗的《大卫》雕像，表现的是大卫杀死哥利亚后站立休息的一刹那的情形。少年大卫头戴一顶装饰有月桂树的牧童毡帽，一手拿剑，一手拿着一块圆石叉腰而立，以成功者的姿势踩着割下来的哥利亚的头颅。大卫身体各部分之间的比例契合古典艺术的理想美规范，他的姿势恪守“重心转移”的外型规律，显得放松而自然，能够感觉到矛头和慌张正随着成功而倦怠和松弛下来。

整个中世纪，裸体形象通常总是严厉限制在亚当和夏娃身上，或在审讯日从坟墓中出来的死者身上，基督教会一向把暴露人体视为猥亵和异端的“偶像崇拜”，多纳太罗创作裸体雕像是对中世纪基督教观念的叛逆。大卫那特有的轻盈文雅的体形和动态，使整个外型显现了一种平衡谐和的美。《大卫》雕像的重要意义，还在于它是自古罗马时期以来的第一件圆雕裸体雕像。大卫是宁静的，他丝毫不理睬自己没有穿衣服的状态，也不理睬欣赏者对自己的裸体有何感受，一切都处于一种自然的状态之中。他的眼光似乎不是在观赏成功的果实——哥利亚的头颅，而是对准自己的躯体，他发现了人自身的美和力量。文艺复兴时期关于人是“万物之尺度”，是宇宙中最聪慧、最巨大的发明物的观念，在大卫身上又一次表现出来。《大卫》的降临，标志着多纳太罗的雕塑艺术到达了完整成熟的程度。

《加塔梅拉塔骑马像》是多纳太罗最著名的代表作品。它是自罗马时期以来第一个大型青铜骑马像，也是文艺复兴时期雕琢中第一次呈现的留念碑塑像。在这部作品中，加塔梅拉塔被塑造为潇洒轻松地驾驭着他的骏马，表现出一位佣兵统帅刚强的意志和必胜自信心。战马不慌不忙地迈着步子，沉着之态与主人的潇洒轻松非常谐和。与韦罗基奥（1438—1488）的《科莱奥尼骑马像》相比，多纳太罗的设计效果更好。韦罗基奥按真实比例雕塑的马和骑士，从下面看上去，马显得比人愈加突出。此外，该雕像的设置与圣安东尼教堂广场以及四周的建筑物谐和，美化了环境，使整个环境弥漫出文雅的艺术氛围。而多纳太罗则避免了这一错误，骑马雕像的外轮廓非常绚丽，观者从任何一个角度来看这一座雕像，它的外形总是同样的表情，同样的调和，人马俨然一体，构图严肃严谨，雕像威武雄壮，身体的外型，面部的特征，都表现出艺术家对文艺复兴时期个性特征的深入了解，以艺术的方式描写了生气勃勃和个人英雄主义的时期特征。

多纳太罗对艺术的追求从未停止。在浮雕创作方面，多纳太罗同样进行了大胆改造并获得伟大的成就。青铜浮雕《希律的宴会》（又名《莎乐美之舞》），被称为15世纪最优秀的叙事性作品。它取材于《圣经·新约》中关于施洗约翰王之死的故事。多纳太罗描写了"宴会献头"的情形，即当一个士兵手托盛着圣约翰被砍下的头，跪在加利利国王希律的面前时，宴会所发生的状况。献头士兵的出现，使希律王的宴会和莎乐美的舞蹈忽然中止；托盘跪地的士兵，四肢仍在突发的动作中颤抖；希律恐惧地张开双手向后畏缩；在兵士与希律旁边的几个小孩，被吓得爬的爬、躲的躲；坐在国王左手席上的贵宾，正伸手向希律解释着什么；男贵宾左手旁的那位女宾则早已吓得手捂双眼，躲向一边。与大厅矮墙相隔，拱门下小乐队正在演奏音乐，不知道前面发生的事，也不受干扰；在乐队后面和右边有3个人亲眼看见了这血腥和罪恶的局面，其中两个惊呆了，但中间那个女人在转头时假装着看往别处。在艺术处理上，多纳太罗经过动与静，特别是前景上的戏剧性同图景上半部（中景）的宁静，构成鲜明的对比，把欣赏者的视野带到希律王这个恐惧的人物身上来，使作品的叙事性愈加强烈。

多纳太罗在这一作品中，成功地将他向布鲁奈列斯奇学习的透视法和进行尸体解剖而取得的学问运用于雕塑艺术中，并依据理论检验，经过浮雕的凸凹层次的变化，取得了前景、中景和背景的效果，既保存了空间纵深感，又防止了各层次的混杂，从而改动了哥特式浮雕的外表平铺直叙的缺陷。多纳太罗在60多年的艺术生活中，共创作了60多件雕塑作品，有石雕、木雕、铜雕和泥雕，而体裁更是多种多样，他是文艺复兴早期最巨大的雕琢家。1466年，多纳太罗逝世时，几乎所有佛罗伦萨城的建筑师、雕刻家和画家都为他送殡。

4. "画坛上的布鲁奈列斯奇"——马萨乔

马萨乔（1401—1428）被时人誉为"画坛上的布鲁奈列斯奇"。他和布鲁奈列斯奇、多纳太罗同是意大利文艺复兴艺术的奠基人。艺术史家称他们三人为艺术上的"文艺复兴之父"。马萨乔从小生活于贫穷之中，但勤奋好学，特别喜欢绘画。自乔托逝世之后，意大利的绘画艺术跌入低谷，盛行哥特式画风。不甘平凡的马萨乔吸收了教师马索里诺在艺术上的古拙天真的神韵，超越了他对艺术的见解和激进的思想；他认真学习已被人们遗忘了的乔托的遗产，继承了他的传统；在与布鲁奈列斯奇、多纳太罗的结交中，他向前者学习透视法，向后者学习雕塑学问和解剖学。经过对不同艺术款式和艺术作风的研讨、综合以及再发明，马萨乔拥有了自己共同的艺术作风。在他的笔下，人物形象富于表情，身强力壮。具有高尚的人格，充满了自信心和自尊心，他确立了理想主义的绘画根底。正如瓦萨里在《意大利绘画、雕琢、建筑名家列传》中所说："我们绘画中的优秀传统首先是马萨乔树立的。他以为绘画就是以形体和颜色模仿自然，因而画家能越严密地跟随着自然那就越接近于艺术上的完善。"

马萨乔的这个思想使他经过常年累月地探究而掌握了极为丰富的学问，使得他成为那些可以摆脱艺术上的生硬凝滞而把运动、精神和生气赋予人物形象的巨匠中的第一人。马萨乔在其短暂的一生中，经过不懈地努力，创始了一代艺术新风，从而大大提高了生命的价值。整个画面主要突出圣母和圣婴。《圣母玛利亚和圣婴》是马萨乔约于 1426 年创作的木版画，内容反映了圣母和圣婴加冕时的情形：圣母抱着圣婴端坐在宝座上，两位天使坐在宝座脚下弹琵琶，宝座两侧各站着一位看似圣女的人物。但是，圣母一张平凡而充满着母性的脸似乎与神性相去甚远。她的眼睛没有看着圣婴，忧伤的眼光似乎在沉思着自己的儿子将在这难测的人世间如何生长，担忧多于欣喜。但她那把孩子舒舒服服地放在膝上的动作，又表现出母爱的呵护备至之情。圣婴则是充满着无忧无虑的天性，他一手拿着一颗葡萄在嘴上吮吸，一手在他母亲手中的葡萄串上乱抓。他那探索的动作和悬在空中的双脚与普通小孩并无任何差异。马利亚的忧伤、小孩的无忧和天使的安宁静谧使画面呈现一股温情暖意，天上的神被带进了人世俗界。

在画面空间的处理上，马萨乔勇敢地摆脱了中世纪艺术传统的羁绊，普遍运用明暗比照办法，他在宝座四周发明了一种真实的空间感。从画面的第一层开始有一个升起的台阶，台阶两旁各坐着一位弹琴的天使，天使比圣母小得多。这样的处理，使对台阶弹琴的天使与圣母圣婴产生一定的间隔，加之光线从上面照在台阶上，加强了形象的平面感，使欣赏者的确感到画面的深度和广度。《三位一体》（又称《三位一体和圣母、圣约翰及施主》）约于1427年完成，是为佛罗伦萨新圣母马利亚教堂所作的壁画。“三位一体”是天主教重要教义，指圣父上帝耶和华、圣子基督耶稣和圣灵三位为一体。这幅画更充分表现出马萨乔对空间问题的圆满把握。图画变成了一个由统一视点构建起来的舞台，变成人、房屋和其他物件在其中各就其位，并可按几何办法计算的统一空间。该壁画描绘了文艺复兴时期敞开的小教堂，饰有藻井的布鲁奈列斯奇式的拱顶，用古希腊的壁柱与圆柱构成了小教堂的门框。

画面中央神坛上是钉在十字架上的圣子基督，他的头顶上有一只象征着圣灵的鸽子，十字架后面那支撑着十字架重量的搁板上站着神父耶和华；神坛两侧站立着圣母马利亚和施洗约翰；神龛外，左右两侧是这幅画的施主兰兹及其夫人，他们正跪着做祷告。《三位一体》把人物形象安排在一个等腰三角形之中，这个三角形的两条边，分别从施主夫妇的头，升向十字架上方神父形象的头顶会合在一起，突出了“三位一体”的主题。图画中应用建筑和三角形中的人物互相交搭的画面，四个层次逐渐深化，具有最激烈的空间效果。四个层次构成有机的递进层次关系，从而使画面产生了真实的三维空间感。不难看出，兰兹夫妇为第一层次，圣母马利亚和施洗约翰为第二层次，神父、圣子、圣灵为第三层次，神父后面的拱门和其他建筑物为第四层次。有必要再强调的是，马萨乔在画中对藻井的建筑装饰运用得十分巧妙，它不但使画中的小教堂显得真实可信，而且经过饰有藻井的天花板集聚在后墙上产生了画面的深度感，添加了画中央的“三位一体”的真实性——壁龛里正在显现一个神迹。确实，“马萨乔在画人物的头部、服饰、建筑、人体以及颜色和远近大小时采用了新办法，他由此创始了现代绘画的作风”。

马萨乔一生中留下来最重要和保管得最好的作品，是在佛罗伦萨圣玛利亚·代尔。卡尔米教堂内的布兰卡奇礼拜堂的两幅著名壁画《失乐园》和《征税钱》。《失乐园》（又名《亚当和夏娃被逐出伊甸园》）取材于《圣经·旧约》中的传说故事：人类的始祖亚当和夏娃夫妻二人无忧无虑，赤身裸体，生活在天上的乐园（又称伊甸园），不幸在蛇的诱惑之下，吃了聪慧果，顿时心明眼亮，觉察自己一丝不挂，羞耻难当，只好用树叶编成裙子遮羞。画面上的亚当双手掩面，失望悲号；夏娃用手捂着乳房和下身，闭着眼睛，以表示内心的惭愧。上帝耶和华对亚当和夏娃偷吃禁果的行为大怒，将他们逐出乐园。在西方美术史中，这是把亚当和夏娃受诱惑偷吃禁果而蜕化的影响，作为一种人类的悲剧与个人的损失加以表现的第一件作品。画中人物形象非常逼真、概括，感情逼真而又动人。这阐明他所塑造的人物已摆脱了宗教伦理的根本要素，贯穿着新的真正人世的处世态度。

在技巧处理上，马萨乔用光线从一个方向激烈地映照着处于行动中的亚当和夏娃的裸体，使人体似乎是能够触摸得到的实体，有激烈的精神质感和重量感。而画面把亚当和夏娃安排的一前一后，则构成了深广的空间印象和动感。《征税钱》（又称《奇观与钱》）取材于《圣经·新约》中从鱼口得税钱的故事。耶稣师徒一行到迦百农城时，税吏要他们交纳入城税方准入城。耶稣向身边的彼得说出了不用征税的道理。但为了免惹费事，仍命彼得从鱼口里取钱，交纳税金。马萨乔把“要税”、“取钱”和“交税”三个情节和三个不同地点，巧妙地安排在同一空间和画面上。画面突出三个人物，即耶稣、彼得和税吏。身穿玫瑰色长袍与蓝色斗篷的基督，站在为绚烂阳光所照射的一大群使徒中间，他冷静而庄严的手势，表示正停息着使徒彼得和税吏之间的争论，显现出他是一行人的主宰。

满脸愠怒的彼得一只手指着湖水，一只手举起做出欲击税吏状。背有些驼的税吏，一手伸向众人讨取税钱，一手指向城门，表示不交钱便不得进城。画面人物栩栩如生，自然真实，使徒们的肩膀开阔、身体坚固，好像出身民间的豪迈的普通人。作为背面人物的税吏，其背向观众的姿态，也被描写得那样生动自然。人物形象与建筑物交融为一体。作品对特殊人物和对背景人物以及景色的空间关系的准确描画，令人信服地表现出真实三维空间中的人物形象，从而传达出真实的体积感和重量感。当然，《征税钱》令人印象最深刻的还是整个构图圆满的平面效果。马萨乔的作品数量不多，但精妙卓绝，对后世的影响很大。意大利文艺复兴盛期的“艺坛三杰”：达·芬奇、米开朗琪罗和拉斐尔均观摩、学习和研究过他的作品。当马萨乔不幸逝世时，布鲁奈列斯奇顿首大叫：“时代的严重损失啊！”

画家波提切利·波提切利（1444—1510）是意大利文艺复兴早期最后一位著名画家，15 世纪 80 年代，他得到当时佛罗伦萨执政罗伦佐的赏识，在美第奇宫廷里结识了许多人文主义诗人、学者和艺术家。在这里他认识了诗人波利蒂安，以后交往甚密。波提切利在参与美第奇宫廷的活动中，受到人文主义思想的影响，他的创作走向成熟，但也感染了宫廷贵族文化的习气。

《春》是波提切利最有名的代表作之一。这幅画的主题，来源于波利蒂安的寓言长诗《吉奥斯特纳》。画面上鲜花满地，幽静的密林结满了金色果实，位于画面中心的爱和美的女神维纳斯满面春风，容光焕发，注视着温暖的阳光，她正迎接着春的降临。维纳斯头上飞来的小爱神丘比特，正弯弓搭箭，准备向三美神中的一位瞄准射击。左侧是欢乐起舞的三美神（爱神）的三个侍女，代表着美丽、青春和欢乐。维纳斯的右侧，是全身裹着花装、嘴里衔着鲜花的花神，在风神的推拥之下奔跃而至，象征着把春天带给人间。她们的旁边是众神的使者麦丘利，正举起右手用一根法杖驱散冬日的阴云。在她的背后是风神。画面的情节是一个比喻：从海面上吹来了暖和的西风，春天来到了，万物充满了活力，大地展示出百花怒放的春天景象；爱情的心也清醒了，人世充满欢乐。

从《春》所塑造的形象上看，作品激烈地表现了抒情标准与精致细腻的特征，《吉奥斯特纳》的诗韵被艺术地表现出来了。整个画面上轻快甜美的诗意和生动流利的线条组成了一种美的旋律。但是，这美丽的春天秀色中，浸透着梦想与淡淡的忧伤，给人一种不太谐和的感觉。《维纳斯的降生》比《春》更为著名，也是根据波利蒂安的长诗《吉奥斯特纳》而作。画中，裸体女神维纳斯从海上的波浪中降生，踏着大贝壳在风神齐菲尔的轻吹中将要靠岸。岛上，果树女神波摩娜手持一件袍子，等候维纳斯一登岸就给她穿上。画面中央的维纳斯亭亭玉立，奇妙的曲线和波状的金发调和的更加漂亮，既充满着女性的娇美，又给人一种超凡脱俗之感，具有缥缈空灵、诗一般的意境。但是，她那纯真而羞怯的美容却显露一种隐忧的表情，似乎对将来缺乏自信心，感到困惑与怅惘。

这表明，波提切利尽量让绘画题材从宗教故事中摆脱出来，使艺术创作取得了更大的自由。《春》和《维纳斯的降生》取材于希腊神话传说，是反基督教传统精神的、异教的，它的内容具有鲜明而世俗的人文主义倾向性。在艺术作风上，线条成为波提切利最主要的艺术表现手段。如《春》中的三女神、《维纳斯的降生》中的维纳斯，画家用流利、有韵律的线来表现她们的舞姿、手势、轻纱和轮廓。在形象塑造上，他追求文雅的平面感和哥特式艺术的细长，但由于运用了细腻典雅的颜色艺术和具有动感的线条节拍，使作品并没有呆板的印象，而是具有体积感。他的艺术作风对许多画家产生了影响。

第四节 文艺复兴文化的传播和发展

文艺复兴早期，意大利已构成了一个气势磅礴的文化改造运动，猛烈地冲击着旧传统的基督教文化。意大利新文化疾速向西欧其他地域传播，在西欧构成了类似性的文化。文艺复兴文化的传播主要是经过两种温和的途径来完成的。一是在 15 世纪中叶，意大利的学者曾经到英国、法国和德意志等地域传授拉丁文和希腊学问，引荐古典和意大利人文主义的著作，他们的活动引起了西欧各国学者和艺术家对人文主义思想和学问的兴趣；二是西欧人把意大利称为“欧洲学校”，纷纷派遣留学生前往学习，西欧各国的思想家、艺术家和科学家纷纷访问意大利，如饥似渴地学习人文主义新文化。从中汲取营养，然后把新思想和新学问带回本国，广为传播，并结合本国的实践，创作出合适本国国情的新文化，使文艺复兴运动进一步得到发展。

一、伊拉斯谟

自 15 世纪中叶起，德国产生了一批杰出的人文主义学者，其中最伟大的代表是伊拉斯谟（1466—1536）。他的活动和影响具有国际性。他编写的《格言集》是一本从古典著作中精选出来的格言。他给每篇格言都写了注解，以嘲讽他所处时期的社会问题，反对教会的糜烂。1506 年，伊拉斯谟访问意大利，在都灵取得博士学位。他在书中写道：“据《圣经》说，牧师们吞食了百姓的可赦之罪，但他们无法把赦罪消化掉，他们必须有最佳醇酒，才能把它们吞咽下去。”1509 年，伊拉斯谟再度访问英国，并写出了他的代表作《愚人颂》（也译作《愚颂》）。这是一部反映德国理想社会的嘲讽著作，作者站在人文主义立场上，把“愚笨”人格化。“愚人”是著作的主人公，她登台演说，经过自诩有才气，来嘲讽上层社会的各种愚蠢表现，对教会、经院哲学家和贵族进行讪笑和诅咒，对教会神职人员的贪心狡诈、荒淫无度，封建贵族的寄生腐朽、贪图虚荣、抢劫好战的卑劣行为予以揭露和批判。伊拉斯谟嘲讽说，教会中的迷信者做什么都有一个章程，鞋带有几个扣、腰带有多宽，都要按规则。

他认为教皇追求的是“金钱、荣誉、权利和荣华”，指出，假设人类不存在愚蠢以及人们的迂直和轻信更少些，那么，宗教是存在不下去的，他甚至承认上帝是全能的。《愚人颂》一出版就引起教会的恐慌，罗马教皇保罗四世宣布它为禁书。但该书影响甚广，几乎被译成欧洲所有国度的文字，伊拉斯谟在世时就已翻印过 27 次，成为当时欧洲人文主义的代表作。为了使人们易于了解经文，该书还附有他本人的拉丁文译文和注释。按通常说法，伊拉斯谟在文化上的最大奉献，在于完成了他校正过的希腊文《新约全书》的编撰和出版工作。他以历史的目光和理性的态度对待《圣经》，指出天主教唯一认可的拉丁文版《圣经》不只是第二手的，而且有错误。该书的问世，再一次引起人们思想上的极大震动。但是，伊拉斯谟与其他人文主义者一样，对宗教并不完全反对，只是想追求一个合理的教会。正由于如此，他的著作和他的思想有力地促进了欧洲宗教改革的思潮。后人曾这样非常生动、贴切地比喻：“伊拉斯谟生了蛋，路德孵出了小鸡。”

二、拉伯雷

弗朗索瓦·拉伯雷（约 1494—1553）是法国文艺复兴运动的著名代表人物之一，是继薄伽丘之后具有全欧影响的出色的人文主义作家。他曾在德马伊修道院研究古希腊罗马文化，随同该修道院院长访问过意大利和其他几个欧洲国家，这大大地丰富了他的阅历。后来，他到法国各地游学，有机会接触和了解各个阶级的人特别是普通市民和农民。这一切对他日后的创作大有裨益。这增加了他对社会的认识，使他发现了封建法律制度的黑暗糜烂和经院教育对人才的摧残。

《伟人传》（亦译《高康大和庞大固埃》）是拉伯雷花费 20 多年写成的代表作。这部长篇挖苦小说共 5 卷，第一卷叙说伟人高康大的出生和他的童年时期；第二卷写高康大的儿子庞大固埃出世，他一出生就受到人文主义教育，在法国努力学习科学，后来另一邻国入侵，他回国抗击侵略者，获得成功；第三卷写庞大固埃如何推行仁政，在巴奴日应不应该结婚的问题得不到合理解答之后，庞大固埃和约翰修士、巴奴日一起动身到世界各地去寻觅“神瓶”。第四、五卷写庞大固埃和巴奴日等远渡重洋，遍访各岛，寻觅“神瓶”，追求真理，最后他们终于找到象征真理的神瓶。《巨人传》以民间故事为底本，采用夸大的手法塑造了理想君主伟人父子高康大和庞大固埃的形象，寄予了作者希望依托时代伟人解放人类，完成契合人文主义请求的社会的理想。作者对社会黑暗一面的揭露，对教会腐朽、经院哲学家的蒙昧主义和愚民政策的鞭挞，其针对性都是很强的。

该书故事固然奇特，但是却有着深厚的理想根底。书中“特来美修道院”提出的“做你所愿做的事”的口号，反映了资产阶级个性解放的请求；书中关于培育“全知全能的人”的教育主张，正是人文主义教育思想的表现；“神瓶”启示的“喝”，恰恰反映了新兴资产阶级渴望学问和创造新世界的愿望。总之，虽然《巨人传》构造松懈，其内容初读之下似乎又是些滑稽、逗笑的故事，但认真品味起来，它充满着反动性和战斗精神，是法国第一部成功的浅显小说。拉伯雷的理想主义和浪漫主义相分离的嘲讽艺术对莫里哀、伏尔泰、司汤达、巴尔扎克、福楼拜等大作家都产生过不同的影响。

三、欧洲近代散文体裁的开创人——蒙田

蒙田（1539—1592）是法国文艺复兴后期著名的人文主义者和当时最出色的散文作家。他出身于波尔多城的名门大族，从小受过良好的教育，通晓拉丁语和希腊语，曾担任法律参谋和波尔多市长。他的代表作《随笔集》（也译《蒙田随笔》）是一部散文作品，同时也是一部哲学和社会政治思想著作。常引经据典古希腊罗马作家的著作；标题也常常与该章的内容不大相符，处处表现了“随笔”的特性。据该书1595年的修订本计，全书分3卷，107章。在这卷帙浩繁的散文集中，每篇有一个标题，讨论一个独立问题，内容驳杂纷繁，常常从一个主题跳到另一个主题。它的主要内容概括来说，大致是作者对理想世界的了解、对自我的感觉和对人类生活方式及思想感情的领会。贯穿于全书的根本思想是“人性”，而疑心论则是作者不受时代局限和阶级局限的重要思想之一。

蒙田在书中提出了“万事可能又不可能”的信条。他罗列了古代哲学家相互矛盾的意见，以及他们现代的跟随者，特别是基督教辩护士在精神本质上的互相矛盾，阐明他们一事无成和令人怀疑他们留下的学问能否可信。他大胆地宣布了人类有权疑心和不信宗教，而且对理性也不盲从。他进而以为，唯一兼具恰当性和毋庸置疑性的学问是关于本人自身的学问（即自我），一旦人以自我为根底就具有自信心和保证。他怀疑，但并不否认一切。但是，蒙田并没有因持有疑心论而把本人视为高人一等，他认为自己是一个平常的人，由于“每一个人都具有人类身份的全部标志”。他以为，“那些藐视学习的人们仅仅是显露了本人的愚笨”。生活是真实的，应当尽量享用生活的快乐。他认为教育不但是需求而且是有益的，教育的目的就是培育道德高尚、悟性高、判别力强的“绅士”。《随笔集》的笔调亲切自然，充满诗意，对后人影响很大。他是欧洲近代散文体裁的开创人。

四、“英国戏剧之父”——莎士比亚

英国文艺复兴时期最伟大的戏剧作家是威廉·莎士比亚（1564—1616），文学史上称他为“英国戏剧之父”。他出生于英国中部特拉福镇上一个富有市民的家庭，莎士比亚终身共写了 2 部长篇叙事诗、37 个剧本、154 首十四行诗和一些杂诗。莎士比亚的创作按其思想和艺术的发展可分为三个时期：第一为历史剧和喜剧时期（1590—1600）；第二为悲剧时期（1601—1607）；第三为神话剧和传奇剧时期（1608—1612）。莎士比亚创作的两首长诗和十四行诗中的大多数，属于第一个时期，两部长诗题材源于罗马诗人奥维德的作品，十四行诗的主题是讴歌爱情与友谊。与彼得拉克的十四行诗相比，莎士比亚的作品更向前发展了一步，主题愈加丰富，看待爱情已没有宗教心情或封建等级观念。

他还改动了意大利十四行诗的格式，按四、四、三、三编排，每首诗更能表现起承转合，情感和思绪迂回而有变化。这一时期，莎士比亚写了 9 部以英国历史为题材的历史剧，主要有《亨利六世》、《理查三世》、《约翰王》、《理查二世》、《亨利四世》、《亨利五世》等。剧本概括了 13—15 世纪历史，贯穿着作者反对封建割据、反对昏庸君主、维护统一的思想。如在《亨利五世》剧中，亨利五世知错必改，弃旧图新；作战时一马当先，机智勇敢；战争时仁慈，接近人民。他是莎士比亚心目中的贤明理想的君主形象。这一时期，莎士比亚还写了 10 部喜剧和 3 部悲剧。主要喜剧有：《驯悍记》、《仲夏夜之梦》、《威尼斯商人》、《温莎的风流娘儿们》、《第十二夜》等。《威尼斯商人》是莎士比亚第一时期创作的重要作品之一。作者在剧中肯定了以安东尼奥为代表的商业资本家，讴歌了资产阶级新女性鲍西娅的才华和正义感。剧本以人文主义、友谊和爱情最终打败贪心、仇恨和阴险的报仇为完毕。

《罗密欧与朱丽叶》也是作者这一时期的重要作品之一。其内容描写的是一对青年分属于两个世代为仇的封建家庭，他们之间的爱情遭到阻挠，导致两人殉情。该剧突出地反映了新的爱情观与封建认识、封建道德观之间的抵触，表达了爱情自由的理想，表现了积极的反封建的资产阶级民主思想。固然这是一出悲剧，但却是别具一格悲喜交加的戏剧。第二时期是莎士比亚创作成就最大的时期。这一时期他所写的 11 出戏剧绝大多数是悲剧。他创作的 7 部悲剧是：《哈姆雷特》、《奥赛罗》、《李尔王》、《麦克佩斯》、《安东尼与克莉奥佩特拉》、《科利奥兰纳斯》、《雅典的泰门》。前面四剧被称为莎士比亚的四大悲剧。《哈姆雷特》（又称《王子复仇记》）是莎士比亚戏剧创作的最高成就。该剧的主要内容是：丹麦王子哈姆雷特的叔父克罗迪斯为了夺取王位毒死了国王，又娶了王后。王子对父亲的暴死和母亲的再嫁感到非常悲愤。国王的鬼魂显现，并把自己的受害经过托梦给哈姆雷特，要他为父报仇。

王子把复仇看作是为了整个国家的问题。奸王克罗迪斯察觉后，把他送往英国，想借别人的手杀死王子。哈姆雷特识破了阴谋，逃回丹麦，在一场由克罗迪斯安排的蓄谋杀害他的比剑中死去。但哈姆雷特在临死前刺死了奸王，他的母亲则饮毒酒而亡。《雅典的泰门》叙说了金钱换来的虚伪友谊使泰门倾家荡产，尝尽世态炎凉，变成厌世主义者。莎士比亚在该剧中把中古式的复仇内容改编为反映时期精神的悲剧，使复仇有了深入的社会背景，把哈姆雷特塑造成一个典型的人文主义思想家，其形象从此成为世界文学中最著名的典型人物之一。作品深入地揭示了阶级社会中特别是资本主义社会中人与人之间赤裸裸的现金买卖关系。第三个时期，莎士比亚的剧作主要有《辛白林》、《冬天的故事》、《暴风雨》。在这些作品中，莎士比亚固然仍坚持了人文主义者的信心，相信人类有出路，一直表现悲观精神，但对社会黑暗理想更多地是采用饶恕与和解的态度，试图通过道德的劝善和教育，改造丑恶，到达美妙，表现出一种乌托邦式的思想。莎士比亚是一位出色的语言巨匠。他擅长汲取古代语言、当代文学语言和人民语言的精髓。作品语言生动有力，文雅生动，感染力强。与他同时期的著名剧作家本·琼生认为，莎士比亚是“时期的灵魂”。

五、塞万提斯

塞万提斯（1547—1616）是西班牙文艺复兴时期巨大的作家、戏剧家和诗人。1571 年，塞万提斯作为一名兵士，参与历史上有名的勒班多海战，受了伤，左手致残。1575 年他从意大利回国，途中被土耳其人俘虏，当了 5 年囚徒，后来因偶然，他被赎回国。尔后不久，他凭着顽强的意志和惊人的毅力从事文学创作，写下大量诗歌、戏剧和小说。《堂吉诃德》是塞万提斯的代表作，全名为《奇情异想的绅士堂吉诃德·德·拉曼却》，共分 2 卷。拉·曼却是一个穷乡绅，由于阅读骑士小说入了迷，失去了理智，其本人也想当一名游侠骑士，于是穿上祖上传下来的一副古老的盔甲，骑上一匹瘦马，开始冒险。小说的根本情节是写堂吉诃德三次行侠冒险的经过。手持盾牌和长枪，化名为堂吉诃德，把邻村一个挤奶姑娘作为意中人，决计终身为她效劳，找了邻居桑丘作为侍从，出门行侠。由于他一心只想树立骑士勋绩，耽于梦想，错把风车当巨人，旅店当城堡，羊群当敌人，不顾一切，策马提矛胡乱冲杀，闹了不少笑话，吃尽了苦头，被人戏弄讪笑，还四处挨打受骂，几乎丧命。

临终前，他才醒悟过来，痛斥骑士小说之害，并留下遗言，不许自己唯一的亲人——外甥女嫁给骑士，否则就得不到遗产。这部小说嘲讽了已不合时宜的中世纪骑士精神，给骑士小说以致命的一击。自从这部作品问世以后，西班牙再没有骑士小说出现。小说还展示了当时各社会阶级的生活画面，对当时社会的政治、道德、法律乃至婚姻制度等进行了鞭挞，并显露出作者对劳动人民的同情和喜欢。小说胜利地塑造了堂吉诃德和桑丘两个不朽的艺术形象。它受到全世界人民的喜爱，被译成 100 多种语言。作者常常把堂吉诃德主仆在理想生活中的活动加以夸大，重复强调他们的某些特性，并通过他们之间的对比和他们彼此推心置腹的说话，来突出这两个人物的性格。《堂吉诃德》被誉为欧洲“近代小说的开山之作”。它对欧洲文学的发展产生了深远地影响，18—19 世纪的斯威夫特、菲尔丁、狄德罗、巴尔扎克、果戈理、列夫·托尔斯泰等作家都直接或间接地受到这部巨著的影响。

第五节　文艺复兴盛期的艺术

文艺复兴盛期（15 世纪末至 16 世纪中期）是整个文艺复兴巨大文化的巅峰。在艺术上，盛期的艺术总结了 15 世纪艺术的经历，把透视、解剖、明暗等写实的手法发展到尽善尽美的地步。充分掌握了写实技巧的新一代艺术家则更着意于对真实世界内在质量的传达与对作品圆满性的追求。虽然这一时期意大利特别是佛罗伦萨的经济情况和政治局面每况愈下，但是，佛罗伦萨依然是构成盛期文艺复兴文化的根底、降生盛期文艺复兴艺术和学术的中央。圆满、大气磅礴是文艺复兴盛期艺术的主要特征。作为艺术家的突出代表者达・芬奇、米开朗琪罗和拉斐尔都是在佛罗伦萨生长起来或者是在佛罗伦萨开始其创作道路的，许多著名的人文主义者也生于斯。毫无疑问，只有佛罗伦萨深沉的文化和充满着竞争的社会环境才培养了“艺术三杰”，才能出现马基雅维利这样出色的政治思想家。在这一时期，罗马作为文艺复兴运动的另一个重要中心也显露头角，并进而发展为主要的中心。

一、达・芬奇

列奥纳多・达・芬奇（1452—1519）是文艺复兴盛期第一位画家。他不只体魄健美、举止文雅、品德高尚，而且学识广博、多才多艺，在艺术和科学的许多范畴的研讨都处于抢先位置。达・芬奇出生于意大利佛罗伦萨芬奇镇一位有名的公证人家庭。他 14 岁随师学画，15 岁（1467）学成出师。不久，他便单独设立工作室。这段时间，他画了《拈花圣母》（又名《持花圣母》)、《博士来拜》等初期作品，这些作品已具有诗意和思想丰富的特性。他的素描和透视学已熟稔谙练，开始留意借助动作、手势、姿势来表现人物的内心活动。1482 年，达・芬奇为了追求更大发展，离开了佛罗伦萨，前往米兰。《岩间圣母》、《抱白鼬的夫人》和《最后的晚餐》是达・芬奇这一时期的主要美术作品。他在米兰进行艺术理论和创作的同时，也进行自然科学的研究。《岩间圣母》充分显现出达・芬奇的作风已完整成熟。该画描述的是年轻的圣母跪在地上，右手扶着婴孩施洗约翰，左手张开并高悬在坐着的小耶稣的头顶上方。

约翰双手合掌像是在祷告，右边衣着红袍的天使左手扶住耶稣，右手指向小约翰。在艺术处理上，该画以“金字塔形构图”取代了过去的“三角形构图”，平面性更强。在手法上，达・分奇承受和发展了马萨乔所创造的“明暗画法”。他给人及物体轮廓和背景涂上阴影，与光线激烈的部分构成比照，使整个画面弥漫着空气和空间的深度感；而光和影的激烈晃动形成一种特殊的氛围，似乎处在梦和真实之间，使画可以引起精神上和心理上的联想。

加之画中的诸人物做着多种多样姿态，使画中人物的心理活动愈加充分地表现出来。《最后的晚餐》是达·芬奇最成熟和最完好的作品，它不但标志着盛期文艺复兴艺术的成熟，而且与米开朗琪罗的《最后的审判》和拉斐尔的《雅典学派》被誉为文艺复兴盛期三大杰作。作者用艺术手段讴歌了光明正大、忠实仁慈和疾恶如仇，揭露了背信弃义的叛徒行为。该画取材于《圣经·新约》的故事，大意是耶稣的门徒犹大因苟且偷生而反叛，收受罗马祭司长30枚银币，容许做内应协助拘捕耶稣。在犹太民族的主要节日逾越节的晚上，耶稣已预知自己死期将至，和12个门徒共进晚餐，故名《最后的晚餐》。

达·芬奇抓住耶稣在晚餐餐桌上忽然向门徒宣布说“我实实在在地通知你们，你们之中有一个人要出卖我”的一刹那间，每个门徒的不同姿势和表情，揭示了人物内心世界的矛盾，描写了人物的不同性格，画中13人的座次（自左至右）分别是巴多罗米欧、小雅各、安德烈、老彼得、犹大、约翰、耶稣、多马、老雅各、腓力、马太、达太和西门。12个门徒被分为4组，每组3人。但从西门和马太的手均指向中央来看，似乎在表白，出卖一事与这一组人无关。左端的3个门徒为一组，他们都面向耶稣，心情显得特别激动，特别是年轻的巴多罗米欧，双手按着桌子，上身倾向耶稣，表现出怒火中烧，恨不得马上把叛徒揪出来；右端的3个门徒自成一组，他们诧异地相互探问，交头接耳。画面右边靠近耶稣的3个门徒显得单纯，动作也朴素，特别是站立的腓力，两手抱胸。表现出本人的忠实和蔼善良。画面左边靠近耶稣的3个门徒，特别富于表情，老彼得左手搭在约翰的肩上，头向前伸，似乎在低声讯问约翰哪一个是叛徒。

犹大的脸部则处在阴影之中，右手紧握一只钱袋，暗示这只钱袋是犹大出卖灵魂、出卖耶稣的见证。在构图方面，达·芬奇突破了将犹大放在独处位置的传统做法，使犹大与耶稣同其他门徒同坐一侧，犹大的身体稍向后仰，面呈阴险、狡诈状，表现出与众不同、处于孤立的境地；而其他11个门徒每个人的表情、动作、姿势虽不相同，但却朝着一个中心，即向着耶稣；画的中央，耶稣十分宁静地坐在整个骚动中心，他倦怠地伸开手，眼也不抬，面部和姿态表现出一种静穆与伟大。耶稣的“静”与众门徒的“动”构成了鲜明的对照，门徒们动态的交叉变化与神色的相互融合，俨然一体，使整个画面的构图多样统一。艺术取得了新表情的宏大蕴藏，给人以无比的震撼力。

达·芬奇花费了4年时间完成这幅壁画。在创作过程中，每画一个人的时候，他必先研究那个人的身份、性格、年龄等，到理想生活中寻觅形形色色的典型形象，画了许多素描，做笔记，重复琢磨。他认为："一张人物画，或其他方式的人物表现，应该做到使人一看就很容易地从他们的姿势中察觉他们的思想，就仿佛一个聋子看人讲话，虽说他不能听见，但仍然能够从两人说话的动作姿势中揣度他们讨论的主题。"1503年，达·芬奇和米开朗琪罗同时应佛罗伦萨政府之聘，为佛基奥宫500人会议厅绘制壁画。为了描写出人物的典型性格，达·芬奇差不多花了1年时间，每天从早到晚深入小偷和流氓汇集的地方，寻觅相似犹大的模特儿。两名艺术家均以战争为题材，达·芬奇作的是《安加利之战》，米开朗琪罗作《卡希那之战》。前者描画战争最紧张的时刻——双方抢夺军旗的斗争，后者则表现了正在洗浴的兵士闻敌来袭的刹那——激战前的准备。令人遗憾的是这两幅图稿均未流存下来。

达·芬奇只画完了壁画的中央部分，以后就再没有继续下去。由于他所用的颜料褪色很厉害，几年后该画已无法识别。直到17世纪佛兰德斯画家鲁本斯才临摹了此画的主要部分。今天，人们只能从临摹的达·芬奇留下的草图来理解此画的雄伟气概。《蒙娜丽莎》是达·芬奇回故土后所作的另一幅画，这是他的出色代表作品，也是文艺复兴盛期最杰出的肖像画之一。蒙娜丽莎是佛罗伦萨银行家佛朗切斯柯·戴尔·佐贡多的妻子，达·芬奇为了捕捉她那充满内心喜悦的表情，为她请来乐师在旁弹奏着美妙的乐曲，歌唱家为她演唱，滑稽演员在一旁做诙谐幽默的扮演，以便使模特儿保持高兴的心情。达·芬奇完全摆脱了传统的宗教题材，着力描写了一个市民妇女的典型，她温顺典雅，对生活充满了自信心和喜悦，表达了新时期新人物的自信心和悲观主义的精神。《蒙娜丽莎》给人们留下最深刻印象的是她的"神秘笑容"。

画中的蒙娜丽莎嘴角上一丝淡淡的笑容，悄然地在脸上擦过，像一缕清风漾起波纹，拂动了脸上柔滑的皮肤，给观众以丰富的联想，耐人寻味。蒙娜丽莎开阔的额头和淡淡的眉毛，是当时社会的风气。而模特儿圆润润滑的手和文雅的手指，也从另一方面表达了艺术家的创作思想。手势和奇妙的面部表情同样反映了画家对人物内心的探究。她一只手搭在另一只手上，姿态宁静的双手大大增强了自信的性格表现，而且让人感受到她灵活手指的奇妙触感。达·芬奇的作品尚有油画《丽达和天鹅》《圣母与圣安娜》等。除艺术作品之外，他还留下了7000多页手稿。他还是大数学家、力学家和工程师，在物理学、生物学、解剖学、天文学、军事科学等方面成就卓著，是世界科学史上全面发展的学者和艺术家。

二、米开朗琪罗

米开朗琪罗（1475—1564）是意大利文艺复兴盛期著名的雕刻家、画家、建筑师和诗人。他出生于佛罗伦萨卡普莱斯镇一个当地行政长官之家。他早期创作的作品已显现出独特的艺术特征，即以人物形象为中心，人体魁伟强壮有如伟人。《堪陀儿之战》（又称为《拉庇泰人与马人之战》）浮雕，是他这一时期的主要作品，取材于希腊神话故事。堪陀儿是上身为人形、下身为马体的怪物。作品构图复杂，布满穿插缠绕的肢体，像是某种网状组织，令人难以分辨出那些手臂和腿终究是属于谁的。故事说的是拉庇泰人在希腊英雄奥德修斯的协助下，与堪陀儿人展开战争并击败对方的画面。它所塑造的裸体人物充满了战斗的激情，显现出人体强壮有力。从此之后，作者把自己的全部心血都倾注在描写“裸体人物的美”上。1492—1501年，他除了在佛罗伦萨学习、创作之外，还先后到过威尼斯、波洛尼亚、罗马。为了理解人体，掌握有关人体学问，他躲到圣斯比里托修道院里解剖尸体，整天与尸体相伴，直到腐尸恶臭难忍才走出停尸室。

在波洛尼亚，他研讨了奎尔查所创作的气势雄伟而庄严、具有激烈力度的裸体雕像，观摩了当时已声名大噪的画家西纽雷利创作的裸体壁画。在罗马，他见到了已被发现的著名古代雕塑《拉奥孔》和《观景殿的躯干像》。这一切，对米开朗琪罗以后的创作不无影响。他在罗马创作的作品有《酒神》(又称《酒神巴库斯》）和《哀悼基督》。巴库斯是希腊神话中的酒神、葡萄酒的创造者。巨匠雕刻的裸体酒神像，不但年轻强健而俊俏，且将他的醉态表现得淋漓尽致。《哀悼基督》内容取自《圣经》故事，表现的是基督被从十字架上卸下后，圣母马利亚抱起儿子尸体时的悲哀与哀悼情形。雕像由坐着的圣母和横躺在她膝上的基督的遗体构成。在构图方面，米开朗琪罗采用了当时盛行的金字塔形构造，使整个雕像显得平稳、严肃。雕像着重于线条的表现，马利亚抱着死去的基督的繁重躯体，但并未被压垮，从一切的视点都能够清楚地看到基督，他的每一条轮廓线都富有表现力。但作者并不以哭泣或昏厥过去的神态这种普通手法来描写马利亚，而是经过她用右手紧抱着基督，让其似乎舒适地横卧在本人的膝上，以及低头、双目紧闭下垂和半张着的左手，使她的悲哀和母爱显得愈加深沉和委婉。作品将伟大的母爱寓于悲痛之中。

米开朗琪罗的这种深沉和委婉的表现手法，在他其后创作的几组圣母子群体像中都得到了表现。1501 年，米开朗琪罗回到佛罗伦萨并从事《大卫》雕像的制造。他表现的大卫是行将投入战斗时的情形：大卫头猛然左转，怒视前方，左手紧握肩上的投石机弦，右手有力地拿着一块石头。大卫是许多艺术家曾雕刻过的艺术形象。多纳太罗将其描写成一个稚气未消的牧童，韦罗基奥将其塑形成一个娟秀苗条、身体细长的少年。而米开朗琪罗创造的大卫，是一个俊秀、朝气勃发的年轻英雄。《大卫》雕像高 5. 5 米，被称为伟人像，是当时最大的不需要支撑的大理石雕塑。大卫的外貌有棱有角，表现了艺术家傲岸不羁的个性特征。大卫紧闭嘴唇，锁眉蹙额，怒目凝视前方，他那自豪的姿态、劲道而富有性感的身躯，显现了人物坚决、勇敢、机智与无畏的英雄气概，倾注了作者满腔的爱国热情，充分反映了他爱祖国、爱人民的崇高思想质量。

《大卫》将艺术家的创造才能和制造才能巧妙地交融在一起，它标志着 29 岁的米开朗琪罗的创作思想及风格已经成熟，从此他被公认为意大利第一流的雕刻家。佛罗伦萨政府特地组织了一个有著名艺术家参与的委员会（其中包括达·芬奇、波提切利等），研究《大卫》雕像的安放位置。经过长时间的争论，最后尊重作者的意见，肯定将其安放在佛罗伦萨共和国政府大厅前面的广场上。为此，佛罗伦萨举行了盛大的安放典礼。今天，人们在佛罗伦萨市政厅前见到的《大卫》像是仿制品，原作已移藏于佛罗伦萨美术学院。在完成《大卫》像的同时，他还创作了《圣保罗》、《布鲁日圣母子》大理石圆雕，《圣家族》圆形木版画和《卡希那之战》壁画。尔后，米开朗琪罗主要受教皇和美第奇家族延聘而创作。1534 年，他完成了美第奇礼拜堂的雕刻工作，雕像计有《朱良诺·美第奇》、《罗伦佐·美第奇》、《美第奇圣母》（又称《抚婴圣母》）和 4 座男女裸雕：《昼》、《夜》、《晨》、《昏》等。1513—1519 年，他为教皇朱理二世陵墓制作了《摩西》、《垂死的奴隶》和《被缚的奴隶》等大理石圆雕。《摩西》被许多艺术家视为与《大卫》齐名的代表作品，艺术家对两个艺术形象都赋予理想化的健美和伟人般的力气，表现了人可以克制任何艰难的坚持不懈的自信心。

贯穿于《大卫》像的是精神充分与行动积极，弥漫着青春生机；而摩西在努力控制住愤恨的这一姿势中，显现出他的英明、聪慧、坚毅、果断的英雄气质，表明了他的成熟性和王者的风范。当米开朗琪罗第一次也是唯一一次在《哀悼基督》群像上刻下自己的名字时，无疑表明他深信自己的作品将流传于世。但关于绘画，艺术家则一再声明，他是雕刻家，绘画不是他的本行。但是，面对教皇的一再请求和别人的嫉妒，他决然地接受了挑战，气愤而又充满自信地写道："1508 年 5 月 10 日，我，雕刻家米开朗琪罗，开始作西斯廷的壁画。"从此，历时 4 年 5 个月。在没有任何人的协助下，他绘制了面积达 530 余平方米的教堂拱顶画。虽然西斯廷教堂壁画的内容是反映上帝创造世界所做的 6 天工作，但实际上是对人类强大发明力与崇高质量的讴歌。画作长 40 米，宽 14 米，间隔空中高达 20 多米，整个画面包括 9 幅主体画，12 个先知及许多装饰性人体，一共画了 343 个人物。人成为主宰，背景、无关紧要的隶属物以至穿着之类的东西都被尽量略去，一切都为了使主要人物凸显于画面上，印证了他有关"绘画只要当它愈益接近浮雕时，才能算作佳作"的见地。米开朗琪罗的宏伟、豪迈、刚毅、气势磅礴的艺术作风在这里得到充分发挥。画中的人物或是结成群体，或是孤身独影，但他们宏大的躯体、他们的绰约多姿似乎使整座教堂为之震颤。

9 幅主体画中，以《诱惑和被逐》、《发明亚当》和《发明夏娃》为最佳。固然这 3 幅画内容各异，但都表现了作者根本的创作思想：人体之外不存在美。作者经过对男女躯体的健美描写，淡化了"立功招致受罚"的主题思想。特别对男性的赞誉显得更为突出，主动的一方似乎都是在男方："蜕化"中的亚当，大胆地伸手指向树枝，表现出对命运的挑战；斜躺在山坡上用指尖与上帝指尖接触的亚当，那看似静止不动的身躯中蕴藏着巨大的潜力和动势，而飞向亚当的上帝反而给人以飘忽之感，"动"、"静"之中，淡化了被发明者处于依附位置的传统观念；在曲身向上帝拜谢其创造力的夏娃的旁边，斜靠岩石的亚当，似乎对上帝的威严无动于衷，熟睡可也。西斯廷拱顶壁画完成后，震惊了整个意大利，被公认为是世界上最巨大的美术作品。拉斐尔称誉说："米开朗琪罗是用着上帝一样出色的天才创造出这个世界的。”凡此种种，表明作者在肯定人的自主性、赞誉男女同样享有健美的躯体的同时，依然无法摆脱以男人为中心的传统思想的影响。

1534 年，花甲之年的米开朗琪罗开始绘制西斯廷教堂的祭坛画，费时 6 年，完成了《末日的审讯》这一杰作。画的内容取自《圣经》故事，描画了世界末日降临时，基督把万民召集在本人面前，分出善恶，判决谁该上天堂，谁该下地狱。画中人物达 200 多个，瓦萨里是这样记载的，当《末日的审讯》揭幕时，“它使整个罗马诧异，事实上是使整个世界大吃一惊。我就是在那时从威尼斯去罗马的，专程赶去看它，我几乎吓了一跳”。《末日的审讯》大致上可分为四个部分。第一部分与拱顶壁画相衔接，有两幅大小相等、构图平衡的画，分别画有无翼天使抱着基督受刑用过的圆柱和处死用过的十字架。第二部分画的是基督已来临人世，他还在对人类做最后审讯。第三部分画的中间是一组吹响号角的无翼天使，左边是得救的人，右边是被判下地狱的人。第四部分画的是天堂之河和天堂。在艺术处理上，作者超越了文艺复兴早期人们对人类的空间、体积，对自然比例和人体透视等的固定见地，整幅画既没有边框，也不顾任何时间和逻辑的次第，散漫于约 200 平方米的整个墙面。

基督的两边是他的 12 个门徒和一些戴着殉教时受刑刑具的圣徒。但欣赏者一眼便能清晰地看到，作品的中心是基督，他那强健高大的身躯处于最亮的中心区。门徒们具有伟人般的身躯，与其他被审讯的人构成鲜明的对照，他们紧紧地挤在基督的四周，恳求他作出明白的判决，愈加烘托出基督的中心地位，以至于基督旁边的马利亚也处于附属位置。基督的左手手势向下，右手高举，以此表示了他对恳求者的答复。这一手势表示了他既是人类悲喜剧的导演者，又是遏止紊乱场面的权威者。《末日的审讯》中的人物大多数是裸体，教会中一部分人以及一些社会名流认为这是对上帝的亵渎，教皇保罗三世请求米开朗琪罗进行修正，遭到断然拒绝。教皇只好请画家伏尔泰拉给这些裸体人物画上一条遮羞布，他因而得了“穿裤子的伏尔泰拉”的绰号。幸亏伏尔泰拉没有毁坏这幅被喻为“人体百科全书”的巨作，从而使后代许多画家能从这幅壁画中学习运用人体的透视画法和各种姿态。

三、拉斐尔

拉斐尔·桑西（1483—1520）是意大利文艺复兴盛期著名的画家和建筑

师。他出生于意大利乌尔宾诺城附近的小镇翁布里亚的一个艺术世家。现保管下来的拉斐尔最早作品《骑士之梦》和《三美神》，是他约 17 岁时所作的。这两幅小型画的主题均取自古希腊罗马的传说。作者追求的是调和的情调，画面具有开朗、朴素和清纯的优美感。尔后，他所创作的《圣乔治和龙》则以勇敢的鼎力士和恶龙进行决斗的传奇故事为题材，在构图上用新的办法，追求的是激烈的戏剧性抵触。《圣母的婚礼》（1504）是拉斐尔早期作品中的优秀之作，它取材于《金色的传说》一书。据传说，马利亚和约瑟的婚姻是上天定的，马利亚要在一群按风俗手拿树枝的求婚者中找到唯一持有开花树枝的约瑟并嫁给他。画的内容是说马利亚和约瑟服从上帝的神谕，在教堂前的广场上举行婚礼。这一构图方式无疑受到他的教师佩鲁基诺的影响，由于后者曾画过相同的题材。该画采用了平衡调和的构图方式，以掌管婚礼的祭司为中心，左边是马利亚和她的女伴们，右边是约瑟和绝望的求婚者。但拉斐尔在这一传统画题中注入了清爽的生气。

湛蓝色的天穹下，教堂前面阳光绚烂，金色、红色与绿色这三种根本色彩在服装、建筑与景色上反复呈现，组成了出色的合奏，给人以一种明朗、喜悦而又华美的感觉。构图、颜色以及人物姿势的描写等，标明拉斐尔熟谙地控制了教师的全部绘画技巧，但他的画比教师画得更有生气，更富有节拍感，更温和，更美丽动人。特别是他的圣母形象，曾经显现出共同的女性兴趣。但是，拉斐尔并不以此为满足，而是“认识到在成为巨匠之前，他必须再做一次学生”。1504 年，他抵达向往很久的人文主义文化中心佛罗伦萨。在佛罗伦萨，他一如既往，谦逊、认真地学习和研讨名家的作品，特别是达·芬奇和米开朗琪罗的作品。同时，他还认真地学习解剖学、数学、透视等学问。他继续不时地尝试新的绘画办法和方式，从名家的每一件作品中汲取精髓，吸收了佛罗伦萨画派大气磅礴的作风，主要融会了达·芬奇和米开朗琪罗两人的艺术特性，加上自己对理想生活的察看体验，进行细致的概括综合，从而创建了自己独特的秀美、文雅、圆润和浅显的艺术作风。在佛罗伦萨的 4 年间，拉斐尔创作了一系列的圣母像。其中最有名的有：《大公爵的圣母》（因一名大公爵珍藏而得名）、《草地上的圣母》、《花园中的圣母》（以草地、花园为背景而得名）、《带金莺的圣母》（以画中婴儿手拿金莺而得名）等。

拉斐尔笔下的圣母淳朴、仁慈、美丽、和颜悦色，表现了一种平民式的母爱和人情味。圣母和圣子均被世俗化。拉斐尔曾在给一位友人的信中谈到他发明圣母形象的过程。他说："我为了发明一个完善的女性形象，不得不察看许多美丽的妇女，然后选出那最美的一个作为我的模特儿。"这表明艺术来源于理想，又高于理想，是理想的理想化。但是，"由于选择模特儿是艰难的，因而我在创作时还不得不求助于我头脑中已构成了的和我正在搜索的理想的美丽形象"。所以，如果说米开朗琪罗主要是经过创作大量宏大的裸男雕像和画像来赞扬人，赞扬男性的阳刚之美的话，那么，拉斐尔则主要以世俗的理想来讴歌人，讴歌女性的温顺文雅之美和母爱的巨大。拉斐尔所画的圣母被不同国籍以至不同信仰的人们所喜欢，历来得到艺术家和研讨者的称誉。时至今日，意大利和英国妇女还常常以他的圣母像作为权衡女性美的规范，谈及某位女子长得漂亮时，将其形容为"长得像拉斐尔所画的圣母那样美"。同当时许许多多艺术家一样，拉斐尔将为教廷创作看作是艺术创作的最好时机和最大光彩。1508 年，他抵达罗马。教皇为其出色的艺术才能而震惊，立刻解除了以前与赛顿等画家的契约，让拉斐尔取而代之，担任梵蒂冈宫中的壁画装饰工作。

历时 10 年，拉斐尔创作了以总名为《教廷成立及稳固》的一系列雄伟的壁画。他首先为教皇宫的签字大厅绘制壁画。他以文化的 4 个范畴：神学、哲学、法律和诗学为主题，画了 4 个女神像。与此相对应，在天花板的 4 个角落画了《亚当与夏娃的原罪》、《对着"神学"》、《宇宙的冥想》、《对着"哲学"》、《所罗门的审讯》、《对着"法律"》和《阿波罗与马尔希亚斯》、《对着"诗学"》。在周围的壁画上也相应地画了 4 幅大壁画，"神学"下面是《圣餐争辩》；"诗学"下面是《帕那苏斯山》；"法律"下面是《三德像》；"哲学"下面是《雅典学院》。《雅典学院》巨幅壁画，将古希腊、罗马和当代意大利等 50 多位哲学家、科学家、艺术家和名流荟萃一堂，他们正在进行热烈地讨论和考虑。画中人物汇集在绚丽的拱门基座附近，两位哲学巨匠柏拉图和亚里士多德居于中央，前者右手指天，后者左手指地，他们边走边谈论，在仪表上、步伐上弥漫着卓然非凡的气概。画面以一座多立克柱式的雄伟大厅为背景，大厅两侧的壁龛里安放着阿波罗和雅典娜的雕像。左边是柏拉图的教师苏格拉底，他正在同一组人交谈；右边裹着深色斗篷的是斯多葛派哲学家芝诺；半躺在台阶上的是第欧根尼。

左下方是以数学家毕达哥拉斯为主的一组人，其中站着伸头向左看的是著名的阿拉伯学者阿威罗伊，赫拉克利特则坐着正沉思问题。右下方一组的主要人物是希腊著名的科学家阿基米德，他正弯腰用圆规在平板上画图；他的身旁是头戴荣誉冠冕的天文学家托勒密。拉斐尔和他的朋友索多马、建筑家布拉曼特也在这一组中。《雅典学院》被普遍以为是文艺复兴盛期的美术形态和空间调和理想之顶峰的标志。整个画面层次清楚，具有深远开阔的透视效果，人物个性鲜明，个个呼之欲出。气势雄伟的拱形圆屋顶衬托出画中人物特别是柏拉图和亚里士多德思想的精深和博大，使作品有更激烈的思想性，可谓是一首人类聪慧成功的赞歌。

拉斐尔为梵蒂冈宫第二厅“赫里奥多罗厅”（用拉斐尔壁画命名）绘制了《赫里奥多罗被逐出神殿》、《波尔申纳宫的弥撒》、《圣彼得被救出狱》和《教皇和阿提拉会晤》。接着，又为第三厅创作了壁画《波尔奇宫的火警》（该厅因而命名为“火警厅”），其他 3 幅全出自他的弟子之手。作者变换了艺术作风，给画面以激烈的动感和宏伟的气势，人物的动作和形象表现出男性的力气和壮美感。此外，他在罗马还创作了许多肖像画和圣母像，最有名的肖像画有《教皇朱理二世》、《教皇利奥十世》、《英杰拉密像》、《卡昔利翁肖像》和《披纱的女子像》。这些作品出色地表现了人物性格、特征和风度。圣母像有《阿巴家的圣母》、《椅子中的圣母》和《西斯廷圣母》。其中《西斯廷圣母》是他所有圣母作品中最成功的一幅。画面上帷幕缓缓拉开，身披长袍、赤足的圣母，怀抱圣婴耶稣，自云端冉冉来临。她身边是低头下视、半跪着的年轻女圣徒——巴尔巴拉；女圣徒对面是衣着锦袍的教皇西克斯特；下面是两个前来迎接的小天使。整幅画线条、用色圆润典雅，构图、形象圆满谐和，因而被称为“画圣”。

并不喜欢他的米开朗琪罗也曾这样评论道：“漂亮的绘画自身是无比忠诚的，这是由于灵魂是在经过努力斗争之后才冉冉升起的。拉斐尔在短短的 37 年生命进程中，创作了近 300 幅作品，把意大利的绘画艺术推进到新的顶峰。拉斐尔所需求的恰是这种努力，以便到达自我完善并与上帝分离为一体。漂亮的绘画就是这种依从天意的圆满无瑕的成果之一。它是上帝之笔描画的影像，是动听的音乐，是悦耳的旋律，唯有那些具有最高聪慧的人，才能进入这一美妙的境地。”巨大的艺术家必然具有惊人的发明力，惊人的发明力源自于不囿于传统的激烈的个性，这种个性经过共同的艺术作风充分地展示在他们创作的艺术品之中。如果把达·芬奇的艺术比作深深的海洋，把米开朗琪罗的作品比喻为险峻的高山的话，那么拉斐尔的绘画便是宽广展开的明朗的田野。这可谓是“艺术三杰”的不同艺术特性。

四、提香

提香·维契利奥（1482—1576）是意大利文艺复兴盛期威尼斯画派最出色的艺术巨匠，他的艺术成就使威尼斯画派到达了巅峰。他曾与乔尔乔内同窗受业，并向乔尔乔内学习绘画技术。乔尔乔内最成功的作品是《入睡的维纳斯》。沉睡的维纳斯宁静、温顺、漂亮，是一个玉洁冰清的理想化形象，人体及风景的分离到达了谐和的抒情以及构图的统一、完好。乔尔乔内的作品充分表现了威尼斯画派的艺术特性：较少依赖线条来完成形体的塑造，更多地是通过纯熟驾驭颜色取得效果。在色彩技法方面，乔尔乔内还创造了将色度提亮或减暗的技巧，赋予人物一种自然的调和统一的效果。提香早期的作品明显地带有乔尔乔内影响的痕迹。他在这一时期的著名作品主要有《装扮中的少妇》、《花神》、《天上的爱和人世的爱》（又称《美狄亚和维纳斯》）、《征税钱》和《圣母升天》。《天上的爱和人世的爱》依据古希腊故事创作，画中美神维纳斯正在原野中劝说美狄亚跟那个冒险来求金羊毛的希腊英雄逃走。

裸体维纳斯象征宇宙永久、纯理性美；穿着华服的美狄亚象征着人间的美，表示尘世的物质之爱短暂无常。作品展现给人们的是漂亮的大自然风光烘托着饱满、健美的形象，表现出自然和人世、基督的爱和异教的爱互相并存的理想和睦世界，歌颂了人的人体美和精神美，以及大自然的美。该画的构图、对人物和自然的艺术处理等方面均与乔尔乔内的作品有许多类似之处。达·芬奇、米开朗琪罗、拉斐尔及古典时期的艺术品，刻苦磨炼绘画技巧。但是，提香是一位执着追求个人作风的画家，在继承威尼斯前辈画家技艺的同时，他认真学习和研讨。比较起来，提香的作品愈加激情豪放，生活气息浓郁、明朗和具有运动感，人物性格更为突出，形象上更具理想主义的压服力；颜色愈加泼辣大胆。色彩愈加明快。《天上的爱和人世的爱》被视为提香对乔尔乔内艺术遗产的全面总结。《圣母升天》是范围庞大的留念碑式的嵌板祭坛画，该画采用螺旋形上升构造，全画分为三部分：上部为上帝和天使欢送圣母升天；中部是圣母在天使的蜂拥下升天；下部是众多的使徒目击圣母升天的奇观而惊喜、喝彩。

画面逐层展开，从人间不断画到天上，挥洒自若而又不失古典作风。使徒们形态万千，有的跪着，有的站着，有的坐着，有的张开双臂跟在升天圣母的后面跑着，他们组成一个坚实的矩形根底，而上帝的俯视与使徒们的仰视互相照应。视线集中在圣母身上，使三个层次清楚的部分天衣无缝。使徒们惊喜、喝彩的姿势和圣母的红色长袍由于上升而翻动旋转，披风因上升的气流而缠绕纠结，画面突破了静止的状态，充满了“上升”的运动感，也使圣母显得高大厚重，从而表现出特有的热情豪放和感染力。

16 世纪 20—40 年代，提香的艺术进入了普通人认为的最典型的提香艺术阶段，著名的作品有《酒神祭》、《酒神与阿莉爱德妮》、《人殓》、《比萨罗家族的圣母》、《浴后的维纳斯》（又称《乌尔宾诺的维纳斯》或《躺着的维纳斯》）。《乌尔宾诺的维纳斯》因受乌尔宾诺公爵的拜托创作而得名。此画的主要构成要素为以后几百年西方女人人体艺术树立了模范。画面上，一名浴后的裸女安闲地躺在一贵族房间奢华的卧榻上，一只哈巴狗睡在女主人的脚旁，女仆正在后房为她准备衣服，窗台上放着一盆花。一切都充满着日常生活的气息，丝毫看不到维纳斯女神的故事情节。这期间，提香塑造的人物形象娟秀、端庄，表情开朗、欢乐，具有显著的吃苦主义，绘画颜色绚丽、激烈。卧榻上亚麻布的灰白色、人体的金黄色，奇妙变化着的淡柔的阴影，使人体部分到达了高度的质感。他将颜色所产生的令人沉醉的效果推向了顶点。特别是对金橙色的运用，达到出神入化的地步，有“金色提香”的佳誉。直至今日人们仍把金橙色称之为“提香色”。

提香创作晚期正是意大利社会经济走向衰落的时期，许多艺术家在他们的作品中不时显露伤感、悲痛等情感，但已近花甲之年的提香则以悲观的态度勤劳地从事创作，深化天文色彩的互相关系和明暗的规律，进一步完善外型处理上的笔法运用与颜色安排。多幅《达娜伊》取材于希腊神话，其中以现藏于列宁格勒爱尔米塔什博物馆的一幅最为胜利。达娜伊是希腊神话中的一位美丽少女，天神宙斯爱上了她，与她幽会时化作一阵金雨临降到她身上。画中的裸体少女达娜伊不但十分美丽、娇媚，而且感情热烈，心情异常激动，给人以一种感情高潮迭起的感受。提香在该画中还经过比照的手法，做了更为深入的描画。达娜伊身旁坐着一个贪心、丑陋的老女仆，她正用抖开的围裙承受从金雨中降落下来的钱币。美丽与丑陋、崇高与卑贱交错在一起，构成了鲜明的对照，产生了激烈的戏剧性效果。

《马格达林》（又称《抹大拉》）是提香暮年的另一幅著名作品。依据《新约全书》所传，马格达林是一个弃暗投明的妓女，她被教会认为是一个经过忏悔而得到“超升”的典型。提香巧妙地将马格达林因追随悔悟而带来的恐惧、懊丧和后悔，与因“归正”而产生的对将来充满着希望和梦想的复杂心情表现得淋漓尽致。马格达林青春美丽和健康丰腴的躯体、充满希望和明智的目光，使欣赏者看到她重新燃起了生命的火焰，表现出她与黑暗权力进行顽强斗争的百折不挠的精神。当然，作者还是着力于表现马格达林对将来希望的坚决信心上。提香创作的肖像画，在美术史上同样占有特殊位置。《拿手套的青年》是他早期肖像画的代表作。第二个阶段最著名的作品有《带鹰的男子》和《托马索·摩斯提肖像》等。晚期的著名作品有《教皇保罗三世》、《查理五世骑马像》等。在这些肖像中，提香不只把人物的外貌描写得活灵活现，而且揭示出人物的性格特性和精神状态。他那擅长捕捉人的外貌和神韵的才能，使笔下的人物肖像画产生了一种魔力。

五、丢勒

阿尔布雷希特·丢勒（1471—1528）是德国文艺复兴时期最有成就的艺术家，与意大利的达·芬奇一样，丢勒是一位多才多艺的人物。他到过尼德兰各地，两次游学意大利，到过威尼斯、帕多瓦和佛罗伦萨等城市。在意大利，他倾心于透视学、人体解剖学、比例学和颜色的研究，临摹了意大利名家的作品，学习和研究达·芬奇的艺术理论，既受到意大利文艺复兴思潮的鼓励，又学到了许多新的绘画技艺。丢勒在博采众长的基础上，构成了本人的艺术作风，其作品具有北欧人的细腻、精致和个性特性，也兼有意大利艺术的漂亮、理想化和科学性。丢勒早期最著名的作品是15幅木刻组画《圣约翰的启示录》，其中最有代表性的是《四骑士》。它描画的是4位骑士在天使的指挥下破空下凡。拉弓射箭的骑士象征着疾病；举剑挥砍的骑士象征着战争；手执天平的骑士象征着饥饿；持三叉戟的骑士象征着死亡。

他们胯下的战马，正在无情地蹂躏着倒下的各阶级人群。因而，这一作品具有鲜明的形象性、激烈的倾向性和梦想的感染力。作者应用隐晦迂回的含义，影射当时德国的社会理想。1507—1520 年是丢勒艺术上的成熟期，创作的油画主要有《亚当和夏娃》和《威巴斯妇女肖像》。在亚当和夏娃的形象中，整个线条处理已更趋单纯化，那种温和的明暗变化和颜色的细腻转机，显得极为文雅调和。但是，丢勒在这一时期创作的最有名的作品是三大铜版画：《骑士、死神和魔鬼》、《书斋中的圣哲罗姆》和《忧伤》（又译《悲痛》）。《骑士、死神和魔鬼》塑造了一位全身披甲、手持长矛的骑士，他不怕背后那个面目狰狞的魔鬼的追逐，不畏惧前面那个手持沙漏的死神的要挟，更不去看那空中的头颅，奋勇向前，表现出一种打败黑暗的自信心。整个画面充满气势磅礴的动感，凸显了“未老先衰、奋勇直前”的主题。

在《书斋中的圣哲罗姆》这幅画中，作者并没有把基督教会大名鼎鼎的“教父”哲罗姆置于与世隔绝的修道室里，而是在市民住宅的一个房间里潜心于科学研究，成功地塑造了一位知识分子的形象，表达了人文主义者的理想。《忧伤》含有深入哲理，主题思想迂回复杂。丢勒在这里描写了一位体魄强壮、背长双翼的大天使，她一手托头，一手拿着象征着科学的圆规正在沉思。在她四周散置着天平、沙漏器、锯、圆珠、刨子、锤子和钉子等物。作者或许通过隐喻的手法，以此来赞扬人文主义者所从事的学术活动，或是对新时期的哲学沉思。在这三大铜版画中，丢勒应用新颖的构图，采用平行线、穿插线及点线的分离来表现物体的不同质感和形体，标明了他的版画艺术已到达出神入化的地步。《四使徒》由两联长画构成，每联均画两个与真人一样大的人像。进入创作晚期的丢勒，依然不时地探究，追求更高的艺术境地，创作了一系列伟大的杰作，其中以油画《圣哲罗姆像》、《四使徒》、素描肖像《母亲》最为著名。从左至右的排列为约翰、彼得、保罗和马可。

该画构图独辟蹊径，把人物安排在窄长的画面之中，使四使徒的形象宛如顶天立地的伟人。作者对人物面部的个性特征进行了深化的描写，约翰的冷静稳健、彼得的宁静温和、保罗的坚毅坚韧和马可的粗暴憨直跃然画面，而且使徒形象深沉有力，蕴藏着一种强大的内在力气。“向人世的统治者提出正告！”丢勒在作品中的题词以及将此画献给纽伦堡市政会的做法，似乎进一步表明了他创作该画的深层思想：艺术地表现了德国资产阶级兴起时充满自信心和刚强的意志。

第六节　文艺复兴时期的政治学和哲学

一、政治学

人文主义者在政治学和哲学范畴获得的光芒成就，同样构成了文艺复兴文化不可缺少的内容。意大利的马基雅维利、康帕内拉和英国的托马斯·莫尔等的政治思想大大地丰富了人类政治思想文化宝库。

1. 马基雅维利

尼可罗·马基雅维利（1469—1527）是意大利文艺复兴时期的政管理论家、史学家，近代政治科学的先驱人物，曾在佛罗伦萨共和政府中任职多年，官至共和国第二国务秘书，担任外交和军事事务。后因美第奇家族重新执政而解职还乡，集中主要精神从事著书立说。著名的著作主要有《君主论》（又称《霸主》）、《论李维的前十卷书》（又称《罗马史论》）、《战争艺术》、《佛罗伦萨史》等。《君主论》和《论李维的前十卷书》均阐述了国家兴衰的缘由和政治家维持统治的手段这一主题，是作者政治思想的集中表现。前者主要是对意大利几百年来的社会政治以及他本人从政经历的总结；后者主要是评论古罗马历史，借古鉴今。他所关怀的问题是治国之道、兴邦之术、强国之策和衰国之虞，特别着重政治权术。虽然后者更全面地反映了他的政治思想，但普通以为前者是他的代表作。

马基雅维利的政治思想有两个突出特性。第一是他的政管理论摆脱了基督教的神权政管理论樊篱。他以人文主义思想为基础，从人和人的经历出发，总结了意大利长期团结的缘由，提出了建立强有力的中央集权国家，完成意大利统一的计划。教会应该协助稳固国家政权，树立它的威信，劝导人民绝对服从政权。他否认了中世纪世俗政权依从于教会政权的主张，批判了“君权神授”的观念，反对教皇和教会干预世俗政治；以为“教皇的统治是意大利团结衰落的本源”，不是国度家从宗教和教会，相反的，应是教会和宗教成为国度政权手中的工具。宗教乃是社会中的必要设备。它的职能是对公民停止道德教育。第二是政管理论与道德相悖。马基雅维利在《君主论》中提出了“目的总是证明手段正确”的标准。按其观念，国度的基本问题就是统治权，政治就是权利，政治的最高目的是国度的庄严、强大和平安，国度的利益应该成为社会生活的主要规律；他认为君主的目的就是攫取和坚持权利，“为了到达目的，能够不择手段”。君主要同时具备狮子的凶猛和狐狸的狡猾，既要使人惧怕，又要善变多谋。

后来，有人便把他的这些主张简单地概括为“马基雅维利主义”，将其当成是政治上的钩心斗角、背信弃义的同义词。其实，马基雅维利的政管理论和“马基雅维利主义”并非一回事。马基雅维利的主张是基于对意大利历史的调查和对理想生活中政治与道德关系的认识，从“人性恶”的理论动身，针对“时势复杂”和自己祖国支离破碎的情况，并力图寻觅出促进国家统一方法而提出来的。在将道德摒弃于政治之外以后，他得出了国度的生存、国家的统一，取决于法律、军队和政体。在他看来，完善的法律是产生公民全部爱国美德的源泉；共和国是最理想的政体，古罗马的共和政体就是以优良的法律为基础的。但是，法律的力度是有限的，还需要有强大的力量来维持。没有强大的军队，就不会有强大的法律；没有强大的武力，国家就会毁灭。其“政治无道德”的结论具有很强的针对性和一定的范畴性。

由此可见，马基雅维利把“国度利益”作为政治伦理的唯一行为原则，以政治功利来判别道德价值。“马基雅维利主义”是自马基雅维利死后，有人阐述他的学说，许多政治人物以不同的动机为其所需，在理论中采用了他的政治权术，将他的一些主张广泛化。但是，马基雅维利在使“政治的理论观念摆脱道德”摆脱了神学的同时，也贬低和取消了人的行为的道德评价。虽然他也承认，新君主表现出那些通常被人们以为是善的质量，是值得称誉的。他认为，一个聪明的君主为了坚持自己的位置。“必需仁慈地去获取权利”，只需有利于政治，不用理睬道德的评价。

2. 莫尔

托马斯·莫尔（1478—1535）是英国著名的政治活动家和思想家、空想社会主义者；他出生于伦敦一个富有的市民家庭。在大学期间，他成为一名人文主义者；毕业后，莫尔成为一名优秀的律师。由于他博学多才，受到国王赏识，先后担任过财政大臣、下议院议长、大法官等职，获爵士称号。1515—1516 年间，莫尔写下了不朽之作《乌托邦》，它的全名是《关于最圆满的国度制度和乌托邦新岛的既有益又有趣的金书》。“乌托邦”一词来自希腊文，意即“乌有之乡”。在莫尔所处的时代，英国资产阶级化的新贵族、资本家和封建贵族等运用暴力圈占农民的土地，变耕地为牧场，主要放养绵羊，出现“佃农从土地上被撵走，他们找不到安身之处”的惨状。该书主要批判当时英国和欧洲其他国家的君主专制制度和刚刚产生的资本主义制度，描绘了美妙的乌托邦社会。莫尔依据自己的细致观察，将“圈地运动”比作“羊吃人”运动，揭露了在“羊吃人”的社会状态下，社会贫富对立、两极分化日益加剧的残酷事实，对下层劳动者寄予了极大的同情。

莫尔比其他人文主义者更高明的地方在于，他并不是简单地把当时的社会弊病与罪恶归因于人的愚笨、缺乏道德或对宗教的不忠诚，而是把它们归因于财富私有制。他在该书中说：“我坚信，只要完整废止私有制度，财富才能够得到均匀公正的分配，人类才能有福利。假如私有制依然保存下来，那么，大多数人类，并已是最优秀的人类，会永远被压在天灾难逃的悲愤重负下。”公民在政治上一律平等。在莫尔的理想社会里，废弃了私有制，没有剥削，没有贫富对立，人人参与劳动，产品归全社会一切，各取所需，共同享用。国家管理人员均由选举产生，可经常变换，无任何特权。但由于时代和阶级的局限，莫尔以为这个理想社会以农业和手工业消费为基础，存在宗教和奴隶制。莫尔第一个明白地表述了空想社会主义的许多原理，他的政治思想对以后的空想社会主义者有着深刻的影响。

3. 康帕内拉

托马斯·康帕内拉（1568—1639）是早期空想社会主义者的另一个代表人物、出色的思想家。他出生于意大利卡拉布里亚省提罗城左近乡村的一个贫困农家。不满 15 岁时，他进入多米尼克修道院当修士，如饥似渴地学习，包括古希腊哲学、神学、中世纪的经院哲学和当代的许多名著，同时还研究了医学和自然科学，成为一名学识广博的学者。其后，他在布道和争辩中不时鼓吹自己的主张，著书立说论述自己的观念，即便遭受反动权力的陷害，身陷囹圄也依然坚持与谬误作斗争。

该书内容无疑受到柏拉图的《理想国》和莫尔的《乌托邦》的深刻影响，是作者终身思索改造社会、寻觅解救人类出路、梦想树立幸福社会的总结。在他机密组织和筹划反对西班牙人统治的武装起义失败，被捕入狱并受尽严刑拷打之后，面对死亡的威胁，于 1602 年在牢中写成了传世巨作《太阳城》。在他虚拟的新型的理想社会里，没有私有财富，没有剥削，人人劳动，消费由社会统一组织安排，产品按需求分配给公民，儿童由国家抚育，教育与消费相联系，脑力劳动与体力劳动相分离，实行共妻制，等等。太阳城内没有乌托邦那样的奴隶和仆役。这点比莫尔的思想更具进步性。但是，莫尔的乌托邦是一夫一妻制，太阳城内则实行公妻制，公妻制的主张显然是十分荒唐的。康帕内拉对剥削制度的揭露和批判，对将来社会的天才臆测，其政治思想对空想社会主义思想的发展依然具有巨大的推进作用。

二、哲学

文艺复兴时期突出的不是系统的哲学，而是对哲学进行批判性的修正与发明性的考虑。产品按需求分配给公民，15—16 世纪，在哲学范畴，具有代表性的是摆脱了亚里士多德框框的自然哲学理论和英国的唯物主义。自然哲学是与科学进步同时发展起来的，它的代表人物主要有库萨的尼古拉、特莱肖和布鲁诺等，他们是新体系的创建者，是近代哲学思想的先驱。

1．尼古拉

库萨的尼古拉（1401—1464）是发挥了新柏拉图主义和泛神论传统的第一位自然哲学家，他出生于德国莫赛尔河口的库萨村的一个富有农民家庭。尼古拉成为神职人员后，一步登天，成了罗马天主教会的高级官吏、红衣主教。他的主要著作是《有学问的无知》，作者在该书中通过泛神论表达了具有唯物主义性质的自然哲学思想。他认为，万物的实质是上帝，万物是从上帝本身表现出来的，而上帝又展示为万物，上帝也在万物之中。这实际上把高高在上的上帝降到与世俗万物相同的位置，表现了对正统神学的叛逆精神。他断言：地球并不是宇宙的中心，宇宙只能是这样的一个球体，它没有圆周和圆心，宇宙无限、没有边境。因而，尼古拉在发表《有学问的无知》后，被谴责为崇仰“泛神论异端”。在对地球与宇宙的认识上，尼古拉否认了中世纪有关世界有限的观念。可见，他早在哥白尼之前就否认了地球中心论。他还认为宇宙间的万事万物有着普遍的联系；自然是一个活的、具有灵性的、统一的机体，这个机体的最重要表现之一是人这个活物。人是个无限的东西，是宇宙紧缩了的形象，是个“小宇宙、小世界”。

这一观点与著名的人文主义者皮科的观点十分类似。尼古拉的自然哲学还具有一定的辩证思想，是近代第一个提出著名的“对立面分歧”的观念的学者。他认为，“一切事物皆由对立面构成，只是水平各异”，并举数学例子加以阐明，如圆与直线是对立的，但是随着半径的增大，圆也就越来越跟它的切线相分离。尼古拉在研究人的认识才能方面，还提出认识过程四个阶段的思想，即理性、知性、理性和直觉，以为它们像人的机体的各个部分一样，分工协作，各司其职。虽然尼古拉的认识论中带有浓重的神秘主义要素，并把直觉看成是最高和最后的认识，阐明他的思想还没有完全摆脱经院哲学的影响。但是他把认识过程分为阶段，特别是把知性和理性区别开来，这在认识论上是有启示意义的。

2. 特莱肖

特莱肖（1508—1588）是具有唯物主义倾向的自然哲学家。他出生于意大利科森察的一个贵族家庭，在帕多瓦大学学习哲学和数学，取得博士学位。帕多瓦当时是反对经院哲学和亚里士多德主义的堡垒，也是新兴起的自然科学中心之一。完成学业后，特莱肖醉心于自然科学事业，倡导用察看和实验的办法研讨自然事物。定居那不勒斯后，他办起了欧洲第一个科学协会，称为“特莱肖学园”，其任务是对自然进行研讨。他的代表作是《物性论》（又称《依照事物自身的标准论事物的本性》）。该书力图只从世界自身来阐明世界，而不诉诸任何超自然的力气。在自然观上，特莱肖肯定世界是物质的，他认为，万事万物的本原是“热”、“冷”，二者是能动的，“冷”、“热”的合一，产生万事万物。他还驳斥了亚里士多德关于方式支配物质的学说，认为事物的方式或类型并没有独立的存在，而是在物质运动过程中产生的。“热”与“冷”两个本原不是单独存在于物质之外，而是与物质有着不可分割的联系。物质不但是运动的，而且由物质构成的万事万物是具有普遍联系的。

他认为宇宙万物都依照自然的必然性而运动，万物的本性是自我保管，在自我保管中又构成了与其他事物的联系，由此构成了宇宙万物普遍联系的整体。通过对时空这一自然现象的察看和研讨，特莱肖认为物体存在于空间中，宇宙空间处处被物体充满。他肯定事物总是存在于空间之中，否认没有物质存在的、虚空的空间，这是正确的。他还认为时间是一种客观真实，时间不是人用以计算运动变化的客观尺度，而是独立于运动，先于运动，从而否认了亚里士多德关于时间依赖于运动、时间是有限的、时间只要相对人时才是有意义的见地，朝着牛顿的绝对时间迈近了一大步。与其他自然哲学家一样，特莱肖不但注重对自然的研讨，而且也注重对人的研讨。

他把人的灵魂分为两种：一种是来自物质的，作为自然的产物的灵魂，它是人和动物、植物共同具有的，由精密的物质所构成，与人的精神相联系，随着精神的死亡而死亡；另一种是高级的灵魂，它是上帝创造的，与物质无关，是人所特有的，是不朽的。所以，在认识论上，他特别强调感觉在认识过程中的作用，以为一切认识，包括笼统的逻辑和数学等，都是从感觉经历得来的，感觉经历是一切认识的基础。诚然，特莱肖把人的灵魂分为两种是对神学的灵魂不朽说的退让，但是，他的主要目的不在于为神学辩护，而是企图阐明人的精神活动不同于其他动物的生命活动，在于阐明人的高级精神活动的特殊性质。理性认识是从感官知觉取得的。但是，他却无视以至贬低理性的作用，以为理性思想只不过是对感觉印象进行比较和概括，“理性远不如感觉完善”。

3．布鲁诺

乔尔丹诺·布鲁诺（1548—1600）是文艺复兴时期最杰出的自然哲学家，伟大的思想家、文学家和科学家。他出生于意大利那不勒斯附近诺拉城的一个败落小贵族家庭，10 岁时，进入私立人文主义学校读书，青年时被送到多米尼克修道院当修道士；在修道院学校学习了大约 10 年，获博士学位，因反对经院哲学，阅读了不少禁书，被教会指控为“异端”，清除教籍。为了逃避宗教裁判所的审讯，他从 1576 年起逃亡他乡，除意大利各城市外，还到过瑞士、法国、英国和德国。直到 1889 年，罗马宗教法庭才不得不为布鲁诺平反。1600 年被宗教裁判所在罗马的鲜花广场处以火刑。他的主要著作有《论原因、本原和太一》、《论无限、宇宙和诸世界》、《论英雄热情》、《论三种极小和限度》、《论单子、数和外形》等。布鲁诺在哲学上的突出奉献，是他在继承和发展古代朴素唯物主义和自发辩证法的优秀传统基础上，汲取了文艺复兴时期先进哲学和自然科学成果，继尼古拉之后，再次用泛神论的方式论述他的唯物主义思想，论证了辩证法思想，开近代唯物主义和辩证法之先河。与其他自然哲学家相比较，布鲁诺的物质观更为详细。

他以为物质实体（或称唯一的物质本原）既是世界万物的本原，又是世界万事的缘由。物质是永久的和一成不变的，物体则是物质的变形，自身是易变的、流逝的。强调物质与方式不可分割，物质不能没有方式而存在，方式也不能没有物质而存在，方式的根底在物质之中。布鲁诺把物质称作事物的生长者和母亲。宇宙也是由物质构成的，它是物质世界的整体，宇宙间一切生灭变化的事物，都是同一个物质本原的“流逝的、运动的、变易之外观”。这就否认了亚里士多德关于物质是地道的“潜在性”或可能性的思想，肯定物质的客观存在。而且，既然物质是自然界一切过程和方式的唯一源泉，是真正的统一本原和原因，那么，上帝便完整地消融在自然中了。他以为宇宙是不可计量的和无边沿的、是无限和无尽的。布鲁诺从宇宙的物质性动身，进而论证了宇宙的无限性和统一性。

他在一次审问中说道：“有两种无限，这就是宇宙的无限大和世界的无限多。”宇宙和无数的世界都是统一的。我们在前面提到，尼古拉曾经谈到了宇宙的无限大，但是他的学说还是一种半神学的性质，也讲得相当模糊；而布鲁诺则把它作为彻底的自然主义的学说，发展了前者的思想。同时，他还摒弃了哥白尼关于太阳是宇宙的绝对中心的观念，断言：宇宙基本没有中心，“任何部分都没有圆周”。太阳并不是绝对的宇宙中心，而只是相对的宇宙中心，只是我们这个行星系的中心，是宇宙一个极小的部分。在宇宙中、在宇宙的每一部分中，四处都存在着不停顿的运动。地球和其他行星围绕着太阳转，而太阳自身并不是不动的。这说明，布鲁诺补充和推进了哥白尼的天文学理论，提出了一幅比较完好的关于宇宙构造的图像。他的许多大胆猜测，后来都被科学所证明。

布鲁诺的自然观还包含了丰富的辩证思想。他把整个宇宙看成是一个万物互相活动、互相转化的过程，以为宇宙中的一切事物都是不时运动变化的，不管是处在天上的或天下的，一切皆旋转、运动，静止是不存在的。他依据宇宙无限性和统一性的原理，进一步论证和发挥了尼古拉的“对立面分歧”的观念，提出“对立面吻合于一”的命题。他说，“没有任何存在的东西是地道不杂的”“一切事物都是由对立面组成”。他用大量的事例来证明自己提出的命题。而要“探求自然的全部机密，我们就必须研讨事物的对立和矛盾的极端，即‘至大’和‘至小’，‘至人’和‘至小’是对立面的分歧，对立面的统一是宇宙的普遍现象。”他说，直线和曲线是对立的，但最小的弧和最小的弦是有分歧的；产生和消灭是统一的，此物的消灭就是彼物的产生；爱和恨是相辅相成的，对背面的恨就是对正面的爱，等等。

在认识论上，布鲁诺丢弃了“双重谬误”的学说，承认有“信仰谬误”，只供认“自然谬误”。他把人看成是自然的不可别离的一部分，是反映大宇宙的小宇宙；主张自然界是唯一的认识对象，认识就是人类理性去把握唯一的自然谬误。他以为，感觉提供事物的理性形象；理性是笼统概括和推理的才能，提供概念和推理的学问；明智是一种经过主动的考虑反映事物的才能，它的目的是讨论事物的实体、实质、原型和谬误；聪慧是人类最高的认识才能，是对原初的普遍实体的直观。他与尼古拉的观念根本分歧，把人的认识过程辨别为四个阶段，即感觉、理性、明智和聪慧。他一方面肯定了感觉的作用，但同时又正告说，在明智面前，感觉不能进行判别或作出最后决定。真理只要一小部分来自感觉这个单薄本原，但真理并不包含在感觉中。聪慧才是一切学问的最高统一和完成。这是对特莱肖等哲学家片面夸张感觉作用的观念的严重修正，但带有轻视感觉的缺陷。

4. 培根

弗兰西斯·培根（1561—1626）是英国唯物主义哲学家和科学家，被尊为哲学和科学史上的划时代人物。他 12 岁时便进入剑桥大学学习。毕业后，他曾担任过英国驻法使馆随员，回国后经过考试获得律师资历，并且当上了国会议员，其后转向学术研究。17 世纪初，他官运亨通，担任过枢密院参谋、掌玺大臣、大法官。他的著作主要有《论说文集》、《学术的进步》、《新工具》、《新大西岛》等，其中《新工具》为他的代表作。培根强调自然，主张人要直接面对自然，要以自然科学为根据。他在《新工具》第一卷中便开宗明义地谈道：人，是自然的仆役和解释者。他思辨哲学的任务是发现自然规律，行动（适用）哲学的任务则是将这些规律用于理论。锋利地揭露和鞭挞经院哲学极端蔑视自然，扼杀自然科学的谬误，极力把一切自然科学学问归入神学的轨道，为论证宗教神学效劳；认为自然界真正存在的就是依照一定规律运动的个别物体，哲学的任务不只在于认识自然、认识自然界个别物体的运动规律，而且在于支配自然，所以他把适用的或行动的哲学与思辨哲学加以辨别。

在认识自然界的方式和办法问题上，他十分注重感觉经历和归结逻辑在认识过程中的作用，认为旧式的三段论力图预见事实，但常常陷于错误，经历归结规律是解释、阐明事实。只需把察看材料加以系统整理，事物的真相便会显露来，才能发现谬误，这就创始了英国经历主义哲学的先河。培根屡次强调：学问的目的并不在学问自身，而在于人对自然的统治。针对中世纪的蒙昧主义，他提出了“学问就是力量”的至理名言。为了强调学问的重要性，为哲学和科学争取一个存在和发展的空间，培根提出了“二重谬误说”，即关于科学与宗教互不干扰的学说。他以为，学问可分为神学和哲学两类。哲学、理性在于认识自然；信仰在于显现上帝。神学和哲学能够互不相干，同时并存。他从唯物主义反映论动身，强调真正的科学学问不是头脑里固有的，也不是从某个权威的结论中演绎出来的，而是对自然界的正确反映。只要理性认识和理性认识相分离，才能得到真正的学问。学问的作用在于它的适用价值。一个文化的社会不可能没有学问，就连上帝传播信仰也需求学问。

但是，古希腊的科学和哲学只合适于古人的狭隘视野，“新的世界的许多部分已被发现……我们的经历的宝藏曾经增加到无限的数量”。所以，他提出了“科学的伟大复兴”，请求对古代和当代的学问范围加以剖析、改造。这充分表明，培根已清楚地认识到科学发展对社会历史的巨大推动作用，是很有前瞻性的见解。可是，假象经常扰乱人心，引人产生错误的思想和观念。培根认为，自古以来关于学问牢靠性的问题，必须诉之于经历。歪曲自然的真正相貌，从而阻碍明智的认识活动。对此，他提出了著名的“四假象说”：一是“种族假象”，即由于人的天性而引起的认识错误；二是“洞穴假象”，即由于心理、习气和教育等原因而产生的认识上的局限性；三是“市场假象”，即由于交往时错用语言，以讹传讹而招致的概念紊乱；四是“剧场假象”，即由于自觉迷信权威和传统而形成的错误认识。培根对四种假象的批判，目的在于肃清人们认识自然的障碍，运用以经历主义为根底的归结法，取得牢靠的学问。

5．笛卡尔

笛卡尔（1596—1650）是法国著名的哲学家和数学家，近代理性主义的开创人。他和培根一样，是欧洲哲学史上的一位划时代人物。大学毕业后，他到欧洲各国游历，去读“世界这本大书”。笛卡尔的主要著作有《办法谈》、《形而上学的沉思》和《哲学原理》等。从1629年起，他侨居荷兰达20年之久。与培根一样，笛卡尔主张批判经院哲学，也企图树立一个新学问体系。但培根走的是经历论的道路，笛卡尔则树立唯理论体系。笛卡尔在

《哲学原理》中，曾把自己的哲学体系比作一棵大树，树根是“形而上学”（即研究上帝、心灵、物质等超自然的笼统思辨哲学）；树干是“物理学”（即机械唯物主义的自然观）；树枝是各门详细科学。而他的唯心的唯理论和理性演绎规律是贯穿于他的整个体系中的认识工具。笛卡尔力图发明一种可用于树立科学学问和树立系统化的新办法。在思想办法上，笛卡尔提出理性主义反对经院哲学的信仰主义，倡导以详细的科学研讨反对经院哲学和方式主义。

为了对经院哲学停止批判和清算，他主张人们在认识之前，要用“理性”对过去承受的一切思想、观念进行检查。他写道：“那种正确地作判别和区分真假的才能，实践上也就是我们称之为良知或理性的那种东西，是人与自然的均等。”就必须对以往承受的一切进行一次普遍的怀疑，然后才可能在“理性”的基础上重建科学学问的大厦。他所谓的“理性”，是指人生而具有的判别和区分是非真伪的才能。人要发挥“理性”的权威，肃清错误。笛卡尔强调指出，他的普遍疑心标准，不同于疑心派和不可知论者，“我的疑心并不是由于掉以轻心或轻率，而是有很强的、思索成熟的理由”。在他看来，怀疑自身并不是目的，而是用以废除错误的传统成见的手段。笛卡尔从普遍疑心标准动身，肯定了“自我”的存在。他以为，当“我”对一切普遍疑心时，“我在疑心”这件事自身是无可怀疑的；而疑心活动是思想活动，所以说我在怀疑，也就是说我在思想。既然我在思想，必然有思想的承当者——“自我”的存在。于是，他得出了“我思故我在”这个著名的结论（或哲学命题），并以此当作他“所研讨的哲学的第一条原理”或整个体系的基石。

但是在他看来，自我乃是一个地道的精神实体（心灵）。从“第一原理”动身，他首先推论上帝的存在。他以为上帝是无限完美的，所以上帝必定是存在的。接着，他推论出物质世界的存在。他认为，我们既然分明明白地认识一个物质世界，那么这个物质世界就是必然存在的。这样，笛卡尔最终确立了三个实体的存在，即自我（心灵）、上帝和物质，并把这三种实体确实看作他的哲学体系中“形而上学”部分的主要任务和内容。那么，这三个实体是什么关系呢？笛卡尔认为，上帝是绝对的实体，是最高理性，它发明了心灵和物质。心灵和物质是两个相对实体，各自独立，彼此平行，互不影响，性质完整不同。这就是欧洲哲学史上第一次提出的典型的二元论。他以为，牢靠的理性认识只能靠理性直观和演绎推理。从二元论的世界观动身，笛卡尔把物质与认识、存在与思想分割开来，既不供认感觉经历的真实性、牢靠性，又承认理性认识依赖于感性认识。由此看来，笛卡尔在看到理性认识比感性认识更深入、更能反映事物的实质以及思想的能动性的同时，却贬低和承认理性认识在认识中的作用，承认理性认识的真实性、牢靠性。

“物理学”是笛卡尔哲学中最有积极意义的内容。他反对关于“多重世界”的神秘主义说教，在“物理学”中指出，自然界是统一的物质世界。物质不管是在宏观方面还是在微观方面都是无限的；物质的基本特征是广延性；外形只是在广延物中才能被想象，运动只要在广延空间中才能被想象。他曾提出：“给我物质和运动，我将为你们结构出世界来。”从物质实体的基本属性是广延这一根本观念动身，笛卡尔提出了一些重要的唯物主义原理：①物质、广延、空间统一的思想；②物质无限的思想。此外，他还认为物质运动是绝对的，但他的运动观是机械论的，他只承认一种运动方式，即机械运动方式。

第七节　文艺复兴时期的自然科学

一、天文学

1. 哥白尼

尼古拉·哥白尼（1473—1543）是波兰伟大的天文学家，近代天文学的奠基人。他 10 岁丧父，靠舅父抚育成人，18 岁进入克拉科夫大学读书，掌握了大量的数学和天文学知识，对托勒密的“地心说”产生了怀疑。其后，他又到意大利的波伦亚、帕多瓦大学学习，在罗马担任天文学教授，1506 年返回祖国。在担任神职期间，他把主要精力放在天文学研讨上，经过 30 多年对天文的观察以及对观察资料的数学加工，写成了《天体运转论》。该书共分 6 卷：第一卷为宇宙论，主要阐述了太阳中心说的根本思想；第二卷运用三角学论证天体运转的根本规律；第三卷为恒星表；第四卷叙说了地球绕轴运转和周年运转；第五卷论述了月球的有关问题：第六卷是关于行星运转的理论。哥白尼的太阳中心说（也称“日心说”）的根本思想是：①地球绝不是不动地处在宇宙的中心；②地球围绕着处于宇宙中心的太阳运转。他明确指出，地球不是宇宙的中心，它是一颗一面自转一面公转的普通行星，太阳则位于宇宙的中心。在此之前，“地心说”已在欧洲统治了1000多年。该理论认为，地球是宇宙中心，日、月、星斗均环绕地球运转。教会支持“地心说”，提出地球为上帝所造，“地球是宇宙的中心，教皇是地球的中心”；教皇是上帝在地球上的代表者，是地球的主宰。

但在当时的状况下，其主要意义在于否认了教会的权威，使天文学从宗教神学的约束下解放出来。太阳中心论的提出，是自然科学研究上的一大进步。所以，太阳中心说在近代自然科学发展史上具有划时代的意义，无论对人的思想解放还是对哲学思想的发展，都产生了严重影响。著名诗人歌德充分肯定了哥白尼的理论，他说：“哥白尼地动说撼动人类认识之深，自古无一种创见，无一种创造”，“自古以来没有这样翻天覆地地把人类的认识倒转过来。由于地球不是宇宙的中心，那么无数古人置信的事物将成为一场空了。谁还置信伊甸的乐园，赞誉诗的颂歌，宗教的故事呢?”由于哥白尼的学说冒犯了教会的主张，他的书被定为禁书，被烧毁和查抄。但是，随着太阳中心说的传播，信仰者日益增加，一些追求真理的学者不时地宣传和发展哥白尼的学说，其中主要有布鲁诺、开普勒和伽利略。

2. 布鲁诺

布鲁诺（1548—1600）在其著作《论无限性、宇宙和诸世界》、《诺亚方舟》中，提出了宇宙无限和统一的新观念。他大胆地指出，“宇宙是无限大的，其中的各个世界，是无数的”。太阳也不是宇宙的中心。宇宙有统一的规律，但是没有中心，因为一个无限的宇宙是不可能有中心的。这样，布鲁诺不但继承和保卫了哥白尼的学说，而且比前者还行进了一步。但是，他的主张遭到了教会和封建贵族的强烈反对，宗教裁判所把他拘禁起来，于1600年被烧死。

3. 开普勒

开普勒（1571—1630）是德国出色的天文学家和数学家，出生于贫穷家庭，16岁进入新教办的图比根大学读书，信奉哥白尼的学说。毕业后，教授天文学和数学等。1596年，他发表了《宇宙的神秘》一书，明确主张哥白尼体系，并将这本书寄给当时丹麦著名的天文学家第谷。几年后，他接受第谷的约请，当他的助手，一起研究天文学。第谷逝世后，开普勒充分应用第谷留下的天文观测材料和仪器设备，继续研讨，创建了行星运动三定律，即“开普勒定律”。其内容是：①每一个行星沿一个椭圆轨道环绕太阳，而太阳则处在椭圆的一个焦点上（也称行星运动第一定律或叫轨道定律）；②在相等的时间内，行星和太阳的连线所扫过的面积相等（又称面积定律）；③行星绕太阳一圈的时间的平方和行星到太阳的均匀间隔的立方成正比（又称调和定律）。这就否认了以往学者（包括哥白尼在内）有关一切天体运动都是圆周运动的成见，并且使哥白尼的学说得到数学的考证。1618—1621 年，开普勒在意大利波伦亚大学受聘任教期间，发表了《哥白尼天文学简论》，阐发了哥白尼的理论，阐述了日蚀、月蚀的成果和预测办法等天文学理论，从而进一步捍卫和发展了哥白尼的学说。他的三大定律奠定了经典天文学的基础，为牛顿后来发现万有引力定律铺平了道路。

4．伽利略

伽利略奥·伽利略（1564—1642）是意大利天文学家、数学家、物理学家，是欧洲近代自然科学的开创人之一。他出生于衰落的贵族家庭，从小聪明机灵，擅长思考，兴趣普遍。17 岁进入比萨大学学医，但很快便改学数学和物理学。1597 年，他写信给开普勒。谈他本人“多年以前就曾经反对哥白尼的学说”。他制造了一架放大率可达 30 倍的天文望远镜，用它观察到月球外表。发现了木星有 4 个较小的“行星”围绕它旋转（后来开普勒将这些“行星”称为“卫星”）。他将自己的观察和研究成果写成《星球的使者》一书。罗马教廷对此感到十分害怕，宗教裁判所不准伽利略“保卫”哥白尼的学说，迫使他保持沉默。其后，他又论述了太阳和地球都在旋转，地球围绕太阳旋转的自然现象，证明了哥白尼学说的正确和地心说的错误。但伽利略仍坚持研究。1632 年出版了他的代表作《关于两个世界体系的对话》。该书通过三人对话的方式，围绕着哥白尼学说和托勒密学说的真伪是非展开争论。

他讨论的三个问题是：①证明地球在运动；②充实哥白尼的学说；③地球的潮汐。《关于两个世界体系的对话》是作者长期研究和理论所取得的各种科学发现的总结，宣布了“地心说”在认识上和理论上的破产。天主教会对该书的普遍传播和影响非常恼火，宗教裁判所宣布它为禁书，判处伽利略终身监禁，迫使他承认错误。1980 年，罗马教廷成立了一个由著名科学家组成的伽利略案件调查委员令。1983 年，该调查委员会宣布：“给伽利略定罪的法官犯了错误。”罗马教廷公开对伽利略予以平反。至此，他的这一沉冤屈终于得到昭雪。

二、物理学

在物理学方面，达·芬奇研究了杠杆原理，并且认为杠杆是最根本的机械。他重新发现了阿基米德的液体压力概念，证明了连通器中液面有相同的高度，如以不同的液体装入两管之内，其高度将与液体的密度成反比。他讨论过水波和声波的传播规律以及光的反射。

他还研讨过资料的承重，指出柱子的载重才能与柱子直径的立方成正比，横梁的承重才能与它的粗细成正比而与它的长度成反比的关系。依据该定律，物体不管大小轻重，在自由下落的过程中，若把空气的阻力产生的影响除外，它们的加速度完全相同，从而否认了亚里士多德的“体积相等的两个物体，较重的下落得较快”的观念。伽利略在 17 岁时便发现了摆锤的定时性定律。1590 年，他第一个提出了自由落体定律。暮年，伽利略提出了牛顿第一、第二运动定律的根本思想，论述了力的合成定律等。他的学生托里塞利（1606—1647）对液体和气体动力的研讨做出了贡献，他测定一个大气压相当于 76 厘米高的水银柱产生的压强，并于 1643 年创造了水银气压计。

三、数学

在这一时期，数学不只是应用学科，而且也是理论学科。所以，在各门科学中，数学是发展较快的一支。自学成才的意大利数学家尼可拉·方丹纳（1500—1557）研究出解三次方程的办法，他的学生费拉里发现了四次方程的解法。被称为西方“代数学之父”的法国人韦达（1540—1603），初次在代数学上运用了文字符号，用辅音字母表示已知数，用元音字母表示未知数，用普通公式来表示方程及其根的性质。英国人耐普尔（1550—1617）第一个制成了对数表，减少了复杂的计算。笛卡尔的杰出奉献，在于创建理解析几何。解析几何是把代数学和几何学分离起来，把数和形统一起来的一种新办法。笛卡尔在《几何学》一书中指出了代数思想和记法引进几何的优越性，把几何学代数化，用代数方程来表示几何图形，创建理解析几何。解析几何把变数的概念引进数学，这被认为是“数学中的转折点”。后来德国学者莱布尼茨和英国学者牛顿在笛卡尔的解析几何基础上创建了微积分数学。

四、医学和生理学

1. 维萨里

为近代解剖学奠定基础并为血液循环的发现开拓了道路的，是比利时的维萨里（1514—1564）。他出生于医生世家，在巴黎大学读书时，常常深夜去偷绞架上的尸体进行人体解剖。《论人体结构》一书是他对当时解剖学的总结。他否认了盖伦关于左右心室相通的说法，指出左右心室之间的肌肉很厚。在该书中，他按系统分叙了人体的结构，并大胆地纠正了盖伦著作中的200多处错误。没有可见的孔道能将动脉血和静脉血沟通起来。他还指出，依据解剖的结果，男人身上的肋骨与女人的一样多，从而否认了上帝用男人肋骨发明出女人的说法。他对人的骨、脉、内脏、脑等方面的突破，为后来发现血液循环打下了基础。

2. 塞尔维特

塞尔维特（1511—1553）在巴黎大学学习时曾与维萨里同窗。他出生于西班牙，是第一位解释血液活动的医学家。他提出血液从右心室经过肺流入左心室的小循环学说。他否认了盖伦所谓人体中有自然的、生机的和动物的灵气三个等级的说法，以为不存在有分别含着自然灵气和生机灵气的两种不同血液，而只有一种血液；主张“灵魂自身就是血液”，这冒犯了基督教灵魂永生的根本教义。由于主张灵魂是血液，就意味着坚持了灵魂随精神死亡而死亡的非正统观念。1553年，塞尔维特被加尔文教派处以火刑，其著作被烧毁。

3. 哈维

威廉·哈维（1578—1657）是英国出色的医生和解剖学家，是血液循环学说确立者。他出生于肯特郡的福克斯，16岁进入剑桥大学，后就读意大利帕多瓦大学，获医学博士学位。回国后，他在伦敦行医，1607年被选为皇家医学院士，两年后任圣巴托罗缪学院院长。他医德高尚，无论贫富贵贱，来者不拒，特别体恤穷人，常常免费为他们治病。他指出血液不能通过心脏的中隔，不仅是由于中隔太厚，而是由于两个心室都同时收缩和舒张，基本就没有一种推进血液通过中隔的压力。他经过解剖，调查了血液循环的大部分进程，公开批判盖伦的观点。随着研究的深化，他于1616年发现了血液循环的规律。他指出：心脏是血液运动的中心和动力的来源，像水泵一样将血液压进血管，血液进入血管导致血管扩张而产生脉搏。血液从左心室进入动脉流到全身各部，再沿静脉流回到右心室，然后进入肺里，在肺里变成鲜红的血液流回左心室，血液就这样循环不息。1628 年，哈维出版了他的著名医学著作《心血运动论》。“哈维由于发现了血液循环而把生理学（人体生理学和动物生理学）确立为科学。”

第七章

宗教改革时期的文化

16 世纪欧洲的宗教改革，是人文主义思想在宗教范畴内的运用和发展。已从教会内部废除了封建的伦理观念，树立了以人为主体的新思想，并树立了顺应资产阶级需求的神学思想体系。这是一场触及每个人、每个家庭的改革，它所带来的不仅仅是基督教新教的诞生，而且是人们的思想解放和观念的更新，对于欧洲国家和民族的历史、文化、风气和信仰都有深入的影响。它是欧洲从中世纪迈入近代社会的重要一步。

第一节　西欧中世纪晚期社会、宗教观念的变化

一、黑死病盛行与对“人”的深思

在中世纪后期，欧洲经历了一场史无前例的致命瘟疫，它被称为黑死病（即鼠疫）。据估计，整个欧洲的死亡人数约为 2500 万人，占当时欧洲人口的 1/3。欧洲人对

这场死亡的体验是史无前例的，人们的心灵受到强烈地震动。一方面，它促使人们关于基督所讲的爱心，关于瘟疫的发作，关于本身既定的存在方式进行了思索，从而引起人们关于信仰与本身所处位置的怀疑与不满，人们的思想感情由对宗教信仰的怀疑演化为对整个社会不对等制度的痛恨与对抗。贫苦大众渴望人身自由，向往一个平等的社会。一时间，英国、法国、德国等国都爆发了各种方式的大众对抗。在大众的对抗斗争中，对等、自由的人权认识被朦胧地提了出来。1476 年在德国，吹鼓手汉斯以预言家的身份鼓吹：今后不应再有皇帝、诸侯，不应再有教皇，一切地租、杂税、赋税、劳役都应永远废止。大批受苦大众都以喜悦的心情接受由他带来的福音。以宗教异端方式举行的对抗斗争不只表示了人们对天主教伦理观的怀疑与对抗，而且表示了在阶级社会中，不同位置的人在宗教信仰上的不同价值观。下层大众的斗争为将来的宗教改革做着思想上的建立性工作。另一方面，人们从黑死病的死亡体验中醒悟，对生存价值作了重新肯定。

劫后余生者从别人的死亡恐惧之中唤起了对自我生命存在的幸福追求和对生之权益的百般珍惜。于是，不失时机地追求现世欢乐便成为人们的生活信心，讴歌人生、弘扬人权成了新的社会价值观念。对宗教的新认识和向往生活的强大意愿在文学作品中得到了充分地显现，主要采用了两种方式表述：一是揭露教会、教会僧侣在禁欲幌子下荒淫无耻的生活和丑闻；二是正面讴歌爱情生活和现世吃苦的合理性。薄伽丘的《十日谈》写于 1348—1353 年间，正值欧洲黑死病大盛行之际，能够肯定其间必然包含着作者对这场大死亡的感受。人文主义者旨定理想生活，追求凡人幸福的名言在当时一再被援用。正是基于对死亡的体验，书中 10 位幸运的男女青年才对封建教会和宗教制度如此深恶痛绝，才敢肆无忌惮地大谈男女爱情。英国第一位人文主义文学家乔叟终身遇到 3 次黑死病大盛行，他对死亡的感受一定异常深入，或许正是这种共同的体验，他的代表作《坎特伯雷故事集》表达了与《十日谈》同样的思想。随着从 14 世纪大瘟疫后社会的骚动中恢复过来，西欧呈现了一个新时期，即文艺复兴。当然，文艺复兴产生的原因是丰富而又复杂的，其政治和经济等要素的决定性意义不容忽视，但人类为打败死亡而弘扬人权的斗争才促使人类理性地走出了阴冷瞑瞑的低谷，对“人”之价值的深思才促使人文主义思想走出课堂，在社会广阔阶级中产生共鸣，这也是不能无视的。

二、神秘主义思潮

从14世纪起，罗马教会开始由盛转衰，先是教皇卜尼法斯八世同法王腓力四世斗法失败，接着教廷迁到法国的阿维尼翁，处于法王的控制下。随后，西欧一些主要国家相继完成政治统一，先后摆脱了教皇的控制，不再向教皇纳贡，德意志的一些诸侯也随之仿效。英、法等国的国王还强迫本国教会向国王政府征税。为维护教会权威，应付教廷开支并维持朴素生活，教皇一方面依托宗教裁判所强化镇压；另一方面不得不滥立项目，敲诈勒索，伙同各国国王和贵族兜售赎罪券及圣徒遗物。这一切都使教皇感到切肤之痛。其结果则是教廷糜烂，社会道德水准不时降落，人们头脑中原有的道德观念和救赎观念被这些能够用货币购置的东西冲淡或冲垮，教会的形象受损，威信降到令人难以置信的地步。

正是在这种背景下，天主教会内部神秘主义思潮重新抬头并疾速盛行。14—15世纪神秘思潮最活跃的地域是莱茵河流域和巴德兰地域。当时神秘主义的神学理论和活动大致有三大特征：①认为宗教信仰是人的一种内心活动，须以《圣经》为权威，注重个人对圣灵启示的直接体验，不注重教义和外在权威；②主张俭朴贫寒的生活，净化教会；③他们的活动不局限于修道院，而是普遍活动于社会、家庭和学校。14世纪上半叶，德意志神秘主义的著名代表埃克哈特在莱茵河流域具有众多信徒。他的思想本质是抬高了人的价值，贬低、否认了教会的权威。他强调个人与上帝合一的过程，强调经过人的心灵本身的神秘沉思来到达与上帝的合一。

其后，他的弟子陶勒尔等人继续鼓吹教徒赎罪必须发自内心，不靠教会的烦琐典礼，并提出反对神权政治。不久，神秘主义便成为天主教中一股不容无视的思潮，德国和瑞士兴起了“上帝之友”的宗教团体，他们把埃克哈特奉为导师，有组织地进行内心的祷告。14世纪后期，尼德兰的神秘主义者修道士格鲁特提出“新忠诚之道”，主张《福音书》之真理是提高道德涵养，只要如此才能与上帝进行真正的精神交流。他死后，他的跟随者们组成“共生兄弟会”，许多成员主张重建基督教。

神秘主义的神学理论强调了在信仰上人的主导作用。并在一定程度上反对封建等级制，其结果必然会排挤宗教生活上的权威——教皇与神职人员，它为以后的一些宗教改革家提供了神学理论。

三、“天文大发现”与西欧社会新观念的树立

天文大发现对西欧社会经济活动的直接结果有二：一是把意大利与东方贸易引发的商业活动推向了顶峰，在增强与世界各地之间联系的基础上，构成了以西欧为中心的世界市场，并由此使西欧控制了世界的商业霸权，进入了掠取性的殖民贸易时期。世界性的交往与市场的拓宽，刺激了正在萌芽中的工场手工业，从而使工场手工业和整个消费有了巨大的发展，加速了原始积聚的进程。二是大量贵金属流入西欧，引起了“价钱反动”，由此加深了西欧各国的阶级分化。新兴资产阶级从剥削低价劳动力和高价出卖商品中牟取厚利；按传统方式收取定额货币地租的封建主却因物价上涨减少了实际收入，财力和位置更趋低落。人们经济活动方式的革新和经济交往范围的扩展，使竞争机制浸透到社会生活的一切范畴，优胜劣败的标准必然使中世纪传统的伦理道德观遭到冲击而发生变化。

所以，中世纪基督教僧团的组织章程都以守贫作为根本标准。在中世纪，顺应自然经济的需求，神学家所倡导的是禁欲主义，认为甘愿奉行赤贫的生活才是取得上帝之爱的根本条件，追求财富必然堕入贪心的罪恶。这种价值观使人们世世代代维持着低程度的简单再消费，等待灵魂的永久得救。但商品经济不声不响地发明出了一个新的上帝——金钱。这个新上帝将以其本身的力气疾速改动旧的道德次序，它逐步替代了封建特权和以地产为权衡人们社会位置上下和具有财富这一唯一尺度。在这样一个社会经济政治和社会构造猛烈变动的时期，人们的心理状态不能不发生变化，不能不与传统的基督教伦理发生抵触，不能不对教会长期的说教进行深思。财富与贪心是不是罪恶之源？守贫是不是至高的美德？人是不是处于尘世的罪恶状态之中？对这些问题的争论贯穿于中世纪末期，时代需求对财富的意义、对人生的价值作出新的答复。富有的市民阶级首先开始重新评价财富与人生价值。由于他们最早从理论中认识到只要具有丰厚的物质财富，才能带给人优裕的生活与社会威严。他们认为发财与信仰并不矛盾，于是开始把发财与信仰谐和起来。

我们在商人遗留下来的账本中，常可以读到这样的祷文：但愿上帝在我的商业中赐予我福利、协助与恩德，我希望这种协助和恩德能促进我的收入；为了上帝，为了胜利，为了利润。天文大发现时期，正值西欧文艺复兴之际。他们从理论的高度，从伦理道德的角度来说明财富的意义。财富问题也引起

了人文主义者的关注。15 世纪，意大利人文主义者和政治家布鲁尼率先批判了基督教的守贫观，提出：财富自身没有好坏属性，只是完成某种行为的工具。一个明智的人不应蔑视财富。在他之后，波查・布拉丘利尼提出的人生目的就是为了发财的理论。他说，贪心财富是一切事业的原动力，假如弃绝了这种愿望，一切事业就会中止。他用“贪心财物”替代基督教的“净化灵魂”，这是文艺复兴时期正在构成的资产阶级人生观的突出表现。天文大发现，使欧洲人接触了以往无法理解到的异国文化、物产微风俗习气，把他们的目光引向更加宽广的天地。

由于天文知识增加而引发的人们视野的开阔与开辟世界市场所需求的宽广视野巧妙分离。自然学问的影响、新航路胜利开拓的冲击和商品经济规律产生的作用，使人们的思想认识发生了突变。在商品经济活动中得益最大的市民阶级感到了个人力量的巨大，感到尘世生活不再是灾难的进程，对人生的意义和人的价值有了新的认识。人们把工作当作享受，把建功立业当作人生目的，把科学讨论、冒险活动、自由竞争当作人生乐趣，把个性自由看作自然天赋。人应当让自己正确的明智来指挥自己的行为，能够完全由自己的意愿自由安排和选择职业生活以及评判道德上的善恶。这种精神是在批判基督教的人生观、人的价值观中得到论证和发展的。这一思想反映了那个时期的进取精神。对禁欲主义的批判，使人们的注意力从向往天国的幸福转移到对尘世欢乐的追求。当人们的精神从禁欲主义的桎梏中解放出来，恢复其追求现世幸福的本能时，他们的自我认识就得到了充分发扬，释放出了改造社会的巨大能量，使社会产生加速运转。其结果，必然请求在宗教范畴内调整“人”与“神”的关系，在整个思想认识范畴中摆脱“神”对“人”的控制，树立合适资产阶级需求的神学理论。

四、民族国度的兴起和宗教改革的尝试

14—15 世纪，随同着欧洲民族国度的逐步构成，出现了对抗教皇干预民族事务的力量和斗争，各国统治者或民众普遍提出了建立民族教会的请求，他们力图从经济上、政治上、组织上斩断与罗马教廷的关系，完成教会的独立自主。这一请求首先在英国产生，然后在捷克、德意志、法国等地掀起。英国从约翰王时期起，就是教皇的侍臣国，每年要向教廷交纳贡赋。但随着王权的强大，英王力图把自己的权力伸展到教会称之为“精神范畴”的禁区中去。1351 年，国王经过国会公布法规，否认了教廷对英国教会圣职圣奉的控制。这两个法令的发布，展现了英国王权对教会强大的震慑力。1353 年，国会又通过了《王权损害罪法》，否认了教廷在英国的司法特权。在这样的历史背景下，英国首先产生了宗教改革的思潮，其代表人物是约翰·威克里夫（1320—1384），这位牛津大学神学教授和英王的神学参谋。

从英国民族主义的立场出发，否认教皇权力，反对教皇对英国世俗政权的干预。他以为上帝派政府管理俗事，好像上帝派教会管理属灵的事一样。威克里夫的宗教改革思想明显地反映了市民阶级的利益与请求，被视为“宗教改革的启明星”。15 世纪下半叶，英国民族认识最强烈地反映在“英国是一个帝国”的思想上。亨利八世自称是亚瑟王的后代，以此来说明亚瑟王曾是不列颠、高卢、日耳曼、丹麦的皇帝，而他有权继承遗产。这种思想实践上是英国人对中世纪罗马教会凌驾于英吉利民族之上的特权所表示的不满。捷克的状况虽与英国不同，但约翰·胡司（1369—1415）以及以胡司命名的人民起义也是由阶级矛盾以及捷克民族和教会矛盾激化而发作的。“帝国”的定义，在普通的英国人眼里就是指独立的、主权的民族国度。亨利八世发起的英国宗教改革，则进一步激起了英国人的民族主义。胡司赞同威克里夫的改革思想，提出树立民族教会和低价教会的主张，得到捷克社会各阶级的普遍支持，连捷克国王温茨劳斯四世也一度支持胡司。

因而，胡司的学说成为捷克民族的爱国运动的一面旗帜。1415 年胡司被害后，捷克各阶级居民掀起了反对天主教会和德意志贵族的浪潮。捷克的 450 名上层人士联名写信给康斯坦茨宗教会议，抗议杀害胡司，并明确表示一切有争议的宗教问题，只服从布拉格大学的决议，表明捷克教会的独立性。许多中小贵族还乘机攫取教会与修道院的土地。在乡村与城镇，大众冲进教堂驱赶德国教士，摧毁圣像。一场大众性的民族运动迸发了。胡司战争是一次反天主教会与争取民族独立的运动，它的成果不只打击了德国封建主在捷克的统治，而且使德皇与教廷不得不承认捷克教会的独立。16 世纪德国宗教改革的产生，本质是由德意志民族认识与罗马教廷的矛盾引起的。16 世纪初，德意志政治上支离破碎，诸侯强大，王权衰落，市民阶级脆弱，罗马教皇借机对德意志的政治控制、经济剥削和思想统治愈加引人注目，致使德国社会各阶级普遍不满，民族认识空前激烈。

总之，16世纪宗教改革运动的发生有着一个漫长的酝酿过程，从14世纪威克里夫等人发起的中世纪市民的宗教改革到16世纪资产阶级的宗教改革，历经200多年。黑死病大死亡的冲击使中古基督教忠诚的善男信女们向往来世忍耐现世灾难的信仰产生动摇；而当教会的糜烂原形毕露使教徒日益不满，萌生了回到原始的基督教时期去的时候，信仰自救的神秘主义普遍传播；随着资本主义萌芽的产生，西欧的商人、企业家、冒险家以及落魄骑士开始了探寻新航路的活动，这一事情促使人们的思想认识发生基本性的变化，教会的斥富观、禁欲主义和来世说解体了，取而代之的是资产阶级新观念的树立；随着民族国度的兴起，主张民族独立，树立民族教会，否认教皇权威的改革呼声日益高涨。这一时期，西欧社会正处于历史性的革新时期。这一切都表明，中世纪末期宗教观念的变化，使得16世纪欧洲宗教改革的发生成为历史的必然。

第二节　德国宗教改革和路德新教的树立

一、宗教改革的背景

宗教改革运动的发生，不但在于教会制度的糜烂，更重要的原因是西欧新兴的资产阶级的出现和开展资产阶级的反封建斗争，请求取消教会在思想范畴中的垄断统治位置。而教会的糜烂从其性质来说，曾经使其远离原初基督教的教义。

其一，中世纪晚期西欧宗教观念发生了很大变化。受天文大发现和商品经济冲击的影响，获益良多的市民阶级感到个人力量的强大，对人生的意义和价值有了新的认识。因而对原初的教义进行重新深思，重新解释，进行拨乱反正，就成为历史的必然。人们把工作当作享受，把建功立业当作人生目的，把个性自由视为自然天赋。当人们的这种精神从禁欲主义的桎梏中解放出来时，他们的自我认识得到了充分表现，反映在思想认识层面就是要调整“神”、“人”关系，树立契合新时期发展的新的神学理论。

其二，罗马天主教会的世俗化和糜烂导致本身威信降落。为了支付教廷庞大的经济开支，维持众多高级教士奢华腐败的生活，教会巧立名目，征敛繁多的税收。教会的衰落和教会当权者的糜烂引起了人们的普遍不满。15世纪后半期，随着欧洲资本主义的产生和发展，封建主义走向衰败，以教皇为中心的教会统治集团及其在整个西欧的统治体系日益不得人心，使其社会权威角色产生了严重的合法性危机。在这种背景之下，宗教改革暗流汹涌。

其三，教皇权威在日益强大的民族国家君主面前趋于衰微，请求改革的神秘主义思潮盛行。从14世纪开始，罗马教会由盛而衰，教廷一度迁居到法国的阿维农，处于法王的控制之下。西欧一些主要国家相继完成政治统一，先后摆脱教皇控制，不再向教皇纳贡。在此背景下，天主教会内部神秘主义思潮抬头。神秘主义的神学理论强调在信仰上人的主导作用，并在一定程度上反对封建等级制，其结果必然会排挤宗教生活上的权威（教皇与神职人员）。以约翰·威克里夫和约翰·胡司为代表的神学家从本民族利益出发，提出了教会民族化的主张。

其四，文艺复兴运动兴起，代表新兴资产阶级利益的人文主义者对教会进行了猛烈地鞭笞，极大地推进了宗教改革的到来。德国人文主义者勃朗特（1457—1521）的《愚人船》谴责了罗马教皇和罗马教廷的虚伪和贪心。乌利希·冯·胡登（1488—1523）在其《蒙昧者书简》中痛恨教皇对德国的掠取。宗教改革首先在德意志开始绝非偶然，是由当时德国的社会和宗教情况决定的。这些进步思想唤起了德意志民族的爱国热情，为此后的路德宗教改革奠定了思想基础。首先，由于德国政治上处于团结状态，王权弱小，天主教会在德国不受王权的限制，德国成为罗马教会剥削的主要对象，成了罗马教皇的“奶牛”。教廷在这里苛捐杂税，大肆搜刮，激起德国民众的不满。其次，德意志教会体制内部也发生了严重的利益分化。高级神职人员和僧侣构成了教会内部的特权阶级，而广大的低级教士对特权阶级的堕落心存不满，请求改革。最后，团结的德意志诸侯试图经过改革争夺天主教会手中的大量财富，他们因而纵容各种反罗马教会的思想和活动。这为德国的宗教改革提供了土壤。

二、宗教改革的指导思想

宗教改革是一场挑战罗马天主教会权威的思想解放运动，其指导思想就是宗教信仰自由。宗教改革运动实际上触及基督教的一个基本性问题：有罪的人类怎样获得救赎？虽然使徒保罗在基督教构成之初就提出“义人必因信得生”（《新约·罗马书》第1章17节），阐明信仰是救赎的关键，但长期以来除了信仰之外，教会在人的救赎问题上起着决定性的作用。提出上帝不与有罪之人直接交往，唯有经过教会才能取得救赎的理论。罗马天主教会为了增强对信徒和社会的控制。到中世纪后期，人的外在善举被视为救赎之本，罗马天主教会成了一个聚敛钱财的庞大行政管理部门。罗马天主教会的理论在宗教界内部遭到了以马丁·路德和约翰·加尔文为代表的有识之士的鞭挞。马丁·路德（1483—1546）本来是忠诚的宗教学者，教授《圣经》。他不满教会的糜烂，于1517年发表《九十五条论纲》，鞭挞罗马教廷售卖赎罪券，锋芒直指罗马教皇，拉开了宗教改革的序幕。

马丁·路德认为，《圣经》是信仰的最高权威，强调信徒因信称义“得救”，教皇和赎罪券均无赦罪效能，信徒能直接与上帝相通，无须由教会做中介，请求用民族语言举行宗教典礼，简化仪式，主张教士能够婚娶等。路德的主张得到市民上层和部分德国诸侯的支持。1536年，加尔文（1509—1564）出版《基督教原理》一书，随即到日内瓦，提出改革教会。加尔文的教义受到许多工商业者的欢迎，成为新教主流。1541年，加尔文管理当地教会23年，使日内瓦成为新教的中心。加尔文主张“预定论”，即人得救与否完全是神所预定的，但又不赞同宿命论。相反，他认为忠诚的信仰与圆满的德行是每一个将要得救的基督徒的义务，他们应该在世间努力工作以神益人，表明本人是上帝的“选民”，否则就是上帝的“弃民”。一些世俗国王则从世俗利益出发，改革新教，趁机剥夺教产，增强王权。

三、宗教改革的意义

宗教改革对西方文化的影响至少表现在以下三个方面：

首先，宗教改革所带来的思想解放，为近代的科学探究和消费力的发展，开辟了宽广的前景。路德的“因信称义”和加尔文的“预定论”大大解放了人们的思想，为近代资本主义的发展奠定了思想基础。各国宗教改革都经历了剥夺教会财富的过程，并改变了一部分封建财富关系，有利于资本主义消费关系的发展。而否认教会对《圣经》解释的特权，也就意味着人人都是对等的，从而逐步确立起民主对等的现代精神。宗教改革也导致人们文化信仰、价值观念的大变化，这就为欧洲全面进入近代社会做好了充分的准备。

其次，宗教改革促进了文化教育的提高。宗教改革后，新教十分注重兴办学校，用新的办法教育学生，促进了教育事业的发展。如路德主张设立公费学校，强迫儿童承受义务教育，不仅学习宗教，还要学习文化。这一时期的学校教育突破以宗教经典为主的拉丁学校传统，引进自然科学和其他学科，留意改良教学办法。

最后，宗教改革加快了基督教世俗化的进程，使人们的心灵由追求天国的虚幻、来世的解救转向现世的生活，人们重新认识到人生的价值和意义。对提高人的素质起到了很大的作用。文艺复兴所开辟的“从人自身来了解人自己和人所生活的世界”的思潮，在宗教改革的历史浪潮中，得到了进一步的激烈表现。宗教改革进一步推进了文艺复兴所倡导的否认教会统治世俗社会的权力的斗争，强调了人自身的理性思想的自然合法性。在政治上，宗教改革严重削弱了天主教会的权力，一批主权国家摆脱教皇的控制而独立，从而推进了近代民族国度的构成与发展。

四、德国宗教改革的原因与特性

德国宗教改革打出的两面旗帜是民族与信仰。15 世纪，德国跃居欧洲商路的中心，以奥格斯堡为轴心的南德是意大利和东方商品的集散地。北德以汉撒同盟为主体构成了东西欧贸易的桥梁，纵贯德国南北的水陆交通把地中海和北海两大商业区串联了起来，中介贸易增强了德国各地的经济联系，大大促进了德国商品经济的发展，使大批城市繁荣起来，全国性的交流体系开始构成，到 15 世纪末，德国已根本确立了地域上的统一，接近成为一个民族结合体。共同的语言是民族构成的主要标志之一。因而，帝国的国号前加了“德意志民族”的限制词，德国的统治者原称“罗马皇帝”，到马克西米连一世时则在前面冠以“德意志王”，而民间习称为“德国皇帝”。14 世纪时，查理四世在宫廷内把高地日耳曼语作为书面用语。15 世纪开始，德意志境内出现了教育的提高、印刷术的运用和文艺复兴，这些都有力地推进了语言的共同化进程。

但是，由于内部的团结与紊乱，德国成了“教皇的乳牛”，教廷对它的剥削表现得比欧洲其他任何一个地方都显著。外患极大地刺激了德国民族认识的觉悟，德国的民族主义同反教会思想逐步走到了一起。1439 年，在美因兹举行的帝国会议上，提出了要把德国的教会置于皇帝和诸侯的控制下，废弃教皇的圣职任命权并转交给主教会议等主张。1501 年，皇帝马克西米连方案同教廷分裂，后因怕诸侯不支持而作罢。凡此种种都表明德国封建贵族对教廷的反抗。人文主义者把德国的民族主义推向了一个新的顶峰。德国新兴的资产阶级和人文主义者的一个显著特点是强烈要求国家统一，摆脱教皇奴役。勃朗特（1457—1521）的《愚人船》谴责了罗马教皇和罗马教廷的虚伪和贪欲；乌利希·冯·胡登（1488—1523）在其《蒙昧者书简》中痛斥教皇对德国的掠取。

他说，一个优秀民族要臣服于某一个人（更不用说是要臣服于那些无所事事的僧侣了），这是何等的羞耻与不合理。这些进步思想唤起了德意志人民的爱国热情，为此后的路德宗教改革奠定了基础。这一时期，德国普通民众的民族意识的加强和宗教感情的高涨，则是与灾难、社会动乱联系在一起的。在当时的德国社会中，封建制度固有的抵触，资本主义消费方式内在的对立，新旧社会的斗争，交错成一张空前复杂的社会矛盾网。15 世纪以来，德国农业连年歉收，公元 6 世纪初鼠疫盛行，一些村镇居民成批死去，这一切加上经济生活中商品货币关系的变化量导致封建剥削的加剧，使敬神之风一时充溢整个社会，宗教节日成为人们生活中的大事，朝圣的人群遍及于德意志各地。“在各阶级中必然有一些人，他们既然对物质上的解放感到失望，就去追求精神上的解放来替代。就去追求思想上的抚慰，以摆脱完全的失望的处境。”关于完全受宗教影响的人，他们只能用宗教来解释面前的灾难。与宗教狂热和宗教恐惧相应的是神秘主义思潮发展起来了。它的发展必然对教会权威以及诸如赎罪券之类产生怀疑，由此构成了德国宗教改革的先声。

五、马丁·路德与《95 条论纲》

15 世纪中叶以后，贵族争取教会独立的斗争和民间非天主教信仰的盛行是冲击教廷统治的两大潮流，但两者都无力单独冲毁这一堤坝。在群雄逐鹿的德国，单个诸侯是不敢冒天下之大不韪，公开与教廷分裂的；非天主教的信仰尚属社会潜流，还没有构成一股强有力的政治权力。因而，这两股潮流的集合就成为冲破教廷控制、迸发宗教改革的关键。1517 年，当台彻尔叫卖赎罪券的喊声震动德国、路德贴出《95 条论纲》时，这两大潮流终于汇合了。马丁· 路德于 1483 年 11 月出生于萨克森的埃斯勒本城一个作坊主家庭。他从小受到父亲的严厉管束，在充满对基督的忠诚和中世纪神秘主义的家庭氛围中长大。1500 年，路德进入德国著名的埃尔福特大学学习法律。这里各派思想非常活泼，特别是有许多具有人文主义新思想的学者在此任教，他们对中世纪经院哲学的大胆批判，给予路德深刻的影响。

虽然路德学有成效，但他的精神生活充满着恐惧，他怕死后受到审讯，怕发怒的上帝，怕战争与瘟疫。因而，在埃尔福特大学毕业后，他便进入了奥古斯丁修道院。1507 年，他被授予神父一职，翌年他又进入维登堡大学学习神学，1512 年获神学博士学位并任维登堡大学神学教授。路德在奥古斯丁修道院期间经历了严重的思想变化。他盼望解决人们最关怀的灵魂得救问题，于是严厉地执行补赎制度，恪守修道院的规矩，实行各种典礼。他自信一个修道士凭修道的功夫就能进入天堂。可是他没有产生被饶恕的体验，仍感到罪大恶极，这引起了他对传统的“苦修善行能够得救”说法的怀疑。1512 年之后，路德因主讲《圣经》课程而致力于研究《圣经》。他很快发现：上帝的智慧都在这部书里。他从《圣经》中获知福音教义，逐步产生了“因信称义”的全新的神学思想，提出“唯有自信心才能使人称义”，强调了个人的忠诚作用，这与神学家的善行主张不同。

路德的宗教改革始于关于赎罪券赎罪效能的争论。在他看来，灵魂的解救不在于善行和个人的功德，而在于上帝的恩典，上帝将它赐予对他笃诚信仰的人。1517 年，教皇在德国出售赎罪券。教皇特使台彻尔声称：不论犯下怎样的罪，只要是罗马教会的神力所及，都能赎免你在炼狱中遭到的惩罚。台彻尔的骗钱渎教勾当引起了德国人的气愤。路德以为：过分强调赎罪券的功用会削弱人的忏悔心理，贬低上帝和基督。他感到不能沉默，有义务廓清赎罪券的教义。于是路德先请求马德堡大主教出面干预，但被置之不理。台彻尔得知路德的非议后扬言要对异端处以火刑。路德为了展开公正的学术争辩，把《95 条论纲》贴在教堂的大门上。事后，他感到这件事触及教会的政策，因此又跪在家中为自己的冒险行为而祷告上帝求得饶恕。

但他的学生仍把《95 条论纲》从拉丁文译为德文付印，人们争相购阅，两个星期内传遍德国。《95 条论纲》的内容主要有三点：①表达了德意志民族关于教廷剥削的愤恨；②怀疑教皇解救灵魂的才能；③认为赎罪券买卖不但与基督教关于惩罚、悔改、赦免的教义相矛盾，而且还造成人们的思想紊乱，认为人的真正得救来自对《圣经》的了解和关于上帝的忠诚。《95 条论纲》鞭挞了赎罪券贩子的狡诈和把教皇与基督相提并论的渎神行为，开始否认赎罪券的赎罪效能，否认教皇的神权。由于路德在《95 条论纲》中所倡之言，锋芒直指当时不可进犯的教皇权力，被教皇指斥为异端。

六、德国宗教改革的开展与路德的宗教改革主张

原本，路德张贴《95 条论纲》无意与罗马教皇竞争，更无意建立新教。但在教皇、皇帝及卫道士们的强大压力下，他逐渐认识到欲使罗马教皇自行改革，无异缘木求鱼，遂于 1518 年 10 月和 1519 年 6 月两次与教皇代表争辩，用《圣经》之理，大方陈词，否认教皇权利，使听者服气，以致连天主教神学家厄克的秘书也遵从路德之言，舍弃旧教。断然与罗马教会分裂，当众焚毁了教皇开除其教籍的训令。1520 年春，路德在德意志民族各爱国阶级与阶级的支持与大众运动的推进下，当年 8—10 月间，路德连续发表了《致德意志基督教贵族的公开书》、《论教会的巴比伦之囚》、《论基督教徒的自由》等论著。他在继承前人研讨成果的基础上，依据多年《圣经》研究的领会和宗教经历，系统地提出了他的新宗教学说。

他的新宗教学说的要点是：①因信称义说。他认为人们不用念经、斋戒，不用施舍、朝圣、购置赎罪券，依托自身的信仰，就能够得到上帝的恩典。②《圣经》是最高权威。他认为《圣经》是信仰的唯一根据和最高权威，个人在阅读、解释、了解《圣经》的基础上产生对基督的信仰就能够成为义人。③平信徒皆为祭司。④基督是教会的最高领袖。他的这些思想具有新时代的特征。

第一，他的因信称义说在人和上帝之间建立起了一种直接的联系，排挤了横在信徒与上帝中间的罗马教会及其神职人员，从而在根本上批判了罗马教皇赖以维护封建特权及其特权位置的三大理论：教皇观（教皇为上帝在人世的代表）、圣礼观（只要经过教会神职人员掌管的圣礼，才能与上帝沟通，得到神恩）、教士特权论（神职人员高于世俗人士）。路德以新的上帝观解除了教会强加在人们身上的锁链，肯定了人在宗教信仰中的位置与作用，将人文主义寓于神学思想之中。

第二，路德提出信徒皆为祭司的思想，反映了新兴资产阶级请求宗教信仰对等。

第三，路德在因信称义的基础上，提出建立民族教会。这些思想是德意志民族认识萌芽与发展的具体表现。完成教会独立的思想，反映了资产阶级要求摆脱教廷政治控制、经济剥削和民族压榨的思想。路德的宗教改革客观

上为解决德意志民族当时面临的主要矛盾开出了一张良方，巧妙地把宗教的与民族的内容有机地结合在一起，因此得到了众人的赞同。路德原倡导的宗教改革运动使德国皇帝查理五世（1519—1556）担忧，惧怕宗教骚动危及帝国的命运。1521 年 4 月，查理五世在沃尔姆斯召开帝国会议，胁迫路德收回其观念，否则将予以严惩。在此生死关头，路德仍然据守《圣经》，当众声称："除非以《圣经》为依据证明我是错误之外，我不能也不会为任何事悔罪。"这表现出路德义无反顾的殉道精神。沃尔姆斯会议后，路德在被迫缉的危难时分，被萨克森选侯"劫持"隐居起来。1521—1534 年，路德精心将《圣经》译成德国人可以看懂、听懂的德文。

七、德国宗教改革的分化与路德新教确立

沃尔姆斯宗教会议后，德国的改革力量了团结了起来。1524 年，分散的、持续的农民暴动在宗教改革的推进下会聚成大范围的农民战争（1524—1525）。其间产生了系统的理论，这就是托马斯·闵采尔（1489—1525）关于"千年帝国"的思想。他认为解除人民灾难的唯一途径是废弃一切等级、一切暴君、一切徭役以及整个旧社会，财富必须均等地分配，消灭原有压榨与剥削，建立地上的"千年帝国"。他主张德意志各族共同斗争，以解放基督徒和全体人民，对阻碍和拒绝参与这场斗争的人要施以坚决的暴力，以此推翻那些不敬神的人。农民战争迸发后，托马斯仍坚持其依托国内封建主驱赶罗马教皇权力于疆土之外的主张，反对下层大众的反动运动，这就势必使他站到诸侯一边，反对和攻击农民反动。

相反，路德认为社会改造的途径不是民众暴动而应是上层的决策，因而他反对暴动带来的暴力和毁坏，主张有序的改革。1525 年，农民战争失败后，各地诸侯贵族和大城市掌握了真正统治德国的权力。这时，他们以同意或反对宗教改革运动而构成了新、旧教两大政治对立权力。1529 年，德意志帝国会议在斯邦耶召开。这次会上，反对路德改革的旧教诸侯占多数，在皇帝的支持下通过了对新教不利的决议，于是路德派诸侯联合发表"抗议书"。之后，他们又起草了《奥格斯堡信纲》（以下简称《信纲》）。《信纲》除重申路德的神学思想外，还指出罗马教会应改革的弊端。《信纲》措辞温和，虽有和解之意，但仍遭到教廷中强硬派的批驳，并迫令其收回《信纲》。在形势骤然变化的状况下，路德派认为必须联合自卫，连一向反对暴力的路德这时也愿意把暴力是否合理的问题留待法学家去解决。尔后，新教权力疾速发展。

1555 年，查理五世被迫与新教诸侯会谈，订立了《奥格斯堡和约》，规定了“教随国定”的标准。由于这种神秘的分离，基督的救赎就在信徒身上生效。路德派获得了合法位置。它强调因信称义，主张得救是“本乎恩也因着信”，得救的真理在于置信和承认耶稣基督为主，凭仗自信，经过圣灵的工作，使信徒和基督成为一体。既然人人只凭自信心即可得救，信徒均可为祭司，便无须再有中介。传播福音是每个信徒的天职。每个信徒都能够借圣灵的引导直接从《圣经》领悟上帝的启示和真理。这样，德国便出现了两大诸侯集团——北部与东北部的路德教诸侯集团和南部与西部的天主教诸侯集团。德国境内宗教与政治的地域性独立变得愈加严重了。

第三节　宗教改革的扩展及其影响

一、慈温利的宗教改革

16 世纪上半叶，继路德宗教改革之后，改革之势宛如一股激流，冲击了欧洲诸国。当路德宗教改革在德国全境开展起来后，瑞士也掀起了一股改革浪潮。瑞士宗教改革的倡导人是乌尔德利希·慈温利（1484—1531）。慈温利生于瑞士东部圣加仑州托根堡维尔德豪斯村的一个富有农民家庭，曾在维也纳和巴塞尔两地受过教育。他把从《圣经》里所悉知的早期基督教情形，与其所见所闻的理想宗教生活相对照，发现教会里那些一向被说成是自古以来就有的事，如为死者祈祷、偶像崇拜、不准神职人员结婚及神职人员的特权等，在《圣经》里都是找不到依据的。在大学时期，他直接受到人文主义学者伊拉斯谟等人的教导，“明白了《圣经》为唯一权威”的道理，并以其通晓拉丁文、希腊文和希伯来文之便，努力追求“基督教真理”的来源。

他由此认定：只要《圣经》所命令的，只要能在《圣经》各卷中找出明晰权威之依据的，才是应该恪守的，能够实行的。他以为上帝是真正的存在、最高的善、明智的意志、灵魂的归宿。和路德一样，慈温利认为，每个人都要依托内在的启示对《圣经》的意义作出自我解释，任何人为的东西都不能充任个人与神道之间的中介。他坚持获救是灵魂的体验，不在于理性思辨和语言表达。他主张废弃神职人员的单身制，不承认赎罪券的成效。他取消了圣像、圣物、弥撒（以简单的典礼替代），用民族语言做礼拜，废止了许多无《圣经》依据的教规和典礼。

1524 年 4 月，慈温利在由市民掌权的市政当局的支持下，对苏黎世的天主教会进行了多方面的改革。后来他又在苏黎世出版《圣经》，把《圣经》内容依次向市民宣讲，并创办医院、学校、济贫院，用没收来的教产做经费。慈温利在瑞士一些州所进行的宗教改革，遭到了继续信奉天主教的一些州的反对。1531 年，他在与天主教各州作战时，在卡佩尔战役中阵亡，宗教改革渐趋衰落。

二、加尔文和他的神学思想

以慈温利为首的新教改革固然失败，但其教派曾在瑞士、德国南部、波兰、匈牙利等地盛行，为后来的新教激进派——加尔文教的盛行打下了良好的基础。16 世纪初期，法国是一个具有 1500 万人口的封建大国，教会已成为专制王权统治的工具。因此，当时法国资产阶级面临的中心任务不是如何去摆脱教皇权力的政治控制和经济剥削，而是继续批判天主教的封建神学，树立合适法国国情的资产阶级神学理论，为资本主义的合理性提供理论基础和宗教根据，这一任务历史地落到了加尔文的肩上。加尔文（1509—1564）出生于法国北部皮卡迪省诸瓦雍城。他比路德小 26 岁，被认为是第二代宗教改革家。他在青年时期深受人文主义和路德宗教改革思想的感染与熏陶。德国宗教改革发生后，路德的著作即开始运往法国。那时，学生和商人们把来自德意志的路德的著作当作每日之新闻。

自巴赛尔运来的路德著作在法国随处都能够买到，不满现状的人将《新约》当作经典。在德国和瑞士宗教改革的影响下，法国于 16 世纪 20 年代出现了第一批新教徒和机密的新教团体，他们主要活动于知识界、市民之中。加尔文的年青时期正是在这样的历史环境中度过的。其间，他与人文主义者尼古拉·柯普交往甚密。1523 年他赴巴黎，先后在巴黎大学的蒙奇学院和蒙太古学院学习。1528 年他考入奥尔良法学院修习法律，精心研究罗马法，尽力将其应用于神学与伦理学的研究。为了集中精神以人文主义的方法研讨原文《圣经》，探究顺应法国社会的宗教改革，他于 1531 年回到巴黎，专攻希腊文和希伯来文。在此期间，他开始参与新教徒的活动，完成了从天主教徒到新教徒的转变。在遭受天主教虐待后，他逃亡到巴赛尔获得了一段较为集中的时间，用以探究顺应法国宗教改革的学说。

他精心研究《圣经》，遍读教父、奥古斯丁、经院哲学家以及马丁·路德的著作，潜心著作，于1536年发表了他的代表作《基督教原理》，系统地提出了他的神学理论。加尔文所处的时期和政治环境与路德不同，所以他的思想超越了路德。加尔文的神学出发点是所谓的“预定论”。这是他继承保罗、奥古斯丁的救赎理论和马丁·路德的“因信称义”说的思想，顺应法国资产阶级的需求提出的新的救赎观。依据这种理论，上帝的意志是绝对的和唯一的权威。加尔文提出，万事均由上帝的密旨所统括……无一不在上帝的控制之中。他从上帝的高高在上全能这样一种上帝观，提出了天命论。他强调上帝的特殊旨意，既阐明了当时法国社会的新变化，又阐明了当时法国资产阶级需求借助神力肯定人类社会的变化和发展。在天命论的基础上，加尔文吸收了保罗和奥古斯丁的选民说，用以解释人世间人们命运的差异。他说，为什么有些人终身默默无闻，有些人却飞黄腾达？为什么有些人身居高位，而有些人却抑居卑贱？其间根本的原因是上帝的拣选。

他说世界上只存在这两种人，选民居少数，他们得到神的恩德，且世代永远享用。被上帝拣选的人，为上帝的选民，而未被拣选者则是弃民。其他的则为上帝所丢弃，成为弃民，弃民者则永远遭到惩罚。选民和弃民的命运是上帝预定的，无论是圣礼还是善功，是教皇还是教会，均不可能改动上帝预定的命运。很明显，加尔文的“拣选说”把人的得救与否完全归之于上帝的绝对意志，其积极意义在于他以上帝的绝对权威否认了教皇的权威和天主教会的救赎理论——圣礼得救和蔼功赎罪。路德以“因信称”义理论否认了教皇的救赎理论，加尔文则从预定论的“拣选说”动身，以为人们得救与否上帝早已预定拣选，非人力所能及，从而彻底否定了教皇特权。当然，加尔文把阶级社会人世的沧桑全归之于上帝的意志和人的命运，其本质是掩盖了阶级的剥削和压榨。

加尔文的理论倡导了一种行为道德。他声称，在人们出生前，上帝就已预定了谁是选民，谁是弃民，但上帝对其崇高的决定是秘而不宣的，人们更无从探知对自己的决定。加尔文说，人虽不能探知上帝的崇高决定，但上帝在对人们的呼召中的透露，能使人们看到一些迹象，找到一些证据，从而体验到自己是上帝的选民。他强调，上帝呼召他预定要解救的人，不只依托“福音”的召唤，而且更主要的是经过圣灵的启迪作用在内心产生召唤。在加尔文看来，呼召是被拣选的外在标志和选民身份的表现，他提出蒙获呼召的征兆有如下三个方面：

①具有对基督的真诚信仰并加入教会。加尔文说，真诚的信仰是蒙获呼召的标志。新教教会是选民的集团，进入教会是蒙获呼召的标志。这就使加尔文的信徒树立起自信心，深信自己是蒙获呼召的选民，在事业上得到上帝的支持与维护、启示与协助。依照这一理论，进入教会的都是选民，只要选民才能入教。

②可以勇于斗争，百折不挠地去争得事业的胜利。在加尔文看来，成为选民的人是那些精神充分、顽强斗争、不畏艰辛与波折，最终获得事业上胜利的人。加尔文把现世事业胜利与死后永生紧密地联系在一起。加尔文教的成功契机就在于此，它使世俗生活成为宗教理论，又使宗教理论化人世俗生活。在此思想感化下的加尔文教徒大都深信，自己是上帝的选民，在事业上能得到上帝的协助，在波折中加强自信心，在失败中鼓起勇气，以证明本人是上帝的选民。因而，这套理论关于开始强大起来的资产阶级所努力追求财富的事业提供了一个有力的理论依据。

③具有高尚的道德品德。加尔文提出选民的道德规范是节省、谦逊。他认为，真正的教徒应依从上帝的呼召，在各自的职业中去追求与获取财富。他倡导忍受，把它作为一个重要的道德规范。他认为，人的贫富荣辱是上帝安排的，忠诚的教徒应为光耀上帝而过勤劳、俭朴和向上的生活，反对奢华糜费、坐享其成的生活。

这些思想实际上都是市民生活成功的关键。路德的因信称义重点是强调人和神的精神合一，中心是解决人们如何从罪的折磨和罗马教廷的约束中摆脱出来；而加尔文的预定论则把神学应用和效劳于理想世界，它解决理想中的社会关系问题，鼓舞人们应积极进取，建立新生活，追求被拣选确实实感，完成本人崇高的历史任务。因而，恩格斯说：“加尔文教是当时资产阶级利益的真正宗教外衣。”预定论的呼召说把现世的斗争和事业的胜利与得救联系起来，把宗教与理想生活分离开，强调现世生活的积极意义，从而为资产阶级的发财致富和资本主义的发展镀上了圣光。加尔文的神学思想在瑞士法语区日内瓦得到了实施的时机。在日内瓦加尔文创建了以民主共和为特征的长老会制教会，以宗教组织浸透、控制社会各个阶级，以严厉的纪律和俭朴的生活为特征，从思想和生活方式上向市民强行灌输宗教道德，并以严厉的手段惩罚一切持不同思想的人。以日内瓦为基地，加尔文还多方派员宣传其教义，使加尔文教疾速传播于瑞士、尼德兰、法国、苏格兰、英格兰等资本主义较兴旺的地域。16 世纪后半期至 17 世纪，预定论成为资产阶级与封建权力抗争的精神支柱，特别是在尼德兰和英国资产阶级改革中发挥了重要作用。

三、宗教改革与近代西方精神

16 世纪欧洲宗教改革的近代人文主义、理性主义以及对自然界的科学探究。几乎是一种同步而又穿插发展的社会文化现象，人们常常称之为近代西方精神的崛起。恩格斯曾认为，宗教改革运动“从他们的理论方面来看……使旧的神学世界观以顺应改动了的经济条件和新阶级的生活方式的重复尝试”。综观欧洲宗教改革，能够看到改革中的每一个主要标准，几乎都直接或间接地触及文化教育的提高问题。路德、加尔文等宗教改革者，都强烈地谴责了中世纪的蒙昧主义教育。他们认为，要完成对教会和对社会的改革，首先要提高民众的教育，这是宗教改革的标准所必然提出的问题。宗教改革者强调因信称义，强调《圣经》，这就请求每个信徒都可以独立地从《圣经》中汲取指导，独立地根据《圣经》判别信仰。这样，由人人都应有阅读《圣经》的才能。人人皆可为祭司的思想引发出人人都应该受到必要的教育，并承担教育别人的义务。

此外，由于 1555 年《奥格斯堡和约》规定了“教随国定”的标准，这对一个君主和诸侯来讲，对信仰的选择和认识不仅是个人宗教上的需求，而且是一种政治的需求。路德非常注重年轻一代的教育，早在 1523 年，他就力促建立新教学校。他曾明确提出，国家与教会同样对民众教育承当义务。难能可贵的是，路德还提出了女子教育问题。他请求对男女学生都应停止 4R 教育，即读（Reading）、写（Writing）、算（Arithmetic）与宗教（Religion）。他说，学校教育兴旺，别的事业也能随之发展，如若把青年人送入学校，在博学的男女教员之下受教育，他们就可学到一些有用的语言、历史和其他科目，同时也会听到全世界发生的事，也能晓得各城市、田庄、侯王、男女如何生活……他们有了这些知识之后，就能够表达自己的观念，在敬畏上帝之下，选择终身的行程。1524 年，马德堡依据路德的思想建立了新的学校。

自1559年起，德国的一些诸侯和独立的城市先后公布了提高义务教育的法令。许多地域都有了较为繁荣的公共教育体系。路德的助手梅兰希顿是德国新教教育的直接组织者，曾拟订了一些教育法令与改革学校的计划，建立了州立公共学校体系，组织编写多种教科书，这使他博得了“德意志师表”的称号。稍后，梅兰希顿和斯图漠（1507—1589）还把三所旧的拉丁学校改为一个新型中学，采用了比较严格的分级教学制，这种教育制度对欧洲学校教育具有很大影响。加尔文也非常注重新教的教育事业，他把学校与教会严格分开，并把教员列为他的新教政权的四个要职之一。他主张施行义务初等教育，强调用母语教学。当然，新教是从宗教的目的出发，倡导教育的。但在客观上由于它强调教育的提高，倡导把教育扩展到平民子弟，由于它强调个人理性对《圣经》的了解，使教育的提高成为理性的启蒙，从而使人们一反中世纪蒙昧主义的教育和对僵死教条的服从，使欧洲呈现了史无前例的理性主义的氛围。

欧洲宗教改革，把人的信仰从天主正统教义的禁锢之下解放了出来，为近代的科学探究和生产力的发展开辟了宽广的前景。没有教育的提高，就很难会有随之而来的启蒙运动。路德和加尔文都把理性与信仰的职能和作用加以区别。他们以为，上帝赐予人类的有两部书，一部是《圣经》，另一部是大自然。研究大自然这部书，其权威是自然自身而不是《圣经》。关于这一理论，许多新教徒都是加以赞扬的。如尼德兰天文学家、加尔文教教徒菲力浦·冯·兰斯伯斯（1561—1632）曾明确说：《圣经》是上帝的启示所成就的，但它不适用于指导天文学和天文学。新教认为，对大自然的研讨是为了更好地理解上帝的伟大，赞扬上帝在其创造物中的能力、聪慧。从这一角度出发，新教以开门见山的方式赞同和认可了科学，并经过强化和传播对科学的兴趣而提高了社会对科学探究者的评价。近代天文学奠基者之一的开普勒是路德教的忠诚信徒，他相信宇宙自身是上帝存在的一个反映，他就是出于宗教动机研讨宇宙天体的。他从寻觅上帝之路出发，结果发现了行星的轨迹。近代医疗化学的奠基人帕拉塞尔苏斯（约1493—1541）也认为，科学是在神创造的万物里寻求神，医学是神给予人的赠品。新教把人的才能和聪慧，把人的精神和时间，从修道院的苦思冥想引向对自然界和世界的观察和考虑。

于是，造物主与被造物、超自然与自然之间的对立消失了，《圣经》的谬误，不再是科学发展的桎梏。

新教倡导蔑视权威、信仰自由的理性主义精神，是时期精神的反映。当然，近代科学的产生、生长和最终冲破基督教体系而宣布独立，是经历了相当困难、迂回的道路的。宗教改革对西欧历史发展的影响还在于它使基督教世俗化，使人们的心灵从追求天国的虚幻、来世的解救转向现世的生活，人们重新认识到人生的价值和意义。但新教倡导科学真理与宗教谬误分离，强调个人理性的判别力，反对外在权威对人的思想的标准和约束，在民众中构成了一种普遍的理性精神的启蒙，为近代科学的兴起和发展制造了必要的条件，这也阐明了近代科学的讨论为何首先发起于这些受理性主义熏陶的新教徒们中间。路德的因信称义说使那些一心寻求获救的人们摆脱了外在的约束，赋予人生一种新的义务和义务。他认为，人生的价值和意义是人在其“天职”中为上帝和邻人效劳而表现的，从而赋予世俗工作以崇高的、宗教的和道德的意义。

加尔文的观念较路德更具生机和进取精神。他认为，人安于职守还不够，人应当努力改善自己的位置，争取和应用上帝所给予的每一个获利升迁的时机，以自己事业上的胜利、在竞争中的成功来光耀上帝并证明自己被选蒙召。这种强调人生价值和人生意义，强调人须积极从事现世的理论活动的思想；为人们在现世获取胜利提供了自信心和动力，成为人们投身社会活动和科学讨论的推进力。路德曾在《给条顿修道院武士书》中开门见山地说：贞洁的誓约是绝对地与福音相对立的，神父结婚在上帝和《圣经》面前并不算是冒犯。新教反对教士单身，反对违犯人性的禁欲主义，认为人世的一切活动，人的追求和生活享用，都是神所赐予的。加尔文也说：婚姻的结合是神的安排。

正是在这种思想指导下，1525 年德国维登堡教界的宗教改革者都结了婚。这一年路德也结婚成家，慈温利和加尔文也先后结了婚。教士结婚是宗教改革中最有影响的一项举动。路德和加尔文的学说和行为，从不同的侧面表现了当时的时期精神。新教一方面以精神性的“信”否认天主教教会权威及其赦罪方式；另一方面以开放性的“行”确认人的物质愿望和自然属性。这对近代西方文化精神的构成是十分重要的。他们的精神深深地影响了欧洲人的灵魂。宗教改革所带来的人的思想解放和理性的发扬，在世界历史上率先推进了西方近代资本主义文化的向前发展。

第八章

资产阶级启蒙运动时期的文化

假如说15—16世纪是西欧封建社会崩溃、资本主义构成时期的话，那么17—18世纪便是欧洲资本主义蓬勃兴起、封建制度日趋沦亡的时期。孕育在西方封建社会母体内的资本主义消费关系萌芽，随着科学技术的不断进步和社会生产力的逐渐进步，在日益活泼的商品经济作用下不时生长壮大。这一时期的历史是资产阶级早期革命的历史，也是资产阶级思想文化体系构成、发展和资产阶级文化空前提高的历史。作为新生政治力气的资产阶级经过文艺复兴、宗教改革等一系列社会政治运动的锤炼，羽翼日渐饱满，终于在17—18世纪向封建制度发起了大决战，构成了资产阶级革命的凯歌行进时期。

这一时期，思想革命的巅峰就是启蒙运动。它发源于17世纪80年代的英国，鼎盛于18世纪的法国，是席卷欧洲的一场政治思想运动，是西方文化史上的一座丰碑。

第一节 17—18 世纪的欧洲社会及资产阶级政治思想

一、荷兰

经过长期的斗争，尼德兰资产阶级革命终于在 17 世纪初获得了最后的成功。这次世界历史上第一次胜利了的资产阶级革命为欧洲的第一个资产阶级共和国——荷兰的资本主义发展开拓了宽广道路，对以后欧洲各国的资产阶级革命产生了巨大影响。这个新生的国度奇迹般地成为 17 世纪规范的资本主义国家：是当时欧洲经济最兴旺的国家，是誉满天下的商业资本主义强国，是全球最大的海上霸主和殖民强国。当时的荷兰又是欧洲科学文化的中心，在自然科学范畴呈现了一系列创造；在社会科学方面，当时各国先进思想家也纷纷逃往荷兰，在这里避难并著书立说。革命的成功也促进了科学文化的繁荣。资产阶级在同封建权力进行斗争时提出了自然法理论作为思想武器，以此来批判旧的社会制度及其精神支柱神学政治论，进而论证资本主义制度的必然性与合理性。

同时，他们又担忧站在自己背后的无产阶级和劳动人民也运用“自由”、“民主”、“对等”等天赋人权理论来反对他们，因此又煞费苦心地将这些理论加以种种解释与限制，效力于资产阶级的政治统治。当时荷兰最著名的思想家有格劳秀斯和斯宾诺莎。胡果·格劳秀斯（1583—1645）是资产阶级的政治思想家、资产阶级自然法学派的开创人之一、近代资产阶级国际法理论的奠基人。格氏等人创建的自然法理论是资产阶级革命时期反封建斗争的重要思想武器，其特性是用人的目光来看待国家，从理性和经历中引申出国家的自然规律。其政治学说是树立在人性论基础之上，以为人类生来就有社会性，以语言作为社会交往的工具，人类更重要的标志是“理性”，人的行为是受理性支配的，这个所谓的理性就是自然法的渊源。他不赞同封建思想，论证资产阶级私有财富的崇高不可进犯性。

固然，他并非彻底的无神论者，仍然承认神的存在，神是法的第二个渊源，但他提出的神祇必需以自然法为根据的口号不同凡响。他认为在国家呈现前的自然状态下，既无国家也无等级的存在，人们彼此平等自由，过着孤立分散的生活；由于自然法的存在，人们被理性所差遣。格氏用“自然状态”“社会契约”的观念来说明国家的产生问题。为了避免外来侵袭和取得平安的生活，人们便认识到结合起来组成国家的必要性；国家是“社会契约”的产物，国家的目的是人类的“共同福利”。这种理论固然属于唯心史观，不科学，不正确，但却对“君权神授”说、国家是神意树立的等封建神学思想是一个有力地批判，在当时具有反封建的进步性。他还认为国家主权是国家的最高统治权，主权的行为不受另外一切权利的限制，主权的详细表现者是君主或少数人，坚决反对人民主权标准。格氏的国际法理论在其政治思想中占有重要位置。他是历史上第一个系统地论述国际法的理论家，因而被推崇为资产阶级国际法理论的奠基人。

他认为国际关系不应以武力而应以法律《国际法》为基础，而国际法的原则应该是“正义”和“公理”。国际法可分为两类：一类是自然法的国际法，它为自然所赋予或国际所公认；另一类是依据各国共同意志所制定的国际法。自然法代表人的理性，是制定国际法的依据。在对待战争的态度上，他认为应尽最大的努力来避免战争，但在合理理由下，如自卫、恢复自己的财富和惩罚时，进行战争也是被允许的。正义战争的目的在于解除敌方的危害力量，提出“为战争而战争”，他还提出了关于中立的思想，主张非参战国关于没有合理理由进行战争的一方不应该采取任何支持行为，而关于有合理理由进行战争的一方，不采取阻止它的行动。格氏还主张“公海自由”，在战争中要恪守“人道主义”标准，对妇女儿童予以维护，对战俘要给予人道待遇，以及避难权等思想。他虽然过着靠磨镜片营生的凄惨生活，但仍砥砺学问，著有《笛卡尔的哲学原理》、《神学政治论》、《伦理学》等书，对西方近代思想文化产生了重要影响。

这些国际法理论有其历史进步性，对国际关系也产生了一定的影响。涅狄克特·斯宾诺莎（1632—1677）是著名的资产阶级唯物主义哲学家和政治思想家，出身犹太商人家庭，因反对宗教信仰而被逐出犹太教公会。斯宾诺莎在宗教神学还统治着人们头脑的时候就大胆批判神学经典，主张哲学摆脱宗教的控制，政教分离。他从客观存在的“实体”动身来阐明自然界的万物，但又说“上帝就是自然”，给自己的唯物论披上了一层神的外衣（自然神论）。他唯心地认为理性认识能够不从理性认识得来，看不到理论的作用，因此只能是唯物论的唯理论者。在政治思想方面，他认为最好的国家方式是民主制度，反对限制自由。在国家来源问题上，他提出自然法和天赋人权理论，以为人们在丢弃自然状态、树立国家、签署社会契约时，只给统治者转让了本人的一部分天赋之权。当个人保存的天赋之权遭到进犯时，能够违约并重新订立契约。这种理论为资产阶级反封建、争取民主自由具有进步意义。

二、英国

在英国，由于长时期、大范围的圈地运动，较早地完成了农业反动或称土地反动。原来分散运用的小农耕地被新贵族集中起来，变成按资本主义方式运营的大农场。这不只为工业发展提供了大量原料和自由劳动力，且形成了一个宽广的国内工业品市场。英国的纺织、制盐、造船、日用化工、采矿等部门疾速崛起，并呈现繁荣现象。17 世纪时，英国曾经有了兴旺的工场手工业，封建行会制度曾经崩溃，自由雇用劳动占领主要位置。但资本主义消费关系却遭到封建制度的种种干扰与毁坏。

所以，1640 年迸发的资产阶级革命反映了时期的需求，是具有欧洲范围和世界意义的资产阶级革命，开拓了资产阶级替代封建统治的新时期。

17 世纪的英国文化是在政治大革命的直接影响下发展起来的。长达半个多世纪的剧烈、复杂的阶级斗争，产生了代表各个阶级、阶级利益的丰富的思想文化。其中资产阶级提出的自由民主等反封建思想，具有振聋发聩的启蒙作用，成为以后西方各国资产阶级和人民大众进行反封建斗争的珍贵思想武器。

1．弥尔顿

约翰·弥尔顿（1608—1674）是最早提出“天赋人权”和“社会契约论”的资产阶级思想家之一。其主要政治思想著作有《论出版自由》、《偶像毁坏者》、《为英国人民辩护》、《再为英国人民辩护》、《建立自由共和国的简易方法》等。这些著作大都是为顺应革命斗争的实践需求而写作的，虽缺乏系统性，但却充满着革命的斗争精神。弥尔顿以为在国家成立之前：人们的生活是四处漂泊、流浪不定的。弥尔顿思想的中心内容是自由，其理论基础是资产阶级的自然权益、自然法和社会契约说。自由、财富、生命平安是人们的自然权益。由于生活的不安定，自然法便指引人们，为了保证大家的自由、战争和平安，建立政府，指派一个人或多数人来管理其他的人。政府的目的，不管在战争前后或战争时都首先要保证人民的自由。只要人民享用充分的自由，政治生活才是完善的。他赋予自由非常普遍的内容，即包括财富自由、信仰自由、行动出版自由、婚姻家庭生活自由……其中行动出版自由是最重要的，是一切伟大聪慧的“乳母”。正是站在资产阶级的自由权益崇高不可进犯标准之上，弥尔顿对封建君主专制制度进行了猛烈地批判，并提出“人民反动”的标准。

他认为，君主专制制度与自由是水火不相容的，在一个纵容无度、深怀仇恨、希图报仇的君主面前，人民的自由、生命、财富不可能得到任何保证。因君主的权利是由人民的意志产生的，人民有权废黜暴虐无道的昏君。但他并不反对“公正的君主”和君主立宪制，这表现了英国资产阶级的脆弱性与妥协性。

2. 哈灵顿

詹姆斯·哈灵顿（1611—1677）出生于英国一个土地贵族家庭，著有《大洋国》。他提出了政府的组织标准以及如何避免封建专制制度复辟的想象，对西方政治思想的发展和欧美资产阶级国度政治制度的建立产生了重要影响。哈灵顿的思想大厦是以“财富要素”和“心灵要素”为基础的。假如一个国家的大部分土地为一个人所占有，或一个人的土地超越了大多数人的土地，政府就必然是君主政体；假如土地为少数人占有，政府就必然是贵族政体；土地若归全体人民占有，政府就必然是共和政体。他把财富看作是国家的基石，认为国家权利是“财富的自然产物”，国家的性质、政府的方式是由财富中最重要的要素——地产的分配状况，即“产权的均势”所决定的。由于英国的“财富均势”曾经由君主、贵族占优势变为绅士和富人占优势了，因而，政府必然要由专制的君主政体变为契合资产阶级要求的共和制度。这阐明他曾经看到了经济关系对政治制度的影响。

遗憾的是，他没有看到产权关系是一种阶级关系，国家是阶级斗争的产物。哈灵顿以为，“心灵要素”也是影响政府施政和决定政府方式好坏的重要因素。他把政府看作是“一种艺术”，是为了某种目的建立的、用不同办法管理人民的组织。古往今来的一切政府都能够分为两类：一类是“法律的王国”，是为了维护共同权益和公共利益建立的、实行法制的政府；另一类是“人的王国”，是为了维护统治者个人利益、实行人治的政府。同理，政府就是“国度的心灵”，政府如受理性支配就是“法律的王国”，受情欲支配就是“人的王国”。他指出，心灵要素总是表现为理性和情欲，人的行为由理性支配便产生美德和自由，而由情欲支配则只能产生罪恶和镣铐。他进一步指出，“财富均势”产生的是权利标准，理性产生权威标准，可以把两种标准结合起来的政府，才是完善的政府，这样的国度就是最自由的国度。另外，哈灵顿主张建立两院制的代议制政府，实行机密投票的选举制度，议员实行轮换制，其目的在于保证资产阶级的自由权益。

3. 李尔本

约翰·李尔本（1614—1657）是英国革命时期一位坚定的民主主义者。因反对封建专制和资产阶级新贵族的反人民政策，他先后 4 次被捕入狱，但长期的囹圄生活并没有消磨他的革命斗志。他写有《贵族暴政的分析》、《英国的天赋权益》、《英国的新桎梏》、《人民条约》等，猛烈鞭挞专制统治，主张实行普选权和议会机构的民主改革，建立人民主权的共和国。他将个人的崇高和不可侵犯的自然权益作为本人思想体系的基础和归宿。他的激进民主思想曾极大地鼓舞了人民的反动斗争。

4. 温斯坦莱

杰拉德·温斯坦莱（1609—1652）著有《真正对等派举起的旗帜》、《自由法》等。书中揭露和批判了封建政治制度和私有制度的不合理性，鞭挞资产阶级建立的共和国压榨、奴役人民的罪行；提出在英国建立一个以土地公有制为基础的，没有人压榨人、人剥削人的理想社会制度的主张。他以为土地私有制是一切压榨、奴役的本源。但他不理解私有制和不平等产生的本源，也没有指出消灭不平等的正确道路。尽管如此，温斯坦莱的空想社会主义思想仍有着很大的历史意义。

5. 霍布斯

托马斯·霍布斯（1588—1679）是英国革命时期著名的机械唯物主义哲学家、英国最早的启蒙思想家，著有《论政治体》、《论公民》、《利维坦》、《论物体》、《论人》等著作。霍布斯的政治思想受到自然科学和人文主义思想的影响，在机械唯物论的基础上，借助几何学的逻辑办法建立起自己的思想大厦。他继承了培根的唯物主义并使之系统化，坚持世界的物质统一性，承认发明世界的上帝的存在，用力学和数学来解释物质运动。他反对封建君权神授论，反对教会的统治，提出了以人性、自然法为理论基础的较完好的资产阶级“社会契约论”。他认为哲学的对象是可知的物体，在奠定近代唯物主义哲学方面有很大贡献。他认为，人类在国度产生以前处在“自然状态”中，人的本性是自私的，支配人们行动的根本动力是“自我保管”，竞争、猜疑和荣誉使人们相互戒备、普遍战争；人的生活是孤单、贫穷、厌恶、粗野和短暂的；人的理性促使他们去发现并受自然法支配，放弃或转让本人的自然权利，交给一个人或一个会议来代表他的意志，行使公共权利。

国家就是经过这样的契约而产生的。他又主张国家为了统治人民，能够制定一些宗教信条，用“国教”来管束人民，维护秩序。这种说法是唯心主义的、反科学的，但在当时具有否认君权神授论的进步意义。

6. 洛克

约翰·洛克（1632—1704）是英国后期著名的唯物主义哲学家、教育家和政治思想家，著有《论宗教宽容》、《政府论》、《人类明智论》等。他的政治哲学著作对革命时期的各种思想观念进行了清算和理论总结。在哲学观念上，洛克论证和发挥了培根和霍布斯的唯物论经历论，反对唯心论的“天赋观念”论，以为人类的知识来自于后天的经历。他却把人们的思想活动和心理活动与感觉并列起来，从而堕入“二重经历论”，使其唯物论夹杂着唯心成分。在西方近代哲学史上，洛克是第一个将经历论结合成为完好的理论体系的哲学家。由于世人常以为培根是经历论的开创人，其实他只是提出了一些根本标准而已，而真正使经历论的认识论理论化、体系化的是洛克。他有力地批驳了菲尔麦的父权论，指出亚当的父权并不是一种政治的统辖权，人们也无法判定谁是亚当的长房后嗣和合法继承人。在看待宗教问题上，他批判英国的封建教会、宗教偏执和宗教虐待政策，系统地论述了政教别离和信仰自由的标准。洛克也是以自然法、社会契约论为基础来解释国度权利的来源、性质和作用的。在自然权益中他强调的是财富权，提出“劳动来源说”为个人财富权辩护。他认为上帝最初把自然中的一切物品交给人类共同享用，但由于劳动而使共有物拨归个人运用，从而使个人对他的产品享有自然占有权益。洛克的社会契约论与霍布斯的主张也有不同之处。

霍氏认为，人们在协议成立政府时把一切的权益都交给了统治者；而洛克以为人们只是放弃了一部分，而依然保存着生命、自由和财富权这些不可转让的权益。洛克又指出，被授予权利的人也是契约的参与者，必须受契约内容的限制，维护好人们的财富，否则，人们有权对抗以至另立新的统治者。洛克的这种主张属于唯心主义理论范畴，却为1688年推翻复辟王朝的统治、建立君主立宪制、扩展国会权利提供了理论依据。洛克按最高权利，即立法权的从属关系，把政体方式分为三种：立法权由大多数人直接行使时是民主政体；由少数精选的人行使时是寡头政体；由一个人行使时是君主政体。他反对既保存君主制，又由民选的国会控制最高权利的君主立宪政体，因其最合适于维护资产阶级的私有财富。他还阐述了政府崩溃和社会反动的问题，目的在于避免出现违反人民意志的政府实行专制统治。为了能最有效地维护人们的生命、自由和财富，实行法治标准，洛克提出将国家权利分为立法权、执行权和对外权三种。政府的权利是人民拜托的，因此人民有权运用运动手段建立新政府。

这些理论明显是为推翻封建制度的资产阶级反动辩护的。作为“一切方式的新兴资产阶级代表”的洛克，将文艺复兴以来，特别是英国反革命运动中出现的资产阶级政治思想、理论、标准加以总结和运用，依据革命运动的需求进行明白系统的阐述和发挥，第一次从理论上阐明了资产阶级“天赋人权”的根本标准，深深地影响了以后的美国独立战争和法国大革命，在西方思想文化史上占有重要位置。他不愧为18世纪资产阶级启蒙运动的先驱者之一。洛克对西方哲学的最大贡献是建立了近代哲学第一个完好、系统的经历主义认识论体系。他一方面供认心外有物；另一方面受经历论立场的限制，将学问局限在观念范围之内，但又无法证明知识与外部事物是契合分歧的，因此堕入了窘境。

三、法国

17—18世纪的法国是欧洲大陆上典型的封建君主专制国度。封建法律公开确认人们的不平等。社会成员分为三个等级，第一等级的僧侣和第二等级的贵族是特权等级，高居于由资产阶级、农民、平民、工人构成的第三等级之上。国王是特权等级在政治上的总代表。无限君权论依然是法国封建专制制度的官方理论。封建思想家继续进行以下行动：国王的权利是直接从上帝那里得到的，人世的君权相似天上的神权，国王是上帝在人世的代表，国王除了天生的义务感以外，他的意志没有任何限制，作为臣民的个人必须绝对服从。为了维护腐朽的封建专制政权，统治者恣意扩大军队，加重赋税，在国外进行侵略战争，在国内过着豪华腐败的腐朽生活。宫廷中贪污堕落成风，支出无度，中央和中央的行政机构极度紊乱，监狱制度十分黑暗。皇室与贵族、教会和僧侣狼狈为奸、相互勾搭，成为反动思想的堡垒。他们垄断知识，并以神权、宿命论和种种迷信思想约束、奴役人民。在冶炼和采矿等部门中开始运用机器；纺织工业发展很快；大商港先后出现。

农业大国的相貌开始改动。但是，孕育于封建社会母胎的法国资本主义有了相当的发展，不只在城市有了相当数量的手工业工场，而且在乡村也出现了一些具有资本主义性质的农场。资本主义消费方式在封建专制统治的躯壳中疾速生长起来。新兴的资产阶级曾经成为社会上最强大、最富有、最具经济实力的阶级。到18世纪末，法国资本主义发展到相当成熟的阶段，法国资产阶级的力气要比欧洲大陆其他各国的资产阶级强大得多，政治上无权的法国资产阶级与封建统治者的矛盾远比欧洲各国激烈。他们为了发展资本主义，需要有雇佣工人的自由、消费的自由和贸易的自由。他们对社会现状极为不满，请求全面的社会改革，请求参与政权，提高政治地位。特别是1688年英国“荣耀革命”后资产阶级控制国家政权，对法国资产阶级是一个很大的刺激，这更促使他们迫切要求获得政权。所以，推翻阻碍资本主义发展的封建专制制度、建立新的顺应资本主义发展的社会制度是当时社会发展的必然趋向，也是历史赋予法国资产阶级的光荣任务。

资产阶级要完成反封建、反专制、反教会，用资本主义替代封建主义的任务，首先需求依照资本主义经济关系所要求的契合其阶级利益的标准，重新解释人与人之间的关系，重新认识国家、政府的谐和作用。作为法国大革命先导的启蒙运动就是在这种形势下出现的（在第三节详述）。因而，资产阶级的思想家运用理性对过去遗留下来的一切进行批判，宣扬社会革新，高扬理性精神，肯定个人的权益和利益，传播进步观念，发明新的思想文化体系。1789年的法国资产阶级大革命正是在资本主义要素愈加兴旺、阶级矛盾愈加锋利、人民大众愈加觉悟的条件下发生的。与其他国家不同，法国的资产阶级完全抛开了宗教外衣，以理性主义作为自己的政治思想武器，从而使这次革命成为资产阶级革命史上范围最大、斗争最彻底、影响最深远的革命，以致整个19世纪，即给予人类以文化和文化的世纪都是在法国革命的标志下度过的。

17—18 世纪时，欧洲的其他国家，如西班牙、德国等仍处于封建社会的后期阶段。但是，就欧洲整体而言，由于新航路的开拓以及随后的世界性贸易的出现，从亚洲、非洲、美洲掠取或买卖而来的大量物品在欧洲各地销售，加速了原始资本积聚的进程，促进了欧洲各国商业贸易的发展。

经济上贸易往来的增强，必然带来思想文化上交流的增强，这就为启蒙思想在欧洲其他国家的传播发明了条件。因此，商业资本的发展比工业资本的发展快得多。

总之，17—18 世纪既是欧洲资产阶级革命时期，也是社会经济和文化飞速发展的时期。其中既有不同生产方式之间的比赛，也有认识形态的争斗；既有物质与精神文化的伟大发明，也有对人类正义与良知的肆意亵渎；既有开辟进取、勇敢斗争的光芒业绩，又夹杂着贪心冒险、损人利己的恶行。但总的来说，这时的资产阶级是一个新生的、富有朝气的革命阶级，作为新的生产力和全民利益的代表。他们站在时代前列，与封建主义进行殊死搏斗，为人类的文化与进步事业做出了伟大的贡献。

第二节　自然科学的发展与理性主义思潮

一、自然科学的发展

降生于文艺复兴时期的近代自然科学在生产力（特别是工场手工业生产技术）发展的推进下，经历了与封建神学的艰巨斗争之后。从 17 世纪中期起，零星的科学研讨汇成了人类历史上第二个科学研究的高潮，自然科学与技术蓬勃发展，到 18 世纪时曾经树立起初步的科学统一体系。望远镜、显微镜、温度计、气压机、抽气机和钟摆等察看和实验用的仪器相继创造和应用，成为科学研究行之有效的手段和巨大的推进力。1657—1658 年，荷兰科学家惠更斯把摆添到旧式锤式钟构造上，从此，科学家运用这种改进了的钟表来研究物理过程的速度，天平的改善使物理学家和化学家有准确的实验数据做根据。与此同时，科学研究中出现了新的组织方式，“自由的学术团体”逐步被国立的科学院所取代。在航海、造船、军事需求和开发水力动力的促进下，力学、天文学、数学等学科疾速发展起来。佛罗伦萨的实验科学院（1657—1667）是国立科学院的直接前驱，是一个从事集体科学研究的统一体。

尔后，伦敦皇家学会（1662）、巴黎科学院（1666）、柏林科学院（1700）相继成立。最早的一批国度天文台也开始组建，著名的有巴黎天文台（1672）、格林威治天文台（1675）和纽伦堡天文台（1716）。由于教育和科研事业的发展，欧洲在原有大学之外又出现了一些专业的教学科研机构，如巴黎矿业学校（1747）、巴黎王家农学会（1761）、夫赖堡矿业学院（1765）。著名的科学调查和科学实验接二连三，规格层次越来越高。如大范围的克思天文调查团（1671—1673），以及后来在地球各点的天文丈量调查团，都成功地处理了一系列科学问题。法兰西人组织的秘鲁调查团（1735—1743）和拉普兰调查团（1735—1737）明确了地球外形的观念。18 世纪 50 年代在好望角和柏林同时进行的观察，更精确地测定了地球和月亮的距离。1759 年，斯密顿组织了有名的水力风力实验室，还有摩辛布列克的弹性理论实验、戈蒂的各种石材实验，等等。科学家基本上采用实验和剖析法，把自然界划分、剖析为许多独立的部门，然后一个一个地、互不关联地加以研究，在认识自然界方面取得了巨大的进步。大胆的科学推理和认真的实验求证相结合是近代科学得以长足进步的基本原因。

埃萨克·牛顿（1642—1727）是英国著名的数学家、物理学家和天文学家。他自幼勤奋好学，擅长考虑，19 岁考入剑桥大学，毕业后留校研讨室工作。任剑桥大学教授期间，他刻苦研究，每天工作 17—18 小时，以致夜以继日。他早年研究力学时，逐步构成引力概念，当一个苹果偶尔从树上掉下来时，他便认识到地心引力的存在，进而发现了万有引力，提出“宇宙的定律就是质量与质量之间的互相吸收”。他著有欧洲近代科学史上最巨大的著作——《自然哲学的数学原理》，论述了古典力学的三大根本定律：惯性定律、力和运动关系的定律、作用和反作用定律。在数学方面，牛顿创建了二项式定理，建立了微积分学的基础。在天文学方面，他依据“一切物质吸收其他物体，这引力和两个物质的质量乘积成正比、与其间隔平方成反比”的定律，研讨了太阳系里行星、卫星和彗星的运动理论；还讨论了潮汐问题、流体静力学、流体动力学及弹性介质中波运动的速度问题：阐述了地球外形的理论及处理详细问题办法的原理。

在光学方面，他用三棱镜剖析太阳光，进行光的合成，于 1664 年发现白光（实践上是由不同颜色即不同波长的光构成的），成为光谱学剖析的基础。这位创建古典力学体系、首先做到了自然科学大综合的伟大科学家在人类文化史上博得了崇高的位置。他的思想是天文学和宇宙学的基础思想，是牛顿经典物理学的基石。他献身科学事业的刻苦精神与他对人类科学文化的贡献一样，深得后人的赞扬。他用观察、实验和推理的办法建立的宇宙图式与基督教会的宇宙观是殊异的。他的这种办法论与经院哲学、先验演绎直接对立。总之，牛顿的科学理论有助于人们比较科学地认识物质世界的统一性和普遍的物质运动规律。伏尔泰指出，牛顿教人们去“检查、称量、计算、丈量，但绝对不让他观察，并且让人们去观察；但是他没有用他的想象替代真理”。可以说，牛顿从科学思想方面推进了启蒙文化的发展。克勒罗（1713—1765）于 1759 年 4 月 13 日计算出伽利略彗星回归的时间，过了 1 个月，他的预言被证明。威廉·赫舍尔（1738—1822 年）于 1781 年用反射望远镜发现了天王星，还肯定了土星环是由两个同心部分组成的与土星的两个新卫星、天王星的 6 个卫星，制成双星表并证明双星是附属牛顿引力定律的。法国科学家比埃尔·拉普拉斯（1749—1827）于 1796 年著成《宇宙体系讲话》，提出了宇宙的力学稳定性思想。1755 年康德出版了《宇宙发展史——依据牛顿原理试论整个宇宙的构造及其力学来源》，提出著名的“星云”假说，成为直接提出宇宙发展问题的天文学研究著作。

当英国的牛顿和德国的莱布尼茨各自独立地创造了微积分之后，瑞士科学家埃勒尔（1707—1783）写成了《微分论》和《积分学》，它们被誉为是“数学研讨的真正宝库”。吉尔伯特（1540—1603）发现了自然磁石的性质，把“电”字应用到英语中。17—18 世纪是电学疾速发展的时期。葛利抑制造出的仪器（在托架上旋转着的硫黄球），当用手摩擦时便能产生静电斥力和静电引力现象。华尔和霍克斯比应用玻璃球取得了比较大的电花。格莱使两个导体绝缘并使其生电，还发现了感应现象。杜费（1698—1739）运用了“玻璃电”和“树脂电”的概念，并制定了同名电荷相斥、异名电荷相吸的定律。伏特（1745—1827）创造了第一只干电池，1741 年创造了储藏电能的莱顿瓶。富兰克林证明闪电和电是一回事，于 1752 年经过著名的风筝实验，成功地在一次暴雨中给莱顿瓶充了电。

现代化学的开创人罗伯特·玻意耳（1627—1691）著有《怀疑的化学

家》（又称《化学和物理的疑问和矛盾》）。批驳了炼金术士的谬论，为把化学建成一门纯科学做出了贡献。贝希尔（1615—1682）和乔治·什塔尔（1660—1734）提出燃素说，论述熄灭、氧化和复原现象。他首先研讨化学元素，辨别了混合物和化合物的差异，获得了磷的大量学问，并从木头中提炼酒精，重新讨论了原子学说。18 世纪 50 年代，布雷发现了二氧化碳。1766 年，卡文迪什在用硫酸处理铁、锌和别的物质时发现了氢。1774 年，约瑟夫·普利斯特列发现了氧，舍勒又发现了氯。在气体化学研究成果的基础上，普利斯特列证明：植物吸入二氧化碳，放出氧气。安东尼·拉瓦锡（1743—1794）揭示了熄灭和氧化过程的真相，证明钻石是碳的一种方式，并且辩论说生命实质是一种化学过程。他获得的最伟大成就是发现了质量不灭定律，指出“固然物质在一连串的化学作用中会改变它的状态，但是它的数量不变，物质在化学反应完毕时数量和开始时相等”。拉瓦锡为了证明水是由氧气和氢气构成的，他设计了用两种气体经过铜管进入的烧瓶，由电火花引爆后，化合在一起，只听“砰”的一声，烧瓶壁上呈现了水珠。

由于他的天才奉献，化学变成了一门真正的科学，他也被誉为“化学界的牛顿”。在生物学方面，马塞罗·马尔比基（1628—1694）是显微解剖学的奠基者。他证明了植物的性的差异，著有《植物解剖学》，把植物叶子的功用和动物的肺部功用进行比较研究。罗伯特·虎克（1635—1703）著有《显微学，或应用放大镜对微细物体的物理学记叙》，非常细致美好地描绘了显微镜前的一切动植物外形，初步发现了植物的细胞构造。莱伊文·胡克（1632—1723）发现了原生动物和细菌，第一个描绘了人的精子。斯瓦美尔丹（1637—1680）用显微镜看见生物机体最细微的解剖细部，描绘了某些昆虫从毛毛虫阶段发展到成熟阶段的生命史，并且把从蝌蚪到青蛙的发展阶段和人的胚胎发育进行了比较。瑞典科学家卡尔·林奈（1707—1778）在《自然系统》和《植物哲学》中把一切自然事物成红三界（矿物、动物、植物），每一界下面再分为纲、属、科，建立了完好、适用、便利的分类法，记叙了 9000 个物种。

他的学生跟随荷兰东印度公司的船只四处探险，发现了诸如桫椤、桉树和南太平洋的面包果树等新物种。法国科学家乔治·比丰（1707—1788）在 44 卷的《自然史》中总结了当时人类的科学成就，用精确而引人入胜的语言传播了动物学和植物学学问，指出人和别的动物之间的亲密关系，推论整个有机群体可能是由一种物种传下来的。在医学方面，马尔比基和莱伊文·胡克观察到血液是从衔接动脉和静脉的网状毛细血管中流过，肯定了哈维的发现。英国医生托马斯·西德纳姆提出了一种关于发烧的新理论，认为这是由于自然想把带病的物质从人体中排出的结果。18 世纪发现了血压，解剖尸体成为研究疾病的重要手段，断定猩红热是一种与天花和麻疹不同的疾病，开始接种疫苗、种痘预防天花等。这些都是医学进步的里程碑。天文学、力学、数学和生理学都得到了较为充分地发展。16—18 世纪是近代自然科学摆脱中世纪神学约束取得疾速发展的“反动性”时期。

公元 17 世纪末，牛顿建立的经典力学体系中完成了自然科学的第一次大综合。近代自然科学一开始便是沿着以观察—实验为基础的经历办法和以数学演绎为基础的逻辑推理办法两条并行的研究道路行进的。自然科学的发展情况、揭示的宇宙构造图景及其认识事物的办法，改变了当时人们的自然观和思想方式，孕育出近代欧洲的机械唯物论自然观与理性主义。自然科学是对自然界实质及其运动规律的认识与把握，它所揭示的自然界的图景及其认识事物的办法都直接改变着人们对世界的根本见地和思想方式，进而影响着人们的社会、政治和伦理思想观念。如果说科学家还只是把时期科学精神推及整个科学范畴的话，那么思想家却把它引申、发挥，并应用于自己的研究范畴。他们站在时代科学的前沿，认为宇宙是一个受自然规律支配的大机器，其零件是运动着的物质粒子，它们的运动状态能够用力学规律加以准确描绘；人类社会和人类本身都同样受自然规律的支配。在此基础上产生了自然权益、永久人性、永久道德等社会政治伦理学说与物质世界进步的观念，有力地冲击着基督教神学。科学发展与思想观念进步是同步的。

由于科学的每一次进步都拓宽着人们的视野，改变着人们的思想办法，从而使人类理性才能不断增长。随着各门科学的发展，一种以静观深思替代自觉信仰、以经历事实为根据替代经历古训的疑心批判的近代理性精神产生了。近代自然科学从降生之日起就在各个范畴开始了对古代权威和基督教神学的叛变和进攻，而科学本身的每一个成功又都是对宗教教义和传统观念的致命打击与否认。天文力学在大宇宙赶走了上帝与权威，近代生理学在人体小宇宙冲击着宗教神学与传统观念，“男人少一根肋骨和复生骨”的神话在人体解剖中不攻自破。英国的培根首先看到科学办法培育了人们的理性思想才能，赞扬了科学研究中发展起来的观察—实验办法的合理性与能力，并把它上升到哲学认识论高度，然后应用于社会范畴；认为正确的学问必须以感觉、经历为基础并经过理性的归结和剖析才能取得。逻辑推理的方法对近代理性思想的兴起起了非常突出的作用。笛卡尔把数学逻辑办法推及整个社会范畴，提出唯理论的认识办法。

二、理性主义

随着科学的发展，知识的积聚，规律的发现和办法的完善，人们的心理素质发生了深入的变化。一种怀疑、深思批判认识和以详细的经历事实与严谨的逻辑推理替代似是而非的经院思辨，以明晰的自然定律替代神秘的宗教启示的理性主义精神产生了。在当时的科学家和哲学家看来，所谓理性，就是符合自然和人性的标准，人类就是理性的动物，人们具有用理性判别事物的才能。人们热烈地崇尚以科学为代表的理性，在欧洲大地构成了一股强劲的理性主义思潮，对人类社会产生了深远影响。理性支配着人们的一切活动，理性的中心是以实验为基础的自然科学，一切奇观的产生应当归功于人类的理性。理性主义思潮肩负着反对封建神学、启迪民众醒悟的历史重担，科学家和哲学家用理性标准反对封建神学的启示和权威，以为自然法就是一种普遍的理性规律，它是从人的自然本性中引申出来的生活原则，这种原则又指引着人们判别是非善恶；强调人的内在力气，进而论证人的自由权益；以至把理性绝对化起来，将其说成是出自笼统的人的自然本性，是人固有的，也是推进人类从孤立存在的“自然状态”向联结成政治社会的社会状态过渡的一种精神力量。由此可知，理性主义论证了理性的基础、功用和作用，以为客观世界是理性认识的对象，而不是信仰的对象。资产阶级思想家把理性作为评判、权衡一切的尺度，以为理性是人类唯一的朋友，宗教狂热与迷信是人类永久的敌人，只要依托理性才能摆脱成见，改造社会；决定世间事物的最高根据不是《圣经》而是理性，不符合理性的东西，包括上帝都没有存在的权益。科学是发挥理性作用的工具和办法，科学对自然实质的认识和规律的发现会使人在理性上获得真理，在行动上取得自由。由此可知，理性主义也是一种肯定人的价值的人本主义。在西方，启蒙时期的理性主义将理性绝对化，鼓吹超越时空的笼统理性，看不到理性的发展变化。事实上，理性主义是启蒙运动的指导思想，是英国和法国哲学的混合物，是一种机械唯物主义和历史唯心主义理论。

第三节 启蒙运动的兴起和发展

一、启蒙时期文化的背景

启蒙时期的到来有着深入的经济和思想背景，这与自然科学的发展也有亲密的关系。经济上，欧洲在17—18世纪处于商业革命的盛期，内外贸易取得蓬勃发展。与此相对应，重商主义更为成熟，强调国家对外贸易的顺差。与此同时，商业革命也刺激了工场手工业的繁荣，工场手工业要求经济上自由竞争，关税应当变为主要是维护工业而不限于维护对外贸易的手段，允许企业自由活动和自由贸易。思想上，特别是在哲学思想范畴，法国等其他国家的启蒙思想家一直站在时代的前列，在同封建专制和神学斗争的过程中，在继承和发展培根、笛卡尔等人的先进哲学思想和总结这个时期自然科学成就的基础上，树立了具有资产阶级特征的哲学体系。于是呈现了一种新的经济理论，主张摆脱重商主义，宣扬自由、自由主义。启蒙思想家们从理论上证明封建制度的不合理，提出了一整套的哲学理论、政治纲要和社会改革计划，请求树立一个以“理性”为根底的社会。

他们用政治自由对立专制暴政，用信仰自由对立宗教压榨，用自然神论和无神论来摧毁天主教权威和宗教偶像，用“天赋人权”的口号来反对“君权神授”的观念，用“法律面前，人人对等”来反对贵族的等级特权，进而树立资产阶级的政权。16—18世纪是近代自然科学摆脱中世纪神学约束而取得疾速发展的反动性时期。天文学、数学、力学和生物学都得到了较为充分地发展。哥白尼、乔尔达诺·布鲁诺、伽利略·伽利莱、约翰内斯·开普勒、伊萨克的科学发展与思想观念的进步是同步的。尼古拉·牛顿发现的真理，已被知识界所承受。在自然科学基础上产生的所谓自然权益、永久人性、永久道德等社会伦理政治学说与物质世界进步的观念，有力地冲击着基督教神学。启蒙学者吸收了自然科学的成果，认为正如牛顿发现万有引力定律一样，人们可以凭理性的力量发现有关自然、人类和社会的规律，谋取世俗生活的幸福。

二、启蒙时期文化的指导思想和思潮

启蒙时期文化的指导思想是以实验科学为基础的理性主义。所谓理性就是符合自然和人性标准，人类就是理性动物，具有用理性判别事物的能力，理性支配着人们的生活。理性并非近代才有，古希腊人就崇尚理性。启蒙时期理性的中心是以实验为基础的自然科学。近代自然科学自降生之日起就在各个范畴内开始了对古代权威和基督教神学的叛变和进攻，而科学本身的每一个成功又是对宗教教义和传统观念的致命打击与否认。

人们热烈崇尚以科学为代表的理性，在欧洲大陆构成了一股强劲的理性主义思潮。随着科学的发展、学问的积聚，人们的心理素质发生了深入的变化。一种怀疑和深思批判认识、以详细的经历事实与严谨的逻辑推理替代似是而非的经院思辨、以明晰的自然定律替代神秘的宗教启示的理性主义精神产生了。理性主义思潮肩负着反对封建主义神学，启迪民众醒悟的历史任务。资产阶级思想家把理性作为评判、权衡一切的尺度，认为理性是人类唯一的朋友，宗教狂热与迷信是人类永久的敌人，只要依托理性才能摆脱成见，改造社会；决定世间万物的最高根据不是《圣经》，而是理性。简单来说，启蒙时期的科学理性主义有以下几个特性：

第一，反对宗教蒙昧主义，鼓吹理性与科学。启蒙思想家树立了理性和科学的权威，他们声称，人的理性是权衡一切、判别一切的尺度，不符合人的理性的东西就没有存在的权益，如神学、基督教等应该通通被打倒。

第二，反对封建专制制度，鼓吹民主与法治。启蒙思想家们以为，封建专制制度扼杀了自由思想，形成社会的不对等和文化经济上的落后。因而他们鼎力宣传“天赋人权”，主张人民参与政治，“法律面前，人人对等”；主张以法律标准人的行为，完结使人陷于不幸的专制统治。

第三，追求自由对等的理想社会。启蒙时期思想家批判封建制度的不合理，鼓吹树立合理的资本主义制度。启蒙思想如自由、对等、天赋人权、主权在民、三权分立等，为推翻封建专制和树立资产阶级政权做了言论准备，并以此组织发动大众，指导革命。

启蒙时期西方文学艺术流派纷呈，重要的有古典主义、巴洛克艺术、洛可可艺术以及新古典主义艺术。古典主义是 17 世纪君主政体的民族国家开始建立，资本主义渐趋发展的历史阶段产生的一种文艺思潮，以法国发展得最为完备。古典主义在哲学上倾向于唯理主义，在文学、绘画、音乐方面都获得了较大的成就。古典主义有三个主要特征：为王权效劳的鲜明倾向；理性至上（主要表现为以理性抑制情欲）；奉古希腊、罗马文学为模范。巴洛克艺术首先兴起于17世纪的意大利，然后逐步地影响到欧洲各国。它经过各种奇特的外型、庞大的柱廊、庄严的雕塑装饰以及富有宗教颜色的天顶画等，将天国与人世融为一体，使人们置身其中时，感觉似在天国。洛可可艺术源于17世纪初的法国，其建筑作风注重建筑内部的华美装饰，考究奢华温馨，富有世俗生活的浓厚气氛。

洛可可绘画艺术的突出特性是反映宗教生活题材的画作明显减少，而反映世俗生活特别是上流社会女性的绘画非常盛行，女性裸体画成为洛可可绘画艺术的主要内容。新古典主义兴起于18世纪的罗马，并疾速向欧美其他地域扩展。新古典主义的兴起一方面是对巴洛克和洛可可艺术的革命；另一方面则是希望重振古希腊、罗马的艺术。

三、启蒙时期文化的成就

启蒙时期西方文化获得的最大成就在于近代资产阶级思想体系的构成，此外，文学、史学和艺术等范畴也成就斐然。启蒙时期的思想家开始理性地讨论社会各个范畴，以便寻求现行的自然规律，从而发展了一套资产阶级思想文化体系。培根（1561—1626）、托马斯·霍布斯（1588—1679）和约翰·洛克（1632—1704）。在哲学范畴，主要成就是英国的经历论、欧洲大陆的唯理论以及法国的启蒙哲学。英国经历论的代表人物是弗朗西斯。唯理论的代表人物是勒内·笛卡尔（1596—1650）和巴鲁赫·斯宾诺莎（1632—1677）。法国启蒙哲学的代表人物有伏尔泰（1694—1778）、孟德斯鸠（1689—1755）、让·雅克·卢梭（1712—1778）、德尼·狄德罗（1713—1784）等。在政治法律制度的设计方面，启蒙思想家们以自然法理论为基础，提出了自由、对等、博爱、天赋人权、主权在民、三权分立等主张。在经济学范畴，最早反映资产阶级利益的经济理论是重商主义，其代表人物是英国的托马斯·曼（1571—1641）和法国的让·巴普蒂斯特·柯尔伯（1619—1683）。随后法国又呈现了以杜尔阁（1727—1781）为代表的重农学派以及亚当·斯密（1723—1790）和大卫。在文学范畴，17—18世纪的文学主流是古典主义，崇尚理性和自然，追求艺术方式的圆满和构造的严谨。

李嘉图（1772—1823）为代表的古典政治经济学派。法国是古典主义的摇篮，涌现了皮埃尔·高乃依（1606—1684，代表作是《熙德》）、让·拉辛（1639—1699，代表作是《安德洛玛利》和《费得尔》）、莫里哀（1622—1673，代表作是《伪君子》、《唐璜》、《吝啬鬼》）等一批著名的文学作家。到18世纪，古典主义虽然仍有很大权力，启蒙文学已经逐步占领主流，主要表现为法国的哲理小说、英国的理想小说以及德国的正剧和“狂飙突进运动”。法国哲理小说批判法国封建制度，倡导理性主义。孟德斯鸠的《波斯人信札》是法国第一部哲理小说，也是书信体小说的代表作。激进思想家卢梭的哲理小说有《新爱洛绮丝》、《爱弥儿》和《忏悔录》等，英国诗人约翰·弥尔顿（1608—1674）以其《失乐园》等作品将英国文学带进了启蒙时期。启蒙运动时期德国正剧作家的著名代表莱辛（1729—1781），代表作是《爱米丽雅·迦洛蒂》。18世纪70—80年代，德国文学界狂飙突进运动中涌现出了歌德（1749—1832，代表作是《少年维特之烦恼》、《浮士德》），和J. C. F. 席勒（1759—1805，代表作是《阴谋与爱情》）等享誉世界的文坛大师。

近代资产阶级的理性主义史学也获得了很大成就，其中的出色代表是伏尔泰和英国的爱德华·吉本（1737—1794）。伏尔泰是理性主义史学的奠基人，其代表作是《路易十四时期》和《论世界各国的习俗和精神》（又称《习俗论》）；另一位史学巨匠是爱德华·吉本，代表作是《罗马帝国衰亡史》。启蒙时期，西方涌现出一大批艺术巨匠和杰作。巴洛克艺术主要表现在建筑和绘画中，巴洛克式建筑的著名设计师是洛伦佐·贝尼尼（1598—1680），巴洛克式绘画的出色代表是佛兰德人保罗·鲁本斯（1577—1640），代表作为《掠取吕西普的女儿》。

洛可可式建筑的典型代表是法国凡尔赛的小特里亚农宫和波茨坦的无忧宫，洛可可绘画的著名画家是让·安东尼·华托（1684—1721）和弗朗索瓦·布歇（1730—1770）。新古典主义艺术主要表现在绘画方面，著名代表是法国的路易·大卫（1748—1825）、让·A. D. 安格尔（1780—1867）和安托万·让·格罗（1771—1835）。从18世纪20年代开始，出现了一场波涛壮阔、影响深远的思想解放潮流，历史上称之为启蒙运动。作为时代的伟人和伟大智者，启蒙思想家高举自由、平等的旗帜，以公开的唯物主义或自然神论为武器，以理性做尺度，向着封建专制制度及其精神支柱——天主教会发起猛烈地冲击。这次运动是资产阶级的先进思想家为了向封建阶级攫取政权，确立资本主义制度、砸开宗教蒙昧主义的桎梏、冲破封建专制主义的约束、启迪人们的醒悟、为即将到来的革命所做的言论和意识形态方面的准备工作。在这场史无前例的思想文化运动中冲锋陷阵的，不只有代表资产阶级各阶级利益的思想家，还有代表城乡劳动人民利益的空想共产主义者。

他们犹如绚烂的群星，照射在西方的天空，给生活在黑暗长夜中的欧洲人民带来了光明和希望。追根溯源，资产阶级文化产生于文艺复兴时期。从文化史的角度来看，文艺复兴和宗教改革能够认定为资产阶级的第一次文化运动。文艺复兴中的人文主义与启蒙运动所表现的启蒙主义精神具有实质的分歧性。启蒙思想是文艺复兴优秀文化遗产的继承和发展。启蒙思想家从人文主义者的手中接过反封建、反教会的旗帜，并进一步从理论上证明封建制度的不合理性，再提出自己的哲学理论、政治纲要和社会改革计划。17 世纪的英国政治革命则大大地推进了西方资产阶级思想文化体系的进一步发展。英国反动的思想家对资产阶级政治观念的构成做出了不少贡献，以至于一些学者以为启蒙运动实际上诞生于 17 世纪的英国。但一般来说，法国是启蒙运动的主战场。

法国大革命前夕，资产阶级的世界观得到了最充分的表现并到达了完善的地步。法国启蒙运动成为西方文化发展史上的一个高峰期。法国的启蒙思想家人数众多、才气焕发、名垂千古。法国启蒙运动是 18 世纪进步思想的大合唱，是绚丽多彩的新思想、新理论的大展现。有 200 多位启蒙学者参与的法国启蒙运动几乎持续了整整一个世纪，触及哲学、政治学、经济学、文学、文学艺术、教育各个范畴，是欧洲近代最壮观的一次思想文化革命。它不只直接孕育了法国大革命，而且直接影响和推进了欧洲各国的启蒙运动，促进了世界民主革命的进程。马克思、恩格斯在提到启蒙运动时，一般指的是 18 世纪法国的启蒙运动。

启蒙思想正是从法国带着法兰西式的天才影响传播到欧洲各国，成为席卷欧美大陆一切国家的普遍的国际性思潮。资产阶级经济力量的壮大、社会阶级矛盾的日趋激化，是启蒙运动的社会本源；而近代自然科学的发展以及由此而引起的人们思想观念的变化和资产阶级先进思想理论的发展，是启蒙运动的思想本源。英国革命的政治文化则给启蒙运动以强大的推进作用。从18世纪初到法国大革命前，约有210位法国著名的思想家、社会活动家及科学家到英国访问调查，他们赞扬英国的社会制度，特别崇拜英国哲学家与政治家洛克的思想理论。

调查法国启蒙运动的全过程，它大致可分为准备、掀起、高潮三个阶段。

1. 准备阶段

17世纪末和18世纪初是启蒙运动的准备阶段。著名的思想家有贝尔、苏丹奈尔和梅叶，他们是法国启蒙思想和唯物主义的先驱，梅叶还是早期空想社会主义的著名代表。比埃尔·贝尔（1647—1706）是法国著名的政论家和哲学家，用叫“pF理论”作为武器来反对宗教神学和17世纪的形而上学，颂扬人的理性，以为理性所不能了解的东西是荒唐的；而荒唐性正是宗教神秘主义的实质，因而理性和信仰犹如水火不相容。他反对将宗教作为道德的基础，以为不信宗教者也有道德观念，为在法国传播唯物主义和健全明智的哲学打下了基础。他所著的《历史和批判辞典》可谓是近代第一部百科全书。他的浅显著作《世界多数问答》写得深入、尖利、文采斐然，在许多方面是百科全书派启蒙思想的先声。

苏氏关于反对自然科学中唯心主义思想的阐述，则给启蒙时期机械唯物主义在科学文化界的成功奠定了基础。贝尔纳·苏丹奈尔（1657—1757）是科学的热心宣传者和反对宗教迷信的坚强战士。让·梅叶（1664—1729年）是法国唯物主义哲学家和著名的空想共产主义者，是代表18世纪法国被压榨阶级利益和请求的启蒙思想家。他的全部政治思想包含在生前未能发表的《遗书》之中。该书对封建教会和封建专制制度给予了无情地揭露和批判，在否认封建旧制度的同时，对理想社会政治制度进行描绘。梅叶大胆地指出，世界上现有的宗教都是人为的捏造出来的东西，宗教是妄想、错误、诈骗、虚拟和隐瞒；启示、预言、信条都是荒诞不经、欺骗人民的东西。在揭露宗教与政府的关系时，他指出：“宗教以至支持最坏的政府，而政府也同样庇护最荒唐、最愚笨的宗教。”他怀着对一切压榨者、暴君和剥削者的痛恨，把贵族、僧侣、包税人等列入压榨人民、掠取人民、强迫他人为本人劳动的“懒汉”之列。

梅叶政治学说的中心问题是农民问题。他关注、讨论解放农民的问题，以为一切穷困和压榨的社会现象迫使农民盼望国内发动革命，主张任何人都有权杀死暴君。梅叶还是法国第一个提出了消灭一切剥削者和压榨者统治的革命纲要的人，该纲要论述了消灭土地私有制、建立财富公有制的空想共产主义思想，主张新社会应该组成一个大家庭，人们和睦相处，彼此当作兄弟姐妹，财富公有，在为人类的社会福利这一鼓舞人心的思想指导下从事劳动，人人工作，均匀分配产品。当然，这种消灭私有制的想法是并依据共产主义标准来组织生产和消费的小型农民公社的狭隘理想，只能说明他的共产主义是空想的。在哲学上，梅叶认为，物质、时间、空间和自然界的规律不可能是神发明的，只能从自然本身的永久存在才能解释它们。梅叶的这种唯物主义思想和无神论使其成为启蒙运动的开路先锋。物质可以自己运动，而认识是物质的产物，“砍去头颅，认识也就随之消逝”。

2. 掀起阶段

在18世纪启蒙运动的掀起阶段，伏尔泰、孟德斯鸠、卢梭等人反映了历史发展的客观要求，高举“理性”大旗，对封建专制制度和宗教神学进行了无情地揭露和批判。

这些思想巨匠强调理性和人的发明力的至关重要性，用“自然权益”、“自然法”、“社会契约”等新观念来对立君权神授的封建认识，深信理性之光一定可以消灭中世纪的黑暗权力，建立一个美妙的新世界。他们用天赋人权、自由平等等，一系列先进的思想武器武装法国人民，用新理论证明对抗腐朽的封建专制政治是人民大众不容剥夺的权利，也是完整合法的正义行动。他们的新理论为法国大革命做了思想上的准备。以伏尔泰笔名载入史册的弗朗索瓦·马利·阿鲁埃（1694—1778）是当时公认的最有名望的启蒙思想家、作家、哲学家和历史学家，被人们誉为“欧洲思想界的泰斗”，文化界尊称他为“科学和艺术共和国的无冕皇帝”。他出生于巴黎一个殷实的资产者家庭，曾因不时向当权者和封建思想挑战，两次被捕入狱，还被驱赶出国。他在侨居英国的3年里，调查与研究了英国的社会制度和先进的思想文化，并且将英、法进行比较，得出英国社会制度优越于法国的结论。他不只向法国人民引荐了英国的社会政治、唯物主义哲学、文学和科学，而且以英国为参照系，深入地揭露和批判法国的封建专制制度。他调查、研究英国的成果集中反映在《英国通讯》、《牛顿哲学原理》和《形而上学》等著作中。这些投向旧制度的第一批炸弹，对启蒙运动起了火上浇油的作用。

伏尔泰还写有《路易十四时代》、《论宽容异教》、《哲学辞典》等，进一步宣传自由、平等的理论。他以宏大的名望和丰富的经历肩负起启蒙运动掀起阶段的指导义务，以“踩死败类”的战斗精神，给封建政权和天主教会以致命的打击，因此被人们尊崇为“法兰西民族的自豪”、是启蒙运动的首领和导师。他所宣传的建立一个自由、对等、幸福的理性王国的思想对于把人们从中世纪的蒙昧和宗教迷信的禁锢中解放出来起了很大的作用。总之，伏尔泰作为启蒙运动的巨擘，一生致力于打击反动的宗教统治和黑暗的封建制度。他注重时期精神，承认神意指导历史运转，深信人类文化不断进步，理性必然打败迷信和错误。但是，伏尔泰是启蒙思想巨匠中较为激进的代表人物，他把改动封建次序的希望寄予在所谓的“开明君主”身上，反映了大资产阶级的政治激进性。虽然他有局限性，但功劳是不朽的，其尖锐的笔锋、辛辣的语言，向愚蠢和无知宣战的胆识在当时起了振聋发聩的作用。他的骨灰被安放在先贤祠，墓碑上写着：“他引导我们走向自由。”

孟德斯鸠（1689—1755）是著名的资产阶级启蒙学者、近代政治思想史上“三权分立”学说的正式提出者。他曾游历西欧各国，调查各国的社会制度及习俗风气，而英国运动后的政治制度给他的调查留下极端深刻的印象。在某种意义上讲，他的政治思想模型来源于英国。孟德斯鸠的重要著作有《波斯人信札》、《罗马盛衰原因论》和一部被誉为“理性与自由法典”的巨著——《论法的精神》。这个暴政直接违背了自然法的标准，必须加以推翻。他在书中尖刻地挖苦并揭露封建专制制度的专横和腐朽，鞭挞教会的狡诈和伪善，以为形成社会不对等的法国专制政治就是暴政。他在人类思想史上的一个重要奉献就是：继洛克之后把立法、行政、司法间的关系发展成资产阶级典型的分权学说。以为三权必须分开，使其互相均衡、互相牵制、互相监视，这样就能够防止君主滥用职权，保证公民自由。

只需把行政权交给君主，立法权属于人民，司法权属于选举出来的不可撤换的法官，就能保证政治自由。三权分立的政治思想是针对当时法国的封建君主专制制度而提出来的，表达了资产阶级希冀参与政治统治的激烈要求，是契合时期请求的政管理论和政治纲要，成为法国反动的理论武器和资产阶级政治制度的根本标准。孟氏关于资产阶级国度学说和法律就是理性、法制是国度灵魂的观念，以及他所倡导的民主、对等、自由、法律、权益、义务的思想，对资本主义制度确立有推进作用。特别是对后来美国的《独立宣言》和法国大革命中的《人权宣言》都有深刻的影响。虽然孟德斯鸠的思想体系中有这样那样的缺陷，但他仍不愧为18世纪法国出色的思想家。他在宗教愚蠢和专制黑暗时期发出的呼吁，犹如春雷，空谷足音，振聋发聩。他的思想学说不只成为法国大革命理论准备的重要组成部分，也是世界文化史上的一份珍贵财富。

让·雅克·卢梭（1712—1778）是出色的启蒙思想家，代表中小资产阶级利益的反动民主主义者，著有《论科学与艺术》、《论人类不对等的来源和基础》、《社会契约论》等。卢梭是封建制度的叛逆者，对法国的君主专制、封建贵族、封建教会进行了无情地揭露和鞭挞。他在斗争中毫不妥协，一针见血地指出，人类社会不平等的根源是私有制的出现，只要用暴力革命才能恢复人们的自由对等。这种人民主权思想是资产阶级革命民主主义思想的重要表现，在历史上影响极大。卢梭反对孟德斯鸠的三权分立、行政最高首脑崇高不可侵犯的主张，主张国度的主权来自人民，人民对行政领袖有任命、罢免与监视的权利，也有决议现存统治方式的权利，人民主权不可侵犯，人民有推翻专制制度的起义权利。卢梭还认为，社会契约是人民之间自由结成政治团体而订立的，国家是人民自由协议的产物，国家的最高权利应当属于人民。主权者只服从人民共同意志和公共利益的集中表现——公意。人民主权是不可转让、不可分割和不能代表的。立法权属于人民。

假如主权者把政府委之于全体人民或者大部分人民是民主制，在少数人手里则是贵族制，集中于一个行政官手中就是君主制。卢梭赞同的是民主共和制。他反对代议制，主张直接民主。这种思想便是法国大革命时期公民参政的理论根据。卢梭的民族主义充满着民主共和的内容，成为近代民族主义理论的一块里程碑。总而言之，卢梭关于自由、对等、天赋人权、主权在民的政治思想反映了资产阶级反对封建斗争的要求，风行了整整一个历史时期。正如拜伦所说："他的预言，像神秘的古代毕西巫山洞的神谶，把整个世界投进熊熊的火焰，直到一切的王国化为灰烬。"他的理论给了当时的人们以巨大的心灵震动，产生了深远的影响。法国大革命中著名的《人权宣言》和1793年宪法都表现了卢梭的政治思想，以致美国的独立战争和《独立宣言》

的制定也深受他思想的影响。

3. 高潮阶段

18 世纪下半期，以狄德罗（1713—1784）为首的“百科全书派”将启蒙运动推到了高潮。

该派的代表人物有狄德罗、达兰贝尔、爱尔维修、霍尔巴赫等人，因合编 30 多卷的《科学、艺术和工艺的详解辞典》（简称《百科全书》）而得名。他们成为当时法国进步思想界的精神首领，向着封建的经济基础和上层建筑展开全面的进攻，从理论上丰富了伏尔泰、孟德斯鸠的学说。他们把对宗教神学的批判提高到了唯物主义和无神论的高度，把对封建专制的批判提高到了民主主义的高度，以崭新的武器投入战斗，推进着启蒙运动的继续发展。针对法国的封建专制制度，“百科全书派”认为自然法就是人们共同的理性和正义心，是人定法的基础，社会的进步、私有制的产生、对幸福和秩序的向往，使人们经过社会契约来区分野蛮的自然状态，有了国度和法律，他们主张财富、人身平安和自由是人天赋的不可转让的权益；人们把部分权益交给国家，目的是为了保证本人以私有财富为中心的权益和利益，人民是主权者，君主的权利应遭到法律的限制；在法律面前，人人平等，有人民代议机关牵制的君主立宪制或共和政体是理想的国度方式。

“百科全书派”的贡献，主要表现为他们为资产阶级的政治标准提供了新的更全面的理论基础。人民有举行起义对抗暴君的权益，但首先应该依赖理性的进步、立法的改革或教育的作用。在揭露宗教的荒唐和教会的黑暗时，他们指出：宇宙生成只受自然规律的支配，“上帝是不存在的”。这就深入地揭露了封建统治者应用宗教的目的是为了奴役人民，宗教把人民变成一群无知的奴隶，用突如其来的恐惧使他们屈从于暴君和祭司的羁轭之下。他们把观察问题的目光从神转向活生生的人和人的实质，从预定论转向客观环境、工业的发展和教育的进步，这无疑是对神学世界观的深入批判，从而为资产阶级反封建的斗争提供了深入的理论基础，在为大革命做思想准备方面起了决定性的作用。《百科全书》的编辑出版历时 30 年。

参与这一工作的共约 205 人，这时的启蒙思想家多属唯物主义哲学家，以其为中心，会聚了一大批各学科的饱学之士。专家学者以严肃的科学态度编写各个条目，对各种适用的工艺技术及其工具机械的制造操作都亲临现场的调查后，写出文字，并绘制附图。可以说，《百科全书》反映了18世纪科学技术的最新成果，代表着当时各个范畴里的最高程度。启蒙思想家各显神通，出入上流社会的沙龙，讨论学术问题，然后著书立说，向社会宣传。这些都使启蒙运动涂上浓重的学术颜色。

4. 重农学派和空想共产主义思想的构成

法国的启蒙思想家宣传科学与理性，不遗余力地批判迷信和专制。启蒙运动作为一种思想解放运动、启蒙思想作为当时主要的社会思潮，对法国社会各个思想范畴产生了深入的影响，并促使学术界产生新的学派和新的思想。重农学派的构成和空想共产主义思想的产生均受到其影响。例如，重农学派的自然秩序理论遭到启蒙学派自然主义思想的影响；空想社会主义者则承受了启蒙学派的对等、自由和自然法思想，进而发展为反对私有制和私有财富。

重农学派出现于18世纪50—70年代，是法国社会政治经济发展的产物，其经济思想是为资本主义的发展做辩护和论证。18世纪中叶以后，法国的社会经济情况愈加恶化，封建的剥削和重商主义政策严重地损伤了新生的农业资本家和农民的利益。而早在18世纪上半叶法国近代工业开始生长时，广阔乡村已出现了资本主义性质的富农，下半叶又出现了农业资本家。他们要求把封建土地一切制转变为资本主义土地一切制。

重农学派正是作为农业资产阶级的思想代言人而出现的。他们认为，农业（大农经济）是一切的基础，应优先发展农业消费，重农学派的主要代表人物是魁奈、杜尔阁等。弗朗索瓦·魁奈（1694—1774）是重农学派的开创人。他认为，农业是社会财富的唯一源泉，要促进农业的消费程度，就必须改良农业消费技术，实行资本主义大农业消费。他出身于地主家庭，写有《农民论》、《谷物论》、《人类论》、《经济表》、《自然法》、《普通标准》、《关于商业的对话录》等论著。魁奈在政治经济学方面是开辟新途径、首创深入而完好的理论体系的天才人物，其理论体系和经济纲要的中心与基石是“纯产品”学说。他从等价交流的标准动身，认为农业资本家投入生产的财富分为“原预付”和“年预付”两部分，应当从所取得的收入中获得补偿，此外他还有权得到余额——纯产品。只要在农业中发明出来的“纯产品”，才构成新的财富，以及构成财富总量的增值部分，而流通范畴不可能是财富的源泉。他的“纯产品”虽然接近剩余价值学说，但没有把剩余价值归结为剩余劳动时间，而错误地认为是由自然，即土地的自然消费力所提供的。但他第一次提出“纯产品”是在生产范畴发明出来的重要原理，为剖析资本主义生产奠定了根基。

魁奈以“纯产品”理论为基础，把整个社会成员划分为三个阶级：①生产阶级（农业资本家和农业工人），是社会全部经济活动的指导者；②土地一切者阶级，是以地租和租税的形态从农业阶级获得纯产品；③不生产阶级（不结果实的阶级），是工商业资本家和工人。此外，魁奈还主张整理税收，对用于补偿消费费用的那部分农产品不宜征税，应实行地租单一税制，一切赋税都应当由土地一切者承当；主张自由贸易，由于只要自由竞争才契合“自然秩序”，而一切垄断、限制和政府干预都是违背“自然次序”的。这种划分掩盖了资本家剥削雇用工人的社会实质，因此是不科学的。因而，他极力反对重商主义的维护关税等主张。总之，魁奈创建了一套完好的重农主义经济理论，并据此提出了发展法国资本主义的经济政策。由于魁奈的影响，在他们周围出现了一批门徒和跟随者，构成一个独立的学派，并通过写文章、办杂志、定期举行集会，来宣传和解释魁奈的学说。

雅克·杜尔阁（1727—1781）是重农学派的又一个代表人物。他出生于法国的一个贵族家庭，曾担任神学职务、财政大臣等职，著有《关于财富的构成和分配的调查》一书。其经济理论同其他重农主义者比较，更少有封建主义外观。他集敏锐的观察力、丰富的理论知识和普遍的科学概括才能于一身。

在一系列问题上对魁奈的理论做了本质性的修正，补充了重农派提出的社会阶级构造图式。作为魁奈最有天才和具有共同见解的信徒，他热烈、彻底地反对“经济自由”、“谷物贸易自由”、“劳动自由”，并认为教育的进步、理性的成功、经济关系的变化对社会进步具有决定性的意义。从畜牧业向农业的过渡是社会发展中的一个十分重要的阶段，由于土地养活的人多于种地所需求的人，这就引发了社会分工，使城市、商业、手工业艺术发展起来了。他强烈谴责封建制度，认为它不过是树立了“秩序的假象”：国王没有权利，贵族横行霸道，乡村逐步荒芜；商业完全萧条；衰败贵族的财富和余暇耗费在游手好闲之中，分布到了一切的国家和一切的行业。杜尔阁还相当完备地划分了社会的根本收入：工资、利润、利息和地租。但他没有认识到雇佣工人所发明的商品价值是这些收入的唯一源泉，而把社会产品看作物质的总和，无法解释社会产品如何合成为收入。

这些改革的目的和本质，是为资本主义的发展扫清道路，但因遭到封建贵族的反对而失败。杜尔阁不只发展了重农主义的经济理论，而且在担任财政大臣期间进行了经济改革，着手实行重农学派的经济纲要：取消对谷物贸易的限制，树立自由贸易，减少入城谷物的税款，把赋税推行到特权阶级身上，减轻农民的担负，实行酒类贸易自由，取消领主专利权，取消行会组织。只要到法国反动时，这些改革计划和各种措施才得以完成。因此马克思写道："杜尔阁试图预先采取法国反动的措施。"重农派的社会政治思想在 18 世纪得到了普遍传播，但也遭到奈克尔等人的反对。奈克尔（1732—1804），出身于日内瓦的一个资产阶级家庭，青年时期移居巴黎，步入政界，掌管国家财政，著有《论立法和谷物贸易》一书。该书为国家调整谷物贸易的必要性进行辩护，剖析批判重农学派的经济理论。他认为工业绝不是农业的竞争者，而是其必要的补充和鼓励，农业的进步总是引起工业的发展，而工业活动的增强和多样性，又推进了农业的行进。他还指出，国家为了居民大众的利益，有权而且有义务干预经济关系；国家有必要采取合理的政策调整谷物贸易。可见，奈克尔同重农派的争论，只是资产阶级阵营内部两个派系之间的争论。

在 18 世纪后半叶，法国资本主义在封建母体内有了进一步的发展。资本主义手工工场日益兴旺，雇佣工人的数量随之增加。他们固然还没有从普通劳动大众中构成一个觉醒的先进阶级，但是反映他们要求摆脱资本主义剥削愿望的认识形态已经出现。他们以为社会所表现出来的只是弊端，消弭这些社会弊端是思想家的理性的任务。在法国大革命的孕育过程中，就出现了以梅叶、摩莱里和马布利为代表的空想社会主义和空想共产主义思想。他们在否认和批判封建专制制度和资本主义剥削时，提出了理性标准，并借助理性勾勒出各种空想共产主义的计划。摩莱里（生卒年不详）著有《自然法典》一书，其政治思想深受启蒙学派自然法的影响，用"理性"和"非理性"的对立来批判现存的社会制度，描画理想的社会制度。他指出，私有制的产生使人们道德败坏，贪欲增加，邪恶横行。

私有制是一切罪恶的根源。他主张消灭私有制，消弭商品流通和交流，把产品直接分配给劳动者；以为每个社会成员都有生存权和劳动权，肯定他们参与劳动的义务；主张建立共和国方式的共产主义制度，这种制度应是统一的经济整体，受统一的经济方案指导，依据全体社会成员的需求分配产品。但是，他描绘的共产主义社会是以自然规律为基础的模范制度。他倡导严厉的限制人们的消费，想通过战争方式来完成共产主义，但没能认识到技术和劳动生产率的增长关于社会发展的作用和意义，因此具有空想的性质。他深受启蒙思想的影响，是一个唯心主义的唯理论者。马布利（1709—1785）出身于贵族家庭，当过神父，著有大量历史、哲学和政治思想方面的著作，主要有《论公民的权益和义务》、《论立法》等。其学说也是树立在自然法理论的基础上的。他认为，人们为了维护本人的生命、自由，使它免受暴力和贫穷的要挟，才放弃自然的权益而参加社会，因此人民是最高权利的唯一根源，人民永远保有改变现行政体的权益，人民有权起义反对暴君。他针对君主滥用权力的非法行为，强调用法律来保证公民的自由和幸福，以为只要依托理性树立起法律的统治才能避免暴政和紊乱。

他进一步指出，私有财富是造成人类的一切不幸的本源，主张限制商业，应制定朴素的法律。对衣、食、住及家具等作出规则，用法律来坚持社会财富的均匀状态。他粗略地描画了本人的理想共和国：人人都是富人，人人都是穷人，人人对等，人人是兄弟。这个共和国的第一条法律就是制止财富私有。人们把本人的劳动果实都送到公共仓库去，这些果实都是国家的珍宝和每个公民的财富。家长们每年选出家政管理员，这些人员的职责是依照每个人的需求来分配必需品，依照公有制对每个人的请求分配工作，并维护国内的道德。启蒙运动时期，梅叶、摩莱里、马布利主张的社会主义带有普遍的禁欲主义和粗俗的均匀主义颜色，他们不理解历史发展的客观规律，梦想着凭仗启示人们的理性来完成共产主义，这是根本办不到的。但是，社会主义的最初代表也是属于启蒙学者之列的，他们对启蒙学者所提出的各种标准作了进一步的、似乎更彻底的发展。由于这些思想家的影响，革命前夕的法国才出现了“第四等级”（农民、工人、手工业者）的称号，阐明其和第三等级的资产阶级也有着不可调和的矛盾。

空想社会主义者的历史功劳就在于他们在剥削者与被剥削者之间划出了一条明确的界限。法国的最后一位启蒙思想家是孔多塞（1743—1794）。他们作为人民大众的思想家，和资产阶级思想家一起，在思想阵线上同封建主义进行了激烈地冲突，有着启示、发动大众，为革命作思想先导的历史作用，并使空想社会主义思想向前迈进了一大步。他亲身参与了1789年爆发的法国大反动，是法兰西第一共和国的主要奠基人和表现这个共和国的共和主义思想和制度的《吉伦特宪法》的起草者。他还著有《论积分学》等学术著作。他认为理性是普遍的、人所共有的，人都具备推理的才能和取得真理的才能，作为人的汇合体的社会，只能树立在理性的基础上，社会的一切建置都必须以理性为根据；理性使人们懂得了包括自由、对等在内的自然权益，而人汇合为社会的目的就是维护自然权益；国家和政府的义务就在于保证每一个公民都对等地享有其应有的权益。孔多塞特别强调消弭旧制度下的一切人为的不平等，如财富不平等、劳资不平等、教育不平等；主张制定限制有利于富人增加积聚，而不利于普通人发挥运营才能的法律，制定救济贫穷、倡导社会保险、保证劳动者生活的法律。孔多塞还在生命的最后时刻写成《人类精神进步史概观》一书，提出了人类精神进步的10个时期。该书是对整个18世纪哲学的综合，为法国启蒙运动画上了完美的句号。

四、德国的启蒙运动

启蒙运动具有国际性，它的思想渊源首先是英国近代自然科学。政治上，法国启蒙思想家继承了人文主义者的批判精神，并深受贝尔、洛克的自由思想影响。启蒙思想传播到德国后，对德国思想文化起着巨大的推进作用。德国启蒙运动是整个欧洲启蒙运动的一个侧面。启蒙运动精神贯穿着18世纪的整个德国社会。启蒙运动在德国思想界的标志就是教育、哲学和文学的发展。因德国经济落后于英国、法国，但 宗教权力强大，国家团结，所以德国启蒙运动采取了相对温和的方式进行。德国启蒙教育家巴塞多大（1724—1790年）深受卢梭思想的影响，著有《对谬误之爱》，承认神的训诫，只承认自然自身的启示。他在儿童教育理论方面建树颇丰。早期德国启蒙哲学家托马修斯（1655—1728）主张哲学应摆脱经院神学的约束，从亚里士多德的重压下解放出来，强调实践学问和理想生活，并将启蒙思想贯穿于教学当中。

莱布尼茨（1646—1716）是启蒙时期享有世界名誉的哲学家和学者。莱布尼茨在逻辑上提出了充足理由律，改良了帕斯卡尔的加法器，发明了手摇计算机。在数学上创建了微积分学理论和“二进位制”，奠定了后世控制论和计算机原理的基础。他的哲学著作有《形而上学说话》、《人类明智新论》、

《神正论》、《单子论》等。虽然他的学说具有形而上学和唯心主义倾向，但他非常酷爱科学文化事业，他的所作所为推进了德国启蒙运动的发展。沃尔夫（1679—1754）是德国启蒙运动中最有影响的人物，著有《神、世界和人的灵魂的理性思想》等书。他在莱布尼茨观念的基础上树立了自己的哲学体系，被称为“莱布尼茨—沃尔夫哲学”。

他认为，事物的规则性不是由其他事物的作用而引起的，而是由该事物的实质引起的。他初次把哲学分为本体论、宇宙论、心理学、伦理学、经济学、政治学等部分，并强调以矛盾律为其主要规律的逻辑学是哲学的基础，以为哲学的一切原理都能够用数学或演绎的办法树立起来。事物的那些由其实质而引出的规则性就是该事物的特征。关于理论哲学，他以为人们的行动是由理性决定的，善就是善自身，而不是由于它是上帝发明的，即便没有上帝，它还是善。所以，他和其他启蒙学者一样，把“理性”看成是权衡一切事物的唯一尺度。

第四节　启蒙运动时期的哲学

马克思说：“任何真正的哲学都是本人时期精神的精髓。”18 世纪的法国启蒙哲学是在西方资本主义上升时期产生的进步思潮，是资产阶级革命的世界观，在西方哲学史上占有重要位置。法国的启蒙思想家和唯物主义哲学家，对宗教神学、封建认识形态进行了激烈的斗争。法国唯物主义者完全丢弃了宗教的外衣，比他们的先辈更坚决地提出了唯物论、无神论的思想，彻底地清除唯物论中的宗教神学杂质，是资产阶级革命时期哲学中最典型的方式，在历史上曾起过进步的革命作用，对法国大革命有着直接的推进和影响，以至在革命爆发时给予共和党人的理想主义一面理论旗帜，并且为《人权宣言》提供了底本。18 世纪法国启蒙哲学从理论内容来看，可分为两个互相穿插的派系：一派来源于笛卡尔，注重对自然事实的阐明；一派来源于洛克，注重对社会历史的阐明。启蒙哲学的成就与当时法国新兴资产阶级的经济政治力量已强大到可以推翻封建专制制度的地步，也与当时自然科学的发展、法兰西民族热爱自由的传统精神文化的升华紧密联系着。

启蒙哲学家在自然观上坚持自然是物质元素的组合、世界万物统一于物质的唯物论观念，并认识到运动是物质的属性，辩证地对待自然事物的发展变化。他们用力学的观念解释一切，把物质的诸特性归结为广延、密度等机械性质，把物质的诸运动归结为物体的、机械的位置运动，还把自然界视为“因果系列的无量锁链”，等等。顺应了当时自然科学的发展情况，启蒙时期的唯物主义是机械的形而上学主义的典型形态。在认识论方面，启蒙哲学强调“在自然中把握本人”，深信人类的理性具有洞察自然奥妙的无限才能。与封建的天赋观念相对立，启蒙哲学以为观念来源于对外物的感觉，一切精神活动都是对感觉的组合和比较，并含有“观察搜集事实，考虑把它们组合起来，证实组合的结果”的辩证思想，是唯物主义感觉论发展中的鼎盛阶段。但18世纪启蒙哲学是在整个西方哲学的发展中奠定自己历史位置的，主要还是在对社会历史问题的阐明这一方面。

启蒙运动是当时法国国内资本主义消费关系和封建专制制度、以资产阶级为首的第三等级和封建特权者之间社会矛盾激化的直接结果。启蒙哲学的历史任务就是为革命做言论准备，在社会历史问题上用理性批判封建神学。他们热情地欢迎洛克关于人类理性来源的著作，把唯物主义感觉论运用于社会生活方面。从这个意义上说，启蒙哲学家阐述自然观，坚持从世界自身阐明世界，乃是为把社会历史观从神学的约束中解放出来，从而奠定唯物主义的基础。正是为了顺应资产阶级大革命的理想需求，启蒙哲学家把精神投入在研究社会历史的问题上。他们的研讨成果包含有一整套以社会历史观为中心的社会政治伦理思想体系，其内容极为丰富，观念非常新颖，为唯物史观的产生提供了理论渊源。

一、伏尔泰

启蒙泰斗伏尔泰（1694—1778），他的哲学思想深受培根、洛克等人的影响，他认为感觉经历是认识的来源，而感觉经历又来自客观存在。他用经历论批判中世纪的经院哲学，责诘17世纪的形而上学。伏尔泰是最早丢弃唯心主义哲学、承受唯物主义思想的法国启蒙学者之一。他坚持唯物论反对唯心论的斗争对法国唯物主义者狄德罗、爱尔维修等人有较大的影响。他把英国的唯物主义引进到法国，对法国唯物主义的发展有一定贡献。在社会历史观方面，伏尔泰反对上帝的意志决定人类历史发展的天命论，认为人类历史是一部社会发展进化的历史，社会进步与神的意志没有丝毫关系，反对用

《圣经》的观念解释历史；认为历史发展有其本身的规律，即理性发展的规律，也含糊地认识到经济生活和阶级关系在历史发展中起着很大作用，并对社会发展抱有悲观主义的态度；深信历史在行进、社会在进步，人类终将到达一个理想的境地。

他作了世界史写作的尝试，并把文化和商业提到同政治、军事并重的位置。但是，伏尔泰并非一个彻底的唯物主义者，而只是一个自然神论者，他承认上帝的存在，并认为上帝是世界的缔造者，至于上帝是如何发明世界的那是不可知的。其名言“假如没有上帝，就应当发明出一个”，充分阐明了他所代表的大资产阶级的思想局限性。

二、孟德斯鸠

孟德斯鸠（1689—1755），是法国自然神论的早期代表人之一。他一方面承认上帝是世界的始因，又以为世界是受自然规律支配的，上帝也不能改动自然规律，上帝的活动也要受自然规律的限制。他认为世界是由物质的运动构成的，永久的物质世界的运动必定有不变的规律。他力图用自然法理论来阐明国家与法的来源和实质。他所说的自然法就是人类的理性，自然法单纯地渊源于人们生命的实质。人类虽具有取得学问的才能，但学问是不多的。他断言，在国度呈现以前，人们在自然状态下生活，自然规律（自然法）起支配作用。个人想到的是如何保管自己而不是想到自己生命的来源，每个人都感到脆弱怯懦，都有自卑感而不是相互攻击。因而，他把自然法归结为四条：第一条是战争；第二条是寻觅食物，设法养活自己；第三条是对别人的倾慕情感；第四条是过社会生活的愿望。在他看来，人们在自然状态中是战争、自由战争的，只是从自然状态过渡到社会状态之后，人们之间的战争状态开始了，于是才出现各种法律，而法律的出现才使对等得以恢复。

他认为，最好的政府应是君主依照英明的法律来统治的政府，并把英国的君主立宪制当作楷模。所以，他运用自然法理论来阐明国家与法的来源和实质的目的，是为了论证封建的国度和法律制度是不符合人类理性的，主张用资产阶级的国度和法律制度取而代之。当他用自然法理论研讨人类社会问题时，便得出天文条件决定政治制度的结论。他经过剖析各种天文、气候特性来解释其对社会制度的决定性影响。比方，热带民族由于怯懦、怠惰常常沦为奴隶；寒带民族由于刚强、耐劳则常常可以维护独立和自由。孟德斯鸠在一定程度上看到了天文环境对社会发展的作用和影响，以为国家立法要思索本国的气候、天文条件，本民族所从事的职业，人民的生活方式、宗教信仰、习俗习气等，这是有进步意义的。土地瘠薄使人勤奋、勇敢，追求自由，因此这里的国家常常实行民主政体；土地肥美则使人因生活宽裕而懦弱，因此这里的国度常常实行君主政体。但他夸张了气候、天文条件的作用，则是片面的。这是由于决定社会发展的是社会物质材料消费方式。

三、卢梭

卢梭（1712—1778），在研讨人类历史发展的过程中，提出了某些接近历史唯物主义的思想。在格劳秀斯、霍布斯等人社会契约论的基础上，卢梭提出了本人的“社会契约论”观念，以为社会契约不是在上者与下者之间的一种商定。在订约时，每个人都向全体贡献出自己的权利，因此他实践上没有向任何人贡献出本人；每个人失去的东西，从缔约的其他人那里又以等价物的方式得到了，依照这种契约分离成的“社会状态”，人就不会丧失他的自由等。而是共同体与其各个成员之间的一种商定，实际上就是人民同本人订立契约。社会以道德和法律的对等替代了自然所形成的人类体力和智力的不对等。卢梭认为，人类社会的不对等经历了一个发展过程：私有制的呈现——国度的呈现——暴君、暴政的呈现；并用辩证法思想阐明：专制制度必然走向它的背面，必然被推翻、被否认、被以高级的社会契约方式建立起来的对等社会所替代。这种理论关于启示法国人民起来推翻封建专制制度起了积极作用。卢梭是唯一试图以经济的缘由来阐明人类社会发展的启蒙哲学家。

以为人的消费力气是社会发展的基本动力。在自然状态下，人们为了“保管本人”，在与自然界的长期斗争中创造了绳索和钓钩，学会了捕鱼、食鱼，制造了弓箭，学会了狩猎；还学会了用火来煮肉、御寒，用兽皮来蔽体、护体，用石斧来伐木、筑屋。而随着各种工具的创造，消费和生活才能的进步，特别是“冶金和农业这两种技术的创造”，人们有了剩余，遂招致了私有制的产生，人类进入了新的社会状态。

四、拉·美特利

拉·美特利（1709—1751）是法国唯物主义的早期代表人物，著有《是机器》和《心灵的自然史》。他继承和发展了笛卡尔在其物理学中所说明的思想（物质是唯一的实体，是存在和认识的唯一依据），认为在整个宇宙里只要有一种特质实体，则一切都是它的产物和表现方式。美特利不但反对莱布尼茨的唯心论，还摒弃了笛卡尔承认有两种实体并且最终招致有神论的唯心主义和形而上学观念，指出笛卡尔的错误在于不了解物质和运动的关系，把两者形而上学地割裂开来。在确立了物质和运动不可分割的标准之后，他进而论述物质和精神、身体和心灵的关系问题，经过剖析大量的生理学和病理学资料，力图证明物质是认识的基础、心灵离不开身体的唯物主义原理。他断言物质不只具有广延性，而且具有使自己活动的内在动力。

他在观赏笛卡尔“动物是机器”的命题时，更进一步指出“人也不过是一架机器”，人和动物的不同之处不过是人这种机器比动物机器多几个齿轮、几条弹簧而已，其间只是位置的不同和力气水平的不同，而绝没有性质上的不同。他在把机械唯物论加以发展的同时，也就愈加暴露了这种理论的缺陷：运动只是机械的运动。

这就完全否认了人和动物的质的区别，承认了人的社会性，从而把人降低到动物的程度。他在重复阐述心灵对物质机体的依赖关系时，提出了唯物主义的认识论，既发展了洛克的感觉论，又克制其不彻底性。他认为，人的认识乃是“脑髓在幕上的种种真实变化，映绘在眼睛里的事物反射在这个幕上，就像从幻灯里射出一样”。他把事物对感官的刺激所引起的认识比作像“提琴里的一根弦或钢琴的一个键受到振动而发出一个声响一样”。他响亮地提出“没有感觉就没有观念”，批驳了天赋观念和客观唯心主义理论，具有积极意义。但当他宣布感觉是一切认识的来源时，又企图把一切认识都归结为感觉，未能正确了解理性和理性认识的关系以及理论对认识的决定作用，因此他的认识论是机械的、直观的和消极的反映论。

五、爱尔维修

爱尔维修（1715—1771）是法国唯物论的杰出代表，著有《论精神》和《论人的明智才能和教育》（简称《论人》）。他在继承和发展洛克感觉论的基础上系统地表达了法国唯物论者的社会政治伦理观念，其学说特征鲜明，别具一格。爱尔维修提出了以利益为中心的功利主义伦理学，其哲学目的是经过研讨人心、人的情感和人的幸福，确立一种人学和道德学体系，即一种感觉论的人学和功利主义伦理学。研究人的精神、人心，调查人的各种明智才能，阐明人的精神、美德和天才都是教育和环境的产物。爱氏所坚持的是比较彻底的、经历形态的唯物主义立场，肯定自然界中存在着各种各样的物体，而构成物体的最重要性质是广延性、密度和不可入性。寻求人到达幸福的途径，是爱尔维修全部哲学的主题。他认为，运动是物质的固有属性，“运动像引力一样，为物体所固有，运动就是一切存在物的缘由”。

但是，他把物体的运动看作只是数量的变化，不承认质变飞跃。他把人们的一切精神才能都归结为精神的感觉才能，认为精神的一切活动就在于人们有一种才能来察知自然界所提供的各种对象，即得到各种感觉和观念，并将其进行比较。这种比较就是判别，判别只不过是感觉。在人的身上，一切都归结到感觉。总之，在认识才能、认识过程和认识结果上都是唯感觉论。他的这种机械唯物论的反映论是反对唯心论和宗教神学的有力武器。因为人的精神归根到底不过是感觉才能，而感觉才能乃是具有一定构造的物质的属性。所以，分开人的身体就不可能有什么独立存在的精神实体，所谓“上帝”、“灵魂不死”等完全成为不可思议的了。爱氏将其唯物论的感觉论原理直接应用于社会政治问题，从而提出了一套适合于18世纪法国资产阶级革命请求的社会政治观念。他首先提出的是具有资产阶级人性论颜色的利益观（也叫“自爱标准”）。其大意是：凡人都具有精神的感受性，经过它，人能取得快乐或痛苦的感觉，愿望满足了就感到快乐，否则就感到痛苦。这种感受性差遣人们经常避苦求乐，力图自我保管。

利益是支配人类一切行动的唯一原则，也是人类的唯一推进力，从而把利益提到普遍规律的高度。人在各方面追求利益，都是自爱的变形。他的利益观念似乎是就道德而言的，但其真实的内容乃是指理想的人的吃、穿、住以及爱情、荣誉、权利，等等。这是在关于社会历史问题调查中一种令人瞩目的理论停顿。此外，爱氏还从其理性标准动身，得出“人是生而平等的”和人的差异都是后天取得的思想，提出“人是环境的产物”这一著名原理。他所说的环境主要是指政治、法律、文化等上层建筑。他以为要消灭社会上的罪恶，就必需改动政体和立法；而法律的完善靠的是人类理性的进步。在此根底上，他提出“意见支配世界”和“教育万能论”的思想，声称：道德的人完全是教育和模仿的结果。这种思想又直接导致他的“天才论”和“英雄史观”。因而，爱氏的机械唯物论在触及社会历史问题时仍未能跳出唯心主义的圈子。但爱氏表述的对等思想、由改造环境上升到资本主义替代封建制度的请求是资产阶级启蒙思想的重要组成部分。不止如此，他的唯物主义思想直接成为社会主义和共产主义的财富，空想社会主义者圣西门、傅立叶就是从爱尔维修的这些思想出发的。

六、德尼·狄德罗

《百科全书》的创导者和组织者德尼·狄德罗（1713—1784），是法国唯物主义的首领人物，主要著作有《哲学思想录》、《达朗贝尔和狄德罗的说话》、《对自然的解释》、《关于物质和运动的哲学原理》、《拉摩的侄儿》等。他坚持世界只是一个根源的观念，认为整个宇宙实体就是物质实体，超自然的独立的精神实体是基本不可能存在的。在肯定物质是多样的基础上，他提出“异质分子说”，认为物质的最小微粒即分子在性质上是多种多样的，由于它们的分离就产生各种不同的事物。人应当在自然中而不是在头脑中把握物体；物体是存在的、多样的，具有各种特性和活动的。元素不但有量的差别，而且有质的差别。物质的运动是绝对的，静止是相对的。

“静止与运动的真正区别，在于绝对的静止只是一个笼统的概念，基本不存在于自然中，而运动则是一种与长度、宽度和高度同样存在的性质。”在论证运动的普遍性、绝对性和永久性时，他继承了笛卡尔“能量守恒”的思想，并指出运动方式的多样性：位置挪动；内部运动（冲动），包括升华、合成、化合、毁坏、组合，等等。狄德罗克服了公元17世纪唯物主义关于物质被动的惰性方面的缺陷，坚持从物质到感觉和思想，辩证地处理物质与运动、物质与认识的关系问题。难能可贵的是，他在坚持唯物主义的同时，反对各种神学观念和主张所谓“第一推进力”的“自然神论”，具有唯物主义与无神论分离的性质。狄德罗以为，感受性也是运动着的物质的属性，一切物质普遍具有感受性，并将其分为“愚钝的感受性”和“活泼的感受性”两种，企图以此来阐明无机界与有机界之间的联系。

他固然肯定认识来源于感觉，但并没有完全堕入狭隘的经历论，而是关于理性认识的局限性具有一定水平的理解，因而提出对自然的察看、考虑和实验的三种认识办法，提出认识不能中止在感觉上面，必须在经历的事实上加以考虑，然后予以实验的证明。他还从感受性标准出发，肯定认识开始于感觉经历，以为人的概念只要与外界的东西联系起来才能坚实牢靠，反对要事物来顺应于人的观念的客观唯心主义认识论，坚持了唯物论的反映论。狄德罗的小说《拉摩的侄儿》被恩格斯誉为“辩证法的杰作”，它充分揭露了法国封建社会内部的矛盾，鼓吹资产阶级的人性论。但在社会历史观上，他不供认人民大众是推进社会发展的主要动力。

七、霍尔巴赫

霍尔巴赫（1723—1789）是出色的唯物主义哲学家和无神论者，著有《自然体系》、《自然政治》、《社会体系》、《道德政治》等。他翻译引见外国的先进自然科学成果，为《百科全书》撰写条目。他力图在自然的基础上，树立起一个反对宗教和唯心论的自然观和反对封建专制暴政的“自然政治”，即“自然体系”。他认为，自然就是物质世界的整体，就是变化无常而又以无限的办法配合着的各种物质的总和。这个自然是唯一的客观存在，是万物的根源。他强调构成自然的是物质和运动以及二者不可分的原理，认为所有自然现象，包括人的一切活动在内，都只受力学规律的支配。他在阐述本人的客观规律性和因果必然性时，有意将锋芒直接对准宗教神学，指出一切都是按自然的必然规律停止的，超自然的东西（奇特和神迹）是不存在的。在霍尔巴赫看来，一切都是被机械地决定了的，一切因果联系都是必然的。他把机械唯物论直接应用于人，鼎力批驳了“灵魂不灭”和“意志自由”等宗教唯心主义思想。

由于他把人看作是自然的存在，所以也就没能认识到人的社会性与阶级性。但他又认为人完全附属于普通的自然规律，从而把人也看成是一种机器，把人的思想认识归结为物理的和生理的要素。但是，他在坚持自然规律的基础上，从人性论动身，制定“自爱”标准，指出封建制度毁坏了人的自由、对等、私有财富等自然权益，因而必须加以推翻。作为一名坚强的反对宗教迷信的无神论战士，他根据唯物主义理论，深入地揭露宗教迷信的种种危害与罪行，以及宗教的反动作用及其与专制政治的亲密关系。从而为资产阶级的反动提供了坚实的理论基础。在霍尔巴赫的努力下，18 世纪法国唯物主义世界观系统化了，并树立起一个严整的机械唯物主义哲学体系。这就是他在哲学上的最大成就。

他是 18 世纪法国最激进、最彻底的唯物主义者和无神论者。他在继承 17 世纪以来的机械唯物主义和唯物主义经历论的基础上，使唯物主义的各种成果系统化，确立起唯物主义的思想体系。他的无神论思想和反封建、反神学的彻底性震动了当时的欧洲。首先，人文主义者注重从理性的角度研究人，强调人本性中的情感、意志等，主要经过文学、艺术、伦理思想等范畴来描画和表现人；而启蒙哲学家则注重从悟性的角度研讨人，强调人本性中的理性方面，认为"一切都必须在理性的法庭面前为本人的存在作辩护或者放弃存在的权益"。综上所述，18 世纪法国启蒙哲学家在社会历史观上属于人本主义范畴，这是他们把本人的唯物主义学说应用到社会生活方面的一种尝试和表现，是文艺复兴时期人文主义的继承和发展。思想上的悟性成了"权衡一切的唯一尺度"。这无疑比人文主义行进了一大步。其次，启蒙哲学用理性彻底批判宗教神学，最终具有与无神论相分离的性质。

他们从"人"出发，阐明社会发展的基本动力和国度的来源问题，其锋芒直接指向当时封建专制制度的精神支柱——天主教会。他们宣传人所赖以生存的天文环境决定论，宣传人的利益是社会发展的唯一推进力，宣传人与人之间的社会契约，等等，这无一不是反对上帝安排一切、干预尘世、君权神授等当时具有普遍影响的神学谬论的。他们系统地剖析宗教的来源和实质，指出"无知"和"恐惧"是宗教的两个来源，上帝是人所想象出来的"虚拟物"，宗教是"崇高的瘟疫"，它挑起尘世间的战争，败坏人类道德，宣传愚蠢，扼杀科学，协助专制制度奴役人民，是万恶之源，并批驳了"人民需要教"的老生常谈。这种用理性反对愚蠢，促使人们从宗教神学所形成的精神压制中觉悟起来的强劲思潮正是启蒙运动的鲜明特征。最后，启蒙哲学用理性无情地批判封建专制制度，具有与公开的理想的资产阶级政治相分离的性质。

作为资产阶级反动的思想家，他们以人为本的理论就是对轻视人、蔑视人、使人不成为人的封建专制制度的否认。他们把封建贵族看作是必需割除的社会毒瘤，倡导人民主权，鞭挞"朕即国家"，向往理性国度——资本主义民主共和国，这些都成为法国大反动的直接先导。它是 19 世纪黑格尔辩证的唯心史观之前内容最系统、观念最新颖的一种社会历史学说，包含着许多珍贵的历史唯物主义萌芽和引人注目的思想，如人性本善、人类智力的自然对等；关于经历、习气、教育的万能，关于外部环境对人的影响，关于理性的进步和工业的进步分歧，关于个人愿望、吃苦、利益的合理性等学说，都是对西方优秀传统文化的批判继承和发明发展，同以后的社会主义、共产主义理论之间有着必然的联系，值得我们注重。总之，启蒙哲学在以人性论为理论基础阐明社会历史问题时，虽未使社会历史观成为科学，却把当时占统治位置的神学史观否认，树立了注重人以及人与人关系的人学史观，这是在社会历史问题研讨中的一个严重理论进展，是向唯物史观发展中的一个必要历史环节。

A brief history of Western civilisation

第九章

工业革命时期的文化

在18世纪后半期，瓦特发明蒸汽机并且和工具机连接的生产技术体系得到广泛使用，带来了所有的大机器，包括火车、轮船等都因为装配了蒸汽车而使整个工业生产、社会生活大为改观，从而出现了第一次工业革命（也称产业革命）。其后，西方社会进入到一个科技密集发明创造的时代。人类社会由铁器时代进入机器时代。承载着第一次工业革命成果，西方社会在19世纪70年代进入到第二次工业革命时期，也称为第二次科技革命时期。如果说蒸汽车的发明和广泛应用主要是为了解决工业发展而带来的机械动力问题的话，那么第二次工业革命要解决的科技问题便要宽广得多，主要体现在物理学、生物学、医学和化学各领域。

第一节　两次工业革命的发展及其影响

第一次工业革命开始于英国工业化时代。在瓦特

（1736—1819）将自己发明的蒸汽机改进为一切动力机械的所谓“万能原动机”及其被广泛应用，标志着西方社会进入工业革命时期。科学技术的发明呈现集中化的特点。19世纪自然科学的三大发现便出现于这一时期。能量守恒和转化定律是通过由3名科学家的实验还有大量的研究而发现的。德国医生迈尔（1814—1878）根据自己对人体生理的热化学现象（主要是血液）的观察，联想到了植物生长与太阳的关系，并结合当时物理学提出的一些热学理论做了一些简单的实验，初步发现能量守恒和转化定律。英国人焦耳（1818—1889）用实验的方法测量出了用电和机械功所产生的热量，证实了热能、机械能、电能之间的相互转化，得出了著名的焦耳定律，也就是电流通过导线所产生的热量与电流强度的平方和电阻成正比。在吸收了前人研究成果的基础上，焦耳发现了能量守恒和转化定律。天才的数学教授汤姆森（1824—1907年）则由于怀疑、反对焦耳的研究，转而承认错误，与焦耳共同开展实验和研究，并于1853年两人终于共同完成了能量守恒和转化定律的精确表述。

而且它与18世纪中期发现的质量守恒定律（即化学反应中，参加反应前各物质的质量总和等于反应后生成的各物质质量的总和）一样，是经过科学实验来证明宇宙物质构成的本源性问题，对人们正确认识宇宙万物的本源提供了实证性依据。能量守恒和转化定律证明了物质运动变化发展的客观性、守恒性还有统一性，使人们对构成宇宙万物的物质有一个根本性的正确认识。对社会影响更大的是，如果说这两个定律对于当时可以开展的所有研究领域都有效，那么，它们便很容易被作为普遍的定律来使用。这在人们高度重视、尊重科学实验结果的时代，对西方教会一直坚持的唯心主义创世学说是一个巨大的打击和否定。19世纪，生物学发展很快，成就也最大，主要有细胞学说及生物进化论。17—18世纪，生物学家早已发现了细胞，但由于技术水平不高，人们无法看清细胞的内部构造。19世纪20年代，动植物解剖学与显微镜技术的提高，使人们观察到细胞中有生命的质块（即细胞核）。德国植物学家施莱登通过多年对植物细胞的研究，于1838年提出，细胞是所有植物的基本的生命单位。1839年他又将细胞学说扩大到了动物界。

这样，整个生物界都以细胞学说作为基本的微观理论。细胞学说表明世界是一个统一的整体，一切生物的基本单位是相同的。生物学的另一个重大发现是进化论。1809 年，法国人拉马克第一个提出系统的生物进化学说，在他的《动物哲学》中，他肯定了生物是通过演化而来的，而环境对生物的进化产生了相当大的影响。18—19 世纪之交，多种生物学说蜂拥而起，其中生物进化学说还是最重要的。英国地质学家赖尔在 1830 年出版《地质学原理》一书，从地质学的角度提出了生物进化论。达尔文（1809—1882）作为生物进化论的奠基人，他自 1831 年开始出国考察研究，历时 5 年，收集了丰富的资料，回国后经过 20 多年的研究，在 1859 年出版《物种起源》一书。该书通过大量的资料证明了现存的生物是经过长期演化而来的，这种演化是因为生物界出现的普遍变异，是经由自然生存斗争的结果。

达尔文指出，变异的个体适者生存，从而使得生物向进化发展。达尔文的生物进化论第一次系统地阐述了整个生物界发展的规律。再加之第一次工业革命的推动，西方科学技术的发展势头更猛，涉及科学研究的领域更为广泛。在第二次工业革命时期，科学技术发展到了一个更高的程度。在物理学方面，英国人法拉第（1791—1867）通过实验发现了磁感电流，于是取得了实验电磁学的最重大突破，被称为电磁感应定律。1863 年，英国人外尔德研制出了具有磁电激磁机的发电机。1867 年，德国的西门子发明出了具有划时代意义的自激式直流发电机。在技术发展史上，西门子发电机相当于瓦特的万能蒸汽机的地位。1895 年，德国人伦琴（1845—1925）通过研究前人发现的冷光现象，偶然性地发现了 X 光。19 世纪末，在微观物理现象中，产生了三项重大发现，即 X 光、放射性与电子。

而 X 光的发现又推进了放射性的发现：法国人贝克勒尔（1852—1908）等人通过实验发现了铀和他放射性元素的放射性。1897 年，英国人汤姆逊（1856—1940）发现了电子。电子的发现，对进一步推动居里夫妇和卢瑟福等人对放射性和放射性物质的研究起了很大的推动作用。与此同时，许多科学家在生物学、医学和化学领域都得出了大量的研究成果和发明创造。电力、炼钢和化工技术也因此成为带动整个工业发展的三种主要力量，而电力技术则起了核心性作用。

工业革命发端于英国，然后扩展到整个欧洲和北美各地方。到了第二次工业革命开始时，德国实际上已经成为工业革命的中心。例如，电力技术的科学源头在英国，除此之外内燃技术的科学源头在法国，但把这两方面的理论科学成果和实验成果转变为技术科学成果，并最终转化为直接的社会生产力的国家则是德国。1851— 1900 年的 50 年间，英、法、美、德四国在科技方面取得的重大成果为：英国 106 项，法国 75 项，美国 33 项，而德国 202 项，比英、法两国的总和还要多得多。很快，德国便成为后来居上的科技强国与经济大国。科学技术的飞速发展，促进了欧美乃至整个世界社会生产力以从未有过的加速度大发展，对社会、经济、文化教育各方面产生深刻的影响。人们的价值观、世界观和人生观也随着发生了急剧变化，主要表现在以下几个方面：首先，科学技术的发展，让人们认识到世界是物质的，现实的物质世界是由自然界进化并且演变而来的，人类也不是由上帝创造的，只是生物进化的结果。人们逐渐放弃了上帝创造人的思想，理性也使得他们放弃了对宗教的神的崇拜。

自宗教产生以来，人类一直觉得世界是神创造的，而人类本身也是神创造的，虽说不同的宗教对世界及人类的解释有所不同，但对于世界的来源一致认为“是神创造的”。这是人类不了解自然，而又想得知世界本源的必然结果。统治阶级为了巩固自己的统治地位，也利用宗教中有关上帝创造世界及人类的说教来欺骗人们，以来世的希望来消灭人们的斗争。但是还是启蒙时代的学者，他们都无法认识世界的物质性。因为近代资本主义的发展，资产阶级迫切需要摆脱宗教的束缚，进步的思想家竭力攻击宗教的罪恶，但不论是马丁，还是其他人。因而他们都不是无神论者，也就不可能彻底和宗教决裂。即使是 19 世纪初的人们，在他们还不能接受自然科学的这些重大发现以前，同样是无神论者。能量守恒和转化定律的发现，尤其是生物的进化论与细胞学说的产生，使人们认识到世界的物质来源，还有就是人类的真正起源，走上了唯物主义的认识道路。均从能量守恒与转化定律中得来。

人们可以发现，世界的一切事物都是相互联系的、互相转化的，一种事物的消灭并不是物质的消失，而只是转化而已。细胞学说认为生物由基本的生命单位构成，并非人的意志或是神的意志才构成生命。达尔文的生物进化论回答了人类几千年来苦苦追寻的答案：一切生物均是由低级到高级并且通过生存竞争演化而来的，其中也包括人。这些科技的重大发现使人们终于有可能从物质的本身去研究事物。这一切费尔巴哈、马克思和恩格斯早完成了。

19 世纪末，德国的哲学家尼采对全世界大声疾呼：“上帝死了!”我们且不说今天的人如何理解尼采这个论断，但其中有一点必须注意，即由于科技的发展，很多人早已不再信奉宗教了。也有一些人虽然宣称信奉宗教，但他们仅以宗教作为其道德依托而已。今天西方的一些学者更多地认为，造成这种情况是工业革命的负面影响，还有就是经济发展的必然结果。其实，经济发展本和无神论之间并没有直接的关系，然而探寻人类及世界的本源问题是人类永远的目标，这个问题既不因经济发展而得以解决，从而使得人们坚信唯物主义，也不因经济发展而使人类放弃对世界以及人类本源的追求。只有科学技术的发明与发展，并且利用其成果来加深对宗教的认识和批判。今天，在经济高度发达的西方国家里，大多数人依旧信奉宗教，并时有发生邪教徒集体自杀的现象，就是最好的例证。

同时，只有当我们树立了科学的世界观和人生观，才能把宗教信仰排除于思想意识之外。其次，科技发展对人们世界观的重大影响则是使人们认识到世界是统一的这一问题。在这个问题上，能量守恒和转化定律、细胞学说及进化论对人们的影响均显得十分巨大。19 世纪初以前，人们对世界的认知是孤立、片面的。人们看事物一般都是就事论事，很少从事物内在的联系去分析从而解决问题。而能量守恒与转化定律却使人们认识到，世界上的所有事物都是互相转化的，它们之间并不孤立。细胞学说则让人们认识到，一切生物的本身构造是基于同一种生命组织，它们之间有一致的地方。生物进化论则向人们揭示了一切生物的进化均是与其他事物联系在一起的。黑格尔、马克思和恩格斯等人吸收这些成果，从而构成了辩证法的重要依据。最后，科技发展使人们认识到事物内部矛盾的运动规律，使人们确立了发展的观点。在这一点上，达尔文的生物进化论影响很大。

在 19 世纪中期以前，人类对世界的认知不仅是片面的，而且也没能以科学的发展着的观点来认识世界，尤其不能认识事物内部矛盾的运动规律。人类早期辩证法中关于发展的观点是朴素的，因为他们没有揭示事物运动发展的内在规律，他们眼中的发展，侧重于表面的发展，没有真正区别质与量的划分。人类对社会的认识也是这样。18 世纪，启蒙学者对近代文明做出了巨大贡献，但他们也认识不到事物是怎样运动的。达尔文的生物进化论解释了这一问题。从生物进化的过程，人们可以看到整个生物界均在发展，而且是由低级向高级发展。这揭示了事物运动的总体向上的方向性。进化论告诉人们，生物在进化过程中是生物自身矛盾的发展结果，自然界提供给了生物一个竞争的场所，但起决定作用的仍是生物自身。黑格尔没有意识到这一点，他的辩证法中的发展是无方向的，一个封闭的圆圈，事物循环往复地发展。

他们汲取了达尔文的观点，并扩大了它的适用范围，从而实现了向辩证唯物主义者的转变。马克思和恩格斯十分看重生物进化论，达尔文发表《物种起源》后，马克思、恩格斯两人彻夜不眠，共同讨论达尔文的成就对人类社会的影响。达尔文的生物进化论中强调“物竞天择，适者生存”的生物进化过程。有些剥削阶级的代表即从此处为出发点，强调人类社会也应采取这一进化原则，从而认为资产阶级对工人阶级的剥削是合理的、正常的自然秩序。这些人被称为社会达尔文主义者。他们的思想影响很大，传至世界各国，我国20世纪开始时也有过这种思想的传播。这种将自然秩序移植到人类社会的理论观点无疑是不科学的。工业革命时期是科学技术发展史上的重要时期，现代科学的重要领域几乎均在那个时代奠定了基础。这些科学技术的发展，不仅促进了经济的发展，同时也使人们最终摆脱了中世纪神学思想的束缚，彻底和神学决裂。人们便对世界有了崭新的认识，马克思主义就是这种认识的最高点。

一、工业化时代文化的背景

开始于18世纪中期、完成于19世纪末20世纪初的第一次与第二次工业革命推动了西方资本主义经济的迅速发展，使得西方主要资本主义国家从农业文明转向工业文明，从自由资本主义阶段过渡到垄断资本主义阶段。工业化时代文化的背景之下，有三点需要特别强调，那就是工业发明、自然科学的发展以及工业化社会的到来。西方工业的发明开始于18世纪60年代英国的工业革命，则是从纺织业中的工作机的发明以及瓦特改良蒸汽机开始的。

这场革命迅速蔓延至欧美，各种新发明、新创造层出不穷，在很大程度上改变了西方的社会面貌。工业发明大致分为以下几个方面：在纺织工业领域，除了英国一系列发明外，还有轧棉机、印花机、亚麻精纺机等，实现了纺织业的机械化；在金属加工业领域，各种钻床、车床不断得以改进；在动力装置方面，蒸汽机的效率不断提高，内燃机应用而生，电动机也有了发展；冶金业有了显著提高，钢铁产量猛增；化工产业作为新兴生产部门，在玻璃制造、炸药、染料、人造肥料等方面的成就更加明显；在印刷业方面，排字机、轮转印刷机带来印刷业的进步，同时也激发了造纸工业的蓬勃发展；交通运输业方面，蒸汽机车、蒸汽轮船相继出现，铁路建设迅猛发展。除上述技术出现外，还产生了很多重要的技术发明，如电话、留声机、电灯、照相术等。技术的发明创造均离不开自然科学的发展。

19 世纪前期自然科学最重要的成就应属三大发现，即细胞学说、能量守恒以及转化定律、生物进化论。细胞学说由德国植物学家施莱登和动物学家泰奥多尔·施旺共同提出。细胞学说认为，细胞是生物体的基本构成单位以及功能单位，揭示了生物界在细胞层次上的统一性和共同起源，对神创论和形而上学是一个强有力的驳斥。能量守恒和转化定律由英国科学家威廉·汤姆逊提出，认为物质运动的总能量守恒，物质运动形式相互转化的能量是一直存在的，是物质本身所固有的，从而揭示了自然物质运动的统一性，从而证实了哲学上的运动不灭原理。达尔文的进化论认为，物种是一直变化的，是不断由简单到复杂、从低等到高等渐变的过程，自然界的种种生物都是通过这个过程演变而来的。在整个进化过程中，适合生存的生物得到保留并形成新种，不适合生存的生物则会被淘汰。

19 世纪前期自然科学的三大发现，为辩证唯物主义的产生提供了自然科学的理论基础，受到马克思、恩格斯的高度评价。工业发明和自然科学的进步使得西方社会顺利地由农业社会转向工业社会、由蒸汽时代过渡到电气时代。工业化过程的顺利发展离不开科学的进步，大量的科学理论和技术发明被应用于实际生产，使得物质产品产量急剧增加，物质文明更加丰富。工业化带来了城市化，城市将生产、居住、服务、消费集于同一地域，一方面产生显著的经济效益和社会效益；另一方面则由于社会生活越来越复杂，出现了很多社会问题：社会不公、贫富差距扩大、拜金主义盛行、道德沦丧等。

这些问题的出现冲击着“自由、平等、博爱”的政治主张。如何解决这一矛盾，构成了 19 世纪西方文化的主要内容，思想文化领域中的自由主义以及保守主义、自由经济理论、空想社会主义的济世方案、浪漫主义还有批判现实主义都围绕这一主题展开。19 世纪末，西方社会经历了一个民主化进程，前后进行了一系列的社会改革。所有这一切，都对西方文化产生了深刻的影响。

二、工业化时代文化的特征和思潮

工业化时代的西方文化特征主要表现在两个方面：

其一是理性受到前所未有的尊崇。工业化时代也是科学的时代，随着科学技术的飞快发展，西方文化取得了丰硕成果。19 世纪在科学技术上所取得的成就改变了人们对世界的看法。首先，人们认识到世界是物质的，是由自然界进化而来的，而不是由上帝创造的，人们逐渐放弃上帝造人的错误观念，宗教崇拜成为可有可无的个人信仰。其次，人们认识到世界是统一的。最后，人们认识到事物是在矛盾的运动规律中发展的。19 世纪以前，人们对世界的认识是片面孤立的，很少会去从事物内在的联系去分析和解决问题。自然科学取得的重大发现为人类认识和改造社会提供了参考，人们对科学理性怀着敬意和乐观的看法。

其二是西方文化开始呈现出多元化特点。18 世纪时，因受启蒙运动宣扬的世界主义思想的影响，西方文化往往会超越国界，呈现出一致性色彩。

19 世纪时，由于各国所经历的资本主义发展阶段不相同，以及“自由、平等、博爱”向自由主义、社会主义、民族主义等不同方向的演化，各国文化异彩纷呈，都拥有了各自的文化重心，如英国的经济理论、法国的文学艺术、德国的思辨哲学等，使得西方文化色彩斑斓、相得益彰。美国民族文化也蓬勃兴起，并迅速跻身于世界之林，为其在 20 世纪主宰西方文化奠定了基础。浪漫主义作为欧洲的一种文艺思潮，产生于 18 世纪末到 19 世纪初的资产阶级革命和民族解放运动高涨的时代。工业化时代的文艺思潮主要是浪漫主义和现实主义两种。它在政治上反对封建专制，在艺术上与古典主义成对立状态，属于资本主义上升时期的一种意识形态。浪漫主义文学以抒发个人感情、表达个人的理想为主题，是 19 世纪初欧洲社会发展现实在文学领域的映射。欧洲的浪漫主义思潮，是人们在对启蒙运动“理性王国”的失望，对资产阶级革命中的“自由、平等、博爱”口号的幻灭和对资本主义社会秩序的不满的历史条件下产生的。

当时的现实，正如恩格斯所指出的：“与启蒙学者的华美约言比起来，由‘理性的胜利’建立起来的社会制度和政治制度竟是一幅令人极度失望的讽刺画面。”浪漫主义文学分为积极浪漫主义和消极浪漫主义。积极浪漫主义作家敢于正视现实，批判社会的黑暗，反对资本主义社会中残存的封建因素，并且对资产阶级本身所造成的种种罪恶现象也有所揭露，因而充满反抗战争的激情，寄希望于未来。消极浪漫主义者不能正视社会现实的尖锐矛盾，采取消极逃避的态度。他们从对抗资产阶级革命运动出发，不满现状，留恋过去，美化中世纪的宗法制，幻想在古老的封建社会中去寻找精神上的安慰与寄托，实际上是被打倒的封建贵族阶级没落的思想情绪在文学上的反映。现实主义（又称批判现实主义）是 19 世纪 30 年代第一次在法国、英国等地出现的文艺思潮，后波及俄国、北欧和美国等地，成为 19 世纪欧美文学的主流。它汇集了 18 世纪以前的文学经验，抛弃了古典主义的理性原则，克服了启蒙时代现实主义的说教成分和浪漫主义的主观性。

19 世纪的现实主义思潮既是历史的继承，又是现实的创新。它从古典主义和启蒙时代文学中接受了社会分析因素，从浪漫主义中汲取了一些激情，但它逐渐丧失了前代文学中特有的乐观主义，沾染上了无法摆脱的悲观主义。现实主义从事物的运动和发展中，根据人与环境的多种关系去描写人及其典型性格，再现社会生活的真实。现实主义在对现实作出尖锐的揭露和批判方面，达到了前所未有的高度。现实主义在绘画，尤其是文学方面取得了非常高的成就。批判现实主义文学在 19 世纪中期出现并快速发展，这既是该时期欧洲资本主义社会的发展结果，也是这种发展在文学领域的体现。

三、工业化时代的文化成就

19 世纪是资本主义全面确立和蓬勃发展的时期，与此同时，无产阶级也登上了历史舞台。无产阶级和资产阶级的对立，使得 19 世纪的西方文化更加丰富多彩，各种思潮纷纷涌现，文学、艺术也都取得了很高的成就。在政治思想方面，保守主义与自由主义并存。由于收到法国革命的冲击，资产阶级在政治思想、哲学思想上表现出了很多保守、没落的倾向，他们崇尚过去，反对改革，认为君主制、贵族和教会作为传统的制度，都有其存在的价值。自由主义是资产阶级的主流意识形态，它强调个人自由，主张社会改革，实现启蒙运动和法国大革命的诺言。为了防止暴政的产生，自由主义者要求以成文宪法的形式来保证人民享有言论、出版和宗教自由，并保护其私有财产。自由主义理论对 19 世纪西方社会改革、政治民主化，乃至经济生活、经济理论都产生了很大影响。

在经济理论方面，T. R. 马尔萨斯（1776—1834）提出人口论学说，认为贫困是铁的自然规律，是人口对资源造成压力的结果。与此同时，也有很多有识之士指出，私有制是造成贫困和灾难的源头，其中最有代表性的理论则是圣西门（1760—1825）、B. J. 傅立叶（1772—1837）、罗伯特·欧文（1771—1858）的空想社会主义。在哲学方面，德国的古典哲学取得了非常大的成就，主要代表是伊曼纽尔·康德（1724—1804）是德国古典哲学的始祖，在自然哲学、认识哲学、美学哲学等方面都有卓著的成就。康德、弗里德里希·黑格尔和路德维希·费尔巴哈、黑格尔（1770—1831）使得德国古典哲学中的辩证法思想达到顶峰，并对马克思主义哲学产生了重要的影响。费尔巴哈（1804—1872）建立了唯物主义的哲学。费尔巴哈哲学思想中的这种"基本内核"。后来成为马克思主义哲学文献的重要来源。19 世纪西方哲学还有杰里米·边沁（1748—1832）的功利主义、阿图尔·叔本华（1788—1860）和 F. W. 尼采（1844—1900）的唯意志论、奥古斯特·孔德（1798—1857）和赫伯特。

斯宾塞（1820—1903）的实证主义，需要特别指出的是，19 世纪诞生的马克思主义是一种新的哲学，是无产阶级认识世界的科学方法论。它也是一种崭新的社会观，是无产阶级改造社会的思想指南针。在文艺领域，浪漫主义和批判现实主义首尾相连，各领风骚。英国浪漫主义诗人的著名代表是 G. G. 拜伦、P. B. 雪莱。拜伦（1788—1824）的代表作是《唐璜》，雪莱（1792—1822）的代表作有《西风颂》、《被解放的普罗米修斯》等；法国浪漫主义文学的代表人物是维克多·雨果（1802—1885），代表作有《悲惨世界》、《巴黎圣母院》等。德国浪漫主义的杰出代表是海因里希·海涅（1797—1856），政治诗《德国——一个冬天的童话》是其代表作。浪漫主义绘画产生并流行于 19 世纪中期的英国和法国，是一种与新古典主义相对抗的艺术流派。泰奥多尔·席里柯（1791—1824）的《梅杜萨之筏》宣告了浪漫主义绘画在法国的产生。

法国是批判现实主义文学最为发达的国家。英国浪漫主义绘画的著名代表是威廉·透纳（1775—1851），他的作品以风景画为主，他创作的《嚷海上的火》、《贩奴船》就是这方面的杰作。主要代表人物有司汤达、奥诺雷·德、巴尔扎克和古斯塔大·福楼拜。司汤达（1783—1842）的主要作品是《红与黑》，巴尔扎克（1799—1850）的代表作是《人间喜剧》，福楼拜（1821—1880）的代表作是《包法利夫人》。英国批判现实主义文学的代表有查尔斯·狄更斯（1812—1870），主要作品有《大卫·科波菲尔》、《董贝父子》、《荒凉山庄》等。威廉·萨克雷（1811—1863，代表作是《名利场》）；夏洛蒂·勃朗特（1816—1855，代表作是《简·爱》），艾米丽·勃朗特（1818—1848）代表作是《呼啸山庄》。现实主义绘画兴起于19世纪初，盛行于19世纪中叶。奥诺雷·杜米埃（1808—1879）和古斯塔夫·库尔贝（1819—1877）是法国现实主义绘画领域的杰出代表。英国现实主义绘画的重要代表是约翰·康斯坦布尔（1776—1837）。德国现实主义画家的主要代表是阿道夫、冯·门采尔（1815—1905）和凯绥·珂勒惠支（1867—1945）。

第二节　工业革命时期的经济和社会理论

一、古典政治经济学理论

古典政治经济学产生于17世纪中叶的英国。最初萌芽产生于威廉·配第的著作之中。半个世纪后，法国的皮埃尔·布阿吉尔贝尔成了法国古典政治经济学的创始人。到18世纪下半叶，经过一个多世纪发展的古典政治经济学，被亚当·斯密建立了完整的理论体系。19世纪前期，因为产业革命的发展，推进了资本主义制度和生产方式的发展，政治经济学的发展因此导致以下的直接后果：一方面，大卫·李嘉图集古典政治经济学之大成，把它推向巅峰；另一方面，在19世纪30年代以后，与古典政治经济学相对立的庸俗经济学产生并迅速占据了经济学统治地位。但是，古典政治经济学的成就不但对17—19世纪西方资本主义的发展产生极大影响，而且自20世纪70年代以来，亚当·斯密当年主张的经济自由主义在西方备受尊崇，要求重建企业的自由经营和自由市场制度的浪潮声越来越高。

配第（1623—1687）是古典政治经济学的奠基人，被称为“英国政治经济学之父”，他的主要著作有《赋税论》、《政治算术》和《货币略论》等。他指出，一种商品的价值是由生产这种商品的劳动时间决定的，而商品的价值量的大小取决于劳动时间的长短。他竭力从劳动价值论出发，阐明了商品、价格、工资、土地价格等经济现象。配第进而又论述了货币的价值也是由劳动时间决定的。但是，配第的劳动价值论并不成熟，也没有形成一套完整的理论体系。但可贵的是，配第发现了剩余价值的源泉，他是通过对地租这一特殊形式的剩余价值的分析得出这一结论的。可惜的是，配第并没有明确地提出剩余价值这一概念。法国的古典政治经济学是从布阿吉尔贝尔（1646—1714）开始的，他的主要著作有《法兰西详情》（1714）。他反对重商主义，并主张重视农业在经济发展中的地位。

他和配第一样也发现了劳动决定价值的理论，但是他否认货币的经济作用，说它是魔鬼。他的理论因此同样也不系统。资产阶级的古典政治经济学理论之所以会产生于17世纪中后期的英国和法国，与这两个国家的资本主义发展比较顺利密切相关的。特别是由于英国最早完成了资产阶级革命，并建立了资本主义制度，它的资本主义生产方式的发展也比其他国家更为先进，经济发展特征也更明显，经济形态也更成熟，因而英国的古典政治经济学也发展得最为充分。在创立和完善古典政治经济学中，亚当·斯密与大卫·李嘉图的贡献最大，成就最突出。亚当·斯密（1723—1790）是英国工业革命早期最伟大的经济学家，他曾在爱丁堡大学讲授逻辑学和道德哲学，于1766—1776年闭门潜修，1776年3月，他发表了不朽名著《国民财富的性质和原因的研究》（中译本又译为《国富论》）。

他认为，劳动是一切财富的源泉，一个国家国民财富的增长，取决于劳动生产率的提高和生产者的人数，两者之中又以劳动生产率更为重要。在《国富论》中，斯密明确地提出了劳动决定价值的经济理论。要促进劳动生产率的提高，分工的意义十分重要，因为分工可以提高工人的熟练程度，因此可以节约时间、人力。斯密认为，分工与交换的产生应互为条件，并确定货币是分工与交换发展的结果，分析了货币的流通量是取决于流通中商品的价值量。斯密区分了商品的使用价值与交换价值，认为商品的价值取决于一般的社会劳动，且一切劳动都创造价值，商品价值的多少取决于生产商品实际消耗的社会劳动。斯密的劳动价值理论是他经济学理论的核心，也成为了马克思主义政治经济学的来源。斯密认为，“工资、利润和地租，是一切收入和一切可交换价值的三个源泉”。并且认为，“不论是谁，只要自己的收入来自于自己的资源，那他的收入就一定来自他的劳动、资本或土地”。

并由此区分了与工资、利润和地租紧密联系的工人、资本家和地主，认为他们是社会的三个基本阶级。但他认为这种阶级结构是自然的秩序，为了财富的增长，工人们必须忍受资本家与地主的剥削。亚当·斯密提出的这个关于生产劳动和非生产劳动的理论，是他整个理论体系中最闪光的部分。可见，斯密的贡献是不可磨灭的，影响也是深远的。马克思在《剩余价值理论》一书中以170多页的文字专门分析了这一理论，并由此得出了剩余价值理论。斯密反对国家干预主义，提出了“市场经济”的理论体系。他认为利己主义是人类的本性，而追逐利润是一切经济活动的目标。只有个人的投资自由，才会增加财富，而国家的经济决策等活动，需要依靠市场这只“看不见的手”来进行指导。如果国家放弃干预，放手让经济人自由竞争，就可以既有利于个人，又有利于社会。斯密在外贸方面同样也坚持自由主义，反对重商主义一贯坚持的“多卖少买，多收入少支出”的政策。斯密认为，在同殖民地的贸易中，同样也要坚持经济自由这一原则。斯密的经济自由理论，构成了市场经济的理论基础和当时商品经济的运行原则，时至今日对欧美各国影响都很大，甚至对于资本主义发展落后的国家也是如此。

大卫·李嘉图（1772—1823）是古典政治经济学的集大成者，他生活在英国工业革命的凯歌行进时代，大机器代替了手工生产，工业革命的成果已经部分地显示出来，英国进入典型的资本主义时代，这也为李嘉图的经济学研究提供了一个广阔的社会和经济背景。1817年，他出版了《政治经济学及赋税原理》一书，从而成为古典经济学的巨人，并由此形成了古典经济学理论。李嘉图青年时期从事交易所活动，25岁离开交易所从事经济学研究时，他已经是百万富翁了。李嘉图的价值理论是资产阶级古典经济学发展的巅峰。他认为商品的价值取决于其生产所必须的相对劳动量，而不是绝对劳动量。他对斯密的价值理论是批判式地继承，承认斯密关于商品的使用价值和交换价值的观点，但却否认斯密关于两者关系的观点，认为使用价值大的东西未必就有大的交换价值。

而且，他认为劳动时间决定价值的规律不仅像斯密说的只适用于资本和土地私有权产生之前的社会，也应适合于资本主义社会。李嘉图的价值理论是他对古典经济学理论的最大贡献。但是，他否认商品的使用价值与交换价值的统一性。在他的经济理论中，资本主义的分配问题占据极为重要的地位。李嘉图认为，工人作为商品出卖的是劳动，而劳动并不能以劳动来决定，所以应用工资的形式替换劳动的价值。而劳动的价值是工人必要生活资料的数量，并非一成不变。他发现了工人、资本家和地主之间在经济利益上的对立，利润是资本家占有的扣除工资的商品价值中的一部分，地租是从利润中扣除的部分。工资和利润是成反比例运行的，工人工资取决于工人的生活必需品的价格。

因而农产品价格的变化会影响利润的变化。李嘉图虽然看到了工人、资本家和地主在经济上的对立，但却要工人去容忍资本家与地主的剥削，认为这是经济发展所必需的，是一种“自然程序”。在资本主义生产的资本积累和再生产方面，李嘉图认为，必须发展社会生产力，扩大资本积累，而积累的源泉就是利润。很明显，作为资本主义上升阶段的经济学家，他极力为资本主义经济发展寻找出路，这也表明了他的阶级立场。他反对过分消费，认为这会影响资本积累，从而延缓扩大再生产。他认为，资本主义生产的目的是获得更多的剩余价值，因而资本家对工人剥削，对整个社会都是极为有利的。不过，资本主义的生产和消费本身就是资本主义的一对重要矛盾，两者相辅相成，对立统一，这是李嘉图所不能发现的。李嘉图找到了资本主义经济发展的特征，却否认了资本主义必然会发生的经济危机。他认为生产决定消费，生产本身就可以为自己寻找生存市场。但这只是两者的统一方面，李嘉图忽视了两者之间的矛盾。他认为，生产是为了需要，而需要是无限的，普遍的生产过剩的危机是不会发生的。

李嘉图与斯密一样，主张自由经济，并建立了完整的市场经济理论。他坚持经济自由，反对重商主义及其国家干预主义政策。他认为资本主义是自由的制度，只要除去国家的干预，这个制度就能永恒地存在下去。李嘉图的经济理论与功利主义结合在一起，认为现存的社会中个人利益与社会利益是一致的。从功利主义出发，以市场这只“看不见的手”来做引导，资本主义经济就会自然发展。所以，必须坚持各行业的自由竞争、自由发展，国家的干预是百害而无一益的。李嘉图极力为工业资产阶级寻找理论依据，主张自由贸易，认为在各国贸易中，应该每个国家都生产本国具有优势的产品，完全可以不用顾及成本是否高于其他国家。他提出“比较成本说”，认为国际贸易应体现出地域分工。李嘉图是工业资本主义迅速发展时期的代表，他把经济自由主义发展到在资本主义自由发展时期所能达到的最高峰，完成了古典政治经济学在理论上的研究。

马尔萨斯作为土地贵族的代表，于 1798 年出版了《人口原理》一书，这是他对人口理论和古典政治经济学作出的最大贡献。马尔萨斯（1766—1843）是资产阶级人口理论的建立者和古典政治经济学家。《人口原理》一书集中地论述了他的人口理论，其理论的核心证明人类的贫困以及由此而来的不幸与罪恶同社会制度无关，其根源在于人类的本性，根源于人类无限增殖的这一现象。他的人口理论包括两个公理、三个命题。两个公理是："第一，食物为人类生存所必需；第二，两性间的情欲是必然的，并且几乎会保持现状。"人类的增长与生活资料的增长构成一对矛盾。马尔萨斯认为，人口增长的速度是按几何级数增长，而生活资料按算术级数增长，前者的速度要比后者快得多。当人口增长超过生活资料增长所能容纳的极限时，必然会发生战争、饥荒等灾难，因而必须采取有力的措施来抑制人口的高速增长，包括堕胎、灾难及自我抑制等多种方式，以达到人口同生活资料的均衡。

马尔萨斯疾呼：灾难与贫困是人口增长过快的结局，多余人口的饥饿是由人类自身造成的，他们应该死去。政府不应采取救济的方式来保证贫民的生存，因为这样会导致人口的增长。从资本家的利益出发，马尔萨斯认为，马尔萨斯的人口理论具有双重性。工人的贫困与饥饿是工人相对过剩的结果，而否认是资本家剥削的结果。他抛开了社会制度与生产方式，从人类的属性出发，把贫困与灾难都归于人口增长过快的结果，事实上是否认了资本主义的剥削关系。但是，马尔萨斯的人口理论又在一定程度上正确反映了人口数量与生活资料的关系。今天，人口理论终于发展成为一门科学，为当代众多国家所采纳。古典政治经济学是在工业革命的冲击下产生的，也是为工业资产阶级服务的，它反映了工业资本主义的发展趋势。古典政治经济学是自由资本主义发展时期的适应性理论，为资本主义经济体制的建立奠定了理论基础，也在一定程度上揭示了资本主义经济发展的一般规律，不自觉得成为马克思主义理论的一个重要来源。

二、空想社会主义

自从产生了阶级与阶级社会，人们面对社会上的不平等，就开始构想心目中的理想国度。中国古代思想家就提出了大同社会的理想，这是人类追求理想的方式。近代资本主义生产方式产生以来，就产生了被压迫者与资产者的根本对立，产生了被压迫者及其代表人物对资本主义的批判，以及对社会改造的空想社会主义学说。闵采尔、意大利人康帕内拉等人都对当时的封建社会，也包括正在发生的资本主义社会提出了尖锐的批判，提出了各自的理想社会。早在资本主义发展初期，至18世纪，资本主义的进一步发展，使得贫富差距加大，人类的不平等加剧，马布利、摩莱里等人对资本主义的批判更加深刻，并且论证了如何消灭私有制、建立公有制的方法和手段。但他们都怀着小生产者的想象，只是倡导平均主义和禁欲主义。

随着工业革命的发展，19世纪初的资本主义已经产生出它的两大基本阶级——无产阶级与资产阶级，并以大机器代替手工生产。这一时期，空想社会主义者对资本主义的批判已经相当深刻，并正确地认识了资本主义社会的本质。他们对未来社会的设想不再只建立于小生产之上，而是以大生产作为蓝图来勾画社会的生产与生活。19世纪初是空想社会主义发展的巅峰，出现了三大空想社会主义者，即法国的圣西门和傅立叶以及英国的欧文。

1. 圣西门

克劳德昂里·圣西门（1760—1825）出身贵族，在青年时代拜启蒙学者达兰贝尔为师，深受启蒙思想的影响，并在大革命爆发后主动放弃贵族称号。法国资本主义的发展，令他决心制订改造社会的计划。他的主要著作有《日内瓦书简》、《论实业体系》、《新基督教》等。

圣西门认为，人类社会的发展经历了5个阶段：人类开化初期、古希腊罗马的奴隶社会、中世纪、封建社会解体时代的过渡时期以及未来社会的“实业制度”。他认识到造成社会不平等的根源是所有制，所以他提出变私有制为公有制。

他认为，实业阶段是人类社会所发展的最高阶段。他在著作中对资本主义进行了极为深刻的批判，认为社会斗争更多的是有产者与无产者之间的斗争，指出法国革命后社会处于过渡时期，是由于少数懒惰者对劳动者的压迫。那时，社会唯一的目的是满足全体人民的需要，按才能和贡献进行分配。而政府对人的管理却变为仅仅是对物的管理。圣西门的实业社会中并没有阶级之分，但他认为实业家和学者贡献大，收入理应比其他人多。圣西门的空想社会主义理论并没有真正地完成揭示资本主义发展规律的研究，他的理想仍是空想，他甚至还幻想通过宣传来使国王和资产阶级帮助他实现其理想社会。

2. 傅立叶

查理·傅立叶（1772—1837）出生于商人家庭，直接接触资产阶级，对资本主义社会的认识更为深刻。傅立叶与圣西门一样，力图探索社会发展的一般规律。与圣西门不同的是，他将社会发展的全过程分成32个时期，其中第5—8个时期是文明时期、保障时期、协作制度和和谐制度，他认为资本主义制度处在文明时期。他认为，在资本主义制度下，贫困造就了富裕，富裕产生了贫困，资本主义雇佣劳动制度就是“复活的奴隶制度”。他发现了资本主义大工业与分散经营的矛盾，造成个人利益与集体利益的矛盾是全社会的工业主义制度。傅立叶猛烈地批判资本主义生产中的不人道现象，并列举了商业活动中的36种罪恶。

傅立叶作为空想社会主义者无法揭示资本主义运动的规律，但他认为资本主义必须灭亡，代之以他理想中的和谐制度。在和谐制度下，实行集体所有制，人们主要从事农业，工业占次要地位。和谐制度的基础组织是法朗吉。在这一组织里，人们可以自由地选择职业，劳动将成为人的需要和爱好；人的物质生活也将极大地丰富。傅立叶注意到妇女的解放问题。并提出将“妇女解放的程度作为普遍解放的标准”。傅立叶与圣西门一样，他把希望建立在国王、大臣、资本家的支持上面，他一直都在等待有人送钱给他建立法朗吉。

3. 欧文

罗伯特·欧文（1771—1858）是英国最伟大的空想社会主义者，与圣西门、傅立叶不同的是，他既是一位空想社会主义思想家，又是一位空想社会主义的实践者。欧文自1800年起担任新拉纳克大棉纺厂的经理，他采取了很多措施来改善工人的生产和生活条件，如提高工人工资、缩短工作时间、修建工人子女的学校等。与空想社会主义同时达到巅峰的古典政治经济学者的成果也被欧文接受，尤其是大卫·李嘉图的劳动价值论。欧文的努力使他获得了“慈善家”的美名。他认为，资本主义是一个非常不合理的社会，生产者本应获得他生产的全部价值，但事实上却挨饿受冻。他把批判的矛头直接指向了资本主义私有制，认为私有制、宗教、婚姻形式是现存的资本主义社会的“三位一体的祸害”。

私有制是万恶之源，要想改造社会，就必须先消灭私有制。欧文主张未来的社会里由劳动者自己来管理生产，产品按需分配。1824年，他在美国买了3万英亩的土地，来实施他的理想，建立了共产主义新村，即新协和公社。

但他的公社在1828年瓦解。19世纪初的三大空想社会主义者完成了对空想社会主义思想的理论论证，他们找出了资本主义社会的种种弊病，并进行了深入的剖析和尖锐的批判，他们都力图探求社会发展的规律，并各自作出了自己的结论，但可惜都是空想。他们对未来社会作了设想，但却不成熟，这一切是和当时的资本主义发展水平较低是相适应的。19世纪30—40年代以后，资本主义进一步发展，工人阶级与资产阶级的斗争日趋明朗和尖锐，但三大空想社会主义者的一些信徒却仍死死坚守他们的信条，而蜕变为小资产阶级与资产阶级的社会主义宗派，失去了三大空想社会主义者所应具有的先进性。但是，空想社会主义者的理论中也有许多积极的主张和天才的设想，在工业革命进一步发展的情况下，马克思、恩格斯吸收了他们的成果，将社会主义理论发展成为科学社会主义理论。

第三节　工业革命时期的文学

工业革命时期的文学以浪漫主义文学、批判现实主义文学和无产阶级文学为代表。

一、浪漫主义文学

浪漫主义文学是18世纪末19世纪初欧洲文学发展的主流，浪漫主义则是这一时期占据主导地位的文艺思潮。作为文学运动，它是法国大革命、欧洲民族解放运动及民主运动高潮时期的产物。1789年法国大革命后，欧美建立了非真正的“理性王国”。许多作家对社会现状感到不满，甚至失望，并力图去寻找解决社会矛盾的方法。18世纪启蒙思想家所提出的“自由、平等、博爱”的理想，并没有得到真正实现，笼罩着欧洲的是贫富更加不均、战争规模更大、阶级斗争更为激烈。只不过由于每一个作家的阶级立场、政治态度和人生观、世界观与价值观的差异，才产生了浪漫主义文学的两大派别：消极浪漫主义与积极浪漫主义。追寻思想根源，浪漫主义主要是法国革命原则和启蒙思想的逻辑继承。浪漫主义者崇尚自然和追求个人自由，与启蒙思想一脉相承。

浪漫主义与这一时期流行的德国古典哲学、法国空想社会主义思潮的关系极为密切。德国古典哲学的兴起，在某种意义上讲，是哲学领域内的浪漫主义运动。它提高自我地位，夸大主观作用，强调天才、灵感，甚至宣扬神秘主义。它对主观意识的突出，对浪漫主义文学强调个人主义产生了深刻的影响。消极浪漫主义的主要思想是表现对过去的缅怀、对现实的逃避、对神秘主义和宗教社会的肯定以及歌颂。空想社会主义者对资本主义制度进行尖锐地批判，却同时又幻想消灭阶级对立，建立理想的社会，并为这个社会作了种种超现实的假想，为浪漫主义文学家提供了思想养分，促使他们在创作意识上力求超越社会现实。积极浪漫主义主要反映了资产阶级民主派的思想情绪，表现了他们对理想的热烈追求和对革命充满激情的态度，讴歌进步与改革。但两者都扬弃了古典主义所崇尚的理性。

把对主观、情感世界的推崇作为文学艺术的基本特点。在艺术表现手法上，其主要特点是：大胆地发挥主观想象力，描述主观理想，抒发个人的强烈情感；以大自然为背景，情景交融地描写奇异的情节和英雄人物，抒发对大自然、对人的感受。浪漫主义文学的成绩主要体现在诗歌方面，其次是小说和戏剧。由于各国的社会、文化背景不同，因而各国的浪漫主义文学发展也不完全一致。消极浪漫主义首先萌发于德国，继而英、法等国也出现这一思潮。至 19 世纪初，积极浪漫主义彻底取代了消极浪漫主义，成为这一时期文学运动的主流。

1．德国的浪漫主义文学

相对于英、法来讲，这一时期的德国是一个政治上严重分裂、经济上十分落后、思想比较保守的国家。德国资产阶级在政治上的软弱性使它没能达到推翻封建贵族阶级的要求，同时也没有推翻封建贵族阶级的力量。所以，德国浪漫主义者普遍渴望的不是变革而是安宁，他们把中世纪看成是一个理想时期。因此，消极浪漫主义文学风行了很长一段时期。至 19 世纪初，积极的、反封建的浪漫主义文学才逐渐形成。小说家沙米梭（1781—1838）的作品同情希腊人民的独立斗争和俄国十二月革命。诗人荷尔德林（1770—1843）在抒情小说《许佩里翁》中塑造了一个浪漫主义的反叛者形象。

在德国最具代表性的积极浪漫主义作家是诗人海涅（1797—1856），他早期的作品多以爱情和个人遭遇为主题，感情淳朴，且细腻真诚，具有浓郁的民歌色彩，反映了封建专制之下的个性所承受的压抑以及寻求出路却不可得的苦闷心情，后于 1827 年汇成《诗歌集》。海涅的代表作是长诗《德国——一个冬天的童话》。该诗创作于1844年，正是1848年革命酝酿时期。长诗《德国——一个冬天的童话》是诗体游记，共27章。作者用一切生机都已死灭的萧杀的"冬天"来象征昏死的德国，而"童话"则象征即将死去的旧德国。长诗的结尾呼应开篇，"伪善的老一代在消逝"，"新一代正在生长"，表达了作者对未来的信心。

2. 英国的浪漫主义文学

英国的浪漫主义文学兴起于18世纪，主要以华兹华斯（1770—1850）、骚塞（1774—1843）和柯勒律治（1772—1834）为代表的"湖畔派"。19世纪初，积极浪漫主义文学兴起，主要代表为诗人拜伦和雪莱。他们是消极浪漫主义作家，尽管对资本主义文明不满意，却看不到曙光，只好转向歌颂宗法式的农村生活。乔治·戈登·拜伦（1788—1824）出身贵族，曾就读于剑桥大学，在法国革命的影响下，他形成了资产阶级民主主义思想。他的早期诗作《东方叙事诗》，包括《异教徒》和《海盗》等6篇。主要的中心人物是"拜伦式的英雄"，他们都具有强烈个人主义的、无政府主义的反叛热情。这些诗将叙事与抒情结合，以恣意放荡、潇洒自如的风格，引人入胜的情节及流行通畅的文字，震动了整个英国文坛。他的早期代表作是叙事诗《恰尔德·哈罗德游记》。诗中表达了他对侵略者的痛恨以及对民族独立运动的支持与同情。

未完成的长诗《唐璜》是拜伦最重要的代表作，它是积极浪漫主义热情和现实主义讽刺的结合，描写了一个西班牙贵族青年在西班牙、希腊、土耳其、俄国和英国等不同国家的经历，抨击了欧洲的反动势力和资本主义的金钱价值观。当他去世的时候，法国许多报纸都将他与拿破仑相提并论。雪莱（1792—1822）与拜伦一样，支持人民革命运动，反对旧制度。拜伦以他超凡的诗歌艺术和鲜明的政治倾向，在欧洲树起一面文学先锋的大旗。抒情诗剧《解放了的普罗米修斯》就是其代表作。该诗剧主要描写受长期痛苦折磨的普罗米修斯，坚毅不屈，拒绝向暴君投降，经过努力，他与爱人亚细亚重新团圆。最后，象征力量的神赫拉克勒斯放了普罗米修斯，整个宇宙也因此获得了解放。解放了的社会是人类"一律平等"，且是充满"爱"与自由的乐园，既没有阶级，也没有压迫。因此恩格斯称雪莱为"天才的预言家"。

3. 法国的浪漫主义文学

法国的浪漫主义文学运动在19世纪20年代后期才形成，其代表人物是维克多·雨果（1802—1885），他的《克伦威尔序言》被公认为浪漫主义运动的宣言书。他一生创作了大量诗歌、小说、戏剧等文艺作品，代表作有《悲惨世界》、《巴黎圣母院》、《九三年》、《海上劳工》、《笑面人》等长篇小说，其中以《悲惨世界》最为重要。小说以人道主义为基调，对冉阿让、芳汀、珂赛特以及格夫罗舍的遭遇进行了深入的剖析，对复辟王朝、资本主义制度发出了震天动地的批判的吼声。《悲惨世界》以贫苦工人冉阿让的悲惨生活作为主线，以宏大的气势叙述了从拿破仑帝国后期至七月王朝前期的整个法国社会的政治、生活画面。

小说对劳动人民的同情以及其对资本主义的批判是它的思想和艺术巅峰，具有一定的批判现实主义色调。但小说和其他同时代的作品一样，无法认清资本主义的本质，只是想依靠人道主义调和社会内部的不平等现象。小说设计了冉阿让开设工厂为工人谋利的情节，是作者与空想共产主义者的共同之处。《悲惨世界》是世界文学史上的一部杰作。高尔基在评论雨果时说："作为一个讲坛和诗人，他像暴风雨一样轰响在世界上，唤醒人们心灵中一切美好的事物……他教导一切人爱生活、美、真理和法兰西。"

4. 俄国的浪漫主义文学

19 世纪 20—30 年代，浪漫主义文学也已经成为俄国文学的主流，其代表人物是雷列耶夫（1795—1826）和普希金（1799—1837）。普希金在被流放南俄期间，成为了他的浪漫主义诗歌的鼎盛时期，他创作的一组长诗《高加索的俘虏》、《强盗兄弟》、《巴赫切萨拉伊的泪泉》及《茨冈》成就都很高。叙事诗《茨冈》是诗人在这一时期的代表作，也是诗人由浪漫主义向现实主义过渡的开端。所以，普希金既是一位杰出的浪漫主义作家，也是一位伟大的批判现实主义的奠基人和作家。

5. 新古典主义文学

与浪漫主义文学同期的另一个主要文学流派就是新古典主义文学。在这一文学运动中，以德国的"魏玛古典主义"（也称德国古典主义）的文学成就较为突出。德国古典主义与 17 世纪法国的古典主义不同。他们在思想上沿袭了文艺复兴时期人文主义的传统，但却提倡以宽容和妥协来处理、解决情感和理智、自由和法治、个人和社会的矛盾。如以歌德为首的德国古典主义者认为，人类社会应与自然界一样，随着时间的推移而变化。在文学创作上，要求其内容积极健康、语言纯洁、形式完美，达到内容与形式的统一。歌德在18世纪80年代访问意大利后，得出了“古典的是健康的，浪漫的是病态的”的结论，这反映了他在思想上真正转向古典主义，而其代表作《浮士德》是他对德国乃至欧洲的现实进行的思想总结和艺术总结。

该诗剧共12111行，描写了以浮士德为代表的欧洲知识分子对理想的追求与向往。它是世界文学艺术中的瑰宝，是流芳百世的荷马式史诗。在德国古典主义文学中，席勒是继歌德之后的第二座丰碑。他创作的《华伦斯坦》三部曲，取材于德国的“三十年战争史”，是他戏剧集的重要作品。它艺术地表现了德国民族的苦难与悲剧，该剧奠定了席勒在德国古典主义文学中的重要地位。

二、批判现实主义文学

批判现实主义文学始于19世纪30年代，并迅速取代浪漫主义文学逐渐成为19世纪文学的主流。批判现实主义作家的立场尽管各不相同，然而他们都对现存秩序进行强烈批判，并拥有共同的世界观——资产阶级的人道主义和个人主义。

1. 法国的批判现实主义文学

法国是批判现实主义的发源地。批判现实主义的文学作品反映了社会生活的广度与深度，是浪漫主义文学所无法比拟的，然而一些积极浪漫主义作家在19世纪30年代以后相继创作出了具有明显现实主义色彩的作品。为了批判法国的复辟王朝，司汤达在1830年发表了《红与黑》，这是批判现实主义文学的开山作品。小说通过于连·索黑尔的遭遇，批判了在复辟王朝时代扼杀一切生机的丑恶嘴脸。其中著名的有《欧也妮·葛朗台》、《幻灭》、《高老头》、《贝姨》和《邦斯舅舅》等。法国最伟大的批判现实主义作家为奥诺雷·德·巴尔扎克（1799—1850），他在最后20多年里，创造了文学史上的辉煌，创作了包括90多部小说的《人间喜剧》集子，规模极其宏大。

他把《人间喜剧》的内容分为风俗研究、哲学研究、分析研究三大部分。全集用2000多个人物展现了1789年法国革命到七月王朝末期的法国社会历史，其中心画面是封建贵族的没落衰亡史和资产的阶级罪恶发迹史。巴尔扎克认识到了贵族灭亡的必然性，“从而把他们描写成不配有更好命运的人”，同时又对资产阶级的世界观进行了尖锐地批判，尤其对资产阶级暴发户，还有上流社会的描写淋漓尽致。资产者对于财富的追求、精神生活的不断商品化以及法律因财产而不公平和社会伦理逐渐堕落，巴尔扎克的笔锋无不一针见血地将其刻画出来。巴尔扎克的作品对社会的剖析，是以人道主义作为出发点的，因此他评论时总离不开道德观的影响。《欧也妮·葛朗台》是巴尔扎克的代表作之一，作者所塑造的葛朗台形象具有极高的概括性。他是一个资本主义社会早期的狡诈、贪婪、吝啬、唯利是图的暴发户的形象，也是法国文学史上家喻户晓的吝啬鬼形象。通过解剖这个案例，作者深刻地揭露了资本主义原始积累的罪恶。所以，作品具有深刻的现实意义。巴尔扎克去世后，法国的批判现实主义代表作家主要有福楼拜及其弟子莫泊桑等。

巴尔扎克在另一部杰作《高老头》中，则通过描述面包商高老头的所有财产被他两个女儿榨干，自己却在贫困、寂寞和痛苦中逝去的凄惨景象，揭露了资本主义社会赤裸裸的金钱关系，其思想内涵至今仍具有现实意义。

福楼拜（1821—1880），出生于医生家庭。其代表作是长篇小说《包法利夫人》。作品主要描写充满浪漫主义幻想的爱玛和包法利结婚，因追求“幸福”而失足（发生婚外恋），又因为受骗受侮辱而自杀的三部曲。故事情节里有爱情，但更多充满兽欲；有天真淳朴，但更多包含虚情假意的成分；有献身精神，但更多的是背信弃义；有可怜，但更多的则是乘人之危、欺诈。所以，作品通过描写包法利夫人一生的遭遇，深刻地批判了资本主义生活的腐败和道德的堕落。莫泊桑（1850—1893），也是世界最负盛名的短篇小说巨匠之一，他和俄国的契诃夫并称世界短篇小说“双璧”，他一生共写了300多篇短篇小说。《羊脂球》、《项链》等小说很大程度上讽刺了资产阶级的寡廉鲜耻和虚荣心。莫泊桑写了6部长篇小说，其中《俊友》、《一生》最为著名。他的长篇小说也充斥着对资产阶级社会的批判。

2. 英国的批判现实主义文学

浪漫主义文学于英国从19世纪30年代开始衰退，让位于批判现实主义文学。英国的批判现实主义作家主要反映已经破产或者是行将破产的小资产阶级的愿望，他们作品中的主人公大多是小职员、小商贩、没落的一些贵族后代，并为劳动人民奔走呼号。另外，他还描写了一些孤儿、破产农民的形象。19世纪40—50年代，英国涌现出了狄更斯、夏洛蒂·勃朗特、盖斯凯尔夫人以及萨克雷等一大批批判现实主义代表。夏洛蒂·勃朗特（1816—

1855）是一位女作家，代表作有《简·爱》、《雪丽》。她的作品大部分以下层人民生活为背景来反映时代。萨克雷（1811—1863）的代表作为《名利场》，作品尖锐地讽刺了英国贵族与资产阶级生活的卑鄙与肮脏。狄更斯（1812—1870）是19世纪初期英国批判现实主义文学的主要代表，其代表作有《奥利佛·推斯特》、《双城记》、《大卫·科波菲尔》、《艰难时世》及《荒凉山庄》等。盖斯凯尔夫人的代表作为《玛丽·巴顿》，以宪章运动作为背景，反映英国工人的悲惨命运。这些作品通过下对孤儿院、上自政府官邸的生活对现实都进行了深刻地批判，对作为资产阶级道德观念基础的金钱价值取向进行了极度辛辣的讽刺，抨击了资产者对穷人的剥削。

人道主义是作者处理作品中各种人物的基础。19世纪后半期，批判现实主义文学的主要代表是哈代（1840—1928）。哈代的作品比英国早期批判现实主义文学更加注意反映下层人民的苦难生活，但带有悲观和宿命的色彩。《德伯家的苔丝》是哈代最优秀的作品。女主人公苔丝是个农家女子，她追求幸福，却因貌美最终受到纨绔子弟的欺辱，终因杀人而被处死。书中充满了对苔丝的同情和对黑暗社会的憎恨。哈代最后一本小说是《无名的裘德》，反映了一个有理想的农村青年却被社会扼杀的故事，表达了哈代对正在强大的资产阶级社会道德观的批判。这一阶段英国的批判现实主义作家还有剧作家萧伯纳（1856—1950）。他的代表做是《华伦夫人的职业》、《鳏夫的房产》等，他为英国现代戏剧发展做出了巨大贡献。

3. 美国的批判现实主义文学

由于历史条件不同，美国的批判现实主义文学比欧洲大陆晚大约半个世纪。直至南北战争结束后，批判现实主义文学才渐渐兴起，代表作家是马克·吐温（1835—1910）。他站在资产阶级民主主义者的角度，揭露美国民主的虚伪以及道德的败坏，并为黑人叫屈喊冤。马克·吐温早年对资本主义制度充满幻想，其后渐渐转变。他的作品为我们提供了一幅美国19世纪末到20世纪初的奇特画面。1870年之后，他先后创作了《竞选州长》和《镀金时代》两部重要著作，前者为美国的民主画了一幅漫画，后者则描绘了资产阶级金钱至上道德观的不幸结局：全国投机成风、腐败成风。

《汤姆·索亚历险记》是作者对当时落后的教育以及宗教的批判。《哈克贝利·费思历险记》是马克·吐温最成熟的作品，表达了作者反对种族歧视的立场。作品融现实主义描绘和浪漫主义抒情为一体，形成独具特色的艺术风格。其短篇小说《百万英镑》是揭露金钱所败坏的社会道德的佳作。继马克·吐温之后，美国出现了欧·亨利（1862—1916年）以及杰克·伦敦（1876—1916）等著名的批判现实主义作家。

4. 俄国的批判现实主义文学

俄国批判现实主义文学是于农奴制的斗争中发展起来的，一些浪漫主义作家转向了批判现实主义，其开始人物是普希金。他的诗体小说《叶甫盖尼·奥涅金》作为俄国批判现实主义的奠基作品，被誉为“俄罗斯生活的百科全书”。《死魂灵》是俄国第一部极具高度思想性、艺术性的批判现实主义佳作。尼古拉·瓦西里耶维奇·果戈理（1809—1852）是继普希金之后又一杰出的批判现实主义作家，其喜剧《钦差大臣》详尽描绘了俄国官场的丑态。在俄国的批判现实主义作家中间，陀思妥耶夫斯基、列夫·托尔斯泰及契诃夫的成就最高。陀思妥耶夫斯基（1821—1881）的主要代表作有长篇小说《白痴》、《罪与罚》、《被侮辱与被损害的》和中篇小说《穷人》等。这些作品无情地批判了丑恶冷酷的贵族资产阶级社会。他站在小资产阶级立场，极为同情那些“被侮辱与被损害的”社会底层的人民，批判正在兴起的资产阶级的人生观与价值观。

但他与早期现实主义作家相同，主张以道德力量来解决人间的罪恶。托尔斯泰（1828—1910）是19世纪最为伟大的批判现实主义作家，他的作品具有厚重的历史感。他创作的第一个里程碑则是历史题材小说《战争与和平》第二个里程碑是《安娜·卡列尼娜》。小说通过对贵族妇女安娜为追求爱情自由而遭受社会打击的描写，揭露且批判了虚伪与罪恶的贵族社会。该书反映了1805—1820年俄国的社会背景，在战争年代向和平时期的交替描写中，展现了广阔的社会生活画面，并且积极地肯定接近人民生活的庄园贵族青年一代则是小说的最光辉成果。托尔斯泰的最优秀作品是《复活》。小说通过对男女主人公形象的塑造与复杂曲折情节的描述，艺术地再现了19世纪末俄国社会生活的广阔图景，表达了作者对专制王权以及地主、资产阶级剥削的痛恨。但他厌恶反抗，只提倡以道德力量来解决社会矛盾。

契诃夫（1860—1904）是俄国19世纪末著名的作家，一生共写了470多篇小说和十几本剧本，其中尤以短篇小说著名。他的作品大多是反映低沉昏暗的生活，但却保持着积极向上的人生态度。比如说短篇小说《套中人》、《第六病房》及《变色龙》等是不朽的名著。

5. 其他国家的批判现实主义文学

19 世纪末期，批判现实主义文学在欧洲之外国家也取得了一定的发展，代表作家有波兰人显克微支（1849—1916）、丹麦作家安徒生（1805—1875）、瑞典作家斯特林堡（1849—1912）与挪威剧作家易卜生（1828—1906）。易卜生的作品极具战斗精神和人道主义，社会背景广阔，思想性与艺术性达到了高度的统一，被称为“现代戏剧之父”。批判现实主义文学是工业革命的产儿，它集中地反映了资产阶级民主主义者对资本主义进步所带来的不利影响的恐惧与批判，是 19 世纪世界文学的最高成就。

三、无产阶级文学

19 世纪 30 年代，工业革命在英、法、德、美等国先后兴起，无产阶级作为一支政治力量逐渐登上历史舞台。这时期无产阶级文学也渐渐起来，有法国工人诗歌、英国宪章派文学以及德国的革命诗歌。法国工人诗人杜邦（1821—1870）、莫洛（1810—1838）所代表的“七星诗人”影响则大一些。马克思在《资本论》中曾经援引杜邦的《工人之歌》来说明工人生活情况之坏。琼斯的《皇恩浩荡》、《未来之歌》则为千古绝唱。德国革命诗歌以格奥尔格·维尔特（1822—1856）为代表。宪章派文学以诗歌为代表，以艾内斯特·琼斯（1819—1869）、威廉·林顿为代表人物。他早年曾是浪漫主义诗人，但随着工人情况的恶化，转向了无产阶级的文学运动，创作了《兰卡郡酒店的老板》、《刚十八岁》、《铸炮者》、《卡尔皇帝》等诗歌，在工人中广为流传。这些早期的无产阶级文学不只是尖锐地批判了资本主义的剥削制度，反映工人阶级的疾苦，还有其最难能可贵之处就是逐渐意识到工人阶级自身的命运问题，维尔特等人的诗歌无疑鼓舞了各国工人阶级的斗争精神。

1871 年 3 月 18 日，法国无产阶级建立了世界上第一个无产阶级政权巴黎公社，不久就被资产阶级政府镇压下去，然而巴黎公社的伟大创举，却使得全世界人民欢欣鼓舞，他们为它歌唱，并且创作了巴黎公社文学。它包括巴黎公社诞生前后 19 世纪 70—80 年代的公社战士的文学创作。其中，欧仁·鲍狄埃（1816—1887）是一位最伟大的诗人，《国际歌》是其代表作。鲍狄埃在“五月流血周”之后第二天写下了这首诗，它精练地概括了社会主义学说的重要结论，以艺术的手法总结了巴黎公社中的经验教训，并指出了工人阶级的历史任务和斗争目标，展现了无产阶级为解放全世界人类的奋斗精神永垂不朽。巴黎公社文学的主要代表人物还有路易斯·米雪尔（1830—1905）、让·巴底斯特·葛莱蒙（1836—1903）和葛洛维斯·于格（1851—1907）等人。1888 年，之后工人作曲家狄盖特（1848—1932）为《国际歌》谱写了曲调。

这是一首无产阶级世界性的战斗诗篇，至今仍然历久不衰。米雪尔是一位勇敢的战士，同时还是一位杰出的诗人，她的诗歌《赠我的弟兄们》、《革命失败》、《囚徒之歌》等塑造了许多无产阶级伟大战士的形象。巴黎公社文学对无产阶级运动产生了很大的推动力量。19 世纪的文学运动与工业革命有很大相关。由于工业革命的发展，积极浪漫主义代替了消极浪漫主义；由于工业革命的推动，资本主义逐渐发展，它的罪恶也渐渐显现出来，一大批资产阶级民主主义者开始揭露它的罪恶，宣扬人道主义；也正是因为工业革命的发展，现代无产阶级才产生且壮大起来，他们为了自身的解放，诞生出了无产阶级的早期文学运动。

第四节 工业革命时期的哲学

一、德国古典哲学

工业革命时期欧洲哲学舞台上的主角，当首选德国的古典哲学。德国古典哲学提出了包括认识论、本体论、伦理学、美学、法哲学、历史哲学，以及政治哲学许多领域的各种重大问题和范畴，是西方近现代哲学的发源地。

1. 康德

伊曼努尔·康德（1724—1804）是德国古典哲学的开拓者。1770 年以前，康德在对自然科学的研究中，凭借著名的太阳系星云起源假说，推翻了牛顿关于太阳系自从被上帝第一次推动以后就一直保持不变的机械论观点，把太阳系的形成看作客观物质的历史发展过程，在形而上学的思维观念上打开了第一个缺口。康德的哲学观点则是以调和唯物论与唯心论，调和科学知识与宗教信仰作为基础的。1770 年以后，康德以他的观点分别阐述认识论、伦理学和美学的《纯粹理性批判》、《实践理性批判》和《判断力批判》构建了自己的哲学体系。康德承认必定有一个客观的“物自体”世界。但是，他又把客观世界分割成为两部分：一个是物质性的领域，即现象世界；另一个是神的世界，也就是说本体世界。这两个领域的认识方法是不一样的，在现象世界人们靠感觉和理想获得关于物质世界的知识。

但是，在高级的精神世界里，即神的世界里，人们只能通过信仰、直觉和深信这些同样有效的知识媒介，从而假定上帝的存在，人类意志的自由，人类灵魂的高尚。在这一领域里，感觉理性不起作用了。因为人们不能认识超越经验之外的人的认识能力所达不到的“彼岸世界”。康德在现象和本质之间设下了一条不可逾越的鸿沟，否定认识“物自体”及认识本质的可能性，这表明了他的哲学基本方法的形而上学性。但是，康德的学说揭示了某些概念、范畴的对立和矛盾，承认人的认识在一定范围内发生矛盾的必然性，包含了一些辩证法因素，对于德国唯心论辩证法的发展有深远影响。尤其是康德突出了人的意识的能动性，被后人称为在哲学上实现了一次“哥白尼革命”。

2. 费希特和谢林

康德的哲学在费希特和谢林那里得到了进一步发展。费希特（1762—1814）克服了康德的“物自体”和不可知论，主张思维和存在的同一，提出“自我”产生“非我”，主体产生客体，思维产生存在，精神产生物质的观点，发展康德的主观唯心论的思想。费希特的基本哲学思想集中在他的《知识学基础》、《知识学导言》、《论学者的使命》、《人的使命》等著作中。谢林（1775—1854）则否认了费希特的“自我”产生“非我”观点，把自然界看成是无限的主体，绝对的“自我”是活动的结果，把费希特的主观唯心论发展成为客观唯心论。谢林的主要著作有《自然哲学体系初稿》和《先验唯心论体系》。

3. 黑格尔

德国古典哲学在黑格尔那里达到登峰造极的境界。弗里德里希·黑格尔（1770—1831）多年在大学任教，他创造了一个很大的客观唯心主义体系，主要著作有《精神现象学》、《逻辑学》、《哲学全书》、《法哲学原理》、《哲学史讲演录》、《历史哲学》以及《美学》等。黑格尔的客观唯心主义体系，简单总结为从思维、精神出发，再由思维转成存在，然后又由存在转化为思维，或者说是由精神转化为物质，物质再次转化为精神的过程。黑格尔认为，在自然界与人类出现之前，存在着一种“绝对精神”，也就是整个宇宙的精神，它是一切现实事物的源泉，世界上任何现象都只不过是它的表现，从它那里派生出来的而已。

绝对精神从逻辑阶段经过自然阶段之后“复归”到精神阶段，而以法律、道德、伦理、艺术、宗教、哲学的形式体现在人类历史之中。这样，黑格尔将事物的关系完全反了。他认为，“绝对精神”始终处于不断运动、变化并且发展的过程，由低级向高级发展；运动的本质是内在矛盾；运动由量变转为质变中，矛盾则是发展的源泉。但是，黑格尔的哲学体系中也包含着一个具有革命意义的“合理内核”，也就是关于运动、发展和变化的观念。这样，黑格尔完整地表达了事物发展的辩证法思想。可以说，黑格尔的最大贡献则是他所阐发的以巨大历史感作为基础的内容丰富的辩证法。在欧洲哲学史上，他第一个把整个自然的、历史的还有精神的世界看作一个过程，认为它是处于不断的运动、变化、改造和发展中，并试图揭示这种运动以及发展的内在联系。但他把整个世界的运动、变化、发展归结成绝对精神的异化和复归，并宣布自己的哲学就是对绝对精神的认识，是绝对真理，这就与他所揭示的辩证法产生了矛盾。

4. 费尔巴哈

黑格尔离世后，黑格尔学派发生分裂。年老黑格尔派保卫黑格尔的体系，宣扬神学唯心主义。青年黑格尔派注重黑格尔的方法，在哲学与宗教领域展开批判。一些最坚决的分子冲破了唯心主义，转向了唯物主义，其中的著名代表是费尔巴哈。他指出，上帝认为是人的本质的异化，上帝是人的观念的投射，天国不过是人间不能实现的幻想的反映，宗教不过是人把希望寄托在上帝的幻想。路德维希·费尔巴哈（1804—1872）建立了人本学唯物主义来与神学及黑格尔唯心主义相对立。黑格尔的绝对精神不过是用精神的形式表现出来的上帝。他肯定自然离开意识而独立存在；空间、时间与机械运动则是物质的存在形式；人是自然的产物，是思维与存在的统一体。因此，人可以认识客观世界和客观规律。费尔巴哈曾任大学讲师，由于发表批判灵魂不灭的著作，曾被反动势力驱逐出大学讲坛。自 1836 年起他迁往乡村，因为环境闭塞，他的思想未能进一步发展。费尔巴哈的主要著作有《黑格尔哲学批判》和《基督教的本质》。

二、功利主义和实证主义哲学

19世纪，自然科学快速发展，提高了经验的地位，使得这一时期的哲学注重探讨科学和经验对于人们知识的作用，强调一切真理演绎来自经验和对物质世界的观察。这一经验哲学倾向，突出地表现在功利主义和实证主义哲学中。

1. 功利主义哲学

功利主义开创人是英国的杰雷米·边沁（1748—1832）。边沁的论著涉及了哲学、伦理、政治、法律、经济等许多方面，他在其主要哲学著作《道德及立法的原理》中阐释了他的基本思想。边沁强调，人的全部活动、道德以及立法的活动，都只能依据一个原则，也就是功利。他解释说，功利就是追求快乐以及避免痛苦，力争有利的东西从而避免有害的东西。在功利这个原则面前，“品行最坏的人和德行高尚的人，其行为动机都是一致的，无论什么人都想增加自己的幸福。”因此，衡量每一种信仰或者是每一种制度的最高准则，是看它们是否符合功利或有利的标准。

因此，尽力保障人的快乐和利益，不仅是个人的动机，也应成为立法者的最终目的。边沁认为，这种功利或有利标准，就是要为社会中大多数人的最大幸福做出贡献。凡是不符合这种标准的学说或实践，不管其历史多么悠久，都应给以排斥。边沁的功利主义对于18世纪末发展起来的工业资产阶级争取改革腐败的选举制度，扩大工业资产阶级在英国政治领域中的权力以及地位的斗争，毫无疑问是一种鼓励。边沁的功利主义在约翰·斯图亚特，穆勒（1806—1873）那里得到了进一步的发展。穆勒的主要著作《逻辑》、《政治经济学原理》、《论自由》等。穆勒认为，知识并非天生的，也不是来自奇妙的直觉；一切知识源于经验。一切所谓证明的真理，甚至是数学原理，都是根据观察事实所得出的演绎与推理。事物是统一的，遵循着因果律发展着的。

这样，在穆勒那里，经验成为所有知识的基础。他主张，理性的、有道德情操的快乐比只是感官上的快乐更高尚，更有价值。穆勒觉得自己是边沁的继承者，但他对功利主义作了新的解释，他抛弃了边沁未作区别地强调追求“快乐”的论断，认为快乐是有高低、优劣之分的。因此，当一个人追求快乐时，应该平等地考虑到一切人的利益；功利的标准不应是追求自己的幸福，而应是与这一追求有关的所有人的幸福。可见，这和边沁所断言的人有本性的不同，穆勒强调的是人的社会情感。他声称，基督教的“己所欲者，施之于人”正是功利主义的精神所在与理想境界。

2. 实证主义哲学

实证主义哲学的创始人为法国的孔德（1798—1857）。孔德曾担任空想社会主义者大师圣西门的秘书一职，后来与圣西门决裂，独创学派。他的著述甚丰，主要有《实证哲学教程》、《实证政治体系》等。孔德不主张神学，更加反对“形而上学”的思辨哲学。他觉得，只有实证的（即确切的、肯定的、有用的）知识才是经验事实、才有价值，才是科学的对象。前者研究某一类现象的规律，后者则是在小部分领域利用这些规律。科学可以划分为抽象的科学和具体的科学。抽象的理论科学有五门，也就是天文学、物理学、化学、生物学以及社会学。孔德首创的社会学包含社会静力学和社会动力学两个部分。这表明他的两个基本思想，也就是秩序和进步。

社会静力学把社会看作是一个有机的整体，研究保证社会和谐以及秩序的社会机构——家庭、国家和宗教的结构与功能。社会动力学则研究社会体系的历史发展变化。孔德把社会进步分为以人类精神发展作为标志的三个阶段：公元1300年以前的神学阶段，1300—1800年的形而上学阶段还有1800年以后的科学或实证阶段。他既不承认资产阶级个人主义、自由放任原则及代议制民主，又反对侵犯私有财产。他认为，实证主义下的社会是按照“工业方式”组织起来的，资本家和无产阶级各尽其职，实现合作和博爱。他提倡建立一种膜拜“社会”（或“大我”）的实证教会，作为新的精神和道德权威，并依靠教士阶级的组织从而维持社会秩序。孔德生前虽已有一批弟子，但其始终处于穷困潦倒的境遇。他死后声名日彰。他所开创的实证主义哲学流派至今仍在，他还被称为“社会学之父”。

第五节　工业革命时期的音乐

19世纪初，欧洲的文学艺术普遍形成了一种崭新的潮流和风格，这就是所谓的“浪漫主义”。毫无疑问，浪漫主义对当时欧洲音乐产生的影响也是非常巨大的。浪漫主义音乐具有自己的一些风格特点。首先，注重表现个人的感情和幻想，尤其强调自身的主观感受。因此，抒情性、自传性以及个人心理刻画就成为浪漫主义音乐的主要特征之一。南欧的西班牙，北欧的挪威、丹麦，东欧的波兰、捷克、匈牙利、俄罗斯等，都产生了各自的民族作曲家和音乐活动家，产生了自己的民族乐派。其次，在作品中重视与反映民族的特点，注重在民间艺术中找寻创作素材。再次，在作品中塑造了想象式的人物形象，音乐家或从民间传说、神话史诗中挖掘题材和形象，或用幻想的题材和形象来展现自己的理想和愿望；着力挖掘和发挥音乐的更多方面的表现性能，从体裁形式到具体表现手段无不体现着革新与突破。

这些变化既表现在了对传统交响乐、歌剧的发展上，也反映在了新的音乐体裁领域，如标题音乐的开拓中。在欧洲音乐文化史上，浪漫主义有自身的积极作用和进步意义。但浪漫主义是一个复杂的现象，浪漫主义艺术家的世界观、艺术观、创作思想也具有矛盾，对于具体音乐家还有具体作品，还必须进行具体分析，从而作出恰当的评价。

一、贝多芬

19 世纪上半叶的音乐天才中，贝多芬（1792—1827）无疑是最伟大的代表。贝多芬出生在一个音乐世家。贫困的家境、严厉的父亲使得他的童年生活很不幸，而 26 岁时听力就开始减退，晚年时完全失聪，更使这位音乐天才非常痛苦。他曾频繁地出入上流社会，幻想着从贵族那里得到幸福和爱情，但其强烈的自尊和倔强性格，还使他深感自己和贵族阶级之间存在不可逾越的鸿沟。这一切都使他感到“命运”的残酷且不公正。在钢铁般的意志地驱使下，贝多芬一生创作了 9 部交响曲及许多钢琴协奏曲、弦乐曲等，对西方音乐文化的发展都产生了很大影响。但人生的所有磨难都没有阻止他的追求和进取。他也曾经在书信上明确写道：“我要扼住命运的咽喉。”贝多芬早年受到启蒙运动和法国大革命的影响，毕生追求自由、平等、博爱的理想，他的许多作品中都歌颂了当时资产阶级反对封建统治、争取民主的革命斗争精神，充满着热情开朗、乐观朝气的情绪。

他的《第三交响曲》，又称《英雄交响曲》。本来是为奉献拿破仑而创作，他认为拿破仑是革命精神以及对人类自由的体现。然而当拿破仑称帝的消息传来时，他立即改变了原来的题字，把它改为“英雄交响曲，为纪念一位死去的英雄而作”。在这部作品里，他用“力”与“火焰”交融的音响，表达了英雄的生活、斗争、死亡和人民的忆念，以及人民在争取到新胜利后的喜悦。他的《第五交响曲》，又称《命运交响曲》，是其9部交响曲中最为杰出的一部。它气势磅礴地表现了人类同厄运的顽强抗争，生动地体现了人类对命运的反抗精神，并最后战胜命运。他的《第六交响曲》，又称《田园交响曲》，则用清新美妙的旋律，描绘了一幅淳朴的、欢快的、生机勃勃的田园风景画。这部作品还是贝多芬大量运用标题性原则的最突出的代表作。在最后的乐章中，贝多芬以席勒的《欢乐颂》为歌词的合唱佳做结尾，打破交响曲的传统，在管弦乐中加入人声，更丰富了管弦乐的表现色彩，同时又加强了音调所表达的无穷无尽的力量、意志和欢乐。不仅是整个作品，并且每章都有标题。

在《第九交响曲》中，贝多芬巧用多面的、精妙的、高超的音乐技巧，表达了人民对未来的憧憬，对抗暴斗争赢来胜利的欢乐。贝多芬还创作了很多其他体裁形式的乐曲。他的32首钢琴奏鸣曲，几乎每一首都是音乐中的珍品。其中的《悲怆奏鸣曲》、《月光奏鸣曲》、《暴风雨奏鸣曲》、《黎明奏鸣曲》、《热情奏鸣曲》最有代表性。有人觉得，当人们听贝多芬的作品时，总会怀有一种悲愤、积极和叫人起来拼搏、奋进的情绪甚至是自由感、崇高感、真善美感，以及矛盾、冲突与和解感复杂地充满心头，这是因为贝多芬的每一个音符都渗透了他对天、地、人的万般感受、体验以及哲理性的沉思。他曾多次说过：“发自内心才能进入内心。”他的音乐是一种令人内心的自省。他向人们展现的是其在大自然面前的内心感受，而不是力求模仿大自然。所以，他继承海顿、莫扎特的优良传统，集古典音乐之大成，又为浪漫主义音乐的潮流做好了预示和准备。

二、威柏与舒伯特

与贝多芬同时代的著名音乐家还有威柏和舒伯特。德国作曲家威柏（1786—1826）是一个真正的浪漫主义者。他自小熟悉舞台艺术，青年时期音乐教师沃格勒神父曾经引导他研究民间艺术，他是第一个决定去创作德国民族歌剧的作曲家。1821年，他的歌剧《自由射手》首次演出，标志着德国民族歌剧的出现。这部歌剧取材于德国民间传说，展现了传说中的狼谷等场面的魔幻化的情节，因而被有的音乐史书称作是“第一部浪漫主义歌剧”。

此后，威柏相继创作了他的另外两部歌剧《优利安特》和《奥柏龙》。威柏的歌剧创作为同时代欧洲作曲家提供了重要的启示，其后的一些德国作曲家，特别是瓦格纳，接着沿着这条道路发展歌剧事业。在这部歌剧中，威柏采用德国歌唱剧并与传统意大利歌剧相结合的形式，以雄壮的猎人合唱、村民的兰德勒舞曲、女伴们的民谣，从而真实地再现了特定的生活环境，展现出了一幅德国的北方森林，偏僻村庄，神秘的力量，普通人的爱情、幻想、忧虑乃至欢悦的令人耳目一新的生动画面。威柏还写了两部交响曲以及单簧管协奏曲、钢琴协奏曲还有些奏鸣曲等作品。他的作曲中有一种华丽并略带稍有些忧郁情绪。威柏歌曲的特点是秀丽朴素，其中有的欢快幽默，有的雄壮激昂。

舒伯特（1797—1828）出生在一个教师家里，是欧洲早期浪漫派作曲家的代表，同时也是第一批真正的维也纳“自由艺术家”。他以作品的演奏和出版为生，生活圈也不再是贵族宫廷，而是市民社会中志趣相投的朋友、知音。他与贝多芬同时居住于维也纳，他崇拜后者，并力图在创作中秉承他的古典乐派的传统，但他更擅长抒发自己的主观情绪与感受。舒伯特是最伟大的歌曲作家，他创作了600多首歌曲，大都是取自德国抒情诗，特别是歌德、席勒、海涅、穆勒的诗作数量最多，在音乐风格上，民歌的音调占有很大的地位。

他的歌曲具有古典的清新淳朴，同时又有浪漫的和声处理及抒情的自我表现，以其炽热的感情，丰富的幻想，朴素的民间色彩和大自然的气息，使歌曲达到了一个比较完美的境地。1815年，他创作了一大批具有代表性的作品，如《死神与少女》、《野玫瑰》、《鳟鱼》等，获得了很多赞赏。舒伯特的创作涉及面很广，除歌曲外，还包含交响曲、歌剧、宗教音乐等；除声乐作品外，还创作了很多器乐作品。有人把这一年称为欧洲浪漫主义艺术歌曲的开始年。他的作品都渗透了其亲切优美、柔和深沉的艺术特点。威柏、舒伯特继承了古典音乐的优良传统，并发展了音乐的内容以及形式技巧，不仅奠定了浪漫主义音乐艺术的各种手法、体裁（如艺术歌曲、声乐套曲、交响曲、钢琴小品、歌剧等），而且还使早期浪漫主义音乐一开始便显露出它动人心魄的艺术内涵。在音乐发展史上，他们的地位都十分重要。

三、门德尔松与舒曼

19世纪30年代，德国音乐中的浪漫主义思潮进入了一个新的阶段，门德尔松与舒曼是这一新阶段的主要代表。门德尔松（1809—1847）从小就接受良好的文化和音乐教育。少年时期，他就荣获了演奏、作曲方面的声誉，接着很快获得欧洲第一流音乐家的称号。20 岁时，他作为指挥演出了巴赫的《马太受难曲》，使得这位被世人遗忘的音乐家，重获了应有的声望。门德尔松的音乐活动是非常重要的，他开办了莱比锡音乐学院，大力宣传传统音乐，如宣传亨德尔、巴赫、舒伯特等人的音乐。门德尔松的音乐倾向属于古典，但又具有浪漫主义精神。他最重要的代表作有：钢琴小品《无言歌》共 48 首，管弦乐序曲《仲夏夜之梦》，交响曲《苏格兰交响曲》、《意大利交响曲》《E 小调小提琴协奏曲》，等等。当中《仲夏夜之梦》是他最为杰出的浪漫主义作品，这是他给莎士比亚同名喜剧写的配乐。它的曲式是古典的，但内容却充满了浪漫主义诗意的幻想，他会把听众带到了莎剧中梦幻、戏谑的戏剧气氛中去。

门德尔松是用音乐渲染气氛的一位大师，配器、旋律、和声在他手里成了舞台布景和闪光，从而为人们展现了一个多彩多姿的音乐戏剧世界。门德尔松的钢琴小品《无言歌》是他所有抒情小品中最为出色的。小品的曲调是歌唱性的，富有诗意。他的交响曲持有他贯常的创作风格——抒情的、诗意的和富有大自然的色彩。曾经有评论家认为门德尔松的音乐缺乏戏剧性的冲突，缺乏深刻性和英雄性，然而其优美的旋律、鲜明的形象、完整的结构，从题材乃至手法都有着他自己的独特风格，他以自己的特色为德国音乐的发展做出了自己的贡献。

罗伯特·舒曼（1810—1856）是舒伯特浪漫主义音乐最杰出的继承人。他集音乐家与理论家于一身，这在他以前是少见的。不论是钢琴曲、室内乐，或是声乐套曲，他的建树都很高。作为一个编辑和作家，他在音乐批评方面的贡献更大。舒曼酷爱文学，文学的嗜好以及修养深刻地影响着他的音乐创作。他的父母曾希望他当个律师，但他学了几年法律之后，仍然转学音乐。由于练习过度伤了手指，才不得不放弃当钢琴家的宏愿，而致力于音乐创作。

1834 年，舒曼创办了《新音乐报》。他发表了大量文章，抨击当时庸俗肤浅的艺术追求，肯定过去的作品并热衷于推荐音乐界的新人。他极力向世人推荐舒伯特的音乐，同时对贝多芬的音乐也给予热情的赞颂。从肖邦、格林卡到柏辽兹、李斯特，都得到了舒曼的尊重和高度的评价。而年轻的勃拉姆斯更是得力于他的帮助才登上乐坛。舒曼写的音乐批评文章至今仍被认为是音乐批评的典范。钢琴创作标志着舒曼创作达到了他的最高成就，其作品主要有钢琴套曲《狂欢节》、《蝴蝶》、《童年情景》、《大卫同盟曲集》、《幻想曲集》、《森林情景》等。他采用了舒伯特声乐套曲的原则，由一系列精致而又相对独立的小品沟成，情节瞬息多变，音乐处理十分大胆、自由，出现了很多不断变换的新的和声织体，丰富了钢琴的表现手法。他的钢琴音乐在对人物的内在气质以及各种心理状态的深入刻画方面都胜过舒伯特。其中最重要的有声乐套曲《诗人之恋》、《妇女的爱情与生活》、《歌曲集》等。舒曼一生写的歌曲数量甚多，光是他结婚的1840年这一年中便写了138首（一说150余首）。

舒曼的套曲受舒伯特的影响巨大，没有情节，只是对不同的心理做了一些描写。但舒曼的作品比舒伯特更具主观性质，更加含蓄内向，对人物内心的描绘更细腻、丰富与深刻，钢琴部分与声乐部分相互配合，更是营造出音乐的诗情画意。他认为，一部有价值的音乐作品必须是具有高尚的思想感情内容与独创的艺术形式。舒曼的音乐批评和音乐创作，都标志着浪漫主义高潮的来到。

四、肖邦与柏辽兹

肖邦（1810—1849）是典型的浪漫主义音乐风格的创造者之一，也是音乐史上最富于独创性的音乐家之一。他天生敏感、热情、忧郁、自制，其音乐中的主观感情与幻想的色彩比较浓。他的作品以诗意浓郁、震撼人心的抒情性及戏剧性特点见长。肖邦的音乐代表着“黄金时代”的浪漫主义音乐的到来，其创作又具有强烈的波兰民族气质和情感内容。肖邦一直以来被称为“钢琴诗人”，他一生从事钢琴音乐创作。肖邦的音乐具有无与伦比的细腻，幽婉、抒情而且又优美，充满着一种为肖邦所独有的浪漫情感。其中有钢琴奏鸣曲3部，钢琴协奏曲2部，玛祖卡舞曲51首，小夜曲21首，前奏曲24首，练习曲24首，波兰舞曲10余首，谐谑曲、叙事曲、即兴曲都是4首，圆舞曲15首还有幻想曲、摇篮曲很多首，以及钢琴独奏曲和近20首艺术歌曲。他的钢琴曲是那样独特的悦耳、洗练、纤细、动人，把强烈的戏剧性和优美的抒情融为一体。

旋律情真意切、优美潇洒，和声织体奇巧，节奏韵律自由不受拘束，结构新颖精致。评论家们觉得，肖邦的音乐既有古典主义的严整、优雅，又具有大胆创新，他的音乐语言、手法都是独特的。另外，他的音乐还有着鲜明的民族性，与波兰民族民间音乐有着不可分割的血缘联系。德国大诗人海涅很是推崇肖邦的作品，称肖邦“能把他心中蕴藏的意境描绘出来”。和肖邦同时代的著名音乐家舒曼、门德尔松、李斯特等都对他的艺术成就给予了高度评价。在西方音乐遗产中，肖邦的抒情性钢琴艺术有着很重要的地位。肖邦的音乐创作对欧洲的浪漫派音乐以及 19 世纪中叶后各民族乐派的兴起和发展产生了重大的影响。

柏辽兹（1803—1869）是法国人，为19 世纪标题音乐的倡导者。尽管标题音乐并不是柏辽兹开创的，但他赋予标题以动人的力量和音画的表现。

他甚至在每一乐章之前都标以详细文字说明的标题，以便听众能按作曲家的原意来理解交响曲的内容，使交响曲成为容易被大众理解的体裁。当然，柏辽兹过度使得标题文学化，也多少限制了听众的自由想象。然而柏辽兹并不照搬文学题材，而是加进了自己的理解和体验，使作品主人公的形象具有更加深刻的含义。柏辽兹的作品题材多取自文学，例如，戏剧交响曲《罗密欧与朱丽叶》、《莎士比亚》、交响序曲《李尔王》、《莎士比亚》、交响曲《哈罗尔德在意大利》、《拜伦》、戏剧康塔塔《浮士德的责罚》、《歌德》以及他仅有的一部声乐套曲《夏夜》（根据法国诗人戈蒂埃的诗写成）。然而他塑造的哈罗尔德与拜伦笔下的哈罗尔德完全不同，后一个哈罗尔德既是“忧愁的流浪者”，同时还有“贵族”的封号。前一个哈罗尔德却是一个视富贵如鸿毛的人，心中有着无边的痛苦和无限的沮丧，是一个无力自拔的、永远漂泊的流浪者。又如他的《浮士德的责罚》，虽然是根据歌德的诗作写的，但他根据自己的灵感重新加以构思，惩罚了浮士德，让他与魔鬼共同坠入地狱，并加入了许多原作中没有的浪漫色彩场面。

柏辽兹与其他浪漫主义音乐家相同，也追求“综合的艺术”。《浮士德的责罚》综合了歌剧的特点，具有了歌剧的咏叹调、重唱、朗诵调、合唱等，被称为“交响传奇”。他的交响乐趋向于戏剧化，如《罗密欧与朱丽叶》则是带合唱的戏剧交响曲，是一个康塔塔、清唱剧与交响乐的综合体，但占主导地位的还是交响乐的创作部分。在音乐史上，柏辽兹以富于创新精神著称。在交响乐结构方面，他打破了之前的四乐章的结构形式，服从作品的内容需要，灵活处理。因此，在他的交响曲有 4 个乐章、5 个乐章或是 3 个乐章不等。他并且还发展了交响乐创作中的一个重要原则，即“固定乐思”（主导动机）。

在他的交响曲中“固定乐思”是一个象征人物的主导旋律，贯穿整个乐章，用来表达主要人物的性格或是感情，这使得他的旋律十分性格化。与他同时代的著名音乐家李斯特曾经说过：“柏辽兹成功地采用了性格刻画的手法，做到了前人觉得不可能做到的事情。”在配器方面，柏辽兹也具有独特的创新。他的《论配器》从理论方面讨论了配器法的各种问题，至今对音乐理论仍存在很大影响。他被认为是位配器大师。他在创作中有自己的理论。《幻想交响曲》中孤独的英国管独奏，用弓抨击弦的新音响和竖琴在乐队中有穿透力的音响，都是极富创造性的方式。柏辽兹依靠魔术般的配器技巧，使乐队的音响更具有色彩性，凸显出浪漫主义音乐的所有特征。柏辽兹后阶段的作品趋于安静、稳健，没有了早期作品的狂热和激情，主要有清唱剧《基督的童年》、歌剧《特洛伊人》、喜歌剧《比雅特丽斯与本奈狄克特》等。柏辽兹还是一个音乐评论家，由于生活所迫，他常写一些评论文章。他敏锐的思想、生动的文笔都十分吸引人。其音乐评论文章都收集在《音乐家与音乐》、《音乐旅行》等书中，对西欧音乐批评思想的发展产生了一定的影响。

五、李斯特、瓦格纳与勃拉姆斯

李斯特（1811—1886）是匈牙利人，然而他从 12 岁起就先后旅居法、德、意各国，其文化和哲学思想完全可以说是在法国影响下形成的。他和肖邦一样，有着强烈的爱国心，民族音乐的音调以及节奏、民族的艰辛历史，还有英雄人物，在其创作中都得到极为生动地反映和运用，因而匈牙利人民一直尊崇他为伟大的民族艺术家。李斯特的一生可以分为两个时期，以 1848 年为界，1848 年之前主要从事钢琴演奏活动，1848 年之后主要从事创作活动。李斯特起初是以一个钢琴演奏大师而得名的。他是第一个开办钢琴独奏音乐会的人，他的钢琴演奏不仅创造了具有诗意的、色彩绚丽的画面，还以技巧高超著称。李斯特的演奏贯穿着对伟大音乐作品的宣传，他将柏辽兹、贝多芬、舒伯特、舒曼、门德尔松、威柏、巴赫等人的作品改编成钢琴曲来表演。而且他的改编曲带有创作的性质，是真正的钢琴音乐，其中体现了他自己的风格特征，音乐优美丰富，具有管弦乐队的效果。他开创了钢琴无穷的表现力，这一点可以与肖邦相媲美。

1848 年以后，李斯特基本停止了演奏活动，也结束了在欧洲到处演奏的动荡生活，在德国的魏玛长期定居下来，专注地从事创作。在李斯特的作品中，民族音乐的特点是较为突出的。他的代表之作有《匈牙利狂想曲》，标题组曲《旅行的年代》及《B 小调奏鸣曲》，变奏曲《死之舞》、《巡礼的年代》，交响曲《但丁》、《浮士德》，清唱剧《圣伊丽莎白的传奇》，等等。尤其是 19 首《匈牙利狂想曲》，是根据匈牙利和吉人赛人的民歌及舞曲加工而成，无论音乐语言还是音乐表现手法，都带有浓郁的民族色彩。李斯特还创造了新的音乐体裁——交响诗。他的交响诗主要来源于贝多芬的序曲、威柏序曲的标题戏剧性音乐。他热情支持柏辽兹等人的标题音乐创作。李斯特的标题性与柏辽兹不一样，后者的标题性带有叙述情节的性质。李斯特不认同具体地描绘情节，他更强调文学与音乐的内在联系，注重概括性地表达感情和形象。在李斯特的标题交响诗创作中，多乐章套曲可以压缩成单乐章，主题动机的变化、发展以及延续，曲式的自由处理，都服从于对文学性内容的总体理解。

可以说，李斯特的交响诗集中体现了其苦心孤诣的艺术理想。李斯特晚年依然注重探索新的表现方法。1883 年，他创作了《东宫别墅的喷泉》，又称《水之嬉戏》，较法国印象主义作曲家拉威尔（1875—1937）的同一作品早 30 年，因此被认为是印象主义的先声。1885 年，他又创作了《无调性小品》，这可以认为是奠定了 20 世纪现代音乐的基础。李斯特还是一名杰出的音乐评论家。他曾著文评论柏辽兹、舒曼、肖邦、瓦格纳、帕格尼尼等人的音乐创作及演出活动，并提出了许多精到的见解。除此之外，他还著有《肖邦传》和《匈牙利的吉人赛及其音乐》两本音乐理论著作。李斯特还被认为是 19 世纪情感论美学的最为重要思想家。他在其著作中反复强调：音乐与情感具有某种运动的一致性，人们不必像欣赏其他艺术时那样通过思想，却可以通过音乐直接唤起心灵所体验的印象，从而表达出情感的内容及其强度。这种浪漫主义情感美学与瓦格纳的美学一起，成为 19 世纪音乐思想的主导观念。

理查·瓦格纳（1813—1883）是 19 世纪中、后期独具革新精神的音乐家。他一生致力于歌剧的改革与实践，并试图建立真正的德国的戏剧，建立国家剧院。瓦格纳最初对戏剧产生了兴趣，后来又转向了音乐，主要是因为他认为音乐中存在着极具戏剧性的场面。遗憾的是，他还不能达到这个目的。他力图把全部的艺术综合成有机的整体。瓦格纳的音乐剧有《黎恩齐》、《漂泊的荷兰人》、《汤豪瑟》、《罗恩格林》、《特里斯坦与伊索尔德》、《民歌手》、《尼伯农根的指环》、四部剧《莱茵的黄金》、《女武神》、《齐格弗里德》、《神界的黄昏》、《帕西发尔》等。瓦格纳在他的歌剧创作中，采用了一种把词、歌唱、管弦乐、情节、手势、表演与舞台布景融为一体的创作技巧。他认为人声本身就是一件会吐词的乐器，歌声不应淹没在管弦乐的音流之中；为了凝聚人们观赏艺术的注意力，歌手不应有过多的面部表情以及戏剧表演；舞台应该有纵深感、立体感，以达到传说或是神话所要求的神秘、虚幻的气氛；乐队使用“主导动机”象征特定人物与特定事件。

瓦格纳的歌剧改革使得观众甚至可以基本不看舞台表演，只需闭目聆听音乐就可以知道戏剧情节的发展。这种将各种艺术手段融为一体的设想，表现出了巨大的艺术效果。瓦格纳的音乐语言独具一格，他主张音乐除每幕终止外不可有停止，因而具有“无穷尽旋律”的特点。他大量运用半音、和声，通过频繁的调性转换从而造成不稳定感，这些都为他在音乐史上享有极高的声誉增加可能。在《歌剧与戏剧》一书中，瓦格纳比较完整地阐述了他的歌剧改革的理论与主张。瓦格纳还著有《艺术与革命》、《未来的艺术品》、《歌剧与戏剧》等著作。瓦格纳可能是音乐史上最有争议的人物，各国都有崇拜、追随、模仿他的人，然而厌恶、反对他的也不在少数。不管怎样，瓦格纳的影响还是十分巨大的。从某种意义上说，瓦格纳预示了后来欧洲音乐的发展趋势。

约翰·勃拉姆斯（1833—1897）和瓦格纳属于同一时代的作曲家，而在艺术风格上，他们又独具鲜明的个性。舒曼最后向社会宣传的一位天才则是勃拉姆斯。在《新的道路》一文中，舒曼称勃拉姆斯是“能以理想的方式表现至高无上的时代精神的人”。

勃拉姆斯是欧洲浪漫主义音乐最后时期的大作曲家，他对当时盛行于音乐界的“综合艺术”以及音乐的文学性、标题性的风格不感兴趣，而热衷于古典艺术的体裁，例如，交响曲、室内乐、钢琴曲、声乐曲等。勃拉姆斯对于借助文学或者其他艺术手段创造音乐的想法不屑一顾，坚持在音乐自身领域内进行美的创造。他始终如一地继承了古典音乐，诸如巴赫、亨德尔、莫扎特、贝多芬等一些音乐家的传统。拒绝“艺术综合”这样一种浪漫主义概念，这是勃拉姆斯艺术不同于瓦格纳艺术的主要区分点。勃拉姆斯的音乐除了和德国古典音乐的紧密联系外，另一突出特点就是和德国、奥地利民间音乐的联系紧密。他搜集了很多民歌，予以编配出版，主要包括《德国民歌》、《儿童民歌集》、7 册《德意志民歌》等。勃拉姆斯的音乐有着对德国、奥地利、匈牙利民间音乐亲切、质朴、平易、清新情感因素。不但他的小型作品如艺术歌曲透着民歌的气息，他的大型作品如交响乐也透露着民间音乐的素材和音调。

勃拉姆斯运用除歌剧外的各种古典体裁进行创作，主要作品包含有：4 部交响乐，2 部钢琴协奏曲，1 部小提琴协奏曲，30 首钢琴或是提琴奏鸣曲，300 多首声乐曲、室内乐，等等。勃拉姆斯对德国古典音乐传统的继承以及对民间音乐的注重与关心，在当时都很有进步意义。他对古典音乐不但有继承，而且还有丰富、发展和创新。例如，他音乐中大胆的和声变化，非对称的乐段结构，气息宽广的旋律，新颖的节奏还有非凡的表现力，这些都不容轻视的。在音乐史上，勃拉姆斯凭借其不同于当时欧洲乐坛各种创新学派的独特风格，而占据一席之地。

六、老约翰·施特劳斯和小约翰·施特劳斯

维也纳的音乐舞台一直很活跃。19 世纪下半叶，在奥地利社会音乐生活中，轻音乐渐起，它的主要代表人物有谱写维也纳圆舞曲的约翰·施特劳斯一家，其中小约翰·施特劳斯占有最为显著的地位。维也纳圆舞曲的奠基人则是老约翰·施特劳斯（1804—1849）和约瑟夫·兰纳（1801—1843），他们的圆舞曲的大概结构由“引子—中间—尾声”三部分组成，取材于维也纳自然生活场景，采取了民歌的音调，旋律亲切、优美、自然、抒情，表达了市民阶层健康乐观的思想感情，很受听众喜爱。他的圆舞曲的曲式结构形式是：以一段引子开始，引子旋律的音乐形象都有一定的标题性，并与依次出现的主要圆舞曲有联系；接下来是 5 首（有时略有增减）圆舞曲，最后是一段结尾，结尾中往往再现第一首（或最主要的）圆舞曲。

小约翰·施特劳斯（1825—1899）承袭了父辈的传统，然而他更多地吸取了维也纳民间舞曲和民歌的音调。全曲的章法有段落性和贯穿性。小施特劳斯的圆舞曲节奏鲜明而且富弹性，旋律悠扬流畅，配器轻盈透明而且又简洁多变，显得轻快而华丽，极具生活气息。

他一生共创作了 400 多部作品，其中有各种舞曲和轻歌剧。代表作有《蓝色的多瑙河》、《维也纳森林的故事》、《春之声》、《美丽的五月》、《艺术家的生活》、《南方的玫瑰》、《皇帝》等圆舞曲。这些都可以与当时一流作曲家的作品相比较。小约翰·施特劳斯是当之无愧的“圆舞曲之王”。他创作的《蓝色多瑙河》，是世界上一切圆舞曲里最有代表性的杰作。尽管该舞曲在第一次公开演出时未成功，但 1855 年他应邀在巴黎世界博览会上的演出，获得了巨大成功，成为当时轰动事件。正因为如此，小约翰·施特劳斯的圆舞曲才能在欧洲各地广为流传。其后，他在美国的演出更加令观众为之倾倒，把他当成英雄人物。有专家认为，小施特劳斯的巨大成就，就在于他把奥地利乡村民间音乐和维也纳城市音乐的活泼风趣的情调相结合了，并善于使他的舞曲具有奥地利民间音乐的新鲜感、美妙以及诱惑力，这样就赋予了新型的维也纳圆舞曲以独创的特征和超凡的魅力。小施特劳斯的轻歌剧也很著名。其《蝙蝠》和《吉人赛男爵》两部佳作是维也纳轻歌剧中的代表作，直至今天仍是世界各国大剧院里久演不衰的剧目。

第六节　工业革命时期的美术

近代时期，西方绘画艺术脱离了宗教束缚，根植于世俗社会当中，获得新的发展动力。一些杰出画家运用大量涌现出来的新题材，大胆创新的绘画手法，推动了近代西方绘画艺术的繁荣发展。

一、西班牙近代杰出的大画家戈雅

意大利美术史家利奥奈洛·文杜里曾经这样写道：“西班牙人戈雅出现在我们面前，不仅是一位巨人，更可以说是一位在理想方面和技巧方面全部打破了 18 世纪传统的画家和新传统的创造者……正如古代希腊罗马的诗歌是从荷马开始一样，可以这样说近代绘画是从戈雅开始的。”戈雅出生在西班牙北部撒拉哥萨一个贫苦的农民家庭，一位不知名的修道士偶然间发现了他的绘画天才，说服了其父母，并让他学画。18 世纪末 19 世纪初，西班牙出现了一个伟大的现实主义画家，这就是戈雅（1746—1828）。14 岁时，戈雅到当地的马尔蒂尼兹画室画画，后又去过意大利，在意大利他开拓了视野，技艺进步很快。1776 年，戈雅成为西班牙的宫廷画师，专门为皇家织造厂绘制和设计一些壁毯草图。戈雅早期的创作艺术作品，充满了乐天无忧的情绪。他在为宫廷设计的两组壁毯画草图中清晰地反映了社会生活，如《阳伞》、《陶器市场》、《受伤的石匠》、《人民的五月节在马德里》、《玩偶游泳》、《春》、《暴风雨》等，这些早已超出了壁毯设计范围，成为了具有独立风格的风俗画。

他在这个阶段画的肖像画，人物性格十分鲜明，并带着浪漫主义的激情因素，如任性并且有点神经质的《亚力巴公爵夫人》、热情的画家《弗兰其斯考·巴雅》、漂亮的女演员《拉·吉尔》，等等。戈雅虽为昏庸的查理四世的"首席宫廷画师"，然而他也是公认的当时流行的艺术标准的反叛者。他以敏锐的观察和卓绝的技巧来刻画人物的性格特征、精神气质以及外貌。1799—1800 年，他为查理四世一家所创作的群像，真实地再现了这群王族的丑陋：王后的装腔作势，国王的昏庸愚蠢，国王弟弟和国王姐姐的丑陋奸猾，只有小王子天真无邪。难怪 19 世纪法国作家戈蒂叶在评价这幅画时曾说："戈雅真了不起，他画了一群用勋章绶带、珠宝绸缎装点起来的白痴和暴发户。"这是一组噩梦式的幻想性作品，运用了揭露的手法批判了当时社会的黑暗——信善、欺骗、贪吝、虚荣、迷信等，表达了当时人民在宗教统治和封建专制下的苦难和不幸。

这时期，戈雅还创作了一套名为《狂想曲》的铜版画。其中一幅标题为《不可救药》的画作，揭露了宗教裁判的凶残：一个受审的女子裸着上身，束着双手，戴着高帽，在一群士兵的押送下骑驴游街，周围簇拥着一群痴笑的人群。然而在西班牙，画世俗妇女的全裸像是被禁止的，而戈雅却运用技巧完美地展示了《裸体的玛哈》。据说，为了这一张"躺在席上的一个裸体女人"的绘画，戈雅曾受到宗教裁判所的质问。戈雅曾像欧洲不少知识分子那样，对拿破仑曾怀有好感，而且送过画给拿破仑。可是当 1808 年法军侵入西班牙，对反抗的西班牙人民进行残暴镇压时，戈雅愤怒了。1814 年法军撤走之后，他立即创作了他一生中最著名的两幅油画：《5 月 2 日马德里巷战》和《5 月 3 日的枪杀》。后一幅尤为惊心动魄且感人。画面描绘的是深夜的马德里城郊，法国士兵正在处决被他们抓来的起义者，其中有神父、僧人、市民，还有一些农民们；一盏明灯照射着这一壮烈的场面，起义者们有的紧握双拳，有的咬牙切齿，有的表现出对死亡的惊恐甚至哀痛，有的则已倒在血泊中；最突出的是一位穿白衣的起义者，面对枪口，高举双臂，似乎是在控诉和咒骂，执刑的刽子手们则都猥琐着身子。

戈雅以沉重的同情与愤怒，再现了那场骇人听闻的暴行。它真实地表达了对非正义战争的无比愤恨，该画作尤为深刻感人。1810—1820 年间，戈雅又相继完成了第二套铜版画《战争的灾祸》，其艺术技巧更加成熟。戈雅晚年创作了一些反映人民日常生活的作品，如《汲水少女》、《打铁》等。尤其是他的《卖水少女》，更是他油画中最为动人的一幅作品。那个怀抱瓦罐、衣衫褴褛的农民姑娘，其健康淳朴以及勃勃青春的朝气，超过了戈雅所画的宫廷贵妇。戈雅的最后一幅作品《挤奶少女》，同样是一个充满生气的艺术形象，其中运用的“色彩分割”的油画技巧，可以算作是印象派的笔法了。

二、大卫和新古典主义

18 世纪末爆发的法国资产阶级大革命，对法国古典画派的发展起了推波助澜的作用。在这个时期法国古典画派的代表是大卫（1748—1825）。大卫也被称为新古典主义的代表画家，以区别 18 世纪具有浓厚贵族气息的古典派。大卫不但积极投身于大革命，还创作出许多反映大革命重大事件的杰出作品。在西方美术史上，像他这样既在政治行动上，也在创作上与革命如此紧密结合的画家，是很不多见的。大卫出生在巴黎一个商人之家，1766 年考进美术学院，早先模仿洛可可风格，后来接受了他的老师维恩的新古典主义风格。大革命前夕，他接触了当时的一些资产阶级革命家，并因此参加了雅各宾俱乐部。这些作品对于大革命而言起到了宣传鼓动作用。在革命运动和先进思想的影响下，画家们选择了富有象征性的历史题材进行创作，如为自由独立而不惜牺牲的《荷拉斯兄弟之誓》；坚持真理而不妥协的《服毒的苏格拉底》；为捍卫共和政体而大义灭亲的《处决亲子的布鲁斯特》，等等。革命爆发后，大卫创作了很多记录革命、鼓舞人民的作品。如《网球场宣誓》，它描写了 1788 年第三等级的代表们反对路易十六利用“三级会议”来征收新税、冒雨寻得球厅作为会场举行全国性“国民议会”的历史情节，歌颂了人民推动革命的伟大力量。《勒蒂列比埃》和《马拉之死》是为了纪念被反革命暗杀的革命家。

他在把《马拉之死》交给国民议会时说道："公民们，人民再次向我提出要求：大卫，拿起你的画笔为马拉报仇，让敌人看到它时失魂丧魄，我已经听到人民的声音。"这番话表现出来了大卫的创作动机。《马拉之死》向人们表现了马拉被刺杀在浴缸里的情景：凶手已逃跑，匕首扔在地上，鲜血正从马拉的胸口流出来。他的左手却仍紧握着一张便笺，握着鹅毛笔的右手则无力地垂落在浴缸外，脸上呈现出一种愤恨和痛苦的表情。光线从左侧照亮了马拉的身躯和面部，明暗处理比较调和，使人从一个真实的形象上体会到在那个特定的时代气氛。拿破仑统治时期，大卫还创作了《拿破仑一世皇帝的加冕礼》和《授旗式》，称颂拿破仑的业绩。在前一幅画中，大卫不仅描绘出了广阔的场面，安排了各种各样成组的人群，而且还描绘了出场者的面孔以及他们刺绣和金饰的礼服。大卫的肖像画非常见其写实的功力。如《库尔贝先生像》，被画者是他的岳父，也是一个宫廷建筑的承包商。大卫精彩地刻画出这位商人那多疑的眼神、自负的微笑和紧握椅柄的肥手，从而揭示出巨商的吝啬、庸俗和凶狠的内心世界。又如《莱卡米尔夫人》，她是当时巴黎一位银行家的年轻太太，也是巴黎文化界的一个中心人物。她侧头微笑着，神采奕奕，那么美丽，同时又洋溢着一种青春的健康气息。

画面上的这位夫人身穿罗马式长袍，坐在罗马式靠榻上，背后是从庞贝遗址中发掘出的铜灯。这幅画被认为是大卫画像中格调最好的一幅。波旁王朝复辟后，大卫被以弑君罪而监禁，在出狱后流亡比利时，死于布鲁塞尔。人们在他的墓碑上铭刻了"法国近代画派的复兴者"，以表彰他的艺术业绩。大卫的新古典派主张追求理性，主张艺术应回到古代，因而忽略了情感的表达。法国作家司汤达评价大卫画派实际上是一门"精密的科学，就跟数学、几何、三角一样"。法国浪漫派领袖德拉克洛瓦评价大卫的画只是"雄壮有力的散文"，缺乏诗意。这些评价委婉地道出了大卫画派的不足。

三、浪漫主义画派

19 世纪 20 年代末，法国形成浪漫画派。浪漫画派抛弃了古典画派匀称庄重的形式、完美平衡的构图，主张通过利用饱满的色彩、强烈的阴暗对比、急速的节奏来刻画现实生活中英勇豪迈而有意义的事实，从而展现动人心弦的场面。狄奥多·席里柯（1791—1824）的《梅杜萨号之筏》被认为是浪漫派绘画艺术的宣言书。席里柯从小跟随名师学画，曾到过意大利观光和学习，对米开朗琪罗的作品感受最深。他从大卫的弟子格罗和自己的老师韦尔尼的创作中得到启发，注重在当代现实生活题材中来展现米开朗琪罗的作品的悲剧气氛。他抓住“梅杜萨号军舰”海难事件，终于创作出了一幅风格独特的作品。席里柯抓住“瞥见天边船影”的刹那情景，刻意描绘出在海上漂浮了13天，历经饥饿的熬煎、殴斗的残酷、死亡威胁的人们，在希望与绝望、生与死悬而未决的最紧张时刻所表现出的急切神态，营造激动、紧张、令人窒息的气氛，深深打动人心。

在表现手法上，席里柯以奇峰突起的金字塔形构图和人与船帆、桅杆这两股力量的矛盾运动，营造一种紧张感；而色彩的强烈对比以及有力的黑白交错节奏，增强了动荡起伏的效果，造成了一种不稳定感。有人说，长久地处于此幅画前，会有海浪击身的真实感。作画时，席里柯扎了真正的木筏放在画室里，并且请来肝炎病人做模特儿，把在惊涛骇浪中漂流的苦难表现得淋漓尽致。这幅画不但开创了浪漫主义画派，而且也启发了后来的现实主义派画家。可惜席里柯这位天才艺术家只活到33岁。继他而起的，是被人称为“浪漫主义狮子”的德拉克洛瓦（1798—1863）。德拉克洛瓦知识渊博、情感丰富，擅长音乐，有很高的文学素养。

他重视色彩的热烈与奔放，认为“色彩是绘画的主角”。他在1824年首次展出的《希阿岛的屠杀》，描绘出了土耳其侵略军在希阿岛上大肆掠夺和屠杀手无寸铁的希腊平民的暴行，表达了画家对希腊人民的同情。在这幅画上，画家把全部注意力放在色彩的力度上，用豪放的大笔触，通过明暗对比和人物愤怒而视的姿态，处理成前景与远景两个层次。为了加重悲剧的色彩的对比性，有些形象还以半裸的人体形式来体现，从而深刻表现了土耳其侵略军的残暴与野蛮。1830年，法国七月革命爆发，德拉克洛瓦创作了有着深刻历史意义的油画《自由引导人民》。画的正中间是一个半裸的举着三色国旗的“自由女神”，其余的则是现实中的人物形象——戴礼帽的职员，一个受伤的人正仰着头鼓励“自由女神”前进。女神的左侧，一个挥舞着双枪的英武少年，毫不畏惧地在炮火中向前方冲去。

这幅画气势磅礴，画面结构紧凑，色调丰富炽烈，用笔奔放，有强烈的感染力。德拉克洛瓦的肖像画《乔治桑》、《肖邦》、《墓地少年》，动物画

《猎狮》、《阿拉伯人与马》都是浪漫主义画派的杰出作品。德国诗人海涅专门为这画写了赞美诗。德拉克洛瓦终身都致力于探讨色彩的表现力。他明确指出，要用色彩去塑造形体，而不是如古典派那样在画好的“素描”上“填”颜色。这些建议对后来的画家，尤其是印象派画家，产生了一定的影响。英国浪漫派代表人物是约瑟夫·透纳（1775—1851）。透纳一生画了大量的海洋风景画，他通过对海洋上光与空气效果的研究，创造了自己独特的风格。看他的画，观者的心情往往很难平静，画中的阳光、烟霭、水汽、浪雾……好像就是由纯粹的光的韵律所组合的。他的《海上的火》、《贩奴船》等，都表明他的海景画已经达到炉火纯青的阶段。透纳对光色和空气变化的注重与悉心研究，对后来的印象画派有明显的影响。

四、现实主义风景画派——巴巴松派

19世纪三四十年代，法国现实主义风景画民族画派出现。这一画派从着意于描绘历史，转向着重去描绘现实生活和大自然的美丽风光。因为他们常聚会在巴巴松村作画，故称为“巴巴松派”。进步的现实主义画家杜米埃（1808—1879）对法国绘画艺术，尤其是版画艺术的发展做出了巨大贡献。杜米埃最初是以一个漫画家的身份步入画坛的。菲力浦王党统治在1836—1848年间，杜米埃转向了风俗漫画，斗争矛头主要是针对当时资产阶级的市侩习气、愚昧和庸俗。19世纪30年代初，他创作了《立法大肚子》、《特兰斯诺宁大街》、《出版自由》、等讽刺漫画，批判路易。这方面的作品有《风言风语》、《惋惜》等。杜米埃一生还画了大量的油画和水彩画，他的《洗衣妇》歌颂了劳动者的善良和纯洁。

《纤夫》、《三等车厢》和《重担》描绘了普通人的苦难生活。《起义》、《1848年革命》就反映了对革命和人民的同情。杜米埃习惯根据他的记忆画素描或油画。他不管看到什么都要经大脑过滤，凡可删去的都被他删去，他以舍弃不必要的细节和夸张形体的方式，赋予最普通、最日常的题材以宏伟和壮观。米勒（1814—1875）出生在农民之家，自己也长期从事耕作。他熟悉农民，热爱农民，并且创作了大量油画反映农村生活，歌颂农民的艰苦劳动和勤劳品德。他的石画《拾穗者》、《播种》、《倚锄的人》、《牧羊女》等，处处都体现出对劳动的赞美。米勒善于用单纯而简练的形象来表达耐人寻思的内容。库尔贝（1819—1877）明确地举起“现实主义”的旗帜，他强烈地意识到艺术的社会意义，宣称他只专注于描绘亲身目睹的现实生活。

他一般不会细画人物的五官，但他画中的人物却具有强烈的感染力，这和他善于选择最有表现力的大轮廓，运用朴拙的线条与丰富的光影来营造一种抒情性很浓的气氛是分不开的。他描绘下层人民，尤其是城市平民的贫困与悲惨情景，并给予他们深切的同情。而对于资产阶级的恶习和怪癖就乐于用嘲弄的笔调勾勒。由于他在画中经常使用画粗线的手法，因此有人说“他稳重而有力的笔触使人联想到工人们的艰巨劳动”。他的主要作品有《筛谷》、《奥尔南的午后》、《奥尔南的葬礼》、《打石工》等。其代表作《打石工》是依据他在路上亲眼看到的情景，并且邀请两个工人到画室做模特儿，面对真人完成的。库尔贝是一位手法多样、画路宽广的大师，不管对象是肖像、动物，还是风景、静物，也不管是农村，还是城市，都能够尽微致广，气魄雄伟，使后世画家大受裨益。

他认为，大自然是他唯一的题材，从对大自然的观察和研究中，从最平凡、最普通的自然角落里发现艺术印象的无尽资源。约翰·康斯特布尔（1776—1837）是英国最重要的现实主义风景画家。《干草车》是他所有抒情田园风景画中最具有诗意的一幅。它以绚丽的色彩和恬静的农村景色，再现了乡间的自然美丽。阳光与空气感在这幅风景画上体现很强烈，人们似乎能从画上感受到温暖的泥土气息阵阵扑面而来。他以点子很细的色彩笔触，再现了一种诗的境界。康斯特布尔用“点”画法来描述树叶和草地上的反光和散光。正是由于他在这方面的成就，因此他被法国印象派画家们视为宗师。

五、印象画派

19 世纪 60 年代，法国一批艺术家不满现状，反对官方学院派的陈规陋习，要求艺术的革新与创作的自由。他们崇尚为艺术而艺术的思想，在绘画的观察方法和表现技巧上大胆地创新，从而形成了一个具有独特绘画技巧的派别，即印象派。这一画派不但对法国当时的美术，而且对以后世界各国的美术发展都产生了巨大且深远的影响。印象派画家在 19 世纪现代科学技术（尤其是光学理论和实践）的启蒙下，注重在绘画中对外光的研究和体现。他们提倡户外写生，即直接描绘在阳光下的物象，强调整体地观察与表现对象以及画家的主观感受。由于各人的经历、思想、爱好、性格的差异，印象派画家采用了不同的表现手法，呈现出不同的风貌。他们大胆地采用高纯度的明亮色彩和强烈对比的补色，善于区分和应用光源色、环境色，善于描绘特定的色调。有的侧重于人物画，有的以画风景为主，有的变形变色，有的较注重写实，有的强调主观表现，有的就忠实于宏观对象。

印象派的奠基人是马奈（1832—1883）。他最初在学院派画家库退尔门下学习，5 年后，由于不满学院派教学而离去，后来到各地美术馆临摹和研究前代大师们的作品。1862 年，马奈创作了《草地上的午餐》，画了两个衣装整齐的绅士与一个全裸的妇女，3 个人坐在草地上野餐，在远处还有一个穿睡衣的女子。他利用大片的平涂颜色来突出画中的众多对象，利用纯蓝色、灰色或深黄色调之间的对比，取得了成功的设色效果。这幅画表现出的新的观察方法和绘画技巧，轰动了法国画坛。马奈是最早打破传统的棕褐色调，使画面明亮、有外光新鲜感的画家。他对光的兴趣，最早体现在《推勒里宫花园音乐会》这幅画上。19 世纪 70 年代，他完成的一系列油画，如《在船中》、《莫奈在床上作画》、《床单》等，其印象主义的技法更加鲜明。马奈善于运用鲜艳、明亮、概括的色块，以造成强烈对比的和谐，使作品富有感染力。

并且，受过古典艺术熏陶的马奈，其作品中始终保持着某种宏大和庄重的气魄。印象画派里最杰出的画家则属莫奈（1840—1926）和雷诺阿（1841—1919）。莫奈是继马奈之后，把印象派的外光理论在创作上真正彻底完成的大师，他的画更能代表印象派。马奈对传统绘画的大胆革新得到了青年画家们的好评，他成了印象派中的领袖人物。印象派的名称就出自于他的《日出印象》这幅画。莫奈在自己的画中着重表现光色和空气感，而形体处于次要地位。有人说，他的《日出印象》的主角是光色与雾气的变化，并不是自然景色。莫奈非常重视探索各种光色效果，他常常在日出时带上一包油画布到野外去，在同一地点对同一景物作出反复的瞬间描绘。为了便于体现光色效果，莫奈采用短小而清晰的笔触，把不同的色彩排列上去，产生了一种光影的颤动感觉，有时还会在最亮的颜色旁边画上一些黑色点，使色彩更加明亮。他的主要作品有《卢昂大教堂》、《黎明》、《阿尔让特伊大桥》、《河畔》及组画《睡莲》等。

雷诺阿的作品丰富多彩，他创作的题材有风景、肖像与现代生活场面等。其作品常以鲜丽透明的色彩体现阳光与空气的颤动和明朗气氛，别具风格。

他以擅长描绘妇女和儿童出名，造型准确而优美。他的《浴女》一画，在那丰满的人体上照射着的温暖的阳光，反射出千变万化的色彩，是印象画派的人体佳作。他的《包厢》一画，被后人看作是其最出色的作品。画面上一个少妇正坐在包厢里看戏，以丰富色调塑造的少妇的面容表现出勃勃的青春活力。少妇颈上的珠链，身穿的纱衣，头戴的鲜花，是用活泼跳动的笔触画成的，整个画面显得极有活力。雷诺阿的名画还有《昂利奥夫人》《红磨坊街的舞会》《塞纳河畔的尚普鲁塞》《琴旁的两个女孩》等。

尽管雷诺阿在生活里既缺钱又常常病魔缠身，但他的画却体现了诗意、欢乐、健美和青春。有人评论道："雷诺阿可能是唯一从未画过悲伤作品的画家。"与雷诺阿不同，另一位印象派画家德迦（1834—1917）的作品却时常流露出悲伤的情绪。德迦强调用记忆的方法作画，他有着敏锐的观察力和非凡的记忆力，善于捕捉在瞬间运动着的形象，并以精确的素描技巧画出。德迦特别擅长去表现演员急速而又灵巧的动态，以及舞台上的光彩效果，用正在颤动的纱裙表现出闪烁的光感。如《舞台上的舞女》就是这一方面的杰作。这种绘画方法有助于使他舍弃观察对象中琐碎的枝节，从而竭力把形体简化，抓住最主要的感觉印象。德迦在构图的新奇方面比他人技高一筹。如他的《乐池里的音乐师》就是一幅极有代表性的作品。画家在这里把透视拉得很近，台前乐师的头部和背部占去画面的一半，近处人物描绘得精确严密，隐在暗处。台上的景象则画得简要、概括，并由于强烈的光感从而十分突出。

脚灯的白光照在谢幕舞女的纱裙和脸上，更显现出戏剧舞台特有的美感。德迦的名画还有《赛马场》、《戴手套的女歌手》、《洗衣妇》、《熨衣妇》、《巴黎歌剧院的乐队》等，画中的人们都是忠于职守、过着平凡生活的人们。他画出了他们的艰辛、倦怠，给人一种忧伤沉重的感觉。德迦一生孤独，终生未婚，且晚年视力恶化，不得不改行制作小雕塑。他的作品给了表现派艺术启示。

六、后期印象画派

印象画派在19世纪60年代出现以后，就很快风靡西方世界，作为绘画主要风格达20多年。但90年代，一种被称为后期印象画派的新风格开始崭露头角，得到人们的重视。后期印象画派的画家不再满足于客观主义的表现和片面地追求外光与色彩，而强调抒发自我感受，体现主观感情和情绪。他们重视形和构成形的线条、色块和体、面，强烈的内心变化和个性化是他们创作的特色。后期印象派的出现，体现了人们对墨守成规的反抗，也代表了机器时代异化现象人们焦躁不安和迷惑不解的心理。

后期印象画派的奠基者是保罗·塞尚（1839—1906）。塞尚的一生是不被人们理解的一生。青年时代他几次投考国立美术学校，结果却都名落孙山；送到沙龙的作品，一次也没入选。塞尚是一个死后成名的画家。1874 年，塞尚参加了第一届印象派作品的展览。他的送展画《白缢者之屋》，表现出来的是将几个轮廓稍微重叠并构成空间的方法，与画中房屋沉重的体积感，预示着塞尚同其他印象派画家所拼命追求的瞬间即逝的画面效果明显的不同。塞尚非常注重追求物体的结构、体积、质感及相互关系。

19 世纪 80 年代中期起，塞尚回到故乡，面壁 10 年，专心探索绘画的新造型语言。在他孤独的中年和晚年，形成并成熟了新的艺术风格。他的名言是“用圆柱体、球体、锥体来描绘对象”。其作品表现出了色彩家和结构家的天才结合。他的静物画坚实、厚重、粗硬、老练、冰冷，而且具有咄咄逼人的气势；他的人物画则往往采用写意的手法，表达其内在的情绪。创作于 1895—1900 年间的一系列静物画中，塞尚把水果、盘子、瓶子与弄出了褶子的白台布摆在一起，用色彩和“不正确”的透视法，表现出了各种“椭圆体和圆筒形的量感和体积”，以这种“歪曲”的视觉形象来造成真实、生动和美感。他的《玩纸牌的男人们》，利用均衡的排列，造成了超越时间的寂静的画面。塞尚晚年追求综合的抽象倾向，《浴女们》是他的精华之作。塞尚的绘画预告了 20 世纪野兽派与表现派的艺术。

西方美术史论者大多尊塞尚为“现代绘画之父”，并且认为后来许多现代流派都受他的启发。这种看法不无道理。塞尚的影响被法国人保罗·高更（1848—1903）和荷兰人文森特·凡·高扩大。高更 30 岁后才习画，他却对东方艺术和土著艺术情有独钟，终于在他 43 岁时远涉重洋，在南太平洋的塔希提岛定居，且娶了个土著姑娘为妻，最后死在了这个岛上。他不但吸收了东方绘画、黑人雕刻、中世纪宗教艺术和民间版画的一些手法，且创造了一种有内在力量的装饰性画风。1910 年，他的作品在英国展出，并因此名声大振，被称为“后期印象派大师”。高更的艺术活动反映了当时的欧洲艺术回归原始，追求表现生命本源，追求野犷、奇异的倾向。其代表作是《我们从哪里来？我们是什么？我们往哪里去?》、《死者的灵魂》、《塔希提的年轻姑娘》等。高更的画除了具有装饰性外，还带有神秘的特点，如他的《游魂》：一个赤裸的塔希提妇女（据说是他的土著妻子）伏在床上显出害怕的样子，背景左边的黑衣老妇则代表游魂。棕色的肉体、黄色的床单、紫色和蓝色的背景，夹以白色的花纹，在强烈的对比和装饰中体现出神秘的色彩。

高更的画风启发了后世热衷于表现神秘主义和自我意识的象征主义以及其他现代诸流派画家，因而他被称为“象征派的创始人”。其实，与他同时代的人，就有些人称他为象征主义画家。

凡·高（1853—1890），出生于荷兰南部布拉邦特的格鲁特曾德特镇的一位新教牧师的家，当过店员、教师与传教士，27 岁习画。生活的窘迫，工作的艰辛，及其生性固执、偏激、敏感，以致后来精神失常，住进疯人病院，最后自杀而亡。凡·高的一生也是不为世人理解的一生。这个自修成功的画家只活到 37 岁，而其杰出的、富有独创性的作品，都是在他生命的最后五六年里完成的。凡·高最初的作品情调都比较低沉，如《吃土豆的人们》，用黑棕的色彩描绘出幽暗灯光下，贫苦的一家人围坐在一起吃着简陋的晚餐。可是，他后来的大量作品却转向明丽和开朗，注重提高色彩的强度、明度与张力，仿佛要用单纯欢快的歌声去慰藉人世的苦难，以表达他强烈的理想和希望。

凡·高的画，不论是静物《向日葵》，人物肖像《农民》、《邮递员罗兰》，室内画《夜间咖啡店》，还是风景画《洛克罗田野》、《阿尔的小屋》，都充满了对生命的热爱，倾诉了他内心强烈且丰富的感情。在凡·高晚期的作品中，他用螺旋形和波浪形的笔触来表达他内心暴风骤雨般的情感。他曾画过一幅包扎着头部的《自画像》，瘦削的脸与深陷的眼睛虽然用极粗略的笔法画出，但却流露出深深的痛苦和忧伤——只有那种时常思虑牵挂别人不幸的人，才会拥有这种深刻而沉重的忧伤。在其笔下，那些云彩、树木如火舌般紧张地卷起，极生动地表现出他那精神病患者的疯狂、迷幻的感觉。凡·高为世人留下丰富的画作，有油画 800 余幅，素描 1000 余幅，还有水彩、版画等。他用短暂的艺术生命，推动了色彩方面的大胆创新，增强了综合形体的表现力。凡·高的画对后来野兽派和表现派的绘画影响都很大。

第十章

西方无产阶级文化的伟大成就

西方无产阶级文化是伴随着无产阶级登上历史舞台的。19 世纪 30—40 年代，在英国宪章运动高涨的历史条件下，产生了无产阶级运动文学。宪章运动文学具有鲜明的政治倾向性、革命的战斗性与广泛的群众性。宪章运动文学的这些特征，实际上也正是无产阶级文化的基本特征。所以，无产阶级文化产生开始，便充满着朝气和生机，不断吸纳着人类最优秀的文化遗产和最先进的文化成果。不久，伟大的马克思主义诞生了。

第一节　马克思主义的诞生

一、马克思主义创立的社会历史条件

马克思主义产生于 19 世纪 40 年代的西欧，有着其深刻的社会历史渊源，它是资本主义生产方式与无产阶级反对资产阶级斗争发展到一定阶段的产物。19 世纪 30—40

年代，随着欧洲资本主义的发展，资本主义社会基本矛盾的日益显露，是马克思主义产生的社会基础。16—17 世纪的尼德兰与英国资产阶级革命，使得欧洲社会历史从封建时代进入资本主义时代。从 18 世纪 60 年代起，由于珍妮机和蒸汽机的发明和应用，英国首先发生了工业革命，许多工业部门开始逐步实现了大机器生产。到 19 世纪 30— 40 年代，工业革命在英国基本上完成。在英国工业革命的影响与推动下，法国、德国等国家也先后走上工业革命的道路。工业革命是生产技术领域中一次伟大革命，它使资本主义从工场手工业阶段发展到机器大王业阶段，为科学技术应用于生产领域开辟了广阔的天地，使得社会生产力和社会财富得到迅速增长，社会生活发生了深刻的变化。由于生产的社会化和生产资料私人占有的矛盾影响，这两大阶级长期处于对立状态。

在工业革命的进程中，社会关系领域发生了一次巨大的蜕变，它不但创造了一个工业资本家阶级，而且创造了一个人数远远超过前者的工业无产阶级。生产资料的私人占有制，使得资本家极力追逐更多的利润，盲目扩大生产，以致整个社会生产处于无政府状态；同时，由于劳动者购买力的相对减小，造成了资本主义周期性的生产过剩和经济危机。1825 年，英国首先发生了经济危机，以后每隔 10 年左右就爆发一次。在经济危机期间，工厂倒闭，银行关闭，工人失业，大量产品被销毁，社会生产力遭到严重破坏，整个社会犹如发生了一场瘟疫。为了摆脱经济危机，资本家加强了对工人和其他劳动者的剥削，使得无产阶级与资产阶级之间的矛盾更为尖锐，并逐步上升到社会的主要矛盾。上述情况表明，在 19 世纪 30— 40 年代，资本主义生产方式所固有的矛盾以及因此而引起的阶级矛盾明显地显露出来，这就为无产阶级认识资本主义及其社会矛盾，揭露其本质和发展规律提供了可能，从而为马克思主义的诞生创造了社会基础。

独立工人运动的兴起，使得无产阶级作为独立的政治力量登上了历史舞台，为马克思主义的产生提供了阶级基础。但是，这种斗争即便取得胜利也只能是争得局部的改良，无法从根本上改变无产阶级被剥削被压迫的地位。无产阶级自它产生之日起就开始了反对资产阶级的斗争，这种斗争经历了从自发阶段到自觉阶段的发展过程，到 18 世纪末 19 世纪初，工人组织工会，向资产阶级发起有组织的经济斗争。斗争的实践教育了工人，使他们意识到，要想改变自己的无权地位，就必须进行政治斗争。因此，到 19 世纪 30— 40 年代，无产阶级反对资产阶级的斗争终于进入到独立政治斗争的阶段，其主要标志是法、英、德三国著名的三大工人运动。

1831 年和 1834 年，法国里昂纺织工人相继举行了两次武装起义，揭开了工人运动史上新的一页。1831 年 8 月 21 日，里昂纺织工人要求提高工资举行罢工。当资产阶级政府出动军警进行镇压时，工人们高呼“工作不能生活，毋宁战斗而死”的口号，与反动军警进行了激烈搏斗。12 月 3 日，6 万名政府军队镇压了起义。1834 年 4 月 9 日，里昂纺织工人为保卫结社权与营救被捕工人领袖，再次发起起义。这次起义带有更加鲜明的政治性质，提出了“建立共和国”的口号。起义群众与反动军警血战 6 天，最终因力量悬殊而被镇压下去。里昂工人两次武装起义虽然失败了，但它却标志着法国工人运动开始走上了独立政治运动的道路。1836—1848 年，英国工人阶级掀起了以争取政治权利为主要内容的宪章运动。1836 年 6 月，部分产业工人和平工业者在伦敦成立“伦敦工人协会”。

号召工人为争取普选权而斗争。1837 年 7 月，协会拟定出以争取普选权为中心内容的“六点要求”，次年以法案的形式公布，命名为“人民宪章”，号召人民群众以签名支持，从此开始了著名的宪章运动。这一运动前后持续 12 年之久。1844 年，德国西里西亚纺织工人进行了反对工厂主的武装起义，参加人数达 3000 人。尽管这次运动最终失败，但它把斗争的矛头直接指向资产阶级的政治统治，并且在斗争中建立起近代第一个独立的工人政党——“宪章党”，因此它是“世界上第一次广泛的、真正群众性的、政治性的无产阶级革命运动”。起义群众捣毁工厂，烧毁资本家的账本和契约，并与前来镇压的军警展开了英勇搏斗，后遭到镇压。这次起义十分明确地提出了“反对私有制社会”的战斗口号，表明出年轻的德国无产阶级在继英、法无产阶级之后也走上了独立政治斗争的道路。英、法、德三大工人运动是世界工人运动史上具有重大意义的事件，它表明了无产阶级反对资产阶级的斗争已进入一个新的阶段，标志着无产阶级已经作为一支独立的政治力量登上历史舞台。三大工人运动的实践，既向社会主义思想家提出了制定科学的革命理论的客观要求，同时为革命理论的创立提供了阶级基础和丰富的实践经验，从而为马克思主义的产生和共产主义运动的兴起奠定了社会阶级基础。

二、马克思主义的主要理论来源

经济条件和工人运动的发展并不能自发产生新的理论，理论思维必须得从已有的思想素材出发。马克思主义正是在批判地继承人类思想文化的优秀成果，特别是19世纪人类所创造的优秀思想文化的基础上创立的。18世纪末19世纪初，随着机器大工业的发展，自然科学也有了巨大的发展和进步。其中，施莱登于1838年和施旺于1839年提出的细胞学说，迈尔和焦耳于19世纪40年代年发现并且实验证明的能量守恒转化定律，达尔文在1844年提出的物种可变思想（后来发展为著名的物种进化论）被称为自然科学的三大发现。19世纪30— 40年代，西欧社会科学的新成就给马克思主义的创立提供了直接的思想来源。这些自然科学成果不但大大地促进了资本主义社会的生产社会化，而且也开拓了人们的视野，提高了人们认识客观世界的能力，为科学的世界观、认识论和方法论提供了自然科学依据。

列宁曾经明确指出，马克思主义是“19世纪人类三个最先进国家中三种主要思潮的继承人和天才的完成者。这三种主要思潮是：德国古典哲学、英国古典政治经济学、同法国一般革命学说相连的法国社会主义”。德国古典哲学是18世纪末19世纪初的德国资产阶级哲学，它的著名代表人物是黑格尔（1870—1831）和费尔巴哈（1804—1872）。黑格尔是唯心主义辩证法的集大成者。他首次把自然界、社会和人类精神世界看作是一个永恒运动、变化发展的过程，认为矛盾是一切运动和生产力的源泉，发展则是一个从量变到质变、否定之否定的过程。这些重要的辩证法思想是黑格尔哲学中的“合理内核”。但这个“合理内核”却被他的唯心主义外壳所包围，因为在他看来，整个物质世界的发展不过是“绝对精神”的自我发展的表现。费尔巴哈认为，物质世界是唯一真实的世界，而人的意识和思维不过是物质实体器官即人脑的产物，是物质决定精神而不是相反。费尔巴哈的最大功绩就是在批判黑格尔唯心主义的过程中，恢复了唯物主义的权威。

这种唯物主义观点是费尔巴哈哲学中的“基本内核”。但他在批判黑格尔唯心主义体系时，把黑格尔的辩证法思想也抛弃了，并且，在解释社会历史现象时，又陷入了唯心主义。因此，他的唯物主义是机械的、形而上学与不彻底的。马克思、恩格斯正是在批判地吸收了黑格尔哲学中的“合理内核”和费尔巴哈哲学中的“基本内核”的基础上，抛弃了黑格尔的唯心主义体系和费尔巴哈形而上学方法及唯心史观，才创立了马克思主义辩证唯物主义和历史唯物主义。英国古典政治经济学是资产阶级上升时期反封建斗争创立的经济理论，它的主要代表人物是亚当·斯密（1723—1790）和大卫·李嘉图（1772—1823）。他们的突出贡献是提出了劳动价值学说，认为商品的价值量是由生产商品时所消耗的劳动量决定的。劳动创造的价值是工资、利润和地租的源泉，工人工资越高，资本家的利润就越低，反之亦然。这在一定程度上揭示了资本家与工人对立的经济根源。但是，他们错误地认为，商品的价值是被工人和资本家共同创造的，还把工资与利润的对立看作是自然永恒的现象，从而掩盖了资本主义剥削的实质。

尽管如此，但他们的劳动价值论仍然为马克思主义提供了宝贵的思想材料，是马克思主义政治经济学产生的思想前提。法国和英国的空想社会主义是指 19 世纪初以法国的圣西门（1760—1825）、傅立叶（1772—1837）和英国的欧文（1771—1858）为代表的批判空想社会主义学说。这三位著名的空想家继承了以往空想社会主义的优秀思想，并把空想社会主义学说发展到最高阶段。他们的杰出贡献：一是对资本主义社会的种种弊端进行了极为尖锐的揭露和批判，为启发工人觉醒提供了极为宝贵的思想材料；二是对未来理想社会的基本特征作出了极为详尽的描绘和预测，并提出许多有价值的见解和改革现存社会制度的方案。但是，三大空想家的学说都是建立在唯心史观的基础上，因此存在着致命的缺陷。正因为如此，他们的社会主义学说便只能是一种空想。但这种空想外壳上却包含着真理的种子和天才的思想。这三位空想社会主义者对资本主义制度的批判和对未来社会的设想，为科学社会主义理论的诞生提供了极其宝贵的思想材料，成为马克思主义的直接思想来源。

他们不了解资本主义制度下雇佣奴隶制的本质，不了解资本主义社会发展的规律，而是把一切诉诸所谓的“理性”，试图去建立一种合乎人类理性和正义的理想社会；他们不懂得阶级斗争才是阶级社会发展的动力；没有找到改造旧世界去建立新社会的正确途径，幻想通过宣传、示范与争取社会贤达来实现理想社会；他们也不了解无产阶级的历史作用，始终没有找到变革社会的伟大力量，认为解放人类的责任只能让他们这些天才人物来承担。

三、马克思主义理论体系的创立

马克思主义是马克思和恩格斯共同创立的学说和思想。马克思、恩格斯之所以能够胜任创立科学社会主义理论这一历史重任，首先是因为他们具有极高的文化素养和政治智慧，顺利地实现了从唯心主义者到唯物主义者、从革命民主主义者到共产主义者的革命转变。卡尔·马克思，1818 年 5 月 5 日出生于德国莱茵省特利尔城的一个律师家庭。弗里德里希·恩格斯，1820 年 11 月 28 日出生在德国莱茵省巴门市一个地主家庭。在 1842 年之前，按他们的社会地位来说，都是资产阶级知识分子，都信奉黑格尔唯心主义哲学，在政治上反对普鲁士专制制度，并且主张激进的民主主义。1842—1844 年间，他们通过参加社会阶级斗争，进行了理论研究和社会调查活动，分别实现了政治立场与世界观的根本转变。马克思在 1844 年 2 月在《德法年鉴》发表了《论犹太人问题》、《黑格尔法哲学批判导言》等文章，提出了人类解放的问题，并且论述了无产阶级的地位和历史使命。

恩格斯在《政治经济学批判大纲》等文章中，提出要消灭剥削阶级，论述了无产阶级的历史使命。马克思主义科学体系的创立是一项极为艰巨、极为复杂的创造性活动。这些观点的形成，标志着他们已经成长为唯物主义者和共产主义者。它必须得有辩证唯物论和历史唯物论作为理论基础；他们必须熟练掌握和运用现代社会经济运动规律和经济理论；必须批判和清算非科学社会主义等流派在社会主义学说上所散发的种种谬论；必须对无产阶级的斗争实践经验进行科学总结。马克思、恩格斯在从事革命斗争的实践过程中，把上述几方面的工作有机地熔铸在一起。马克思、恩格斯创立和形成马克思主义科学体系的历史过程大体上是：19 世纪 40 年代，首先从批判黑格尔哲学和费尔巴哈哲学中，创立唯物主义辩证法，同时，运用这种方法来研究历史，创立唯物主义历史观；在其合著的《神圣家族》、《德意志意识形态》等著作中，提出这一历史观的主要观点。

然后，将辩证法和唯物主义历史观运用于当时正展开的社会主义运动，批判了冒牌的和空想的社会主义学说，为工人运动撰写了《共产党宣言》。《共产党宣言》是马克思主义世界观形成过程的科学总结。它运用辩证唯物主义与历史唯物主义考察了人类社会，特别是资本主义的产生和发展，阐明了资本主义必然为社会主义所代替的历史性规律，制定了无产阶级革命与无产阶级专政的理论和策略，是马克思主义形成时期最高的成就。1848 年革命后，马克思和恩格斯写了一批总结这次革命的著作，发展了他们的政治学说。

1867 年出版的《资本论》第一卷，就是这一时期的研究成果，它标志着马克思经济学说的完成。此后，马克思一直潜心从事于政治经济学的研究。恩格斯则一面经商和协助马克思研究，一面又在研究自然辩证法。

到 19 世纪 70 年代，恩格斯集中主要精力去研究自然科学，基本形成了唯物辩证法的自然观。恩格斯的《自然辩证法》的写作就是这一成就的标志。70 年代后期，马克思和恩格斯建立系统的世界观的工作基本上完成。恩格斯于 1876—1878 年写的《反杜林论》，是一部系统阐述马克思主义的著作。综上所述，马克思主义是由马克思与恩格斯共同创立的。这一创立有它的基本过程：1848 年以前马克思主义哲学基本形成；到 1848 年，马克思主义政治思想也就是科学社会主义诞生；在 19 世纪 50— 60 年代，马克思主义经济学说基本形成；70 年代以后，马克思主义的理论体系得到了维护、阐发且进一步发展。

第二节　马克思主义哲学

马克思主义哲学是马克思主义的三大组成部分之一，是马克思主义的理论基础。它包括辩证唯物主义和历史唯物主义；它研究世界的本质、存在与思维的关系，以及它们运动的普遍规律。马克思主义哲学是由一系列哲学概念、范畴、原理等组成的理论体系，是对上述问题认识成果的科学概括和总结。马克思主义哲学是在批判各种资产阶级哲学派别，尤其是在批判德国古典哲学中诞生的。19 世纪 40 年代，马克思主义哲学基本形成，在同各种机会主义流派作斗争的同时，在指导工人运动中得到不断发展。唯物史观的创立是马克思和恩格斯的一个伟大贡献，也是马克思主义哲学区别于一切资产阶级哲学的最重要标志。1876—1878 年恩格斯所著的《反杜林论》，是对马克思主义哲学的全面概括。1844 年，马克思和恩格斯合著了第一部著作——《神圣家族》，它批判了青年黑格尔派首领鲍威尔否认无产阶级和人民群众历史作用的唯心史观。

他们指出，在历史发展中并不是“自我意识起决定作用”，“思想从来也不能超出旧世界秩序的范围，在任何情况下它都只能超出旧世界秩序的思想范围，思想根本不能实现什么东西。为了实现思想，就要有使用实践力量的人”。思想从来不是一种独立的社会力量，它只是一定的现实社会关系的反映，因此它不会也不能超出一定的社会关系的范围。当然，思想并不仅仅是消极的因素，但是它只有通过实践才可以发生作用。因此，不能把人对自然的理论关系和实践关系，让自然科学和工业排除在社会历史过程之外。马克思的这些论断，明确地指出不是观念决定人们的历史，而是人们的物质生产来决定人们的历史。生产总是以某种客观条件为前提。“人并没有创造物质本身，甚至人创造物质的这种或那种生产能力，也只有在物质本身预先存在的条件下才能进行”。他们指出：“历史活动是群众的事业。”所谓的历史活动，指的是改造自然与改造社会的活动，即物质生产、阶级斗争等活动。

马克思、恩格斯从物质生产在历史发展中起决定作用的观点出发，论证了人民群众是历史的创造者这一观点。这一切都是人民群众所会从事的活动。因此。人民群众并不是什么不从事创造的“消极的”、“非历史”的因素。恰恰相反的是，正是人民群众创造了一切。《神圣家族》揭示了马克思主义关于物质生产决定社会历史，人民群众是历史创造者的历史唯物主义的观点。1845 年，马克思写了《关于费尔巴哈的提纲》，批判了费尔巴哈和一切旧唯物主义的局限性，提出了马克思主义的实践观——第一次把社会实践当作唯物主义和历史唯物主义的基本范畴提出来。马克思用社会实践这一范畴，把辩证唯物主义与历史唯物主义统一起来。1846 年，马克思和恩格斯合著的《德意志意识形态》这一书出版。它批判了费尔巴哈唯物主义的直观性和唯心史观，对青年黑格尔派做出了彻底地清算。在批判的过程中，它从正面论证了马克思主义哲学，特别是唯物史观的一系列重要基本原理。

针对青年黑格尔派把“自我意识”当成历史发展的动力，当成创造一切决定性的力量，马克思通过考察人类的社会生活过程，第一次明确地提出了“物质生活条件”的科学概念。物质生活条件“包括各种各样的因素，包括地质条件、地理条件、气候条件，以及人类的增长，等等”。但是，为了生活，首先就需要衣、食、住以及其他东西。因此，第一个历史活动是生产满足这些需要的资料，即生产物质生活本身。马克思指出：“人们为了能够‘创造历史’，就必须能够生活。”于是，马克思指出，物质生活资料的生产与再生产，是人类社会生存和发展的决定性条件，社会意识是由它派生的、决定的。马克思一再强调，“不是意识决定生活，而是生活决定意识”。社会存在决定社会意识的提出，使得伟大的唯物史观创立了起来，它突破了黑格尔哲学和费尔巴哈哲学的历史局限性，从而为完成哲学和一切历史科学的伟大革命奠定了理论基础，它也标志着马克思主义哲学的产生。

在《德意志意识形态》中，马克思、恩格斯基于社会存在决定社会意识这一唯物史观的基本原理，通过对社会意识及其形态的产生、发展和实质的揭露，以及对阶级斗争的产生划分与状况的研究，和对国家的产生、发展的考察与研究，初步创立了生产力决定生产关系的历史唯物主义原理。在这里，马克思所使用的术语虽然还并不是很严格、科学，但是实际上已经开始揭示生产力与生产关系之间的辩证发展规律。每一时代的生产总是一定的生产者采取一定的手段或方式进行的，这就表现为这一时代的生产力；而许多个人彼此“分工”、“合作”，就形成了彼此之间的交往联系，其中主要包括生产关系。马克思、恩格斯指出：“一定的生产方式或一定的工业阶段始终是与一定的共同活动的方式或一定的社会阶段联系着的，而这种共同活动方式本身就是‘生产力’；由此可见，人们所达到的生产力的总和决定着社会状况，因而，必须始终把‘人类历史’同工业和交换的历史联系起来研究和探讨。”

生产力决定交往方式，交往方式又制约着生产力的发展。历史上产生的每种交往方式，起初都是为了适应生产，而成为生产力发展的必要条件，但随着生产的发展就渐渐变成了阻碍生产发展的桎梏。“已成为桎梏的旧的交往方式被适应于比较发达的生产力，因而也更适应于进步的个人自主活动类型的被新的交往方式代替，新的交往方式会变成桎梏并被别的交往方式所代替。这样，人类历史发展的最一般的客观规律便第一次被揭示和表达出来了。由于这些条件在历史发展的每一阶段上都是跟同一时期的生产力的发展相适应的，所以它们的历史同时也是发展着的、为各个新的一代所承受下来的生产力的历史，从而也是个人本身力量发展的历史。”总之，马克思、恩格斯在《德意志意识形态》中，相当完整地构建了唯物史观的理论体系，标志着马克思主义哲学的产生。

唯物史观的创立，宣告了旧哲学的终结、新哲学的诞生，为社会主义从空想发展为科学奠定了坚实的理论基础。马克思主义哲学产生以后，在指导国际工人运动和反对形形色色社会主义斗争中不断发展。1847 年 6 月底，马克思撰写了《哲学的贫困》一书，在批判普鲁东主义和黑格尔唯心主义辩证法中，进一步揭示了辩证法的客观性，并且揭示了相互排斥的对立面的相互制约性，研究了矛盾双方的不同地位与作用，进一步论证了生产力在历史发展中的决定性作用，第一次明确地提出了“生产关系”的概念，并且进一步阐明了生产力和生产关系发展变化的辩证法。1876—1878 年，恩格斯写下了光辉巨著《反杜林论》，第一次系统地阐明了马克思主义三个组成部分以及其内在联系，揭示了唯物主义辩证法、辩证唯物主义和历史唯物主义的内在联系；论述了物质和意识、世界的统一性、物质存在的形式等基本原理；阐明了认识过程的辩证法；揭示了真理的绝对性和相对性、真理与谬误的辩证关系；论述了辩证法规律的客观性和普遍性，从而使得马克思主义哲学得以全面系统地论证和阐述，并且开拓了哲学研究的一个极为广阔的领域。

恩格斯在完成《反杜林论》的同时，也写完了《自然辩证法》一书，丰富和发展了马克思主义哲学的自然观。总之，马克思主义哲学形成于 19 世纪 40 年代，其巨大的成就是创立了科学的唯物史观。它阐述了物质决定意识、对立统一规律、生产力决定生产关系与经济基础决定上层建筑、人民群众是历史的创造者等一系列的辩证唯物主义和历史唯物主义的基本原理，揭示了人类社会和自然界的发展规律，对人类文化的发展产生了巨大且积极的促进作用。

第三节　马克思主义政治经济学

马克思主义政治经济学是马克思主义三大组成部分之一，其直接的思想来源是英国古典政治经济学。马克思主义政治经济学的主要成就表现为以下几个方面：

一、科学的劳动价值学说

劳动价值学说的创立是古典政治经济学家的历史功绩。威廉·配第（1623—1687）第一次确定而概括地谈到“商品的价值是由等量劳动来计量的”，但他把创造价值的劳动同生产金银的劳动混为一谈。亚当·斯密在配第的基础上前进了一大步，撇开劳动的具体形式，把创造价值的劳动归结于一般的社会劳动，但是，他经常把商品价值决定于劳动时间与决定于劳动价值混在一起。李嘉图非常清楚地得出了商品价值决定于劳动时间这一规律，并且指出，这个规律也支配着似乎跟它矛盾最大的资产阶级的生产关系，以及价值规律与平均利润规律的矛盾。但是，李嘉图关于决定商品价值的必要劳动时间的表述不是科学的，他并没有彻底地摆脱价值由劳动决定和劳动的价值由什么决定的纠缠，且无法解决面临的两大难题，即价值规律与劳动、与资本交换的矛盾。马克思在批判古典政治经济学的基础上，创立了科学的劳动价值学说。马克思主义的劳动价值学说之所以是科学的，就在于他提出的劳动二重性理论。

马克思在分析商品二因素即使用价值和价值中导引出劳动二重性理论，阐明了商品二因素与劳动二因素之间的内在联系与依存关系。“一切劳动，从一方面看，是人类劳动力在生理意义上的耗费，作为相同的或抽象的人类劳动，它形成商品价值。一切劳动，从另一方面看，是人类劳动力在特殊的、有一定目的的形式上的耗费，作为具体的有用劳动，它生产使用价值。”马克思对形成商品价值理论的抽象劳动的正确分析，是对政治经济学的独到贡献，是他的价值理论的突出优点和特点。马克思进而研究了劳动形成价值的特性，第一次从根本上解决了什么是价值，即价值的实质或本质问题。

他一方面把抽象劳动还原为人类脑力和体力的支出，给商品价值提供了一个自然实体的基础；另一方面又着重指出，抽象劳动在本质上是一个社会历史的范畴，人类在物质资料的生产上，永远都要与自己的劳动力相联系，但只在商品生产条件下才形成价值，只有商品生产者的劳动才会表现为价值。马克思把价值看成是抽象劳动形成的，从而也就把价值看作“不是通常意义，而是特殊意义”上的社会劳动的表现。马克思关于劳动二重性学说的论证，为劳动价值学说奠定了可靠的基础。

二、科学的剩余价值学说

在马克思之前，资产阶级经济学家都曾经以不同形式接触和探讨过剩余价值问题。如重商学派认为的剩余价值即利润；重农学派则提出“纯产品”理论，在实体上肯定了绝对利润的存在，认定“剩余价值不能从流通中产生出来”。但是它却把地租看成剩余价值的唯一形式。而李嘉图虽然继承了斯密利润学说中的科学因素，摒弃了斯密的庸俗成分，从而在事实上把利润归结为剩余价值，并且还在此基础上论证了劳动和资本在利益上的对立性，但他没有研究剩余价值的起源，因此也就不可能揭示剩余价值的本质。斯密把剩余价值的起源问题推广到一切生产领域，提出了一般剩余劳动是“利润”的源泉，但他把剩余价值与发展的形式即利润混淆起来，而且还包含一些错误与庸俗的成分。科学地说明剩余价值的起源和本质，关键在于把“劳动力”与“劳动”分开，并且根据价值规律说明劳动力这个商品的特殊性质，建立关于劳动力商品的科学理论或者雇佣劳动学说。早在19世纪40年代，马克思、恩格斯在考察资本与雇用劳动的对立关系时，就已经奠定了剩余价值论的基础，特别是在《哲学的贫困》和《雇用劳动与资本》中，他们事实上已经揭示了资本的实质和剩余价值的起源。

在19世纪50年代，马克思、恩格斯又进一步把劳动同劳动力、剩余价值同它的具体形态分开来，对劳动力这一特殊商品的价值的作用进行了科学的分析，明确地指出剩余价值来源于劳动力在使用过程中能够创造出比它自身价值更大的价值，从而基本上解决了剩余价值的起源和本质的关键问题，明确指出剩余价值无非就是雇用工人剩余劳动所创造并被资本家无偿占有的价值。在60年代，马克思进一步区分劳动和劳动力的区别，深入考察了剩余价值的生产及其分配，特别是在1867年的《资本论》中，他全面系统地阐明了剩余价值的生产、流通和分配，揭示了剩余价值运动的规律，因此形成了一个严密而完整的科学理论体系。剩余价值学说是马克思整个经济理论的基石，它的创立是马克思主义循序渐进的科学体系建立的根本标志。

三、科学的资本原始积累学说

马克思主义的资本原始积累学说，是马克思在创立剩余价值学说的基础上提出并完成的，是马克思的剩余价值学说的继续跟发展。考察剩余价值的目的是为了揭露资本榨取无偿劳动，即生产剩余价值的秘密，而探讨资本主义的积累过程则是要说明资本怎样由剩余价值产生，进而阐明资本积累的后果、资本主义生产方式内部矛盾激化并最终导致资本主义的灭亡。早在19世纪40年代，马克思、恩格斯就考察了资本主义贫富对立的现象和其根源，并把生产资本区分为“变为机器和原料”的部分和“工资”的部分。因此，马克思的资本积累学说，是马克思主义政治经济学科学体系中一个重要组成部分。他们指出，“随着生产资本的增长和生产资料的不断变化，以及新的工具和机器的采用，劳动越是不能给人以乐趣，就越是令人生厌，竞争也就越激烈，工资也就越减少……这就为不断提高，使可变资本相对减少的原理奠定了初步基础”。

19 世纪 50 年代和 60 年代初，马克思、恩格斯在形成自己的剩余价值理论的基础上，又进一步分析了资本积累的本质及其对无产阶级状况的影响，联系资本有机构成的提高，发现了资本的不变部分相对于可变部分会增长得更快的事实，考察了工人阶级贫困化和人口相对过剩等众多问题，从而形成了马克思主义关于资本积累与无产阶级贫困化的学说。在《资本论》第 1 卷第 7 篇，马克思根据他所创立的剩余价值学说，第一次指出资本主义积累史的各个基本特征，并言明了资本主义积累的历史趋势，把理论的倾向与高度的科学精神结合起来。

马克思主义的资本积累学说，主要包括关于资本积累的一般规律，无产阶级贫困化与相对人口过剩的规律，及资本主义积累的历史趋势等问题。

四、科学的社会资本再生产和经济危机学说

科学的社会资本再生产和经济危机学说，是对资本运动规律进行的整体分析，进一步阐明了资本主义生产方式的历史局限性。这一学说的创立，是马克思对政治经济学做出的又一大新贡献。早在 19 世纪 60 年代，马克思、恩格斯就考察了资本主义周期性地爆发经济危机这一问题，指出它是私行制和竞争无政府状态的必然结果。《哲学的贫困》这一书，已经指出资本主义制度下的生产不可能按照“供求之间的正确比例”进行，只能通过繁荣、衰退、危机、停滞刮新的繁荣等阶段周而复始地运行。在《共产党宣言》中，马克思和恩格斯则依据生产关系一定要适应生产力的规律进行分析，把经济危机归结为资本主义生产关系和交换关系同社会化的生产力矛盾的必然表现。在《雇佣劳动与资本》和《论自由贸易》中，马克思又从资本主义固有的规律造成生产扩大和实现条件以及于市场之间的矛盾，进一步分析出产生经济危机的原因。在 19 世纪 50 年代和 60 年代，马克思进而考察了经济危机与资本主义再生产周期的联系，以及资本主义再生产内部的比例关系。

1857 年经济危机爆发后，马克思、恩格斯深入地探讨了资本主义再生产的周期性的“物质前提”问题，并指出机器更新的平均年数是决定工业再生产周期的一个重要因素。在 1857—1858 年手稿中，特别是在 1861—1863 年手稿里，马克思表达了自己对经济危机的科学认识，区分为生产消费和个人消费；探讨了再生产的比例关系，并且研究了危机的可能性到现实性的转变问题。总之，马克思主义在阐明社会再生产的基本原理的基础上，全面地探讨了资本主义的经济危机，深刻地分析了资本主义生产方式的矛盾性和对抗性，尤其是它的基本矛盾及其种种表现。而完整的再生产和经济危机学说，则是在《资本论》后完成的。马克思、恩格斯还进而考察了经济危机对工人阶级状况的影响，明确指出资本主义经济制度同社会化生产力的尖锐冲突必然导致无产阶级革命和无产阶级专政，资本主义制度必然为崭新的社会主义制度所代替。马克思主义政治经济学以其丰富的内容和科学的理论体系，深刻地揭露了资本主义生产关系的发展规律，给世界无产阶级认识资本主义制度、进行推翻资产阶级统治的斗争提供了强大的理论武器。

第四节　马克思主义的社会主义思想

科学社会主义是马克思主义的三大组成部分之一，它包括无产阶级革命、无产阶级专政、无产阶级政党等丰富的理论。马克思主义的社会主义思想主要体现在以下几个方面：

一、社会主义社会最基本的特征就是生产资料归全社会占有

马克思、恩格斯认为，资本主义社会一切矛盾和弊端的根源，不是在于它已经形成和发展起来的社会化生产力，而是在于生产资料及其产品资本家私人占有。因此，解决资本主义社会矛盾的方法，“只能是在事实承认现代生产力的社会本性上”，“由社会公开地和直接地占有已经发展到除了社会管理而不适应于任何其他管理的生产力”。所以，“我们的第一个要求是：一切生产资料和生产工具都归社会所有”。“无产阶级将利用自己的政治统治，一步一步地去夺取资产阶级的全部资本，把一切生产工具集中在国家也就是组织成为统治阶级的无产阶级手里，并且尽可能快地去增加生产力的总量”。他们认为，社会主义社会“同现存制度的具有决定意义的差别在于，在实行全部生产资料公有制（先是单个国家实行）的基础上组织生产”。

二、社会主义社会是人们结成平等合作关系，有计划地为全社会进行联合劳动者的基础

由于社会主义实现了生产资料的社会所有制，这从根本上解决了资本主义社会那种生产资料私人占有和生产社会化的矛盾，也从根本上改变了人们

在生产中的相互关系，一种新型的平等互助关系代替了过去的那种剥削与被剥削、压迫与被压迫的阶级对立关系，劳动者作为自由人联合体“用公共的生产资料进行劳动，并且自觉地把他们中许多个人的劳动力当作一个社会劳动来使用的”，“联合体的总产品是社会的产品”，其中，“一部分重新用作生产资料，另一部分则作为生活资料供联合体成员消费”。依照恩格斯的说法，社会主义社会将会是一个“按照统一的总计划协调地安排自己的生产力的那种社会”。马克思、恩格斯强调，一旦生产资料实现了社会化，那么，原先的生产无政府状态就将为有计划的自觉组织所代替，按照全社会和每个成员的需要对生产进行社会的有计划调节，社会把劳动时间和劳动资料按比例分配给各个不同的劳动部门，劳动时间的有计划分配，调节着各种劳动职能同各种需要的适当比例。

到19世纪90年代，恩格斯注意到了资本主义生产计划性加强的现象，不但进一步强调社会主义生产的计划性，而且特别强调它是为全社会而谋利的生产。1891年，他在对德国的社会民主党纲领草案提出批评建议时，特别加上“把为个人或股份公司谋利的现代资本主义生产转变为全社会谋利和按预先拟定的计划进行的社会主义生产……唯有通过这样一个转变，从工人阶级的解放，到没有例外地一切社会成员的解放，才会得以实现”。马克思、恩格斯特别强调，未来社会将会是一个自由人的联合体。在《哲学的贫困》中，马克思就指出，工人阶级在发展过程中将会创造一个消除阶级和阶级对立的联合体来代替旧的资本主义社会，从此不再会有任何原来意义上的政权。在《共产党宣言》中，马克思、恩格斯指出，“代替那存在着阶级和阶级对立的资本主义旧社会的，将是这样一个联合体，在那里，每个人的自由发展是一切人从自身发展的条件”。

按照他们的设想，在未来的自由人联合体中，生产力已经是高度发展，社会产品极大丰富，社会可以充分地满足每个成员在物质和社会、精神方面的需求，从而使得劳动者的再生产要素和发展要素由社会直接保证；由于消灭旧的分工，劳动者成为全面发展和具有自由个性的人，他们不再屈从于某种唯一的生产工具与终身局限于某种固定的劳动活动。在《资本论》中，马克思进一步从经济学的角度论述了联合体的思想。他们可以根据社会需要来从事任何形式的劳动，并且自觉地、无条件地把许多个人劳动力当作一个社会劳动力来使用，这样，劳动者的劳动就具有完全的直接社会性。

三、社会主义社会个人消费品的分配在社会总产品作了各项必要的扣除之后，实行按劳分配

在1857—1858年的《经济学手稿》中，马克思开始把未来社会个人消费品的分配与每一个生产者的劳动联系起来。在《资本论》中，马克思几乎接近完成社会主义分配原理的制定。他认为，在共产主义社会发展到的一定阶段上，每个生产者在生活资料中所得到的份额都应该由他的劳动时间来决定。在《资本论》第2卷中，他指出，“在社会公有的生产部门里，生产者也许会得到纸的凭证，以此从社会的消费品储备中，取走一个与他们的劳动时间相当的量”，并进而对共产主义社会第一阶段也就是社会主义的分配原则进行了详细的论证。1875年，在《哥达纲领批判》中，马克思明确地把共产主义社会划分成第一阶段和高级阶段。

他提出，“消费资料的任何一种分配，都不过是生产条件自身分配的结果。而生产条件的分配，则表现生产方式的性质”；社会主义社会是一个集体的、以共同占有生产资料为基础的社会。在这种社会里，“除了自己的劳动，谁都不能提供任何东西。另一方面，除了个人的消费资料，没有任何东西可以成为个人的财产”。因此这样就决定了它必须实行一种与资本主义社会根本不同的消费品的分配方式，即按劳分配。按照马克思的设想，为了实现社会主义的再生产，在把消费品分配给个人之前，就必须得从社会总产品中扣除生产方面的消耗和社会的共同需要。然后，在剩下的消费品中，以劳动力作为尺度，在劳动者之间进行分配，按等量劳动来领取等量产品。马克思指出，同资本主义剥削相比，按劳分配是一个巨大的进步，因为它使得生产资料公有制的本质在分配领域中得到了实现，并且第一次消除了剥削现象，实现了劳动平等与分配平等。

其分配形式是，每个劳动者都会从社会方面领得一张证书，证明他提供了多少劳动，而他则凭借这张证书从社会储存中领得和他所提供的劳动量相当的一份消费资料。但是，它还不是人类社会中最理想的分配制度。因为，“在这里平等的权利按照原则仍然是资产阶级的法权”，“平等就在于同一的尺度——劳动——来计量”。因为劳动者的工作能力和家庭条件不同，在按劳分配下，人们的富裕程度就仍然会有差别，“这些弊端，在共产主义社会

第一阶段，在它经过长久的阵痛刚刚从资本主义社会里产生出来的形态中，是不可避免的”。只有社会到了共产主义社会的高级阶段，实现“各尽所能，按需分配”的原则，这些弊端才能完全消除。

四、社会主义社会是没有商品生产和货币交换的社会

因为整个社会占有全部生产资料，这就使得劳动者实现了在全社会范围内与物质生产条件的直接结合，全社会成为一个经济主体；个人的劳动会直接地作为社会总劳动的构成部分而存在，以及产品都是从一个社会中心直接分配，都可以实行等量劳动的直接交换，而不再需要去迂回曲折地通过物、劳动产品而进行劳动交换也就是商品交换，整个社会按照自己的需要分配劳动时间，每一种产品生产出来不是为了卖，而是直接作为使用价值被人们消费。所以，马克思、恩格斯明确指出，“一旦社会占有了生产资料，商品生产将被消除，而产品对生产者的统治也随之消除”。

“直接的社会生产以及直接的分配排除了一切商品交换，因而也排除产品向商品的转化……和随之而来的产品向价值的转化”，“在一个集体的、以共同占有生产资料为基础的社会里，生产者并不交换自己的产品；耗费在产品生产上的劳动，在这里也并不表现为这些产品的价值，不表现为它们所具有的某种物的属性”。马克思、恩格斯预计，“如果假定商品的价格：商品交换价值这个前提已经实现，如果供求平衡、生产和消费平衡，归根结底实行的是按比例的生产（所谓的分配关系本身就是生产关系）。如果不存在商品生产和商品交换，作为商品价值表现形式的交换价值和货币自然也就消失了。那么，货币问题就会完全次要了”。由于实行了生产资料公有制和计划经济，“货币资本完全消失，因而，货币资本所引起的交易的伪装也就会消失”。至于社会主义社会个人消费品的等价交换中也通行同一原则，即等量劳动相交换，马克思、恩格斯认为，这种交换的“内容和形式都改变了”。尽管生产者利用“纸的凭证”从社会的消费品储备中取走了一个与他们的劳动时间相当的量，但是，“这些凭证不是货币，它们是不流通的”。

五、社会主义社会将消灭阶级和阶级对立，同时，国家的政治职能将逐步消失

在马克思、恩格斯看来，阶级只是一种历史现象；在阶级社会里，阶级斗争是社会发展的政治动力。但是，随着生产力的不断发展，任何特殊的阶

级对于社会的物质和精神财富的占有，都会成为社会发展的障碍。所以，马克思、恩格斯强调，“消灭阶级是我们的基本要求”。无产阶级在消灭旧的生产关系的同时，也因此消灭了阶级对立和阶级本身的存在条件。在社会主义“这个制度下，现代的阶级差别将消失”。“在阶级本身消失之后，即社会主义取得胜利之后”，阶级斗争也会消失。随着阶级的消失，国家也将逐步走向消亡。他们认为，“当阶级差别已经消失而全部生产集中在联合起来的个人手里的时候，公众的权力就会失去政治性质”。

“国家最多也不过是无产阶级在争取阶级统治的斗争胜利之后所继承下来的一个祸害；胜利了的无产阶级也与公社一样，不得不立即尽量除去这个祸害的最坏方面，直到在新的、自由的社会条件下成长起来的一代能够把这全部废物完全抛弃为止”，“国家真正作为整个社会的代表所采取的第一个行动，也就是以社会的名义占有生产资料，同时也是它作为国家所采取的最后一个独立行动。”马克思、恩格斯自 1845 年起就持有这样的观点：“未来无产阶级革命的最终结果之一，将是称为国家的政治组织逐步消亡和最后消失”。那时，国家政权对社会关系的干预将先后在各个领域中成为多余的事情从而自行停止下来。那时，对人的统治将会由对物的管理和对生产过程的领导所代替。国家不是“被废除”的，它是自行消亡的。依照他们的设想，“以生产者自由平等的联合体为基础的、按新的方式来组织生产的社会，将把全部国家机器放到它该去的地方，即放到古物陈列馆去，同纺车和青铜斧陈列在一起”。

马克思、恩格斯在科学地分析了资本主义社会的本质、特点和经济运动规律的基础上，创立了科学社会主义理论，并成为社会主义实践的指南。但是马克思主义的科学社会主义理论带有预见性质，虽然他们没有生活在社会主义社会，没有经历过社会主义建设的实践。但在马克思、恩格斯的时代，资本主义处在上升的自由竞争时期，机器大工业建立，世界市场扩展，社会生产力飞跃发展，在这些经济发展的资本主义国家的基础上建立社会主义，在实行生产资料的公有制后，可以进行直接的社会生产以及直接的分配而排除一切商品的交换，这些在当时是一种科学的预见。因此，他们的分析和预见也难免会带有一些空想的因素，比如，关于社会主义社会消除商品生产的决断就是其中之一。但是，随着历史的发展和演变，社会主义革命不是在发达国家而是首先在经济落后的国家相继取得胜利。社会主义革命和建设的实践向人们证明，这些国家的社会生产力的具体状况、社会经济关系和社会主义公有制的态度都决定了社会主义不但不能消除商品经济，而且还需要大力发展商品经济。

A brief history of Western civilisation

第十一章

第三次科学技术革命与西方文化

伴随着首要资本主义国家经济与社会的进行，西方社会曾经发生了三次大的转变，即从16世纪的资本主义工场手工业阶段转化为自由竞争的工业资本主义阶段；19世纪中后期从自由竞争的工业资本主义转化为垄断资本主义阶段；“第二次世界大战”后，再由一般的垄断资本主义阶段转变为国家垄断资本主义阶段。这三次发生在西方资本主义的大转变时期，同世界发生的三次科学技术革命紧密相关。开始时，18世纪后半期的英国发生了第一次科学技术革命，之后相继扩展到欧美各国。它是以蒸汽机的发明与运用为首要标志的。始于英国的第一次科学技术革命以后的100多年的18世纪后半期，是资本主义机器大生产蒸蒸日上的进行时期。在这场革命的推动下，以手工劳动为基础的资本主义手工工场转变为以机器大生产为基础的资本主义工厂，导致工业资本主义的确立与进行。也是自由资本主义在欧美的全盛时期。从19世纪70年代起，以电力的运用为首要标志的第二次科学技术革命的兴起与进行，推动了资本主义从自由竞争向垄断的过渡。

第二次科技革命产生了一批新兴的工业部门。引发了欧美首要资本主义国度第二次工业革命。这就是电力工业、新型钢铁工业、汽车制造业、飞机制造业、电通讯工业、石油工业、有机合成工业、先进技术装备的铁路运输业等。这些新的产业既是资本密集型又是技术密集型工业，如果没有大批资本的积累与汇集，是难以创办的。而且，这些新兴工业的进行本身就要求汇集生产与统一管理，只有这样才能提升劳动效率与经济效益，抵达生产技术上的标准化、通用化、系列化，产品的高产值化、高产量化。于是，不论是电力、通信，还是钢铁、化工、石油等部门都在第二次科技革命的推动下都很快地走向汇集。特别是像电力系统、通信系统等这些对汇集统一管理要求更高的工业部门，经营与资本的垄断合为一体，加速了垄断资本主义的形成。

在第三次科技革命的时间上有两种观点：一是认为第三次科技革命始于战后初期，即20 世纪50 年代中期，至70 年代初期抵达高潮，70 年代后进入一个新阶段；二是认为第三次科技革命开端于20 世纪40— 60 年代。70 年代以后进入第四次科技革命时期。第三次科技革命在20 世纪40 年代末从美国兴起，之后扩大到西欧、日本等一系列国家，几乎席卷全球。而西方发达国家仍然获利最大，如1999 年七大工业国家（G7）占厂高科技制作的90%，掌握了全球计算机运算能力的80%。到了20 世纪后期，科学技术的发明制造与运用则有了加速度特点。苏联等社会主义国家在原子能、电子计算机、空间技术、生物项目等很多领域中取到重大的成就，做出了巨大的贡献。第三次科技革命首要表现在高、精、尖领域。以原子能、电子计算机、空间技术与网络技术的进行与运用为首要标志。这次科技革命使世界风俗与人类社会发生了具备革命性的变革。它不仅使社会生活的各个方面、上层建筑、人的思维方式以及国际关系等都产生了巨大的变化，而且极大地推动了社会生产力的迅猛进行，引发了经济构造、物质生产方式的深切变化。

第一节　现代科学技术的发展

一、产生第三次科技革命的历史条件

第三次科学技术革命的出现，除了社会生产进行的亟须与科学技术自身

进行的内动力，以及第二次世界大战前科学技术的进行制造了必要的理论基础与物质技术条件以外，第二次世界大战时期及战后各国经济、政治、文化、军事等各种因素的相互作用，推动了第三次科学技术革命的产生与进行。第二次世界大战时期，交战国为了战胜对方都竭尽全力地研发与生产新式武器，使军事科学技术得到了空前发展。开始是航空技术的发展。美国制造的轰炸机、战斗机、运输机、教练机等各类类型的飞机就多达 40 万架。在第二次世界大战中，管制制空权成为军事上重点考虑的问题，因此各交战国纷纷赶制飞机。第二次世界大战不仅推动了飞机在数量上的大发展，更是推动了改进飞机性能与研发新型飞机的工作。1939 年，德国开始研发喷气式飞机。这类飞机的出现，标志着飞机进入了超声波的高速飞行阶段。

其次是原子能技术得到了长足的发展。关于原子能的运用问题，物理学家早在第二次世界大战前就从理论上作了明确的阐述。

科学家按照爱因斯坦提出的能量与质量转换关系的公式，已预见到原子能会是一种可以产生巨大能量的能源。但原子能的现实运用是在第二次世界大战时期开始的。1942 年，美国为了抢在德国前面运用核裂变制成有空前破坏力的原子弹，制订了研发原子弹的“曼哈顿计划”，并专门成立了美国、英国、加拿大三国共同研发原子弹委员会。1942 年 12 月，在美籍意大利物理学家费米的领导下，美国建造了世界上第一座原子能反应堆。1945 年 7 月，第一颗原子弹在美国爆炸成功。这不仅标志着美国核垄断与核时期的开端，也标志着人类运用原子能时代的开端。德国虽然没有研发出原子弹，但于 1942 年 10 月成功地研发出“V—2”远程液体燃烧火箭。这类火箭不仅杀伤力强，更重要的是这类新型的火箭技术为未来宇航技术的发展打下了基础。第二次世界大战中，美国宾夕法尼亚大学莫尔电工学院与阿伯丁弹道钻研实验室共同负责为陆军计算炮击表，那里 200 多人用机械计算机计算一张火力表即需 2—3 个月。

这远远不能适应战争的需要，于是，莫尔学院的物理学家莫希莱提出了研发电子计算机的方案，得到了军方的支持。最终推动了电子计算机的诞生。1945 年年底，世界第一台程序“外插型”电子计算机研发成功。第二次世界大战后，军事科技转为民用，以及激烈的国际军事、经济的竞争加速了第三次科技革命的到来。随着原子弹的发明与使用，原子能技术很快在民用发电中开始运用。军用喷气式飞机产生后，1949 年，遥控大炮的军用电子计算机孕育着民用电子计算机，英国的德哈威兰公司则研发出第一架喷气式客机。战后，美、苏由盟友变成了对手，为了在军事上压倒对方，双方展开了激烈地军备角逐。电子、自控、宇航、石油化工等很多新兴工业大多是在军事科学技术的带动与转化下崛起的。他们汇集了大批的人力、物力、财力进行军事科学技术，制作各类高效的新式武器，尤其是战略核武器与运载工具等尖端武器。德国战败后，美、苏先后占领德国的火箭研究中心——庇纳门德。

美国把以布劳恩为首的 130 名重要研究人员抓回美国，在“V—2”导弹的基础上，加紧研究大型液体火箭。而苏联则把剩下的导弹、工厂设施运归国后，仿制了上千枚“V— 2”导弹，进行了一系列实验。到 20 世纪 50 年代，美、苏齐头并进，成为世界两大火箭技术强国。在美国研发原子弹成功后。苏联也加紧了核武器的研发工作。1946 年 12 月，苏联建造成了实验用的石墨型反应堆；1948 年，第一座生产用的反应堆开端运转；1949 年，苏联第一颗原子弹爆炸成功。面对苏联的奋起直追，美国加快了进行的步伐。除了军备竞争之外，随着世界经济关联的增强与资本国际化的进行，各国间的经济竞争空前加剧。1950—1951 年，美国政府为原子武器的研发拨款 23 亿美元，比“曼哈顿计划”的全部费用还多。在新的历史条件下，资本主义各国依靠战争抢夺市场、资源来划分势力范围的办法早已失效。因此，各国便转而把提升科学水平、进行尖端技术、下调生产成本、改进产品质量、加速产品更新换代、提升剩余价值率等作为增强在国际市场上竞争力的手段与武器，其结果使商品的竞争现实转变为科技水平的竞争。这类竞争方式与手段的变化，有力地推动了资本主义国度科学技术的进行。

第二次世界大战后资本主义生产关系的调解，特别是国家垄断资本主义的进行，为科学技术革命制造了条件。第二次世界大战后科学技术的发展进入了群体化、社会化、高速化的阶段。在这类情况下，国家垄断资本主义的发展，国家对科技工作的干涉与领导变为保障科学技术发展的条件。大规模的基础理论与运用科学的钻研与研发急需投入巨额资本，以及由很多机构多方面的专业人员一同协作才能完成；有些特大型的科技项目所需的人力、物力、财力是私人大垄断资本不可能承担的；有些科学研究特别是基础理论的研究，对发展整个科学技术有决定性作用，但与私人大垄断资本的现实利益关系不紧密；有些项目因为投资周转慢、风险大、预期收益缺乏，私人资本不愿意承担。

第二次世界大战时期及战后，美国政府成为进行科技的组织者与科研费用的首要提供者。美国研发原子弹是由国家出面，组织美国、英国、加拿大三国合作，集合了15万名科技人员，花销22亿美元。美国的“阿波罗”登月计划也是在国家组织与领导之下，动员了42万人，其中包括大批高级科技人员，2万多家中小企业与120所大学与实验室，历时11年半，耗资近300亿美元。1955—1978年，美国用在进行科技的经费从62亿美元增强到473亿美元。没有政府的出面，显然是无法完成的。资本主义各国进行的大规模科技进行计划都是由政府主持组织的，日本的“科学技术政策大纲”，西欧的“尤里卡”计划，如美国的“星球大战”计划，等等。

事实证明，西方国家对科技研发工作的干涉与领导已变为国家垄断资本主义进行的内容。国家对科学技术的干涉与领导，不仅从人力、财力、物力上提供必要的确保，而且在一定程度上使科学技术更有计划、有组织地协调进行，消减自发性、盲目性，从而推动科学技术革命的发生与进行。在这一点上，西方资本主义国度与那时的社会主义国家苏联很相似。尽管苏联高度汇集的计划经济体制对国民经济的全面发展有不利的一面，但苏联能在战后很短的时间内打破美国的核垄断，与美国在很多高科技领域展开角逐，并在空间技术、原子能与平运用等方面的一度领先，恰是苏联体制有利方面的体现。

二、第三次科技革命的主要内容

第三次科学技术革命首要是在新能源、新材料、电子项目、宇航项目、生物项目与网络技术等前沿阵地上展开，并涉及其他尖端技术领域。

1. 原子能的开发和应用

原子能的开发与运用是一次新的能源革命，开拓了能源的新纪元，同时揭开了第三次科学技术革命的序幕。过去人类运用的能源首要是天然的有机物、碳氢化合物等天然能源。而原子能是人工能源，是原子核发生裂变时释放出来的能量，它比化学反应释放的能量大几百万倍。进行原子能技术所必需的大批的基础理论的研究与准备工作首先是在欧洲完成的。爱因斯坦相对论的提出与量子力学的诞生，将人们对自然界的认知从宏观世界引向微观世界，在物质观、时空观、运动观与方法论方面改变了牛顿力学体系，因此法国科学家居里夫妇发现放射物质铀、钋、镭；意大利物理学家费米发现慢中子效应，英国物理学家卢瑟福在对放射性的钻研中发现放射性引发的核蜕变可以释放能量；法国科学家伦琴发现 X 射线。

这些研究成果很快揭开了核裂变的奥秘。但这类成果不是在欧洲而是在美国开始变为现实。使人工运用原子能变为可能，其首要原因是受到第二次世界大战的影响。战争时期，如德国的爱因斯坦因希特勒排斥犹太人而逃亡美国；意大利核物理学家费米因妻子有犹太血统而携全家赴美；匈牙利著名数学家冯·诺伊曼迁往美国定居。据粗略统计，战争时期，德、奥两国就有 2000 名科学家移居世界各地，其中大部分到了美国。欧洲各国很多著名的科学家、科技人才因不堪忍受法西斯的迫害而流入美国。这些科学家到美国后，为了反法西斯的崇高目的都争分夺秒地工作。1942 年 12 月，在费米领导下，在美国的芝加哥大学建造成了世界上第一个原子能反应堆，为人工运用原子能开拓了道路。

1943 年春，在美国的新墨西哥州圣菲城外的洛斯·阿拉莫斯一座荒山上的实验室里，科学家们在罗伯特·奥本海默领导下，历经两年多的艰苦奋战，终于研发出原子弹。1945 年 7 月 16 日，世界第一颗原子弹爆炸成功。苏联为了击破美国的核垄断，在苏联原子弹之父库尔恰托夫的领导下，于 1946 年 12 月建造成了原子能反应堆。1949 年 8 月 29 日，在哈萨克的塞米巴拉金斯克成功地试爆了第一颗原子弹。美国为了再一次占有核优势，加紧研究核聚变技术。1952 年 11 月 1 日，在马绍尔群岛比基尼环礁上成功地爆炸了第一颗威力比在广岛投掷的原子弹大 800 多倍的氢弹。美国氢弹爆炸 9 个月后，1953 年 8 月 12 日，苏联在北极圈的弗兰格尔岛也成功地爆炸了第一颗氢弹。英国在 1952 年与 1956 年，法国在 1960 年与 1968 年也分别试验成功了原子弹与氢弹。

中国于 1964 年 10 月 16 日第一颗原子弹在罗布泊试爆成功后，于 1967 年 6 月 17 日第一颗氢弹也在这里试爆成功。中国成为世界上第五个拥有核武器的国家。1954 年 6 月，苏联在弗兰格尔岛的奥布宁斯克建造成世界第一座核电站；1955 年，美国也建造了第一座原子能商用发电站。在原子能作为提升战略武器水平的手段，被运用在军备方面的同时，各国也在积极地探讨原子能的和平运用。这就为原子能的进一步开发与运用制造了美好的前途。到1986年年底，全世界已有26个国度使用核能发电，早已正式投入运行的核电站有376个，总装机容量已超过27697万千瓦，占全世界发电总量的13%。而且从20世纪70年代中期起，各国核电站的发电成本已普遍低于火电站，一些影响核电进行的技术问题，如大批放射性废物的处理等，都早已逐步得到解决，因此核能在世界能源中的地位与作用将不断提升。

2. 电子计算机的发明及应用

自史前开始，人们就一直在算数。最开始的计算工具大概是手指与石子。而公元前6世纪中国发明的算盘则是世界上公认的最早的手动计算器。但是，人们在17世纪才产生真正想发明一台可以自动进行运算的计算机的主意。德国著名哲学家、数学家莱布尼茨在1671年设计了一个能进行加法与乘法演算的器械，并想运用计算机取代人们奴隶般的费时费力的计算工作。他还设想有一天连人的理论思维也让计算机完成。莱布尼茨设计的演算器在1694年被制作出来，但运行得很不理想。1834年，英国数学家巴贝奇提及用穿孔卡片携带计算机指令管制计算过程，对计算机的发展做出了贡献，设计了包括管制器、运算器与存储器的机械式计算机。1855年，麦克斯韦巧妙地把积分的计算变为长度的测量，发明了一台积分仪，并依靠两个互相垂直的圆盘的旋转与滑动来实现这一模拟。但因为缺少必要的技术基础，巴贝奇的设计未能实现。

1876年，汤姆逊改进制作出第一台计算周期现象的傅立叶系数的“潮汐调与分析仪”。1854年，英国数学家G. 布尔建立了把形式逻辑归结为代数演算的布尔代数，为二进制计算奠定了理论基础。布尔代数又使人们同继电器的一开一关关联起来，于是计算器的发明进入机电式计算机阶段。1888年，美国人H. 霍勒里斯发明了一台统计分析机。这类分析机由接受压力器、继电器、计数器、分类盒与电池能源5个部分构成。1941年，德国项目师K. 楚泽制成通用程序管制计算机。美国人H. 艾肯于1944年用3000个普通电话继电器做主要元件，能处理32位数，两个23位数相乘只需4.50秒。1946年，美国人斯蒂比茨制成的通用机Model—5号，用它做7位数除法，只需2.20秒，制成一台称为“Markl号”的计算机，被认为是现代多处理机系统的雏形。这些以继电器为首要元件的机电式计算机笨重庞大，运转迟缓，并未完全摆脱机械操作的局限。

在电子计算机的研发过程中，美国物理学家 J. 阿塔纳索夫与英国数学家 A. 图林做出过重大贡献。因为 20 世纪 30 年代电子技术已进入成熟阶段，所以继电器计算机注定是短命的。然而，第一台得到成功的电子计算机是由美国宾夕法尼亚大学物理学博士 J. W. 莫希利设计的。为了解决庞大的运算问题，莫希利于 1942 年 8 月提交了一份题为《高速电子管计算装置的使用》的报告，这就是第一台电子计算机的初始方案。那时，该大学莫尔学院电工系正与美国军方设在阿伯丁的弹道钻研实验室一块儿负责每天为军方提供 6 张火力表。

在莫希利、诺伊曼、埃克特等科学家的一块儿参与下，这台计算机于 1946 年 2 月 15 日举行揭幕典礼。那时候，它是世界上最复杂的电子装置，用了 18800 个电子管，运用电脉冲每秒可进行 5000 次加法计算。第一台完全采用电子线路与电子元件的电子计算机 ENIAC 宣告降生。它的体积达 3000 立方英尺，耗电 105 千瓦，重达 30 吨，占地面积 170 平方米。今天看来，这个庞然大物虽然很笨拙，但它却是信息时代的伟大开拓者，担负着智力革命与技术革命先驱的历史使命。电子计算机的问世，引发世界各国的极大重视，计算机技术与计算机工业进行很快。约每隔几年，机器运行的速度就提升 10 倍，可靠性提升 10 倍，成本下调 8 倍。以电子元件的进行为首要标志，以计算机功能为依据，人们把电子计算机的进行历程分为五个时代。第一代是电子管计算机（1946—1957）。这一代电子计算机是计算工具革命性进行的开端。它所采用的二进制与程序存储等基本技术思想，奠定了现代电子计算机的技术基础。但是，因为它以电子管为元件，因而体积大、耗能多、运算速度慢、存储量小、可靠性差，且价格昂贵。其运用范围首要局限于与军事有关的科研运算，未能大规模推广。

在第一台电子计算机问世随后，人类发明了半导体晶体管，并且很快替代了电子管。第二代是晶体管计算机（1957—1964）。这一代计算机比第一代计算机的重量与体积都大大消减，运算速度提升，可靠性增强，成本大大下降，因此开拓了新的运用范围。到 20 世纪 60 年代中期，美国已拥有计算机 30 万台，10 年增强了 30 倍。第三代是集成电路计算机（1964—1970）。这一代计算机的主要特点是：逻辑元件采用晶体管；首要存储器采用磁芯存储器；软件已广泛使用高级语言，产生了FORTRAN（公式翻译语言）、AL-GOL（算法语言）、COBOL（商用语言）、BASIC（交互式会话语言）、APr（自动程序管制工具语言）及其编译程序；运用方面从科学计算扩大到信息处理与一些自动化管制，其代表产品有IBl—17090，CDC6600，Uni—va-clll07。它的基本电路是采用组件工艺构造，存储器仍然把晶体管、电阻器、电容器等元件集合变为一个单一的整体，以磁芯为主，做在一块薄薄的硅片上。这一代运算每秒可达几百万次，计算机重量不超过几十公斤，大小与一张书桌差不多。

1964年，IBM公司生产出的IBM—36型系列机就是第三代的著名代表。其兼容性（一种软件在各机上可通用）为其主要特征。第三代计算机的首要特点是：逻辑元件采用中小型集成电路；具备更高的可靠性与更快的运算速度；中小型机与终端设备进行更快，运用更广；主存储器中的磁芯被半导体存储器大批取代，微程序设计方法广泛使用；在软件方面的操作系统已广泛使用。因为它适用性广、使用可靠方便、价格低廉，因而推广速度每年递增20%。到1970年，使用计算机的人数约100万。这个特征成为后来计算机工业的标准之一。第四代是大规模集成电路计算机（1970—1988）。从1970年开始的计算机，在器件方面采用大规模集成电路。在20世纪80年代，人们早已可以在小手指甲1/4大小的、像纸张相同薄的硅片上做成128000个完整的大规模集成电路。大规模集成电路的问世，大大推动了电子计算机的发展。这一时期的计算机体积更为缩小，成本大大下调。

微型计算机与微处理机早已出现，其体积小到可以放到火柴盒里，重量只有几十克。同时，大型电子计算机运算速度可达每秒几千万次，甚至数亿次、十几亿次。因为电子计算机向社会各行业渗透，已广泛建立了计算中心、最优化中心，从大中小企业到各个领域的事务管理都开始普遍采用计算机，出现了计算机社会化的趋势，全世界使用计算机的人越来越多。由若干台计算机组合成的计算机网络也开始实现运用。

第五代是超大规模集成电路计算机。1988年，日本制作出具备记忆、思维、推理能力的第五代计算机。第五代电子计算机是超大规模集成电路、人工智能、软件项目、新型计算机系列等综合的产物，人们可以不必编程序，只要发出命令，或写出某个方程式，或提及某个要求，计算机就能自动完成全部的程序，并提供结果。其主要特点是智能化程度显著提升，能识别声音、图像，具备学习与推理的能力。也就是说，当人们要计算机做某件事情时，不需要告知它“怎样做”，只需告知它“做什么”就行了。

软件与硬件之间是辩证统一的关系。它们是现代计算机科学不可分割的两部分。软件是在硬件的基础上进行起来的，而硬件如果丧失软件，则丧失了“人脑的延伸”功能，等于丧失了灵魂。软件是人与计算机之间的桥梁。早期软件的算法设计与程序编写都由程序员个人进行，换一种操作就要换一次程序，不仅费时费力，没有通用性，而且容易出错。20 世纪 40 年代末，英国就有人提及“子程序库”思想，即把精选的常用程序存入计算机中，依据需要随时调出。符号语言把用汇编语言编制的源程序翻译成机器语言的程序叫汇编程序，是一些非常直观的文字串，汇编程序存储在机器中可以把用符号记录的操作码与数据自动转换成机器可以识别的代码，使计算机按程序操作。

20 世纪 50 年代，符号语言与汇编程序的出现是软件进行中的一次突破。这样，机器本身就开端部分地替代了原来必须由人工进行的“翻译”工作。但用符号语言汇编的程序只能与具体机器相关联，通用性低，不便交流。之后，人们又制造出了“高级语言”。用高级语言编制的程序，只要再历经一个编译程序就可以转换成机器语言书写的程序，在不同机器上使用，这大大提升了程序的通用性。最开始出现的高级语言是 1954 年 IBM 公司公布的 Fortranl。1958 年，欧美的计算机科学家举行联合会议，提及 ALGOL58 语言，两年后又提及 ALGOL60。另外，还出现了 LISP 语言，它是专门用在处理符号数据的一种高级语言，适用在人工智能的钻研。后又出现了专用在商业的通用语言 COBOL，采用英语词汇，简单易学，运用很广。

20 世纪 60 年代后，相继出现的高级语言还有会话式语言 BASIC、函数型会话式语言 APL，引入数据抽象概念的模拟型语言 SIMU—LA67，PL/I，等等。这些高级语言的出现，增强了计算机的表达能力，扩大了计算机的运用范围，把软件的进行提升到一个新高度。现如今，现代电子计算机进行的特点与趋势是智能化、网络化、巨型化、微型化。因为计算机功能的快速提升与多样化，其使用范围也在很快扩大，已广泛地进入了人类生产与生活的各个领域。它成为生产、办公、生活自动化的管制中枢，是大科学与精密科学研究的强有力的工具，是现代信息网络的中枢神经，早已对人类生产与生活的各个方面产生了极为深刻的影响。电子计算机对人脑实现了初步模拟，可以替代人脑部分的思维功能，极大地增强了认知主体的能力。20 世纪 90 年代，在贝尔实验室工作的华裔科学家黄庭珏领导的研究小组研发出第一台数字光学处理器，揭开了光学计算机的序幕，变为光学计算机的中心部分。光学计算机的运算速度比同时期其他计算机快 1000—10000 倍。在美国贝尔实验室用现有超大规模集成电路制成神经元计算机之后。日本奋起直追，智能计算机遂成为人们研究与追捧的热点。

与此同时，模仿人脑、具备机器思维能力的生物计算机（也称生物智能计算机）正处于探索钻研阶段。它也被称为第六代计算机。生物计算机具备自组织能力与自修复功能，其存储的信息量可以抵达普通计算机的 10 亿倍。现已制成的生物芯片能存储 110 亿比特的信息量。一些国度早已制作出一些生物计算机的模型。它的运用为工业化社会过渡到信息化社会制造了条件，将引发一场新的产业革命。

3. 空间技术的兴起

几十年来，空间科学技术早已很快进行变为一门综合性的学科。它的内容十分广泛，因为它是建立在动力技术、流体力学、无线电电子学、天体力学、火箭科学、自动管制理论、医学以及对最新技术成果一计算机技术、遥感技术、激光技术、通信技术、新材料与新能源的运用基础上产生与发展起来的一门综合性、大型、高级的新兴项目技术。但其中心内容是运载工具与各类航天飞行器的设计、制作、发射与运用。1957 年 10 月 4 日，世界各地的收音机收到一种神秘的电子“嘟嘟”声，这就是苏联发射的第一颗人造地球卫星在太空飞行并进行观测时发出的密码信号。自航天时代将人类飞出地球的梦想变成了现实，它是很多代人努力的结果。人类正式进入了航天时代。第一个研究飞行器的是文艺复兴时期的巨人达·芬奇，他曾设计了好几种飞行器，但都是依靠人力推动，仅仅是智慧的闪光。

1783 年，法国人孟特格菲兄弟成功地制作了第一只热气球，有人乘此气球进行了首次自由飞行，上升高度达 900 米，在空中滞留 25 分钟。此后，氢气球与氦气球相继出现，成为军事侦察、科学考察等的工具。19 世纪初，中国的古老发明——火箭受到欧洲各国的重视。作为武器，1807 年英国在与丹麦的战争中，曾汇集25000枚火箭轰击哥本哈根城。但到了19世纪70年代，因为显示出更大威力与优越性的大炮的出现，火箭让位于大炮，一度受到冷遇。不过，仍有少数科学家在这方面作出孜孜不倦地努力。1903年，俄国科学家齐奥尔科夫斯基发现了火箭在星际空间飞行的条件与火箭由地面起飞的条件，提及火箭应是人类探测宇宙空间的基本工具，给出了火箭的最终速度与火箭的质量比的关系式，为使火箭的最终速度抵达第一宇宙速度指明了途径。

他花了20年光阴写成《地球之外》这部科学小说，说明了他具备丰富的科学想象力。并且依据牛顿力学原理创立了著名的火箭公式，提及多级火箭的构造。美国物理学家哥达德是使火箭得到新生的关键人物。1919年，他写了《抵达极高高空的一个方法》一文。1926年，他在马萨诸塞州的一个农场发射了世界上首个液体燃料火箭，凭借每小时96.54公里的速度飞到56.10米高的空中，之后落下。1929年，他又发射了一枚载有气压计、温度表的超音速火箭，升高到2500米。他已认知到火箭发动机的设计与燃烧的质量是火箭发射成功的关键。1923年，在德国工作的罗马尼亚人奥伯兹创立了有关航天飞行的数学理论，出版了《向行星际空间发射火箭》一书。随后，德国成立“航天学会”。20世纪30年代，德国政府大力支持火箭研究。自1933年起，在冯·布劳恩主持下开始设计研发火箭，依靠对A型火箭系列的研发与试验，在燃料冷却技术、发动机性能、弹道设计、制导与管制方面都积累了大批经验。

这类飞弹全长达14米，构造重量3.99吨，携带8.96吨推进剂与1吨弹头，总推力为27.2吨，最大射程300公里，最大速度1.50公里/秒。它以75%的酒精为燃料，液氧为氧化剂，由自动管制装置从地面垂直起飞，由燃气航与陀螺仪进行制导，用燃气涡轮泵推进注入燃烧室。这些技术的创新成了第二次世界大战后火箭技术继续进行的基础。到1942年10月3月，德国便成功地发射了第一枚液体军用飞弹“V—2”。两国政府与军方都看出，一旦火箭头部安装核弹，并提升它的射程与制导水平，它将成为强大的威慑力量。第二次世界大战后，美、苏各自俘获了大批德国火箭专家与设备，成为德国制作火箭的继承者。在冷战气氛的推动下，火箭事业得到惊人的进行。战后的10年里，用在军事目的的探空火箭与导弹的研发与发射，使火箭发动机技术、飞行管制、跟踪、遥测与遥感技术、基本元件制作技术等方面都得到了提升。1949 年，美国第一次给 V—2 加上第二级，发射到 393 千米的高空，真正进入了外层空间。1957 年 7 月至 1958 年 12 月的国际物理年的活动把探空火箭的发射推向一个热潮。美、苏共发射火箭 335 枚，最大高度抵达 470 千米，得到了有关大气层的物理化学性质、地磁场、宇宙辐射与太阳辐射、X 射线与紫外线辐射以及陨石等大批资料。

进入 20 世纪 60 年代以后，卫星技术继续发展。但是，可以在空间运行并执行预定任务的，则是由火箭送入空间轨道进行工作的人造地球卫星。火箭是现代空间技术的动力装备，没有它，全部的航天飞行都无法实现。自 1957 年 10 月 4 日第一颗人造地球卫星上天开始，各类人造卫星陆续升天。1960 年 8 月 11 日，美国第一次回收到从卫星上弹射出来的回收舱。回收技术的开拓，为载人飞船制造了条件。1961 年 4 月 12 日，苏联发射载人卫星成功，宇航员加加林在太空遨游 100 分钟后安全返回地面。从 60 年代开端，苏、美两国相继发射了一系列行星探测器，用在科学考察与研究，先以研究近空间为主，70 年代发展到对太阳、行星与宇宙空间进行研究。

1964 年 8 月 18 日，美国成功地发射了第一颗同步静止地球轨道卫星，它标志着火箭与卫星技术抵达一个新的水平。方式也从单个卫星观测进行到多个卫星构成系统进行联合观测。美国对火星的探测下了很大的功夫，于 1975 年发射了两个自动探测器，发回大批有关火星大气、地理、物理、化学性质各方面的第一手资料。还做了寻求火星生命的生物实验，肯定火星上并无较高等的生命。火星探测的成功，说明了空间技术高度自动化的成就。苏联对金星的探测非常积极，发射了多达 10 个探测器，送回了金星表面有如戈壁沙漠一般的照片。现如今，星际探测正向木星与土星进军。1972 年 3 月 2 日，美国发射了第一个木星探测器，以测量木星周围的辐射带与分析木星稠密的大气层。木星离地球最近距离也有 6 亿公里，土星则达 13 亿公里，从地球上发射探测器，要飞行几年方能到达。它于 21 个月后飞越了木星，之后飞向太阳系边缘，最终脱离太阳系。

这个探测器上系有一块镀金铝板，上面画着象征性的信息，以便向旅途中可能遇到的具备智力的生命形式传达人类存在的信息包括地球的位置与人类男女的形象。迄今为止，最有名的载人航天飞行，要数美国的“阿波罗”

登月飞行。1961 年 5 月，美国总统肯尼迪提及了 20 世纪 60 年代末宇航员登月的任务，并真正允许了“阿波罗计划”。为此，美国专门设计了“阿波罗”飞船与“土星—V”火箭，终于在 1969 年 7 月 21 日，动员了 2 万多家厂商，约 120 所大学，参加人员 400 多万，耗资 250 亿美元，由“阿波罗 11 号”把两名宇航员阿迪姆斯·特朗与奥尔德林载入月球。他们在月球上漫游了 2 小时 21 分钟，收集了岩石与土壤标本，拍摄了月球景色，安装科学仪器，之后回到停在月球上空的指挥船，安全返回地球。美国历时 10 年的、宏大的“阿波罗登月计划”，先后共发射 6 次登月飞船，其中 5 次成功，有十多人次登上月球，滞留时间最长的近 3 天。这个计划的实现，是空间技术的最高成就与里程碑。

美、苏两国不惜花费大批人力与巨额资金进行空间技术，首要是出于军事上的需要与经济利益。20 世纪 70 年代以后，空间技术转向运用。从空间活动发展起来的几千项新技术，都具备重大的经济价值。据美国人估计，单是把遥感技术用在消减洪水损失，改进油田勘探，估计世界麦收产量等项目，改进灌溉用的预报工作，探测农作物病虫害，每年即可收益 10 亿美元以上。而发射一颗地球资源卫星，平均费用也就 25000 千万美元。在军事方面，卫星可用在侦察、预警、监视与通信。航天活动中所进行起来的一些运用卫星，如侦察卫星、导航卫星、通信卫星、气象卫星，已变为美、苏战略武器系统的构成部分。卫星的另一运用方向是进行空间科学钻研，为科学提供新的钻研项目与实验手段。比如，高能物理学家要钻研几百亿电子伏的高能粒子所引发的核反应，需花费巨大的代价设计建造高能粒子加速器，而运用空间站在宇宙中进行此项实验，可比较容易地得到比现如今最大的高能粒子加速器所能得到的最高能量高 4 万倍的辐射。

1973 年 5 月，美国用“土星 5 号”火箭发射了第一个空间站——天空实验室。它的结构总长 36 米，最大直径 6.5 米，总重 82 吨，携带 58 种科学仪器。该实验室用阿波罗飞船为交通工具，先后把 3 批共 9 名宇航员送进实验室，进行了 20 多项科学钻研。1971 年 4 月，苏联发射了第一个空间站“礼炮 1 号”，后来又陆续发射了“联盟号”“进步号”“宇宙号”等飞船，与“礼炮 1 号”空间站对接，为空间站输送各类仪器、燃料、生活用品，带回资料以及更换宇航员与钻研人员。其中“礼炮 6 号”于 1980 年 4 月 913 接待了乘“联盟35”飞船进入该站的宇航员波波夫与W. 柳明。他们在空间站生活了185天。以后，宇航员在太空生活的天数不断创新。1986年2月20日，苏联又发射了“与平号”宇宙轨道站。

它有6个对接装置，可以一次对接6个飞行器。构成一组联合舱，联合舱还可以继续对接，形成范围更大的联舱群。空间站具备多学科实验室与多用途卫星的作用，可以作为更远的宇宙飞行的中继站，它也是今后建设太空工厂与太空城市的技术基础，预测它将是今后空间科学技术的重点进行方向。进入20世纪80年代，空间技术又得到了重大的新突破。其标志就是1981年4月12日，美国的“哥伦比亚”号航天飞机载人飞行，历经54小时30分钟的飞行，绕地球36周后安全返回。此后，美国又制作出“挑战者”号、“发现”号、“阿特兰蒂斯”号与“奋进”号。不幸的是，“挑战者”号航天飞机于1986年1月28日进行第10次飞行时发生了爆炸。但这并没有影响美国航天飞机的继续飞行。1977年制造的“企业”号，则作为美国航天飞机的正规检测机。

到1996年7月，美国的航天飞机在太空飞行天数已抵达17天，创造了太空飞行的新纪录。航天飞机作为新型运载工具，给空间活动带来了很多新的特点，它可以进行空间侦察与科学实验，可以做运载工具，装备空间站或空间实验室，接送在空间实验室的工作人员与物资，可以把地球卫星放入轨道而不必从地球上发射，也可以用来破坏或窃取对方的卫星资料，攻击洲际导弹。因为航天飞机可重复使用，从而大大下调了空间活动的成本，开拓了空间活动商业化的前景。航天飞机的成功，说明人们终于实现了太空旅行的愿望，打破了人们在心理上对航天活动的神秘感。航天飞机的出现是空间技术进行史上的一个标志。人类已着手准备在空间建立卫星太阳能发电站，一旦得到突破，将给人类提供清洁、安全与极为丰富的能源。

空间技术的已有成就向人们展现了光辉的前景，而这类完全可以实现的前景，必将大大扩展与丰富人类生活的范围与内容。人类已在开发月球的准备中。月球的开发不仅可以变为新的生产基地，成为宇宙航行的中继站，还可以成为地球人类的“殖民地”。总之，依靠空间技术的进行，人类将更改被束缚于地球表面的状况，扩展自己的活动范围，从而大大地提升人类运用与改造客观世界的能力与主动程度。

4. 新能源与新材料的开发和应用

能源是现代工业的“血液”。随着工业的进行，有关能源的开发、运用与节能技术的钻研有很大的进行，特别是 20 世纪 70 年代世界能源危机后，各国越来越重视开发太阳能、地热能、海洋能、生物能、风能等能源，同时也增强了对煤炭的液化、气化与石油综合运用等新技术的钻研。第二次世界大战后，随着科学技术与社会经济的进行，扩大了对特殊材料的需求，它要求研发与提供能适合各类工艺技术要求的更坚韧、耐高温、抗腐蚀、电气性能与机械性能优异的新材料。合成树脂塑料、合成橡胶、合成纤维被称为三大合成高分子材料，这些开始取代钢材、木材、棉花与其他天然材料。在新材料的研发中，最好的发明是合成材料的开发与运用。50 年代，德国化学家齐格勒制造了新型催化体系，使聚合反应提升到新水平。1953 年，在常温、常压下生产出高密度聚乙烯。1960 年前后，美国、联邦德国、日本等国分别用不同的催化剂制成了高顺式构造的顺丁橡胶。

20 世纪 70 年代以来出现了新的高效催化剂，并在对材料的微观构造与宏观性能之间的关系的基础上进行“高分子设计”，即在分子水平上设计制作出人们所需要的各类性质的材料。在这些新技术的刺激下，三大合成高分子材料很快发展。50 年代，世界塑料的产量就超过了铝、铜与锌，以比钢铁产量增长快 2 倍的速度很快地进行，逐步在很多方面取代金属、木料、水泥与玻璃等传统材料。70 年代，世界合成纤维与人造纤维早已等于天然纤维的产量；合成橡胶已是天然橡胶产量的 2 倍。另外，在新技术的刺激下，自 70 年代以来新材料的品种很快增强，如非品质金属、单晶体、超导体、新型陶瓷、光导纤维以及复合材料等相继问世。新材料技术的进步为现代科学技术的进一步进行提供了物质基础。

5. 生物工程技术的诞生与应用

生物项目技术是以生命科学为基础的综合性技术。它包括基因项目（遗传项目）、细胞项目、酶项目、发酵项目（微生物项目）四个方面。第二次世界大战后到 20 世纪 50 年代时期，现代物理学与化学渗入到生物学中，引发了生物领域的一场深切的革命，其中首要的标志是分子生物学的降生。1953 年，美国的沃森与英国的克里克建立了 DNA 的双螺旋构造模型，标志着分子生物学的诞生。60 年代，科学家在对分子生物学进一步研究的基础上，破译了生物遗传的 64 种密码。DNA 即脱氧核糖核酸，是一种起遗传作用的高分子化合物，为染色体的首要化学成分。科研结果说明，各类生物的遗传密码是通用的，只是构成数目不同，如果把它们分离出来进行再一次的组合，就可更改生物的遗传特性，得到新的生物品种。

1973 年，美国分子生物学家科恩与博耶成功地进行了 DNA 重组技术的试验。他们将 DNA 引入快速繁殖的大肠杆菌中，从而生产出具备某种特征的生物制品，接着运用这类技术生产出胰岛素、生长激素与干扰素。这说明生物技术已进行到运用阶段，人们有可能运用无机物人工合成生命的物质基础，进一步管制、改造生物的性状，按照人们的需要制造出新的生物物种，这就标志着人类只能运用自然界天然的生物品种的时代早已变为历史。

6. 计算机网络技术的产生、发展与应用

统计数据显示，2009 年全球互联网渗透率为 24.7%，全球网民总量达 16.7 亿人，而北美地区互联网渗透率高达 73.9%，为全球最高。计算机网络已成为西方乃至全世界网民工作、学习、生活与娱乐不可或缺的工具。它的产生既与那时的国际背景有关，也是科学技术进行与科学家精心钻研的必然结果。计算机网络，是指将分散的多台计算机、终端与外部设备运用通信线路互联起来，其计算机硬件、软件与数据资源大家都可以一块儿使用，彼此间实现互相通信、资源共享的整个系统。因为计算机网络的进行是一个渐进的过程，通常以某一重大技术的突破为标志，所以，在时间的划分上具备部分重叠的特点。计算机网络大体上经历了三个阶段。

第一阶段是从 1969 年美国创建的阿帕网开始。

20 世纪 40 年代后期，世界进入了“冷战时期”，以美国为首的西方国度对以苏联为首的社会主义国度采用了除直接武装进攻之外的一切敌对活动。50 年代初，出自国家安全与军事上的考虑，美国开发出半自动的地面防空系统，开始了计算机与通信技术相联合的尝试。1957 年 10 月与 11 月，苏联连着发射了两颗人造卫星，震动了美国朝野。1958 年 1 月 7 日，美国总统艾森豪威尔向国会提出建立美国国防部高级钻研计划署（Defense Advanced Research Projects Agency，即 DARPA，又称 ARPA，译为“阿帕”）。1958 年年初，ARPA 作为首要职责为“保持美国在技术上的领先地位而成立，防止潜在对手不可预见的技术进步”。阿帕对网络技术的进行所起的作用是突出的，那时。至少 1/3—1/2 的计算机科学与技术创新的资金部分由它资助。

1962 年，古巴导弹危机虽然得到化解，但是给美国网络的发展敲响了警钟。与此同时，充当“世界警察”的美国各类部队驻扎在全球各地，美国军事部门也亟须建立一种管制网络的机制，增强它们之间的联络，确保信息畅通。怎样在遭受敌对方的核力量汇集打击的情况下，指挥机构可以与各军事部门保持不间断的关联，成为白宫与五角大楼亟须解决的问题。充满忧虑的美国人加快了科学技术创新的步伐，将技术优势视为得到“冷战”胜利。20 世纪 60 年代，利克莱德（Licklider）成为 ARPA 负责人，他把全美国一批最好的电脑专家召集起来；组成研发阿帕网的中坚力量。在罗伯茨（Roberits）负责 ARPA 之后，于 1967 年提及“多电脑网络与电脑间通信”的建网计划，为阿帕网选择了“分组交换”的通信方式。第二年，他提出在美国西海岸选择 4 个节点（分别设置在加州大学洛杉矶校区、斯坦福科研所、加州大学圣塔芭芭拉校区与犹他大学）进行建网试验，接着进行招标与试制。1969 年 8 月底，第一台 IMP 试制成功。其后，另外 3 台 IMP 也相继出产。

1969 年 10 月 29 日，加州大学洛杉矶分校的计算机科学教授克兰罗克（Kleinrock）从学校的一台主机向斯坦福钻研院的另一台计算机成功发送了首条数据信息，标志着互联网的诞生。因为整个研究是在美国国防高级钻研计划署（ARPA）的组织下进行的，所以这个网被称作“ARPANET”（阿帕网，即“国防高级钻研计划网”的意思）。阿帕网的诞生，标志着人类社会正式进入网络时代。1971 年，阿帕网连接了 15 个节点（23 台主机），到 1983 年，连接了 100 多个节点。起初，该网络只有 4 个节点，首先是开放给美国国防部合作的钻研中心使用。阿帕网是计算机技术与现代通信技术联合的产物，依靠有线、无线与卫星通信线路，它从美国本土覆盖到欧洲的广阔地域。1983 年，阿帕网变为专属科学用途的网络，而 MILNE 则直接与军事运用有关。1990 年，阿帕网正式宣布关闭。

第二阶段是从 TCP/IP 协议的提出特别是从 1985 年美国建造成三级构造的互联网开始。

阿帕网建立之后，一些科研机构与学校也建立了自己的计算机网络，如美国加利福尼亚大学劳伦斯原子能研究所的 OC70PUS、国际气象监测网 WW-WN、欧洲情报网 EIN 与法国信息与自动化钻研所的 CYCLADES 等。但是，因为计算机型号、通信线路类型等方面的差异，网络间的互联互通无法解决。20 世纪 70 年代，卡恩到美国国防部高级钻研计划署任职后随后便提及 Internetwork（互联网钻研计划），简称 Internet（互联网，或称因特网），这个名词就一直沿用至今。为了适应开放的网络构造环境的需要，瑟夫与卡恩一同开发了 TCP/IP 协议，并于 1974 年正式提出。

接着，IBM、DEC 等大公司纷纷宣布支持 TCP/IP 协议，网络操作系统与大型数据库产品都支持 TCP/IP 协议。历经卡恩 10 年的不懈努力，美国国防部于 1982 年宣布将 TCP/IP 协议作为本部的标准网络协议，首次明确互联网是一个互联的网络集合。TCP/IP 技术的中心是实现网络的互联。该技术的出现，可以说是为计算机互联网络的快速进行打通了关节。1985 年，美国国家科学基金会 NSF（National Science Foundation）建设了计算机网络，即国度科学基金网 NSFNE7，并在第二年初步形成了一个由主干网、地区网与校园网（或企业网）构成的三级网络。主干网一般指州与州（或省与省）、国家与国家之间的网络。它是一种大型的传输网路，用在连接小型传输网络，并传送数据。此后，世界上很多国家相继建立了自己的主干网，如欧洲主干网 EBONE、加拿大的 Canet 与英国的 PIPEX 等，它们都接入了互联网。地区网的构成一般是由一批在地理上局限于某一地域，在管理上隶属于某一机构或在经济上有共同利益的用户的计算机互联而成。美国国家科学基金会在建立自己的基于 TCP/IP 协议的计算机网络 NSFNET 的过程中，在全国建立了按地区划分的计算机广域网，并将这些地区网络与超级计算中心相连，最终将各大型计算中心互联起来。

校园网是在学校范围内，为学校教学、科研与管理等教育提供资源共享、信息交流与协同工作的综合信息服务的多媒体。1990 年 6 月，NSFNET 彻底取代 ARPANET，变为互联网的主干网。一所大学可以形成多个局域网络，前提是包括多个学院、多个系或专业学科。企业网是可供一个企业（组织）连接它全部的计算机资源，各部门与工作组依靠桥接器、路由器与广域电信链路相连的计算机网络。时至今日，美国的三级网络进行得更加庞大，光是国防部的信息网系统便拥有超过 1.5 万个局域网、区域网与广域网以及大约 700 万个（信息技术）装置。

第三阶段是从 1993 年逐渐形成多层次 ISP 构造的互联网开始。

这一阶段网络的进行首要表现在以下几个方面：互联网被广泛运用；高速网络技术的运用；基于 Web 技术的运用与进行等。

第一，互联网被广泛运用。

从 1993 年开端，由美国政府资助的 NSFNE 逐渐被若干个商用的互联网的主干网替代，而政府机构不再进行互联网的运营。经由学术界、运用界、政府三者彼此合作、互相支持，网络技术继续向前进行。从 1994 年开始，美国国度科学基金会 NSF 创建了 4 个网络接入点 NAP（Network Access Point）。NAP 向不同的主干 ISP 提供交换设施，使它们可以通信。此后，任何机构与个人只要向 ISP 缴纳规定的费用，就可以从 ISP 得到所需要的 IP 地址。并依靠该 ISP 接入互联网，从而进一步推动了互联网的发展。到了 1995 年，美国网络的 10 亿位元（Gigabit）的传输技术早已进入原型阶段，它的容量相当于在一分钟内传输美国国会图书馆的全部资料。

专家估计 IP，4 地址将在 2010 年用尽。为了解决互联网 IP 地址资源与速率问题，1996 年美国政府进行 NGI 关键技术钻研，建立高速网络试验床，出台了下一代互联网计划（Next Generation Intemet，NGI）。但是，自 1992 年开始用在商用之后，便出现了无序竞争，IP 地址资源枯竭的趋势令人担忧。1998 年，美国 100 多所大学联合成立民间组织。建设了另一个独立的高速网络试验床，从事 Internet2 的钻研计划，并于 1999 年开始提供服务。现如今，美国的下一代互联网早已连接全国，为美国的教育与科研提供世界最先进的信息基础设施，并保持美国在高速计算机网络及其运用领域的技术优势，从而确保了 21 世纪美国在科学与经济领域的竞争力。

国际互联网项目技术组织（IE7F）考虑到 IPv4 地址告罄的问题。于 1995 年确定了 IPv6 的协议。IPv6 及其构造可以在全球骨干网一级满足更大规模的网络构造需求，并且提升了安全性与数据完整性，支持自动配置、数据组播与更有效的网络路由聚类。2005 年，美国开始推出革新互联网的 GENI 项目。希望从体系构造上重建互联网，即建立一个实验床，实现可重配与可编程的路由器。该项目的中心是光网络与无线的组合。最近，GENI 早已正式成立了由 BBN 公司负责的协调办公室。下一代互联网与 IPv6 首要解决互联网可拓展性、安全性、高性能、移动性与实时性等重大技术难题。1997 年，随着无线运用协议 WAP（Wireless Application ProtoeoI）论坛的成立以及第二年 WAP1.0 版正式推出，宣告无线移动计算机网络的诞生。2000 年，国际电信联盟（汀 U）确定了 WCDMA、CDMA2000 与 7D—SCDMA 三个主流 3C 国际标准。

其中，WCDMA 由欧洲提出，CDMA2000 由美国提出，TD—SCDMA 由中国提出，它们被称为自主创新的技术标准。2001 年 8 月，WAP2.0 版正式发布。有人简称之为“无线互联网”。移动通信技术为人们提供了一个无处不在的网络接入与无处不在的移动智能计算机平台。3G 是指将无线通信与 NNX 联网等多媒体通信联合的新一代移动通信系统，可以处理语音、图像、视频流等多种媒体形式。无线终端（手机）成为一种新兴的强势载体。无线蜂窝移动电话通信技术的飞速进行，使美国在 2007 年依靠蜂窝移动网络接入宽带的流量比上年飙升了 154%。同年，3G 数据卡一周的销售量与去年一个月的销售量相当，在英国的销量出现了猛涨。现如今，互联网逐渐演变成基于 ISP 与 NAP 的多级网络，大致可分为 5 个接入级：网络接入点 NAP、国度主干网（主干 ISP）、地区 ISP、本地 ISP 与校园网、企业或 PC 机上网用户。美国推出的各项互联网技术的革新大体上仍在领跑世界。

第二，高速网络技术的运用。

信息高速公路（Information SuperHighway）又称“数据高速公路”，是“信息基础构造”（Information Infrastructure）的一种形象比喻。它是以光纤通信为主体，辅以电缆、卫星通信、移动通信线路构成的高速度、大容量、宽频带的数据传输网络。它是建立在电子计算机技术、通信技术等高科技基础上的，立体的、广域的、交互的、数字化的、高智能化的多媒体信息网络系统。1992 年，时任美国参议员的阿尔·戈尔提及美国信息高速公路法案。NII 计划投资 4000 亿美元，在 2015 年之前使全美国的家庭都接入信息高速公路。1993 年 2 月，美国总统克林顿提出了信息高速公路的概念，并签署法令，要求建立全美的信息高速公路，即“国家信息基础设施”（National Information Infrastructure，NII）。1993 年 12 月，欧共体前丰席德洛尔提及建立欧洲信息高速公路计划。

1994 年 2 月，法国总统提及了建设信息高速公路计划，从 1995 年起，引进美国技术，建设信息高速公路。到 2000 年年底，法国计算机拥有量达 2180 万台（德国 3060 万台，英国 2600 万台），98% 的高中，94% 的职业高中与90%的初中都上了互联网。信息高速公路具备巨大的社会经济效益。建设之初，便预测到2007年美国国民生产总值将因信息高速公路建造成而增强3210亿美元；劳动生产率将提升20%—40%；信息高速公路建设带动了信息产业的进行，推动了美国经济的增长。20世纪70—80年代中期，美国GDP平均增长率为6.6%。20世纪90年代平均增长率抵达12%，1996年美国GDP增幅中有2/3来自信息业。知识经济变为后工业社会支撑美国产业构造的轴心。

对此，现任美国总统奥巴马对信息高速公路的建设非常重视。比尔·盖茨也曾讲道："在未来的岁月里，信息高速公路将对我们每个人的生活产生重大的影响。"奥巴马不仅力图依靠实施经济体制来刺激方案等措施，而且还将信息技术视为21世纪基础设施的关键构成部分，加大对IT行业的政府支持力度。2010年3月，美国联邦通信委员会（FCC）公布了《美国宽带上网计划》（Connecting America：The National Broadband Plan）。有分析认为，奥巴马政府对信息技术的重视程度堪比克林顿政府。这份宽带升级计划以提升网速为重心，强调扩大网络普及范围，并计划腾出更多波段用在移动服务。计划提及，要在2020年之前让1亿美国家庭享受到每秒100兆比特的宽带网速。为了实现这一目标，计划提及在2015年之前让1亿美国家庭享受到每秒50兆比特的网速（现如今美国度庭的平均网速约为每秒4兆比特。拥有光纤人户的家庭的平均网速约为每秒5—6兆比特）。

第三，基于Web技术的运用与进行等。

互联网在实现资源共享与信息交流方面，给用户提供了WWW、E—mail、FYP、BBS等多种方式的服务，其中运用最广泛、信息量最大的当算WWW服务。WWW又称为3W，是World、Wide、Web的英文简称，也用Web表示，译为"万维网"或"环球信息网"。它由英国人伯纳斯·李（Bemers Lee）于1989年提出来。第二年，他与卡里奥（Cailliau）合作提出了一个更加正式的关于万维网的建议。1991年8月6日，伯纳斯在alt.hypertext新闻组上贴了万维网项目的简介文章，解释了万维网是什么、怎样使用网页浏览器与怎样建立一个网页服务器等。这一天标志着万维网正式降生。伯纳斯被称作"万维网之父"。Web是一个大规模的联机式的信息储藏所，它既是信息分享的渠道，也是互联网的界面，促使了互联网很快进行的发明。万维网借助超文本链接编辑包含标记指令的文本文件。

它使得我们可以方便地遨游于浩如烟海的互联网信息流中。超文本链接技术是超文本标示语言（Hyper Text Markup Language，HTML）协议及万维网浏览器为人们提供的一种超媒体、超时空的信息接续方式。它在两个不同的文档或同一文档的不同部分建立关联，使访问者可以依靠一个网址访问不同网址的文件，或依靠一个特定的栏目访问同一站点上的其他栏目。被称为互联网上的导航工具与路标。官方的HTML标准由W3C（World Wide Web Consortium）负责制定。因为HTML非常易于掌握且实施简单，所以它很快就变为万维网的基础。Web把不同电脑上的文本、图像、声音等文档链接在一起，使人们可以自由浏览与分享信息，不必受计算机操作系统类别与地域等限制，互联网的操作因而大大简化。万维网在促使互联网普及的同时，也借助互联网的影响很快得到推广，一经问世便被广为采用，普及速度惊人。

Web的首要特点在于用户依靠浏览器获取信息。但是，随着社会经济文化的进行，移动技术、互联网技术的更新以及新的运用及业务的出现，用户对日常生活中交流与沟通的方式手段提及了更高的要求与期望。2003年，提姆·奥莱理（Tim O'Reilly）公司提及Web2.0一词。2004年10月，第一次Web2.0的会议之后，这个词就流行起来。它的意思是指基于Web（也称为Web1.0）的下一代社区与托管服务。它是一种以XML、RSS、AJAX等技术为根底，融合了Web1.0的运用模式及新出现的Blog、SNS、Wiki等多种多对多互动运用服务模式，来满足不同用户社会化、人性化需求的服务平台。随着移动互联网技术的成熟与进行，以Web2.0为代表的互联网业务创新与运用创新空前活跃。可是，对于这一涌现变革发生的原因、未来进行的方向乃至对这一变革本身怎样界定，都依然存在着很多争议。

云计算（Cloud Computing）是分布式处理、并行处理与网格计算（Grid-Computing，也称分布式计算）的进行，或者说是这些计算机科学概念的商业实现，是分布式计算技术的一种。沃达丰公司（Vodafone）与YouTube、MySpace、eBay、谷歌、雅虎等公司合作，推出手机视频、移动网络社区、移动搜索、移动电子商务、移动广告业务等。历经几年的进行，Web2.0变革早已涌现出大批新的互联网运用模式，极大地更改了互联网的秩序与形态，甚至更改了人们在网络上的行为方式。而且，因为Web2.0追风者的盲目性与投机者的过高估计该项目的短期收益，错误的估计与爆炒式的投资招致了某些 Web2. 0 具体项目的进行难以持续，对未来的进行的前景悲观失望的情绪弥漫了业界，Web2. 0 正在从狂热走向困惑。于是，很多科学家与广大网民对 Web3. 0 寄予厚望，觉得 Web3. 0 才是彻底更改人们生活的互联网形式，它将使全部网民不再受到现有资源积累的限制，具备更加平等地得到财富与声誉的机会。“Web3. 0 让人们得到的不只是一个信息，而是直接得到服务本身，得到的是一站式整个流畅的闭环的服务。”当前，计算机网络技术的进行令人眼花缭乱。2009 年 10 月，Google 与 IBM 联合宣布推广“云计算”的计划。其基本概念是，通过网络将庞大的计算处理程序自动分拆成无数个较小的子程序，再交由多部服务器所构成的庞大系统经搜寻、计算分析之后将处理结果回传给用户，以达到与“超级计算机”同样强大效能的网络服务。云计算服务的推出，被觉得是一种革命性的举措。但是，在 2008 年当云计算的说法正在广为流行时，Gartner 高级分析师 BenPring 便评价道：它正在变为一个大众化的词语。但是，问题是似乎每个人对于云计算的理解各不相同。作为一个对互联网的比喻，其含义开始变得模糊起来。有些分析师与公司把云计算仅仅定义为计算的升级版，基本上就是互联网上提供的众多虚拟。另外一些人把云计算定义得更加宽泛，他们觉得用户在防火墙保护之外消费的任何事物都处于“云”之中。或许，科学技术的创新就是在猜想、假设、探索和争议中产生与进行的。

三、第三次科技革命对西方文化的影响

第三次科学技术革命以空前的规模与速度把科学与技术水平推向新的高峰。科学技术依靠在生产中的运用转化为直接的生产力，推动着经济快速增长。1950—1970 年，发达资本主义国度的经济年平均增长率达 4. 9%，而成本则达 9. 8%。同时，科技革命也引发了劳动方式与经济构造的变化。因为电子计算机部分地替代了人类的脑力劳动，变为人脑与神经系统的延长与补充，人们可以运用“电脑”所设计的程序，自动指挥与调节机器的运转与进行产品的加工，从原来直接参加生产过程转到管制生产过程。因此，脑力劳动的作用日益增长，体力劳动的作用逐渐下降。20 世纪 50 年代以前，第一与第二产业在工业发达国度的经济中占主导地位。

因为科学技术的发展，生产率的提升，节约了物质生产部门的劳动，提供了更多的剩余产品与劳动力，为新的产业发展提供了有利的条件，从而使产业构造发生了变化。但 20 世纪 50 年代后，第三产业的产值与就业人数都超过了第一与第二产业。到 80 年代，首要资本主义国度的第三产业一般占国民经济生产总值的 50%—60%，就业人数占 60%—70%。为了适应科学技术发展的急需，资本主义各国的产业由劳动密集型向技术密集型转变。技术密集型的产业如微电子、机器人、原子能、宇航、通信以及新能源新材料等工业迅猛进行，可是像钢铁、机械、纺织等传统的劳动密集型工业逐步下降。在 70 年代美国增加的上万个新企业中，90% 属于技术密集型产业。科技革命以及由其引发的社会经济的变化对西方文化产生了深切的影响。

1. 第三次科技革命推动了各国文化教育事业的发展

在科技革命中以技术与知识密集型为主的新兴工业部门的兴起，使科学文化教育与智力开发变为头等的任务，而先进的科学技术在推动社会生产力飞速进行的同时也日益向西方各国执政者显示着巨额利润的吸引力。在这类形势下，欧美国家亟须培训高级科学技术人员、管理人员，也亟须提升劳动者的文化技术水平。意思就是，科技革命的进行使教育、科学技术与社会生产三者的关系越来越紧密，迫使人们重视教育。特别是随着经济全球化与知识经济的进行，各国注重可持续发展，因此对教育的巨大作用的认知抵达空前高度。1998 年 10 月，联合国教科文组织在召开的首届“世界高等教育大会”上发表的《21 世纪的高等教育：展望与行动世界宣言》中，第一条便开宗明义：“我们重申，应保持、增强与进一步扩大高等教育的基本使命与作用，特别是推动整个社会的可持续进行与进步的使命。”

与此同时，欧洲各国纷纷制定进行教育的法律，加快教育改革，增强对教育的投入，促使教育较快的进行。2000 年在达喀尔“世界教育论坛”上，100 多个国家的政府做出“要实施优质教育”的承诺。到 2002 年为止，英国达 50%，德国约为 45%，法国的高等教育毛学率达 60%，各国对教育都非常重视。美国也提出，教育是本国未来国力的首要基础，进行教育“比建立最好的工业体系或最强大的军事力量更加重要”。1962—1967 年间，美国的教育经费增长了 12 倍。1987—1988 年度美国教育经费是 1976 年的 21 倍，占本年度国民生产总值的 6.7%。大学入学人数在过去的半个世纪增长了 6 倍，仅 1988 年毕业的大学生已超过 100 万。截至 2007 年，美国高等教育的毛入学率抵达 80%。

随着科技革命的发展，生产自动化程度的提升，不仅提升了劳动生产率，推动了社会经济的进行，而且使人们从事精神文化生活的需求得以增强。

微电子技术的飞跃发展，信息网络的形成，为人们的相互关联提供了方便，使生活场所与工作场所日趋一体化，使汇集的活动日趋分散化。尤其是管理与办公的自动化，为人们在家里工作提供了可能。比如，英国一家国际自由职业股份有限公司，它雇用了 400 名大部分是在家里工作的电子计算机程序编制人员，他们依靠电子计算机的终端设备与电视台相连，不仅可以完成工作任务，而且还可以在家里接受业余的电化教育。人们可以有更多时间与精力从事制造活动，了解国内外的形势，学习科学知识，观看各类文艺体育节目。微电子技术的运用，不仅更改了人们的工作与受教育的方式，而且因为家庭电器化与家务劳动趋向自动化，改善了家庭生活的环境与条件，减少了 1/3 家务劳动的强度与时间，使人们对精神文化生活的需求增强。

但现代资本主义国家普遍出现的问题是，科学技术带来的高生产高消费使人们的物质生活普遍有所提升，而人们的精神生活却得不到满足。现代科学技术革命对人们的思维方式也产生了极大影响。这首要表现在各资本主义国度带有强烈刺激性的影视作品，低级下流的表演，淫秽的书画、录音录像等，借助现代化的科技手段，充斥于社会的各个角落不胫而走，物质生活的相对充裕与精神生活的极度空虚形成了鲜明的对比，吞噬着人们尤其是广大青少年的心灵。因为科技的发展，现代科技已变为生产实践的纽带与灵魂，现代的生产实践也由过去的经验型向知识型、科学型与信息化方向进行，人类社会开始进入以知识密集与技术密集型生产为主的历史阶段。

随着科学技术的发展，一系列新领域、新产品的出现，形成了全新的思维对象，相互贯穿形成的横断领域与相互交叉形成的交叉领域变为人们思维的新客体。不仅是科学技术的研究需跨行业、跨系统、跨国际的合作，而且，科学研究成果的价值也需要依赖科学一同体的评价。现代科学技术革命还使LR 的科学实践趋向集体化。在知识爆炸、信息量猛涨的今天，任何个人如果丧失了群体意识，丧失了社会关联，那将一事无成。这说明思维主体的集体性与社会性已大大增强。另外，现代科技革命还引发了思维工具的变革。这不仅表现在新的科学理论为人们提供了精确数字模型方法、宏观统计方法、系统方法等新的思维方法，而且还表现在科学技术为人们的思维提供了如实验仪器等现代化的技术手段，为钻研复杂性、整体性思维客体提供了可能。

2. 第三次科技革命推动着西方伦理道德的发展和变化

科学技术的进步，特别是第三次科技革命中生物技术、遗传项目技术的开发与运用，为人类干涉自身的命运提供了机会，人们可以运用无机物人工合成生命的物质基础，管制与改造生物的性状，按照人们的需要制造出新的生物物种。1978 年 7 月 25 日，世界上第一个试管女婴露易·布朗在英国降生，这是体外受精产生的婴儿。运用这些技术可以进行异体胚胎的移植。此后，试管婴儿在西方很多国度相继出现，“精子存储库”也普遍建立。这一科学技术成就虽有利于解决人类优生的难题，但如恋爱、结婚、同居、成家立业是否合乎道德等也给人的伦理道德、婚姻家庭带来一系列新的问题。今天在发达的西方国家出现了恋爱、同居但不结婚的现象增多，与之相关联的“性解放”的潮流席卷了很多欧美国家。

又如生儿育女，本是两性结合后的自然现象，也是家庭得以存在的条件，但是现在，在西方国家的“不生育文化”却渐渐蔓延开来。据统计，1960 年美国只有 20% 的 30 岁以下的已婚妇女没有生育过孩子，在英国，还建立了“全国不育协会”。而到 1975 年，这个数字已上升到 32%。“性解放”与婚姻问题上的自由化以及“不生育文化”的影响，使家庭的稳定性受到破坏，离婚现象有增无减，很多丧失父母的青少年流浪街头。与此同时，离婚人数却增强了两倍，离婚率几乎达 1/3。据统计，1972—1984 年间，法国结婚人数消减了 32%，抵达结婚年龄的青年只有 1/3 愿意结婚。

同时，法国的非婚生子女增强了 60%，占新生儿的 14.2%。面对着这类日趋恶化的婚姻家庭形势与世风日下的道德趋向。法国报纸惊呼：“在法国，非婚生子女与父母离婚的子女很快就要超过结婚生育的子女，而且婚姻不再是家庭的基础，这类混乱，就其性质、规模、进行速度而言，都是前所未有的。”科技革命在资本主义世界引发的伦理道德的变化，再一次说明了资本主义制度存在的致命弱点：资本主义能够把社会生产力提升到相当高的水平，可以制造出相当高的物质文明，但因为其所宣扬与维护的是以个人主义为中心的资本主义精神文明，所以两个文明很难协调进行。

3. 第三次科技革命推动了新的理论的产生

科技革命及其成果促使很多思想家将科学的方法运用在研究人文现象，

产生了很多新的理论，其中管制论、信息论、系统论（简称“三论”）便是伟大的理论成果之一。“三论”从横向综合的角度钻研与揭示物质运动的一同规律，用包括自然科学、社会科学与思维科学在内的一同的科学方法论，把科学钻研引向人体、思维、社会等复杂领域，扩大了人们研究问题的广度与深度，极大地提升了人们认知世界与改造世界的能力。管制论的创始人是美国数学家维纳，1948 年他的《管制论》一书的出版，标志着管制论的诞生。它是多种学科相互渗透、彼此交叉的产物。维纳从寻求学科之间的一同关联出发，把动物的目的行为赋予机器，将动物与机器的某些机制加以类比，从而抓住一切通信与管制系统中所共有的特征，站在更概括的理论高度上加以综合，形成具备普遍意义的理论。维纳把管制论定义为：在机构、有机体与社会中的管制与通信的科学。管制论产生后得到不断的进行。20 世纪 40—50 年代，着重钻研单机自动化与局部自动化，解决单因素管制问题。

20 世纪 60 年代发展到现代管制理论时期，首先研究多因素管制系统，重点研究“最优管制”，研究的中心装置是电子计算机。70 年代以后，进入大系统管制理论时期，首先研究因素众多的大系统，依靠电子计算机联机与智能机器，实现对经济系统、社会系统、生态系统、环境系统与管理系统等实行最优的管制与最优的管理。大系统管制理论的出现，带来了管制思想、方法与手段的进步。信息一直存在于客观之中。这不仅推动了项目管制论的进行，且使管制论深入经济、管理、社会与思维等领域，对科学研究、劳动生产、经济管理、社会生活与人的认知都产生了极其广泛而深切的影响。从古到今，人类经历了得到语言、制造文字、发明印刷术、开发电波通信、电子计算机与网络技术的运用 6 次信息革命。人类对信息的认知与运用虽然历史悠久，但是，把信息自觉地上升到科学理论的高度并形成一门独立的科学却是在 19 世纪 40 年代末。

它的创始人是美国数学家中农，创立了度量公式，建立了通信系统的模型，他在 1948 年发表了《通信的数学理论》一书，运用概率论与数理统计方法系统地论述了有关通信的很多基本理论问题，从技术上解决了信息的传输与提取等问题。从此，信息论就作为一门独立学科而降生。20 世纪 50 年代，西方各国形成了推广中农信息论的热潮。英国伦敦举行了多次信息论会议，法国旅美物理学家布里渊把信息论推广到物理学领域，建立了物理信息理论。美国无线电项目学会成立了信息论学会，60 年代以后，信息的研究工作不断深入与进行，信息概念与方法广泛的渗透到各门科学领域，人们逐渐认知到信息如同材料与能源，也是一种新的资源。为了有效地开发与运用信息资源，各国都纷纷建立起各类各样的管理信息系统与机构。信息的使用与信息技术的进行对社会生活各个领域产生了重大的影响。比如，60 年代前期的日本，计算机技术水平还很低，但日本在引进美国计算机先进技术与设备的同时，依靠向国外派遣大批技术人员进行考察、访问、交流，收集了大批技术信息与情报，使日本的计算机工业很快地赶超美国。

信息论的进行与运用还推动了管理水平的提升。这类建立在信息基础上的管理也就成为现代化管理的标志。管理者的决策要建立在大批信息的基础上，依据所收集的各方面信息，分析问题，探讨多种决策方案，从中选择最佳方案。随着信息性的日益明显，对信息的需求量越来越大，信息使用量的日益剧增，从事信息收集、加工处理、传输与运用的人员越来越多，这就使信息业变为一种新兴的产业，在国民经济中占据越来越重要的地位。系统论的最先创立者是美籍奥地利生物学家贝塔朗菲，他于 1945 年发表的《关于一般系统论》的论文是系统论形成的标志。他的主要观点是：系统是普遍存在的，宇宙间的一切事物都处于一定的系统中，我们每个人随时随地也都处在一定的系统中，系统是由一些相互关联、相互作用的元素所构成的，具备特定功能，抵达某种目的的有机整体。我们可以把每个要研究的问题当作一个系统来研究。20 世纪 50 年代被看作是系统论的宣传时期，贝塔朗菲依靠创办系统论学会，出版专门的杂志广泛宣传系统论的基本知识。

20 世纪 60 年代，系统论的思想与方法产生了较大的影响，人们把系统理论广泛地运用在生态环境、人口问题、社会经济与组织管理等方面。观察分析事物的方法也发生变化，越来越多地看到不同学科之间、不同认知对象之间存在的一同规律，注意把研究对象作为系统整体进行综合考察与研究，由“实物中心”转向“系统中心”，这就为系统论的广泛运用与进行提供了有利条件。系统论所提供的系统方法是一种具备普遍意义的科学方法，它既适用在自然科学，也适用在社会科学，既适用在宏观领域，也适用在微观领域。20 世纪 70 年代以后，欧美、日本、苏联等国出现了研究一般系统论的热潮，相继出版大批有关系统论的论著，涉及很多不同的分支学科，运用的领域日益扩大，从而使系统论形成了一股新的科学思潮。

它指导人们不仅要从事物的纵向关联上认知事物的本质与运动规律，而且还要从事物的横向关联上认知事物的本质与运动规律，这就打破了传统的学科界限与原有学科的范围。为各类跨学科的新兴学科、交叉学科、边缘学科与各类综合性学科的建立与进行开拓了无限广阔的新天地。

第二节　现代西方文化的背景

20 世纪前期，西方科学技术有了很大发展，自然科学方面的进步以相对论、量子论与基因论为代表。摩尔根发表《基因论》，标志着基因学说的正式建立。基因学说是细胞遗传学的一项重大成就，促使遗传学与进化理论前进了一大步。阿尔伯特·爱因斯坦是 20 世纪科学革命的先锋式杰出人物。1905 年与 1915 年，爱因斯坦相继提出了狭义相对论与广义相对论，深刻揭示了时间、空间与物质、运动之间的内在关联。德国物理学家马克斯·普朗克提出了“量子假说”。量子概念的提出与量子力学理论的确立完成了物理学基本观念的变革。1928 年，T. H 以相对论与量子力学为中心的现代科学技术的建立，向以牛顿力学为代表的西方近代科学思想提出了严峻的挑战，更改了人们对世界的某些看法。科学的进步为现代西方文化的确立提供了科学理论上的依据。

20 世纪前期一系列的技术发明，同样也改变了人们的生活方式与生活习惯。无线广播与有声电影的诞生，极大地推动了人们的文化生活，而且使大众文化越来越通俗化。自 20 世纪 50 年代起，西方现代科学技术突飞猛进，出现了第三次技术革命，主要成果是计算机、核能、航天技术、基因项目等。电子计算机的发明与运用是第三次科技革命的首要标志与内容之一。电子计算机是人脑的延伸，它代替了人类部分脑力劳动。电子计算机诞生于 20 世纪 40 年代，现在已被广泛地运用在国民经济、国防、科研乃至家庭日常生活各个领域，人类进入了信息时代。科学技术的大步进行深深地影响了西方文化。开始，科学技术的进步推动了新的理论的产生，其中信息论、管制论与系统论扩大了人类科研的深度与广度，提升了人们认知与改造世界的能力；其次，科学技术的进行使得教育、科学技术与社会生产越来越紧密，科学研究趋向整体化；科学技术的进展尤其是遗传项目的开发与运用，如克隆技术为人类干涉自己命运提供了可能，也引发了伦理道德方向的争论。

之前，人们总是相信这个世界上存在着绝对真理，这就是上帝与理性主义哲学。第一次世界大战与俄国十月革命的胜利，改变了世界历史进程，也对西方文化产生了巨大的影响。然而第一次世界大战证明了上帝与理性的不可靠性，大多数的西方人都开始怀疑他们信奉的文化传统，人们开始接受非理性主义与相对主义。在他们眼中，绝对的东西是不存在的，一切都是暂时的、偶然的与变动的，因此，人们经常觉得无法主宰自己的命运，看不见自己的前途，普遍产生了及时行乐的心理。于是，20 世纪 20 年代中期，随着西方经济相对稳定时期的出现，西方享乐主义思潮兴起。这反映了人们在对西方传统文化批判、揭露、叛逆的同时，对现代社会文化的进行又存在着迷惘、悲观与盲目的思想状态。

第二次世界大战中，西方社会历经了从未有过的强烈冲击与空前的灾难，原子弹残酷的破坏能力与核战争的威胁，深深地触动了人们的灵魂，使悲观主义文化形成了热潮。在美国，因为战争对经济的影响并不大，所以战后初期的文化生活相对繁荣，人们也没有欧洲人那样悲观失望，享乐主义盛行。20 世纪 60 年代，西方出现消极、叛逆的“反文化”现象，如吸毒、群居与性解放。70 年代以后，西方资本主义经济历经自身的调解，得到全面的恢复与发展，在此前提下，新保守势力逐渐抬头。在价值观念上，功利主义盛行，人们只关心自己个人的利益与前途。

第三节　现代西方文化的发展与主要特点

一、现代西方文化的确立期

现代西方文化是以现代科学技术为首要基础，以非理性主义思潮为中心发展起来的。从 20 世纪初到第一次世界大战结束，是现代西方文化的确立期。1900 年前后，科学技术得到了重大的突破与发展，镭的发现、相对论的诞生、飞机与汽车的运用，标志着科学技术进入了一个新的时代。现代科学技术为现代西方文化的确立提供了科学理论上的依据。以相对论与量子力学为中心的现代科学技术的确立，改变了人们对世界的某些看法，对以牛顿力学为代表的西方近代科学思想提出了严峻的挑战。很多思想家、文学家在思考科学技术对社会、对人产生的影响的过程中，非理性主义思想逐渐产生与发展。

“理性”是指数百年来资本主义社会赖以生存的精神支柱。所谓非理性主义，是相对理性主义而言的。18 世纪资产阶级启蒙运动的一个口号就是“理性至上”，而代表理性最高成就的是黑格尔哲学，它的最高宗旨就是“绝对理念”。理性的另一个代名词就是适应资产阶级需要的上帝，理性主义同时意味着要维护适应资产阶级需要的、西方的基督教文化传统。因此，非理性主义对传统资产阶级文化的否定，就是对理性与上帝的否定。法国哲学家柏格森的生命哲学与奥地利西格蒙特。弗洛伊德的精神分析学都具备强烈的反理论倾向。在这一时期，非理性主义思想的进行突出表现在哲学与文学艺术上。

而现代主义文学艺术流派以一种特别活跃的姿态，搭配非理性主义思潮对西方的文化传统与社会现实进行了不同侧面与不同形式的批判。相比较来说，有些流派（如表现主义文学）不仅在思想内容上堪称深切，并且在政治上的表现也比较积极。而有些流派（如未来主义与达达主义）都比较消极，他们通常采用一种历史虚无主义的态度，否定一切既有的文化，或者片面歌颂某种力量，因此他们的艺术成就与社会意义也便很有限了。

二、现代西方文化的强盛时期

两次世界大战时期，是现代主义文化进行的强盛时期。第一次世界大战与俄国十月革命的胜利，更改了世界历史的进程，也对文化产生了巨大的影响。20 世纪初的非理性主义思潮与现代主义文化倾向，在残酷的战争中得到印证，传统文化进一步遭到严重的打击，使现代主义文化有了更广泛的群众基础而很快地强盛起来。过去，人们总是相信这个世界上存在绝对的真理，这就是上帝与理性主义哲学。第一次世界大战后，西方人的思想倾向发生了巨大变化。然而，第一次世界大战证明了上帝与理性的不可靠性，在战争最激烈的时候，上帝并没有伸出双手帮助过谁。于是，大多数西方人都开始怀疑他们始终如一信奉的文化传统，一部分人进而否定这一文化传统。

在这类形势下，人们一方面在他们对原来的绝对主义信念产生动摇的同时，开始倾向于相对主义；另一方面，接受了非理性主义的思想，从而使早期的非理性主义哲学家的声誉抵达巅峰，非理性主义的思想学说得到广泛传播。在他们眼中，绝对的东西是不存在的，一切都是暂时的、偶然的与变动不居的，因此人们常常觉得无法主宰自己的命运，看不到自己的前途，普遍产生了及时行乐的心理。人们在对西方传统文化的批判、揭露、叛逆的同时，对现代社会文化的进行又有在迷惘、悲观与盲目的思想状态。这突出表现在20世纪20年代中期，随着西方经济相对稳定时期的诞生，西方享乐主义思潮兴起。这类思想状态反映在文学艺术上，使这一时期现代主义文学艺术形成了第一次热潮。后期象征主义文学、超现实主义、意识流小说、“迷惘的一代”一类文学与现代实用美术，构造了这一热潮的内容。

因为现代主义的文化原则此时已在西方基本建立，现代主义得到了广泛的群众基础。因此，这一时期的文学艺术与确立期相比，其艺术内涵与表现手法都更为成熟，某些流派的社会批判精神也更为深切。如后期象征主义诗人T. S. 艾略特在20世纪20年代初就把全部资本主义世界描绘成一片荒原；而以海明威为代表的“迷惘的一代”文学，则更为深切地说明了第一次世界大战给西方世界带来的极大创伤。从20年代末起，资本主义世界陷入了严重的经济危机与政治危机，法西斯主义猖獗一时，很多现代主义艺术家都表达了进步与革命的倾向，他们奋起反抗法西斯主义，产生了很大的影响。两次世界大战时期，现代主义开始影响到人民的文化生活。如现代主义的著名艺术家毕加索、阿拉贡、艾吕雅、洛尔迦、海明威与卓别林等，都是反法西斯阵营中的坚定战士。

在大众文化领域中，出现了富有影响力的娱乐形式，爵士音乐就是这一娱乐形式的代表。除此之外，两次世界大战时期，科学技术的进行直接地推动了文化传播工具的进步。20世纪20年代，无线电广播事业在欧洲国家的很快发展与有声电影的诞生，30年代电视的出现，这不仅大大地推动了人民文化生活的繁荣，而且使现代主义文化具备通俗化的特征。

三、现代西方文化的多元发展时期

第二次世界大战后，西方文化进入了多元化时期。自从“第二次世界大战”之后，西方社会对近代工业文明及其产生的负面效应进行较为全面地思考与回答，对自从文艺复兴特别是启蒙运动以来所标榜与追求的以人道主义与理性主义为首要特征的主流文化进行反思，对“人性”与“理性”的认知与膜拜已大相径庭。在沉痛自省与大胆探索之中，西方文化出现了较大的演变与进行：战后初期到20世纪50年代，西方文化以悲观主义为主。在欧洲，人们见证着战争遗留下来的一片废墟，全都感到惘然与失望。战争推进了科学技术的进行，但现代科学技术进行的背后，人们见到了战争的狰狞的面目；现代科技不光为人类制造了幸福，也给人类带来了难以愈合的创伤。原子弹残酷的破坏能力与核战争的威胁，深深地触动了人们的灵魂，使悲观主义文化形成了热潮。

在哲学上，存在主义代表了人们的这类失望与悲观思想，以萨特为代表的存在主义明确地指出了人在社会中的可悲地位，指出了资本主义社会的荒诞性，在人们心中引发了共鸣，表达了西方文化界对资本主义文化传统与社会现实的尖锐批判。在战争的影响下，悲观主义文化在欧洲进行的同时，宗教主义文化也有所回潮。文化中最活跃的成分文学艺术从各方面表达了这一思想状态。战后初期的存在主义文学艺术，都不同程度地反映了这一文化特点，英国的愤怒的青年文学，法国与其他各国的荒诞派戏剧。战后，在西欧的文化生活与经济生活出现萧条的时候，人们对宗教的迷信也在增强，“祈求上帝保佑这个混乱不堪的世界”的心理十分普遍。因此，这一时期新托马斯主义与人格主义这两种宗教哲学产生了广泛影响。而在美国，因为战争对其经济的影响不大，所以战后初期的文化生活相对繁荣。

美国人没有欧洲人那种失望与悲观。相反，享乐主义仍十分盛行。而且，随着战后美国在资本主义世界霸主地位的确立，美国文化开始向欧洲渗入。战后初期的欧洲，人们几乎每个时刻都能感受到美国的文化入侵。人们观看的是好莱坞的电影，听的是来自美国的爵士乐与摇滚乐，玩的是美国流行的网球与保龄球。20世纪60年代，人们在较为全面地反思工业文明带来的负面效应之后，产生了一种称为后现代主义的文化形式，它源自现代主义但又反叛现代主义的思潮。后现代主义首要表现为“自我解构主义”的后现代主义与“参与的后现代主义”。前者觉得，一切现象都处在解构的过程与状态之中，没有固定的构造，散乱无序，事物只有不确定性与无确定性；后者觉得，思想文化的变化与进行不是彻底虚无主义的零点演变，而是各类思想文化因素相互渗透、更新与综合的一个复杂过程。它既反对否定一切的虚无主义，也反对模式单一的、绝对的一元论。

从20世纪50年代末开始，文学艺术中的现代主义就开始以一种无可奈何的态度来表现自己，美国“垮掉的一代”文学、黑色幽默文学及大众文化中的摇滚音乐都反映了这类消极态度。造成这类消极态度的原因，一方面是因为60年代西方社会经济逐步恢复，资产阶级再一次加紧统治，出现了很多新的社会问题；另一方面是因为国际共产主义运动中教条主义盛行，尤其是某些社会主义国度推行霸权政策，对西方文化界产生不良的影响。受流行思潮的影响，西方社会出现了消极、叛逆的“反文化”现象。从60年代开始，这类消极态度发展到叛逆的“反文化”阶段。“反文化”是一种特殊的文化形态，它是对一切文化的否定，现实上是一种虚无主义态度，觉得没有一种思想可以信仰，没有一种传统可以制约行动，也没有一种艺术可以给人享受。

因此，“反文化”在思想上的体现就是，追求生活本身的意义，否定思想的意义；在艺术上的体现就是破坏一切传统艺术形式与审美标准；在行动上的体现就是吸毒、群居与“性解放”。尤其是青少年，这类叛逆行为表现得更为突出。20世纪60年代在美国青年中兴起“嬉皮士”运动。这一运动开始源于大学，大学生们在校园中大造其反，之后又影响到社会上的青少年，并很快蔓延到欧洲，欧洲各国出现了很多“嬉皮士”的群居村。他们衣着离奇古怪，喜欢造反，追求享乐与刺激，宣传爱情至上论。“嬉皮士”运动的进行，既反映了西方社会的现实问题，也使它逐渐走向衰落，对现代主义文化产生了不良影响。70年代以后，西方文化出现了新的变化。在这些前提下，西方资产阶级的新保守势力逐渐抬头。70年代资本主义经济历经自身的调节，得到了全面恢复与进行，资本主义社会得到了相对稳定。西方传统文化逐渐占主流，新的理性主义哲学与属于方法论的构造主义在70年代流行一时；欧美文学中传统的内容占了主流，美术中代表有阶级审美趣味的新浪漫主义成为中心。

在价值观念上，功利主义盛行，人们关心的只是个人的利益与前途。在这类形势下，“反文化”与“嬉皮士”运动逐渐丧失了社会基础。与嬉皮士相对立，20世纪70年代后期欧美各国出现了一批追求个人财富与前途的资产阶级青年，被称为“雅皮士”或“优皮士”。他们通常受过良好的教育，又有一份令人羡慕的工作，待人彬彬有礼，还热爱体育运动。

四、西方计算机网络文化的主要特点

现如今对网络文化还没有统一的定义。我们觉得，对网络文化可以作如下表述：网络文化是以互联网、通信技术为载体，以文化信息内容为中心，在网络构成的、开放的真实虚拟空间里实现文化信息的制造与传播，从而影响现实社会的一种文化形式。计算机网络文化具备以下首要特点：

其一是真实虚拟性。与以往出现的虚拟文化不同，如今的网络文化是一种真实的虚拟文化。一开始，从计算机网络作为媒体所发挥的作用来看，网络空间是一种真实虚拟空间。以美国总人口3.07亿人计算，网民占71%以上。依据互联网调查公司Nielsen Online的统计数据，截至2007年12月，美国网民人数为2.19亿。这与美国互联网科研机构Pew Intemet & American Life Project调查表明美国的互联网普及程度在71%左右相一致。

另一项调查表明，在网民中，成年人占73%，即1.47亿人，在这30岁以下的成年人中，上网的比例抵达了88%，65岁及65岁以上的人群中只有32%上网。这表明在网民乃至整个美国社会中，现代社会生活的方方面面不可避免地与互联网相关联，自觉或不自觉地认同这类新型的空间。工作的工具与学习的工具越来越合而为一，很多网民早已将上网当成生活与工作不可或缺的一部分，网络变为个人与他人沟通的媒介，学习、工作、表达消费意向与制造价值的空间，这是其一。其二，以计算机网络为代表的信息技术，不仅是现代化的物质准备，而且被当成一种催生新的人文机制或价值系统的媒介。

依靠它，人们既可以获取信息，同时还可以发布与传播信息。而多媒体的出现，使得网络沟通的领域从家庭延伸到工作。从学校到医院，从娱乐到旅行，逐渐扩展到整个生活。个人与组织都可以在任何地点、任何时间进行交互活动。所以，网络的虚拟在相当程度上是现实生活的再现与延伸。在真实虚拟空间里，网民是互动的主体，并不是被动的客体。如2000年5月，美国各持不同意见者在《今日美国报》的电子网站上对美国国会众议院就依靠中国永久性正常贸易法案展开辩论，赞成者与反对者之间的争论非常激烈。辩论者的价值判断与价值取向真实地展现在观众的面前。网络空间的所谓虚拟看来并不虚。辩论最终对美国决策者有何影响是很难作出量化性判断，但该电子网站物理空间的辩论内容与形式对社会产生的影响是直接可见且深切的。

然后，从虚拟社群的特点来看，网络的虚拟空间既是特殊空间，也是现实的再现或延伸。2001 年，有学者在英格兰对首要护理从业人员进行调查，有的人使用互联网，其中 54% 的人觉得互联网的使用对其相关工作是“有用的”或“非常有用的”。有学者曾经对美国互联网民的上网目的做了调查，其中依靠互联网进行人际交往的居于首位，占 18. 1%，上网寻求信息等的占 8. 3%，娱乐的占 4. 2%。打发时间的占 7. 5%，便利性的占 6. 2%，依靠人际交往形成新的虚拟社群，活跃在网络空间，这早已是一种常见的现象。在各类在线俱乐部里，专门为虚拟社群设置了张贴图片、聊天室、影音文件、讨论区、访客留言板与公布栏等，为人们表达情感与开展活动提供了最大的可能。在公共讨论区之外也保留会员专区，以便会员使用自己的浏览器进行远程管理。虚拟社群成员间的相互信任、沟通互动中感情的投入与相对稳定的群体关系的维系等，使他们感受到网络上的人际关系与现实社会中人与人的关系具备相似之处，具备维护与进行的价值，从而使虚拟社群中的凝聚力得到增强，使个人对群体有了归属感。在虚拟社群无疑存在着持不同的意见者，甚至欺诈蒙骗者，但现实社会的社群又何尝不是这样呢?

美国加州大学洛杉矶分校的互联网报告指明，大约 1/4 的网络用户在网上认知了新朋友（平均每人都认知了新朋友），高达 12% 的使用者在脱机时依然保持关系（平均每人有 5. 6 个新关系）。另有学者统计，超过 10% 的网络用户与网上的新朋友有着私人会面，85% 的人称他们与网上朋友的下线交往带给他们积极的体验。由此看来，网络空间是介于虚拟与现实之间的特殊性空间，是一种多维度的、人造或“虚拟”的真实。依靠互联网支持的虚拟资源，与其他资源一起融入人们的社会生活。因此，在某些情况下，这超越了现实生活与虚拟生活的界限。虚拟社会生活为个人的现实生活提供了更广阔的空间，而不是现实生活的替代。

其二是开放性。在进入现代社会之后，世界经济、政治与文化逐渐互相结成一个世界性体系。网络文化的开放性是世界经济全球化的必然结果。计算机网络技术在推动世界性体系形成的过程中起到了推波助澜的作用。网络技术的开放性、无中心与共享性成为网络文化开放性的支撑与保障。人们依靠网络进行交往，改变了传统的思维方式，培育了开放意识、自主意识、公平意识与创新意识。

在新的思想意识指导下，突破了传统的、狭隘的种族、民族、国度与宗教的观念，人们对现代社会的价值认同有了前所未有的变化，求同存异，认同不同文化的合理存在。借助计算机网络技术，人们打破了各国文化上的保守、封闭与文化强国的文化垄断，推动了相互交流与吸收，促进更为丰富多彩的各国文化展现在世人眼前，世界文化的内涵在广度与深度方面大为扩展。但是，“当一个国家输出科学与技术的时候，不可避免地会在其行囊中塞进它的特殊的生活观念。现代通信手段的能力使接受国对此防不胜防，慢慢的，它们不仅会接受做人的方式，而且也会不知不觉地接受行动方式，而这些方式是与确定文化独立的民族人格的传统不相容的。”

美国卡内基梅隆大学的一个专家小组，用 18 个月的时间调查了网上 92 万条信息、图片与影片，结果发现其中有 84% 带有色情内容，而且公告牌存储的数据图像有 45% 含有污秽内容。美国众议员詹姆・C・格林伍德在网上很无奈地写道：互联网为人们提供电子护照，方便大家“游览”与搜索地球，有助于我们开阔视野。作为一对幼女的父亲，我对互联网上日益增多的色情读物忧心如焚。我可以在家庭计算机中屏蔽黄色站点，但邻居家、学校里、公共图书馆里的计算机我却鞭长莫及，面对失控的互联网系统，父母设置的篱笆与封闭软件很难切断孩子与色情读物的联系。但专家说，这些高科技的“红灯区”只顾发大财，却把社会上最易受伤害与最敏感的群体——我们的儿童当做牺牲品。互联网上传播淫秽资料且允许孩子进入的网点超过 6 万个。

其三是互动与共享性。在网络空间的多维度里，的确存在大批的网民采用虚拟的身份、投入虚拟的情感等情况，但也有很多网民使用真名，表达真意。

人们选择这类实用文化，其原因是无论你用何种身份上网，进行互动的双方或多方都是平等与民主的。与报纸、广播、电视等传播媒体相比。基于个人计算机的网络更富有民主性。无论是用虚拟身份的网民还是真人真名的上网者，网民的复杂性正说明了网络是一种实用文化。在网络中，网民不仅是信息资源的消费者，而且是信息资源的生产者与提供者。人们的信息获取方式由传统的被动接受式，转化为主动参与与交流互动式。交流互动的过程就是共享的过程，就是互相作用、互相影响的过程。如 20 世纪 90 年代林纳斯・托瓦尔兹（Linus Torvalds）设计的林纳克斯（Linux）软件，怎样在优尼斯（Unix）网络运用软件上进行讨论。数以千计的使用者提出了改进的意见，使该软件更加完美，最终使用户变为免费使用者。互联网的使用者也是生产者。既提供了内容，也塑造了网络。这可以看成是现实与虚拟成功结合的一个案例。

其四是多元性。从世界文化发展史总来看，新产生的主流文化必然优越于以前的各类文化形式。依据现如今网络文化的进行现状，还很难对其是否为主流文化作出令人信服的判断，但是与农耕文化的相对狭隘性、工业文化的进攻与侵略性相比较，网络文化具备无可比拟的巨大包容性。这类包容性，一开始体现在准入网络文化门槛的技术要求与文化素质的要求并不高。而包容性恰恰是新的、先进文化本身必备的优良品质。包容性是文化多元性的前提、必备条件与推动力量。虽然，计算机网络的发明也在知识密集的普通高校，网络技术由科学技术人员与学者创制出来，但是，发明制造者开放的思想意识渗透在网络技术进行的全过程，与当今世界的开放思潮相一致。其客观结果是，因为网络技术的不断进行，不仅熟悉计算机网络技术的人与受过系统教育的人具备上网的技能，而且普通大众也同样可以漫游网络空间。

互联网的普遍性与使用的便捷性消除了普通大众对新电子设备所产生的技术性害怕与敬畏心理，以平常之心与平等的姿态进入网络空间。以不贵的接入价格、较好的服务质量与多样的应用进一步刺激了普通大众的消费欲望，从而使网络文化深深地打上了大众文化的烙印。其次是高雅文化与草根文化共存与互补。一方面，高雅文化急需借助网络技术来展现与进行自己；另一方面，网络技术的普及与充当新媒介产生的强大冲击力使“高雅文化”不得不放下“身段”，运用网络空间亲近普通大众，从中得到呈现与发展的新机遇。“后现代主义带有游戏性质。与其他先前的文化相比，它们化解了高雅与通俗文化等的界线”。再次是自主性与个性化。网络技术使超时空交流、匿名表达更为方便，从而使现实社会中的人们可以将深藏于心底而一般很少显之于外的思想与情感甚至信仰充分的表达与展现出来，体现自主，彰显个性。

最终是多元、多层性。个性通常以批判理性为指导，在开放的网络语境之中，理性的批判者通常注意在吮吸对方精华的同时，认知彼此的区别，为自己、也为对方保留一方天地。在网络世界中，文化信息的生产、表达及需求，消费主体等均呈现多元多层性。这既表现为文化内涵与品种类别的丰富性，也表现为网络空间文化内容上的高雅与低俗、理性与盲目、先进与落后、科学与愚昧等杂陈，表现为网络行为所张扬的平等、自由、民主等文化精神与所可能滋育的虚幻感、游戏感、责任意识淡化等弊性共存。由此而产生的网络病毒、网络暴力、“黑客”攻击、网络欺诈、黄色站点、网瘾、以及运用网络进行价值观念、意识形态的渗透等都是网络技术“双刃性”在不同领域的表现。有研究文化的学者便指出：“文化不仅是我们赖以生存的事物，同时大半也是我们为之而活的事物。”

这层亲密的关系不仅可能会变成病态，同时也可能走火入魔。然而，文化也可能与我们太过紧密而使人感到不适。但是，我们应该清醒地认识到，任何一种科学技术的影响是因人而异、因社会制度而异、因信仰而异的。西方计算机网络文化的主要特点，构成了西方 20—21 世纪初期文化特点的一个部分；但是，就整体性而言，我们可以将这一阶段的西方文化的突出特点概括为以下几个首要方面：第一，是对资产阶级的理性与上帝的否定，对资产阶级文化传统的否定，也就是它的非理性主义。在现代资产阶级的统治下，很多艺术家运用新颖离奇的形式去迎合资本主义高度的商业化，或用隐晦曲折、扑朔迷离的形式来表达他们对现实的批判。第二，现代主义文化的表现形式，在文学艺术中是极大的形式主义，而在群众生活中则是极大的通俗化与大众化。在群众生活中，现代主义文化拥有大众文化工具，如电影、电视、流行音乐与舞蹈等，使文化极为通俗与普及。第三，现代主义文化的社会意义与社会发展阶段有非常紧密的关联。

尤其是现代主义文学艺术，通常只在资产阶级统治发生危机的时候，表现出强大的战斗力，它的社会批判精神与社会意义也比较积极与进步；反之，在资本主义社会暂时稳定与繁荣的时期，现代主义文化就相对消极，社会意义贫乏，而形式主义泛滥。

第四节　现代西方文化的特点和思潮

现代西方文化以现代科学技术为首要基础，主要有以下突出特征：

第一，关注人的现实生活，检讨与反思理性。

自西方第一次工业革命以来，科学理性变为主导西方日常生活的基本价值尺度。理性不仅变为认知事物真假的标准，而且也变为社会与人的进步的希望所在。但是科学理性精神对社会生活的影响是双重的：一方面，科学理性的批判与制造精神激发了人的制造性，去争取生存与制造的自由鼓励人们冲破宗教迷信的束缚；另一方面，科学主义以及与之相关的技术理性，使人们在摆脱上帝的奴役之后又再一次沦为科学技术的奴隶，使科学打破了宗教迷信，却又代之以自己的科学迷信。所以20世纪以来科学技术给人类造成的切身危害，使人们对科学理性的检讨与反思抵达了一个新的高度。20世纪科学技术对人类生存与进行的否定因素，使人感到理性的非至上性，人们越来越感受到，人类的文明活动不可以被完全视为一种纯理性的知识文化现象，科学理性不应向反人类的方向发展，要建立一种富有人文主义精神的、有利于人的全面进行的、新的理性意识。

第二，文化观念从一元模式向多元模式过渡。

在相当长的时期内，随着“科学理性”神话的破灭，西方民族与很多非西方民族的精英人物，都相信西方文化是其他文化前进的方向，表达出对西方文化“一元”的追求与崇尚。很多西方人与非西方人开始转变自己的思路。相对主义文化观念在全世界得到了广泛地认同，这在客观上也有助于多元文化模式的生成。第一次世界大战使西方文化代表人类文化楷模的神话出现了巨大的裂痕，第二次世界大战更是将它推到破产边缘。在人类信息一体化的时代，客观上助长了人们的平等意识，更带来了文化接受上的机会均等性。

第三，现代文化趋向于大众化并渗透到人们的日常生活。

20世纪，随着现代工业的进行，“文化工业”应运而生。大众文化的兴盛体现了商品经济社会中大众百姓的一种日常文化消费方式，表现出了关注世俗人生的文化品性。

西方社会大众文化的兴起与社会的历史发展是同步的，它是以商品化经济进行为背景，以都市大众为消费对象，来满足人们感性需求的娱乐性文化。很多艺术家用晦涩曲折、扑朔迷离的形式来表达对现实的批判，或用新颖离奇的形式去迎合高度的商业化。现代文化出现了明显的亚文化倾向，打破了精英文化与大众文化的边界，有的甚至以大众化的流行歌曲、影视、广告等文化消费品的形式出现，从而形成文化的多元格局。20 世纪上半叶的现代主义思潮以及第二次世界大战后的后现代主义思潮。即以非理性主义为中心价值观的现代西方文化按时间先后可以分为两个阶段。

现代工业的兴起，涌现出一批中产阶级，人与人之间的关系越来越疏远、冷漠，使社会变成了一种异己的力量，作为个体的人感到无比的孤独。随着第三次科技革命的进行以及信息社会的来临，以计算机为代表的高新技术越来越多地渗入文学艺术领域，从而给艺术品的创作与欣赏过程带来深切变革。严格地说，现代主义不是一个什么流派，而是由很多具备现代主义创作手法派别汇成的一股文艺思潮（包括文学、美术、音乐与建筑等）。这类思潮的产生有其历史与地域因素。两次世界大战时期，人类历史上出现了用人类发明的枪支弹药屠杀自己的同类，西方所谓的“自由、平等、博爱”的观念被战争蹂躏得体无完肤，西方文化陷入了深深的危机之中，导致人们对西方传统理性主义的怀疑与信仰危机，现代主义就是在这样的条件下诞生的。现代主义的派别很多，如表现主义、未来主义、象征主义、印象派、意识流、黑色幽默、存在主义等。叔本华的唯意志论、尼采的权力意志论、亨利·柏格森的生命哲学、西格蒙德·弗洛伊德的潜意识学说以及马丁·海德格尔、让·保罗·萨特的存在主义哲学等非理性思潮在西方广泛传播。

“后现代主义”一词早在20 世纪30 年代就已出现，最初用来指一种现代主义文学内部的逆动。随着第三次产业革命的进行与信息社会的来临而出现在西方各国的一股文化潮流，反叛启蒙时代以来的现代性原则，否定一切权威，崇尚自由与多元文化的社会心理，它反映了当代西方人在丧失信仰与放弃绝对价值观后，后现代主义进行变为一种蔓延整个西方世界的广泛文化思潮，涉及哲学、文学艺术、语言学、历史学、社会学、伦理学、政治学、经济学、生态学、建筑学、大众传播学等几乎全部文化领域。1979 年，法国哲学家让·弗朗索瓦·利欧塔出版了《后现代知识状况》一书，将后现代主义概念正式引入哲学领域，用来指称一种“对现代性的元叙述进行解构”的哲学倾向。解构性的后现代主义的主要代表人物当推法国哲学家米歇尔·福科（1926—1984）与雅克·德里达（1930—2004）。

总之，像后现代主义这类如此彻底的文化反传统潮流在当代西方出现是耐人寻味的，它一方面反映出核战争的威胁与环境破坏的全球性危机所引发的对现代性的批判反思；另一方面也反映了生存于金钱与权力圈外的知识分子反抗现代社会权力无孔不入的管制、要求更加平等的社会与文化权利的民主意识、进一步深入后现代主义者对其所反对的现代主义学说进行了无情地解构与破坏，因而他们的种种倾向可以归类为解构性的或破坏性的后现代主义，但是他们自己却拒绝将他们的立场看作相对主义、怀疑主义或虚无主义。再者，现代西方文化的成就20世纪西方科学进行日新月异，技术发明层出不穷，和在平进行中交织着战争与动乱，这些都使得20世纪的西方文化现象丰富多彩，各类各样的主义、学说、流派纷至沓来，令人目不暇接，得到了极大的成就。

在现代西方哲学中，科学主义与人本主义是两种影响最大的思潮。科学主义哲学首要探索科学的本质、科学的逻辑构造等有关科学认知论与科学方法论方面的基本问题。20世纪初，科学主义哲学主要派别有以罗素为代表的分析哲学与以摩里兹·石里克创立的“维也纳学派”为中心、代表人物有石里克（1882—1936）与鲁道夫·卡尔纳普（1891—1970）等的逻辑实证主义（或逻辑经验主义）。人本主义哲学是指从人的本身出发，研究人的本质以及人与自然的关系，带有非理性色彩。人本主义汇集表现为存在主义与精神分析学的流行。存在主义产生于20世纪20年代，在20世纪50—60年代非常流行，首要代表人物是德国的海德格尔（1889—1976）与法国的萨特（1905—1980）。在经济学领域，20世纪30年代发生了从经济自由主义转向国度干涉主义的“凯恩斯革命”。

20世纪60年代后期以来，资本主义各国通货膨胀与失业同时并存，由此引发了对凯恩斯经济学的补充、进行与修正的趋势，代表人物就是英国经济学家J. M. 凯恩斯。凯恩斯（1883—1946）的宏观经济学理论对于资本主义世界缓解经济危机、推动第二次世界大战后数十年间的经济增长发挥了重大作用。50年代以后，美国兴起以米尔顿·弗里德曼为代表（1912—2006）的货币学派，再一次转向了经济自由主义。形成了以英国新剑桥学派与美国新古典综合派为代表的现代凯恩斯主义。另外，还有约瑟夫·熊彼特（1883—1960）的创新理论、W. W. 罗斯托（1916—V）的经济成长阶段论，以及主张混合经济、福利国度与民主社会主义的瑞典学派，鼓吹改良主义的新制度学派与属于新左派的激进经济学派等。现代文学领域也是各类思潮纷呈。20世纪之初，英国的萧伯纳（1856—1950），法国的罗曼·罗兰

(1866—1944)，美国的马克·吐温（1835—1910）、西奥多·德莱塞（1871—1945）等老一辈现实主义作家的作品仍然影响巨大。

20 世纪前期在西方文坛影响较大的现代主义文学流派有象征主义、表现主义、未来主义、超现实主义、意识流小说与存在主义等。象征主义出现于 19 世纪中后期，在 20 世纪 20 年代抵达热潮，首要作家有英国的 T. S. 艾略特（1888—1965）、法国诗人保尔·瓦雷里（1871—1945）等。表现主义出现于 20 世纪初至 30 年代，起源于德国，主张文学不应再现客观现实，而应表现人的主观精神与内在激情，首要代表有奥地利作家弗兰茨·卡夫卡（1883—1924）。超现实主义兴起于 20 世纪 20 年代的法国，它由达达主义进行而来，觉得文学不是再现现实，而是要表现“超现实”，首要作家有安德列阿拉贡（1897—1982）、布勒东（1896—1966）、路易·保尔·艾吕雅（1895—1952）。意识流小说兴起于 20 世纪 20 年代，认为文学应表现人物的意识流动，尤其是表现潜意识的活动，代表作家是爱尔兰的詹姆斯·乔伊斯（1882—1941）、法国的马塞尔。

存在主义文学形成于 20 世纪 30 年代的法国，其鼎盛期在 20 世纪 40—50 年代，它是以文学的形式宣传存在主义哲学思想，普鲁斯特（1871—1922）与美国的威廉·福克纳（1897—1962）。“荒谬”与“痛苦”是存在主义文学的基本主题，加缪（1913—1960）的小说《局外人》、《鼠疫》可谓是存在主义文学的奠基之作。二战后在西方文坛影响较大的后现代主义文学流派有荒诞派戏剧、新小说派、垮掉的一代与黑色幽默小说等。20 世纪西方史学界出现了很多新的流派与新的观点，首要有文化形态学派、年鉴学派、分析的历史哲学以及新史学的出现。文化形态学又称为文化形态观、历史形态学，它试图依靠比较多种文化的兴衰过程，揭示其不同的特点，分析、解释人类历史的进行过程。

其首倡者是德国的文化史学家斯宾格勒（1880—1936）与英国文化史学家 A. J. 汤因比（1889—1975）。分析、批判的历史哲学是在对 19 世纪的实证主义严格的审视与毫不留情地批判的基础上诞生的。在现代西方史学界颇有影响的年鉴学派，第一代的代表人物有吕西安。费弗尔（1878—1956）、马克·布洛赫（1886—1944），主张扩大史学的研究范围，提倡“全面的历史，打通史学与社会科学的隔阂，采用多种研究方法。其先驱者是意大利历史哲学家贝奈德·克罗齐（1866—1952）与英国历史哲学家 R. G. 柯林伍德（1889—1943），他们的代表作分别为《历史学的理论与实际》。第二代著名的年鉴史学家费尔南·布罗代尔（1902—1985），提及“三时段”理论。二战后，当代西方“新史学”（又称社会科学史学）兴起，西方史学发生了重大的概念变化，史学钻研方法亦有改进。

除年鉴学派外，各类史学流派中还有社会史派、心理史派、精神史学、计量史学、大众史学、比较史学、新经济史、构造主义史学、新社会史（包括人口史、家庭史、妇女史、社区史）、历史人类学等，这些史学流派与旧的传统史学差距甚大，故统称为“新史学”。在绘画、雕塑与建筑等艺术领域，西方文化也经历了从现代主义到后现代主义的转变。从 19 世纪末的后印象派开端，新时代的艺术家们不再满足于再现自然的写实艺术，转而发展美术在表现艺术家的主观感受与制造艺术美方面的功能。在美学思想与艺术实践的这一变革的过程中，西方的艺术家们也再一次评价并吸收借鉴了东方艺术强调表现的特色，进而开创了野兽派、立体主义、表现主义、未来主义、达达主义、超现实主义与抽象主义等属于现代主义的众多艺术流派。

现代主义的显著特征在于追求艺术的表现性、象征性与抽象性，摒弃写实性，强调艺术家的自我、个性与主观世界，倡导脱离现实与大众的精英艺术，后现代主义则再一次提倡回到物体，打破艺术与生活之间的界限，以大众可以接受的通俗易懂的艺术形象描绘现实世界，声称人们的日常生活环樟即是最广阔的画廊，“生活与行动本身就是艺术”。20 世纪 50 年代中期以后，随着第三次产业革命的进行与信息社会的来临，异军突起的后现代主义艺术取代了现代主义艺术，逐步变为西方艺坛的主流。同一时期，后现代主义主张放弃自我中心主义，最大限度地消解作者的个性与主观感情，对外在世界采用一种冷漠的客观态度。

第十二章

现代西方社会科学理论

19 世纪末至 20 世纪上半期，由于世界风云变化，帝国主义引起的两次世界大战浩劫，西方资本主义社会的经济危机以及因此而引发的、人们的生活方式的改变，这些促使西方学者纷纷从理论的方向对社会现实作出解释，寻找出路，对未来作出预测。因此，在西方文化的发展史上，社会科学理论层出不穷，学术流派众多是这一时期的重要特征。哲学领域的实用主义、存在主义，经济学领域的凯恩斯主义等对当时甚至现在都产生了无法估测的影响及意义。

第一节　现代西方哲学

由于哲学是人类对自然知识以及社会知识的梗概，因此，它的发展一定会受到社会历史条件和自然科学发展的影响与制约。首先战争对西方哲学的发展产生影响，两次世界大战带给人类的创伤是相当大的，它不仅使许多西方国家的物质文明和精神文明受到前所未有的打击，而且也使资本主义社会的缺点和问题暴露无遗。资本主义社会开始受到一些哲学家的批判和揭露。那些哲学家虽然表现出对现实的不满，但又处于徘徊惆怅，无法找到出路的精神状态之中。在经历了大战及战后重重灾难的广大人民群众，包括中小资产阶级及知识分子，深切地体会他们先前所尊崇的自由、民主甚至是生存权利都受到了严重的威胁，因此使他们对资本主义自然合理的信念开始摇摆，悲观情绪也由此而生。例如，形成于20世纪20年代的存在主义流派，在某种程度上反对资产阶级传统的理性哲学，试图用人本主义对资本主义社会中的异化现象作出解释，这在某种程度上揭露了资本主义社会的危机和矛盾，但是在另一方面它又反对马克思主义哲学，认为哲学本来不应该是世界观和方法论，而应该是人文学，应该立足于人，并且对于人的存在、人的价值、人的自由、人存在的情态（恐惧、忧愁、烦心、危险和死亡）作出相应的回答。这实际上是将人的主观性看作是任何存在的出发点，从根本上对客观的物质世界作出了否定。

现代西方哲学的发展还受到自然科学发展的影响。在20世纪之后，自然科学的分化速度加快，科学的分工越来越精确。但迅速分化的各个科学并不是单独地存在，而是作为一座科学大厦中的一个有机部分而存在。因此，科学的分化在本质上就是综合趋势的一种表现形式。现代科学的这种高度分化与高度综合的相互统一，导致出现了现代科学发展的整体化趋势——即种类繁多的各门科学逐渐相互渗透、紧密联系在一起，形成了一致的、完整的科学体系。现代重要的科学技术问题、社会问题都具有高度综合的特征，必须利用多学科的知识和技术手段才能处理。各门科学的共同语言、概念和方法正在形成中，一些边缘性学科、综合性学科、横断性学科正在出现中。西方哲学的发展在这种既分化又综合的趋势下受到深刻的影响。

现代西方哲学中出现了数量繁多的流派，比如英美的新黑格尔主义、美国的实用主义、法国的生命哲学、英国的逻辑实证主义、德国的存在主义等。虽然现代西方哲学的流派各种各样，但各派之间相互渗透、相互融合的趋势却在增强。例如，逻辑实证主义与实用主义的汇流、存在主义与新黑格尔主义的相互融合。有些存在主义者企图将自己的反理性主义倾向冲淡，在一定程度上靠近逻辑分析哲学。总而言之，各个流派的分界已经越来越模糊不清。

可以将现代西方哲学的发展大体分为三个发展阶段：第一阶段是19世纪末到20世纪初，这是资本主义向帝国主义阶段的转变，资本主义政治经济发展不平衡的加剧及帝国主义的争霸致使第一次世界大战的爆发。当时，自然科学的发展也到达了一个新的阶段。

从X射线的发现一直到爱因斯坦的相对论提出，面对自然科学出现百花争鸣的局势，西方哲学也随之出现了许多新的流派。例如，德、法出现的生命哲学，它表现出强烈的反理性倾向，宣扬以理性来代替非理性的、神秘的内心体验和直觉。这种反理性主义恰好与帝国主义政策的需要相迎合，受到统治阶级的欢迎，并对以后的反理性哲学产生了较大的影响。而19世纪末起源于美国的实用主义，它以主观唯心主义的经验主义和反理性主义的混杂为特征，是帝国主义时代资产阶级唯利是图的世界观的理论表现。所以，在它产生之后得到了美国垄断资产阶级的赞美与赏识，他们将它作为思想和行动的理论根据，使它在美国成为长期占主导地位的哲学。除此之外，在19世纪末20世纪初英、美出现的新黑格尔主义和新实在主义及20世纪初在德国出现的现象学派等，在很大程度上都对现代西方哲学产生了影响。由于帝国主义所具有的各种各样的矛盾逐步加剧，因此各帝国主义国家面临着前所未有的、严重的经济和社会危机。

从1917年俄国十月革命后到20世纪50年代是第二阶段，这是两次世界大战之间以及战后刚过的时期。在这一阶段，以前产生的许多哲学流派继续流行，但是表现出一些新的特点。其主要表现为增加了更多科学和客观的色彩，将资本主义面临的各种社会政治矛盾和经济矛盾直接揭露，试图寻求解脱的办法。除此之外，一些新的流派诞生，主要有20世纪20年代产生于英国，然后在整个资本主义世界传遍的逻辑实证主义；20年代形成于德国，第二次世界大战期间在法国广为流传，二战后逐渐传播到美国及其他西方国家的存在主义；还包括罗马天主教会的官方哲学新托马斯主义，等等。从50年代后期至今天为止是第三阶段，在二战这一时期中受到严重经济创伤的西欧经济得到恢复，资本主义在发展中产生了一些新的、值得研究的问题。伴随着自然科学的飞跃发展，出现了许多新的学科以及各学科的交叉甚至综合，这时期西方哲学又陆续分化出种类繁多的各种流派。虽然它们都自命独创，但实际上各派又表现出明显的集合。

一、实用主义哲学

产生于19世纪末期美国的实用主义哲学，一直被认为是美国资产阶级思想方式的象征，美国资产阶级并以此作为行为的准则。美国前国务卿基辛格曾指出，实用是美国精神，而美国的领导就是实用主义型的领导集团。因此，实用主义在美国的政治、思想文化领域都产生了深刻的影响。实用主义之所以在美国能够占有如此重要的地位，是由美国资本主义发展的特点，尤其是美国从自由资本主义转化到垄断资本主义的特点所决定的。因为存在历史原因，美国的资本主义是在尚未遇到强大的封建势力妨碍的情形下，比较顺利地成长起来的，资产阶级如同是在毫无约束、毫无顾忌地从事商业投机和产业竞争，以此来扩张自己的范围。因此，他们非常渴望这种自由竞争，民主自由的口号喊得相当响亮，而在这些口号后边所隐藏资产阶级个人主义、利己主义也表现得最直接、最露骨。

为了实现个人的发展以及成功，他们把人与人之间的关系理解为买卖、契约和金钱关系。为了不致被击败就要战胜强者，就要竞争，就一定具备强烈的务实精神、拼命精神和创造精神。自然而然，努力竞争，为了获得成功，积极实干就成为美国社会的政治和思想文化的特征，而实用主义恰恰又是这种政治、思想文化的集中表现。作为一个后起的资本主义国家的美国，1860年它的工业产量在世界仅仅占第四位。由于资本迅速积累，托拉斯等垄断组织大量出现，在短短的几十年中，导致美国垄断资产阶级包括国内资本的增值以及国外的扩张都获得了巨大的成功。但南北战争后，美国资本主义快速壮大起来，到1894年，它的工业生产已提升到世界第一位。然而，美国垄断资产阶级并没有因此而满足，而是表现出对获取最大限度利润的贪心以及称霸世界的野心。为了达到这个目的，他们对内增加对劳动人民的剥削和压迫，对外加强和其他资本主义国家进行殖民掠夺的斗争。

与此同时，他们希望有一种理论，既能与自己不顾一切的行动相适应，又能为满足需要而不择手段的辩护。而强调“功利”、“效用”则是所有的实用主义理论，正好迎合了美国垄断资产阶级的需求，因此他们将这作为最热衷的哲学。实用主义的创始人是美国的哲学家查理·皮尔士（1839—1914），他在1877年和1878年发表了《信念的确定》和《怎样使我们的观点明确》两篇重要的文章。在这两篇文章中，他提出了实用主义的两个基本观点：第一，人们所相信的东西就是实在的东西，即实在性取决于人的主观信仰；第二，存在就是有用，一个概念是否清楚明白，是否有意义，取决于它能否引起实际效果，而所谓实际效果事实上就是对人的有用之处。因此，只要是有用的就是清楚明确的，就具有实在和真理的意义。这两篇文章不仅是皮尔士的代表作，也是美国实用主义最早的纲领性著作。

美国著名哲学家威廉·詹姆斯（1842—1910）是实用主义的真正奠基人。他在实用主义发展中的作用，就在于将皮尔士仅仅是抽象论述的实用主义原则发展为一个相对系统的理论体系，并用它来分析各种具体问题。1907年发表的《实用主义》和1912年发表的《彻底经验主义论文集》是他的代表作。他将皮尔士的实用主义原则发展为“有用就是真理”，并且认为在我们的日常生活中，只要是能帮助我们获得成功、得到满意效果和观念的就是真理。“你可以说它是有用的，因为它是真的，换言之，你也可以说它是真的，因为它是有用的。”在詹姆斯眼里，真理的最本质标志就是真理。詹姆斯围绕有用就是真理为主要内容，全面阐述了他的实用主义的各种观点，因此形成了相当系统的理论体系，即实用主义经验论，也叫作彻底的经验主义。这样的话，全世界就是一个经验的结构。这种理论首先是以所谓的多元宇宙观为基础的。

他认为世界上存在的任何事物都是相互独立，互不依赖，没有第一性和第二性的区别，它们之间既没有内在的关联，也不存在规律性，全世界就是这些分散的、单一事实的相互结合，而认识这个多元宇宙需要以彻底的经验主义为依靠，必须把世界上任何事物都看作经验，不仅仅是各种独立存在的事物、事实是经验，经验之间的结合和分离关系以及其他任何关系也都是经验，即任何实在的东西都是经验，然而所有的经验也都是实在。由于詹姆斯的彻底经验主义的主观唯心主义和唯意志主义表现得实在是太过透彻，在他提出这种理论后很快就受到各方面的指责。因此，实用主义者必须得对它做一些补充，这一任务由美国著名的哲学家约翰·杜威来完成。和詹姆斯作对比，约翰·杜威（1859—1952）的特点是尽最大的力量使实用主义更具有科学的色彩，借助科学的联系把实用主义推广到政治、教育、宗教等各个领域，从不同的方面为美国统治集团的内外政策作论证。他因此得到了美国垄断资产阶级的赞赏，被奉为“美国人民的意向导师”，“美国哲学界最杰出的人物”。

1920 年发表的《哲学的改造》和 1929 年发表的《经验与自然》是杜威主要的代表作，他的实用主义的主要理论是经验自然主义。在杜威看来经验是一个兼收并蓄的整体，它不仅包含了人的情感、意志等一切心理意识的、主观的东西，还包含了事物、事件及其特性等所有客观的东西。因此，他并没有把物质和精神当作是第一性的东西，而是两者兼之的经验。杜威的经验自然主义与詹姆斯的彻底经验主义既有相同点又有不同点。相同的是两者都将经验视为是第一性的东西。不同之处主要表现在两个方面：第一，詹姆斯只将世界统一到经验，而杜威则把经验与自然相互结合起来，把经验看作是一个兼收并蓄的整体，是人与自然事物经过相互作用而产生的，没有这种相互作用经验就不可能出现；第二，詹姆斯的彻底经验主义是唯意志论的真正体现，而杜威则对经验的能动性做了特别强调。

认为经验是一个由现在向未来发展的过程，是对现有事物的一种改造，经验以及认识的全过程都属于发展的阶段。但是，杜威的经验自然主义对经验是客观世界的反映却表现出否认的态度，认为经验认识是主体的感情和意志的活动，并不受客观实际和客观规律的限制，任何事物、规律都是出于主体的创造，人的认识任务并不是去将世界的规律性发掘出来，而是把规律性加之于世界，这无疑具有其正确的一面。这同唯物主义的反映论很明显是相互对立的。它说明杜威的经验自然主义依旧被主观唯心主义所束缚。美国实用主义哲学在更大程度上是一种人生态度和生活方式，关注人类现实生活是其显著的特征，强调理解与宽容。20 世纪 50 年代，当以逻辑实证主义为代表的欧洲分析哲学传到美国后，实用主义哲学在美国慢慢消失。

二、分析哲学

分析哲学是 20 世纪以来在西方各国广泛流传的哲学思想。它以逻辑原子主义、逻辑实证主义、由逻辑实证主义演化出来的逻辑语义学和由逻辑实证主义与实用主义结合而成的新实用主义等，它们的共同特点是以反形而上学的口号为背景，否定研究思维和存在的关系等相关的哲学问题，认为对科学的语言进行逻辑的分析就是唯一的任务。分析哲学的创始人是英国哲学家伯特兰·罗素（1872—1970）和奥地利哲学家维特根施坦（1889—1951）。人工语言和普通语言是分析哲学的两个阶段，前者主张寻求一种相对理想化的语言作为哲学表达的工具；后者主张将日常生活作为哲学表达的工具。1904 年，罗素出版的《我们关于外部世界的知识》一书，再书中讲到了有关逻辑原子主义的基本思想。1918 年，他作了数次题为《逻辑原子论》的演讲，对该理论进行了更深层次的阐述。后来，他的学生维特根施坦受罗素的数理逻辑分析方法的影响，在进一步研究逻辑原子主义理论基础上，在 1924 年出版了《逻辑哲学论》这本书，该书被看作是逻辑原子主义的经典著作。

在逻辑原子主义者看来，任何科学的概念和命题所表现的事物都可分为原始的经验。这种经验是在最简单的、彼此独立的、不可分割的状态下形成的，而处在原子状态的经验即被称作是原子事实，世界的任何都是由这种原子事实组成的。因此，每个人只要对原子事实有所了解，就可以用逻辑运算的方法，将全部的人类知识构造出来。从原子命题可以将整个科学知识体系推出，用与原子命题相对应的原子事实将整个世界构造出，这就是所说的逻辑原子主义的基本思想。逻辑实证是整个现代分析哲学思潮中最具有影响力的。它是在 20 世纪 20 年代形成的，以维也纳学派为核心的哲学思潮。1925 年，奥地利维也纳大学以施利克（1882—1936）和卡尔纳普（1891—1970）为首，组建了一个以研究科学、哲学的方法为目的的维也纳小组。它凭借“科学的哲学”的旗号，在欧洲知识界迅速传播起来，第二次世界大战后又在美国、日本等国家广泛流行，因此在西方哲学界、科学界与知识分子中产生了很大的影响。

1929 年，他们公开发表了《维也纳学派的科学世界观》一文，该文被看作是维也纳学派正式成立的宣言。真正地对维也纳学派的形成产生重要影响的是罗素和维特根施坦的逻辑原子主义的思想，他们采用了罗素的数理逻辑的分析方法及其逻辑原子主义的基本思想。维特根施坦的代表作《逻辑哲学论》被评为是维也纳学派成员的必读书目。维也纳学派形成后，为了宣扬他们的哲学思想，举行了各种各样的活动。1929—1938 年，他们先后在布拉格、哥尼斯堡、巴黎、哥本哈根和英国的剑桥一共召开了 7 次国际会议。除此之外，他们还创办了专门宣扬逻辑实证主义的杂志《哲学通报》，后来改名为《认识》。逻辑实证主义的知名人物在很大比例上都是一些逻辑学家、数学家、物理学家和生物学家等。

他们既对实证主义经验论具有崇尚精神，又对科学理论的严格的逻辑分析十分注重，并努力将传统的实证主义经验论与严格的逻辑分析论相互结合，以建立起“科学的哲学”。因此，他们的哲学思想既和一般的实证主义有所区别，又与一般的逻辑学派有所不同，而是两者的结合，因此被称作是“逻辑实证主义”。其理论的明显特点是援引现代逻辑（尤其是数理逻辑）的发展，凭借它为工具，来作为传统哲学探究世界的本质，研究思维和存在、精神和物质的关系是一种形而上学的没有意义的行为。他们认为如果对传统哲学进行改造，则需要明确哲学的任务和作用。逻辑实证主义者把哲学问题只是归结为逻辑问题，这很明显是错误的。卡尔纳普认为，“逻辑分析是哲学的唯一任务”，哲学研究的新的科学方法也就是对“经验科学的命题和概念进行逻辑的分析”，哲学的作用即是通过这种分析使实证知识从逻辑形式上明确，从而阻止人们对它们的各种不同的理解和理智上产生的困惑，他们认为这样的哲学才是“科学的哲学”。

任何哲学在本质上都是世界观，是有关自然界、人类社会以及人类思维的本质与一般规律的科学，然而逻辑学则只是研究人类思维形式及其规律的科学。逻辑实证主义者把逻辑分析看作是哲学唯一的内容，否认哲学是对思维和存在关系的研究，是对自然、社会和思维发展的普遍规律的研究，这事实上既是对哲学是世界观的否定，也是对哲学是认识论的否定，因此也就在本质上否定了哲学。

三、存在主义哲学

存在主义哲学形成于 20 世纪 20 年代的德国，第二次世界大战期间又在法国广为流传，战后又继续在美国及其他西方国家广为流传，在 50 年代和 60 年代成为西方资本主义世界最时尚的哲学。存在主义把“存在”的问题当作是它的基本问题。但它所说的“存在”和唯物主义所说的物质是截然不同的，而是指人的自我意识、主观性的存在。它认为这种“存在”才是世界上最本质、最真实的存在，哲学研究的目的所在是探求人的存在根源，对人的自我与本性进行分析。因此，存在主义也被称为“哲学的人本学”或“存在主义人本学”。将存在主义与其他现代西方哲学流派作对比，其独特的地方主要在于它比较集中和突出地表现了垄断资产阶级由于没有办法摆脱资本主义本身具有的矛盾和危机而产生的惊恐不安、忧虑、沮丧、苦闷等没落情绪，表现出他们为摆脱危机和矛盾而孤注一掷、进行冒险的心理。20 世纪的两次世界大战，不但在物质方面给西方各国带来了巨大的破坏，而且在精神方面也给人们造成了巨大的创伤。古典人道主义有关平等、博爱的观念受到巨大的冲击，科学救世主义的观念也被严重破坏。

从这个意义上说，存在主义可以被称作是资本主义危机时期的哲学，它的产生和发展在很大程度上都与世界大战造成的危机有关。于是，这种反映资产阶级在战争危机面前的各种心理状态的哲学也就产生了。德国作为第一次世界大战的主要战败国，也是各种矛盾和各种危机的集合点。第一次世界大战后，德国处于非常危机的时刻，战争赔款、经济危机、通货膨胀、工人失业、农民破产，在国际上处于完全孤立的地位，一股悲观、绝望的情绪将全国笼罩；痛苦、忧虑、烦恼，甚至死亡将人们的生活紧紧相逼。人生的意义和价值变成了人们思考的新课题。于是第一次世界大战后的德国变成了存在主义的发源地。海德格尔（1889—1976）是德国存在主义的主要代表。1927 年，他出版的《存在与时间》一书，标志着德国存在主义的形成。他的重要作品还包括《康德和形而上学问题》、《什么是形而上学》、《真理的本质》、《论人道主义》等。

雅斯贝尔斯（1883—1969）是德国存在主义的另一代表，其主要的哲学专著有《哲学》、《理性与实在》、《存在哲学》。他们的相同之处就是提出了将个人的存在作为出发点、把人的存在作为核心的学说。海德格尔宣称："人的存在比其他任何存在者都提前，是应该从本性论上最先进行讨论的问题。"他们将这种突出地宣传以人的存在为本性的理论看作是强调人的尊严和价值的人道主义学说。在他看来，人的存在是第一性的，其他任何的存在都是第二性的，世界上的任何存在物只是人存在的一种"生存状态"和"存在方式"，是人用来展现自己的道具；如果没有个人的存在，其他事物就无法成为真实的存在，就会成为毫无意义的不存在的东西。海德格尔在他的《论人道主义》一文中指出："存在主义的人道主义将人的本质作为最主要的基本点。"

存在主义者在强调人的存在是第一性的同时还对当时人的存在状态做了分析。雅斯贝尔斯指出：现在人的存在目的就是为了追求现有的利益而操劳，于是人被物化了，如同机器一样将自己进行了自我遗忘，把人的本质丢失了。因此，人存在的基本状态只有悲观、烦恼、恐惧、焦急，以及孤苦伶仃、无家可归。一方面，这些观点将资本主义制度对人以及人性的摧残揭露，表现出他们对人的异化现象的抗议；另一方面，因为他们没有能够从本质上认清产生这种现象的根源，因此也就没有办法找到克服它的方法。因此，他们的哲学又体现出对前途的迷茫、苦闷、彷徨以及悲观的特点。第二次世界大战期间，存在主义的中心发生了变化，由德国转移到法国，但一样具有深刻的历史原因。在二战中，法国在很短的时间内就被德国击溃，成为德国的占领国。当时法国资产阶级的精神世界彻底被击垮、且被悲观失望的气氛所笼罩，尤其是在资产阶级知识分子中出现了一种因为苦闷、孤独，因被遗弃无法寻到出路而玩世不恭、放荡不羁的风气。他们对科学和理性没有了丝毫的信任，认为依靠科学和理性没有办法解决他们所遇到的人生问题。而且它的影响远远超越了哲学领域，影响到整个社会生活。

面临这种形势，标榜个人的生活、人的自由存在为第一个的存在主义思潮被法国资产阶级及知识分子所认可，并把它作为最流行的哲学。美国的存在主义哲学家巴雷特表明当时法国存在主义中许多东西都是一种历史心境的表现。战争失败后的一片狼藉景象，被德国占领之后的完全茫然的心态，年轻人由消极低沉到桀骜不驯的发泄。二战后，虽然法国摆脱了被占领的状态，在一定程度上社会生产和社会经济得以恢复和发展，但是两次世界大战给人们思想上带来的严重伤害却依旧存在，因此存在主义在法国的影响只增不减，直至 20 世纪 60 年代仍然在法国是最流行的哲学。法国存在主义的主要代表有萨特（1905—1980）、格洛·庞蒂（1908—1961）等人。其中影响最大的是萨特。二战期间及战后，事实上他取代了德国的海德格尔和雅斯贝尔斯而成为当代最有影响的存在主义者。萨特在 1933—1934 年曾到柏林研究哲学，那时他深深地受到海德格尔等人的影响。

《存在与虚无》、《存在主义是一种人道主义》、《辩证理性批判》是他的主要哲学著作。萨特继承并发扬了海德格尔和雅斯贝尔斯等人的“个人存在是一切存在的出发点”的观点，而且还提出存在比本质提前的原则。他明确指出：“存在先于本质，指的是人起初仅仅是作为一种单纯的主观性存在，人的本质，人的其他所有都是以后由这种主观性自己创造的。”于是在他看来，人首先作为单纯的主观性而存在，可以随意选择和成就自己的本质，这就是人与其他一切事物能够相互区别的根本特征。人最初是空无所有的，慢慢地到后来，人因为需要某种东西，于是就根据自己的意志将这个东西制造出来。完全是根据自己的意识设计、计划和选择自己的行动，这是人的自由与本质的体现。这种以崇尚自我、以自我为中心的存在主义理论，很明显是一种主观唯心主义的观点。它为资产阶级的极端个人主义和无政府主义提供了很强的理论依据。

综上所述，存在主义是一种强调存在思想的主张。它将孤立的个人的非理性意识活动作为最真实的存在，并作为哲学的出发点，试图将人作为中心，尊重人的个性和自由，主张“感受你自己当时的存在，实际上是把握人生价值和人生真理的唯一方法”。存在主义的消极方面（故弄玄虚、悲观失望和厌世情绪等）也是显而易见的。从 20 世纪 60 年代后期起，存在主义在西方的影响逐渐衰落，存在主义在西方的影响开始衰微。

四、新托马斯主义哲学

19 世纪末，新托马斯主义哲学主要在西班牙、法国、意大利和比利时等天主势力相对较强的国家兴起，两次世界大战期间在各个主要资本主义国家以及受西方文化影响较强的发展中国家广为流传，它跨越了教会的范围，形成了一种具有强大国际影响力的哲学思潮。与其他资产阶级哲学流派相对比来说，新托马斯主义是一个信徒最多、组织最严谨、活动最多的哲学流派。每年它都会出版几百种哲学书籍，发行数十种哲学期刊，还经常召开具有区域性、全国性以及国际性会议。这种将恢复中世纪的宗教作为宗旨的哲学能在现代资本主义国家广为流传，主要原因有两个：

其一是与资产阶级的需求紧紧相关。它以恢复中世纪经院哲学家托马斯·阿奎那的基督教神学为宗旨，打着尊重现代科学的幌子，散发着“科学与宗教的一致性”、“理性和信仰的一致性”的传言。当西方各国的资产阶级面临反封建的新兴革命时，他们曾对宗教表示批判的态度，但是，当他们取得革命的胜利，发展为统治阶级后，尤其是在帝国主义时代，面临逐渐激化的种种社会矛盾，资产阶级急切需要利用宗教来巩固他们的统治。因此，新托马斯主义受到各国垄断资产阶级的大力支持。

其二是宗教对资本主义各国人民的影响并没有太大。在当时资本主义社会中，广大劳动人民面临着种种灾难以及痛苦，法西斯式的暴力镇压，民主自由权利遭到无情的践踏，失业、饥饿的威胁，战争恐怖的逼迫，不得不使他们对自己的遭遇表现的消极，每当希望得救而感到前途渺茫的时候，他们经常会将宗教作为自己的信仰。于是，新托马斯主义者宣扬的上帝庇护下的民主、自由、幸福以及人道主义对他们产生了深刻的影响。直到二战之后，西方资本主义社会发生了巨大变化，科学技术和生产力迅猛发展，人们对自然的认识能力也有很大提高。但是，资本主义制度的矛盾和危机并没有消除，资本主义国家的广大人民对自己的命运依旧不能掌握，他们对现实生活、前途缺乏信心，加上受传统的宗教思想的影响，导致新托马斯主义不仅能继续存在，而且还充斥着资本主义国家的思想文化阵地。

意大利教皇利奥十三（1810—1903）是新托马斯主义的创始人。1879 年 8 月他发布《永恒之父》的文章，提出“重建托马斯主义”的口号，并在罗马成立了“圣托马斯学院”以此来作为复活托马斯主义的国际理论中心。继利奥十三以后，比利时神父、红衣主教曼尔西埃（1851—1926）在新托马斯主义的形成和流传中发挥了重要作用。1888 年和 1889 年，他们将前后成立的“卢汶哲学协会”和“卢汶哲学研究所”作为宣扬新托马斯主义最早的国际中心之一。而法国哲学家马利坦（1882—1973）被公认为新托马斯流派领袖，他一生中写了 60 多部哲学论著，对新托马斯主义的研究和流传发挥了很大作用。新托马斯主义者有一套复杂而又烦琐的理论，上帝是主要研究和讨论的对象。他们将上帝的存在和它的创世问题摆在各种问题的首位。新托马斯主义主要的哲学观点包含在他们关于本体论、认识论和伦理社会的学说里面。那么他们对“存在”又是如何理解的呢？他们把存在分为两类：非本体论的存在和本体论的存在。新托马斯主义哲学理论的核心是本体论。马利坦指出：本体论研究的对象是“存在本身”。

非本体论的存在指的是无生命的物质存在，它被认为是一种偶然的、短暂的、低级领域中不能独立的存在。这种非本体论的存在，在上帝没有赋予它们灵魂之前，仅仅只是一种潜在的、可能的存在。本体论的存在，作为一种“普遍的存在”，它是超自然的、超时间的“绝对实体”。瑞士的新托马斯主义者波亨斯基在他的《现代欧洲哲学》一书中指出：本体论的存在是一种“自在地存在着的存在，一种完满意义上的存在”。这种存在的本质属性是统一、真理、至善至美，它就是最高的精神存在——上帝。新托马斯主义者认为这两种存在的关系是“普遍存在”的上帝恩赐予那些非本体的低级存在者灵魂，使它们从一般潜在的可能的存在过渡到现实的存在。换句话说，非本体论的存在是以本体论的存在为依托。显而易见，新托马斯主义的本体论，是一种凭借客观唯心主义建立起来的上帝创世说，是一种用哲学语言讲述出来的神学教义，它的客观作用是迷惑人们相信现实的一切都是上帝的意志所决定的，只能顺从，只能听天由命。

新托马斯主义的认识论是建立在上帝存在的基础之上的。然而，这一切的前提都是上帝的恩赐。他们对人的理智认识世界表示认可，肯定自然科学能够揭示自然规律，甚至还承认人们能够运用自然科学和知识改造自然界。他们认为，一切认识的基础不是客观实践，而是对上帝的信仰。但是，新托马斯主义者也意识到，他们所处的时代，人们关于自然和社会的知识逐渐深入而广泛地发展，在这种时候抛开自然和社会的知识来谈神学和信仰是没有依据的。因此，他们尽最大的努力把自己装扮成科学的倡导者，并将他们的哲学与现代科学联系起来。马利坦指出，人类的知识可分为科学、哲学和神学三级，前两级叫理性认识，后一级叫超理性认识。这三者的关系是：科学是哲学的工具，哲学又是用来论证神学的工具；通过科学获得的知识只能是有限的，通过哲学和神学获得的认识才是普遍的，而哲学的标准要由神学来建立，并为神学服务。这种认识论的目的是在表明：理性服从信仰，科学服从宗教。

鼓吹以神为中心的人道主义是新托马斯主义伦理社会学的突出特征。他们强调，现代社会人们之所以发生分裂、隔阂，产生各种冲突和战争，遭遇种种不幸和痛苦，根本原因在于人们被基督教所倡导的人们爱上帝以及彼此相爱的道德原则相背离。因此，挽救社会危亡、解脱个人苦痛的根本办法就是遵守上帝给人们已经规定好的生活目标和道德准则，祈求上帝的拯救，在伦理道德上坚持以神为中心的人道主义。新托马斯主义是西方现代宗教哲学的一个典型流派。马利坦认为，这种以神为中心的人道主义能够克服以人为中心的人道主义的固有弊病，将使人们可以享受本应得到的世俗生活和精神生活，克服集权主义，尊重人类的尊严和自由，维护道德上的善的绝对价值。

它的宗旨是复兴中世纪基督教思想，努力构建一种新的经院学术综合体系，使其能够和现代科学体系协调，将自己宣传成“理性主义”，绞尽脑汁地将人与神统一起来。依他们看来，人的自然法既是人真正本性的需要，也是一种上帝的理性表现；认识道德律靠的不仅是理性的论证，是信仰和“启示性”知识。它毫不隐瞒地宣扬神学和信仰主义，这与现代科学和文明的发展是不能融合的，但它却能在当代科学高度发展的西方社会广为流传，说明西方资本主义世界的高科技、高生产和高消费对社会的各种矛盾依旧难以克服，无法弥补人们精神上的空虚。

第二节 现代西方资本主义经济理论

现代西方经济学，是指以20世纪30年代凯恩斯主义的产生为开端而逐渐形成和发展起来的资产阶级经济理论。在现代西方资本主义经济理论中影响最大的是凯恩斯学派和新自由主义学派这两大学派。此外，还有一些并不占主流，而是独树一帜，自成体系的流派。

一、凯恩斯学派

凯恩斯学派是由英国著名的资产阶级经济学家凯恩斯在20世纪30年代创立的。约翰·梅纳德·凯恩斯（1883—1946）出生于英国剑桥城一个知识分子家庭，具有典型的资产阶级，1902年进入剑桥大学读书，开始学的是数学，直到毕业前一年转学经济学。他的经济学才华受到著名经济学家马歇尔教授的赞赏，毕业后没过多长时间，他应马歇尔之聘回到剑桥大学任教。1911年，由马歇尔的推荐，他担任了英国《经济杂志》的主编，1913年应聘担任英国皇家经济学会秘书一职，1915年因对战时的财政金融问题持有独特见解而被召到英国财政部任职，并在较短时间内任执行秘书长。

1. 凯恩斯主义的形成

凯恩斯主义是在英国经济由盛转衰、江河日下的艰难时期，也是经济危机正充斥着整个资本主义世界的时期，尤其是在20世纪30年代经济危机的严重冲击下慢慢发展形成的。英国从18世纪60年代经过产业革命后进入经济发展的鼎盛时期，直到第一次世界大战爆发前，英国还依旧处在世界第一殖民帝国、世界第一海军强国和世界金融贸易大国的地位。但第一次世界大战后，英国名义上虽然是战胜国，但经济却一落千丈，世界强国的风采却不复存在。战争期间，英国商船损失70%，海外投资变卖了1/4，国民财富损失1/3，向美国借债44亿美元，世界金融中心由于这样也从伦敦转移到纽约。

这次危机不仅对英国经济带来了严重的影响，而且使整个资本主义世界的经济也遭到了空前的严重冲击。战后初期，英国努力恢复经济，终于在1919—1920年出现了一个短暂的繁荣时期，但不久之后，1920—1921年的经济危机就爆发了，工业生产下降了46%。当英国经济在整个20世纪20年代陷入了罕见的、长期的、慢性萧条且不能自拔的时期，最终1929—1933年爆发了世界性的经济危机。危机导致资本主义世界的工业降低了40%以上，使各国的失业率升高到30%—50%，使几百万小农破产，出现了无业游民颠沛流离的现象。在危机的严重冲击下，资产阶级传统的自由主义学说自然而然地完全破产。

传统的自由主义学说主要包括三部分：一是英国经济学家亚当·斯密的自由放任主义，他将资本主义经济比作一架机器，认为它有一双"看不见的手"可以自动调节经济活动，因此主张自由贸易、自由竞争。

二是法国经济学家萨伊，他在坚持亚当·斯密的自由贸易、自由竞争政策主张的基础上更加深入发展，认为社会通过竞争能够达到最佳利用资源的均衡，生产越多，社会需求也就会相应变大，因此社会就不存在需求短缺的问题。这种"供应仓需求"的理论其实就是所说的萨伊定律。

三是以英国经济学家马歇尔为代表的新古典经济学派，他们将萨伊定律作为理论基础，并且提出均衡价格论，主张建立绝对自由竞争的市场机制，通过这种机制对供应关系进行自动调整，形成供求相抵的均衡价格。资本主义经济可自动调节是资产阶级传统经济理论共同的特征，所以不需要政府的干涉。但1929—1933年的经济危机爆发以后，自动调节没有丝毫作用，奉行自由主义的经济学家面临大危机愁眉紧锁，束手无策。为了拯救资本主义经济，一些国家不得不被迫走上国家干预经济的道路。

在美国，1933年罗斯福上台之后，便将前任总统胡佛奉行的自由放任政策立即抛弃了，宣布实行新政，要求国会能够授予他独裁的权力，并且颁布了一系列法案，把社会经济生活的大权尽力集中到国家手中，用国家干预经济的办法来与危机相抗争。凯恩斯主义正是在资产阶级传统的经济理论完全没有作用、需要寻找解救资本主义危机的方法，在罗斯福新政的实践和推动下应运而生。面对这种情境，对国家干涉经济生活的活动和政策迫切需要从理论上加以论证。凯恩斯在一战前是马歇尔的得意门生，可谓是正正经经的新古典经济学家。第一次世界大战后直到20世纪30年代，面对英国以及整个资本主义经济所面临的困境，在不断地探求资本主义经济的病症所在和寻求解救方法的过程中，在政策上、观点上他逐渐同新古典学派相背离，最后终于完成了凯恩斯经济学的创立过程。

这个过程主要在凯恩斯理论的“三部曲”《货币改革论》、《货币论》及《就业、利息和货币通论》（简称《通论》）中有所表现。1923年出版的《货币改革论》，是凯恩斯针对英国当时“经济陷入慢性萧条”而提出的拯救方案。在恩格斯看来，英国想要摆脱经济慢性萧条的办法，首先需要将金本位制放弃，不能按照战前传统的自由主义的主张对经济完全放任不管，提出要以货币管理本位制为前提，坚持以市场机制自动调节为主，国家以温和的货币金融调节为辅，来促进物价稳定，恢复经济的平衡。这时虽然凯恩斯的政策主张与新古典学派有所背离，主要是因为增加了金融调节的因素，但整个理论依旧未超越的传统的框架。《货币改革论》发表后并未能够引起英国统治阶级的重视，凯恩斯本人也认为他提出的调节方案太概括、太简单，无法解释英国经济长期萧条的问题。于是，他在1930年出版的《货币论》中又有新的货币调解方案提出。

他认为，要以考虑利息率和货币数量对物价和经济均衡的影响为前提进行调节。虽然这一方案比《货币改革论》有所进步，但其中心依旧停留在金融货币的调节。与1929年开始的严重的经济危机和大量的失业相比，这种调节方案根本无济于事。于是，凯恩斯在接下来的探求资本主义经济病源所在和救治方法的过程中，开始把金融货币的调节调整为政府财政的干预。这个理论体系的形成是资本主义经济学的一个转折点，即是从微观经济学转向宏观经济学。此外，还有1933年1月美国罗斯福上台，推行的“新政”在财政干预方面取得的成功对凯恩斯产生影响，最终让他在1936年出版的《通论》中提出了一套较系统、较完整的新的经济学理论体系。传统资本主义经济学是在微观经济学的范畴之内。他们所运用的是“个量分析法”，是对一个企业或一个人的经济行为进行研究的，其中心问题是价值论。而凯恩斯的《通论》建立起来的宏观经济学，是把对整个国民经济进行“总量分析”作为特征的，国民收入问题是其中心问题。

2. 凯恩斯主义的特点

凯恩斯经济学说的特点是：认为现代资本主义有一系列不足之处，如周期性的经济危机和由危机而产生的严重失业。他认为，造成这些问题是由于资本主义社会的有效需求不足导致的，而人们存在的三大基本心理规律又决定了产生社会有效需求不足。

其一是消费倾向规律，由于这一规律的作用，资本家增加消费品的生产和有效需求发生矛盾的现象出现，这一矛盾最终一定会导致消费品生产过剩，从而堵塞了投资渠道，充分就业也就难以实现。凯恩斯认为，随着社会就业和收入的增加，在每次的收入的增量中，个人用于增加消费部分相对来说就减少了，而用于储蓄部分的相对就有所增加，即储蓄的增长与消费的增长相比而言要快得多，因此，在收入和消费的比例关系中，消费倾向是呈递减趋势的。

其二是资本边际效率规律，所谓资本边际效率实际上指的是预期的利润率，它的变化取决于资本的供给价格与资本的预期收益。凯恩斯认为，以技术装备及其条件不变为前提，随着投资的增加，从长期来看资本预期的收益处于下降的趋势，这就对资本家投资的积极性产生了影响，削弱了社会的就业。

其三是灵活偏好规律。凯恩斯指出，人们对货币有一种独特的爱好，即总喜欢手里拥有一定数量的现金，以便日常开支、意外开支和投机活动的需要。这种独特的爱好造成了储蓄减少和较高的利息率，使投资缺乏更加严重。但凯恩斯认为，资本主义经济的这些问题是能够被解决的，为此他提出了一系列政策。就20世纪30年代资本主义严重的经济危机和大批工人失业的局面而言，凯恩斯的政策要求的主要是为了实现社会的充分就业。他认为，想要扩大社会的有效需求就必须依靠国家的干预来提高社会的消费倾向和加强投资的吸引力才能从危机和失业的困境中走出来。在财政政策方面，政府采用赤字财政和大量发行公债的办法，扩大政府的开支，使国家的投资和消费有所增加。那么国家如何对经济进行干预呢？凯恩斯指出，财政政策和金融政策是国家实现对经济的干预的主要方法。

具体办法是：为了促进充分就业，政府承担公共事业的投资；为了解决贫困线以下的人，实行福利救济以缓和社会矛盾，政府承担社会福利事业；政府通过私人企业进行订货和贷款来达到刺激投资的目的，扩大有效需求，增加就业量。在货币政策方面，通过中央银行调控货币供应量，通过影响利息率的变动来间接地影响社会的总需求。在经济衰退时要想尽办法降低利息率以刺激投资，在经济高涨时则想尽办法提高利息率来抑制投资的需求。关于财政和金融这两种政策中凯恩斯认为应以财政政策为主，因为它对经济的调节可以起到直接而又有力的作用，而货币政策只起辅助作用。

3. 凯恩斯主义与资产阶级传统经济学的区别及其作用

凯恩斯主义的理论和政策主张与资产阶级传统经济学的主要有三方面的区别：一是凯恩斯用有效需求不足论来作为传统经济学的自动充分就业均衡论的替代品。资产阶级传统的经济学认为，整个资本主义经济可以实现自动调节，自动实现充分就业，长期失业和生产过剩的危机不存在。而凯恩斯认为，资本主义经济由于存在有效需求不足的现象，因此失业与危机是无法避免的。二是凯恩斯将用传统经济学的微观个量分析宏观总量分析代替。资产阶级传统的经济学是将资本主义社会实现了充分就业均衡作为前提，对单个经济单位的经济行为进行分析。三是凯恩斯经济学将资产阶级传统经济学的自由放任政策用国家干预政策代替。凯恩斯则是以宏观为分析对象，对国民收入的总量、总消费、总就业等因素的变动及其相互关系采用总量分析法进行分析。

在传统经济学看来，资本主义经济依靠市场机制的自动调节则能够实现充分的就业均衡，因此主张放任自由，而反对国家干预经济。而凯恩斯认为，资本主义经济存在的有效需求不足一定会引起经济危机和大量失业，只有实行国家对经济的干预才能解决这些问题。凯恩斯的经济理论是为垄断资产阶级服务的。虽然他坦白地承认资本主义经济存在“非自愿失业”和“有效需求不足”的现实，但他却将资本主义社会产生经济危机和失业的真正原因掩饰了。尽管他竭尽全力地为垄断资产阶级进行辩解，但他敢于抨击长期占统治地位的自由放任主义原则，敢于承认资本主义的存在的一些缺点，在一定程度上将资本主义现阶段的矛盾特点反映出来了，这和资产阶级传统经济学的那种无视现实的态度相比无疑具有一定积极意义。因此它很快在西方世界引起了强烈反响，并迅速得以传播。

更关键的是，在经济大危机的客观事实面前，传统的经济理论已完全破产的境地，于是凯恩斯提出的反危机理论和政策主张也就成为资产阶级的重要方法。战后西方国家为了防止重新出现 20 世纪 30 年代大危机的困境，都纷纷把凯恩斯主义奉为国策。1944 年 5 月，英国政府发表了一个战后就业的具体计划《就业政策白皮书》，就把凯恩斯的《通论》作为制定战后“充分就业”政策的基础理论。1946 年，美国国会通过了“1946 年就业法”，把实现全社会的充分就业作为联邦政府的责任。此外，在 1945 年澳大利亚、加拿大也先后宣布以实现充分就业为自己政府的政策目标。这表明二战后初期，凯恩斯经济学已成为西方世界各国制定经济政策的主要基础理论。直到 60 年代末 70 年代初，凯恩斯主义在整个西方资本主义世界盛行。因此，这段时期也就被称为凯恩斯主义时期。

4. 凯恩斯主义的发展和分化

战后，一方面，由于国家对经济干预的加强，国家垄断资本主义取得了令人惊叹的发展；另一方面，由于科学技术的进步，国际经济环境和经济条件的改变，资本主义各国的经济也在不断地调整。在调整的过程中产生了混合经济，既有国家对经济生活进行干预和宏观调控的经济，也存在市场机制发挥作用的自由市场经济。从 20 世纪 50 年代开始，关于对凯恩斯的经济理论如何进行修改和补充的问题，资产阶级经济学家产生了严重的分歧和激烈的争论，导致凯恩斯经济学派分化为两派。资产阶级经济学家认为有必要对凯恩斯的经济理论进行修改和补充以适应这种经济的发展。

一派是以英国的乔安・罗宾逊为首的新剑桥学派，另一派是以美国的保罗・萨缪尔森为首的新古典综合派。这两派又被叫作英国的凯恩斯主义和美国的凯恩斯主义。新剑桥学派与新古典综合派都是依据凯恩斯经济学而形成发展起来的，两者分歧的焦点在于对凯恩斯的经济学有不同的看法，导致两派对一系列经济问题的态度和观点有所差别。

一是对社会经济的分析方法不同。新剑桥学派坚持用历史的概念来分析，在他们看来，现实中很多的问题，特别是经济问题，是由无法改变的历史造成的。一种经济活动总是在一定时期范围之内，因而就不得不受社会历史和制度因素的约束，而历史是不可改变的，过去是向着未知的将来发展的，因此经济的运行实际上处在动荡不安的环境中的，没有均衡可言。而新古典综合派则坚持采用均衡概念分析法。在他们看来，资本主义经济是一个“一般均衡的制度”，“是一种逐渐趋近于均衡的价格和生产制度”。基本上他们以均衡分析作为自己的理论基础。

二是对凯恩斯经济理论的缺点持有不同的看法。凯恩斯经济学的产生，是资产阶级经济学发展史上一次重要的变革，它用宏观经济理论取代了传统的微观经济理论，但它的缺点也正表现在只注重宏观分析而忽视微观经济的分析。

在新剑桥学派看来，凯恩斯经济理论作为一种宏观经济理论体系，其主要不足之处是没有价值理论和分配理论的微观经济分析基础。新古典综合派虽然也认为凯恩斯经济理论在微观经济分析的基础上有所不足，但他们认为它的主要不足表现在只注重宏观需求，而对供给方面的分析忽略了；只注重短期的经济失衡，而对长期的经济增长却视而不见。尽管这种宏观经济理论在一定程度上适合克服20世纪30年代资本主义经济危机的需要，对现代资本主义经济的发展产生了重要作用，但也出现了一些新问题。因此，就如何弥补凯恩斯经济理论的缺陷双方产生了严重分歧。新剑桥学派认为，应以李嘉图的价值分配理论来对凯恩斯的宏观理论的不足做弥补。新古典综合派则认为，应以马歇尔新古典学派的生产要素的供给和市场结构方面的价值、分配理论的微观经济分析来作凯恩斯理论的补充。

三是政策主张上的差异。新剑桥学派宏观政策的主要目的是：促使收入均等化。他们认为收入分配失调是资本主义社会根本不足，随着资本主义经济的发展，资本家的利润在国民收入中的比重逐渐加大，而工人工资所占的比重逐渐减小，这就必然出现“富裕中的贫困”这种现象，并由此引发社会的一系列矛盾，比如罢工、盗窃等问题。

因此，他们主张政府应将解决社会收入分配不合理作为经济政策的根本点，实现收入“均等化”。他们主张通过税收政策来改变收入不均的现象；通过福利政策来使收入分配不均的矛盾得以缓和；通过对劳动和投资的管制来实现，对收入分配失调的问题的缓解。促使经济稳定均衡地增长是新古典综合派宏观政策的主要目标。为此，他们不仅主张实行“松”、“紧”搭配的财政、货币政策，即认为财政政策与货币政策要一“松”一“紧”，二者不能一样，这样对抑制通货膨胀、扩大就业、保持经济稳定发展都有好处。虽然新剑桥学派和新古典综合派有以上一系列分歧和争论，但其根本利益是相同的。他们还主张使财政政策和货币政策微观化，对不同的生产部门采用不同的税率、利率，并通过实行限制工资、物价的收入政策，创造各种促进就业的政策等达到经济稳定均衡的发展。

他们都是为了与资本主义经济的需要相适应，对凯恩斯的经济理论进行补充。其争论的实质，在理论上是为了争夺凯恩斯主义的正统地位，在实践上是为了寻求更好地维护资本主义统治的办法。在 20 世纪 80 年代以后，美国出现了新凯恩斯主义。它主张政府干预经济，强调在供给方面调节经济，既对微观政策的短期作用比较注重，又对结构性政策的长期效果重视，从而使国家干预经济的理论达到了一个新水平。

二、新自由主义学派

新自由主义学派是从 19 世纪 70 年代以来，为了对抗凯恩斯主义的国家干预经济政策而在西方兴起的一种经济思潮。第二次世界大战后一直到 60 年代，西方各国广泛推行凯恩斯主义，在暂时缓和资本主义的矛盾以及促进社会经济稳定发展了产生了一定的积极作用，但凯恩斯政策的实施是以庞大支出、财政赤字、通货膨胀作为代价的。在这种现实面前，西方一些经济学家不得不承认凯恩斯主义没有效果。到 60 年代末 70 年代初，凯恩斯主义的这些缺点因长期得不到解决而日益加深，导致陷入了“滞胀”的困境，即产生经济停滞、大量失业和通货膨胀的并发症。与此同时，一种对抗凯恩斯主义的经济思潮也应运而生，它就是新自由主义。货币学派、理性预期学派、供给学派、伦敦学派、弗莱舉学派和公共选择学派等都属于它的范畴。其中，最有影响的是美国的货币学派和供给学派。尽管新自由主义经济学是一个庞大而又复杂的体系，但其内涵明显具有市场化、自由化、私有化三层含义。

1. 货币学派

货币学派是美国在 19 世纪 50 年代出现，70 年代蓬勃兴起的学派。它的创立者是美国芝加哥大学教授米尔顿和弗里德曼，并将芝加哥大学为主要阵地。因此，货币学派也称为芝加哥学派。货币学派主要特征是推崇货币主义。货币主义有三个基本含义：一是货币最要紧，货币的推动力是阐明产量、就业和物价变化的最主要因素；二是货币存量的变动是货币推动力最值得依靠的测量标准；三是货币当局的行为对经济周期中货币存量的变化具有支持作用，货币当局应通过对货币存量的控制来对通货膨胀进行调节，以实现稳定社会经济的发展。他们把货币数量论作为基础，提出以控制通货膨胀、稳定物价为主要目标的经济政策。由此可见，货币的数量在货币学派眼中是影响社会经济变化的最关键因素。

他们认为商品价格是由货币数量所决定的，如果货币数量增加，商品价格也增加；反之则减少。所以，货币数量与商品价格是成正比的关系，通货是否膨胀的取决于货币和商品二者之间的关系。根据这一理论，他们攻击凯恩斯不考虑二者之间应保持按比例平衡发展的关系而滥发货币，造成了通货膨胀的严重后果，提出如果想使物价稳定，就必须使货币供给量的变动率与实际产量的变动率相等。他们将货币数量论作为基础，认为资本主义市场经济在动态上是稳定的，若这种经济体系受到外力的干扰，也会自动而迅速地恢复均衡的状态，因而对国家干预经济表示反对，主张自由主义政策。弗里德曼指出：经济自由政策是经济繁荣的保证。19 世纪是资本主义最繁荣的时代，斯密的自由主义是其繁荣的主要原因，而社会发展到 20 世纪，资本主义经济出现了一系列严重的问题，原因是自由经济受到了严重的破坏。

私人垄断的出现本来就是对自由经济的干预，罗斯福实施新政和凯恩斯主义传播国家垄断资本主义的发展，这是对自由经济的进一步破坏。在他看来，要想对资本主义经济的问题进行解决，必须积极倡导自由主义，对任何集团、任何国家对经济的干预持反对态度，以此来消灭经济危机。但事实证明是不可能实现的。货币学派把凯恩斯主义的国家干预经济政策作为资本主义经济动荡不稳的根本原因，尤其是其错误的货币政策导致严重的通货膨胀，提出要通过控制货币存量来改变情境。比如，英国在 1979 年全面推行货币主义政策，虽然使通货膨胀率从 1979 年 5 月的 8. 5% 降低到 1983 年的 4. 0%，但同期失业人数也从 100 万上升到 300 万。美国从 1979 年 10 月开始实行严格控制货币增长政策，虽然把通货膨胀率从 1980 年的 13. 0% 下降到 4. 0%。但同时却带来了创纪录的高利率和出现战后最严重的经济衰退现象。这就表明，货币主义和凯恩斯主义一样都没有将资本主义经济关系的本质问题揭示出来，因此也就没有办法从根本上解决资本主义经济所带来的问题。

2. 供给学派

供给学派是另一个与凯恩斯主义相对立的经济学派，兴起于 19 世纪 70 年代的美国。它的产生是与当时美国经济陷入“滞胀”的局面密不可分的。第二次世界大战后，美国将 1946 年公布的《就业法》作为起点，长期推行凯恩斯主义的经济政策，试图通过国家调节，人为地扩大总需求，结果导致政府开支、预算赤字、公债发行和物价水平都不断上涨的现象出现。到20世纪70年代，凯恩斯主义的“国家调节”政策无路可走。最明显地表现在两个方面：一是出现的严重失业与通货膨胀并存的“滞胀”现象。据统计，从20世纪60年代中期到70年代中期，10年间物价上涨接近1倍，其中70年代最为严重。60年代美国的年均失业率力4.8%，而70年代则上升到6.3%。1972年通货膨胀率为3.2%，1974年猛增到10.9%，1979年又持续上升到13.3%，达到战后最高水平。二是出现了储蓄率、投资率以及生产增长率下降的现象，以及在国外市场的竞争力急剧削弱的情境。据统计，1946—1955年美国个人年储蓄率为8.3%，1956—1965年为7.0%，然而到1979年竟然下降到4.5%；1970—1975年美国的投资率为17.6%，相同时期的德国为23.9%，日本为34%，都远远超越美国。

1961—1969年，美国的工业年平均增长率是5.9%，1970—1978年仅仅只有3.1%。20世纪70年代美国工业生产产品成本高是其一大弱点，在国际市场上缺乏竞争能力。如汽车业的国内市场就被日本占据了很大比例。面对着美国经济出现的这些问题，资产阶级经济学家在对凯恩斯主义进行反思的过程之中，产生了与凯恩斯主义相互对立的供给学派。供给学派认为，在市场的供给与需求关系中，主要方面是供给，对自由放任特别强调，经济由市场机制来自行调节；主张通过减税来促进供给的增加。1971年4月，美国芝加哥大学教授罗伯特·蒙德尔在意大利举行的一次经济学家会议上，首先提出了有关通过控制货币供给量和减税抑制通货膨胀、缓和危机的主张。可以将供给学派提出的理论和政策主张归结为如下三方面：

一是强调供给创造需求，这一基本思想为美国许多著名的经济学家所接受，并在这基础上进行了更深层次的研究和发展，从而形成了一个在20世纪70—80年代在美国广为流行、并影响到欧洲其他国家的经济学派。

这是他们的理论基础。在他们看来，美国经济的主要问题表现在供给方面，而不是需求的不足。“滞胀”本身就没有重视供给问题，由于供给不足导致失业，由于长期推行凯恩斯主义的扩张性财政政策和货币政策导致通货膨胀。因此，依靠市场机制是解决美国经济困境的根本出路，通过加强个人刺激来提高劳动生产率并增加供给。供给增加自然会导致需求增加而没有必要人为地去刺激需求，只要紧抓供给这一环节，就能使总需求达到平衡，整个社会经济就会实现均衡地发展，经济危机也就不会发生，即使发生了也是短暂的，很快就会过去。

二是对市场机制的自动调节作用进行强调，主张经济自由，反对国家干预。这是他们经济理论的核心。他们认为在第二次世界大战后美国全面推行凯恩斯主义，通过加强政府干预使市场机制的作用遭到破坏，结果使个人和企业的积极性大大消减。

因此，他们提出想要实现供给，就必须将凯恩斯主义抛弃，减少国家的干预，充分发挥市场机制的自动调节作用。与此同时又造成储蓄率低、投资率低导致资本供给不足，劳动生产率下降。

三是减税，这是供给学派政策宣扬的基本内容。他们认为促使供给增加的基本手段是减税，因为减税对社会经济发展将产生积极作用。这具体表现在：首先，降低税率、减少税收可以对生产者的积极性产生刺激作用，从而提高生产效率；同时又能够减轻经营者担心利润减少的心理负担，增加投资和扩大生产，从而出现整个生产的竞争和活跃的情形。其次，减税可以使个人和企业的储蓄和投资得以增加，并促进个人少休息多劳动。在他们看来，面对高税率的情况，从心理上说，人们宁愿多消费，多休闲，少储蓄，少投资，少工作；而不愿降低税率，但事实上，人们宁愿少消费，少休闲，多储蓄，多投资，多工作，这样自然会对供给的增加有促进作用。最后，在他们看来，从长远来看，减税能够促进政府收入增加。

从减税到刺激生产、降低价格是有一段过程的，不可能马上见效。但从长远来看，许多部门由于减税而降低生产成本，这就为他们的产品找到了市场，带来了利润。企业利润的增加，也就意味着国家税源将变得更为丰富，政府收入随之也会增加。它把美国 20 世纪 70 年代所遇到的经济问题，仅仅简单地看成是凯恩斯主义政策的结果，而回避了资本主义基本矛盾这个本质性的问题。供给学派的经济理论和政策主张在某种程度上揭露了凯恩斯主义的缺陷，但它对资本主义经济问题的分析仅仅是片面的，没有充足的科学依据。它的理论基础供给创造需求，实际上是资产阶级传统经济理论萨伊定律的另一种说法。“供给创造需求”的萨伊定律，早已被资本主义经济危机的事实所推翻。在生产资料私有制的资本主义社会中，生产和需求都各位一方，做到供给与需求的一致是不可能实现的。它的理论核心强调市场机制的自动调节，国家对经济的干预持否定的态度，也是不符合现实的。因为现代生产力的发展，使生产的社会化程度逐渐升高，整个社会的经济生活互相依靠、互相约束，这就要求政府在客观上对经济进行宏观的调节和干预。

第十三章

现代西方自然科学成就和理论

20 世纪是现代科学技术迅速发展的时期，在科学和技术领域造成了历史上空前的、有深远影响的重大突破，大大推进了人类历史的进程，对人类的社会生活有所改善，坚定了人类改造自然、改造社会的信心和决心。科学技术的惊人发展使一批科学巨匠出现，产生了一系列伟大的发明和发现。总而言之，这一时期的科学技术成就，无论在数量还是在质量方面都超过人类有史以来所有成果的总和。20 世纪的科学技术革命，发起于世纪交替的物理学革命。

第一节　爱因斯坦的相对论

19 世纪末期，许多物理学家认为，物理学的理论已经几乎完成，后人只需在细节上作些补充和发展能完成。有的科学家甚至断言："科学已达到了它的巅峰，研究它并没有很大的意义。”然而，就在他们傲然自得、故步自封的时候，新的发现却接连出现。1895 年，德国科学家伦琴发现 X 射线，这一发现把人们带向了一个完全陌生的王国，即微观世界。1897 年，英国科学家通过对能够产生 X 射线的阴极线进行了深入研究，发现了电子，从而揭开了电的本质，这是人类向微观世界发展的开端。不久之后，英国物理学家卢瑟福推翻了一概被视为不可分割的原子论陈说。1898 年，法国科学家居里夫妇发现放射性物质镭，为打开原子大门提供了金钥匙。X 射线、元素的天然放射性和电子，这些物理学的三大发现，在科学史上具有相当重要的意义。

它们不仅将原子界的奥秘打开了，对原子不可分、元素不可变的传统观念加以否定，而且把人们的视野带进了微观世界，开辟了人类向自然奥秘认识的新天地，揭开了现代科学技术的新篇章。然而，古典物理学无法解释这些重大的新发现。当时，老一辈物理学家企图用弥补的办法来对古典理论的框架加以维护，而年轻的德国籍犹太物理学家爱因斯坦却别具眼光，看出了物理学革命难以避免。在他看来，要处理新发现与旧理论之间的矛盾，只有对物理学的理论基础进行根本性的变革。

1. 狭义相对论的创立

阿尔伯特·爱因斯坦（1879—1955）出生于德国乌尔姆。他大学毕业后，曾在伯尔尼专利局工作。1909—1912 年间陆续在苏黎世大学、布拉格大学和苏黎世工业专科学校任教授。1913 年返回到德国，成为威廉皇家物理研究所所长和普鲁士科学院院士，并在柏林大学任教，直到 1955 年 4 月 18 日逝世。爱因斯坦善于独立思考。1933 年由于纳粹政权迫害而迁居美国，拥有美国国籍，在普林斯顿高等研究所致力于理论物理的研究工作。早在十五六岁时，有两个问题在他的思想上给予启发：如果一个人凭借光速跟着光线跑，那结果将会是怎样呢？一个人恰好在一架自由下落的升降机里，那么又将会发生什么呢？不盲从权威、敢于摆脱旧传统观念的约束，相信世界的统一性，具有直觉思维和逻辑思维紧密结合等正确的思维方式，是爱因斯坦成为物理学地平线上升起的一颗明亮的新星的主观原因。客观上讲，他的相对论的产生是在物理学的危机下出现的。众所周知，牛顿把时间和空间看作是脱离物质运动而独立存在的框架，认为世界上存在着静止不动的空间和绝对均匀的时间。这种绝对的时空观念与人们的日常经验很符合，长期以来被看作是物理学不可动摇的基础。

但是，在 19 世纪末 20 世纪初，当物理学的研究发展到高速运动时，牛顿的绝对时空观念遇到了无法克服的困难。当时有人就说，在物理学的朗朗晴空中还存在两朵令人担忧的乌云：一个是黑体辐射问题以及另外一个关于光速的迈克耳逊—莫雷实验，后者直接导致了相对论的产生。依照牛顿理论，在绝对静止的坐标系里光的传递速度在各向是相同，而在绝对运动为 v 的坐标系里，光速在垂直于该坐标系运动方向上为 C，在顺着坐标系方向上光速应为 $c+v$，换句话说，各个方向是不一样的。它们使同一光源发出的光分为两束，沿着两条相互垂直的方向发出，经过差不多相同的路程各自又反射回来，并使它们汇合一起，同时还相互干涉，产生了干涉条纹。1876—1877 年，美国人迈克耳逊和莫雷设计了精美的实验装置来测量地球上光速在各方向的区别。

然后，使整个装置旋转 90°，于是两束光立刻都改变了方向。如果光速是各不相同的，那么这两条光线来回所需的时间应当改变，干涉条纹也需要改变。可是，无数次的实验表明：干涉条纹未发生任何改变。这意味着地球对绝对空间的运动速度为零，地球是出于绝对静止的状态。科学家提出了各种方案来解释迈克耳逊—莫雷实验，就是为了承认地球运动。赫兹认为，地球带着传播光在以太一块儿运动，而光在以太中传播的速度保持同一数值不变。因此在上述实验中，光速在各向是相同的，干涉条纹当然也不会发生变化。1895 年，爱尔兰学者 G. F. 斐兹杰惹和荷兰物理学者 H. A. 洛仑兹独立地认为，以太相对于绝对空间是不动的，不随着运动的物体而运动。彭加莱在 1904 年的圣路易国际艺术与科学大会上作的题为《数学物理学原理》的讲演中预测，既然物体运动速度大于光速 c 时，洛仑兹长度缩短的公式将不再富有意义，那么，必然一种全新的力学还能找到。

就在他讲演的第二年（1905)，《物理学年鉴》第 7 卷发表了爱因斯坦长达 30 页的论义《论动体的电动力学》。这篇论文的出现宣告了相对论的创立。爱因斯坦的论文实际上是对统治了物理学界两个世纪多的牛顿绝对时空论的挑战。就在那一年，爱因斯坦又在该杂志上发表题为《物体的惯性同它所包含的能量有关吗》的文章，在理论方面作了重要补充。从理论上绝对空间的以太的存在进行了否定，从而开辟了物理学的新纪元。爱因斯坦在其论文中论述的是与惯性系统的狭义相对论相适应的。它的基本原理有二，包括质量与运动的相对性以及质量与能量的等价原理。所谓质量与运动的相互关系是指物体对运动惯性的阻挡是可以变化的量。这种称为惯性质量的变化在高速运动电子实验中有所表现，电子的质量随着速度的增加而变大；相对而言，运动物体的速度小于光速，因运动物体的质量增加就不明显。质量是否增加对相对论来说是具有重大作用的，而质量的增加是根据运动的速度远高于光速而增加的。

这对日后原子物理学领域基本粒子的加速产生了重要作用。所谓质量与能量的相互关系，按照爱因斯坦的说法，就是物体所含的能量可以用质量直接度量，光可以转变为质量。根据此现象，他提出著名的质能关系式：$E = mc^2$。E 表示能量，m 表示质量，c 为光速。这就说明能量的转换与相应的质量转换是密不可分，从而对经典力学关于质量和能量守恒定律是互相独立的理论进行了否定。这就是爱因斯坦论证的质量中有能量，能量中有质量。过去彼此独立的质量守恒和能量守恒合并成了一个质能守恒定律。由此，爱因斯坦将人类自然科学史上最辉煌的杰作完成了，为狭义相对论建立了完整的内容体系。这一如此重要的科学创造，改变了两个多世纪以来作为规矩的牛顿定律，使爱因斯坦由一个默默无闻的物理学后辈发展为现代物理学和力学巨人。这不仅批判了牛顿的时空论和运动学说，更重要的是，当原子力这一质量向能量转换时，对人类的前途以及命运产生了重大影响。

1905 年 10 月，普朗克首先向柏林大学说明了相对论。1908 年，在德国自然科学家和医生协会第 80 次年会上，爱因斯坦的老师、德国数学家闵可夫斯基，对爱因斯坦的上述观点做出了全新的数学归纳，提出了相对论的四维时空表示法，将狭义相对论以完美、简洁的形式表现出来。历史发展表明，狭义相对论在很大程度上促进了科学前进，成为现代物理学的基本理论之一。历史又表明，科学真理的创造需要有胆识者，一定与赏识创造者也需要有胆识者。

2. 广义相对论的创立

第一次世界大战爆发后，爱因斯坦一边参加反战呼吁，一边在科研上更加奋力进取。1916 年年初，他发表了物理学史上史无前例的《广义相对论基础》一文，对广义相对论的创立完成了。广义相对论是一种论述引力的学说，是爱因斯坦把狭义相对论理论推广到非惯性系中去的结局，也是一种向牛顿力学发起的挑战。如果说狭义相对论是对牛顿的第二定律（绝对时空观）和以太运动的话，那么，广义相对论则是针对牛顿的万有引力定律而产生的。它解决了长时期以来牛顿的“超距力”的难题。所谓“超距力”，就比如两个物体相互都具有吸引力，太阳和地球距离 1.5 亿公里，太阳的引力还是传输给了地球，这引力又是如何产生的？又如何能够传递？实验证明，质量不同的物体同时落地，表明引力质量与惯性质量是一样的。爱因斯坦用场论形式的理论对牛顿的“超距力”问题做出了回答，他把引力当作引力场与物体之间的连接作用。在引力场中，任何物体同时掉落，在加速系中作加速运动的物体就像在引力场中一样，引力场与加速系之间的等价性即称作是“等价原理”。

由于等价原理，爱因斯坦引出空间“弯曲”说。在他看来，空间是不均匀的，是由物质和场来决定的；空间“弯曲”对引力场中物体轨道的几何状态作了决定，它表现为太阳系的行星轨道因太阳的物质作用而出现空间弯曲。爱因斯坦在广义相对论中所阐述的引力学说，对非欧几何学在物理学上的运用起到了促进作用，这在自然科学史上是空前绝后的。相对来说，狭义相对论研究的是不涉及引力学说的一定范围内的直线、匀速相对运动，而广义相对论则是对任何运动的参照系的研究，即是对引力的专门研究。广义相对论对狭义相对论的结果进行了扩展。广义相对论的建立不仅是 20 世纪人类的骄傲，而且是 20 世纪科学史上的最高成就。

爱因斯坦在广义相对论中作出这样的假说：自然规律对于以任何形式相对运动着的观察者来说都是不变的；物质存在的空间不是平直的欧几里得空间，而是弯曲的黎曼空间。某一区域时空曲率是由该区域的物质质量及其分布状况决定的；引力场中的任何运动在时空中都走最近路程；光线的路程需要弯曲，时钟的走时需要变慢。爱因斯坦曾提出了可供验证广义相对论的三个现象，很快就得到了实践的证明。其一，爱因斯坦表明，水星近日点的运动包括广义相对论的效应，用广义相对论计算比用牛顿力学计算得到的结果是这种运动每百年应多 43 秒。而事实上，自从 1859 年发现水星近日点的运动以来，恰巧有每百年 43 秒的运动是用牛顿力学不能解释的。其二，1915 年爱因斯坦根据广义相对论计算出太阳边缘通过的光线要发生 1.70 秒的偏转。1919 年 5 月 29 日日全食期间，英国皇家天文学会派出的两支观测队在西非和南美实测的偏转值分别为 1. 61 秒和 1. 98 秒，这与爱因斯坦的预言是相当接近的。其三，爱因斯坦由广义相对论引力论而断言，在强引力场中时钟要走得慢些，因此，从大质量星球表面射到地球上的光谱线将会移动到红端。1925 年美国天文学家亚当斯观测到了天狼星伴星发出的光线的引力的频繁移动；到 1965 年，利用穆斯堡尔效应测得更准确的相对频移值，与相对论的理论预测值误差在 1/100 之内。爱因斯坦一生对科学的贡献非常巨大，除创立狭义相对论和广义相对论以外，他还提出了现代宇宙论和统一场论，对于宇宙起源问题作出探讨，从而使众多科学家在这方面的探讨、研究和创造受到启发。在分子运动论方面，他的关于液体中悬浮粒子运动的两篇论文不仅在理论上彻底解决了 1827 年发现的布朗运动，而且提出了测定分子大小的新方法。

1905 年，他提出光量子假说，1906 年又把量子概念运用到品格振动上，低温时固体比热同温度变化的关系问题得以解决；1916 年，他根据玻尔的基本假定导出了普朗克的辐射公式，并提出受激辐射的这一概念，在理论上为激光技术的产生奠定了基础；1924 年，德布罗意物质波假说刚一提出，爱因斯坦就用它来作为处理单原子理想气体的工具，同玻色一同建立了玻色—爱因斯坦量子统计理论。从 1905 年开始直到 1955 年爱因斯坦逝世，在这整整半个世纪中，他对上述学科所做的贡献首屈一指。而他在物理学领域做出的具有划时代意义的革命性创造和贡献使世界学术界感到震惊，有人称他为“20 世纪的哥白尼”，也有人认为他一生理应是 5 个诺贝尔奖的获得者。他是继哥白尼、伽利略、牛顿、达尔文之后最伟大的科学家。他打破经典物理学定律的事实也证明了人类的智慧是无限的，更加伟大而光辉的未来将会由人类来创造。

第二节　普朗克的量子论及量子力学理论

20 世纪，建立量子论是物理学的另一场大革命。它是由黑体辐射问题引发出现的。黑体是指一种可以完全吸收电磁辐射而完全没有反射和透射的物体。对有关热辐射现象的理论解释是 19 世纪末物理学天空的“两朵乌云”

之一。虽然在 1879 年 J. 斯蒂藩就将辐射能量与辐射体温度间的公式给出，1884 年玻尔茨曼又从理论上将这个公式加以推导，但它只能给出辐射的总能量，而对辐射能量按波长分布的规律却无法阐明。1893 年，德国物理学家 W. 维恩根据麦克斯韦电磁理论和热力学定律，得出一个结论：黑体辐射能量最大的波长与黑体的绝对温度具有反比的关系。为了找到这个关系，许多物理学家开始对黑体辐射开始研究。也就是说，随着温度的升高向波长短的方向移动将影响辐射能量按波长分布的最大区域。

这也就是移位定律。1896 年，维恩终于采用半理论半经验的方法，建立起一个描述辐射能量按波长分布的维恩定律。但维恩定律仅在短波部分与实验验证结果较符合，在长波部分却与实验却又很大差错。1900 年，英国物理学家 L. 瑞利根据统计力学和电磁理论将另一部分能量分布规律推导出来，1905 年又经英国物理学家 J. 金斯的修正，于是将这一定律称瑞利—金斯定律。实际上，当波长变短时，辐射能量按道理应渐趋于零，而按这个定律却向无穷大趋近。但这个定律与维恩定律恰好相反，在长波部分与实验比较一致，而在短波部分与实验截然不同。后来，P. 埃伦菲斯把它称为“紫外灾难”。1900 年 10 月初，从事热力学研究 20 多年并从 1893 年起即开始黑体辐射研究的德国物理学家普朗克尝试来解决这一难题。

一、量子力学发展的初级阶段

1. 普朗克的量子假说

马克斯·普朗克（1858—1947）出生于德国基尔。他从截然相反的方向进行解决辐射问题的尝试。1899 年，他根据热力学推导出维恩定律。1900 年 10 月 19 日，普朗克向德国物理学会作了题为《维恩辐射定律的改造》的报告，正式将这个在短波段与维恩定律相近而在长波段则与瑞利定律相近的公式提出。然而，这个公式还属于半经验公式，它是借助维恩和瑞利公式，用内插法，并根据实验数据拼凑出来的。当晚鲁本斯就对这个公式做了实验性验证，结果是它与实验刚好符合。普朗克意识到，如果想要把上述公式理论地推导出来，就必须提出一个前所未有的大胆假设：物体在发射辐射和吸收辐射时，能量的交换方式都是以不连续的方式进行的，能量被辐射或吸收只能以一定的数值和这一数值的整数倍来进行，而无法采取这些间断数值间的任何值。换句话说，能量是不连续的，不是无限可分的，而是有限个能量的最小份额，普朗克将它称为“能量子”或“量子”。

对应不同波长的辐射能量子具有不同的数值，但都等于其频率 z 与一个常数 h 的乘积，即 E = hz（E 是量子的能量，z 是量子的频率，h 是一个比例常数)。1900 年 12 月 14 日，普朗克在德国物理学会会议上宣读他的论文《关于正常光谱的能量分布定律的理论》，正式将具有重要革命性意义的量子假说提出：辐射的发出和吸收都是量子化的，这就是普朗克的量子论。普朗克是现代物理学方面最重要的学者之一，凭借他在量子假设上做出的重大贡献以及他在物理理论上的成就，1918 年，他获得了诺贝尔物理学奖这一荣誉，1930 年和 1945 年两次出任威廉皇家促进科学协会主席。然而，因为普朗克的量子假说与当时物理学界的习惯思维方式实在是相去甚远，而且也与一般人的常识所不容，所以，人们只接受了普朗克对辐射能量分布的公式的描述，而对他以这一公式作为基础而提出的量子观念却无法接受。

量子论几乎受到英国和法国物理学家的普遍拒绝。这种处境迫使普朗克接连倒退，因为他不希望人们说他是经典物理学的破坏者。而事实上他已通过他的量子论对经典物理学的庞大体系造成了破坏。1910 年，他把辐射的吸收过程必须是量子化的假设放弃了。尽管如此，普朗克所假设的黑体是由多个振子所构成，每个振子的能量恰好是这个数值的整数倍；微观世界发生的事是在动荡间断的活动中完成的等等，这个天才假想实现了对自然规律的双轨研究，即从宏观和微观两个世界来对能量的变化加以思考。1914 年，他甚至对发射过程的量子假设也想放弃。而对基本粒子的微观的认识规律与宏观规律完全不同。他的假设成为现代量子物理学的源头，它使 20 世纪的物理学发生了革命性的变化，而且还成为新物理学的基石和第一个里程碑。当普朗克的假设在学术界遭到冷漠的时候，一个不同凡响的声音在瑞士发出。

这就是爱因斯坦的声音，1905 年，爱因斯坦在《关于光的产生和转化的一个启发性观点》一文中提出，应把光看成具有能量 E = hv 的能量子的集合，并把这种光的能量子称力“光量子”，也就是后来被称为的“光子”。他的光量子说，不仅把普朗克的量子假说作用于对光的认识，而且把能量间断的量子化特征从辐射的发射和吸收推广到了传播过程。他还用光量子论对荧光、光电离成功地作出解释，尤其是光电效应等过去经典物理学难以解释的现象。光量子论的建立，是一种物理学关于光的认识划时代的进步，它不是对光的电磁波动理论的简单否定，也不是对光和微粒发射说的简单回答，而是走向“波动及发射理论的一种融合”。

爱因斯坦通过对小频率范围内辐射的能量涨落进行计算，发现明显存在独立的两种涨落机制，光表现为波动在统计平均现象中；光表现为粒子在瞬时涨落现象中。这样，他就成为第一个揭示了光的波粒二象性的人，也在科学认识史上第一次把微观客体的波动性和粒子性的统一揭示出来。1912 年，他又把量子论应用于光化学现象。此后，爱因斯坦又把量子概念在其他领域中加以推广，1907 年，建立了比热的量子理论。但光量子论也受到了几乎所有老一辈物理学家的反对。直到 1922 年，美国物理学家 A. 比康普顿发现康普顿效应之后，人们才发现仅仅只有光量子论才能对这一效应作出解释，康普顿效应也被看作是光量子论的判断性实验。爱因斯坦是对普朗克学说表示肯定和赞赏的第一人，普朗克本人在后来也认识到其革命性假设的重要性。在物理学界对以量子论为基础对世界认识进行讨论时，普朗克说：“认识宇宙的现实因素是电子和质子的波，而不再是化学原子，其相互作用的决定因素是光的速度和基本的有效量子。”

2. 玻尔的原子结构模型

继爱因斯坦之后，年轻的丹麦物理学家玻尔（1885—1962）致力于量子论大旗之下。1911 年，玻尔由于在用经典电动力学研究金属中的电子运动中遇到很大困难，便寻求新的理论工具。他首先到剑桥大学著名的卡文迪许实验室学习，然后又到曼彻斯特卢瑟福实验室深造。玻尔对当时的许多新实验现象和理论加以综合。他认为，电子很可能位于原子核外几种稳定的轨道之中，每种轨道就如同一定的能级，当电子运动状态发生改变的时候，它从一个轨道跳跃到另一个轨道，这个能级的变化，在吸收或辐射一定能量的光或热后有所反映。1913 年，这位 28 岁的学者对卢瑟福关于原子结构的模型作了修改和取得重大发展。

对于原子结构的这种模型，称作卢瑟福—玻尔模型。它准确地解释了一些简单原子的辐射现象。玻尔不仅在量子力学的创立过程中发挥了重要作用，而且对物理学问题的哲学探讨特别重视，提出了著名的“互补原理”。但玻尔模型在对氢的原子结构进行分析时却遇到了困难。量子力学发展的初步阶段是从普朗克量子概念到玻尔的原子结构模型。到 1923 年德布罗意的物质波理论创立，量子力学才开始进入新的阶段。

二、量子力学的发展阶段

1923 年，法国物理学家德布罗意思考：爱因斯坦关于光的波粒二象性的发现能否推广到电子和一切微观粒子呢？于是，他在光与物质粒子间作了类比的思考：物质粒子具有粒子性，同样的光也具有粒子性，物质粒子运动的定理和光的运动定理在数学形式上极其相似，而且光还具有波动性。1924 年，他在提交巴黎大学理学院的博士论文《关于量子理论的研究》中认为，就像辐射具有粒子性一样，粒子也具有波动性，量子论公式也对电子等物质粒子适用，并提出“物质波”概念。

同年 5 月，英国物理学家汤姆逊得出电子束穿过金属的衍射图像。1927 年 1 月，美国物理学家戴维逊和革末用电子束射向镍单晶体，产生了衍射。此后，斯特恩在 1929 年、约翰逊在 1931 年用氦原子、氢原子乃至氢分子在晶体表面成功地完成了衍射实验。这些实验都证明了“物质波”的实在性。德布罗意的物质粒子的二象性理论，在量子理论中是一次重大突破。它确定了微观粒子的二象性及微观粒子的运动规律就是量子理论的研究对象，通过对微观粒子特性的运动规律加以寻找，导致量子力学的建立。

三、量子力学的最终建立阶段

1925 年，奥地利物理学家薛定谔根据几何光子中光的传播规律与质点力学中粒子运动规律的相似性找出其间的关系，再以德布罗意物质波公式为基础用类比方法从波动光学关于光波在空间传播的方程式，得出物质粒子的物质波在空间传播的方程式，即著名的薛定谔方程；并以此方程为基础建立了一套“波动力学”的理论体系。同时，德国物理学家海森伯（1901—1976）直接以玻尔的理论为开端，在爱因斯坦创立相对论而对牛顿绝对时空观念抛弃的启示下，将玻尔对原子中电子运动仍使用的经典描述（如轨道等概念）抛弃了，按照“仅仅以那些在原则上可观察的量之间的关系为依据”的原则，提出一套建立新的力学理论的数学方案，并在老师玻恩和约尔丹的指导与帮助下，以矩阵方法作为数学工具，建立了“矩阵力学”的系统理论。波动力学以相当好的近似程度对电子的行为进行了正确地表述，可以广泛地对有关各种原子过程的经验加以解释。

1925 年 11 月，狄拉克用泊松括号取代矩阵方法，使得把古典方程改造成量子力学方程更加方便。1927 年，海森伯认为，微观粒子的位置和速度无法同时被确定。因为确定了微观粒子的位置，其速度就不能确定；确定了它的速度，其位置又不能确定。这便是海森伯的“测不准原理”。1930 年，海森伯发表的《量子论的物理原则》对量子论的发展具有重要意义。与此同时，创立了“矩阵力学”和“波动力学”的物理学大师们，在短暂的对峙之后，很快就发现，事实上这两种新力学体系是等价的。1926 年，薛定谔把两者统一起来。至此，量子力学宣告建立。量子力学的建立，使得物理学基本观念的变革得以完成。1928 年，英国物理学家狄拉克又以一些更普遍的假设为出发点，并引入爱因斯坦的相对论，建立了相对论性量子力学。它不仅使粒子和波作为物理学所研究的物质实在实现了最终的统一，而且还改变了对微观客体运动的描述方法。因为量子力学用来描述粒子状态的是波函数，而对波函数的意义只能作统计解释，这就使经典物理学的机械决定论和因果论从根本上发生了动摇。

量子力学所揭示的“测不准关系”，甚至导致像经典力学所认为的“某个质点在某一时刻具有某种位置和速度”的观点都没有意义。总而言之，由许多物理学家的不断努力，经过一系列进步台阶才建立起来的量子力学，既是与微观粒子低速运动规律的科学相关的，也是人类自然界认识的过程中的一次重大飞跃。人们突然发现，宏观世界的物质运动规律在微观世界并不适合，从而使人们的自然观念发生了一次深刻的变革，并为现代自然科学提供了理论基础。

第三节　原子核和基本粒子

一、对原子核的研究及裂变的发现

原子核物理学是一门研究原子核的组成、变化规律以及内部结合力的学科。但要探索原子核的组成及其变化，就必须对原子核进行人为地变革，深入它的内部，揭示它的奥秘。目前很难确定这门学科产生的年代。早在 19 世纪末，放射性和电子的发现就已将原子内部的结构揭示出来。1911 年卢瑟福发现原子内部存在一个核；1913 年，玻尔进一步指出，放射性变化是在原子核内部发生的。放射性现象的结果揭示了原子核是一个复合体；镭衰变时放出大量的热量，又表明原子核的结合是依靠很强的力的作用。原子核的物理学就是以此为基础逐渐形成的。早在1815年，根据多数元素的原又子量是氢原子量的整数倍，英国医生兼化学家普劳特（1785—1850）提出所有元素都由氢原子组成的假说。

100年后，即1914年，该假说又被重新提出，并将氢原子核命名为质子。由于质子带正电荷，所以那时人们就假想原子核是由质子和电子组成的。卢瑟福于1920年提出一种猜想，认为一种中性粒子可能存在于原子核内，它是由一个质子和一个电子结合形成的。中子的发现是核物理学的一个新纪元。卢瑟福一直追寻着这种粒子，但经过12年后，才由他的学生兼助手、英国物理学家查德威克找到，并将它命名为中子。它不仅让人们对原子核的组成有了一个正确认识，而且为人工变革原子核提供了有效方法。

中子由于不带电荷，静电作用对它没有影响，可以相对自由地接近甚至进入原子核，容易引起核变化，因此，它立即成为科学家用来作为轰击原子核的理想“炸弹”。可以说，它是将核奥秘打开的钥匙，并在开发原子能的事业中确实大有作用。1934年1月，法国的约里奥·居里（1900—1958）夫妇用粒子去轰击铝，得到了自然界不存在的放射性同位素磷P。它放出正电子，半衰期大约为3分钟，最后衰变为稳定元素硅。他们还用磷粒子轰击了氢、钾、铍、碳、氮等元素，同样观察到类似现象。这些发现表明：放射性同位素可以由人为产生，即由稳定化学元素经磷粒子轰击即可生成，这样的放射性元素会再产生某种粒子而本身衰变成另一种稳定元素。约里奥·居里夫妇由于发现了人工放射性而获得1935年的诺贝尔化学奖。约里奥·居里的发现开辟了一个新的实验研究领域，在鼓励人们去寻找更多的人工放射性同位素方面起到了推动作用。但科学界进一步的研究发现，用粒子做“炮弹”轰击原子核，使其具有放射性的元素只能作用于轻元素，对于重元素却不起作用。

意大利物理学家费米（1901—1954）在研究中提出了新设想，他的与别人截然不同，别人思考的是炮弹“轰击”问题，而他思考的却是轰击“炮弹”问题。1934年上半年，费米决定按照周期表的顺序从氢开始用中子做炮弹，逐个轰击，一直到第9个元素氟才发现了放射性同位素。费米在短短的几个月就发现了37种放射性同位素，找到了人工制造放射性同位素的更有效途径。依费米看来，这是因为中子通过含氢的石蜡，中子与氢原子发生弹性碰撞，使中子速度减慢出现的结果。慢中子具有更强烈的激起核反应的能力。1934年10月，费米小组又发现：中子经过石蜡作用后变成了更优良的炮弹。接着，他又发现水也具有使中子慢化的作用。人们把慢中子及其效应的发现认为是“核时代的实际起点”。由于费米成功地用中子轰击原子核，并且由此创造了一系列新的放射性元素和发现慢中子效应而获得1938年诺贝尔物理学奖。

在费米小组看来，在用中子轰击元素周期表中的许多元素的原子核的过程中，许多元素的原子核吸收了一个中子后没有了稳定性，通过B衰变发射出一个电子，中子变成质子，而转化成周期表中下一个位置的元素原子核，这样原子序数增加1。当他们用中子轰击周期表中原子序数为92的铀原子的最后一个元素时，试图得到原子序数为93的新元素，可是却得到一些使他们迷惑而又难以分辨的放射性元素。因此，他们判断其中至少有一种放射性元素是超铀元素。1934年5月，他们发表了实验报告。通过实验，事实上他们已经发现了核裂变，但由于误认为是发现了超铀元素而将一次重大发现的机会错过。1936—1938年间，柏林威廉皇家研究所的放射化学家哈恩和他的学生施特拉斯曼及其合作者奥地利女物理学家梅特内，对费米实验进行了认证工作。他们在反应产物中找到了镭、锕、钍，认为这在一定程度上对“超铀元素”出现的可能性加以证实。1938年9月，约里奥·居里夫人和她的助手、南斯拉夫物理学家萨维奇在用中子轰击铀的实验中观察到，原来在反应产物中认为出现的锕，事实上很可能是镧。哈恩和施特拉斯曼在了解到约里奥·居里夫人的实验结果后又重新进行了实验。

到1938年12月，他们提出的新报告对过去的判断加以改正：过去认为的镭、锕、钍，事实上是钡、镧、铈。但哈恩仍对这个新结果表示疑虑，便将实验结果告诉远在斯德哥尔摩的梅特内。他们把这一过程称为核的“裂变”，并根据爱因斯坦的质能关系式 $E=mc^2$，估算出一个铀核裂变可以释放出约2亿电子伏的巨大能量。梅特内与她的侄子、奥地利物理学家弗里施进行了认真的讨论。最后明确在实验中发生的真实过程是：铀核在吸收中子后，分裂成一个是原子序数为56的钡核以及另一个原子序数为36的氪核。1939年1月27日，玻尔在华盛顿理论物理讨论会上将哈恩和施特拉斯曼的发现宣布，以及梅特内和弗里施的解释，在物理学界立即引起很大的反响。当时就有人提出，如果铀核在裂变中再发出两个及其以上的中子，这些中子又可以引发别的铀核裂变，由此就能够形成链式反应，从而就可以在超短时间内释放出巨大能量。1939 年春天，约里奥・居里及流亡美国的匈牙利物理学家西拉德和费米等人都分别证实了实现链式反应的可能性，而且速度相当快，两次反应的时间间隔仅仅只有 50 万亿分之一秒。这表明，铀裂变链式反应一旦实现，在极短时间内将会释放出大量能量。原子核裂变这一系列发现具有划时代的意义，它为人类寻找到一种新的能源，即核能，俗称原子能。同年，约里奥・居里获得了通过铀核裂变释放能量的第一个原子能反应堆（重水/天然铀型）的专利。

但是，第一颗原子弹的试制与爆炸应该作为 20 世纪原子时代的开端。美国物理学家奥本海默（1904—1967）早在加利福尼亚大学讲学时，就开始对原子和原子核方面的工作进行研究。第二次世界大战爆发后，美国陆军部决定实施一项利用核裂变过程来制造原子弹的计划，即“曼哈顿计划”。他将铀 235 从天然铀中分离出来，对生产原子弹所需铀的临界质量数加以确定。

奥本海默被任命为该项计划的科学工作负责人。他很快建立起实验室，并且汇集了许多杰出的科学家，短短几个月时间就第一次成功地获得了自持链式核反应，没过多久又研制出一颗实验用原子弹，并于 1945 年 7 月 16 日在新墨西哥州的沙漠地区成功地进行了核爆炸实验。另外两颗依照计划制造出来的原子弹由美国空军的轰炸机投到了日本的广岛和长崎，对日本军国主义分子的投降起到了促进作用。

二、粒子物理学的研究及发展

粒子物理学是研究比原子更深一层次的微观粒子内部结构及其转化规律的科学。因为对这些微观粒子进行研究时，通常需要用很高能量的粒子作“炮弹”去轰击“靶”粒子，所以这门学科又被人们叫作高能物理学。它是当代的一门前沿学科。20 世纪 20—30 年代，人们只知道电子、质子、中子和光子 4 种微观粒子，认为这些粒子是物质微粒结构的最小单元，于是将其称之为“基本粒子”。1928 年，英国青年物理学家狄拉克根据理论预见到了反粒子，即正电子的存在；1932 年，美国科学家安德森根据对宇宙线的研究，使正电子的存在得到了证实。正电子的发现第一次证明了反粒子的存在，表现出自然界的一种基本的对称性。随着实验技术和理论研究水平的提高，人们便很快地发现基本粒子数量很多，至今已知的将要达400多种，所谓“基本粒子”也不能算是最基本的了。23年之后，美国科学家钱伯林等人发现了反质子。又过了一年，塞格雷等人又发现了反中子。此后，人们陆续发现了一系列反粒子。

泡利于1931年在解释磷衰变现象时预言到中微子。1934年，费米认为，磷衰变是中子转变为质子、电子和中微子（事实上就是反中微子）的过程。相同的是，质子也能转变为中子、正电子和微子，这就是发射正电子的s衰变。直到1956年，美国物理学家莱因斯和柯恩等人利用大型反应堆经过多年的努力，才终于直接探测到反中微子。1962年，美国布鲁克海文国立实验室的科学家们又发现了一种新的中微子Vu。1968年，探测到来自太阳的中微子。1932年，海森伯提出“交换力”的概念中认为质子与中子之间的核力是由于它们持续相互交换电子而产生的。1947年，英国物理学家鲍威尔利用照相乳胶技术在宇宙线中终于发现了汤川预言的粒子的踪影，它的质量是电子的273倍，被称作是“7T介子”。

在1934年，日本物理学家汤川秀树提出介子场理论，假想存在着一种传递核力的媒介粒子，由于它介于电子和质子之间，因此被称作是介子。这时，人们知道的基本粒子包括电子、光子、质子、正电子、中微子、7T介子等。它们当中的多数都是根据理论首先预言的，此后，又出乎意料地发现许多新粒子。这些新粒子按质量可以分为两组：一组质量比核子（质子、中子）重，被称为超子；另一组质量介于核子和介子之间，被称为重介子。这些粒子都具有一种奇特的特点，就是产生速度相当快，反而衰变速度十分慢，因此，人们称之为奇异粒子。随着基本粒子数量的持续增多，物理学家了对基本粒子性质和结构进行理论研究。根据其质量、寿命、自旋以及参与的相互作用等性质，可分成轻子、重子、介子，以及相互作用的传递子。近30年来的大量实验事实表明，至少强子（重了和介子）是拥有内部结构的。

早在1930年，德布罗意就提及过光子可能是正反中微子复合体的想法。1949年，费米和杨振宁提出介子是由正反核子构成的费米—杨振宁模型。奇异粒子被发现后，物理学家坂田昌一由物质无限可分的思想为出发点，于1956年提出了强子相互作用的复合模型，认为强子都是由质子、中子、A超子及其反粒子构成的。坂田模型不仅对介子、重子的一些性质做出了解释，而且成功地预言了中性介子 7T 的存在性。1964 年，美国物理学家盖尔曼在建立强子的周期表后又提出了夸克模型，认为介子是由一对正反夸克组成的，重子是由 3 个夸克组成的。1965—1966 年，中国物理学者提出了层子模型，认为强子是由更深一层的粒子，即层子所组成。

物理学家相信世界上存在着支配整个物理世界的统一规律，因此又致力于研究目前已知的自然界中存在的四种相互作用，即强相互作用、电磁相互作用、弱相互作用、引力相互作用的统一。基本粒子之所以够相互转化，是因为它们之间存在着各种相互作用。这种探索把四种作用力完全统一起来的超对称大统一模型，是物理学研究的一个主要动向。在粒子物理学的深层探索活动中，随着粒子加速器、探测手段、数据记录和处理以及计算机技术的不断发展，不仅推动了粒子物理本身的研究深化，也促进了其他方面科学技术的发展。粒子物理学所取得的成果已经在宇宙演化的研究中体现了重要的作用。至今，粒子物理仍然是一个正在发展中的年轻学科，人们期待着它将会取得新的突破。

第四节　天体物理学说和宇宙结构学说

一、天体物理学

天体物理学是利用物理学的技术、方法和理论，用以研究天体的形态、结构、化学组成、物理状态和演化规律的天文学分支学科。它由太阳系物理学、天体演化学、射电天文学等组成。18 世纪和 19 世纪前半叶，是近代天文学的重要发展时期。这一时期的主要特点是天体测量和天体力学取得了显著成就。19 世纪后半叶，照相方法、光度测量方法和光谱方法应用于天文学，使天文学家开始能够对天体的物理状态和内部过程进行考察。天文学从观察、研究天体的机械运动深入到对天体本质的探索，由此一门新学科又诞生出来，即天体物理学，这是现代天文学开端的一个标志。人类实践活动水平的空前提高，对探索大宇宙奥秘提出了新要求。20 世纪是天文学的黄金时代。许多大口径光学望远镜的相继建成使人们的视野扩大；射电天文学的崛起，在一定程度上为人们观测天体系统的结构打开了一个新的窗口，又一次将人们的视野加以延伸。

20 世纪 60 年代航天时代的到来，使天文学不再受到地球大气的禁锢，到大气外去探测宇宙中的红外、紫外、X 波段、7 波段辐射。由于新的观测手段和新的观测工具陆续发展，许多从未有过的新现象被看到了，也发现了一系列出乎意料的新天体。20 世纪天文学的观测范围超越了太阳系，超越了恒星世界，超越了银河系，超越了本星系团，达到了 150 亿年及 150 亿光年的巨大时空尺度。20 世纪，因为量子力学的建立和发展，使得人们对恒星光谱有了更加深入的理解。天文学家运用光谱知识来研究恒星大气的物理状态、物理过程和化学组成，从而创立了一个新的理论，即恒星的大气理论。利用量子力学研究恒星大气内原子的激发和电离、辐射的吸收和发射过程，使恒星大气的辐射平衡理论能够全面发展。1940 年，斯特龙根开始探索恒星大气模型的研究方法，用来推导恒星大气内各个物理量随深度分布的规律。

20 世纪 50 年代以来，伴随电子计算机的迅猛发展，已将各类光谱型恒星大气模型计算出来，为精密研究恒星光谱创造了条件。他还绘制了恒星的理论质光关系曲线，在理论上确立了恒星的质光关系。著名的英国天文学家爱丁顿于 1926 年出版的《恒星内部的结构》一书，对前人的对流平衡理论持否定的意见，提出对流不是恒星内部能量向外转移的主要方式，而辐射才是其主要方式，从而创立了恒星的辐射平衡理论，开辟了恒星内部结构研究的新纪元。这为恒星的质量推算过程提供了一条捷径。爱丁顿发现，恒星的光度不仅取决于它的质量，而且在相当大的程度上还取决于氢的相对密度。他认为，恒星内部能量在很大的可能性上来源于核过程，甚至还提及了氢转化为氦的可能性问题。他还指出，恒星的周期性地收缩和膨胀（即脉动）可以引起周期性光变。爱丁顿用天文观测证明了广义相对论的预言：光线在太阳附近会发生弯曲。

美国理论物理学家昌德拉塞卡利用相对简并的电子气体的物态方程建立了白矮星的模型，推导出了白矮星的质量最大限度是太阳质量的 1.44 倍。这就是著名的昌德拉塞卡极限。20 世纪 50 年代，英国天文学家伯比奇夫妇和霍伊凡提出的元素合成理论，对宇宙中各种元素及其同位素的形成过程进行了阐明，认为任何元素及其同位素都是氢通过发生在恒星上的 8 个过程逐步合成的。1939 年，他出版的《恒星结构研究引论》一书，对恒星内部结构理论做了系统地论述。它们合成后，从恒星抛射到宇宙空间，形成了人们所观测到的元素丰度分布。50 年代以后，由于理论物理学与天体物理学更广泛、更深入地结合，产生了相对论天体物理学和高能天体物理学。前者是以广义相对论的引力论为主要工具，用来研究有关天体现象的学科；后者主要对发生在宇宙天体上的高能现象和高能过程进行研究。

二、现代宇宙学

现代宇宙学开始于爱因斯坦 1917 年发表的论文《根据广义相对论对宇宙学所作的考察》，它在整体上研究宇宙的结构、运动和演化。爱因斯坦依据广义相对论空间弯曲理论，认为宇宙空间的体积是有限的，但空间没有边界；宇宙中物质是均匀分布的，在小范围内是运动的，但从大范围来看则是静止的。这个有物质但是不存在运动的有限无边静态的“爱因斯坦宇宙”，是现代宇宙学中的第一个模型。与此同时，荷兰天文学家德西特依据广义相对论又提出一个新的宇宙模型，认为宇宙处在不断膨胀演化的状态，但它的物质平衡密度等于零。1922 年，苏联数学家弗里德曼重新对爱因斯坦引力场方程进行研究讨论，得出了非静态的宇宙模型。这个“有运动无物质”的空洞虚无宇宙模型，被称为“德西特宇宙”。他论证说，如果空间的几何特性能够遵循欧几里得几何学，那么就得到一个不断膨胀的宇宙；如果是空间特性遵循黎曼几何学，就得到一个脉动的，即膨胀和收缩互相轮换的封闭宇宙；如果是空间特性遵循罗巴切夫斯基几何学，那么就会得到一个膨胀的敞开宇宙。

1927 年，比利时天文学家勒梅特进一步提出了大尺度空间随时间膨胀的概念，从而建立了“弗里德曼—勒梅特宇宙膨胀模型”。美国天文学家哈勃第一个为宇宙膨胀提供了观测依据。1929 年，他在分析对星系的观测资料时，发现银河外星系都处于远离我们的状态中，其离去的速度与距离成正比关系，确立了星系红移（即退行速度）和距离之间的线性关系。红移现象及对其定量表述的哈勃定律，是 20 世纪以来天文学上的重大发现，它第一次将天体体系在大尺度上所表现的物理特征揭示出来。1930 年，爱丁顿首先把哈勃的发现与宇宙膨胀理论联系起来，作为宇宙膨胀的证据。1932 年，勒梅特以宇宙膨胀论为出发点，进一步提出了“原始原子”爆炸起源的宇宙演化学说。在他看来，整个宇宙的物质最初聚集在一个“原始原子”里，然后发生了猛烈爆炸，碎片散向四面八方，形成今天的宇宙。1948 年，美国物理学家伽莫夫把核物理学的知识与宇宙膨胀论结合起来。

发展了勒梅特提出的宇宙大爆炸理论，并用它来为化学元素的起源加以说明。20 世纪 60 年代初，美国贝尔实验室为了加强与通讯卫星的联系，建立了一套新型无线接收系统，它的定向灵敏度超越了当时所有同类型的射电望远镜。伽莫夫认为，宇宙起源于高温、高密度的“原始火球”，后来火球内的基本粒子之间互相发生核聚变反应，引起爆炸，向外膨胀，辐射温度和物质密度骤降，核反应便停止，在此之间产生的各种元素就形成了今天宇宙中的各种物质。1964 年 5 月，科学家彭齐亚斯和威尔逊利用这套装置在测量时，发现一种过强的噪声辐射，它与绝对温度的 3.5 倍相当。在此后将近一年的测量中，他们发现这个消除不掉的噪声在每个方向都是同性的，而且不随季节变化。1965 年，这两位科学家与研究“原始火球”遗址的普林斯顿大学研究组互访后终于确定，他们所发现的宇宙背影辐射恰好是“原始火球”的遗址。以后，经过科学家们的进一步探索，使宇宙背影辐射为大爆炸宇宙学理论提供了有力的依据。

除大爆炸宇宙模型以外，1948 年，霍伊儿、邦迪、戈尔德等科学家提出了“稳恒态宇宙模型”说，认为宇宙在膨胀的过程中，当星系超越我们的速度而达到光速之后消失时，宇宙空间不会越来越空，而是不断产生新物质，形成新的星系来补偿原有星系的消失，空间中的星系密度是保持不变的，宇宙维持稳恒状态。但是，由于这个理论与质量守恒定律相违背，引起了很多人的怀疑和反对。该学说用宇宙的不断产生新物质来代替大爆炸，用宇宙保持不变的物质密度、新产生的物质产生向外的压力来对宇宙的不断膨胀作出解释。瑞典物理学家克莱因受狄拉克反物质理论的启发，提出了正物质与反物质宇宙理论，认为正反粒子相碰撞而消失时所产生的能量，是宇宙膨胀的动力。法国天文学家伏库勒与众不同，提出了等级式宇宙模型，认为宇宙在结构上是不均匀的、分层次的，如恒星、星系、星系团、超星系团等。

而且随着尺度的变化，层次的性质也有所不同。而所说的宇宙的均匀性和各向同性，在不同层次上含义也不相同。当然，宇宙奥秘的彻底揭示还有待于天文学取得的更大突破。20 世纪 60 年代射电望远镜的出现和 70—80 年代航天技术的发展，已经为天文学的新理论提供了一系列重要发现，而且正在为人类描绘着宇宙的真实面貌，为将来的突破提供了条件。

第五节 现代化学和生物学的发展

一、现代化学的形成和发展

在化学科学的发展过程中，波意耳把化学定义为科学，是化学史上的第一次革命；拉瓦锡将燃素说推翻而建立燃烧的氧化说，是化学史上的第二次革命；道尔顿等人建立的原子—分子学说，是化学史上的第三次革命。X 射线、电子和放射性的发现说明了原子内部有着复杂的结构。20 世纪原子对核外电子运动规律的揭示以及现代化学理论的建立，孕育了第四次化学革命的来临。化学跟着原子结构的确定而跨入微观的门槛，从而进入了现代化学发展的新时期。化学研究经历了从宏观向微观过渡的阶段，从简单体系向复杂体系过渡的阶段，从定性向定量过渡的阶段，从静态向动态过渡的阶段，从描述性向推理性过渡的阶段。

1. 量子化学的形成和发展

1913 年，英国物理学家莫斯莱按波长把元素按特征 X 射线排列，发现这个排列顺序与周期表的位序相同，他把这个顺序称为原子序数。原子序数也就是原子核带的正电荷数的数目。玻尔的原子结构模型提出以后，电子在原子核外的分布模型也得以完善。根据计算，元素在周期表中的族数取决于最外层的电子数目。发生化学反应的时候，主要是外层电子发生的变化。电子在原子中分布的模型，对元素产生的周期律做了解释。1916 年，德国化学家柯塞尔指出，金属元素的外层电子一般小于 4 个，容易失去电子，成为带正电的阳离子；非金属元素的外层电子一般多于 4 个，容易获得电子，成为带负电的阴离子。失去或获得的电子数，就是元素的正原子价数或负原子价数，阳离子和阴离子由于电荷引力结合而生成化合物，在其中表示结合的化学键叫电价键。

同年，美国化学家路易斯提出两个原子可以共用共有一对或多对电子，以便使两个原子都处于外层有 8 个电子的稳定状态。这种共用电子对的结合方式叫作共价键。用原子核外层电子的分布和变化来对原子价和原子间的结合力解释的理论，叫作原子价的电子理论。它使人们对原子间相互作用的认识加以深化。20 世纪，应用电子知识和量子力学来解释化学现象，是化学理论发展的主流。1927 年，英国科学家海特勒等人应用量子力学的理论，进一步对共价键是怎样形成和发挥作用的问题作了阐述，开创了量子化学的先河。换句话说，化学理论在向电子化和量子化方向发展。20 世纪 50 年代，量子化学较快发展，尤其是分子轨道理论的近似计算方法逐渐改进，已发展到半定量的水平。到 60 年代，电子计算机的应用使过去难以计算的问题得到了解决。1965 年，美国科学家伍德沃德和霍夫曼提出的分子轨道对称守恒原理是量子化学的一个重要跨越。

2. 色层分析法和 X 射线衍射法的发展

在现代化学发展的过程中，分析技术有很大的进展。20 世纪 30 年代发展起来的色层分析法就是一种新的重要的分析方法。早在 1901 年，瑞士化学家高贝尔斯莱德在其发表的研究报告中指出，利用混合物溶液在滤纸上不同的扩散速度所形成的色层，可以定性对溶液的成分做分析。1906 年，俄国植物学家茨维特把粉状吸附剂装在玻璃管里（色层柱）来代替滤纸：溶液组分在玻璃管里出现明显分层以后，把吸附剂按色层分开，再用溶剂冲洗，就可以区别开不同的组，确定它们的成分。这种方法叫作色层分析法。除此之外，常见的还有分配层析法，气相色层分析等多种层析法。1931 年，奥地利化学家库恩用纤维状氧化铝和碳酸钙做吸附剂，把结晶状胡萝卜素分成两种同分异构体，这一做法引起科学界的重视。所有层析法的原理基本类似，都是利用不同组分在色层柱中的扩散速度不同，将它们加以区分。1944 年以后，纸层析法被广泛用作分析和分离脂肪酸、氨基酸、染料、酶、维生素、糖、激素、抗生素等复杂有机物。

20 世纪 50 年代以后，气相、色谱被广泛应用。它是分析天然气、石油化工原料的甲烷、乙炔、丙烯、丁烯等气体成分的重要仪器。气相色谱石油化学工业的发展起到了促进作用。20 世纪，由于建立了 X 射线衍射法，使许多物质分子结构的秘密被揭开了。1912 年，德国学者劳顿提出，如果 X 射线是波长相当短的电磁波，那么晶体中各原子规则的排列可以使 X 射线发生衍射现象，像刻有众多平行线的平面能够使普通光发生衍射一样，这一推测很快就被弗里德里希在实验中得以证实。1913 年，英国物理学家亨利 · 布拉格和劳伦斯 · 布拉格父子通过分析 X 射线投射氯化钠晶体所出现的衍射图案，指出在氯化钠晶体里，正负离子具有相互交错的周期性排列，事实上不存在单个的氯化钠分子。他们还测量出了晶体里的原子之间的距离为 2. 81 埃（1 埃等于 10 厘米）。布拉格父子开辟了利用 X 射线衍射法分析晶体结构的先河。

1913 年，两个日本化学家发现，天然纤维能够像晶体一样使 X 射线出现衍射现象。20 世纪 20—30 年代，科学家对几百种无机物质的晶体结构利用 X 射线衍射法进行了测定，计算出 80 种以上的离子半径，在准确定量认识无机物结构方面迈出了决定性的一步。从此，X 射线衍射法也可以用来对有机物纤维的分子结构进行分析，大大地推进了有机化学结构理论的发展。X 射线衍射法在研究蛋白质结构方面也取得了明显的成就。1950 年，美国化学家鲍林指出，在氨基酸所形成的肽链中，可能会有两种螺旋体形成，一是型螺旋体，它的每一转里含有 3. 6 个氨基酸单位；二是 d 型螺旋体，它的每一转里含有 5. 1 个氨基酸单位。d 型螺旋体在许多纤维蛋白和球蛋白晶体的衍射图上得以证实。

3. 高分子化学的发展

在 19 世纪 60 年代有机化学的分子结构理论成立之后，在 20 世纪 30 年代又建立了高分子化学。以有机化学和高分子化学理论研究为基础，导致了现代有机化学工业的出现，为人类开创了一个崭新的人工合成材料时代。这次科技史上的重大突破，使得人们对材料的获得，开始从自然界和农业生产的依靠中逐步迈出来，为人类社会创造了新的物质基础。一般化合物的分子，它们的分子量是从几十到几百，几乎没有上千的，因此可以称为低分子化合物。科学研究的不断进展，最终使人们认识到，化合物是组成物质的成分，但各类化合物又是由数目各异的分子构成的。有些化合物的分子，它们的分子量要达到几万、几十万、几百万，甚至上千万，一般就被称为是高分子化合物。科学家的不断探索和实践，为合成各种各样的高分子提供了广阔的前景。

早在 1872 年，拜尔就曾经说过，在酸的条件下苯酚与甲醛能形成树脂状物质。1907 年，美国人贝克兰德对进行了苯酚衍生物与甲醛的反应深入地研究。并获得了酚醛树脂，为现代塑料工业奠定了基础。德国化学家史陶丁格（1881—1965）在高分子领域提出了重大的发现。他提出了关于聚合产物分子结构学说，明确了高聚物溶液的黏度与分子量之间的关系，称为“史陶丁格方程”。他的理论变成了一个发现新塑料和改变塑料性能的根据。1940 年，斯维德贝格发明了超离心法，直接测定了几万至几百万的分子量，并且测量出分子量的分布。这对高分子化学的建立起到了推动作用。在对前人研究总结的基础上，美国学者卡洛泽斯终于在 20 世纪 30 年代初发明了最早的合成纤维尼龙，这标志着高分子化学进入一个新阶段。杜邦公司于 1939 年开始生产尼龙。

同年，卡洛泽斯的助手富罗利对一系列缩聚反应进行总结，提出缩聚反应中任何功能团具有一样活性的基本原理，还将缩聚反应动力学和分子量、反应程度之间的定量关系提出来，为缩聚反应的深入研究做了铺垫。在高分子理论迅速发展的同时，高分子合成工业发展兴旺。富罗利和赫琴斯在高分子溶液中的摩擦理论、平均场理论及高分子溶液的统计热力学研究做出了巨大贡献。1939 年，德国生产了锦纶，第二年，英国人温费尔特和狄克逊合成了涤纶纤维。1950 年，腈纶也开始正式投产。氯丁橡胶的合成是高分子化学工业发展的另一个标志。美国人纽兰德和柯林斯坚持不懈，最终研制出氯丁乙烯自然聚合的氯丁橡胶，其在抗腐蚀性远超过天然橡胶，并于 1931 年实现了工业化生产。

高分子化学工业发展的第三个标志是塑料工业的发展。1928 年，聚氯乙烯合成成功，1930 年聚苯乙烯合成成功：1927 年成功生产出有机玻璃（聚甲基丙烯酸甲酯），1938 年发现了四氟乙烯的聚合；1935 年合成了高压聚乙烯。在这一研究领域，德国的齐格勒和意大利的纳塔做出了杰出贡献。总之，在高分子理论发展的同时，高分子合成工业也取得了很大发展；高分子合成工业的发展在某种程度上又促进了高分子理论的进步。这充分证明，科学理论与科学技术的发展，二者是相辅相成、互相促进的。

二、现代生物学的发展

20 世纪以来，化学和物理学在飞跃发展的相同时刻，也开始向生物学渗透。20 世纪初，形成了生物化学。40—50 年代，物理学的思想和方法与生物学相结合，引发了生物学革命。生物学研究开始踏上了精密科学的道路，其主要特征是根据定性的观察，发展为定量的分析，从宏观的研究进入微观的探索。研究面也从整体水平增加到细胞水平、亚细胞水平，直到分子水乎，从而使人类对生命活动的物质基础、基本结构和运动规律的问题进一步了解，为对生物的控制、改造和模拟提供了宝贵的资料。

1. 遗传定律的发现

奥地利传教士孟德尔（1822—1884），从1857年开始在修道院的空地上做许多植物杂交试验。经过8年的努力工作，他总结出了两条重要的遗传定律，即分离定律和自由组合定律。遗憾的是，他在1866年发表的历史性论文《植物杂交实验》没有引起人们的重视。直至1900年，德国学者柯伦斯（1864—1933）、荷兰学者德弗里斯（1848—1903）和奥地利学者丘歇马克（1871—1963）三人经过重新发现和论证，证明了孟德尔定律的正确性所在。于是，孟德尔的遗传定律在全世界传遍，引起了巨大反响，促进了遗传学的发展，同时也标志着现代遗传学的建立。

2. 基因理论的创立及发展

孟德尔定律被再发现后，遗传学研究与细胞学的成就相互结合，从个体水平加入到细胞水平，导致了染色体、基因理论的创立。1879年，德国细胞学家弗莱明发现可以用碱性苯胺染料将细胞核中一些微粒状物质进行染色，称为“染色体”。经对染色质在细胞分裂时的变化的仔细观察，他发现在这一过程中染色质先聚集为丝状，然后分裂为数目相同的两半。由于遗传特征的数目远远超出染色体的对数，萨通还假设一条染色体上可能有许多遗传因子。1888年，德国的瓦尔得耶尔将这种染色质丝命名为“染色体”。美国学者萨通认为，孟德尔所说的遗传因子其实就是细胞核中的染色体。1909年，丹麦学者约翰逊提出用“基因”来取代遗传因子的概念。美国遗传学家摩尔根（1866—1945）对基因理论的发展做出了重大贡献。从1909年起，摩尔根经过做著名的果蝇杂交试验，发现了基因的连锁现象（位于同一条染色体上的基因通常情况下将一起遗传而不彼此分开，每条染色都拥有一个基因连锁群体）、交换现象（不同染色体之间由于可以发生片段互换从而导致破坏连锁）以及性别决定、伴性遗传等事实。

摩尔根学派在《孟德尔遗传学原理》、《遗传的物质基础》、《基因论》等著作中对基因学说进行了系统地论述。他们认为，基因是遗传物质，是“染色体的物质微粒”，基因的分离和组合都是由染色体的分离、断裂、组合决定的，而且还决定着生物的遗传性状。总之，摩尔根学派孟德尔的遗传学说大大丰富并发展，形成了比较完整的基因理论。后来遗传学又与分子生物学相结合，从细胞水平向分子水平深入，使生物学出现了新的革命，走上了分子遗传学的新道路。

3. 分子生物学的创立及发展应用

分子生物学是一门研究蛋白质、核酸等生物大分子的结构和功能关系的学科。早在19世纪末，科学家已经明白蛋白质是各种氨基酸组成的生物大分子。到1940年时，20种组成蛋白质的氨基酸全部均已被发现。1944年，美国科学家艾弗里等人第一次证明：DNA是遗传信息的载体，而蛋白质不是。1953年，该理论被其他科学家再次证明。遗传密码的破解和中心法则的建立是分子生物学最重要的进展。从1944年薛定谔在《生命是什么》一书中提出遗传密码概念之后，到1969年，64种遗传密码的含义均已被破解。后来，科学家还排出一张遗传密码表。它对于生物学的重要意义，如同元素周期表之于化学一样。遗传密码表明了遗传信息的物质基础及含义，而中心法则是要解决以什么方法来调节和控制遗传问题。1959年，英国学者克里克提出：DNA分子一方面进行自我复制产生新的DNA分子；另一方面又把遗传信息通过转录的方式传递给信使RNA，把遗传信息从细胞核携带到细胞质，再到细胞质内进行蛋白质的合成过程。

他认为，这个次序是不能反过来的，称为“中心法则”。1970年，美国的特明和巴尔蒂摩各自独立地发现了逆转录酶，它使RNA病毒可以逆转方向，产生DNA抄本。这一发现对“中心法则”进行了修正、补充，还为病毒能够改变宿主细胞的遗传性提供了科学根据。到20世纪70年代，科学家们已经证明在原核细胞中存在。1961年，法国学者雅可布和莫诺，提出了操纵学说，进一步对基因的调节控制作用进行了说明。操纵于是基因调节控制的普遍方法。分子生物学的建立是20世纪在物理学革命之后的再次自然科学革命，是当代生物学发展的主流。它对整个生物界在遗传密码上表现出惊人的一致性作出了一定的揭示，深化了人们对生命活动机制和生命本质的认知。分子生物学不仅给生物学带来了深刻的变化，而且也使物理学、化学的研究内容得以丰富，还对医学以及当代工农业技术的发展方向有着深刻的影响，为人类进一步改造生物物种和创造新型物质开创了光辉前景。此外，它对解开最大的宇宙之谜，即为生命的起源提供了可靠的线索。

生命世界，不管是微生物还是人类，在遗传密码上都表现出惊人的一致性。由此可见，遗传密码理论能为生命起源提供理论基础和证据。分子生物学表明 DNA 是重要的遗传物质基础，生命的各种物质归根结底都决定于 DNA。这就为生命发展的起源和同一性的研究表明了方向。对于生命起源的研究，苏联生化学家奥巴林有着重要的贡献。他在 1924 年提出，有机物质的胶体溶液凝聚成复杂颗粒，在生命形成过程中扮演着重要的作用。1936 年，他将凝聚颗粒命名为团聚体，认为原始海洋中的有机物质可以浓缩成团聚体，是生命形成过程中的一种可能模式。到 20 世纪 60 年代，奥巴林用不同的生物大分子组合成各种复杂的团聚体，如蛋白质—蛋白质，蛋白质—核酸、蛋白质—核酸—糖类等。1959 年，美国学者福克斯将酸性类蛋白质加入稀盐液中并且加热溶解，冷却后形成无数球状颗粒，称为类蛋白微球体，它比团聚体更具有稳定性。

它们与周围介质存在明显的界线性，保持着自身的相对独立性，并已开始有类似生长和繁殖的机能。在福克斯看来，类蛋白在原始地球上“热地区”聚合成之后，遇到雨水之后就会冲刷进入原始水域，会合成微球体。20 世纪 70 年代，福克斯把团聚体、微球体看作是生命发展过程中的原始细胞模型。1971 年，艾根提出一种超循环理论，认为在生命起源的化学进化阶段和生物进化阶段之间有着一个分子自组织阶段。这个理论运用系统科学的成功描绘了一条从化学向生物进化的途径。1952 年，美国著名生物学家米勒设计了一个模拟原始大气的实验，证明原始大气中的无机物在太阳紫外线和闪电作用下可以合成氨基酸。这个实验意义重大，它为生命起源的研究指明了一条新道路。

第十四章

现代文学和艺术的发展

20 世纪的西方现实主义文学虽然整体取得的成就不如 19 世纪，但是仍是西方现代文坛上的主流，是一个重要的、非常有影响的文学流派。现代西方现实主义文学保留了 19 世纪批判现实主义文学的传统思想，以资产阶级人道主义为思想武器来剖析社会，揭露资本主义社会中的丑恶的现实。20 世纪的西方现实主义文学同样拥有它自身的时代特征，愈加刻意躲避重大的现实问题，就越来越趋向于描写精神生活，表达人的主观感受，创作中描写自然主义、悲观主义场景日益浓厚。西方现代派文学，是 20 世纪西方世界各种危机在文学中的反映，是时代和社会的产物。当然，西方现实主义文学在写作上也吸取了一些现代主义手法，尤其是在 20 世纪中期以后，现实主义文学在整体上被现代派文学的光芒所遮盖。

首先，20 世纪发生的两次世界大战以及严重的经济危机等重要历史事件，使人们变得悲观失望，颓废不已；其次，叔本华、尼采、伯格森及萨特等的哲学思想，弗洛伊德、詹姆斯等人的心理学思想等，都影响甚至引导着现代派文学的产生和发展。西方现代主义文艺是一种国际性的复杂混合体。现代主义既包括了很多文学流派，也包括了很多不同的美术流派，其中能够引起人们关注的比较突出的有野兽派、抽象派、主体派等。同时，现代主义对以后的电影的拍摄产生了巨大的影响，并促使电影艺术向多元化发展。

第一节　现实主义文学和现代派文学

一、20 世纪上半期的现实主义文学

20 世纪初的现实主义文学，基本上是 19 世纪现实主义文学的继承和发展。一批在 19 世纪末期已享有盛誉的文学家继续写作并取得巨大的成就，他们是英国的萧伯纳、高尔斯华绥，法国的罗曼·罗兰、巴比塞，德国的托马斯·曼、海赛、亨利希·曼，美国的亨利·巴比赛、杰克·伦敦、辛克莱、辛·刘易斯等。在第一次世界大战结束后，英国的毛姆、法国的莫里亚克和莫洛亚以及美国的海明威等在文学创作上取得突出成就。

1. 乔治·萧伯纳

乔治·萧伯纳（1856—1950）是 19 世纪末 20 世纪上半期英国最著名的现实主义作家。20 世纪初，他突破自我，使自己思想升华，从而转向进步，他极力反对第一次世界大战，拥护列宁的十月革命。1931 年他去苏联访问，继而在 1932 年来华访问，他支持中国人民进行的反对日本帝国主义侵略的斗争。萧伯纳一生共创作了 51 部文学作品，在现实主义文学史，特别是现实主义戏剧史上留下了光辉的一页。他的早期作品，如戏剧集《不愉快的戏剧》等，已为他在英国文坛的地位奠定了坚实的基础。

20 世纪初，他创作了大量戏剧作品，其中《巴巴拉少校》是他 20 世纪初的优秀代表作。剧本描写一个大资本家、大军火商的女儿巴巴拉在为宗教慈善事业努力工作，在救世军里担任少校的职务，她一心一意地努力帮助需要救助的人们，救人“灵魂”。后来，她发现自己制造死亡的军火商父亲原来就是支持救世军的人，她的理想破灭了。最后，巴巴拉与父亲协商，和她的丈夫一起继承了父亲的产业。作者在这个剧本里对资本主义社会进行了无

情地揭露和批评，并指出宗教和慈善事业其实是为资本家服务的。但是，他将改良社会的希望寄托在百万富翁的身上。他的其他优秀品还有《卖花女》、《伤心之家》、《苹果车》等。

2. 高尔斯华绥

约翰·高尔斯华绥（1867—1933）是英国20世纪初现实主义传统文学的继承人。他一生写出了大批的文学作品，包括《洛宾别墅》、《岛上的法利赛人》、《福尔赛世家》三部曲，《现代喜剧》三部曲，等等。《福尔赛世家》这部书中还包括《有产业的人》、《骑虎》和《出租》三部小说。《现代喜剧》这部作品中还包括《白猿》、《银匙》和《天鹅之歌》三部小说。这两部鸿篇巨著，以史诗般的手法，通过福尔赛家族的兴亡，家族中各种人物的生活经历及感情发展，在人们眼中生动地展示出19世纪末20世纪初，代表资产阶级腐朽的观念、风俗、道德和生活方式的福尔赛家族，被现代革命浪潮冲击而轰然崩溃。高尔斯华绥的作品善于塑造人物形象，生动地描绘社会生活，他的作品语言丰富而简练，人物真实而栩栩如生，手法简洁朴实，独具风格。

3. 罗曼·罗兰

罗曼·罗兰（1866—1944）是法国20世纪初现实主义文学家。1886年，他通过了法国巴黎高等师范学校的考试，进入巴黎高等师范学校，在该校攻读历史，有机会接触了大量古典文学作品。1893年，他书写了论文《近代歌剧的起源》，获得博士学位。20世纪90年代，他以震惊全国的“德雷福斯案件”为背景，创作了剧本《群狼》，从此他的文学创作生涯一发而不可收拾。在早期的创作中，他的作品大多数是历史剧。1902年，罗曼·罗兰创作了著名的《约翰·克里斯朵夫》和名人传记《贝多芬传》、《米开朗琪罗传》、《托尔斯泰传》，依靠这些优秀的文学作品他成为法国的一代文豪。他的作品主题是对人关爱，表现生活上和思想上的自由，充分反映出罗曼·罗兰的人道主义思想与和平主义思想。

他的代表作《约翰·克里斯朵夫》共4册10卷，被誉为20世纪第一部伟大的现实主义文学巨著，曾于1913年和1915年先后获得法兰西学院文学奖和诺贝尔文学奖。这部巨著讲述了一个靠个人奋斗来对抗资产阶级社会的很有才能的艺术家的悲剧。克里斯朵夫的行为活动反映了第一次世界大战前这一代具有民主思想的资产阶级知识分子的叛逆、彷徨、追求和幻灭。而且，作者以约翰·克里斯朵夫一生的追求、奋斗为起点，表现第一次世界大战前二三十年间德、法等西欧国家的尖锐矛盾和社会风貌，强烈地批判了颓废的文化艺术。

4. 亨利·巴比赛

亨利·巴比赛（1873—1935）是法国20世纪的现实主义文学家。第一次世界大战前，他创作了两部长篇小说《哀求者》和《地狱》。第一次世界大战打响后，他自愿加入法国军队，曾在前线亲自体验士兵的生活，在战争中创作了小说《火线》。这部小说表现了法国士兵在前线战壕里的战斗生活经历，批评帝国主义的罪恶。这部作品出版后深受读者欢迎，并荣获龚古尔文学奖。

5. 托马斯·曼

托马斯·曼（1875—1955）是德国20世纪初的现实主义文学家。1901年，他创作第一部长篇小说，同时也是他最优秀的作品《布登勃洛克一家》，当时震惊欧洲文坛，使他名声大振。该书的副标题是《一个家庭的没落》。该书表现了布登勃洛克一家四代人的生活遭遇：第一代鼎盛，财源广进；第二代生意冷清，开始走下坡路；第三代经营不善，家境接连败落；第四代无能又无财，从此彻底走向没落。作者以高度的艺术技巧，从典型人物的变换中表现历史时代的交替变换，通过一个资产阶级大家族由盛至衰的历史，揭示了德国资产阶级的衰退和资本主义社会由自由资本向垄断资本的过渡和资本主义的没落。

6. 毛姆

威廉·萨默塞特·毛姆（1874—1965）是英国现代著名小说家、剧作家。1897年，他依据做实习医生时的经历，创作第一部长篇小说《兰贝斯的丽莎》，震惊文坛。于是他开始弃医从文，走上创作文学作品道路。在长达半个多世纪的文学创作生涯当中，毛姆创作了20多部长篇小说、120多部短篇小说、30多个剧本以及大量散文、游记和论文。其中，《人性的枷锁》是他著名的代表作。他将资产阶级的道德偏见喻为人性的枷锁。这部自传体小说表现一个身残志坚、努力生活、追求幸福的青年。由于被不合理的教育制度和世俗偏见所歧视，让他一生处于波折之中。

《月亮和六便士》是他的另一部著名代表作。小说的主人公是以法国印象派画家高更为原型的画家，他极度厌倦现在的文明，于是他脱离西方文明世界，独自一人逃到一个太平洋小岛，与土著居民一起过着原始生活。画家在这个原始的大自然中，在朴素的原始生活方式下，创作出各式各样作品。作者通过主人公的经历，体现出个性、天才与资本主义社会之间的矛盾，以及现代资本主义社会压制艺术天才的状况。

7．莫里亚克

弗朗索瓦·莫里亚克（1885—1970）出生于波尔多的一个笃信宗教、恪守古风的资产阶级家庭。他创作的处女作《身戴镣铐的儿童》，描述一个精神受到压抑而有深沉内在感情的、儿童的思想活动。随后，他又创作了小说《白袍记》、《和麻风病人亲吻》、《母情》和《黑夜的终止》。他在1925年发表的《爱的荒漠》这部小说，并获得法兰西学院小说大奖。他的代表作《蝗蛇结》，描写一个年老的律师由仇恨家庭、爱钱如命到最后人生转变的悲剧婚姻。1933年，他当选为法兰西学院院士。后来，他还创作了《弗隆特纳克的秘密》、《海之路》、《伪善的女人》等。1952年，弗朗索瓦·莫里亚克获得诺贝尔文学奖。

8．莫洛亚

安德烈·莫洛亚（1885—1970），原名埃米尔·埃佑格，出生于阿尔萨斯一个纺织厂主家庭，后全家迁至诺曼底省。在大学毕业后他获得哲学学士学位，他继承家里留下的产业，成为纺织厂主。他的创作的第一部小说《布朗勃上校的沉默》，以非常幽默的方式描写一位目空一切的英国军官的种种可笑行为。后来，他的《不是天使，也不是傻瓜》《奥格拉迪士的演讲》等，也带有强烈的讽刺意境。另外，他的小说《贝尔纳·盖奈》、《气候》等体现出资产阶级所面临的危机。莫洛亚还创作了很多名人传记，如《雪莱传》、《伏尔泰传》、《巴尔扎克传》等。莫洛亚在1938年当选为法兰西学院院士。

9．海明威

厄纳斯特·海明威（1899—1961）生于美国伊利诺伊州芝加哥附近的欧克帕克小镇。1918年5月，他离开美国去意大利参军打仗，在战场上他主要负责战地救护工作；不久，他身负重伤不能在战地继续工作，于1919年1月回到美国。这段经历成为他以后进行文学创作的重要人生素材。1922年，他成为驻欧洲记者，并开始创作小说。在女作家斯泰因的鼓励和支持下，他开始在报刊上发表作品。他成功地创作了第一部小说《太阳照样升起》，描写了一群英、美青年战后在巴黎的生活场景。小说表现出第二次世界大战带给人们的信仰、道德与思想的危机，成为"迷惘的一代"文学的代表作品。小说中的人物经过大战，精神和肉体的巨大创伤后，以至于觉得前途渺茫，因而整日游荡、迷惘、彷徨。《永别了，武器》是"迷惘的一代"文学的最高代表作。小说通过美国青年弗雷德里克·亨利与英国护士凯瑟琳·巴克莱的爱情悲剧，表达了厌恶战争的悲观主义思想，反映战后一代青年没有理想与精神支柱而处于迷惘、幻灭中的心态。1937 年西班牙发生内战，海明威以记者的身份去报道西班牙战况。他描写西班牙战争的作品有剧本《第五纵队》和长篇小说《丧钟为谁而鸣》，从另一面反映了西班牙人民反法西斯的伟大战斗，赞扬反法西斯战争英雄们的英勇无畏的精神。《老人与海》是他晚年最重要的中篇小说，它通过描述桑提亚哥在海上同鲨鱼的搏斗，寓言般地象征了"硬汉性格"面对失败而孤军奋斗的精神。1954 年，他荣获诺贝尔文学奖。

10. 其他作家

此外，比较著名的现实主义文学家还有：本涅特（1867—1931），他是著名的英国作家，擅长以巴尔扎克的手法描写市井生活；福斯特（1870—1970），也是英国著名作家，他擅长描写东西方两种文明在意识精神的隔膜，以《印度之行》而著名；女作家曼斯菲尔德（1888—1923），有"英国的契诃夫"的之称。在法国有马丁，在德国有亨利希·曼（1871—1950），他的著名代表作有《帝国三部曲）；托马斯·杜·加尔（1881—1958），他的著名作品是《蒂博一家》；杜亚美（1884—1966），他创作了长篇小说《帕斯基埃家史》。霍夫曼在这一时期的主要创作了《魔山》、《浮士德博士》；雷马克（1898—1970），他的著名代表作是《西线无战事》；奥地利作家茨威格（1881—1942），他喜欢心理描写，创作的小说有《象棋的故事》、《焦躁的心》等。在美国，有厄普顿·辛克莱（1878—1968），《屠场》是他的成名之作，其后创作的代表作有《波士顿》等，被冠以"黑幕揭发运动"的代表作家被写进美国的文学史。

二、现代派文学

现代派文学早在 19 世纪初，首先在德国的霍夫曼、美国的爱伦·坡的消极浪漫主义文学作品中开始萌发。他开始于法国的波德莱尔，经过巴拿斯诗派，到魏尔伦、兰波、马拉尔美之后，逐渐地象征主义成为一个颇大的文学流派。另外，现代派文学还有唯美主义、印象主义、自然主义与新浪漫主义等。其中，自第一次世界大战开始到 20 世纪 20 年代，是现代派文艺发展的第一个顶峰，现代派文学之所以能够被确立，是因为 20 世纪现代派文学的发展的三个阶段和两次高潮：第一阶段是第一次世界大战前，现代派文学开始进入萌芽状态；第二阶段是 20 世纪 20—50 年代，现代派文学进入繁盛阶段；第三阶段是 20 世纪六七十年代以后，现代派文学进入衰落时期。

现代派文学在 20 世纪四五十年代出现了第二个顶峰。西方文学在 70 年代以后与当时社会的多元化趋势相一致，更加倾向于多元、创新和具有活力。在美国，主流文学与边缘文学的界线变得日趋模糊，严肃文学和通俗文学的界限也变得日趋淡化，黑人文学和女性文学取得巨大的成就。在西欧，文学也在随着时代的发展艰难地转变，文学创作呈现出多姿多彩的面貌。

1．后期象征主义

第一次世界大战前后的现代派文学主要是后期象征主义，它是 19 世纪象征主义文学的继承和发扬。象征主义的作家认为，艺术的责任是充分体现事物本质或最高真实，而这种最高真实在现实世界中无法存在，只存在于主观世界之中；外界事物与人的内心世界息息相关，有着对应的关系。

后期象征主义的诗人有美国的艾略特（1888—1963）、英国的叶芝（1865—1959）、比利时的维尔哈伦（1855—1916）、奥地利的里尔克（1875—1926）、法国的瓦莱里（1871—1945）等。因此，作家的任务不应该直接描写人物，而应该努力找寻“客观对应物”，以象征的手法来间接体现内心世界的波动。代表后期象征主义的戏剧的是比利时的梅特林克（1862—1949）、法国的克洛岱尔（1868—1955）等。20 世纪 30 年代的现代派文学还包括、超现实主义、意识流小说等。

2．表现主义

在 20 世纪二三十年代表现主义在德语国家、北欧、美国等地的文艺流派中非常流行，同时在绘画与戏剧上取得突出的成就。瑞典的斯特林堡是表现主义的先驱。二三十年代的表现主义作家思想不尽相同，但在艺术上都提倡着重体现个人的主观感受。奥地利的卡夫卡是表现主义小说的杰出代表人。

这一派的代表诗人，还有德国的贝希尔（1891—1958），奥地利的威弗尔（1890—1945）；戏剧作家主要包括捷克的恰佩克（1890—1938），美国的奥尼尔（1888—1953）。弗朗兹·卡夫卡（1883—1924），出生在奥匈帝国统治之下的捷克首都布拉格的一个犹太人家庭。

1907—1924 年，卡夫卡创作了不少著名作品，如《乡村轶事》、《判决》、《变形记》、《在流放地》、《乡村医生》、《地洞》等。其中，《变形记》代表这一时期他创作的最高水平。他通过人变甲虫这样的故事情节来表现荒诞、象征的手法，描述人们在孤独中悄然死去的荒诞故事，揭露了出在资本主义社会里，位低薪微的下层人员在社会生活中的压抑和孤独，以及他们对不能掌握自己命运的悲观、失望。《地洞》描写了一个具有思想感情的动物，在地洞中蛰伏，守护食物，却被恐惧折磨的日夜不安，几近疯狂，表现出一种对世界的恐惧和强烈的不安全感。

3. 超现实主义

超现实主义产生于法国，后开始影响欧美。布勒东作为创始人提倡自动记录法，描写梦幻，随意拼凑想象，法国的超现实主义文学家主要有：路易·阿拉贡（1897—1982）、保尔·艾吕雅（1895—1952）等。他们声称自己的作品主要体现梦幻与理性这两个并列的世界，不受逻辑影响，而取决于心理，即无意识的思想过程。出于对下意识地推崇，他们企图从“梦”与“疯”中获得感觉。所以，超现实主义者的写作采用纯粹无意识的文字拼凑的方法，这虽然可以得到一些新奇的意象，但大部分都是稀奇古怪的东西。

4. 意识流小说

意识流小说虽出现于 19 世纪的现实主义文学中，但作为现代文学流派，意识流文学出现在第一次世界大战前后，在 20 世纪 20—30 年代开始逐渐流行。意识流小说家主张全部的思想都用来表现主观世界，尤其是人物的下意识活动，他们觉得下意识的活动最能表现真正的“自我”。他们采用“内心独白”把人物的直觉与幻觉、现实与梦幻交织在一起，用“自由联想”使人物的意识活动更具挑战性和主观随意性；以“心理时间”让过去、现在和将来彼此联系，展现人物意识流活动。普鲁斯特终其一生写成的《追忆似水年华》，用一种不同于传统的写作技巧，以记录心理活动为中心，看似随意却十分真实的方式，对人世沧桑、男欢女爱等生活现象进行了生动、细腻又超越现实的表达。意识流文学的代表作家有：英国女作家维吉尼·沃尔芙（1882—1941）、詹姆斯·乔伊斯（1882—1941），法国作家马赛尔·普鲁斯特（1871—1922）。

美国作家威廉·福克纳（1897—1962），是意识流文学的主流作家。而且，他的意识流笔法“在艺术性方面开创了20世纪现代主义小说的先河”。他的小说把一般的意识流发展成“复合式意识流”，即通过几个人的思想从不同角度反映出来，相互交汇，相互重叠，强化中心人物和事件来增加作品的立体感和表现力。他的作品《喧嚣和骚动》就是意识流小说的象征。他的文学成就，使他在1949年获得了诺贝尔文学奖。

20世纪四五十年代的现代派文学包括了后现代主义、新先锋派等。其中，存在主义文学是战后最具有影响力的现代流派。

5. 存在主义文学

存在主义哲学深刻影响存在主义文学的诞生。法国的保尔·萨特在对过去存在主义哲学修改补充的基础上，提出现代意义上的存在主义，并且第一次在20世纪30年代末挑起了存在主义文学的大旗。从40—50年代后期，存在主义文学流行于欧洲，并将其影响扩大到全球。存在主义文学作家认为，对作者来说，描述人物的性格、品行、思想等都是在做假定，只有现象（即人物言行）才确实是客观存在的。存在主义文学的代表是萨特（1905—1980）和卡缪（1913—1960）。他们的作品多从人道主义出发，重点讨论人的价值问题，揭露社会的不良现象，同时也宣扬了悲观的情调，美化了个人主义思想。萨特出生于巴黎一个海军军官之家，1938年，他创作揭露资本主义丑恶现象、探索人生的长篇小说《恶心》，并以此成名。

第二年，他发表了短篇小说集《墙》。第二次世界大战爆发，萨特毅然从军，参加反法西斯战争。战争期间的磨砺，使他的政治立场和生活态度都发生了巨大改变。20世纪40年代后期至60年代初。是萨特文学创作的鼎盛时期。他完成了《自由之路》第3卷“境遇剧”《死无葬身之地》、《可尊敬的妓女》（1947年）等作品。1964年。萨特获得诺贝尔文学奖，但他拒绝领奖。

6. 荒诞派戏剧和新小说派

荒诞派戏剧和新小说派的小说都诞生在20世纪50年代的法国。他们用荒诞的形式和夸张的手法展示生活，但对生活的表述通常缺乏连贯、完整的情节，语言混乱空洞。荒诞派戏剧的代表作家主要有法国的尤奈斯库（1909—1944），他的著名作品《秃头歌女》、《椅子》、《犀牛》；贝克特（1906—1989），写作的作品有《等待戈多》、《美好的日子》；英国的品特（1930—2008），作品有《升降机》、《生日晚会》；美国的阿尔比创作的作品有《美国之梦》、《海景》等。

7. 黑色幽默

黑色幽默是20世纪60年代兴起和风靡于美国的一个文学流派。它用现代派手法虚构现实，以夸张到极端的幽默方式嘲讽社会、人生以及人类的灾难、痛苦和不幸，以喜剧的方式表现悲剧，用滑稽幽默的方式表现悲惨的东西，揭露世界的荒谬。其代表人物有约瑟夫·海勒（1923—1999），他创作的文学作品是《第二十二条军规）；库尔特·冯尼格特（1922—V ），创作的作品是《泰坦族的海妖》；托马斯·品钦（1937—V），创作的作品是《万有引力之虹》等。

第二节　现代派美术的发展

现代派美术产生于19世纪末20世纪初的欧洲。在这个时候，一方面是资本主义社会不可调和的社会矛盾和阶级矛盾，使艺术家们对现实产生不满而逃避现实，沉浸在所谓纯粹艺术的探索之中；另一方面，现代派艺术家想要摆脱写实主义的传统方式，追求更新的艺术形式。20世纪西方美术的发展大致可以分为两个阶段：第一个发展阶段是从20世纪初到1945年，以现代艺术为主流；第二个发展阶段是从1945年到20世纪末，出现新的艺术思潮和流派。被称为“后现代艺术”，除19世纪80—90年代在文学和造型艺术中的象征主义、法国画坛的“纳比派”、维也纳分离派等作品中可以看到现代派的开始之外，非常显著的现代主义绘画风格首先见于以马蒂斯为代表的法国野兽派画家的作品。当然，现代派美术从出现到不断发展的过程中，也受到近现代哲学思想和社会思想的影响，几乎所有近现代哲学思想都可以在现代艺术的各个流派里找到他们的踪迹。

1908年，另一群以毕加索、布拉克为代表的画家在法国隆重地推出了自己的立体主义绘画。现代美术进入自我确立的阶段的标志就是野兽主义和立体主义的出现。同时，在德国出现了以“桥社”和“青骑士”为代表的表现主义；在意大利出现了未来主义。第一次世界大战期间，在瑞士苏黎世出现了反对战争和权威、反对传统，同时也反对艺术，否定一切的达达派，以及从达达派走出来的超现实主义派；在俄国则是以康定斯基为代表的抽象主义，第二次世界大战以后的西方美术以抽象美术为主要的潮流，并形成了多种多样、多姿多彩的面貌。美国产生了抽象表现主义（又称为“行动画派”或“纽约画派”）、波普艺术、现代写实主义等。欧洲则再现了后现代主义的繁荣昌盛的景象。现代派美术包含了各种不同的派别，它们观点不同，风格各异。但是，无论哪一个流派都有一些相同的特点：首先，现代派美术将形式凌驾于美术的内涵之上，追求形式上的不同；其次，大多强调自我主义，尝试用自我的主管感性去反映一切客观现实；最后，常常否定一切传统艺术法则，陷入历史虚无主义。

一、野兽派

1905 年，巴黎的罗丹画廊展出了一些不同风格的作品，这些作品有一个共同的特征，就是“一回又一回地不断改变美与丑的概念”，通过画面上的重新组合形与色的主观效果，破坏了过去习惯的准则。野兽派画家主要有亨利·马蒂斯、马尔盖、卡莫安、芒更、普依、德朗、弗拉芒克、弗里茨、杜菲和布拉克等。野兽派画家尤以马蒂斯为代表，他常常用红色、橙色等暖色作为画面的主色调，用奔放的笔触，点出色彩的魅力。野兽派的作品直接继承和发扬了后印象派点彩技法，也受到非洲黑人雕刻和东方绘画的影响，他提出多用大色块和线条构成夸张变形的形象，以获得单纯化和简单化的装饰效果。

他画的《科柳尔，开着窗》就是典型的野兽派作品，他用纯色塑造结构，用洋红色和蓝绿色表现室内的明暗，与阳台上的朱红和绿色对比强烈但又非常协调；《淋浴者与海龟》表现了三个姿态相近而又略有不同的淋浴者形成了一种圈形的节拍，恰到好处的补色作用使画面强烈而和谐。他晚年的作品更趋于简单化，以平涂的颜色、简练的线条绘成的《环舞》即是典型。

二、立体派

立体派又称立体主义，是 20 世纪最主要的前卫艺术流派。野兽派画家布拉克从 1907 年开始对野兽派所注重的色彩的力量失去兴趣，而认为应该表现画面形体的体积感。不久，他按照这样的想法画了《列斯培根的房子》，他把房间简化成几何的立体形，有了立体主义的雏形。与此同时，毕加索绘制含有立体派因素的代表作《亚威农的少女》，标志着立体派的诞生。这其中比较著名的立体派画家有毕加索、阿波利奈尔、格里斯、莱热、德劳内和维戎等。以后，画家更是习惯把一些平面的形体在画面上重叠拼贴，形成一个新事物，然后为之安上题目。他们反对传统绘画中的方法，认为传统绘画的视点只能获得一个片面的、局部的物体体系，而随着现代人特有的速度和多变，应该建立新的空间观念，表现出图像的复杂性，也就是表现出物体的完整观念，让一个物体的几个不同面都出现在画面上。

立体派的创始人之一毕加索（1881—1973），他的作品体现了立体派绘画的最高水平。毕加索与众多现代派的画家不同，他的绘画与现实世界紧密相连，他的作品充满对传统的继承和叛逆。第二次世界大战前后，他创作了铜版画《佛朗哥的梦幻和谎言》，大型壁画《格尼尔卡》、《在朝鲜的兽行》和《和平鸽》等著名作品。20 世纪 50 年代，他绘制了一些以古典大师的作品为主题的释义画。60 年代前期，他以“画家与模特儿”为模板创作了 50 多幅作品。60 年代后期，他以令人吃惊的毅力创作了五六百幅版画作品以及大量的雕塑和陶器，对现代西方各种艺术流派产生了重大的影响。毕加索一生进行艺术创作长达 70 多年，“在现代主义美术史上占据着承上启下的重要地位”。他在 20 世纪前半期现代派各个方面进行探索，经历了两次世界大战的生死考验，而关于他的作品和私人生活的争议也从未停止过。

三、表现派

20 世纪初，出现于德国出现了表现派，它的影响力主要涉及北欧诸国，其特点是以热烈而情绪化的艺术手段表现艺术家的内在情感。表现派在德国有两个中心地：德累斯顿和慕尼黑。1905 年，德累斯顿美术学院的年轻艺术家学生发起组织了一个叫“桥社”的艺术团体。凯尔希纳、卡施·罗特路夫、埃诺尔得等，而居住在德国的挪威画家蒙克是他们的精神领袖。他们强调自我，突出强烈的情绪和画面刺激的表现，抨击传统艺术，对非洲黑人雕刻和澳洲土著面具很感兴趣。他们是埃·海克尔、恩斯特·路德维希。与此同时，在慕尼黑的青年艺术家组成了“青骑士”艺术团体。

它的领袖人物是康定斯基。他们的主要参与人员有阿·亚夫伦斯基和弗·马尔克。康定斯基提倡追求画面的音乐化效果与精神的功能，把绘画看成是纯粹的形、色、线的组合，要把艺术家的一切情感都倾注在上面。这样的指导思想抛弃了现实形象，最终趋向抽象主义。爱德华·蒙克（1863—1944）一生中创作的两个主题主要包括死亡和爱情，这也是他的亲身际遇和深切感受。他的成名作《病孩》、《圣克卢之夜》、《病室的死亡》等主要是因为他家庭的不幸遭遇。蒙克的作品反映出画家强烈的创作激情和感染力。

四、未来主义派

由意大利诗人马利奈蒂发起组织的文艺运动未来主义，接着渐渐聚集了一批年轻的诗人和画家，并发表了《未来主义画家宣言》。在宣言中，他们声称反对对于一切传统形式的临摹，倡导一种极端的、不受外界思想干扰的艺术独创性，主张对事物的表达不依据其静态的或本身的特征，而是表现运动的状态或分散的状态。他们强调体现对机械的感受、对速度的感受以及对力的感受，努力表现对新时代、新事物的新感觉。例如，他们笔下奔驰的马不是四条腿，而是很多条腿；他画儿童做运动，不仅形体动作是变化的，而且背景中的房子、操场也在转动。

他们也崇拜暴力、侵略，认为机器、军舰、飞机的运转是艺术中最新的主题，从而吹捧战争。不少未来派成员还积极参加了第一次世界大战，为意大利法西斯卖命。未来派的主要代表人物及作品有波丘尼的《城市的兴起》，卡拉的作品《玄想的缪斯》、《电车告诉我什么》，巴拉的《拴着链子的狗》、《汽车和噪声》和鲁梭洛的《一辆汽车的动势》，等等。

五、达达派

在第一次世界大战期间，瑞士作为中立国，聚集了一大批避难的艺术家，最初有罗马尼亚人查拉，德国的雨果·巴耳，汉斯·里赫特尔、理查德·胡森贝克，法国人汉斯·阿尔普，等等。后来，其人员不断增加，马塞尔·杜南、毕卡比亚和马克斯·恩斯特都是其中比较有影响力的画家。达达派画家对第一次世界大战充满歇斯底里的害怕和绝望，对现实强烈不满，对前途失去希望，他们讨厌战争，希望在幻想和荒谬之中寻求对理性与现实的强烈挑战，进而宣传无政府主义、虚无主义，主张抛弃历史沿革，提出“破坏就是创造”的口号，在反传统、反现实的基础上彻底的标新立异。如达达派代表人物杜尚的最重要作品《泉》，就是把一个小便器颠倒钉在木板上。他的另一代表作《L. H. O. O. Q》，则是在达·芬奇的名作《蒙娜丽莎》上添加两笔小胡子。以杜尚及其作品《泉》为代表的达达派，在西方美术发展史中具有承前启后的意义。

2004 年，英国艺术界评出 20 世纪 5 件最具代表性艺术作品，马塞尔·杜尚的《泉》，得票率 65%；毕加索的《亚威农少女》，体现着毕加索的绘画转入立体主义阶段，其得票率 43%；波普艺术家安迪·沃霍尔的《金色玛丽莲》，得票率 26%；毕加索著名作品《格尔尼卡》，得票率 15%；野兽派代表画家马蒂斯的《红色画室》（也是马蒂斯自己的立体主义画作的开山之作），得票率 16%。毕卡比亚的《T. 查拉的肖像》是在一条垂直线上画 5 个圆圈，写上一些无关紧要的文字。有的画家还将撕碎的彩色纸随意抛撒，再将其固定成抽象的圆形。这些“创作”令人眼花缭乱，其社会意义令人琢磨不透。

六、超现实主义派

两次世界大战之间，由于超现实主义文学带来的影响，超现实主义的艺术出现了。依照超现实主义的倡导者、诗人安德烈·布列顿的说法，超现实主义是“纯粹的精神的自动主义”，是思想的笔录，不受理性的任何约束，不受于任何美学或道德的偏见的影响，是以所谓超现实、超理想的梦幻等作为艺术创作的源泉。超现实主义绘画的表现手法各式各样，但总体来说只有两种：一种是把互不相关、无内在和外在联系的东西放在一起，以潜意识的梦幻状态去体现所谓的内涵；另一种则是不受逻辑影响，自由地、随意地、松散地进行创作，展现奇幻的超现实世界。他认为，只有这样超越现实的“无意识”世界，才能摆脱一切约束，最直接地显示客观事物的真面目。超现实主义美术直接受早期的达达派的影响，同时继承了意大利“形而上画派”的影响。

在超现实主义运动中，米罗是最具独创性和代表性的人物之一。在早期的时候，米罗对野兽派和立体派艺术颇有感觉，20 世纪 20 年代中期，他开始倾向于超现实主义，后来逐渐成为超现实主义的重要人物。他终身推崇原始风格，不少作品刻意以儿童般的稚嫩来表达艺术的纯真，常用浓烈而又朴实的色彩表现来自民间的感觉。不过，他的作品因其“涂鸦”式的方法而无法令人理解。另一个主要代表人物是萨尔瓦多·达利（1904—1989）。他喜欢用写实的手法把毫无关联的放在一起，用主观奇特的画面来体现深刻的含义，表达潜在的愿望，如《记忆的永恒》即是典型的代表作。但他的某些作品诡异甚至非常荒谬。

七、抽象派

20 世纪初出现于欧洲的抽象派在 50 年代发展的新到高潮，他们是主张反对表现视觉印象和视觉经验的艺术流派。抽象派起源于俄国，创始人是瓦西里·康定斯基（1866—1944）（也有人称他是从表现派中分离出来的）。康定斯基虽出生于俄国，却长期在德国、法国活跃，是 20 世纪最伟大的艺术家之一。他在 1910 年以前的绘画，大部分受到后印象派、立体派和现代派艺术的冲击。1910 年，他的名著《艺术的精神》出版发行，从此他开始了抽象派绘画艺术生涯。他认为，客观物象并不是绘画艺术必不可少的构成部分，相反，大量描绘客观物象的恰好损害了绘画艺术。所以，只有抽象的绘画才是最完善的艺术。突出强调形、色、线、面的这种纯抽象本质。他认为艺术作品的形式自身就应该具有独立的价值，线条与色彩应该脱离对物象的描绘。以此为基础，康定斯基在作品中对色彩的运用超乎寻常，完全不理睬了对自然和现实形体的描绘，通过抽象的形式用色彩直接抒发情感。这种情感表达也正是艺术作品的内在因素，是能够激发观众产生同样感情的艺术灵魂所在。

抽象派的另一位大师是瑞士的保罗·克列。音乐在他的绘画中留下了不灭的印象，他的作品中常常出现各式各样的符号，既给人旋律感和音乐味，又令人无法理解。在他看来，艺术并不描绘视觉上可以看到的东西，而是把不可见的东西创造出来。属于早期抽象派绘画的“几何形体派”创始人，荷兰画家蒙德里安则习惯运用抽象的几何形体来创作。他的代表作《百老汇的热门音乐》就是利用垂直线、平行线来构成几何形体，用三原色、灰色交错，使观众在视觉上产生动感，象征纽约百老汇大街的嘈杂与热闹。抽象派还能划分重色彩和造型的“热抽象”与重平行线与垂直线组成几何形的“冷抽象”。康定斯基的《抒情诗》代表前者，后者则以蒙德里安的《红黄蓝色的构图》为代表。

八、行动画派

行动画派又叫“塔希主义”，是在欧洲早期抽象派绘画影响下诞生的第一个美国现代画派。行动画派也可叫作“抽象表现主义”和“抽象印象派”。它的主要体现是随心所欲地用各种物质材料任意涂抹。主要代表人物是杰克逊·波洛克、德·库宁、汉斯·霍夫曼、威廉·巴洛奥特等，其中以波洛克最为著名。作画中，他围绕画布走动，从画布的四边逐渐向里边画。完全是一种“人在画中”的感觉。波洛克的绘画受到超现实主义艺术的冲击，但具有独特个性。他的绘画方法非常独特，他总是把一块很大的画布铺在地板上，手提装满颜料的铁桶绕着画布走来走去，把各种颜料滴洒在画布上，有时还辅以漏壶或喷雾器来作画，甚至使用沙子、碎玻璃等物做浓重的厚涂。

他的《白鹦鹉》、《秋天的韵律》、《蓝色极点》等作品，色彩温柔又层次分明，装饰趣味性很强，形式感鲜明。欧洲现代艺术影响影响着行动画派，行动画派后来又反过来影响欧洲画坛，成为一种流行一时欧美的现代绘画流派。它进一步拓展之后，花样繁多。如美国一位女画家专门用嘴唇、口红为工具或材料作画，用画布上留下的红色唇印来组成画幅。有的画家将各种颜料瓶摆在画布面前，然后用气枪射击，打碎玻璃瓶，把颜料洒到画布上形成色彩造型。总之，行动画派表现出一种装模作样、以自我为中心的风格。

九、波普艺术

波普艺术，英语为 POP，是 20 世纪 60 年代初在英国开始初步发展，后来在美国得到很大发展，并以伦敦和纽约为中心的一个新的艺术流派。它力求通过生活中最普通的事物把观赏者和创作者都融于生活之中。它的艺术特征是普通的、短时间的、大量生产的，所以是在客观上公然否定抽象主义艺术的。波普艺术真正盛行是在 60 年代中期，最著名的是安迪·沃霍尔、罗伊·里奇登斯坦和理查德·林德纳。沃霍尔以客观的态度画了许多世界名人和电影明星的形象。50 年代，美国画家约翰斯和劳森伯格就曾以星条旗、啤酒罐头、汽车轮胎等物件来作画，被称为“前期波普”。他最有特点的风格就是重复。主要作品之一《绿色的可口可乐瓶子》，画面上可口可乐瓶子无穷无尽的重叠，像是堆叠在超级市场的货架上。

他的作品《玛丽莲·梦露》，将梦露的头像重复印制在画布上，造成一种非常怪异艺术效果，是波普艺术中最有影响的作品之一。里奇登斯坦则善于把通俗连环画、邮票上的图案放大成为巨幅画像。理查德·林德纳的代表作《相会》，体现了不同时代的欧洲人来到纽约，跟一个美国化的姑娘“露露”相会而产生的对新的环境的新鲜感。他画中的女性形象由于外形奇特，被称为“猫女郎”或“梦魔女人”，并成为波普艺术极具代表性的象征物之一。他20世纪60年代的作品《迪斯尼乐园》、《摇摆乐队》都是以当时最流行的美国社会生活场景为题材。波普艺术体现了对商品的推崇，充满了对现代美国式的生活方式的喜悦，它对美国流行文化，特别是广告宣传带来了巨大的影响。

十、超级写实主义

超级写实主义是20世纪60年代后期在美国发展起来的一种新的艺术流派，并波欧洲艺坛。它不同意抽象派艺术对于潜意识情感的不表现具体物的做法，主张放弃主观感受，做到真正的再现物象。超级写实主义主要形式是在创作中充分利用摄影的方式，一般是先将表现对象拍摄下来，再以照片为依托创作，其精细的方式甚至使画面比照片更细腻逼真。超级写实主义画家主要以城市风光和乡村景色为主，也有专门从事肖像画的创作。如查克·克洛斯的肖像画，画的极为细致入微，外形与照片几乎相同。超级写实主义的绘画和照片几乎一样，因此并没有任何实际意义，也没有发展的方向。但超级写实主义的雕塑却具有很大潜力，不少超级写实主义的雕塑作品直接从活人身上分段制造模型，然后涂上皮肤颜色，穿上真正的衣服，配上真实的道具，使这些雕塑和真人无法区分 。如汉森的《旅游者》、《购物者》等。超级写实主义流派反映出西方艺坛上由抽象向具体的回归。

第三节 现代电影艺术的发展

人类在漫长的历史长河中创造了大量艺术精品。但是，截至19世纪后期，人类的艺术可以分为6大类：文学、音乐、舞蹈、美术、建筑和戏剧。19世纪末20世纪初，电影诞生了，它被称为“第七艺术”，为人类文化史翻开了崭新的一页。100多年来，电影历史的发展可以分为三个时期：形成期（1895—1927）、成熟期（1927—1945）和发展期（1945—V）。在成熟期拍摄的电影终于可以带给观众声音和彩色，具备了电影艺术的全部必要元素。形成期电影经历了从短片到长片，从单镜头到多镜头剪辑形成电影视觉语言的历程。

发展期则是技术上获得完善、艺术上精益求精的阶段。人们发明电影，首先是存在于人们脑海中的一个幻想，为了实现把人们的行为用光影记载下来的理想，科学家们进行了不断地努力，德、英、比、法、美等国的科学家先后完成了幻灯、幻盘、诡盘、走马盘、活动视镜、摄影枪、光学镜、光学影戏机、电影视镜等的创新发明，逐步地将电影变成现实。

一、电影的形成期

1894 年，美国的著名发明家托马斯·爱迪生第一次在纽约播放出可动的画面。他的电影镜是一个 4 英尺的箱子，单次只能供一个人观看 50 英尺的影片，内容是连续的舞蹈动作和一些拳击镜头。不过，由于它只有胶片，没有银幕，还不能称之为真正的电影。几乎与此同时，法国人路易·卢米埃尔和奥古斯特·卢米埃尔兄弟试制成功世界上首台比较完整的电影放映机，于 1895 年 3 月 22 日取得了拍摄和放映电影的专利，并于同年 12 月 28 日在巴黎首次播映了 12 部、每部一分钟的影片。这一天成为世界公认的世界电影的诞生日。它标志着电影时代从此开始，卢米埃尔兄弟被称为“世界电影之父”。4 个月后，纽约也出现了第一个投射式的电影院。从此，电影成为一种新的流行的娱乐形式。卢米埃尔兄弟的电影描写的都是现实生活中的情景，如火车进站、工厂放工、街上人来车往等，从此确立了欧洲电影写实主义的特点。电影在巴黎和纽约同时出现，也同时开始了在电影发展史上的欧美的两种不同的习惯。

爱迪生的电影多是娱乐性场景，例如歌舞、动物表演、拳击比赛等。为了获得这些画面，演员和摄影棚成为摄影不可分割的部分，而且为美国电影树立了技术主义的传统。特别是在电影发展初期，欧美两种风格、两种传统更是各自独立。在电影艺术的形成期，写实主义传统尽管在初始的时候能以其良好的新鲜感吸引观众，但毫无悬念的现实很快使观众感到索然无味。这一习惯从卢米埃尔开始，历经了罗伯特·弗拉哈迪关于爱斯基摩人的《北方的纳努克》，拍摄西南太平洋萨摩亚群岛居民的《蒙那提》等电影纪录片，英国的纪录片运动，到 20 世纪 30 年代，法国电影大师让·雷诺阿的写实主义电影《托尼》、《幻灭》、《游戏的规则》等，成为写实主义传统早期发展遗留下来的轨迹。

第二次世界大战以后，由于战争期间纪实影片的特殊地位的影响，战后西欧经济和生活条件的限制，以及好莱坞电影对西欧电影的冲击，重新兴起写实主义电影，并以意大利新写实主义电影为表率。战后，人们普遍对法西斯主义恨之入骨，于是此时产生的意大利新写实电影的内容多为披露法西斯分子的战争罪行，它真实地反映了法西斯统治时期，特别是二战时期意大利人民的英勇斗争的场景，意大利新写实主义电影运动前后历经 14 年。其中 1945—1950 年这 6 年为全盛时期，最有代表性的影片是罗西里尼的《罗马，不设防城市》、《游击队》，德・西卡的《偷自行车的人》、《温别尔托・D》，德・桑蒂斯的《大地在波动》等。而最主要的特点就是真实地反映生活，反映那个特定时期的社会概况。

无论这些影片导演的指导思想和具体实践如何，意大利新写实主义影片都或多或少地具有某些类似的特点，如用日常真实场景来代替虚构的故事，采用自然的语言，重视非职业演员，等等。因此，随着 20 世纪 50 年代意大利国内政治经济形势的变化，新写实主义逐渐衰退了。到 1956 年，德・西卡和柴伐梯尼合作的影片《屋顶》播映后，宣告新写实主义基本上退出历史舞台。虽然 1958 年在法国和美国出现了“真实电影”，又称“直接电影”，继承了写实主义传统的一些传统，如法国导演让・卢什的《一个夏天的故事》，美国导演理查德・利科克的《大卫》等，但总体来说，没有造成太大的影响，更无后续之力。在电影艺术发展史上，写实主义始终处在不被重视的地位，它取得的成就远远不及以好莱坞为代表的技术主义传统。1903 年，爱迪生公司制作了第一部有完整情景的电影《火车大劫案》。这部电影主要反映西部开发时期盗匪行凶的影片，尽管只有 8 分钟长度，用现代的眼光看还没有达到很细腻的标准，但由于它开创性地用景与景之间快速切换的方式创造出枪战和追逐的令人振奋的情节，使观众大开眼界，激动不已，从此给电影带来巨大的影响，并显示出技术主义传统电影追求娱乐和商业效果的开始。

1905 年，在宾夕法尼亚州成立了第一家“5 分钱影院”，观众只需很少的金钱就能得到极其生动、直观的娱乐，因此受到越来越多人的欢迎。“5 分钱影院”逐渐变成美国娱乐界的后起之秀，发展速度飞快，两年内即达 5000 家之多。从此，专为摄制电影而成立的影视公司纷纷问世，如路易斯・梅耶、塞缪尔・高德温主持的米高梅影业公司制作出了许多优秀的电影文艺片，其中包括《孔雀夫人》和《呼啸山庄》等。1913 年，加利福尼亚的好莱坞渐渐成为美国电影事业的核心地带。从此，好莱坞电影繁荣了几十年，成为技术主义电影的世界性堡垒。20 世纪的前 20 多年里，一大批电影工作者为电影艺术奠定了扎实的基础。其中，戴维·沃克·格里菲斯（1875—1948）是电影史上最具开拓精神的导演之一，也是技术主义电影的真正的探索着和先驱。1915 年，他导演的《一个国家的诞生》被认为是艺术性和拍摄技巧很好结合的经典之作。

他在电影的摄录过程中最早使用了闪回、叠印、蒙太奇等新技术，大大改进了电影的拍摄技术，提高了电影的艺术水平。1916 年，他导演的《党同伐异》使用了交叉蒙太奇等方法，设计了各种悬念，从而使故事更加吸引人们。格里菲斯拍摄了不少著名的喜剧并取得巨大成功。这个时期的另一个著名导演马克·塞纳特也是非常著名的喜剧片导演，他建立的启斯东制片厂创造了一种影响深远的制片厂制度，也是他发现并培养了喜剧大师卓别林。查理·卓别林（1889—1977）是 20 世纪 20 年代最为著名的电影明星，他扮演的蓄一撮小胡子、头戴高礼帽、脚穿大皮鞋、身穿短衫肥裤、手持细长手杖的流浪汉造型，家喻户晓，流传甚广。另外，被称为“美国大众情人”，曾经主演《风骚女人》获奥斯卡最佳女主角的玛莉·璧克馥，以及帅气潇洒的演员弗朗西斯·波斯曼也是那个时代人们心中的明星。不过，这一时期的电影还是不能发出声音。

二、电影的成熟期

20 世纪 20 年代中期以前，虽然有由著名导演塞西尔·德米尔和艾瑞克·冯·斯托汉姆制作的影片，它们场面宏大，或趣味横生，但人们始终记着爱迪生提出的“会说话的电影”的理想。于是，在 1923 年以后，有人开始尝试用蜡盘在电影胶卷上制作音乐，但仍有很多技术上的问题需要创新。经过电影工作者的不断努力，1927 年 10 月 23 日，华纳兄弟电影公司第一次成功地拍摄了有声响、对白、音乐和歌唱的有声电影《爵士歌手》。乔生的第一句台词是：“好听的还在后头呢!”确实，有声电影使观众感觉身临其境，好像置身于场景当中，既看到了自己喜爱的演员，又听到他们的声音，好戏不断。这部影片主要是体现轻歌舞剧老演员艾尔·乔生，如何从一个犹太教堂歌咏班领唱的孩子成长为成功的舞台明星的经历。

1935 年，彩色电影问世。从此，电影开始进入一个新的技术时代。电影作为一种现代艺术表达方式，日趋完善。从20世纪20年代初开始，美国电影公司兼并了全国大部分的独立制片商和放映商，剩下8家大公司雄霸影坛并席卷欧洲，几乎完全领导世界电影市场。这8家电影公司是：米高梅、派拉蒙、华纳兄弟、20世纪福克斯、雷电华、联美和哥伦比亚等。这些电影王国从此开始专业化分工，促使好莱坞电影在技术主义的传统下不断拓展，在几十年中形成了各种各样形式的电影。如故事片中的西部片、强盗片、歌舞片、喜剧片、恐怖片、科幻片、灾难片、战争片、体育片等；非故事片则包括广告片、新闻片、纪录片、科教片、风景片等。

每一个不同时期都有不同类型的影片产生，同时引起一个又一个电影文化高潮。这个时期诞生了4个喜剧明星：查理·卓别林、勃斯特·基顿、哈洛德·罗克和哈莱·兰格东。1912—1930年是美国喜剧电影的黄金时代。其中，卓别林以其出色的表演成为跨越“默片”和有声片时代并长久不衰的喜剧大师。西部片是具有最长历史的影片形式，从1904年的（火车大劫案》、1924年西部片大师约轮·福特导演的西部巨片《铁骑》、1938年的《关山飞渡》到1953年史蒂文斯的《原野奇侠》，西部电影在技术主义传统的电影中发出耀眼光辉。歌舞片作为20世纪30年代大萧条时期少有的电影类型，昙花一现却非常引人注目。如1933年风行美国的《第42街》中，帅气的迪克·鲍威尔的动人歌喉伴以鲁比·基勒娴熟的踢踏舞，倾倒大部分观众；由著名演员福雷德·阿斯特尔于1934年主演的《快乐的离婚者》及接下来的《高帽子》，都完美结合了美妙的歌唱和精彩的舞蹈，令人疯狂。

美国历史上最出色的童星之一秀兰·邓波儿则以她的聪明才智和善于歌舞，成功地塑造了一个个那个时代音乐片中经典动人的形象。另外，男高音歌手纳尔森完美结合埃迪和女高音歌手珍妮特·麦克唐纳共同参演的《淘气的玛丽埃塔》和《罗斯·玛丽》也深受广大观众的喜爱。幻想片是非常有浓厚技术主义色彩的电影类型，它包括科幻片和恐怖片，在20世纪30—40年代达到高潮。1930年环球公司推出了第一部也是影响最大的一部科幻片《弗兰肯斯坦》。从此，科幻电影成为好莱坞财源滚滚的又一渠道。除了以上有浓厚商业色彩的各类电影之外，好莱坞也有一些具很高艺术水平的文艺片，如《大卫·科波菲尔》、《乱世佳人》等。创作出一批举世公认的大有明星，如克拉克·盖博、费雯丽、莱斯丽·霍华德和奥丽薇·哈薇兰等。另外，沃尔特·迪斯尼制作的卡通电影也成为全世界儿童所欢迎的艺术形象。

三、电影的发展期

第二次世界大战以后，电视作为新媒体开始挑战电影的霸主地位，结合战后政治和经济的影响，好莱坞的电影业开始不再像原来那样辉煌。但是，西方电影仍然得到快速发展，欧洲既有新现实主义的电影，也出现了现代主义的复苏的迹象，如法国“新浪潮”电影等。影片描述了一个法国女演员和一个日本建筑师在广岛邂逅产生的爱情故事，通过超越时空的回忆，表现在欧、亚地区各自受到的战争带来的创伤。“新浪潮”电影运动是由一群青年人指导的，是他们“用自己的方式体系自己的生活状态”，其代表作是1959年拍摄的《广岛之恋》。另一部具有后现代主义作品特点的德国电影《罗拉快跑》。影片没有完整连续的情节，呈开放式结构，目的是为观众提供感官刺激的消费和享受。有人说，它的叙述风格是“混杂的、快速的，似乎十分随便，但是它的叙述在很大程度上是经典的；它是华丽的、多走向的、混杂的，但是构思和结构还是精心创作的”。1972年出品的意大利、法国合拍片《巴黎最后的探戈》，通过虚拟现时中人的欲望与绝望的纠缠，展示了一个“浪荡子的虚弱和他对资产阶级社会无能无力的对抗”。

虽然片中有许多性表现，但影片主要关心的还是人们如何尝试改变自己生活中的现实及改变他们身边其他人的生活。阿尔弗雷德·希区柯克（AlfredHiteheoek）在制造悬念、惊悚事件方面有过人的能力，被称为“悬念大师”。美国电影的故事和风格在不断发生变化，形式不断增多，除了传统的西部片、歌舞片、喜剧片等之外，还有史诗片、间谍片、科幻片，这些电影都有很大发展，艺术性和商业化电影各有所长。他最优秀的作品包括《后窗》、《眩晕》、《西北偏北》、《精神病患者》等。其中，1960年他拍摄的《精神病患者》以“精致的试听语言，独特的结构方式”强烈地震撼和冲击现场的观众。它的蒙太奇手法也被称为经典。分别创作于1972年、1974年和1990年，由马龙·白兰度主演的《教父》三部曲，描述的是教父柯里昂家族的历史，不仅反映了美国多元种族文化的特征，体现了美国社会阴暗的一面，而且在摄影、灯光、剪辑、导演、剧本等很多方面都有极高的艺术品位，因而被誉为“电影艺术的教科书”。

于1977年拍摄的《星球大战》成为科幻电影历史上的里程碑。陆续完成的“星战系列”电影，不仅“将科学幻想的范围拓展到广阔无边的宇宙”，而且使用了大量特技手段，使好莱坞电影更加关注宏观场面和具有冲击力的视觉效果。此后的各种大制作电影都在特技效果方面不断超越历史。1975年，斯皮尔伯格导演的《大白鲨》和21世纪初卡梅隆执导的《阿凡达》等，都使用了当时最先进的科技手段，创造了特殊的视觉奇观。由奥利弗·斯通执导的《野战排》代表了美国越战片的顶峰。1994年拍摄由斯皮尔伯格导演的《辛德勒的名单》同样是表现战争中人性光芒的优秀电影，讲述的是一个普通商人面对纳粹暴行时抛弃个人利益，拯救了1100个犹太人的动人故事，它不是简单地表现战争的残忍，而是反思这场战争对普通美国人带来的心灵创伤，其真实的情节、个性鲜明的手法、流畅的剪辑都为电影的艺术性奠定了良好的基础。20世纪80年代和90年代，在经过了越南战争、经济危机之后，随着信息技术的突飞猛进的发展，全球化进入新的阶段，美国电影也更加注重把富有观赏性的视听效果与表现深刻社会问题这两方面相结合，创作了更多兼具艺术价值和商业成功的电影，如《本能》（1992）、《阿甘正传》（1994）、《廊桥遗梦》（1995）、《泰坦尼克号》（1997）等。这种创作思想一直延续到21世纪的今天，从《珍珠港》（2001）到哈利·波特电影系列（2001—2009），再到《阿凡达》（2009）都是既叫好也叫座的电影。如大量运用imax前沿3D技术的《阿凡达》登上了世界电影史票房的顶峰。到2010年1月底，该片票房达18.59亿多美元，超过了在1997—1998年上演的《泰坦尼克号》的18.43亿美元的历史记录。美国影视文化进入到世界的各个地区，从另一个侧面反映了美国文化软实力在世界上的影响力。

战后，在美国还创作了实验电影，也称为先锋派电影，在法国出现了新浪潮主义电影运动，体现了与以往技术的主义传统和写实主义传统不同的新形式—现代主义电影。这些影片借鉴西方现代主义艺术的理论和手法，与传统电影相比，它们显得杂乱无章，晦涩难懂，很难真正地被电影观众普遍接受。如美国导演德连的《白日的罗网》，肯尼恩·安格尔的《烟火》、《兔子月亮》，法国导演戈达尔的《喘息》，特吕弗的《四百下》，雷乃的《广岛之恋》，安东尼奥尼的《奇遇》，等等。这些实验电影的特点是反传统、反理性、反商业性，追求纯粹形式的审美价值。它们既反对当代社会的现状，又采用了很多当代社会的形象和先进技术，因而表现出明显的矛盾性，也正是这种矛盾性致使先锋派电影如今在形式和内容的创新整体上失去了动力和活力。尽管实验电影具有极端性，甚至荒诞性的一面，但它们“对体制内现存的主流文学趋向进行对抗和反叛”的探索性特征，也应该予以肯定和支持，这也使得西方电影更加丰富多样。

第十五章

西方新闻事业的起源和报刊业的发展

信息传递伴随着人类社会的发展而发展。在17世纪近代新闻传播事业产生以前，西方的信息传播活动早已存在了很长时间。在西方的新闻传播过程中，原始的口头传播是经历时间最长的，长达几百万年。在印刷术发明之前，由于文字载体的制作花费巨大、复制和传播非常困难等因素，知识主要被少数人所控制。后来，随着文字和书写工具的产生，出现了手写新闻传播，并逐渐成为主要的新闻传播形式。印刷术的发明推动了人类文化、教育的普及和社会进步，使人类文化的传播在数量和质量上都有了很大的发展。十五六世纪开始，人类结束了手写新闻时代的历史，开始了印刷新闻时代的先河。17世纪时近代报业从无到有，由小到大，从简单到复杂地壮大起来，成为人类信息传播的主要媒体。

第一节　西方的早期新闻传播活动

16世纪之前，依据形式的演进，西方的新闻传播活动大体经历了原始传播、口语传播、手写传播、印刷传播四个顺序更替的发展阶段，其间出现了三个最为主要的里程碑。早在原始社会时期，人类就已经开始了传播活动，大致分为以下四类的传播方式：结绳记事、珠贝传令、实物借代的记录性传播；敲击响器、吹奏号角、点燃烽火、挥动旗帜的以声音和光线为媒介传播；以图画方式展现的图式传播；以口口相传、行吟艺人、街谈巷议为表现方式的口头传播。话语的产生是人类历史的第一次传播革命，从此人类进入说话传播时代，口头传播成为主要方式。古代最著名的口头传播莫过于马拉松平原战胜利消息的传播。公元前490年9月，波斯大举进攻雅典，两军在雅典东北部的马拉松平原展开大战。希腊人在以少胜多地击败了波斯人以后，统帅便派雅典战士、长跑健将斐里庇第斯返回雅典，传递胜利的消息。已经负伤的斐里庇第斯以平生最高的速度从距离雅典四十多千米的战场跑回了雅典中央广场，向广场上的市民大声高呼："我们胜利了！雅典得救了！"刚刚说完，这位战士就倒地牺牲了。语言传播极大地便利了人类沟通传递的信息更为复杂，但语言传播范围小，容易失去真实性。约在公元前三四千年时，文字的出现填补了语言传播的劣势，突破了时空的限制，给人类历史上带来了第二次传播革命。

有了文字书写，就有了手写的新闻传递。手写新闻传递在人类历史上已经存在了几千年，今天它仍然是人类新闻活动的一个主要组成部分。手写新闻传播形式在西方早期主要有两种：一种是公告式的，即原始形态的官方公告；另一种是书信式的，即新闻信件。罗马共和国时期的《每日纪闻》是世界上最早形成的官方公报，公元前59年由执政官尤利乌斯·恺撒下令建立。用尖笔把信息书写在罗马议事厅外一块涂有石膏的特制的木板上。恺撒创设这种公报的目的，就是要把上层开会讨论的内容公之于众，争取舆论的支援，扩大自己的政治影响。这一做法在屋大维时期得以保留，此后这一官方公报断断续续地刊布到公元330年迁都君士坦丁堡为止。

公报的主要内容有议事纪录、帝国法令、战争消息、司法案件、官员任命、宗教活动、贵族的婚育死亡等。除了公报外，还抄写、发送给给各地驻军首长。这一公报架起了沟通统治机构的内部的桥梁，巩固了帝国政权。新闻信意思指传递新闻、交流信息的公私书信，它是西方古代历史上传播最悠久的手写新闻传播形式。早在公元前500多年，例如公元前47年，恺撒由埃及快速进军征讨小亚细亚的本都王国，古罗马就开始写出新闻信。官方的新闻信常有传播政情军情的性质。在战争顺利结束后恺撒马上写信给罗马告捷，信上只用了三个词："我到，我见，我胜。"这些信件记述了上层社会的许多重大的人物和事件，记录了罗马的生活、外省的状况，以及民间习俗、竞技游乐等。私人的新闻信主要盛行于上层社会。罗马共和国末期的政治家、哲学家和文学家西塞罗，一生就书写了许多书信，在其之后一个多世纪的罗马作家小普林尼书写了《通信集》1卷，包括书信300多封。罗马时代已经诞生了以撰写新闻信为业的人，他们受雇于军政长官、王公贵族、税吏及巨商，为他们供给首都和外省的消息。

发明印刷术是西方传播史上的第三座重要的里程碑，它也使印刷新闻传成为可能。1450年前后，德国美因茨的工匠古滕贝格（约1400—1468）研制成功适合西方文字特征的金属活字印刷技术。他制作了木质的、靠螺旋在印板上增加压力的印刷机，代替了手工制作，从而增强了印刷的质量和效率。接下来他印出了一些宗教书籍。以后几十年间，古滕贝格的印刷术在整个欧洲拓展，意大利（1465）、瑞士（1468）、法国（1470）、尼德兰（1475）、西班牙（1475）、英国（1476）、丹麦（1482），先后引进了金属活字印刷术。到1500年，欧洲各国已建立印刷所250家。印刷术的应用和发展，开动了西方传播史的新篇章。印刷可以大量而迅速地复制信息，文化知识开始面向广大人民群众传播，这不仅意味着书刊的出版数量大幅度增加，而且更重要的是传播的内容打破了奴隶主、封建主或教会上层垄断的枷锁，新思想、新信息变成了统治者无法控制的潮流。

这些变革打破了教士和贵族的统治，从而产生新的政治、经济、社会、文化和宗教制度。印刷时代的来临深刻地影响了人类的精神生活和文化发展。在这个发展过程中，新闻事业从未与之分开过，始终是这些发展的有机组成部分。对于印刷术所带来的变动，著名学者阿特休尔是这样评价的："正是印刷术的发明（而不是别的）使历史沿革迅速从中世纪发展到近代，这个时期，大众能够逐渐增大阅读量致使思想的广泛传播，这一广泛传播又带来了哲学和科技的变革。遗忘了这一简单的道理，就不可能了解新闻事业。”印刷术在西方各国扩散的初期，大多用于印刷书籍，主要印刷《圣经》、赎罪券一类的宗教题材。印刷新闻开始于15世纪末期，当时一些印刷商开始印刷某些记事性的小本子，记述近期发生的大的事件，如重大战役、自然灾害、节日庆典等，带有普遍的新闻性。小册子篇幅不同，通常在大城市的书店里售卖，或者由小贩沿街兜售。

第二节　报刊的出现和近代新闻事业的诞生

一、报刊的出现和近代新闻事业的诞生

16世纪是欧洲历史的重要转折点。西方的新闻传递活动在这历史转折时期孕育着新的发展。随着商品经济的广泛兴盛，政治动荡的不断加大，社会信息量空前增大，贵族、政客、作坊主、手工业者，商人、银行家都需要了解各地的政治经济消息。在新闻信频繁传递的基础上，出现了手抄小报和新闻书这样新的传播媒体。手抄小报发源于意大利境内的威尼斯。15世纪时，资本主义生产方式开始在这里发芽，手工业主、商人、航海界人士十分关心商品的销路、各地的物价、来往的船期，于是有人专门打听这些信息，抄写后售出。16世纪时威尼斯的手抄小报已相当流行。小报不定期，沿街兜售，每份一个铜币格塞塔（Gazzetta），Gazette一词遂成为欧洲各国早期报纸的通称。有些大的商行或银行，在总行与分支机构之间常有信息传递，也有选择地摘抄一些用于出售外人阅读。除威尼斯外，意大利的其他城市以及德、英、法等国都有手抄小报的发行。在手抄小报流行的同时，西欧等地接连不断地出现了一些不定期的新闻印刷品，内容常报道某些重大事件。

当时，德国富商富格尔家族曾在奥格斯堡开设富格尔金融贸易所，他创建的分支机构遍及欧洲各大城市，该所编辑的《富格尔商业通讯》就非常著名。与记事性小册子相比，新闻印刷品的新闻性明显提高。它们多为书本形式，被称为新闻书（Newsbook），也有单页的新闻宣传单（Newssheet），通常在书店、集市或街头出售。16世纪后期，逐渐产生了定期的新闻印刷品，并且有了固定的称谓。手抄小报和新闻书的传递，标志着古代新闻传播向近代新闻事业的过渡。在这一时期，新闻传播的范围扩大了，专门采集和公开发布新闻的机构逐渐诞生了，从事这项活动的行业队伍逐渐扩大了。17 世纪，随着西方资本主义的蓬勃发展，社会政治经济变动不断加大。社会信息量以及人们对信息需求的增加，物质技术条件的不断进步，原来的手抄小报逐步改为印刷出版，不定期的新闻书也开始变得定期化。

定期化的实现，先是一年、半年，以后随着邮政事业的进步，邮件稳定在每周送达一次，便有了新闻性较强的周刊或周报，这便形成定期报刊。17 世纪初，德意志地区产生了世界上最早的定期报刊。1609 年两份周报的问世，标志着德国近代报业的萌芽。这两份周报，一份叫作《通告—报道或新闻报》，由海因里希·朱利叶斯公爵开创并在沃尔芬比特尔出版发行；另一份叫作《报道》，由约翰·卡罗吕斯在斯特拉斯堡出版。英国最早的定期报刊是《每周新闻》，1621 年 9—10 月连续发行了六期，单张印刷。这是经斯图亚特王朝特许出版的，只翻译国外出版物的信息。这两份周报内容都很简单，每周通常只有一条新闻。法国最早的定期报刊是 1631 年 1 月创刊于巴黎的《各地见闻》周刊，被创刊于同年 5 月的《法国公报》收购。《法国公报》是法国国王特许发行的，每期四页。1615 年，爱格诺尔佛·莫尔开创了的《法兰克福新闻》被认为是世界新闻史上首家真正的报纸，莫尔本人被认为是德国报业之父。

在此前后，其他国家也陆续出现了定期报刊。最早的日报也产生于德意志地区。1650 年，莱比锡一位书商创办的《新到新闻》一般被认为是世界上第一张日报。1663 年，当地有份周报嵌莱比锡新闻（1660 年创刊）也改为日报出版。英国第一张日报是 1702 年在伦敦发行的《每日新闻》，该报开始时单面印刷，以后改为双面印刷，每面两栏，初步具备近代日报的样式。法国第一张日报是 1777 年元旦发行的《巴黎新闻》。美国第一份日报是费城的《宾夕法尼亚晚邮报》，1775 年发行时为周刊，到 1783 年变为日报。定期报刊的出现意味着近代报业和近代新闻事业的诞生。

二、西方近代新闻事业诞生的背景条件

学术界通常把从 17 世纪初期定期报刊的出现到 19 世纪末的新闻事业称为近代新闻事业。西方近代新闻事业的产生有着深刻的历史背景，归根结底是资本主义商品经济的兴起以及由此引发的社会的变革，形成了对新闻事业的需求，同时也提供了产生新闻事业的物质手段和社会条件。这种经济联系连接着不同地区，且随着航海事业和对外贸易的不断兴起，国际交往也不断加大。这种社会需要主要包括两个方面：其一是资本主义商品经济的兴盛，使得社会分工更加明确，人们的经济联系日趋紧密。这就迫使人们不仅需要了解本地的情况，还要知道国内和世界各地的重大事件。而在重要的商业城市或贸易港口。对新闻信息的需求就更加急迫。这些地方自然就成为了早期新闻事业的发源地。其二是新兴的阶级和各种新兴的政治力量迫切需要传播反封建斗争的信息，宣传观点、左右舆论，以加大社会变革。资本主义商品经济的兴起，击溃了长期停滞的封建秩序，加速了社会政治变革，阶级矛盾日益激化，声势浩大的资产阶级革命运动便不断发生。

近代新闻事业之所以能在17世纪产生，除了迫切的社会需求外，还需具备一定的社会条件，这些社会条件包含以下三点：第一，印刷和造纸工业不停地发展和进步。这就使得社会信息量大为增加，社会各个阶层都更加关注时局变化的消息，以便采取相应的策略，适应事态的变化。近代报业诞生前的一个多世纪，活字印刷已经传播到整个欧洲，手摇印刷机业已普及，人造纸已经代替了昂贵的羊皮纸。第二，交通和邮政事业日趋发达。这样，印刷效率明显提高，生产成本明显下降，新闻印刷品就有可能批量制作。16世纪前后，欧洲各国道大量兴建路，不断改善内河航运。“地理大发现”以后各国不断发展远洋航运，人员往来、信息交换日趋方便。法国（1464）、英国（1478）、德意志（1502）等国先后开设为民众服务的邮政业务。到17世纪初许多城市的邮班已缩短到每周一次，使得报刊定期能够发行成为可能。第三，城市化进程不断加速。城市化的进程使得社会联系更为密切，既增加了信息的来源，也增加了人们对信息的需求，新闻采集和传播也更加迅速。

第三节　近代报刊业的发展

17世纪以后，西方社会进入了以报刊为主体的印刷媒介时代，这一进程一直延续到现在。整体而言，资产阶级报纸是西方近代报业的主体。近代西方主要国家的报业随着社会变革的步伐，经历了以下几个发展阶段。报业争取新闻自由；随着资产阶级获得政权，报业广泛兴起并进入政党报刊阶段；

在工业革命后，商业报刊开始繁荣，表现为大众报刊与新闻通讯社的大规模兴起。在资产阶级革命时期，资产阶级报刊虽已诞生，但封建政府管理严格。形态发生变化的报业在具体的历史阶段中展现出不同的社会功能，不仅满足了社会需要，且在一定程度上增进了社会的发展。

一、早期报刊争取自由的斗争

在十七八世纪反封建斗争和资产阶级革命浪潮中，西方各国的报刊是逐步开始起步和发展的，这一过程充满了矛盾和斗争。封建压制和反封建压制的冲突与近代新闻事业的相伴而生，这一冲突只是在以后资产阶级革命过程中才逐步得以解放。近代新闻事业诞生被封建统治者视为洪水猛兽，严加提防。早在手抄小报时期，当传播内容由一般商业信息扩展到社会政治宗教问题以后，反封建反教会的趋势逐渐明显，封建势力惊慌失措，横加阻挠。近代资产阶级革命时期，报刊有着强烈的民主色彩，它反映和引导舆论的方向，成为现实政治斗争的重要工具。各国统治者为了保护自己的利益，逐渐摸索出了一整套控制报道言论、限制新闻媒介活动的方法。资产阶级则强烈反对压制，要求新闻自由。

1. 英国

早在都铎王朝时期，英国就已经严格控制新闻出版业。从 1528 年起，历任英王对出版业都采取了严格的控制措施，主要包括两项内容：其一，建立王家出版特许制，最早始于 1538 年，规定所有出版物均需经过审批，否则不允许出版。其二，建立王家出版法庭（即星室法庭），最早始于 1570 年，严厉惩处各种印刷品对政府的批评。依据英国政府的规定，新闻刊物不能报道国内政治新闻，所以英国伪新闻刊物的政治新闻被国外传播。新的出版物大量出现，参政议政色彩鲜明，国会议程和国内新闻成为各种新闻出版物的主要焦点。英国资产阶级革命爆发后，王家特许出版公司和星室出版法庭先后被撤销，出版业获得了完全的自由。1644 年 11 月 24 日，诗人约翰·弥尔顿向英国国会提交的一篇文章，这也是 篇争取言论自由的战斗檄文。

此后，内战的爆发使交战双方为争夺公众支持而展开舆论争夺，新闻出版业进入相对宽松的阶段，要求在表达思想方面享有更大自由的呼声开始一浪高过一浪。这篇演说后来被称为《论出版自由》。弥尔顿认为：“杀人只是杀死了一个理性的动物，破坏了一个上帝的像；而禁止好书则是扼杀了理性自身，破坏了瞳仁中的上帝形象。”弥尔顿认为，人民的出版自由是与生俱来的权利；限制言论自由即是妨碍真理自身传播，唯有保障言论自由，才能使真理战胜谬误。1688 年光荣革命确定了英国的君主立宪制度，1693 年，英国国会撤销过去的出版法案和王家特许出版公司，报界最终从专制统治的大网中解脱出来。这篇演说词为争取言论自由做出了巨大的贡献。但是，由于英国资产阶级革命没有彻底完成，封建专制主义的新旧抑制手段仍然制约着新闻出版界，报纸的报道言论还受到各种各样的制约。工业革命后，资产阶级的力量大为加强。英国报人争取自由的战斗持续不断，并取得一定成绩，有关禁止报道和评论政治新闻的传统被撤销，使用煽动诽谤罪压制新闻媒介的传统也遭到弱化。

2. 美国

美国是在英属北美殖民地之上成立起来的新兴国家，很少受传统的束缚；争取新闻出版自由的斗争在经历了三次重点的事件后，在法律上赢得了胜利。

一是殖民地时期曾格案件与汉密尔顿的对抗。

曾格案件是美国新闻史上关于争取新闻自由的著名案件，美国争取新闻出版自由的斗争历史从曾格案件开始。案件的主人公约翰·曾格是出版发行商，因为强烈地指责殖民当局，被殖民总督以“中伤罪”拘捕。1735 年 8 月 4 日正式开始审讯该案。一位老律师安德鲁·汉密尔顿被允许作为曾格的辩护律师。汉密尔顿指出所谓诽谤罪只有在言论不实时才成立，每个公民都有“陈述无可非议的事实真相的自由”。按照当时英国和北美的习惯，凡是对政府进行带有指责性的评论，不管内容是否真实有效，一律视为诽谤，若言论属实，其鼓动作用则更为显著，所以事实是比谎言更大的诽谤。陪审团最终宣布曾格无罪释放。从此逐步确立了一项原则——对官员进行批评的权利是新闻自由的支柱之一。

二是抵制印花税法案。

1765 年 6 月，英国决定在北美殖民地执行印花税法案。北美各地发起抵制该税法的抗议活动，许多报纸拒绝交税，有几家报纸甚至刊文批评征收印花税。1774 年，第一次大陆会议召开时，约翰·迪金森所起草的《人权宣言》就涉及了表达自由的基本原则。1766 年 3 月，富兰克林继续努力，这一税法被废除。

三是美国宪法第一修正案的通过。

1776 年，弗吉尼亚的《权利法案》声称，“新闻出版自由是自由的重要保证之一，任何政府，除非是疯狂的政府，都不应加以控制”。在 1787 年通过的美国宪法里，没有将新闻出版自由等公民权利明确列入在内。直到 1791 年国会对原有宪法增加的 10 条修正案获准生效。其中第一修正案规定：“国会不得通过建立信奉某一宗教，或禁止宗教自由之法律；不得废除言论与出版自由；或控制人民集会、请愿、诉愿之自由。”这是美国新闻自由的基础。至此，新闻自由原则在美国终告确立。

3. 法国

资产阶级革命前，法国长期实行封建专制统治。16 世纪政府设立印刷出版特许制和审查制。此后又一再颁发命令，强化管理。法国早期的正式报刊都是经国王允许发行的，路易十四统治末期，国王曾允许发行了一批民办报纸，但其言论要与官报相一致，否则将被政府停止。17 世纪末到 18 世纪末，法国的专制统治得到强化，许多政治上的反对派报纸被迫停止发行。于是有些大胆报人在国外（主要是荷兰）创办法文报纸，要求自由出版。国内也发出类似呼声：“如果报纸若无自由权，其他法律将无效可言。”1788 年年底，著名演说家奥诺雷·米拉波曾在议会上发出呼声：“法律应赋予报纸永久之自由权，最不可侵犯之自由权，以及最无限制之自由权。”他还翻译出版了英国诗人弥尔顿的《论出版自由诤》推动法国争取新闻自由。1789 年，法国资产阶级革命爆发。同年 8 月通过的《人权宣言》明确了每个公民享有言论自由的原则，《人权宣言》第十一款提出：“自由传达思想和意见乃是人类最宝贵的权利之一；所以，每个公民都有言论、著述和出版的自由。可是，在法国大革命期间，新闻自由的原则并未得到有效执行。但是，在法律限制的情况下，应当对滥用此项自由承担责任。”1792 年 8 月，开始执政的雅各宾派控制了持反对立场的报刊。

1794 年 4 月，推翻雅各宾政府的热月党政府也取消了各类反对派的报刊，还重新设立了新闻检查制度，制定了出版物印花税，补贴拥护政府的报纸。拿破仑帝国时期，大革命时期的出版自由基本上被取消了。直到 1881 年，法国才终于通过《新闻自由法》，该法第一条规定：“印刷出版享有充分自由权，报纸期刊的发行，不必事前申请许可。也无须交纳任何财产保证，只需要向政府申报报纸、期刊的负责人的姓名。”经历了近百年的不懈战斗，法国最终实现了1789年《人权宣言》所宣布的出版自由。

二、政党报刊的发展

资产阶级革命胜利后，随着议会民主和多党政治体制的明确，不同党派纷纷创办或控制报刊，作为政治斗争的武器，宣传政见，争取舆论。所以，西方各国报业无论发展快慢，均历经了一个以政党报刊为主的时期，这是一种新形式的政治性报刊。

1．政党报刊概况

英国资产阶级革命中，报刊界划分的两派。一派是倾向于国会、反对封建专制统治的革命派报纸；另一派支持国王的保皇派报纸。1643年，党派报刊开始出现，革命派的代表报刊《英国信使》与保皇派的代表报刊《宫廷信使》和《公民信使》同时在同年创办。1679年，英国国内形成两大政党：其中有代表工商业资产阶级与新贵族的辉格党和代表地主贵族与高级僧侣的托利党。为了影响选举、获得更大的利益，两党分别创办报纸。1711年8月，《观察家》成为托利党的党刊。1720年，托利党创办日报《每日新闻报》，这是最早的政党日报；辉格党则出资津贴于1702年创办英国的首家日报《每日新闻》，使其成为实际上的党报。辉格党于同年创办《辉格观察家》。此后，各党以半公开的形式维护报刊的主办人或编辑，许多报刊经常围绕于各党之间。18世纪中期工业革命兴盛后，报刊的广告大量增多。

发行量的大增，使报刊经费不需要津贴且可以自给自足，其党派特征逐渐灭失。到托利党人威廉·皮特任首相时期，大部分的报刊不需要政府津贴，此后，明确隶属关系的政党机关报基本灭失。最早的美国报刊是1704年殖民地时期约翰·坎贝尔开创的《波士顿新闻信》。此后，在美国独立战争期间，因政治趋向的不同，报刊分化为爱国派与保皇派，美国的报刊步入政党报刊时期。在独立战争之前，北美殖民地共有37种报纸，其中超过2/3属于爱国派，大约1/3属于保皇派。爱国派报纸中最主要的是本·埃兹主持的《波士顿公报》。保皇派的最主要报纸是詹姆斯·利文顿创刊于1773年的报纸《利文顿纽约公报》。独立战争获胜后，两派报刊逐渐消亡。19世纪初，两党各有约15多家报纸。独立战争1783年结束后，美国出现了联邦党与民主共和党两大党派，他们在政治哲学、建国方针和经济利益上意见均不同，美国报业形成新的两大党派报刊的局面。

联邦派以亚历山大·汉密尔顿为领袖，掌握《合众国公报》、《智慧女神报》；民主共和党以杰斐逊为指导，掌握《综合广告报》、《国民公报》。19世纪中期，伴随美国工业革命的发展，商业报刊风起云涌，政党报刊式微，美国报业逐步过渡到大众报刊时期。法国政党报刊的创立可追溯到大革命时期，当时的报刊分为革命派和保皇派两个阵地。重要的革命政治报刊有米拉波主办的《普罗旺斯邮报》、《法兰西爱国者报》，哥尔萨主办的《巴黎邮报》，普律多姆主办的《巴黎革命报》，卡米尔·德穆兰主办的《法国及布拉班革命报》，让·马拉主办的《人民之友报》和埃贝尔主办的《杜歇老爹报》。保皇派的发行的主要报纸有《政治及国家报》、《使徒行传报》、《国王之友》、《巴黎公报》等。但是，不论是革命派还是保皇派所创办的政治报刊，在革命时期的存在时间都不长，雅各宾派执政时期，曾将保皇派报纸通通加以查封，后规定取消所有的反对派报刊。1794—1797年，热月党政府取消了97家报纸，至1799年雾月政变时，著名的革命派报纸已在各派之间的斗争中几乎全部消失。

2. 政党报刊的特征

在政党报刊时期，政治言论成为当时报纸的主要内容。作为政治斗争的武器，欧美主要政党报刊在内容上，倾向于政治问题，大量篇幅用于党派争论，互相攻击；在报道方法上，言论重于新闻，政论形式占主导地位。伴随着革命进程，报刊的政治辩论此消彼长。18世纪初，英国辉格党与反对派托利党展开争论，这场争论牵扯一系列政治问题，如权力的分配、英国的自由、爱国主义和腐败、政党和议会党团、反对党与现政府之间新型关系的合法性等。在法国大革命时期，温和派与改革派也发起争论，相互谩骂攻击。1764—1775年间，北美殖民地人士展开了一场政治争论。这场政治争论阐述了殖民地反对英国政策的理由和根据，辩论从伸张殖民地居民的权利开始，逐步发展到否认英国对北美的宗主权，为谋求独立制造思想舆论，为进行革命寻找理论依托。在论战中，政论式的报道模式成为主要方向。文章以彰显政治立场、表达观点为首要工作，新闻或者是作为证明观点的材料，或者通篇不见。为宣传观点，在论战中，甚至有些言论走向极端，充满侮辱与攻击。

3．政党报刊的影响

新闻史学家们认为政党报刊是新闻史上最没有价值的报刊，但从历史的角度来看，政党报刊却产生了不可忽略的政治影响。政党报刊不仅传播了政治消息，而且对民众进行了非正式的政治教育，激发了普通民众的政治参与意识，为公众舆论的最终形成奠定了基础。在美国，殖民地时期的反对者向大众分发总督的讲话记录，议会开会期间每周发行两次文件，发表决议和法令。方便市民知情。印刷所和报纸成为城镇的消息中心。在政治斗争中，“公众”或“人民”成为重要的政治天平砝码，大量的政治信息通过报刊向民众开放。在这些信息的影响下，民众的政治意识被激发。

在法国，自1789年起，国民议会的议员们给其机构写的信件逐渐成为某些城市广场上的公众读物，法国人因此养成了聚集在路旁听人朗读报刊与公报的惯例。大革命促进全民参与政治斗争，在这一过程中，报纸成为大众政治化进程的主要工具。政党报刊之间的论争实际上创造了一种大众舆论导向，德国著名学者哈贝斯在评价18世纪初英国辉格党与以博林布鲁克为首的反对派托利党之间的辩论时指出：“博林布鲁克及其朋友们懂得如何利用这样一种大众舆论去构成一种公众舆论。这种舆论有着共同的目标，并且情投意合，能够被调动起来，用于政治目标。所谓革新，不是蛊惑民心和空喊口号，也不是喧闹的民众场面—当时还没有固定的公众集会……”应该说，这种公众舆论是由另一种因素指引的，即一种独立的新闻业的建立，这种新闻业明白怎样确立自己与政府相对的立场，把针对政府的批评和公开反对立场提高到一种规范的程度。

三、大众报刊的繁荣

工业革命首先在英国产生，随后发展到整个欧洲大陆。在这一时期，西方主要国家的政治和社会结构发生了很大的变化，政治开始民主化、经济趋向市场化、城市化、教育的发展以及印刷技术的增强都对报纸形态的变化产生重要影响。19世纪，欧美先进资本主义国家出现出了第一批面向普通大众的“便士报”、“一分钱报”等廉价报刊（或称大众报刊），这些报刊采取企业化的经营模式，独立于其他政党。读者群体由过去的政界和社会上层人士逐渐扩大到普通民众，从而在根本上改变了近代报业的结构和性质。报刊的地位大大增强了。报纸不仅是对大众进行政治动员的工具，而且也成了政治家获取大众反馈的源泉，成为当时唯一的社会交流工具。19 世纪也因此成为“报纸的世纪”。廉价的商业报纸日益发展，其言论、政治立场更为特立独行，西方新闻传播活动在前一阶段的基础上产生了巨大的发展。

1. 大众报刊概况

18 世纪后期，报刊的政党色彩越来越弱，并逐渐转变为政治独立、经济自立的大众化报刊，这种新型的报纸形态首先在美国诞生。19 世纪三四十年代，在美国东北部工商业发达的大城市，首先出现了一批面向平民大众的廉价报纸，这类报纸迅速在欧美成为一种新的办报风潮。1833 年，本杰明·戴创办《纽约太阳报》，打出的口号是“照耀所有人”。该报每份售价 1 美分，并且首创街头出售。这份报纸首次开创了大众化报纸发行的先河。《纽约太阳报》深受读者的喜欢，1834 年发行量为 5000 份，到 1839 年已经上升至 7 万份。1835 年，詹姆斯·戈登·贝内特创办《纽约先驱报》，该报在发刊词中表示，要办一份超越党派的独立报纸，致力于记录事实，公正独立地进行宣传，并适当予以评论。

至 1860 年，该报销数达到 8.5 万份，成为美国发行量最大的报纸。1851 年，亨利·J·雷蒙德创办《纽约时报》，该报成为美国建国以来最有影响力报纸。从创办开始，该报就力争成为超党派的独立报纸。“报纸能够取得公众的信赖，必须是超党派而独立的。”该报也是在街头售卖，每份 1 美分，发行不到 2 个月，销量已达 2 万份。普利策是美国现代报业的奠基人。1883 年，约瑟夫·普利策（1847—1922）买下纽约的《世界报》。1712 年 5 月，英国政府颁布法案，规定所有报刊一律征收印花税，同时对报刊使用的纸张征收纸张税、刊登的广告同样征收广告税（三者合称为“知识税”）。在其经营管制下，成为当时发行量最大的报纸。1895 年，威廉·伦道夫·赫斯特购进《新闻晨报》，后将其改名为《纽约新闻报》，它是美国最著名的黄色报纸。

英国的大众报刊起步较晚，主要原因在于政府征收高昂的“知识税”。如有违反，则罚款或吊销执照。“知识税”开征后税额不断增加，至 1815 年一张报纸的印花税高达 5 便士，许多报刊无法适应，被迫停止发行。当时有议员坚决要求废除知识税，这一呼声得到了新兴工业资产阶级和劳动者阶级的回应。政府迫于舆论巨大的压力，最终免除了报纸的捐税。知识税的消除使得英国的报刊业发生了重大变化，大众化廉价报纸纷纷创立。英国第一家成功的大众化便士报是1855年6月29日创办的《每日电讯报》。该报最初售价1便士，到1888年，《每日电讯报》发行量达4万份，成为当时英国乃至当时世界上发行量最大的报纸。这一时期还产生了世界上历史最悠久而又最具影响力之一的《泰晤士报》。它发刊于1785年元旦，创办者为当时伦敦有名的煤炭大王约翰·沃尔特（1739—1812）。

《泰晤士报》最终成为英国新闻界的领袖，在权威性与影响力方面，拥有尊崇的地位。继便士报风靡之后，是晚报的兴盛，在众多新创办的晚报中，这也是英国报刊大众化过程中的一幕。1888年，奥康纳创办的《明星晚报》是成功者的标志。该报创下了当时创刊号发行14.36万份的世界纪录。该报售价半便士，创刊号声称："废除过去报纸的陈腐形式，不再给烦冗拖沓的论题提供篇幅。"除了大众化日报外，英国还发行了另一类重要报纸——星期日报。首次创办此类报纸的是1779年创刊的《星期日箴言报》。法国的廉价报纸出现于19世纪30年代的七月王朝时期，并在19世纪末得到迅速发展。它们都是日报，同于1836年7月1日开创于巴黎。吉拉丹是法国历史上有名的报人。埃米尔·吉拉丹（1806—1881）的《新闻报》和杜塔克的《世纪报》是其中影响力最强，销量最大的。

在《新闻报》发行时一般日报年订价为8法郎，而《新闻报》只要40法郎，每份1苏，发行三个月后发行量为10000份，1848年达到78000份，杜塔克的《世纪报》售价也是每份1苏，全年40法郎，创办第二年销售达10000多份，1847年为50000份，广告收入逐年上升。德国统一后，工业化和城市化步伐加快，城市平民和工人队伍大为增长。在这一形势下，资产阶级廉价报纸也应运而生。1871年，莫斯发行《柏林日报》，实行商业化运作，以社会新闻、消闲资料和广告为主要内容，以社会下层民众为发行对象，形式生动活泼、价格低廉。需要指出的是：由于德国经济发展和政治变革相对落后，所以近代报业史上并没有显著的廉价报纸阶段。

2. 大众报刊的特征

相较于以前的政党报刊，19世纪出现的大众化报刊在报道内容、报道形式以及版面设计上独具特色：其一是声称政治独立；其二是标榜经济独立；其三是报道领域得以拓展（地方新闻、社会新闻、人情味新闻、煽情新闻）；

其四是平民化；其五是价格便宜。就报道方式来看，大众报刊又大致可分为两大类：一类是倡导故事化报道；另一类是主张客观报道。故事化的报道形式是美国的大众报刊首先创立的，《纽约太阳报》、《纽约先驱报》、《纽约论坛报》等早期的廉价报刊以及后来发行的普利策的《世界报》与赫斯特的《新闻报》都采取了类似的报道方式。这些移民普遍对英语不熟悉，他们习惯于阅读简单、有趣的新闻报纸。为了增大读者群，廉价报刊多采用故事化的新闻报道形式。19 世纪时，大量的外国移民进入美国，19 世纪八九十年代的纽约就是一个移民的城市。

故事化报道更倾向于选择能够吸引人的事实，犯罪、灾祸、性丑闻和奇异事件等常见于报端；以戏剧化的方式撰写渲染事件，加强对细节的体现；报纸版面采用特大标题、字体、插图以及其他特殊处理的形式，以最明显的方式突出报道事件。《纽约太阳报》的报道内容主要为当地发生的事件与暴力新闻，其取材大都是一些无关紧要的小事，但是读起来极有味道。普利策的《世界报》大量刊登社会新闻、人情味新闻，并且采用煽情主义和夸大其词的手法，吸引读者，以广发行。作为竞争对手，赫斯特的《纽约新闻报》在煽情手法的运用上比《世界报》更为露骨和恶劣，它的主要版面充斥着凶杀、抢劫、暴行、色情的报道，而且经常使用大字标题，以吸引读者购买。英国的《每日电讯报》采用美国式的编辑方式，大大拓展了新闻报道面，关注报道社会新闻，突出报纸内容的趣味性。

法国的《新闻报》大量刊发社会新闻、犯罪新闻。《世纪报》也重点报道这两类新闻，并且比《新闻报》更加擅长使用煽情方式。客观报道以客观的态度和负责的精神，格里利创办的《纽约论坛报》开创了客观报道方式的先河。推行这类方式的报纸通常喜欢选择重大事件，而非仅仅是有趣的事件；在叙述中，如实报道，不过度夸张渲染，代表着大众化报刊的另一种报道风格。《论坛报》虽然在销售量上比不过《太阳报》和《先驱报》，但它的社会影响力很大，因为它的主要报道内容并非单纯追求刺激，而是严肃问题的讨论与新闻报道。《纽约时报》集中体现了这一时期所产生的客观报道模式。《纽约时报》觉得，不是所有民众感兴趣的新闻都适合发行报道，提出该报“刊载一切适合刊载的新闻”。它倾向于客观的报道手法，认为应该客观公正地报道新闻。奥克斯声称《纽约时报》的办报宗旨是：“《纽约时报》要用一种简单明了的形式，提供所有的新闻报道。用文明社会中谨慎的语言来提供所有的新闻；即使不能比其他可靠媒介更快提供新闻，也要一样快。”

3. 大众报刊的影响

无论是采取故事化的报道模式还是客观报道模式，大众化报刊都发挥了重要的政治社会经济影响。19 世纪末，随着生产力的不断发展，财富分配出现不平等，而且为追逐物质利益社会不公平现象也越来越多。政府日益腐败，经济危机的出现增加社会动荡的可能性。不少民众失业，并陷入民不聊生的状态。此时的报纸积极报道政治和公共事务，开展符合公众都关心的改革运动。他们不支持大企业托拉斯、反对公共事业经营特许权被垄断、不同意政治不健全和腐败。在美国，普利策的《世界报》在这时抛弃了煽情式的新闻报道，注重刊载社会热点问题的报道，针砭时弊，反映民情，提倡改革；发行《克利夫兰新闻报》和《辛辛那提邮报》的爱德华·斯克里普斯更关心地方改革，利用社论意见提倡社会改革。

斯克里普斯的报纸反对过时的政府制度、反对不民主的政治行动、反对不公平机遇、反对腐败，等等，倡导社会改革的大众报刊，通过大量报道形成了公众舆论，在一定程度上唤醒了民众的正义感。

四、新闻通讯社的诞生

新闻通讯社是专门收集和供应新闻稿件、图片和资料的新闻发布组织。它是新闻流通的重要工具，被称为“消息总汇”。在世界新闻发展史上，出现通讯社，绝对不是一个偶然的历史现象，而是近代工业革命、近代报业发展到一定程度的必然结果。首先，新的印刷设备和工艺的大量使用使报刊这种信息产品的复制能力成倍提高，相应的，报刊对新闻信息的需求也大为增加，而报社单凭自身的力量是很难满足这一需求的，于是通讯社这种专门收集和供应新闻的机构便应运而生。其次，通信技术的革命为通讯社的诞生提供了物质基础。19 世纪初，工业革命促成了交通事业的革命性变化，汽船代替了帆船，火车取代了马车。这些工具的技术性质，决定了传播速度的快慢和传播范围的宽窄。工业革命前，人类信息的传递，主要是通过马车、帆船、信鸽、烽火。

尤其重要的是有线电报的发明及其实用化。电报的发明，大大地提高了新闻的传播时效，在很大程度上实现了全球范围信息资源的同时共享。另一方面，四通八达的电报线路，实际上又构成了地球作为整体的神经网络。此外，通讯社的诞生也是为了适应工业革命后经济社会快速发展以及商业、贸易、金融等领域获取信息的需求。这正是通讯社得以诞生的物质技术前提。19 世纪时，世界各地陆续创建了一些新闻通讯社，按照活动范围的大小，大致分为两类：一类是国际性通讯社；另一类是国内通讯社。西方全球著名的四大国际通讯社是法国的哈瓦斯社（成立于 1835 年）、德国的沃尔夫社（成立于 1849 年）、英国的路透社（成立于 1851 年）和美国的联合通讯社（即美联社，成立于 1848 年）。美联社的特殊在于是以报纸之间合作社性质的组织出现的，存在和发展的目的不在乎营利，而在于为报纸提供信息源，这与欧洲三大通讯社不同。通讯社的出现，标志着一个新闻出版业的新时代的开启。

第四节　现代报刊业的嬗变

19 世纪末 20 世纪初，西方主要国家逐渐进入垄断资本主义阶段，报刊事业也开始了兼并、集中的历史进程，报刊的种类越来越少，少数垄断财团控制了报刊业，报刊发展进入垄断阶段，报业垄断向有利于形成规模效应的方向发展。加强在新闻市场的经济竞争能力，但这种垄断损害了自由市场，同时新闻及意见来源的多样性受到了控制。一些有能力的有识之士提出了自由而负责的新闻思想，这一时期解释性报道的模式逐渐兴起。

一、报业垄断

工业革命时期繁盛起来了的大众报刊实行商业化经营，一味地追求利润，报纸发行覆盖了整个社会。此后，报界在相互竞争中出现了大的兼并过程，19 世纪末 20 世纪初，报业已经开始出现垄断。第二次世界大战后，各国报业经过短暂的恢复、调整，垄断程度进一步加强，形成了少数重要的“超级报团”或巨型垄断集团，甚至诞生跨媒介或跨国垄断。至第二次世界大战时，英、美、法等国报纸的商业化继续发展壮大，报业竞争和兼并逐渐加剧，“一城一报”现象日渐普及，报团控制的报纸种数和发行量在全国报业中所占的比例不断增加。在美国，主要的垄断报阀有斯克里普斯报团、芒西报团、赫斯特报团等。

斯克里普斯报团的主要开创者是斯克里普斯（1854—1925），报团拥有的多是廉价的大众化晚报。1878 年，他发行了该报团第一家报纸《克利夫兰新闻报》，至 1911 年时，该报团已拥有 19 家报纸。然后又买进或兼并了《波士顿新闻报》、《巴尔的摩新闻晚报》、《费城时代报》、《纽约报》等。

芒西报团是由佛兰克·芒西开创的。1902 年，他买下了作为报团核心的《纽约每日新闻》和《华盛顿时报》。1925 年，芒西突然辞世，其报团也随之土崩瓦解。

赫斯特报团由赫斯特创办。1901 年，他先后创办《美国人报》晚刊《芝加哥检查报》、《美国人报》。在 1900 年之前，赫斯特名下还只创办了《纽约新闻报》、《旧金山考察家报》等三家报纸。以后又不断在各地兼并报纸，至 1935 年达到顶峰。当时该财团在 19 个城市占有 26 家日报（发行量占全国 13.6%）、13 家星期日报（发行量占全国 24.2%），另外还有 15 家杂志、2 个新闻社、4 个电影公司、6 个电台，变成了显赫一时的新闻王国。

英国报业形成垄断的历史，是由著名报人诺斯克利夫勋爵拉开序幕的。

在第二次世界大战之前，英国的报业市场中最有影响力的集团有诺斯克利夫报团、比弗布鲁克报团等。诺斯克利夫报团是英国最早的报团。该报团的开创者艾尔弗雷德·哈姆斯沃斯（1865—1922）1905 年受封为诺斯克利夫勋爵（北岩勋爵）。1888 年 6 月，哈姆斯沃斯开创《回答》杂志，取得巨大成就，1894 年，他又改进《嗄新闻晚报》，并使之在很长的时间保持世界晚报发行量的最高纪录。1896 年，哈姆斯沃斯创办了《每日邮报》，此后创办或兼并了《星期快报》《每日镜报》《观察家报》。1908 年，哈姆斯沃斯又取得了对《泰晤士报》的控制权。加上其他大量的地方报纸、杂志，哈姆斯沃斯创立起了英国有史以来最大的报业集团。

比弗布鲁克报团的创立者威廉·艾特肯（1879—1964）出生于加拿大一个贫苦的家庭，后来经商致富。1917 年，他兼并了《每日邮报》。1918 年，又控制了伦敦的《每日快报》，并发行《星期日快报》。1923 年，比弗布鲁克又买进了《标准晚报》和数家地方报纸，变成当时英国的六大报团之一。

法国的报业垄断化过程在第一次世界大战之后便开始了，垄断兼并程度也远不如美国和英国，垄断报团的经济规模，相对来说也比较小。当时的报团主要有普鲁沃斯特报团、温德家族报团和科蒂报团。普鲁沃斯特报团的主人原本是一个大型羊毛纺织公司的老板，1917 年，开始进军报业，购买了《哎家园》，此后又购买了《巴黎午报》、《巴黎晚报》和《不妥协报》。1939 年，该集团的《巴黎晚报》发行量达到 200 万份，为法国发行量最大的日报。温德家族报团，系由法国有名的钢铁和军火制造商温德家族开创。

第一次世界大战后，温德家族进入报界，先后买进了《长时报》、《论坛报》、《新闻报》及《工业日报》，并掌握《晨报》、《懂巴黎回声报》和哈瓦斯通讯社的部分股权。第二次世界大战中，《长时报》逐渐变成了维西政府的机关报。法国光复后，温德家族报团破产。科蒂报团的老板为法国有名的科蒂化妆品公司老板弗郎索瓦·斯波蒂诺。他于 20 世纪 20 年代踏入报界，购买和开创了《费加罗报》、《人民之友报》等一系列报刊，初步形成了一个报业集团。1934 年，该报团受到经济危机的打击，加上斯波蒂诺去世，随之烟消云散。

二、社会责任论的确立

20 世纪 40 年代之前，报刊业主张自由主义新闻理论，认为报刊是表达各种意见和思想的自由市场，公众在涉及各种不同意见的时候，能够凭自己的理解鉴别真伪，能够“自行改正”；客观报道是新闻职业的最高道德水准，报刊的职责是客观地体现现实而不是向公众灌输某种观点。而且报刊受到商业化的侵扰，虚假新闻越来越多，报道内容常常危及社会公德和个人机密，新闻报道越发煽情化、刺激化、浅薄化，新闻道德沦丧。但是，随着传媒的集中和垄断的趋势日益剧烈，大多数人日趋失去了表达思想的方法和机会。这些情况引发了人们的强烈不满和批评，传媒人纷纷反思新闻界的发展趋势。

在这种背景下，作为对传统新闻自由理论的修正，诞生了社会责任论。1947 年，由芝加哥大学校长罗伯特·M·哈钦斯任主席的新闻自由委员会公开发表了一个总报告《一个自由而负责的新闻界》。这份报告意味着社会责任思想的问世，被称作是西方传媒社会责任思想的奠基性纲领文件。1956 年威尔伯·施拉姆的《报刊的四种理论》发行，其中“报刊的社会责任理论”部分，成为 20 世纪 50 年代大众传递的社会责任思想由抽象概念到形成相对详细理论观点和脉络的重要标志。社会责任论把西方的新闻自由观，推到了一个新的认识高度。它的目的是革新自由主义理论，主要内容包括：新闻界担负社会责任、新闻自由具有相对性、新闻道德需要受到规范、调节媒体与政府关系。

社会责任论是作为对传统新闻自由理论的修正而诞生的。新闻自由不仅关系到保护媒介的自由，而且关系到保护公众的自由；为扩展自由而负责任的新闻业，媒介、公众与政府都各有自己的责任。社会责任论在美国提出后很快传递到其他国家。20 世纪 50 年代前后，欧美各国陆续建立新闻自律组织并制定自律条例，各种报业评议机构纷纷发表评论，社会责任新闻思潮的影响力也从报刊扩大到所有媒体。1980 年，联合国教科文组织发表的“多种声音，一个世界”，又称《麦克布莱德报告》，将社会责任新闻思潮的影响力推至高潮。

三、解释性报道模式的兴起

《纽约时报》所大力提倡的客观报道形式，曾在20 世纪20 年代成为新闻业的职业道德操守。这种报道形式注重事实，尽量真实地表达事实；将事实与价值分开，避免记者的主观倾向。但是到 20 世纪，西方各国的社会经济生活发生很大的变化，客观报道形式出现了越来越多的劣势，解释性报道随之慢慢诞生。所调解释性报道，一般是指搜寻新闻背景并对有关新闻事实进行解释或分析的报道。解释性报道较多地关注政治、经济、社会生活中的重大事件，注意挖掘事件背后的更深意义，允许记者客观作出评论，解释新闻事件发生的原因、意义和未来趋势。相较于客观报道形式，解释性报道不着重新闻与言论的分立，在报道中，既有事实报道，也有分析与议论，它实质上是一种夹叙夹议的报道。它主要是用相关事实来解释，而不是用观点来解释，这种报道模式和单纯的评论并不相同。

解释性报道依然遵循新闻报道用事实说话，作者的观点和内心的趋势始终藏在事实的背后。需要强调的是，解释性报道并不是对客观报道所提倡的客观公正原则的否定。新闻评论也是一种对新闻事实的解释，但这种解释是作者用观点和理性进行解释，个人特征鲜明，有浓厚的主观主义倾向。客观公正、准确的报道原则仍是新闻的基石。解释性报道诞生于美国。它是 20 世纪美国新闻事业发展的一大趋势。第一次世界大战时，解释性报道的概念被强化，因为民众对战争的爆发感到恐惧，不明白引发战争的原因，而当时的新闻只报道已经发生了的新闻事件，不涉及政治局势变化的原因与影响，记者只是“记录员”和“传声筒”。第二次世界大战后《时代》杂志首先在报道中稍加解释，增加作者的意见，以此来弥补报刊在一战报道中的不足。

1929 年的经济危机直接促进解释性报道的产生。发生在身边的经济危机给美国人带来直接的冲击，银行倒闭、公司破产、万人失业。美国人处于严重的经济混乱中。他们迫切希望了解发生这次危机的原因，美国社会以后将走向何方。读者的这种需要是解释性报道的产生的催化剂。社会责任论对报刊提出五项具体的规定，其中第一项要求就是“对每日的事件给予真实的、整体的和理智的报道，并将它们放在能显示其意义的特定的前后联系之中”。此外，社会责任论也为解释性报道的拓展提供理论基础。20 世纪时，广播、电视等新兴媒体出现，相较于广播、电视媒体的快速的优势，报纸在报道思想的深度上具有独特的优势，为争取读者，报道应该更加具体化，更具解释性。这要求报刊把每一件重大新闻事件放在特定的社会背景中去理解其原因、影响力和产生的后果。报纸、广播和电视等新兴媒体的竞争也促进了解释性报道形式的出现。

在上述因素的影响下，不仅是报纸，其他媒介也开始采用解释性报道方式。20 世纪七八十年代，刊登解释性报道成为《纽约时报》、《华盛顿邮报》等美国报纸的习惯性的做法。随后，英国、法国等国家的报纸的版面也被解释性报道遮盖。20 世纪 60 年代，具有解释性报道特征的哥伦比亚广播公司新闻杂志类节目《60 分钟》开始正式播放，结果大受人们欢迎，于是许多致力于解读新闻事件的电视节目也纷纷出现。直到现在，解释性报道方式仍被大众媒介广泛地采用。

第十六章

西方广播和电视发展

电子媒介的出现是社会发展与科技进步的产物。从19世纪后期至今，因为电磁波的出现及应用和无线电技术的逐渐兴盛，出现了广播、电视。20世纪20年代和50年代起，西方各国纷纷揭开了发展广播事业和电视事业的序幕。电子媒介的崛起和成长对人类社会有着巨大的影响。巨大的广播电视媒体及由它产生的阅读能力无限制的亿万群众群体的出现，对人类文化史产生了深远的影响。在以印刷文字为媒介的时代，文化的传播应该以接受者拥有较强的阅读能力和比较便捷的运输条件为基础，因此极大地受到限制。广播电视的出现，使主流传播文化的印刷媒介的时代结束了，开拓出电子传播的新时代。

广播电视声形兼备、通俗易懂、迅速逼真的特点，几乎全人类都成了它的受众，文化传播已经不受时间、空间和文化差异的限制了。广播电视拥有逼真的声音和图像使丰富多彩的世界和客观世界的本来面目更容易被人们所感知。广播电视的出现，使人们在信息传递的过程中没有了时空的界限。它们传播速度快，覆盖面广阔，且交通、气候等条件无法对它们的传播产生影响，极大地满足了人们对信息的渴望。这是人类信息传播方式空前的改变。广播电视还对政治发展产生了深远的影响，丰富了舆论存在的形式。

第一节　广播电视发展概况

一、广播的诞生和发展

广播的出现是科学技术进步的结果。1895 年，意大利人马可尼成功地进行了无线电信号传送的试验。1899 年，他成功地使法国收到了来自英国的无线电报，1901 年，越洋电报成功收发，从此无线电通信开始实用阶段。1906 年，美国科学家李 · 德福雷斯特制出了电子三极管，同年圣诞前夕，匹兹堡大学教授雷金纳德 · 费森登，在马萨诸塞州的实验室里简短的广播节目被制作出来，收效甚好。正式的电台广播在 1920 年诞生于美国。这是第一个政府颁发营业执照的电台，一般认为它的开播是世界广播事业诞生的标志。同年 11 月 2 日，西屋电气公司在匹兹堡成立的 KDKA 电台开播。广播事业诞生之后，大致上可分为三个发展阶段：第一个阶段是 20 世纪 20—40 年代的广播热。这时期许多国家纷纷建立了无线广播电台。1922 年，法国国营电台、英国广播公司先后开始播音。

1923 年德国、1924 年意大利也相继建立了电台。至 20 世纪 20 年代末，北美和欧洲各国基本都拥有自己的广播。由于第二次世界大战的迫近和爆发，广播电台传播新闻、进行宣传的功能日益凸显，各国对它更加重视，公众也把它当作是获取国内外消息的重要途径，因此欧美的广播事业蓬勃发展。各国的广播开始恢复正常的发展是在第二次世界大战结束后。20 世纪 50—80 年代广播事业的调整期。但随着 50 年代电视时代的兴起，电子媒介由广播向电视方向发展，广播失去了三四十年代的光辉历史。面对电视和其他媒介之间的竞争越来越激烈，广播开始了调整时期，进入一个平稳前进的阶段。一方面，向城乡普及广播；另一方面，电台日趋专门化。

从技术上看，20 世纪 70 年代以后调频广播出现在人们的视野中，80 年代以后卫星传送技术逐步推广，接收设备在不断简化、优化、多样化，广播传送的质量、效率、距离都在突飞猛进。第三个阶段，进入 20 世纪 90 年代以后，广播事业有一个质的飞跃。由于信息技术的突飞猛进，传统的模拟广播逐渐的过渡到数字音频广播。1995 年 9 月，英国广播公司率先进行全国性的数字音频广播，随后法国、德国、美国等发达国家相继开办了数字广播。与此同时。传统的无线广播结合互联网逐渐发展成网上广播，通过互联网传送各种节目，使传统的地面和卫星传送方式同网络传播结合起来。网络的出现带给广播事业全新的面貌和革命性的变化。

二、电视的诞生和发展

电视的诞生稍晚于广播，它的发明与科技的发展是密不可分的。意大利科学家马可尼在 1896 年发明了无线电报后，科学界在电视方面不断研究。1900 年，在巴黎世博会上，法国人白吉将传播图像的实验首次命名为“电视”（Television），电视一词由此诞生并沿用至今。1925 年，英国科学家约翰·贝尔德成功地进行了传输图像的实验。1928 年，电视开始成了大众传播的新的媒介。1932 年，法国开始实验性电视广播，这一年，第一个电视剧在美国通用电气公司的纽约台播映。1933 年，美国的全国广播公司（NBC）向电视观众报道了纽约世界博览会的实况，是美国电视事业的一个标志。1936 年，世界第一座正规的电视塔诞生于英国广播公司（BBC）。

1941 年 6 月，第一家商业电视台在美国创立，这一年开始了商业电视广播。第二次世界大战爆发使电视的发展受到了阻碍。20 世纪 50 年代以后，西方国家电视迅速发展，随着广泛地生产和销售电视机，电视逐渐成为重要的大众传播媒介。电视媒介也逐渐地向更高级发展，从单一向多样化发展。第一代电视媒介是黑白电视问世时播送黑白二色的画面，1954 年美国全国广播公司率先采用彩色制式播送彩电节目，其他公司紧跟其后。后来，英国、法国、西德也在 1967 年开办了彩色电视。1962 年 7 月，通信卫星在美国首次发射，随后英国、法国、西德等国的同步卫星相继升空，使各自的电视传播系统至臻完善，并使国际间出现了经常交换电视新闻的情形，极大地加快了电视的普及和国际化的步伐。

与此同时，有线电视开始普及。由于它频道多，图像清晰，干扰性强，因此很受观众欢迎。自 20 世纪七八十年代起，卫星直播电视在跨越国界的电视传播中广泛使用，成为国际电视的重要的传播和接受形式。现在有线电视和卫星传播通常结合起来，将卫星传送来的各种电视信号转送给用户。20 世纪 90 年代以来，欧美发达国家积极开始发展数字电视。新兴的数字技术能把模拟电视信号转变为数字电视信号并进行处理、传输、接收和记录，较之有线电视，数字电视拥有更清晰的画面和更加逼真的音效。与此同时，随着网络的普及，网络传播集文字、语言、音响、图像、数据传播于一体，电视信号从此开辟了新的篇章。随着数字技术、多媒体技术和网络技术的发展和推广应用，传受双方互动的电脑网络电视转变的发展趋势出现在以往单向传播的电视中，这又是电视发展史上一场极具意义的飞跃和革命。

三、广播电视事业的建立与发展

20 世纪 30 年代前后，欧美主要国家基本都在建立自己的广播事业，第二次世界大战后，欧美各国的电视事业得到了快速发展。美国的广播电视事业形成了以三大商业广播电视网为主的三足鼎立的局面；英国的广播电视市场主要由英国广播公司（BBC）和商业性的独立电视网（ITV）占有；法国则分别由国营的广播公司与电视公司控制广播电视事业。20 世纪 90 年代以后，西方主要国家对广播电视行业的管制有些放松，广播电视行业的商业化兼并越来越激烈，出现了跨行业、跨国别的国际传媒公司。

1. 美国的广播电视事业

美国的广播电视事业的基础为私有制，主要为商业性广播电视，由联邦通讯委员会（FCC）负责主管。1925 年第一个商业广播网诞生一两年后，美国全国性的广播网开始出现了。20 世纪 30 年代末，广播事业开始垄断化进程。1943 年，美国三大商业广播网形成了三足鼎立的局面，即全国广播公司（1926）、哥伦比亚广播公司（1927）和美国广播公司（1943）。20 世纪 50 年代以后，全国绝大多数的电视市场被这三家广播公司占有。1930—1950 年，美国广播最高等的代表是 NBC。全国广播公司（National Broadcasting Company，NBC）是 1926 年萨洛夫在纽约创办的，是美国历史最久，实力最强的商业广播电视公司。

1931 年 10 月 30 日试播电视节目，1939 年 4 月 30 日，以转播罗斯福总统在纽约世界博览会开幕式上的讲话开始正式播出。1941 年美国联邦传播委员会制定《广播联营条例》，限制垄断。全国广播公司不得已出售了其红色和蓝色两个广播网中的蓝色广播网，美国广播公司（ABC）是由这个蓝色广播网改组的。NBC 主要是新闻和娱乐性节目。1985 年，通用电气公司收购（GE）了全国广播网。哥伦比亚广播公司（Columbia Broadcasting System，简称 CBS）由威廉·佩利成立于 1927 年 2 月。原为独立广播电台联盟成员之一，于9 月 18 日通过 16 家附属广播电台向全国广播，成为第二个全国性广播网。

1931 年 7 月 21 日在纽约建 W2XAB 电视台开始试播电视，1933 年 10 月 29 日正式播出。收视率长时期居三大广播公司首位。2000 年，维阿康姆电视集团（Viacom Television Stations Group）以 350 亿美元收购 CBS 公司。公司主要机构有：广播部、电视网、自营电视台部和新闻部。1944 年由爱德华·约翰·诺贝尔以 10 000 美元的价格得到 NBC 的蓝网而创立了美国广播公司（American Broadcasting Company，ABC）。

1948 年 4 月 19 日，以电视台的形式正式出现在公众眼前。1995 年，美国广播公司电视台被处于鼎盛时期的传媒帝国迪斯尼以 190 亿美元的天价收购。美国广播公司主打电视剧与娱乐节目，推出大量热门电视剧，制作出大量的优质的益智节目与真人秀节目。不过，美国广播公司的新闻节目制作实力较弱，在新闻的关注度、反应速度上不及哥伦比亚广播公司、全国广播公司。除了这三大广播电视网外，创办于 1980 年的有线电视新闻网（CNN）与 1986 年创办的福克斯广播公司（FBC）也拥有一定的市场份额。

2. 英国广播电视事业

英国广播电视体制是以公有制为基础的公私并存的双轨制模式，以公共广播电视（BBC）为主体，拥有商业经营性的英国广播公司成立（通常称之为旧 BBC）。此后，收听委员会建议，英国政府出资收买了旧 BBC 的股份。1927 年元旦，在拥有皇家特许状下改组后的英国广播公司（即新 BBC），正式成立并且面向全国广播。1927 年，英国广播公司拥有 21 座所属电台，英国广播公司的节目大约有 803 万的英国人经常收听。由于英国皇家宪章的限制，它被改组为受国家约束的、公有的、非营利性的英国广播公司。英国广播公司从 1929 年开始在全国各地建立地方系列电台。英国广播公司从 1936 年开始播放电视节目。英国广播公司长期经营垄断着英国的电视事业。

直到 1955 年成立的商业电视台“独立电视公司”（ITA）打破了这一局面，双垄断时期出现在了英国的电视市场，英国电视事业获得了长期的发展。

英国广播公司自制节目，含金量高、社会效益高的，贴近生活、贴近受众的信息、娱乐、教育服务是它的目标。而自己不制作节目的独立电视公司，是由其他私营节目公司制作节目和广告。掌握并管理商业广播电视网的发射设备，审查节目和广告，安排节目的播出是它主要的职责。其宗旨是高质量地、多角度、多侧面地传递信息、教育公众、娱乐社会。

3. 法国广播事业的发展

法国政府在第二次世界大战前夕基本上采取了国营和私营广播并行发展的方针。1936 年，包括由邮政部控制的国营广播网在内共有 13 个私营的商业广播网。1940 年，德军占领巴黎，法国的广播面临灭顶之灾。第二次世界大战胜利后，戴高乐政府于 1944 年接管了所有的私营电台，政府对广播事业实行垄断。1945 年，由于法国广播电视台（RTF），所有私营电台的营业执照被吊销。法国电视业重获生机。1964 年，法国广播电视台改组为自治性的独立团体法国广播电视公司（ORF），法国广播电视公司的第二电视网在这一年完成。法国的电视 1950 年，初开始播出，政府直接控制的法国广播电视公司经营着电视事业。1970 年，法国开播了第三电视网。但是法国广播电视公司在 1974 年解散。

随后电视事业由 7 个新成立的各自独立的国营公司负责经营。由内阁任命或认可这 7 个国营公司的高级负责人，其中，法国电视节目的采编制作由法国电视一台，第二无线电视台和电视三台垄断；电视节目的播放由法国无线电广播公司负责。单一的国营体制在法国广播电视长期实行，以至于 20 世纪 70 年代，广播电视台出现了人浮于事，机构臃肿的现象，对国家造成了巨大亏空。法国于 20 世纪 80 年代后期仿效英国模式形成公营、民营并行的体制。1982 年政府通过法令，取消国家对电台的垄断，私人和团体可以设立电台。法国现有 4 家全国性国家电视台，20 多家中央或地方的有线电视台，另有许多可通过卫星接收的电视频道。法国的电视节目主要是新闻和校阅类，允许播出有严格的限制播出时间和次数的部分广告。

4. 广电产业发展的新趋势

从 20 世纪 80 年代中后期起，西方一些国家的广播电视体制开始出现了广播电视私有化，以促进市场竞争，社会多方面的需求得以满足，争取更大的经济效益。自此广电行业的商业化兼并越来越激烈，出现了跨行业、跨国的国际传媒公司。在90年代中期美国的广播电视业才走向进一步的集中和垄断，传媒业之间以及传媒业与其他相关产业之间均可进行兼并整合，空前强大的传媒集团由此诞生。这也是广播电视业史上最大的一次商业合并。以因特网业务为主的美国在线于2001年1月以1035亿美元换股并购了时代华纳公司合并成为美国在线时代华纳公司，世界上最大的传媒集团由此诞生。沃尔特·迪斯尼集团和维亚康姆公司也发展迅速，美国三大传媒集团由此形成，规模更庞大，产业结构更复杂。

在英国，兼并的主轴是报纸和电视台。急先锋是默多克的新闻集团，通过并购，英国的报业市场被他的集团控制，《太阳报》、《泰晤士报》等40%的报纸都由其控股。英国的天空电视台也为他所有，另外澳大利亚2/3的报纸、美国福克斯电视网、香港地区的亚洲卫视（即星空传媒）等也由他的新闻集团控制，庞大的新闻帝国由此诞生。全球的信息传播系统由这些跨国、跨行业的传媒集团支配着。传媒集团的发展使越来越多的报纸、广播、电视台甚至网络与电信服务逐渐落入少数集团的手中。这些跨国、跨行业的传媒集团的形成刺激着传媒业规模的扩大，但也大大减少了竞争，损害了同质性增强，信息的多元化，从而在一定程度上威胁到了公民理解公共问题、参与公共事务的权利。

第二节　广播电视新闻的出现与发展

第一代电子媒介是广播电视，有些特性是相同的，虽然出现的有早有晚，但在随后的发展中，广播电视所形成的新闻类型相似，而且在西方主要国家一家传媒公司往往拥有广播台与电视台（如美国的三大商业广播电视公司以及英国的BBC等），在节目制作上常常互相借鉴。

一、广播电视新闻的出现

1. 广播新闻的出现

音乐娱乐节目是最早的广播节目，只是一些简要的社会信息和评论在不定期地播送着，报刊和通讯社提供多数的信息。后来，随着听众对新闻信息的需求量逐渐增大，广播开始自行派出记者进行新闻采访。哥伦比亚广播公司于1933年筹建了自己的新闻服务中心。一个新部由全国广播公司的一名记者谢克特成立。在1933年3月12日开始的富兰克林。广播的新闻节目从20世纪30年代起就有着迅猛地发展，这是广播的一个重要的内容类型。著名的广播政治节目罗斯福的“炉边谈话”就是其中一个。这位被认为是“广播总统”罗斯福经常在节目中进行广播演讲，仅在上任后的9个月中，就发表了20次谈话。

慕尼黑危机报道于1938年为新闻广播赢得了极大的赞誉。当时欧美的广播电台昼夜报道事件进展。希特勒、张伯伦等重要人物的现场讲话被实况播送。与此同时，纽约广播的评论员快速对事件做出种种分析。哥伦比亚广播公司爱德华·默罗的“这里是伦敦”、美国全国广播公司的“时代的步伐”以及英国广播公司雷蒙德·斯温的广播评论等是这一时期比较著名的广播新闻节目。

2. 电视新闻的出现

电视业在第二次世界大战结束后由“冷冻”转入“复苏”。由于战时美国依然保留了6家电视台播放节目，因此美国的电视新闻节目方面名列世界前茅。从时间流程上看，美国电视新闻节目在20世纪40年代中期至50年代末才刚刚起步；在60年代初至70年代中期是一个发展阶段；从70年代中期至今有一个质的飞跃。1948年8月15日，第一个晚间新闻节目在哥伦比亚广播公司开办。1949年2月14日，《骆驼新闻大篷车》节目在全国广播公司开办，该节目因骆驼牌香烟厂商资助因此得名。

电视新闻联播与此诞生，主要以1∶1简单播报新闻为主，吸引了约3万观众。《现在请看》时事新闻节目于1951年由哥伦比亚广播公司的著名记者默罗和弗兰德利创办。电视新闻于20世纪50年代初着手创办时事专题性节目，电视新闻向深度发展。虽然电视也制作播出了一些早期新闻节目，但电视是娱乐工具的思想一直持续到20世纪50年代末。60年代后，迎来了电视新闻发展的一个重要时期。很多社会问题出现在了60年代的美国，重大历史事件不断上演，民众的注意力已经不再集中到娱乐性电视节目了，电视节目的主角转而成为反映社会现实的新闻节目。电视新闻的地位提到了一个前所未有的高度都是，由于美国20世纪六七十年代发生的四个政治事件，电视新闻第一次牢牢地抓住了公众的注意力，电视新闻的画面优势和现场报道的特长令人信服，它带给观众的是难以忘怀的真实的新闻现场，美国人的政治观点由此发生改变，舆论的倾向也发生了改变，最终对政府的决策和行动产生了巨大的影响。

电视新闻大显身手的第一次是1963年约翰·肯尼迪总统的遇刺。凭借对该事件的报道，在新闻报道中，由于新闻的优势日益凸显出来，从此报纸新闻和无线电广播新闻对电视新闻产生的竞争压力开始消失。在对整个事件的报道中，电视新闻拥有着巨大的潜力和异乎寻常的技巧。电视新闻对民权运动的报道将颇具视觉冲击力的画面展现给观众，让更多的人“看到”、“听到”、“感受到”事件的全过程，从而形成公共舆论，对报道事件的进程和结果有着重大影响。马丁·路德·金博士在1962年说过：“今天我在这里对白人说，他们躲在黑暗的角落对我们挥动大棒我们不会再容忍，我们要让他们在电视新闻灯的照射下曝光。”电视新闻对越南战争的报道最终促进了美国国内反战舆论的形成，才有了后来美军撤离越南的行动。电视在越南战争之后成为一个越来越重要的信息来源，逐渐地成为一个可信赖的媒体，就如当时有人所认识的那样：促使这场战争结束的直接原因是电视。

在水门事件后期的报道中，电视新闻凭借电视画面带来的现场感，水门事件的影响力逐渐增大。由于白天实况转播审讯与审查证，以至于大多数美国人正在工作，无法收看，为了增大收视率，公共电视台安排在晚间实况重播白天的听审情况。水门事件审讯与听证的实况报道在各电视网中成为收视率最高的节目：把以前受欢迎的游戏节目、肥皂剧、电影等远远地抛在了后面。各种媒介都在争相报道水门事件，最终的结果是尼克松总统于1974年8月8日引咎辞职。在电视新闻发展史上水门事件的报道的深远影响是不言而喻的。电视记者和电视观众对国家的政治领导和国家政策由一概接受转变为开始怀疑，一系列调查性电视新闻节目的产生和发展都是在电视新闻报道水门事件中形成的。

24小时新闻电视台的出现在20世纪80年代，这是20世纪新闻传播的一大创举。美国大型有线电视新闻网（CNN）创立于1980年6月，它唯一的主打内容就是新闻，并且一天24小时播报新闻。电视新闻引进CNN创立的24小时新闻网将实时播报和不间断播报以及随时播报，从而革新了新闻播报形式。英国电视业紧跟其后也开始24小时滚动播出新闻，1989年24小时播报新闻在英国新闻公司的卫星频道Sky News首创。

二、广播电视新闻节目的主要类型

西方主要国家的广播电视新闻不仅多是多样，而且各种形式均衡发展。整体上的新闻类型主要有联播型新闻、杂志型新闻、谈话型新闻。此外，广播电视新闻的发展带来了它们所独有的现场直播式的新闻报道，也确立了新闻主持人的地位。

1. 联播型新闻

联播式新闻也叫新闻联播，是广电新闻最传统的形式。联播节目的新闻短小精悍，时效性强，主要是动态信息，常以简明新闻方式播出。每条新闻通常只有1—2分钟。如以动态消息为主的“ABC晚间新闻”，播出时间长度通常为30分钟，其中8分钟为广告时间。就单条新闻来说，长度为20秒到2分钟不等。全天都有联播型新闻节目，在每天的固定时间段播出。信息和软性新闻大多在清晨、早间的新闻；午间新闻以动态和信息为主；以硬性新闻、动态消息为主的晚间新闻时长约30分钟。美国的联播型新闻节目分为清晨、早问、午间、晚间4个时间段。西方主要国家广播电视公司全天播出的重要新闻栏目之一是早间电视新闻节目。1952年，第一个杂志型早间电视新闻节目于NBC首家推出，该节目形式较为轻松活泼。

1954年，哥伦比亚广播公司也推出了以报道严肃新闻为主早间新闻节目《早晨》。1975年，美国广播公司推出《早安，美国》（Good Morning America），有着新闻与娱乐相混合的特点。影响力最大的节目依旧是晚间新闻，各国的传媒公司都注重晚间新闻节目的制作因为是观众了解国内外事件的重要手段。美国三大电视网晚间新闻都有有自己的特色节目。1983年，在美国形成三足鼎立的局面彼得·詹宁斯主持的“ABC晚间新闻”与丹·拉瑟主持的“CBS晚间新闻”以及汤姆·布罗考主持的“NBC晚间新闻”，成了“报道突发性新闻事件的最佳节目”。

2. 杂志型新闻

联播型新闻节目那样报道一天中所发生的新闻事件不同的是，杂志型新闻节目通常对社会普遍关注的热点话题进行深度剖析，它与新闻联播节目是一种互补关系。新闻杂志节目容量大，节目编排灵活，风格较为轻松，内容可为重大事件。美国三大广播公司播出的杂志型新闻节目主要有：国家广播公司的《日界线》（Dateline）；哥伦比亚广播公司的《60分钟》（60 Minutes）《解谜 48 小时》（48 Hours Mystery）；美国广播公司第一个电视新闻杂志类节目是《夜线》、《60 分钟》，直到今天它也是在同类节目中最受欢迎的、最严肃的新闻杂志。涉及轻松内容。报道手法比较灵活，可采用现场报道、纪录片、人物专访、座谈讨论、广播等多种方式。电视调查性节目的鼻祖是《60 分钟》，通过具体事件，探讨宏观社会背景下的重大问题是它的理念。节目采访深入，强调"正论—反论"的辩论风格。它内容囊括了社会热点、历史事件、名人轶事、凡人琐事。

3. 谈话型新闻

新闻事件、社会问题、社会现象、时代风尚、新闻人物发表不同见解是新闻谈话节目的特色，从而起到传播和交流信息的作用。谈话型节目则为社会各阶层人士提供了阐述思想观点的渠道。其中全国广播公司于 1947 年创办的公共事务报道的时政舆论性谈话型新闻节目《会见新闻界》是最早的，也是存在时间最长的。该节目安排在星期日午间播出半小时。全国广播公司的谈话型的王牌节目是《会见新闻界》、美国广播公司的《本周》、哥伦比亚广播公司的《面对国家》和福克斯电视台的《福克斯周日新闻》。节目以召开记者招待会的形式邀请政界、军界重要人物或社会知名人士就国际国内问题发表谈话，一般有 1 位嘉宾、1 位主持人和 4 位参与讨论的人士到场。主持人不参与讨论，只需介绍嘉宾，引起讨论话题。基本上是政界要人或政治精英人物作为嘉宾到场，他们与主持人同坐在一张桌子旁。多是电视台记者、报纸记者等参与讨论，他们坐在对面。

三、现场直播式的新闻报道

电视新闻画面展现的方式一般是直播。纽约世界博览会于 1939 年 4 月 30 日展出了电视机，全国广播公司（NBC）对美国总统富兰克林·罗斯福在开幕式上的讲话进行了现场直播。纽约世界博览会后不久，全国广播公司较为稳定的开始了每周 10 小时的电视节目播出，主要播出的是各种体育竞赛，最早的直播节目形态就是体育赛事。在第二次世界大战后，一些重大事件电视上开始直播。伊丽莎白二世在威斯敏斯特的登基大典于 1953 年 6 月 2 日在英国广播公司现场直播，估计全英国约有 2000 万人直接目睹了女王登基的现场盛况。电视记者开始有现场报道突发性事件和重大事件的能力。电子新闻采集系统（ENG）于 20 世纪 60 年代末研制成功，电视新闻的采制速度大大提高，使电视新闻采录达到同期录制图像和声音。电视观众于 1967 年 7 月 20 日首次看到了从“阿波罗号”宇宙飞船上拍摄的画面，这是电视直播第一次把触角伸向了太空。

1969 年 7 月，人们第一次能够看到月球上行走的人都归功于电视直播阿姆斯特朗登月。1980 年特纳成立 CNN 时，提出“新闻不再是既成的事实，而是正在发生的事”。突发的动态性的新闻事件报道被 CNN 用于直播中，而且使直播成为常态的报道方式。在海湾战争中 CNN 创造了 24 小时不间断播出的新纪录。据统计，在 CNN 参与报道全球关注的 100 件大事中，在 2001—2007 年间是最多的，达 90 件，首发报道也是最多的，达 29 件。这些肇始于 CNN 的传播模式，许多媒体已经开始效仿 CNN 的全球新闻、现场报道、电话连线、24 小时滚动播出、卫星传送等。

四、广播电视的新闻主持人

对广播电视媒体自身规律认识深化并超越而产生了新闻主持人。解释性报道模式是由 20 世纪报刊业兴起而兴起，这种模式强调提供大量事实材料，对事件进行分析。广播与电视媒体有着快捷、及时的特点，运用解释性模式对事件进行深度报道是报刊的强项。广播电视新闻为提高竞争力，开始探索符合自身规律的深度报道方式。尤其是电视要将事实与观点连接，就需要一座桥梁在事实与观点之间自由出入，最理想的中介就是电视新闻节目主持人。主持人可以将支离破碎的事实粘连整合、过渡连贯，解析评论，画面既能传达事实又能表达观点。主持人在广播新闻出现之初就出现了，20 世纪 60 年代电视新闻节目主持人出现在美国。广播主持人大多都转行成为第一代电视主持人，他们以沉稳持重、严谨和字正腔圆的播报风格为主。美国三大网在 20 世纪 80 年代初迎来了第二代主持人，如主持“ABC 晚间新闻”的彼得·詹宁斯、主持“CBS 晚间新闻”的丹·拉瑟以及主持“NBC 晚间新闻”的汤姆·布罗考。许多美国家庭坐在家里吃晚饭的同时有收看三大王牌主持人彼得·詹宁斯、汤姆·布罗考和丹·拉瑟主持的《晚间新闻》的传统。与观众面对面的交流感是他们所追求的，电视的特性是由主持风格体现的。三大主持人的风格各有特色，城市精英的代表是詹宁斯，布罗考形象温和，而拉瑟则以尖锐和富有争议著称。注重以主持人的魅力抓住观众是法国电视新闻节目的特色，最受欢迎的主持人之一的巴提克·普瓦弗·达沃尔主持节目时声调不高，像是和观众拉家常，娓娓道来。自 1987 年 8 月起，这位貌不惊人、语调平稳的达沃尔自开始在法国最大的电视台——电视一台主持晚间 8 点新闻节目，并且收视率遥遥领先。

新闻主持人的地位是由广播电视新闻确立的，为了使更多的人关注新闻，信任新闻，就让优秀的记者担当新闻节目主持人或者明星主持人。半个多世纪以来，一大批重量级明星就是在广播电视行业诞生的，他们成熟、睿智、稳重、富有正义感，其中堪称世界新闻人典范的莫过于爱德华·默罗（1908—1965）和沃尔特·克朗凯特（1916—2009）。默罗于 1935 年进入哥伦比亚广播公司，1938 年，默罗前往被希特勒侵占的维也纳，历史上第一次广播的“现场直播”被临时安排在那里。他的“这里是伦敦”（This is London）的广播报道在 1940 年不列颠空战时期大获成功，成为默罗的广播风格标志。他的报道总是尽可能地贴近战争一线，隆隆的飞机声、爆炸声等一切与轰炸场景有关的元素都能让听众听到，为听众提供了一种身临其境的战火体验。

他在 1953 年创办了名为《面对面》的人物专访节目。默罗从 1948 年开始转向电视新闻，他在 1951 年主持的《现在请看》节目对社会问题，大胆的报道了当时颇有争议如种族隔离、麦卡锡主义等社会问题，为美国电视新闻报道社会问题树立了良好的传统。在这个节目中他采访了 500 多位各国名流和政界要人，包括 1956 年专访周恩来总理。1950 年，沃尔特·克朗凯特加入哥伦比亚广播公司，并从 1962 年起主持新闻节目。一系列有重大历史影响的新闻事件都由他报道的，如肯尼迪总统遇刺、越南战争、种族冲突、水门事件及阿波罗号登月等。他通告消息、提示事实且解释事实。他因此在美国获得了“最值得信赖的男人”的称号。不盲听、盲信的品质是作为新闻记者的克朗凯特始终保持着的，一贯强调新闻必须以事实作为基础。

第三节　广播电视新闻媒介发展的意义

广播电视媒介刚刚诞生时，人们仅仅看到了它们的娱乐功能，把它们作为一种“娱乐工具”。例如，哥伦比亚广播公司在 1938 年 10 月 30 日晚 8 点开始播放广播剧《星际战争》，使得当时众多听众因为逼真的演播效果信以为真，引发了大规模恐慌，大量听众感到末日来临，纷纷离家迁徙。随后出现的电视集声音、文字和图像于一体，很快发展成为现代最具影响的传播媒介，并且成为一支巨大的社会力量。从这些给当时的美国社会造成的不良影响可以看出广播的传播威力非同小可。但是，随着广播电视新闻的发展，电视不仅仅是“娱乐工具”，更是一种“新闻传播工具”，一种“政治工具”的思想逐渐被人们所认知。

一、信息传播方式的变革

由于广播电视的出现，开辟了电子传播的时代，印刷媒介统治文化传播的历史结束了。文化的传播必须以受传者具有相当的阅读能力和比较便捷的交通运输，这是在印刷文字媒介时代的不足，导致受到很大地限制。相比之下，广播电视声形兼备、通俗易懂，它因为突破了阅读能力的限制，所以能拉近媒体与大众的距离，具有亲近感、可信度，它的接受者几乎是整个人类。在 1929 年全球经济大萧条中，许多经济困难的家庭卖掉了家具、衣服，却舍不得卖掉昂贵的收音机，就是为了享受广播中的娱乐节目和收听政治经济的新闻信息。美、英、法等国在 1920—1940 年出现了广播热：广播电台迅猛发展、收音机的拥有者大量增加、广播的接收者从无线电专业人员和爱好者发展到普通听众。时间、空间和文化的差异，使得文化传播已经不再有严重障碍。世界的丰富多彩和客观世界的本来面目人们可以通过广播电视直接感受到。

广播电视使得人类文化成果不再是少数人专有的精神财富，它为一切人所共享。广播电视的出现，使人们在信息传递中没有了时空界限。快速、灵活是广播电视新闻的一个显著特点。为了在第一时间发布重要信息，广播采用无线电技术，能够打断正在播出中的其他节目。电视是一种现代传播媒体，它采用电子技术通过图像及声音载体传播信息。它具有同步性，可以将人物的喜、怒、哀、乐，事件的发展变化同步呈现在信息接收者眼前，创造共享的“时空世界”。在现场直播节目中，接收及反馈的速度大大提高了完全归功于信息发布者和信息接收者可以通过画面共同接收信息，可以最快地收集、加工和利用信息，为发挥信息的最大影响及价值创造了条件。广播电视新闻可以满足错过第一次收听听众的需要，因为广播电视的新闻可以重复播出。此外，直观性，声像结合，给人以具体、形象的感觉是电视所具有的一些独特的优势，大大增强了信息的真实性；电视给观众留下了深刻的印象完全归功于它所具有的冲击力，它所反映的信息同时诉诸视觉和听觉，表现力丰富。

广播电视媒介还改变了人们的日常生活习惯。从诞生之日开始，广播电视媒介就走入了家庭生活。为传媒发展开辟了新天地的是一家人在晚上聚集在收音机或电视机前听听广播看看电视，“足不出户”的家庭式传播模式是由广播电视媒介所创造的。正如宾夕法尼亚大学传播学院前院长乔治·杰伯纳所说的那样，“这个国家的政治生活，改变了人们的日常生活，形成了一代人的风格，使地方事件一夜之间成为全球的新闻，从传统的渠道把信息和价值观的传播引入中心化的网络，继而到达每一个家庭。一句话，为那个我们称之为社会化的过程产生了巨大的影响，那个使我们的种族成为人类成员的过程”。

二、塑造政治舆论

公众最重要的政治信息来源就是广播电视，这使得广播电视渗入了政界，电视的重要影响在政治大选中产生，成为塑造政治舆论的强大力量。

1. 对政治大选的影响

在欧美主要国家，广播电视实现政府与选民之间的交流。选民们大多通过电视了解候选人，广播特别是电视已经变成了候选人传播政治信息最重要的手段。早在 1928 年，这一改变在美国大选期间就已开始。这一年，从早晨 8 点到晚上 6 点大选的跟踪评论报道在哥伦比亚广播公司就不间断地进行。电视第一次介入美国总统选举是在 20 世纪 40 年代末。当时向 13 个州进行了电视传送，观众达 100 万人。美国二战后的第一次大选在 1948 年开始了，两党代表大会在电视上进行直播报道。在直播期间，有一张写着：“注意电视在这儿。告诉代表们不要把手放在口袋里，千万别拿出一瓶酒来。”的纸条从一个人手中传到另一个人手中，艾森豪威尔与史蒂文森在 1952 年竞选总统的时候，电视对大选进行了全国范围内的直播。电视的家庭拥有量在 50 年代的美国还很有限，这种情况在 60 年代发生了根本的变化，家庭拥有电视机的数量开始爆炸性的增加。

读报和听广播的人数很快就被看电视的人超过，电视使政治变成了易于理解的新闻节目，曾经从不关心政治及政治新闻的人，也关心起政治都是因为电视的出现与普及，接触了政治新闻。公众首要的新闻来源就是电视。电视上首次展开辩论就是1960年的总统选举中，在肯尼迪与理查德·尼克松之间展开的。由于尼克松当时腿伤刚好精神不振，精力充沛的肯尼迪轻易就战胜了他。此后，历届总统候选人必须通过的竞选程序就是电视辩论，候选人之间的辩论节目通过电视直播非常受欢迎。自此，电视的重大作用被政治家意识到，对电视越发重视，为争取选民，不惜用大量的财力购买购买电视节目的时间。美国政党选举过程中不可或缺的参与者和工具成就了电视，并在世界范围内被普遍地效仿。每到全国大选前夕，各个党派竞选的主要战场就是电视新闻，整个竞选活动中决定性的时刻就是两大敌对阵营的领导人之间的电视辩论。在法国，政府传达信息的重要途径是晚上八点的新闻、即兴辩论或政治访谈节目。

公众的政治关注度通过电视对选举的直播来提高。在美国总统选举的重要时期，选举的直播节目都被各大电视台播放。候选人的外在特质电视能够凸显出来，形象成了竞选中的关键因素。尼克松和肯尼迪在1962年进行电视辩论，肯尼迪显得年轻健康、充满自信，而因腿伤刚刚出院的尼克松却是脸色苍白、憔悴不堪，两种不同的形象出现在电视屏幕上。社会党政府总理法比尤斯同右翼领导人希拉克在1986年法国大选前，在电视辩论中对垒。结果，希拉克略胜一筹。后来有人分析，法比尤斯除了本人的政绩不佳外，主要吃亏在电视形象上：公众有了“暗淡”和“疲劳”的感觉都是因为他当时穿着的浅灰色西装出现在屏幕上 。政治家开始注意打造自身形象都是由于选举的结果使政治家看到电视媒介所传递的政治人物形象具有重要的影响力。党派倾向和对国家面临的各种社会问题的态度是过去选民们评价候选人的依据，如今选民对候选人的面貌、发式、肤色、声音以及表情等的关注，往往超过了对他讲话的论点或双方争论主题的关注。

2. 舆论形成的新方式与舆论监督作用

蒙太奇的剪辑手法使用在了电视新闻上，新的舆论塑造方式由此形成。人物可以在电视进行放大或缩小，可以对某一表象做特写或定格，可以将不同的事件现场拼接在一起进行时空连线，可以将具有震撼力或杀伤力的图像反复回放。不在场的观众是占大多数的。电视利用了事件的现实图景，电视上舆论塑造的新方式形成。电视这一特性被反复使用在重大历史事件的报道中，塑造舆论。2001年美国中世贸中心的双子楼在“9·11事件”中被撞击坍塌，在一定程度上重放的电视画面推动建立了美国人支持布什政府“反恐”的舆论。广大民众可以通过电视了解政治家，还能揭示事件真相。

克朗凯特在 20 世纪 60 年代对越南战争的报道，反战潮在美国民众中掀起，美军撤离越南的行动最终促成。由于广播电视的报道引起了社会的广泛关注，新闻界聚焦于大众舆论并激发起关于这一问题的讨论，公众对社会问题、政治或其他问题的政治认识能力提高了，发挥了舆论监督的作用。弹劾尼克松总统的水门事件听证会在 1974 年进行电视直播，持续关注并深入挖掘这一事件背后的信息，事情的真相使民众感到震惊，最终尼克松被迫辞职。苏联解体、东欧剧变、冷战结束、海湾战争等发生在 20 世纪 80 年代后期到 90 年代的事件使世界格局发生了重大的变化，广播电视发挥着重要的作用。

另外，电视的现场直播不仅给广大观众播送新闻，而且同一时刻产生同一情感还能使世界各国观众产生共鸣。人们感到这类现场报道已经不是一般意义上的电视新闻，这是由于 1963 年肯尼迪总统葬礼的直播、1969 年阿波罗登月的现场直播、1997 年 9 月 6 日电视播放的戴安娜王妃的葬礼此类事件，它使广大公众目睹和参与了共同关注的社会事务，因而产生了强烈的震撼力。

第十七章

西方数字化媒介的发展

数字化是现代信息化社会的基础。数字化的基本过程就是可以度量的数字、数据在数字化中就是将许多复杂多变的信息转变而成的，再以这些数字、数据建立起适当的数字化模型，把它们转变为可以引入计算机内部的一系列二进制代码，进行统一处理。现代媒介技术的基础就是数字化：数字、文字、图像、语音。包括虚拟现实及可视世界的各种信息等，实际上通过采样定理都可以用 0 和 1 来表示。最早的数字传播媒介和媒介平台就是互联网（Internet)。此外，数字化的传统媒介（报纸、广播、电视）和数字化新媒体（手机、博客、播客）都属于数字化媒介。

第一节　网络与网络新闻

有一些难以逾越的鸿沟存在于传统的文字媒介（报刊)、声音媒介（广播）和视觉媒介（电视）之间。“超媒介”（Hypermedia）的出现是由于互联网则打破了这种界限，它可集上述三种传播于一体，是一种包含文字、影像、图片、动画、声音等图文声光的传播。世界上第一台电子计算机在 1946 年问世，但是电脑数量极少的主要原因是由于价格昂贵。早期为了解决这一矛盾而产生了所谓的计算机网络，是将一台计算机经过通信线路与若干台终端直接连接的形式存在，这就是最简单的局域网雏形。TCP/IP 协议的开发和应用是 ARPA 网络在技术上的最大贡献。美国国防部高级研究计划局（ARPA）建立了最早的网络。13 个国家超级计算中心及国家教育科技网由美国国家科学基金会 NSF 在 1984 年规划建立。

随后 ARPANET 的骨干地位被替代。互联网（Internet）在 1988 年开始对外开放。在联通了互联网的计算机中，1991 年 6 月开始商业用户首次超过了学术界用户，这是互联网发展史上的一个里程碑，从此互联网得到了迅猛发展。已经渗透到西方社会生活各个领域并产生着极为广泛的影响，同时也是信息传播领域根本性的突破和变革。由于网络本身携带的信息容量大，传播速度快，覆盖范围广，把主动权还给了受众，以参与互动为最大特点，已经逐渐成为传播文化活动、社会经济活动的重要载体，被称为继报刊、广播、电视之后的“第四媒体”。当今的西方世界，网络刺激了经济，提供了就业，传统的经商模式发生了改变，家庭、朋友和商业圈之间的交流逐渐增强。互联网诞生于美国，对网络应用的开拓方面是领头羊，社会和文化的各个方面都受到了网络的影响。

网络新闻的发展经历了三个阶段：初始的探索阶段（1987—1996）；窄带的新闻提供阶段（1997—2000）；宽带的新闻服务阶段（2000—V ）。即时化、个人化、交互化、多媒体化是网络新闻传播是一种新闻传播形式，资讯的流动速度大大加快，为个人和社会的发展提供了更多的机会。纸质新闻、广播和电视新闻是不具备网络新闻的全新特征和优势：（1）网络新闻内容丰富，形态多样。网络新闻拥有报纸、广播、电视三者数据、文本、图形、图像、声音的超文本结构等长处，实现了文字、图片、声音、图像等报道手段的有机结合，因而是立体的、网状的、多维的，有声有色，图文并茂，亦动亦静。（2）迅速、及时、自由，不受空间限制。（3）信息承载具有海量性。（4）网络新闻检索方便。（5）网络新闻具有很强的交互性。单向传播是传统的新闻媒体的基本特征，人们不能主动地从传统媒体获取新闻。而网络新闻传播能改变这一切，使得人们有了更加通畅、快捷的信息反馈，实时沟通和交流也出现在读者和网站之间。网络新闻传播的主体多元化，读者对新闻信息的意见都可以发表，读者对网络新闻的反馈意见，媒体可以迅速了解，从而为人们提供更好的新闻服务做出可靠的保证。媒介变革正在到来，美国《圣荷塞水星报》专栏作家、知名博客《eJournal》的作者丹·吉尔莫在自己的博客上提出“新闻媒介 3.0”（Journalism3.0）的畅想，认为三个阶段就可以解释新闻传播模式的演进：

——新闻媒介 1.0：第一种形态的新闻媒介就是大家熟悉的报纸、杂志、电视、广播等传统媒介传播新闻的方式；

——新闻媒介 2.0：新闻呈现的形式在网络出现以后发生了相当大的变化，受众接收新闻的接口逐渐向计算机等新科技工具转移，新闻的传播方式在这个时候并没有太大改变，少数媒介向多数受众传播新闻的模式仍然维持；

——新闻媒介 3.0：网络有点对点的传播方式和分享与联结的两大特性，博客这样的工具由此诞生，无数的“草根发行人”（Grassroots Publisher）由此产生了。受众成为主动的新闻传播者，不再是被动地、单向地接收媒介的新闻。新闻传播迈向多数“媒介”的模式开始向多数受众转变。

第二节　传统媒介数字化

传统媒介由于受网络的冲击纷纷走上数字化道路。所有的广播、电视形态在 20 世纪 90 年代初期以前都是采用模拟技术，以连续波形的方式传送。为在普通媒体中传送各种信号由于数字和压缩技术的发展而铺平了道路，数字比特（bite）可以由音频信号和视频信号转化进而来传输。全新的数字音频广播 20 世纪 90 年代中期开始出现，成为继调幅广播、调频广播之后的第三代广播。同时，第三代数字电视也应运而生，是继黑白电视、模拟彩色电视之后产生的。传统媒介的革命性的变化一定是由数字化的发展带来的。

一、报纸数字化

传统报纸生产、流通手段的数字化改造被称为报纸的数字化，从选题、采访、编辑到录入、印制、发行乃至订户管理都尽最大可能地借助数字信息技术加以处理。随着信息技术进步，到20世纪末，传统媒体发展遇到新的挑战，逐渐开始改变自己的媒体形态，从分离走向融合。而其中变动幅度较大的媒体是报业。报业的发展自报纸诞生以来，始终在推动着社会的进步与发展。在历史进程中其本身也不断超越自我。传统报业面临年轻读者大量流失、成本扩大、广告额下滑等问题，都是由于网络的出现与飞速发展，因此，传统报业为了生存发展凭借人才、品牌等优势借助网络走上了发展的道路。传统报纸的历史性变革的重要关头都是借助于信息技术的飞速发展，并实现将在向“数字报纸”的转型过程中新的历史跨越。

目前信息化飞速发展，传统报业在互联网时代的发展方向是“整合融合，共存共荣”，尊重规律、顺应趋势，作出正确的战略抉择已经是大势所趋。全美访问量最大的在线报纸是堪称世界报业的标杆的《纽约时报》的网络版。技术的进步是革命性的，与网络媒体的合作互动是传统报业的加强，借助网络获得新生。

二、广播数字化

传统广播是一种模拟广播，导致广播媒介传播向着多元的方向发展的主要原因是技术的进步和产业的变革融合，新的广播传播形态数字广播、网络广播等出现了。这些新的广播传播形态对传统广播带来了巨大的影响。数字多媒体技术在不断发展，广播除了传统意义上仅传输声音信号外，任何形式的数据业务信号都可以传播。国际电信联盟于1994年将数字广播确认为国际标准，至今已迅速发展起来。继传统的调幅、调频广播之后出现的数字音频广播（DMB）是第三代广播，它的出现是广播技术的一场革命。广播的发展在网络出现后有了新的契机。数字音频广播比现行广播有音质出众、抗干扰能力强、信号几乎零失真的特点，且特别适合高速移动接收。广播信息网络化趋势改变了传统广播的传播观念。

网络中的广播不仅可供用户收听、观看，也可供用户检索、阅读、存储、评论、下载、剪辑和转发，使媒体和视听主体之间的距离大大缩短，传统媒体单向流动性特征由此改变，给予受众前所未有的传播主体性和双向互动性，扩大了传播的效果。相较传统广播，它的优势主要体现在以下三个方面：

第一，网络与广播融合发挥了传统广播的伴随性优势。除现场直播外，每个人都可以安排自己的节目表。当广播媒体与网络融合后，受众可以按自我爱好随意选择任一时间任何电台播出的节目。第二，网上广播能更好地发挥传统广播的交互性、亲近感。广播上网后，部分节目内容可以用网页文字，或者附加以图片、图像，真正实现声音、图像、文字三合一的多媒体传播效果。听众可以在网上听节目的同时，获得以文字和图像形式提供的节目材料及主持人介绍，通过超链接手段获取背景资料，并且与其他网友在网上交换意见。通过视觉和听觉的方式，能使信息长时间的保留，给人留下的更加深刻的印象，使广播的传播效果变得更好。第三，传统广播的传播空间大大增加都是因为广播与网络的融合。借助于互联网，广播的传播空间的增大，实现全球覆盖，弥补了广播稍纵即逝的不足，受众可以随时点播，自主选择收听、收看、复制节目。进一步加强了广播的交互功能。

三、电视数字化

传统的电视传播模式在数字化时代得以改变。传统的电视传播是一种点到面的线性传播，是一种专业化的媒介组织运用先进的传播技术和产业化手段，进行的大规模信息生产和传播活动，主要对象是社会上一般大众。但是，数字化电视时代的到来，改变了传统电视的单向传播模式，低成本、低参与的接收电视节目已不再是人们的选择，而是为自己的收视行为埋单，电视的分众化和小众化时代到了。同时由于电视频道被电视台所垄断，电视的普及化，娱乐化和高复制性，电视节目的被动性和低成本低参与性等特点也逐渐被受众接受，电视媒体处于舆论中的强势地位是最终结果。电视制作逐渐转变成了为特定的目标客户量体裁衣，在数字化时代电视节目将逐步成为一种信息商品。

此外，传统电视的拍摄制作的设备成本很高，制作过程都是专业化极强的，电视制作由于数字化时代的来临开始走下神坛呈现平民化和傻瓜化的趋势。现在一般民众也能制作出属于自己的电视作品，民间作品在许多电视台都有专门栏目。同时民用电脑技术逐渐成熟，编辑和后期处理电视节目都能使用民用电脑。在数字化之下，传播者与受众的互动桥梁主要是电视的传播，受众甚至也能够成为传播者，利用媒体说自己的故事，线性模式的传播活动已经变成了网状模式。电视将从强势信息的发布者和灌输者逐渐成为信息的销售者和信息的交流共享的平台。

由于电视数字化时代的到来而迅猛发展，传输频道和节目的数量也会远远多于传统电视，受众也无法满足于单一频道或本土的几个频道。受众已由被动接受转变成主动选择。更重要的是，集多媒体性为一身的互联网的发展由于数字化时代的到来也将对电视产生竞争和挑战。电视媒体为了应对激烈的市场竞争必须加快与网络媒体的融合的步伐。

第三节 新媒体和公民新闻运动

新媒体是指在报刊、广播、电视等传统媒体为基础发展起来的新的媒体形态，包括手机、博客、播客等。新媒体仍是媒介，它具有媒介的根本功能——传播它是在计算机信息处理技术基础之上出现的。融合性与参与性是新媒体最根本的特征。从参与性上看，新媒体由一点对多点变为多点对多点。“融合新闻”从新闻生产的角度上看是新闻传播变革的必然走向，而“融合新闻”的前提和基础是“融合媒介”。也就是说，在新媒体时代，人人都可以是新闻内容的制造者、传播者，打破了媒体的界限，同时也打破了主流媒体的话语权壁垒，通过“博客”日志、论坛发言、网络群聊，大家可以立刻发表意见与参与辩论，由此可见信息传播是双向的、互动的。换句话说，旧媒体模式是一种事实来源，新媒体模式的事实来源则是多种多样的。新的信息方法由新媒体传播给人们，更多的信息量，为传播提供了新的信息寻求模式。

一、手机报和手机电视

随着大规模的集成电路、微型计算机、微处理器和数字信号处理技术的发展和应用，20 世纪现代移动通信技术得到了飞速发展，手机技术和功能得到了跨越式的进步。诺基亚在 1999 年推出首款 WAP 手机，用户可以随时访问互联网都是通过无线蜂窝网络来实现的。手机不再仅仅是个人通信工具，人们生活的新兴媒体形式也受到了手机的影响。其他几类传统媒体和手机媒体将在互联网融会贯通。手机媒体有着越来越高级的信息传递形态，从最初的仅能发纯文字的短信转变到了包含有格式化文本、图像、音频、视频等数据的彩信，例如电子贺卡、图片新闻、有声天气预报和照片的传递，手机用户还能得到更多的多媒体信息，例如在线收看新闻、电影、音乐电视、体育比赛等，多媒体信息也可以利用手机本身的摄像和摄影功能制作一系列电子信息，其他用户可以用手机或电子邮箱接收。通过移动通信技术平台传播，使用户能通过手机阅读到报纸内容、这种信息传播业务就是手机报。

手机报可以分为彩信手机报和 WAP 或 3G 网站类型两大类型。第一种类似于传统纸媒介，就是电信运营商以彩信的方式将报纸内容发送到手机终端上，用户可以离线观看；手机报订阅用户通过访问手机报的网站是第二种类型，在线浏览信息，类似于上网浏览的方式。建立在 3G 技术基础之上的才能被称为真正的手机报，使得用户可以高速上网获取多媒体的新闻信息，真正做到看新闻、听新闻。手机电视是一种具备电视媒体的直观性、广播媒体的便携性、报纸媒体的滞留性以及网络媒体的交互性的全新的传播方式。它的出现一方面是有效地补充了信息传播方式；另一方面也是对传统电视媒体的一大冲击。相比之于传统电视，可以随身携带，能实时接收最新的信息是手机电视的最大的优势，手机电视的优势和特点是：可以展现在突发性且时效性强的新闻节目、特定事件、体育节目的现场直播。

二、公民新闻

被称为“参与式新闻”的就是“公民新闻”，它是公民“在搜集、报道、分析和散布新闻和信息的过程中发挥积极作用”的行为。非新闻工作者的普通人是公民新闻的主体，这些业余新闻工作者选择最近发生的重大事件，自己制造新闻，通过如今的传播工具（主体是新媒体），向社会公开传播。普通公民是公民新闻的制作者，传统媒介所边缘化的社会群体也包含在内。20 世纪 90 年代，“公民新闻”产生于美国，从“博客”对重大新闻事件的报道是具体实践的开始。“博客”、“微客”、“播客”以及公民网等多种新媒体形式都是“公民新闻”涵盖的内容。克林顿的性丑闻内幕被德拉吉博客网（drudgereport. Corn）率先在 1998 年揭露，公众视野中自此多了公民新闻。在 2004 年的美国总统大选中，“博客”记者被赋予与专业媒体同等的礼遇可以进行采访报道。博客的信息传播力量也是非常强大的，这引起了传统媒体的注意。

为扩大新闻采集的渠道。民众提供新闻受到了传统媒体鼓励。现在，用户评论功能出现在了欧美几乎每个主流报纸和电视台网站上。用户发布视频、图像和短新闻的功能也被大部分采用。在 20 世纪 90 年代末爆发在美国的“公民新闻”运动不是偶然的，它是由于美国公众的自我觉醒、新闻业逐渐发展以及技术飞速发展这三方面共同作用的结果。

首先是公众认识到了对信息传播的重要性。少数几家大集团逐渐掌握了大众媒介。美国在20世纪90年代是世界上新闻最发达的国家，高度集中的媒体，解释新闻的渠道相对减少了。美国的政治和文化形象是由为数不多的大型传媒集团联合塑造而成的。传统媒体提供的内容与民众想知道或想表达的内容差距逐渐拉大。公众对传统媒体的不满和不信任情绪逐渐萌发并高涨。公众对信息传播新的社会需求随着教育水平的提高而产生，他们的表达欲、对话欲日益增加。公众要求参与新闻传播的过程。

其次是公共新闻运动的推进。在民众参与政治冷漠、阅报率的降低以及媒体自身的反省的背景下，20世纪80年代末90年代初，美国新闻界爆发了一场意在改变传媒媒体的新闻报道方式，提升媒体的主动性，关注民众的信息需求的公共新闻运动。公民新闻运动也紧随其后，“由媒体发动公众”发展到“公民们主动参与”。最后是新媒体的发展提供了技术条件。社会变革的引擎是技术的革新。20世纪末快速发展的数字新技术是公民真正参与新闻传播的坚实基础，受众可以非常方便地参与到公共事件的报道中来。公民记者主要提供“公民新闻”的内容，这与传统的新闻采编流程有很大不同。随着公民新闻的发展也引发了不小的争议，但这种以“人人都是记者”为基础理念的公民新闻越来越被认可。它的影响主要表现在以下两个方面：

一是新闻生产的过程发生了改变。公共新闻是以平民的身份和平民的视角报道新闻，新闻的来源比较广泛，对话与沟通新闻报道所注重的。商业化未能影响到公民新闻，声音是真实的且未经加工的，相较于传统媒体获取新闻的途径，公民记者作为经历者使内容更加真实，这是完全不同的视角。虽然很多报道缺少新闻报道的训练与经验，但他们的报道也有着生动活泼、无拘无束等特点，令人耳目一新。是公共新闻在公众之间的交流互动中的关键。

二是民众对公共事务的关注与参与意识有所提高。博客与博客之间、博客与读者以及读者与读者之间都是依靠快速和海量的网络来进行几乎没有界限的多重沟通，这在新闻报道中有着深远的影响。民众首先从参与社区事务人手来提升提高和参与公共事务的意识，促进民主与自治是公民新闻所提倡的。公民新闻都是民众自主的报道，民众自己的权益和主张是公共事件的信息传播和民意表达所要维护的。这样的新闻报道有利于增强民众的社会责任感，培养和提高他们参加更多的社会公共事务和管理的积极性。“公民新闻”已在欧美以至全世界都发展起来，但是如今它还不是很完善，公民新闻的真实性问题、伦理道德问题以及法制问题是最需要考虑的问题。公民新闻作为公共参与式的新闻引起了人类传播方式的深刻变革是不可否认的，公民精神是推动公民新闻发展的根本力量，这种精神是民主平等社会所需要的，并且使它成为一种可能。

第十八章

西方的风俗与习惯

人们通常把人类生产生活中形成的传统风尚、礼节、习性定义为风俗习惯。风俗习惯跟人类社会相伴而生，为人类文化的重要组成部分，是一种极具传承性且又有鲜明时代特色的文化现象。风俗习惯的传承性体现在生活习俗固有的两个基本属性上——自然属性和社会属性。首先，风俗习惯的产生、发展以及消亡受到许多地理环境、气候条件等自然状况的约束，所以风俗习惯自身体现着明显的地域特征，然而，政治、经济、人口状况等社会因素也会影响它，受到某一时期的政治、经济以及和科学技术的影响和制约。许多习俗产生于邃古，历史悠久，流传至今，借着这些古意盎然的传统习俗，我们可以了解西方古代文化生活的轮廓及其古今文化延续的一些线索。

这两种特性的存在，使得许多风俗习惯在瞬息万变的社会历史进程中表现出超乎寻常的稳定性。风俗习惯的时代鲜明性体现在人类生活习俗的多样性方面。然而所有传统习俗都受社会经济、政治、文化、地理环境等因素的影响，所以都是不断发展变化的，因为不同地区、不同民族、不同习俗变化的程度不一样，所以没有从古至今一成不变的习俗。西方的风俗习惯也不例外，风俗习惯的这种与时俱进的变化特征保证了它自身鲜明的时代特色。

第一节　服饰、饮食习俗

人类社会生产、生活活动的衣食住行最基本的方面，也是人类社会得以生存、延续的基本基础。服饰和饮食具有明显的区域性、民族性、阶段性特征。服饰、饮食文化，相对于人类生产、生活活动的其他方面，反映着其社会生产力发展水平，代表了一定的社会时代风貌和民族文化特征。在西方，随着社会的进步，人们的审美观念、健康意识不断地发生变化，不同时代、不同地区、不同民族的服饰、饮食习俗呈现出不一样的特点。

一、服饰习俗

服饰习俗指人类特有的一种民族文化现象，是一个民族、一个国家、一个地区文化潜质的物质，体现了时代的发展以及人们审美观念的变化。构成了人类生活习俗的重要方面。

（一）古代中世纪的欧洲服饰

1．古希腊罗马服饰

西方文明的发展是古希腊罗马时期非常的重要阶段。对欧洲服饰的发展产生过久远的影响，这一时期的服饰在西方服饰史上占有很重要的地位。古希腊人崇尚健美和和谐，重视智慧和创造力，追求端庄和质朴，这种审美情趣与思想观念在服饰上明显地反映了出来；古罗马服饰呈现了古希腊的传统又有所发展，人们都穿着宽大的围裹式长衣，追求庄重、豪华、高雅的风格。

（1）古希腊服饰。古希腊服装以流畅宽敞、优雅飘逸见长。在古希腊，希腊本土男女衣着相近，但凡穿在身上的衣服都叫希顿（chiton）。称为“希顿”的女装长及踝骨，男装长及膝部，将长方形的羊毛或亚麻面料两侧缝合、肩部用别针固定而成，先后有两种不同款式：一种是多利亚式（dolic）；另一种是爱奥尼亚式（ionic）。古希腊制衣面料的主要原料是羊毛与亚麻，古风时期流行花布，古典时期则流行单色布，主要为白色、蓝色、红色、黄色、褐色、淡绿色与紫红色，其中白色使用最广泛，布面图案依然保留着原始特征，纹样多来源于自然。

公元前3世纪出现一种大披巾式裹住全身，被称作希玛申（himation）的长外套，一般为白色。古希腊人足部、头部装饰方面比较简单。男子穿无帮平底凉鞋，鞋底用皮革或者软木制成；重要场合，穿半筒皮靴或者高筒皮靴，靴子一般遮住后脚掌，裸露出脚趾，用细绳绑紧。女子也穿平底凉鞋或半筒靴，还穿一种轻便鞋。女鞋颜色非常鲜艳，用金银或者绣花装饰。男子流行淡黄色短剪发、不长的唇胡和圆形长络腮胡。年轻人刮脸，留长卷发并戴发盔。妇女留短剪发或是长发，短剪发用发箍与发带装饰。

（2）古罗马服饰。古罗马人的典型服饰形成于共和时期，制衣的主要面料有毛布或亚麻布。帝国时期，开始使用东方丝绸与锦缎。服装颜色多样，大多为紫色、蓝色、褐色与黄色。布面图案纹样有圆形、正方形、菱形等几何图形和常春藤、橡树、月桂树的枝叶以及玫瑰花图形配合而成。有织花图案，也有绣花图案，并由黄金装饰，显得豪华富贵。

古罗马男性公民的外衣称为“托格”（togo），相当于古希腊的“希玛申”。托格呈半圆状，一般用白色毛料悬垂成衣，形大、衣重、穿着复杂。古罗马一切重要场合都必须穿这种服装。不同身份的人，托格有所区别：普通人穿白色托格，官员、神职人员和上层社会16岁以上的人穿带有紫色镶边的托格，与官员将军的礼服袍则是绣金紫，也是帝王的传统服装。古罗马男子内衣称为“图尼卡”样式，为套头式，穿时束上腰带，衣袖长短不一。不同的阶级、阶层，服装颜色与装饰也有所不同，地位显赫的人则穿暗桃红色、紫色与蓝色图尼卡，军事统帅的图尼卡是紫红色，带有扇形金绣，元老级图尼卡的前身则缝有竖直的红布条。妇女也穿图尼卡式内衣，衣长接地，形状宽大，穿时束腰带。女式外衣在胸下部束带，裙摆有褶纹，没有袖子或是装有短袖，领口与袖口装有边饰，称作“斯托拉”（stola）。女装比较注重颜色、质地、装饰，通常为褐色、金黄色、浅紫色和绿色、浅蓝色和灰色搭配并用绣花与流苏装饰。

斯托拉外面披着不同式样的斗篷。罗马人通常注重足部和头部装饰。无论男女，一般都穿平底凉鞋，有时也穿短靴与矮帮鞋。鞋子用染色皮革制作，鞋面绣有非常漂亮的花卉，或者用金银箔装饰。凉鞋有后帮，穿时就用两根鞋带交叉绑在脚面。男子发型在各个时期有所不同，最有代表性的为前额有小刘海儿，配之卷曲的小络腮胡的短卷发。女式发型比较多样化，有平分的长卷发，也有佩戴假发。罗马人不论男女都佩戴用黄金、宝石与珍珠制成的戒指、手镯等首饰，戒指一般戴在左手无名指。罗马人还非常喜欢戴花冠，宴会上一般要献上常春藤和紫罗兰编成的花冠，将军冠则用黄金制作。妇女在出席各种集会时为显示高雅，通常将孔雀翎毛扇与小巧玲珑的琥珀球当作喜爱的装饰品。

2. 中世纪服饰

拜占庭服饰。拜占庭帝国时期，古希腊罗马文化、基督教文化和古代东方文化相互交融，形成了中世纪的古典文化体系。拜占庭服饰则吸收了东方的装饰艺术、审美情趣，然而也继承了希腊罗马的传统，外观简朴，注重内在的装饰，给人以淡白庄重、直立拘谨的感觉。拜占庭服装将罗马的悬垂服装和东方的厚质丝绸、花缎、锦缎和金丝织物的豪华巧妙地结合在一起。拜占庭的纺织品，尤其是丝织品久负盛名，其织品以结实、厚重而无弹性为特色。最贵重的织品则是由金线织成的花彩锦缎，一般来做镶条、边饰与首饰。拜占庭人最喜爱紫红色，白色、黄色、奶油色、黑色、褐色。拜占廷织品图案则是由几何图形于动植物花纹组合而成，后来出现纯宗教图案，譬如十字图案、花字图案（由代表基督或天使的字母组成）。

拜占庭服装基本轮廓为圆柱形，不论男女都穿长袖直筒长袍，遮盖严实，用锦缎与宝石缝制的围巾，以不同的方式围在身上。形状如罩着的斗篷，披在头上，垂及肩背，两端在胸前交叉，然后抛向后背，给人以清心寡欲之感。盖住脚背的系皮带的靴子或是裸露脚背的轻便鞋是拜占庭人的常见足饰，比较富有的人会用黄金、宝石加以装饰。头饰方面，男人们非常喜欢佩戴由尖顶球形盔与帽圈组成的尖顶帽。

3. 中世纪西欧服饰。

公元9—15世纪，受文化艺术和审美情趣发展变化的影响，西欧人的服饰款式与风格发生了巨大变化。公元9—12世纪，在西方文化史上被称作“罗马时期”。这个时期，西欧服饰不仅体现着基督教的世界观和禁欲主义的审美意识，也在不同程度上反映出骑士阶层与手工业者的世俗美学情趣。米帕尔迪是贯头长衣，摆缝不缝合，腰部束带，左右两边颜色不一样，佩有族徽；勃利欧则接腰贯头长衣，衣身紧瘦，臀部展宽，下接小裙，长至膝盖或是小腿中部，衣袖上窄下宽，为漏斗形。

服装原料主要为亚麻布、毛织品、裘皮和皮革，有钱人也用从东方与拜占庭购进的丝绸。男装多为内衣、长裤、坎肩和斗篷组成。12 世纪末期出现了被称为“米帕尔迪”（mipahardi）与“勃利欧”（bliaud）的新式服饰。妇女贴身穿麻布衬衣，外面穿两件连衣裙式的外衣。连衣裙为梯形，上窄下宽，腰部束带，领口则封闭，到 12 世纪时，连衣裙变为窄腰紧身式，腰带系于胯部，袖子细长。男女鞋子式样相同，一般为软底矮勒鞋，12 世纪鞋头变圆。帽子大部分为锥形帽，男子发型是皮帽式的短剪发，头发在耳垂剪齐，前额留刘海儿，20 世纪以后，贵族阶层开始留披肩长卷发。未婚女子的发型则用锦带编成的长发辫或蓬松的披肩发，头戴发盔与花环。已婚妇女将头部严实地裹住，只露出脸面。13—15 世纪，受融合世俗性和宗教性、理性和非理性、神秘主义和自然主义等多重原因的哥特式（gothic）艺术风格的影响，西欧服饰出现大变革，开始追求挺拔、颀长、轻盈、优雅的形式，做工和设计上更为复杂、更加雅致、更加讲究。哥特时期的服装款式优雅而精致、细琐而华丽。典型的特点是修长苗条，设计重视腰部，色彩强调鲜明，男装不再与女装相似。

13 世纪的女装还是非常贴体，或宽松穿着，或系腰带。14 世纪，女装的上半部分开始用系带系紧，领口较宽，并开始使用扣子，裙子从臀围开始展开，配有很夸张的腰带。到哥特晚期，女装轮廓变得非常瘦小，紧身的上衣 V 形领开得又深又低，腰线或是腰带上提至胸部，裙子的后裙裾变得很长。男装筒型衣开始变瘦变短，并在前面开始采用扣子，外衣由以往长及小腿逐渐改成了长及臀围的短外衣“达布里特”（doublet）。“达布里特”腰部收细，前面合体，领口用扣子，裁得非常低。前胸与袖子的上半部分充填成型。长款及长及膝盖的无袖圆领斗篷披在筒型衣的外面。领子高到下巴。疑似披风的外衣“豪普兰德”（houppelande）开始流行。男鞋、女鞋样式一样，常为半筒靴与平底便鞋，有变长的鞋头。鞋子为皮革或天鹅绒制成，一般为白色、紫色及镀金而成，并饰以绣花、宝石。发型方面，普通男子通常齐耳刘海儿发；贵族男子常为长卷发。

已婚妇女将发辫堆在耳边，遮住耳朵，露出脖子。未婚女子喜欢突出长脖颈。一般将前额与后脑勺的头发收拢起来或刮掉，有的则是连眼眉毛都刮掉。男帽、女帽都很流行。男帽样式多样化，有风帽、包发帽、细毡帽等，男子有时一起戴两个帽子，一个戴在头上，另一个挂在背后。妇女戴帽也非常讲究，女市民一般戴类似风帽的“奥谬兹”帽，宽檐、为喇叭形、后身有开口的“哥午日”帽也非常流行。上层妇女通常戴高高的锥形“爱涅”帽。除此，细毡高帽、有角的包发帽、双层的“萨哈尔”帽与船帆帽也都非常流行。哥特时期西欧人十分注重佩戴装饰品来增添服饰美。男人一般在腰带上用金属锁链悬挂精致的钱包与短剑，肩背打猎的号角，左手戴手套，另一只手套拿在手中或是塞在腰带上。妇女的装饰品更加多样化，一个非常讲究的妇女，一般手指戴指环，手中握桃形手帕，胸前挂锁链，脖上戴珐琅珠子与金心项饰，腰间挂念珠、镜子、蜡质避邪物、镀金鹰爪形牙签等。

（二）近现代西方服饰

1．文艺复兴时期的服饰

人文主义者追求的理性、平衡、和谐、艺术。文艺复兴时期的服饰文化为意大利最具代表性，表现方式深刻地影响了这一时期的服饰风格，服饰款式和风格为现出庄重、典雅、含蓄的特色。丰富多样的意大利服装通常采用锦缎、花缎和天鹅绒等华贵面料，并镶嵌大量缎带、滚边、丝带、刺绣及花边等装饰饰品。服装款式符合人体的自然形式，色彩丰富鲜艳、规格大、辅件少、面料厚重、结构稳定，具有实用的特征。男子上身穿胸部宽大、衣袖宽长、领口椭圆及方形，用绣花装饰的白麻布衬衣，外罩窄瘦短小，并衬以带色花布的短上衣，下身穿裤腿颜色不一样的紧身连袜裤。女装的主要特征是肩部窄小、腰部紧贴、臀部夸张。紧身衣为当时的一大创意，裙子可以在紧束腰线下方的腹部大幅度展开。

意大利男鞋有软底便鞋、平底凉鞋、高帮鞋和亮光皮高筒靴等多种类型，鞋头呈圆形，有“熊掌”之称。狩猎时男子穿过膝袜形靴。和外裙有着鲜明对比色的里裙带有刺绣宽边或者鹅绒镶边，里裙下面为裙撑。妇女一般穿轻便鞋，时髦人通常穿鞋底高为30—50厘米的木底鞋。意大利男子留向后梳的齐耳发型或是刘海儿发型，脸面刮光，后来留短发，并蓄唇胡及络腮胡。女子流行的发型是光滑的矮发型及由发辫和卷发做成的发髻，并饰以串珠、丝带及花彩，少女有时梳披肩发。高额头被认为是最美的，意大利妇女通常将前额上的头发刮去两指。意大利男帽样式非常多，有平顶锥形帽、扁圆形软帽、檐帽、无檐帽、缠头、兜帽、包发帽等。讲究的人则戴两顶帽子，一顶戴在头上，一顶挂在背后。妇女戴包发帽、软帽，然后流行西班牙的无檐帽或草帽，贵族妇女上街戴半截黑面具。文艺复兴时期的意大利男女都比较注重装饰。男子大多以腰带、手套、金链、宝石戒指作为附属装饰品，贵族男子左右两侧挂以长佩剑及匕首。妇女大多以制作精美的手帕、手套、垂带、扇子、手筒等作为服装补充饰品，上面为绣花和宝石装饰。

2. 巴洛克风格服饰

17 世纪，追求繁华富丽、气势宏大、富于动感的艺术境界，强调运动感、空间感、豪华感，不合常理、非理性的巴洛克艺术风格占据主要地位，受巴洛克艺术风格的因素影响，引领潮流的法国宫廷服饰，追求华美而奢侈，讲究装扮修饰，强调戏剧性与煽情的效果。巴洛克时期的法国服装很精美且奢华。男装则有些过分华美甚至更多的女性化，常以花缎、天鹅绒及锦缎等华贵面料，并带有大量镶嵌线与刺绣。1670 年前后推崇一种及膝长的合体外衣，以锦缎面料，镶有金银线，钉以金属纽扣。带有刺绣及花边修饰的衬衫从胸部和腰部凸出。从开缝的袖子可见装饰华美的衬衫，在宽大袖口的下面可见层叠花边。

外衣里面是一样裁剪，但较短一些的马甲。女装上衣在荷兰风格时期曾宽松舒适，但在法国风格到来之时重新勒紧。紧身的胸衣前下摆和腰裙相连。拖尾外裙以与上衣一样的面料。外裙从前面打开，陆续从两侧向后面折，后来在臀垫处蓬起形成法式裙裾。展露出的里裙采用滚边、滚条、花边、缎带及刺绣等方法装饰。足部服饰方面，男子穿做工精细的便鞋、靴子，便鞋用染色皮革制成，有跟，跳舞时穿，靴子用单色皮革制成，有跟，靴筒为喇叭形。有翻口还镶花边，靴面饰以硬皮扣袢；妇女穿便鞋，鞋跟不高，以花结修饰，配上淡色丝袜。

3. 洛可可风格服饰

服饰艺术追求奢华富丽、矫揉造作、纤巧怪异的效果。18 世纪，强调纤巧、豪华及轻佻的艺术趣味，突出烦琐、华丽的洛可可风格在欧洲艺术中占据主导地位，受其影响。洛可可时期的服装从豪华耀眼的巴洛克风格改为轻柔、优美，给人以漫不经心的感觉。奢华的丝绸面料采取单色精致的图案及刺绣。色调清淡柔和。每阶层妇女都穿裙撑，里裙平铺在裙撑上，装饰则以荷叶边、蝴蝶结、花环及花朵等；裙采用不一样颜色的面料，前面打开构成带有精致边缘的三角形。18 世纪末，裙长至脚面，裙子在两侧和后面向上抽起，胸衣前下摆为尖角，领口很低并带有饰边，袖窄，袖长及肘，饰有很多花边与蝴蝶结，裙子前面用缎带拢在一起，后面有许多宽的插入褶裥男装外衣边缘带有修饰，衣长及膝，一般可见里面的长马甲，前面袖口带有很多花边的衬衫也可以看到。男子多穿矮帮鞋，鞋跟不高，采金属扣袢装饰；妇女穿弯高跟敞口便鞋，穿时配以白色和彩色绣花长袜。洛可可时期的足部与头部服饰也颇具特色。

男子头发卷为绺发卷，平整地梳向后面，用黑发带绑紧或者用一个黑色小袋栓住，采用金银装饰，脸面刮光，流行戴假发，用金银带及羽毛装饰的三角帽，一般不是戴在头上，而是拿在手里。妇女发型小巧且优雅，头发后梳盘在后脑勺。扑香粉，且用缎带、发针、羽毛、花束等装饰，她们蒙披肩，在家戴包发帽，旅行时戴男式三角帽。男子经常用佩剑、手套、手笼和鼻烟壶、怀表、戒指等当作装饰品，装饰装扮女性化；妇女经常用项链、手镯、戒指、金怀表、小镜子、瓷制花球、手笼、小扇子等装饰。

4. 新古典主义风格服饰

古希腊罗马的清晰简素的设计开始复苏，服饰表达了对自由生活方式的追求，18 世纪后半期，启蒙主义思潮兴起，艺术表现形式上提倡古典主义风格，欧洲服饰出现了严正和淳朴的倾向。18 世纪 70 年代开始，具有古典主义风格的英国燕尾服在西欧广为流行。以燕尾服为基础的各样新式外衣很普通，直襟翻领紧身衣、蓝呢长外衣等都非常流行。燕尾服采用纯正的暗色呢绒、闪光绸缎及天鹅绸缎制作而成，立翻领和高硬领，衣袖窄瘦，下摆斜裁，饰以绣花。女装在六七十年代依然保持洛可可风格，相比之下较夸张和复杂化。

内外连衣裙组成，内连衣裙衣身紧贴胸腰，领口很宽很低，裙子蒙在鲸须箍和腰枕上，18 世纪 70 年代末出现波洛涅兹裙。外连衣裙也采取低胸紧身式，对襟，胸前系花结，下部敞开，下摆为半圆形，凭借衬垫、饰针悬垂。男女穿鞋风格和洛可可时期非常相同，70 年代后流行黑色高筒骑士靴，矮帮鞋鞋面装饰一个巨大的金属扣环，配上白色竖纹长袜。妇女穿弯高跟便鞋，配上以浅色绣花长袜。男子头发后梳、系黑色缎带，鬓发卷成对称的圆形蓬头，戴假发时采用花结在后面绑成发辫，男帽有三角帽、窄檐锥形“英吉利帽”、筒形大礼帽。女子发型较为复杂，高发型通常流行，头发被固定在一个托架上。采用缎带、花彩由于贵重装饰品装饰；女帽款式多达200种左右，用鸵鸟或孔雀羽毛装饰的大帽子与英国宽檐帽最为流行。

5. 19世纪西欧服饰

进入19世纪后，西欧服饰也发生很大变化，伴随着资本主义的确立和发展。服饰的地域性、民族性、阶级性明显逐渐减少，款式逐渐走向一致；资产阶级的实用风格摈弃了富贵华丽的服饰风格，主导时装潮流；妇女的服饰越来越受到关注，服饰的主要角色由男子变为妇女。受各种艺术流派的因素影响，19世纪西欧服饰文化形成不一样的风格。19世纪前20年，结实而华丽、装饰而匀称、端庄而持重的“帝国风格”服饰占主要地位；30—50年代流行丰富、典雅的“浪漫主义”风格；50—60年代，女式服饰进入纤细轻巧、装饰华丽细琐的“第二洛可可”时期；70—80年代，实用主义占据优势，挺拔秀丽的女装受到欢迎；90年代，飘然欲逝、萎靡颓废形式的现代艺术风格得以建立。浪漫主义时期的风格是早期几大风格的结合体，特别是文艺复兴、哥特及洛可可元素的复合。

女装款式既符合浪漫主义的特点同时也适合中产阶级生活方式的需求，19世纪服饰发展中有代表性的是浪漫主义风格的服饰。服装极富形象力而丰富多彩。及地长裙又一次流行，采取马尾来撑起形状，最初下摆只是一层荷叶边，逐渐地又加上许多缎带、蝴蝶结、刺绣、花边和人造花。60年代以后，裙子的前面变平，从膝盖处开始伸开，在后面形成许多层褶裥，上衣的分割线下降至臀围，袖子长而窄。后裙撑处用滚条、镶边、蝴蝶结、荷叶边和镂空花边等材料强化装饰。和奢华的女装相对，男装相较精致实用且不张扬。双排扣外衣开始采用于日装，燕尾服取用于晚装与上层人士的外出服。60年代以后，出现了套装，裤子、外衣及马甲均采用一样颜色和同种面料，衬衫经经常带有刺绣，挺括的系扣领逐渐代替了立领与翻卷领，颈部饰以窄领带、宽领巾和领结。

6. 20世纪西方服饰

科学技术的巨大进步影响到了人们的生活方式。19世纪末20世纪初，受各种思潮的冲击，服饰风格的变化加快，样式丰富多样，但是整体来说，这一时期服饰风格的基本特点，体现了自然的柔软悬垂、线条突出、装饰简朴，设计款式和面料特征相似。女装在面料、裁剪与修饰方面都非常豪华奢侈，侧面轮廓呈 S 形，凭借于紧身胸、衣紧身连衣裙使胸部凸起，腰部变细，臀部后翘。男装风格与 19 世纪末基本相同，简单而端正且注重功能和实效，大部分服装由衬衣、坎肩、西服、大衣与裤子组成，常见的男帽是呢绒礼帽、巴拿马帽、鸭舌帽等。流行的女鞋为大敞口鞋，鞋头窄，有楔形跟与酒杯形跟，鞋面饰有花结及羽毛。经常见的发型为披肩卷发或高耸发型，“鸡冠帽”与“风流寡妇帽”非常流行，1908 年以后，衣服走向简练与自然美。第一次世界大战之后，女装发生了革命性的改变，女权运动是其中最重要的影响因素。

人们不再需要那种使身体扭曲变形的紧身衣，更加职业化的女性的涌现，促使职业装应运而生。拒绝那些强调女性特征的设计，需要许多的腿部自由。从此，简单宽松的直筒连衣裙与直筒短裙逐渐出现。20 世纪 20 年代，法国著名的服装设计师加布里埃·夏内尔设计的服装风格主导了当时的时装潮流，影响久远。女鞋采取路易斯跟，鞋面装饰精致，流行的帽子为深盔帽，帽檐宽窄不一，头发剪得很短。20 世纪 30 年代早期的女装逐渐褪去了男性的率直风格，且具有较多的女性特征和小市民气质。耳朵露出，与男孩发型相通。流行浓墨粉黛女性特征主要通过美容化妆表现。平常男装无外乎工作装与休闲装，简素的面料开始带有格子条纹等丰富多彩的图案，较为挺括而腰线较高。其基本特征为肩线下落，背部裸露到腰，裙身加长有时拖地，多褶柔软，有下坠感，从整体上构成修长苗条的造型。服装匀称、自然、优雅。女鞋除路易斯跟外，又出现圆锥形跟，鞋的宽度加大，配有各种装饰。30 年代后期女装注重立体感造型。

发型为披肩卷发（发尾烫卷及烫出两道大弯，发梢内卷）与爱德华发型（将头发在头顶卷为发卷，用发卡固定、发网套住）。窄檐圆形小帽、大宽檐帽、药盒帽非常流行。妇女喜欢艳妆，指甲留长并涂上红，眉毛画得又细又弯，嘴唇浓妆，佩戴首饰。第二次世界大战期间，物资的缺少直接影响了服装业。服装限量提供，款式又短又小，女装裙子的褶皱数量受到约束，袖子、领子和腰带的宽度也有相关的规定。款式通常和军服相同，极宽的垫肩与系得极紧的腰带给人留下非常深刻印象。1947 年，高级时装在巴黎苏醒，巴黎再一次引领时尚潮流。装衣身短、紧身、收腰，肩线稍稍下斜，胸部挺立，臀部后翘，长及小腿，下摆宽大，上衣肩部圆润，充分展现了女性优美形体并且充满女性化。迪奥设计的“新面貌装”成为新潮，新面貌。20 世纪 50 年代，新面貌服装演化为“超女性化”服装，极其强调鸽胸、蜂腰以及圆臀。

20 世纪 50 年代后期，服装由优雅型变成简短型发展。意大利的彩印丝绸衬衫、毛线套衫在欧美广泛流行；美国的女大学生穿起了男式夹克与背带裤；妇女广泛参加体育运动，运动服装得到进一步发展，比基尼泳装已经慢慢出现。在头足装饰方面，妇女最初依然穿路易斯跟黑色圆头皮鞋。50 年代后期，鞋身变窄，鞋头鞋跟变为尖。发髻、刘海发、马尾巴式以及各种短发式各行其便、样式繁多，女子发型有很大的随意性。流行的帽子为圆顶斜边钟形帽与收褶的无檐帽。戴假睫毛，画眼眉，勾眼线，涂眼膏，崇尚眼大的面部化妆特别强调眼睛。嘴唇画得很大很红，颇有性感。20 世纪 60 年代服装特征是冲破传统的约束和禁忌，马莉·昆特的“迷你裙”是当时最典型的流行款式。运动休闲型的宽松学生裙与衬衫裙非常流行。衬衫、长马甲和无领无袖连衣裙也非常流行。夏内尔套装和女裤开始被人们接受并成为经典。太空旅行与抽象派艺术带来了几何图形及以黑色与白色、白色与银色为特征的未来主义风格。

新兴材料开始出现，譬如塑料薄膜与涂层面料。出现了带有大裤脚的喇叭裤，还有超出常见的热裤、迷你大衣。非主流的“嬉皮士（hippie）”其影响着服装界。梯形风格的裙装与大衣均采取对比色镶条及突出的缝线来衬托。无所顾忌的“反传统”风格和正统的女装风格形成对比。男装变得非常随意、非常耀眼、非常多彩。20 世纪 70 年代后，西方服饰朝着更加多元化的方向发展，花样纷呈。女装裙长有些变动最终定在中等长度，日常的组合主要包括褶裥迷你裙配衬衫式连衣裙，喇叭裤、宽松衬衫配短外衣。男装中也出现了各种形式的休闲款式，典型的特征为宽肩、长驳领与瘦腿裤。年轻人更加喜欢穿牛仔服与牛仔裤，脚穿运动鞋，色彩鲜艳和闪光面料的迪斯科服装也出现了。70 年代末，青年中出现了所谓“朋克（punk）集团”，他们装束怪异，发式反常，反映了西方世界处于困惑、迷惘状态的青年人的变态心理。

女装既经典优雅，又休闲实用，追求精致、奢华、诱人；日装以简单舒适的休闲款式为主，也有一些摆动、修长、大体积、相互重叠的款式；休闲优雅的都市风格的套装和大衣保持男装轮廓和细节；晚装很女性化、很优雅，有的柔软飘逸，有的紧身贴体，配以紧身的、展开的或膨起的裙子。20 世纪 80 年代服装种类繁多且各具特色。年轻人的服装有明显远离朋克破烂装的趋势，且更趋向于更加整洁，更加具有创意。迷你裙再一次流行，突出的腰线不是提升就是下移，袖子宽大更便于运动，肩部时常用结合不一样长度和宽度的款式加以强调。经典裁剪的传统男套装优雅而舒适，腰身略收，肩部垫肩较薄，翻驳领不是太宽。棉大衣与毛领皮大衣开始流行，男士晚装可以是宴会装的多样组合，休闲装采取于轻薄面料及休闲款式，但要求复杂的功能性细节。不同的时代孕育了不同风格的服饰习俗，服饰是时代的一个重要标志。

西方服饰文化一直地保持与继承了西方人对于美的独特理解，反映着西方人的人生观、世界观和艺术观。西方服饰作为西方社会文化的物质载体，反应出了西方文明的发展变化。从强调自然之美的古典款式到多样化的现代主义新时尚，对于美的追求是西方服饰永远的主题。从古希腊时期开始，西方文化一直强调形体美、外在美。

二、饮食习俗

（一）西方饮食发展的历史

人类饮食的历史是人类适应自然、征服与改造自然以求得自身生存和发展历史的重要组成部分，西方有悠久的文化传统，在其漫长的文明发展进程中创造出了独具特色的饮食文化西方饮食，通常称为“西餐”，且发展历程呈板块式移动以及不平衡的发展状态。如意大利饮食、法国饮食、英国饮食、美国饮食等风味流派，总体来说，形成西餐的各具特色的代表，其形成与兴盛时间都是不一样。西方饮食的发展分别可分为三个阶段，即古代、近代与现代。

1．古代西方饮食的代表——意大利饮食

意大利饮食直接开始于古希腊、罗马，是西餐中历史最悠久的风味流派，是西餐的鼻祖，古代西方饮食中最优秀的是意大利饮食。直到 16 世纪末以前，意大利饮食都非常兴盛，而且借助着自身古朴的风格成为西餐中当之无愧的主导者。古希腊罗马的饮食习俗对意大利饮食的构成具有决定性的影响因素。意大利饮食摒弃了导致罗马帝国衰亡的奢华且承继古希腊朴素之风，构成了独有的饮食风格。古希腊人喜食肉类、面食，讲究烧、烤炙、炸等烹饪方法，爱用盐、香料、橄榄油等烹饪调料，追求豪华奢侈的古罗马把这种简单实用的饮食风格吸收，构成粗犷和精细兼有、朴素及豪华共存的古罗马饮食风格。

文艺复兴时期，意大利既制作出品种丰富、样式多变的菜肴，还创造出以通心粉与比萨饼为主要的面食品，最后终于形成了意大利饮食独特的古朴风格。追求用最简单的烹饪工艺制作最精美、最丰富的菜点。意大利饮食注重选料清鲜、烹饪方法简单，强调原汁原味、菜式传统具有浓厚的家庭风味。

2. 近代西方饮食的代表——法国饮食

在近代，西方饮食发展中取得巨大成就的是法国饮食。它在吸收意大利烹饪特色的基础上结合自己的优势发展壮大，形成了自己的特色风格，成为17—19世纪西餐的绝对统治者，被称为“西餐之王”。法国饮食在构成的过程中深深受到意大利饮食的影响，而且这种影响早就在罗马帝国时期就已经开始。在古代，高卢人在罗马烹饪风格影响下，渐渐摆脱饮食上的原有状态；中世纪，法国烹饪在意大利风格的影响下日趋精致且开始追求滋补和欣赏的两个目的；17 世纪，法国饮食构成了精致、华美的烹饪风格，注重选料精细、味美形佳、菜点繁多；18—19 世纪，法国饮食十分成熟，影响遍及欧洲各个角落，成为举世闻名的西方重要风味流派。

3. 现代西餐的代表——英国饮食和美国饮食

在现代，尽管意大利饮食、法国饮食仍然十分兴盛、繁荣，但是让人耳目一新，感受到强烈震撼的却是英国饮食与美国饮食。美国饮食在 20 世纪中叶时渐渐和意大利饮食、法国饮食相抗衡且部分地成为西餐潮流的主导者，成为西餐新贵。英国饮食文化在其构成及发展过程中长期受到意大利与法国饮食文化的巨大影响。诺曼征服时期受法国、意大利饮食习俗的影响，英国饮食走向文明之路。20 世纪，工业化食品即成为英国饮食简约风格的重要体现，还在英国人的生活中占据着极高地位，并且深刻影响着西方别国家。16—17 世纪，英国饮食受清教徒运动的影响，讲究简朴、实惠，初步构成简约的饮食风格，18—19 世纪，因为工业革命的影响，出现工业化食品。

美国饮食主要开始于英国饮食，发展过程中也受到法国与意大利饮食的影响。移民早期，物质的匮乏以及英国人在移民中的主要地位，使美国饮食承继了英国饮食的简约、实惠特色。18—19 世纪，美国上层社会开始痴迷于欧洲贵族生活方式，法国特色饮食成为展现地位的标志。20 世纪以后，机器加工、科学技术使得美国经济极速发展的同时，也使得美国饮食脱颖而出，构成简单、方便、快捷特色，工业化生产的各种饮料、快餐食品、速冻食品最有代表性，逐渐渐地影响西方饮食且向世界范困扩展，1886 年研制的“可口可乐”、1955 年出现的“麦当劳”、1960 年出现的“肯德基”很快风靡全球。

（二）西方饮食习惯与特色

1. 西方馔肴特色

西餐烹调中，非常注重原料本味的表现，对原料的选择非常严格，既重视原料自身的品质与特点，还根据成菜特色、烹饪方法选择原料。一般的动物性原料多取自牛、羊、猪、鸡、鸭、鱼、虾等各部位干净肉，几乎不使用头、蹄、爪、内脏、尾等副产品，但是法国等少数国家还使用动物原料的副产品，如鸡冠、鹅肝、牛肾、牛尾等；选料注重新鲜，在西餐中，很多菜肴是生吃的，对原料的新鲜度要求极高，生菜、洋葱、黄瓜等生拌而形成的各式沙拉，尽管牛肉的烹调也只有七到八分熟、半成熟、二到三分熟，甚至全生；有鲜奶、奶油、黄油、奶酪等，选料奶制品居多，西点制作、沙司制作、菜肴增香等都离不开奶制品。开胃菜、配菜、主菜甚至甜点，都需要沙司调味和装饰，沙司就是调味汁，一般是具有丰富味道的黏性液体，是西餐中非常重要，且最具特色的原料。西餐在调味时，既使用各种基本的调味料，如咸味、甜味、酸味、鲜味、辣味、香味等调味料，也使用酒、沙司等一些特别的调味料。

西方人在饮食的制作上强调精益求精、追求完美，不论是馔肴，还是茶酒的制作，都表现出了精妙的技艺，注重美食与美名、美食及美器、美食和美境的结合。在西方国家，主要饮品是酒及咖啡，然后是茶。虽然它们的起源、产地不同，但在西方还是受到人们的喜欢，而且在长期的饮品消费过程中构成了独具特色的饮品文化。葡萄酒是西方人的传统饮料。圣徒们认为喝了葡萄酒，身上就流淌着耶稣的血。早在《旧约》中就有关于它的记述，耶稣在最后的晚餐上指着葡萄酒说："这是我的血。"从此，基督信徒把它尊为神圣。古希腊人在殖民地大批种植葡萄，并且用以酿酒。大约公元前6世纪，罗马人、高卢人从希腊人那里学会了葡萄的栽培和葡萄酒酿造技术，罗马帝国时期，葡萄种植已经很普遍。在欧洲，葡萄酒既是日常生活、筵席宴会上的必备饮品，也是很重要的调料，而且在历史上被广泛地用于治疗各种疾病。如今，法国、意大利都是世界上著名的葡萄酒产地。

德国是啤酒之乡，啤酒是西方人的大众化饮料。古罗马历史学家塔西佗在历史中有关于日耳曼人嗜饮啤酒的记录。德国、英国、比利时是最为传统的啤酒强国，美国是现代啤酒产量大国。鸡尾酒是酒和酒及酒和其他饮料、果汁调和而成的混合饮品。关于鸡尾酒的起源传说都不相同，"鸡尾酒"一词第一次出现在1806年5月13日美国发行的一本杂志上。自1860年开始，美国公司开始大规模生产果汁，鸡尾酒有了足够的物质保障，大约17世纪中叶，咖啡传入欧洲，咖啡是西方人常用的饮料，18世纪时成为日常饮料。19世纪后半期，人工制冰机出现，真正意义的鸡尾酒正式出现。20世纪60年代以后，鸡尾酒饮用进入各种社交场合，到80年代鸡尾酒逐渐发展为一种文化、一种时尚生活，成为人们情感交流的东西。西方不少地区普遍兴起了咖啡馆文化。人人都有自己独特欣赏、喜欢光顾的咖啡馆。

人们在此无拘无束，随随便便，没有身份地位之别。咖啡馆成为一个十分重要的交际场所。地位尊崇的上等人与身份低微的普通人互相攀谈，获取各式各样的信息。茶叶大约在17世纪初传入欧洲，饮茶也是西方人的习惯，尤其是在英国，喝茶之风兴盛，上至王公贵族，下至贩夫走卒，都爱喝茶，有的人以至到了"宁可不吃饭，不可不饮茶"的程度。老茶客约翰逊在《文学杂志》上撰文指出，他自己是白天喝茶咽饭，傍晚喝茶解闷，早起喝茶提神，夜半喝茶忘忧，20年来茶炉子从没有冷过。

2. 日常饮食习俗

日常食俗方面，西方人主要以肉食为主、素食为辅，饮品主要是咖啡与酒，在进餐方面上主要是分餐，每人只吃自己的那一份菜点，且有独立、卫生等特点。西餐最讲究餐具的气派，餐具通常以不锈钢制作，有刀、叉、勺、盘，每上一道菜点就换用新的餐具，撤下一副刀叉。西餐筵席为长条形，男女相间入席。欧美等西方国家日常生活习俗除了保持共同的特点外，还有各自的习惯和特色。为方便于席间和左右异性相互交谈，西餐吃法通常是右手持刀，左手拿叉，叉子按住食物，刀子将食物分割成小块，然后用叉子将食物送到口中；刀子、叉子按八字形架在盘边表示“这道菜正在品尝”，刀子叉子重合放在盘子右边表示“这道菜可以撤下”。英国人一天四餐，一次午茶，早餐非常讲究，他们不爱吃动物的内脏。经常吃鹅肉、兔肉，请客吃饭最为普通的招待方式是请朋友喝茶；荷兰人饮食力求简便快捷，一天两顿冷餐，一顿热餐，早午是冷餐，晚上是热餐，奶酪为荷兰人的特产，土法制作的奶酪有一点儿独特的味道；德国人一日三餐，午餐较为丰盛。

有些地方在午餐和晚餐之间喝午饭后的咖啡，素餐十分流行；法国人喜欢食蜗牛，爱吃生蚝、田鸡、鹅肝等风味独特的菜肴，意大利通心粉、面条、馅儿饼富有特色的宴饮，是法国人生活中的重要内容。意大利人喜爱喝饮料，街上有自动售货机，路旁酒吧也有许多，各家都设酒窖，窖藏葡萄酒；美国人一日三餐，进餐时习惯用右手交叉使用餐具，色拉为美国人爱吃的食品，和欧洲国家不同的是，美国人在主食之前进食色拉，且惯于用电视便餐，一人一份，放于纸盒内，搁在膝头，边看电视边进餐，番茄沙司是美国人的典型食品，吃油炸土豆条为美国人的习俗，蛋卷冰激凌为美国人最喜爱吃的食物，口香糖为美国人的发明，自助餐为美国推出的一种新型的营业与会餐方式，鸡尾酒会为美国初期出现的餐饮方式，现已风靡全球。

3. 享誉世界的西方饮品和食品

香肠为西方最为古老的食品之一，早在荷马时代，《奥德赛》中就描述了希腊士兵烤制香肠的故事；古罗马人经常用猪肉拌上茴香、月桂、白松子等，灌做成香肠；中世纪，欧洲每个地区都有自己独特风味的香肠；近现代，品种繁多、风味多样的香肠更是西方人平常生活中必不缺少的食品。三明治（Sandwich）为当今西方人经常食用的快餐食品。Sandwich 本来为英国东南部一个不太出名的小镇，镇上有一位名叫约翰·蒙塔古的伯爵，酷爱玩纸牌。他每天沉溺于纸牌游戏，已经到了废寝忘食的地步，仆人很难伺候他的饮食，便把一些菜肴、鸡蛋和腊肠夹在两片面包中间，方便他边玩边吃。没想到蒙塔古见了这种食品甚是喜爱，随口就把它称为“三明治”，以后饿了就喊：“拿三明治来!”别的赌徒都争相仿效，玩牌时每个都吃起三明治来。因此，三明治就传遍了英伦三岛，而且很快传到欧美等地。

最开始的汉堡包为古代鞑靼人用切碎的牛肉末与面做成的肉饼，后传到德意志。德国汉堡地区的人将其加以改进，将切碎的牛肉泥和在面粉中，摊成饼煎烤来吃，然后以地名而称作“汉堡肉饼”。后来花样翻新，1932 年有人把这种油炸牛肉饼夹入表面撒有芝麻的小圆面包中作为主食及点心食用。1850 年，德国移民把汉堡肉饼烹饪技艺带到美国。如今，汉堡包成为肯德基、麦当劳等快餐的主要食品，风靡全球。冰激凌发轫于意大利，早在古罗马时代，贵族们食用一种用山顶雪块和果汁与香辛材料调制而成的冷冻点心，这是冰激凌的雏形，后经改进，逐渐发展成为今天的冰激凌，成为西方人的普通食品。此后，渐渐和三明治合流，把牛肉饼夹在一分为二的小面包当中，所以得名汉堡包，意思为有汉堡牛肉饼的面包。布丁是西方人喜爱吃的点心。原产于英国。布丁出现于 16 世纪的伊丽莎白时代，当时的布丁用果汁、肉汁、水果干和面粉搅拌、烹制而成，17 世纪，布丁制造业迅速发展，英国中上层称作为“甜点”下层称作为“布丁”。

（三）西方宴会活动中的相关习俗

1. 衣着习俗

西方人在参加餐饮活动时，不同程度地讲究个人的衣着装饰，人们按照用餐规模、档次、性质的不一样，穿戴不一样类型的服饰，构成了较为讲究的宴会服饰礼仪。衣着的分类：大体可以分为礼服、正装与便装。传统的女礼服主要为大礼服、常礼服及小礼服。大礼服包括袒胸露背的拖地和不拖地的单色连衣裙，配上长筒薄纱手套、同色帽子与各样名贵首饰。传统的男 SLHE 主要为燕尾服、晨 SLOE 与便 SLBE。随着西装的出现与使用，这些传统的 SLOE 已经退居次要地位，只是在很特别的场合才有很少的人穿着，人们在较多的场合选择穿着西装，他们把西装看作既是礼服也是正装且适应面很广的一种服饰。小礼服，主要露背的单色连衣裙，长度到脚背。常礼服，主要质地和颜色一样的上衣及裙子，配上相匹配的帽子或手套。除此之外，女士们也通常穿正装，即套装和套裙。衣着的穿戴原则。西方人把衣着的穿戴原则归纳为 PO，要求人们应当按照自己将要出席的时间（time）、地点（place）和场合（occasion）选择服装类型或款式，做到协调相同。在当今的餐饮活动中，相对于正式宴会，通常穿 SLJIE 及正装。

男士最常穿的是黑色和深色西装；女士或一般穿低胸长裙及套装、套裙，但不能太短太薄。对于普通的聚餐，且可以穿便装，如男士可以穿浅色西装，且只能穿单件的西装上衣；女士可以穿时装等。不论在何种餐饮活动中，不论怎样穿戴，都禁忌在用餐时当众整理服饰。西装的穿着：西装为西方男士的礼服或正装，是一个人社会地位的象征，人们对西装的穿着很注重。首先，不同身材与体型的人选择不同的西装；然后，注意西装外套和衬衫、领带、鞋袜的搭配。穿西装应该当搭配高质量的长袖衬衣。衬衣领子外露部分要平整而干净，下摆掖在裤子里，袖口稍微外露。比较正式的场合，务必打上领带，其长度要达到腰间系裤带处为宜。穿西装必须要穿皮鞋，所谓“西装革履”才是完美的协调。

2. 见面习俗

西方国家，如今最流行、最广泛使用的为拥抱礼或吻礼拥抱礼。基本方式为，两人面对面站立，各自向前伸出双手双臂，右臂偏上、左臂偏下，右手搭在对方的左肩后面，左手扶在对方的右腰后侧，头部与上身都向左侧互相拥抱，拥抱礼为西方国家非常常见的见面礼。在道别及表示慰问、祝贺、欣喜等情感时，西方人都经常采取拥抱礼。这是礼节性的拥抱。但是，如果为了表达非常亲密的关系以及热烈的感情，保持原来姿势不变，再向对方右侧、左侧各拥抱一次。西方人极少掩饰自己的情感，一般在公共场合热烈拥抱，男女朋友在分别及久别重逢时一般会长时间拥抱。亲吻礼：亲吻礼的基本方法为，用自己的唇部及面颊接触对方的面部。亲吻礼是西方国家一种传统且盛行的见面礼，有时则会和拥抱礼同时采用。行礼时，因双方关系不一样，亲吻的部位也有所不同。长幼之间，长辈亲吻晚辈额头；晚辈亲吻长辈下颌及面颊。平辈中间，通常为相互贴触面颊。夫妻及情人中间，一般行唇对唇的亲吻礼。男士向已婚女士往往行“吻手礼”。但是，无论行哪一种亲吻礼，都不能发出任何声响，宴饮活动中，不论是否熟悉，人们一般都要相互行礼，表达情感与敬意。见面礼仪必不可少。

3. 馈赠习俗

人们参加餐饮活动时时常会带上一些礼品赠送给主人。这些礼品的一个显著特点是“华而不实”，金钱并不重要，重要的是那份情谊。作为馈赠者，首先要认真选择礼品，适合受礼者的个人特征，具有一定的纪念意义，突出礼品的独创性与时尚性；其次要精心包装，赠送前，应该对礼品进行认真仔细包装，既显得很正式，还表示对受赠者的重视与尊敬。受赠者在接受礼品时一定要神情专注，双手捧接，诚恳致谢，当面拆封，表示欣赏。如果赠送给多人，一般为先女士后男士、先长辈后晚辈。

送花有很多讲究，送花的数量一般以单数为宜，而且很重视鲜花的寓意，西方人馈赠的礼品中，最为常见、最合适且最受欢迎的是各种鲜花。如玫瑰象征爱情，康乃馨表示亲切、慈爱与热情，郁金香象征胜利、美好及爱恋，水仙代表高雅脱俗、自尊自爱，鸢尾花象征纯洁、光明、自由，常春藤代表坚定、贞洁及苦恋，勿忘我则代表铭记爱情。在餐饮活动中，经常忌讳送菊花、百合花、石竹或黄色的花等。因为菊花与百合花都含有死亡之意，石竹则有拒绝求爱之意，黄色的花在法国代表着不忠诚。

4. 用餐习俗

尊重妇女被视为具有良好教养的表现，在众多的宴会中，人们总是把女士放在优先的地位，不论为正式宴会还是随意性强的鸡尾酒会及冷餐会都不同程度地呈现着尊重妇女、女士优先的准则是其他社交礼俗的特点。对于宴会举主办方来说，邀请、排座、迎宾、上菜都要遵守一定的礼俗。宴会主人首先要考虑及确定宴请对象，向宾客发出邀请。如果有穿着要求，一定要及时告知。平常要提前 7—15 天发出请柬。宴会举办方在得到所邀宾客的答复后，按照宾客的性别列出名单，安排座次，座次安排一般遵循五个原则：第一是女士优先，主位时常是由女主人就座，男主人通常坐第二主位；第二是突出主宾，主宾始终为主人关注的中心，在安排座次时，女主宾紧挨男主人就座、男主宾紧挨女主人就座；第三是面门为上，面对正门的座位一般在序列上要高于背对正门的座位；第四是以右为尊，男主人的右边为女主宾，女主人的右边则为男主宾特定的座位，右边的座位高于左边的座位；第五为交叉排列。在安排座位时讲究男女交叉排列、生人与熟人交叉排列，以利于广泛交友，一对夫妇的座位应在同一边但不能紧连，西方人把宴会视为交际场合。举行宴会时，主人应该事前应做好充足的准备，应该注意个人修饰。男宾的座次常按照地位与年龄安排，女宾的座次则只能按照地位且不宜根据年龄安排。宾客到达时，主人一定要热情相迎，将宾客领进大厅。宴会开始后，上菜遵循女士优先的原则，服务员从左侧先给女主宾送上菜盘，然后依次按顺序分送给其他女宾，最终送给女主人，次时从男主宾开始，依次给男宾客上菜。西方宴会的基本格局为由开胃菜、汤、主菜、甜品与咖啡形成，但正式且隆重的宴会时常比较丰富，则由开胃菜、面包、汤、主菜、点心、甜品与咖啡及红茶等菜点或饮料形成。每当一道菜点吃完后，服务人员会从主人及宾客的右侧撤出餐具。对于宴会参与方来说，回复邀请、赴宴入席、进餐、退席也应该要遵循相应的礼俗。

受邀请者收到请柬后，按照自己的实际情况，及时回答主人，确定能否参加。如果因故不去参加，应当向主人诚恳表示歉意；如果已经答应参加，却因临时变故而不能参加，应立即告知主人，说明原因。决不能收到请柬后不做任何答复。赴宴前，受邀请者衣着整洁优雅且有一定个性。赴宴时，尽可能准时，过早及过晚都很有失礼数。当主人将女宾客迎入大厅时，厅内的男士通常要起身表示尊敬。宴会开始时，首先由男主人盛情邀请女主宾入席，其他宾客各就各位，女主人和男主宾最后入座。进餐时，女主人一般担当“指挥者”。女主人铺上餐巾，暗示进餐可以开始，女主人和其他女士开始进餐后，男士们也可进餐；女主人把餐巾搁放到桌子上，暗示用餐结束。

进餐过程中，有三个原则：（1）举止高雅。进餐时往往要进食噤声，避免发出响声，正襟危坐，吃相文雅。（2）尊重妇女。进餐时，每一位男士都有义务积极、主动地照顾身旁的女士，当男女同时需要餐具、菜点、调味品时，应当女士优先。（3）宾主之间，宾客一定要找到时间和机会向主人致意、叙旧积极交际。西方宴会的一个重要目的是以宴会友、促进交流；宾客之间，既要与老朋友交流，还要借机多交新朋友，不能只吃不说或者只与个别宾客说话。退席时，女主人起身后，其他人才可退席，男士们一般要主动为女士搬出椅子，让她们先走。告别时，宾客应当向主人表达谢意，称赞女主人的热情好客及食品的精美。

冷餐会、鸡尾酒会除以酒水、冷食为主外，不必安排座次，不必讲究衣着，不用准时参加，进餐和交际自由。相较而言，西方的冷餐会、鸡尾酒会不用注重严格的礼仪规范，而且讲究轻松活泼、自在随意。但是，冷餐会及鸡尾酒会也要注意五点简单的礼仪。（1）排队取食。无论是在餐台取菜，还是从服务员托盘中拿酒，都应按照次序，排队进行。（2）少取多次。在选取菜点时，应该每一次少拿一点儿，吃完后再拿，不应该一次太多，而且不能造成浪费。(3) 不可代取。除此家人与非常好的朋友外，不能擅自替其他人代取饮品、食品。(4) 送还餐具。用完餐后，应该主动把自己用完的餐具送到指定的餐具存放处；(5) 参加者可以随便走动，边吃边谈，可以最大限度地按照自己的意愿选择谈话对象，广泛交友，积极交际。

5. 交谈习俗

交谈，有着许多的礼仪和技巧，在语言方面，西方人注重文明、礼貌及准确，人和人相互交谈为进行社会交往的重要形式。时常出现的词语为“您好”、“请”、“谢谢”、“对不起”、“再见”等。在话题方面，主要选择约定的、高雅的、轻松的、时尚的话题，禁忌谈论个人隐私，如健康状况、年龄、收入等。在交谈的原则和方式上，首先是尽量围绕相互都感兴趣且愉快的话题开始交谈，不能只顾自己却忽视对方的存在与反应；然后是在倾听他人谈话时，应平视对方、全神贯注，不可东张西望、面露疲倦；其次是语气自然平和，不可嘲讽对方谈话中不当及失误的地方；再次是争取以对方为中心，让对方有较多的机会谈话、交流。西方人在饮食观念、饮食对象、饮食形式、饮食礼仪等方面构成了自己的文化特色。

西方饮食习俗是西方文化的重要形成部分。他们的饮食配搭简单、操作规范、注重营养，反映出西方人理性科学的生活态度；西方人以肉类与奶制品为主，继承了西方人游牧民族、航海民族的文化血统；实行“分餐制”，强调饮食礼仪，突出个人的独立自主，反映了西方人的个人主义价值观。总之，西方的这种饮食习俗是和理性、以个人为社会本位的西方文化相连的，西方人的民族形态、民族心理与民族性格，以及处世哲学、思维方式与价值观念，在西方人别具特色的饮食习俗中获得了生动体现。

第二节　婚姻、丧葬习俗

生老病死是人类生存和延续的自然现象。与生死紧密相关的婚丧嫁娶，是人们在生活中最敬重的习俗。它们是以特定的伦理观念和价值判断为基本，受特定的宗教文化信仰影响因素，在人类社会发展演进过程中，表现出较为突出的稳定性。通过对特定文化背景下的人类婚姻及丧葬习俗的梳理分析，能够透视特定时代、特定地域、特定民族的社会文化风貌。

一、婚姻习俗

人类自身经过性生活从而繁衍，人类社会的婚姻，是受一定社会规律以及制度约束的性生活，这种生活合适自然法则，有利于人类社会发展，是人类社会逐渐走向文明的标志。婚姻为一种行为习俗，它跟着人类社会的发展一起发展，同时也随着人类某一阶段的结束以及变换而消亡或者改头换面。在西方，特定的文化与历史环境造就了独特的婚姻习俗。

（一）古希腊罗马婚姻习俗

以一夫一妻制为主导，形成了比较稳固的婚姻形式。古希腊、古罗马时期，婚姻形式、婚恋观念早已摆脱了原始的蒙昧状态，血统传继、家族利益往往是婚姻的主要目的，受当时文化和社会生产状况的影响，婚姻很少建立在男女双方感情的基础之上。

1．古希腊婚姻习俗

古希腊人的婚制非常复杂，主要有下列几种方式：一是抢劫婚。早期希腊，各城邦之间为了争夺财富与奴隶，不断发动战争，抢劫婚跟随着抢劫与掠夺很是盛行。伴着希腊社会的进步与发展，抢劫婚制渐渐消失，后来只作为一种礼节存在于斯巴达城邦。二是买卖婚。流行于荷马时代，一般由追求者提供牛只及与其相等的东西送给女子的父亲，每个村落每年都会举行一次，把所有达到结婚年龄的女孩子都聚集到一处，男子在她们的外面站成一圈，由拍卖人将这些女孩子一个个地叫出来，然后把她们出卖。在古希腊，罗曼蒂克式的爱情是存在的，自由恋爱通常导致婚前男女关系的增多，而促成婚姻的很少。共妻婚是原始社会的一种残余物，它特别盛行于斯巴达等一些城邦，兄弟共妻、与朋友共妻的现象较为普通。希腊奴隶制城邦建成后，这种买卖婚成为一种契约婚制，以岳父和女婿签署契约来实行，女婿须向其岳父交纳一定的财物。三是自由恋爱。古希腊人婚姻的缔结中，订婚与结婚为两大步骤。婚姻缔结通常为青年男女的父亲以及监护人操作，儿女的婚事常常把母亲排斥在之外。人们在选好对象后，须进行订婚。嫁妆为婚姻不能缺少的基础。法律规定做父亲的必须为女儿准备嫁金、衣服、首饰。提供不起嫁妆的女子由亲戚共担、政府提供以及个人买卖置办。订婚后不久便可开始婚礼，婚礼前人们必须向神灵献祭。婚宴为总体婚礼中很重要的环节，通常在女方家里举行，宴会上两家男女分坐。在家庭生活中，不同时代不同城邦的希腊妇女的社会地位不尽一致。散席后，新娘乘坐一辆为几头公牛、骡子以及几匹马牵引的马车驶往婆家。

大多数城邦和雅典城邦的妇女相同。在家庭及社会中的地位非常低下。在雅典人看来，妻子除生育子女外，不过是一个婢女的首领而已。法律上，妇女和未成年男子同样没有行为能力。斯巴达妇女可以占有与支配自己的嫁妆或货币等财产，在政治上拥有较大的发言权。在古希腊人的两性生活中，未婚男女在性关系上很少受道德的约束，即便婚后，男人还充分享有性自由。不论是斯巴达还是雅典，对于妇女的童贞普遍不太注重。古希腊社会中曾普遍存在过一种妇女为宗教献身的制度，每一个妇女在她的一生之中必须有一次到阿佛洛狄忒的神庙的圣城内与一个不认识的男子交媾。这种性的自我奉献和宗教感情密切相连，是人为神效劳的体现，是妇女的责任，被看作是一种贞淑行为。婚外性行为时常成为平淡婚姻的补充，盛大的庆典时常成为苟合相会的好机会，公开卖淫、纳妾、同性恋等性混乱现象普遍存在于古希腊社会中。

2．古罗马婚姻习俗

罗马社会在整个奴隶制时期实行非常严格的一夫一妻制度，婚姻主要有两种形式：有夫权婚姻与无夫权婚姻。共和国时期，有夫权婚姻占支配地位。习惯上人们在结婚前都要举办订婚仪式，订婚男子把一枚无任何装饰的铁戒指戴在订婚女子左手的第三个手指头上，人们以为这一手指的神经和朋友心脏相连。女孩一到15岁，就由父亲举办成婚，不得违抗。有夫权婚姻时常通过共食婚、买卖婚、习俗婚三种形式确定。共食婚也称麦饼婚，是最古老、最正式的结婚方法，也是贵族阶层采取的一种结婚方式。买卖婚，适合于普通平民之间，保留了原有的购买新娘的传统，新郎付给新娘的父亲以及监护人一笔小钱，表示买下新娘。买卖婚一开始只适用于平民，然后平民和贵族通婚也采取这种方法，从而成为非常普遍的结婚形式，习俗婚也称为时效婚，始源于王政时期的掠夺婚，男子对女子“占有与使用”一年者，婚姻关系成立，获得所有权。这三种有夫权婚姻形式下，妇女成为丈夫的财产，完全顺服丈夫，丈夫可以随便打骂及虐待妻子，妻子必须恪守贞操，如有不贞，丈夫一般可以亲手将其杀死。

从公元前 2 世纪开始，无夫权婚姻成为广泛的婚姻方式。有夫权婚姻下，妻子没有离婚的权利。在无夫权婚姻中，丈夫对妻子不能因缔结婚姻而获取夫权，妇女有对自己财产的支配权，且财产不能因缔结婚约而落入夫家，娘家的亲属对出嫁妇女的财产享有继承权。妻子的人身也不会受制于丈夫，方式上对其控制的父亲的家族权也比较弱小。在无夫权婚姻下，即男女双方都有结婚的意思，婚姻立即成立，但是，离婚现象也较为普遍，男女都有离婚的权利，离婚的理由时常为一些小事引起。罗马帝国时期，古罗马人的婚恋观发生了巨大变化，婚姻以情色快乐与感官享受为目的，爱情时常成为纵欲的游戏。

公元 1—2 世纪，罗马人的爱情结合五花八门，许多建立在婚姻关系之外，妇女也效仿男人那样寻欢作乐，追求婚外恋，男人纵欲无度，女人以出卖色相为荣，低级趣味泛滥成灾。妇女不把生儿育女当成自己的义务，不生育子女的婚姻渐渐增加，堕胎避孕的现象较为普遍。

（二）中世纪欧洲婚姻习俗

基督教的兴旺对婚姻习俗有巨大的影响，更有新思想、新观念的冲击与荡涤中世纪欧洲的婚姻习俗，既残存着原始社会习俗的痕迹，还继承了奴隶社会的习俗。

1. 婚姻观念

中世纪时期，基督教的道德观念在欧洲占据支配地位，禁欲主义，不同意迷恋情爱欢乐，提倡苦行僧式的生活等观念很大程度影响了欧洲的婚姻生活。婚姻被局限于生儿育女、繁衍后代的范围之内，除此之外的不论男女间的任何接触都被认为是不洁净的恶魔勾当。基督教尽力追求的婚姻形式为节欲婚姻与精神婚姻。所谓节欲婚姻，就是男女双方在结婚后不过性生活，控制情欲，以求为上帝赎罪；所谓精神婚姻，就是让那些未婚少女做神父的"精神配偶"，一起同床共枕，但始终保持童贞，洁身自好。中世纪中期，欧洲流行一种新型的两性关系，称作"典雅爱情"。"典雅爱情"是以效忠女人为荣而成的两性关系，男人把其心目中的女人当成圣母一样崇拜，在她们面前谦恭忍耐、彬彬有礼，以最大的热情讨取她们的欢心。12—14 世纪，这种婚恋形式在欧洲风靡一时，成为广泛的社会风气。"典雅爱情"标榜"纯洁之爱"，把爱情和婚姻分裂开来，就只陶醉于甜蜜的幽会、缠绵的情话与亲吻抚爱，戒绝肉欲的追求，男人把自己的意中人当作纯粹的爱情偶像与精神寄托。

成千上万的骑士竞相效仿这种婚恋模式。中世纪晚期，在文艺复兴的旗帜下，人文主义思潮兴起，婚恋观上把妇女当作美感的欣赏对象与完美的女神加以崇拜，追求柏拉图主义的爱情。这种婚恋在“典雅爱情”之外增加了理性色彩与哲学意义，将对于美的追求当成通往神圣境界的阶梯。人们不会热衷于忠诚精神，沉迷于纯洁的爱的向往。这种婚恋是浪漫爱情和世俗婚姻的结合，一般没有排斥婚恋的世俗化，并且没有摆脱繁衍后代与性满足的目的。

2. 富有特色的婚俗

中世纪时期，基督教尽管对人们的婚恋观念、婚姻目的、婚姻形式等有着重要的因素影响，但是一些传统且富有地方与民族特色的婚俗也得以保存、发展及流行，它们为单调枯燥、高度宗教化的欧洲中世纪生活增加了许多色彩。

（1）千姿百态的婚前习惯

中世纪早期，欧洲的婚姻没有教会的参与，一些地区有“床昵”的习俗，一对情人在成立结婚关系之后，可以同床过夜休息，但是不允许发生性关系。许多地区盛行女方为女子准备嫁妆，其中英国在女方陪送的许多礼品中，剪子的用处是特别的，妻子因为丈夫不忠，可以用娘家陪嫁的剪刀剪断婚姻的纽带。在欧洲很多地区，金戒指象征爱情的纯洁，银戒指象征温柔的情感。婚姻戒指是丈夫送给新娘的非常的重要信物，圆形表示两人联姻的圆满。

（2）异彩纷呈的婚姻仪式。

中世纪，英国有一个特别的风俗，开始婚姻仪式时，在教堂里摆上一只非常沉的箱子，用它测试未来的新娘，如果新娘在众人面前单手拎起这个箱子，就是一个合格的妻子；如果拎不起来，新郎就必须和她解除婚约。中世纪的欧洲还存在一种童婚形式，又称“未来婚”。在法国、俄国等欧洲国家，婚礼前新娘离家时都有哭着离别娘家的习俗，有时为女伴哭着送别。当时男子法定婚龄为 14 岁，女子婚龄 12 岁，教堂里还出现儿童、幼儿及襁褓中婴儿成婚的现象，当事人父母，一般都是为了保全及争夺财产而让子女举行童婚。还有一种为扫帚婚礼，举行婚礼时，人们把一把长柄扫帚横在新娘家门前、新房门前以及举行典礼处的大门前，婚礼开始后，新郎小心翼翼地带着新娘迈过这个扫帚，这样结婚典礼才能通过，否则婚礼就算为失败。扫帚婚礼一般为女方部落及其家族中德高望重者做司仪。

（3）野蛮且迷信的婚俗。

在欧洲很多地区，结婚仪式后，神父要带上牛奶以及甜酒到新房为新婚夫妇送上祝福。新人喝完牛奶与酒后，神父将圣水滴在新娘、新郎的身上，然后用圣香熏新房，避免魔鬼来捣乱。许多地区流行“托拜厄斯之夜”，托拜厄斯是人们供给新婚的典范，据说他听了天使的告诫，婚后三夜没有与妻子萨拉同房。中世纪早期，欧洲许多地区封建领主享有初夜权，新娘在新婚之夜，与封建领主同房，有的地方有地位的僧侣也可以享有初夜权。受到托拜厄斯影响因素，新婚夫妇通常要挺过三个“托拜厄斯之夜”方才可以同房，基督教通过婚后三天节欲这一宗教仪式以及死板的规定，把人欲罪恶化，将结婚看成是亵渎神明的勾当。苏格兰埃努斯三世国王发布法令规定：“每个有姿色的新娘在与其丈夫交欢之前，本王及其王位继承人都有与这女子睡觉的权力。”按照这项法令的规定，“国家的最高统治者一样有权和其下属诸侯或其所属奴仆家的新娘睡觉”。一些诸侯及奴仆则希望通过把自己的新娘的初夜权送给国王来增加自己的名声。

（4）风靡中世纪的婚外恋。

尽管欧洲社会强调一夫一妻制婚姻，但夫妻间的“忠洁”观念还较为淡薄。上流社会流行着交结情人的习俗。一个贵族青年男子如果没有一个或几个少妇的爱慕，那将受会到同伴们的嘲笑；一个年轻富有的少妇，如果没有几个疯狂的追求者，那将使她感到很没有面子。一个青年贵族，时常在有些已婚的少妇中找寻情人，并从她们那里得到赠送，以弥补生活不足。每个家庭都在为防御家庭另外一位“同盟者”问题而煞费苦心，力图阻止她（他）参加“婚外恋”的游戏，而自己则千方百计地努力取得另外一位或几位异性的情爱与身体；当男子发现自己家庭中出现了“叛逆者”之后，大部分都是无济于事，佯作不知，不明智者会提出决斗，而国家法律许可这种决斗。

3．近现代西方婚姻习俗

（1）近现代西方婚恋观

进入近代，生儿育女、传宗接代、家族利益已不再是婚姻的主要目的，人们已经开始追求有爱情的婚姻以及婚后双方的生活幸福，西方人的婚恋观发生了巨大的变化。当然，近现代不一样的发展阶段，西方人的婚恋观差异也非常大。16 世纪初，欧洲掀起了宗教改革运动。宗教改革后出现的新教反对禁欲主义与独身主义，它赞同婚姻之内的爱情与性行为，但将爱情和婚姻置于宗教的虔诚之下，放弃了柏拉图主义与浪漫爱情的柔情蜜意，不容忍婚前与婚外的爱情与性行为，把通奸与私通看作一种罪行。从此，新教的婚恋思想及宗教虔诚和感官享乐于一体，并把妇女置于宗法家族的束缚之下。在这种婚恋观下，妇女不再被女神化，变成服侍男人的贤妻良母，以生儿育女及操持家务为主要任务。

十七八世纪，理性主义的婚恋观一度兴旺。理性主义者一方面倡导把感情表达礼貌化、行为模式化、举止规范化。重视社交礼仪，外观上给人以典雅、端庄、慎重、文静的感觉；另一方面倡导的是追求感官享乐且不择手段、荒唐野蛮、残酷无情，对婚恋采用玩世不恭的态度，使用虚假的道德与社交手段掩饰兽性，以达到征服、占有、玩弄女性的目的。19 世纪，浪漫主义婚恋观益显光彩。浪漫主义者将爱情看得非常神圣而美妙，倡导内心的感受，注重精神之恋。浪漫主义者把爱情家庭化，男人把家庭当成感情活动与心灵净化的唯一主要场所。提倡从感情中得到满足，性欲虽不是罪恶，但却是动物的低级本能反映，应加以束缚与收敛。19 世纪下半期，英国维多利亚女王在位期间，这种风俗习惯成为一种广泛的社会风尚，浪漫主义爱情又被称作“维多利亚式爱情”。

20 世纪被西方人称作为“爱的时代”，爱情得到空前地注重与崇尚，成为社会生活之中必不可少的；20 世纪又被称作“爱的困惑时代”，各种各样婚恋观异彩纷呈，莫衷一是，人们对爱情的迷惘以及困惑超过原来任何时期。整体来说，这一时期婚恋观有两种基本倾向：一种为主张性革命、性解放、性自由，倾向于从纯生理与性感的角度对待爱情及婚姻，把性享乐当成高尚、健康的行为，以至当成医治疾病的一种手段；另一种则是新浪漫主义婚恋观，它甚至与性解放相伴而生。新浪漫主义者相信爱情为万能的，爱情可以征服一切，渴望借助于爱情实现自我情感与个人价值。

（2）近现代西方主要国家婚俗

在英国，自中世纪以来，受基督教的影响，流行由神父主持的教堂婚礼。

婚礼后离开教堂时，人们一定要向新郎新娘泼酒水，撒小麦、大麦等谷物，祝福他们多子多福，这种风俗演变到现在，发展为今天的抛撒五彩纸屑。现代英国人的婚礼，一般在春、夏两季，特别是在大斋节前举办。现今英国婚礼依然保留着“通行税”的习俗，来宾在通过教堂的路上摆放鲜花、青藤与长绳，新郎新娘过去时，必须撒钱以及糖果表示感谢。英国人非常注重婚礼周年纪念日，每次当周年来到之际都举办庆祝活动，银婚（25 周年）、金婚（50 周年）、钻石婚（60 周年）时要举办大典。在法国，特别在广大农村，从订婚至结婚也仍然保留着很多传统习俗。法国人注重订婚仪式，一般是女方举办。宴会上，男方父亲向未来儿媳馈赠戒指、珠宝等非常贵重物品。临近结婚时，新娘家租一队乐师吹吹打打地送嫁妆去新郎家。

一些地区，男方还要为新郎举行“埋葬单身汉生活晚会”，似办丧事一样举办葬礼，告别单身汉的生活。新娘在婚前也要举办“辞行宴会”，邀集女友们，以歌舞的方式离去。婚礼在婚礼日清晨由新郎在宾客们簇拥下将新娘迎接到教堂举办，仪式完成后，小伙子们一般要大闹洞房。而法国人也有纪念婚龄的习惯，对婚龄逐年命名。法国人的婚姻观念很别具一格，经济利益在婚姻中占有很重要的地位，通常将婚姻当成自己发财的一种工具。订婚前，双方父母与亲属常常接触，了解对方财产状况，双方满意后需要签订财产婚约。法国人婚姻关系较为自由，有妇之夫可以有情妇。受性解放思想的影响因素，法国人离婚率相对来说较高，以致流行同居且不结婚的“试验婚姻”。由于长期破裂等历史因素，德国的婚俗现出多样性特点，地方色彩与宗教迷信色彩比较深厚。待字闺中的未婚少女采用多种占卜的方法选郎择婿，一些地区未婚女子以酒水觅婿（少女在桌上铺白布，放两只杯子，一杯清水、一杯葡萄酒，夜半时分，未婚夫走进来，穷人喝水，富人喝酒），一些地区的未婚少女用清扫房屋及擦镜子的活动等待求婚男子。

还有一些地区，男人爱上一个姑娘，一般“赠树求爱”，通常在 4 月 30 日或 5 月 1 日的夜深人静时，双方感情更加进一步发展时，男女互赠银戒指代表订婚，结婚时要相互馈赠金戒指。把一棵枝繁叶茂的白桦树送到心爱姑娘的阳台上以及庭院里，姑娘接受白桦树与男子赠送的红宝石戒指，以亲吻代表接受男子爱情。德国的婚礼习俗也别具一格，到今天还仍然保留烧破旧杂物、砸旧瓷器的习俗，代表辞旧迎新、感情弥坚、永不分离。现今，受性解放浪潮的冲击，德国人的两性关系也渐渐开放。西班牙流行天主教，宗教观念参透到社会生活的各个方面，也直接影响及支配着人们的婚姻与家庭关系。西班牙人很看重妇女的贞洁：在广大农村，对违反这种传统的妇女，通常予以最严厉的惩罚。受传统观念的约束，西班牙人婚姻生活缺乏浪漫色彩。西班牙广为流传着独有的求爱方式，未婚男子钟情于某一女子时，通过弹吉他、曼陀林，吟唱小夜曲表示爱意，姑娘则用扇子做出不同姿态表明态度。男女在谈恋爱时非常注意礼貌、风度，幽会时很少有不正当的行为。

西班牙人非常重视婚礼，每个地区都具有不同的传统特征，婚礼有时会持续一天以上。婚后妇女生活缺乏自主权，几乎不怎么外出活动，操持家务、抚养子女为她们的主要精神寄托，婚后男子不再注意妻子美貌，只要求妻子百依百顺、坚贞忠诚、勤劳贤惠。美国居民构成较为复杂，婚俗方式有很多种。美国人的婚礼常常隆重庄严且又热闹豪华，婚礼按照当地方特色装扮一辆新的彩车，在教堂举办仪式。婚筵应由女方按照自家的文化素养、饮食习惯、经济状况筹备。席间，新郎新娘一起握一把餐刀，将结婚蛋糕分割成小块，互相喂对方一块后，分发给来宾。宴会后，新娘站在屋中心的一把椅子上，把一束鲜花扔给未婚的姑娘们，得到鲜花的人则为下次的新娘。新婚夫妇在婚礼后马上开始了蜜月旅行，时间、形式不一。在法院举行由法官证婚、双方父母亲属在场的简便婚礼。当今美国，许多人不守旧俗而追求新意。

西方人在特定的民族文化积淀下，形成了别具特色的婚俗文化。婚姻习俗因个人世界观、价值观的约束与影响，按照不同的时代、不同的民族、不同的价值取向，人们对于婚姻有着不同的观念和认识。在婚姻关系上，西方人重视的是婚姻的合法性、神圣性，突出个人在婚姻关系上的独立自主；在婚姻目的上，婚姻为男女之间的感情以基础，以追求双方的共同生活的幸福为主要目的，西方婚礼上多样化的婚礼习俗反映出人们对于婚姻幸福的渴望及追求；在婚礼仪式上，西方人推崇白色，在西方人看来，白色礼服、白色手套、白色纱巾、白色鲜花，代表着温馨浪漫、纯洁无瑕，和唯美的爱情吻合；西方人有自己的婚神信仰，西方神话传说中的主持人间婚姻的阿佛洛狄忒（维纳斯）、丘比特，增加了西方婚俗的神奇及浪漫。西方婚姻习俗为西方人民族文化传统的长期积淀，生动形象地折射出民族心理、宗教信仰、社会风尚等丰富的文化内涵，间接地反映出西方各民族文化的发展轨迹。

二、丧葬习俗

活着的人在安葬处理死者过程中表露及实施的种种意识行为，形成了丧葬习俗。丧葬是活人死亡观念、死亡意识的直接表露。受特定地区、特定民族的生活习俗和宗教信仰的制约与影响，会形成不一样的丧葬习俗。

1．基督教影响下的西方丧葬礼俗

在早期的欧洲，人们认为一个英雄死去后，其灵魂会藏在心脏中，他们用掏出心脏的方法来寄存死者的心，让死者灵魂永远存在；为免死者的身体被腐蚀，会涂上很多香料，而且要用酒来清洗，生者对死者非常崇敬。中世纪中期以后，天主教会开始成为欧洲的最高主宰，它既是掌握人们灵魂的宗教组织，而且还操纵及影响着各国的经济、政治与文化。在基督教及相关传统社会文化的双重影响下，渐渐形成了各样丧葬习俗与生活禁忌。西方丧葬礼俗，深深地印上了个人主义与宗教文化的烙印。西方推崇“个人本位”，提倡“以个人为中心”，因此在丧礼中，还是以死者为“中心”，重在安置死者“灵魂”。基督教文化对西方丧葬习俗也有非常深刻的影响。葬礼通常遵循死者生前遗言，肯定为土葬以及火葬，葬礼仪式多在教堂举行。基督教把每一个人的灵魂直接和上帝发生关系，反对偶像崇拜，推崇灵魂升华，轻视肉体，因此西方的丧葬风俗为简丧薄葬。

基督教的丧礼许多是为死者祈祷，祈愿死者灵魂早日升入天堂，摆脱生前痛楚。基督教认为人死后灵魂需要安静，于是丧礼十分肃穆。在基督教文化因素影响下，上自王公贵族，下至平民百姓，丧葬几乎从简，表现了在上帝面前“灵魂平等”的原则。西方殡葬礼俗有洗尸、更衣、停尸整容、送葬哭丧、宴谢、祭奠等程序，基督教仪式基本贯穿起止。人死之前必须要在神父面前认罪悔改，神父要为他祈祷，这也是临终前的一种关怀。使死者正确看待死亡，解脱死亡恐惧。死后神父主持给死者洗尸，洗去他生前的罪过，非常干净地去见上帝。尸体通常停放在教堂，由神父主持追悼会，神父介绍死者生平并为之祈祷，亲友也一同祷告。

追悼会完了以后由一人一角抬着棺材走向基地，神父、亲友跟在后边送葬。下葬时，神父还要再为亡者祈祷。不论是在教堂，还是送葬、下葬，亲友只能默默地伤心流泪以及嘤嘤啜泣，避免打扰死者灵魂安静。下葬时，随意撒一些花瓣，葬毕在墓前立十字架，放置鲜花，亲友悄然离开墓地。西方人在居丧的第九天、第二十天、第四十天及一周年都要举办祭祀亡灵的仪式。届时，亲友可自己去，献送上一束鲜花。在葬礼上还要保持肃穆、安静，不允许大声谈笑。出席葬礼时要尽可能穿黑色的衣服，如果没有黑衣服，则穿颜色暗淡、深沉的衣服，不可穿鲜丽的服装。否则就会被视为对丧家的不尊重，缺少教养。除了小声的抽泣声，大部分人都在沉思默祷，默默地为死者送行。整个葬礼从始至终都会沉浸在一种庄严而肃穆的气氛当中。

现代西方，社会工作盛行，对丧葬礼俗进行了一些修改。丧事不再各自操办，由殡仪馆提供“一条龙”的服务。宗教仪式、纪念仪式都在殡仪馆中开展。送葬由殡仪馆灵车送出。出于对死者的敬重，殡仪馆接送尸体时，其他车辆主动让道，且鸣笛表示哀悼，路人同样注目肃立。城镇公墓同常建立在郊外僻静而幽雅之处，农村公墓建在村外比较远的地方。公墓的园林化程度非常高，死者无论何种葬式，都要深埋，墓面平整，最后种上草皮，碑石不能太高，碑石周围一定要种四季花卉。一年四季墓前基本都是鲜花盛开，整个公墓只见墓碑与花草，看不到任何特别标志及土堆。公墓既是死人的天堂，还是人们休闲的处所。

2. 西方葬礼禁忌

西方人极其注重葬礼过程中出现的一些现象，且相信这些现象表现出了某些预兆。例如，葬礼时出太阳，参与葬礼的人中谁的脸被照得最亮，谁就很有可能为下一个死亡者；如果葬礼那天下雨，则代表着死亡的灵魂可以安然通往天国；如果参与葬礼的人数为单数，参与者中有一个不久后就会死去。预定好的葬礼日期一般是不能被推迟的。无论出现什么状况，葬礼推迟都意味着近期内死者的亲属以及邻居中将有人死亡。一些日子是不适合举办葬礼的。如果葬礼推迟日期内包括星期日，则这凶兆肯定出现，而且没有任何方法可以逃避。

若是在元旦举办葬礼，死者所属的教区内，在新的一年中的每一个月都会举办葬礼；若是在星期日举办葬礼，那就代表着死者所在教区在一个星期内仍会接二连三地举办三次葬礼。出门碰上葬礼队伍不吉利的，如若碰到，便要跟着送葬队伍走上一小段路，这样才可以避开凶兆降临到自己的头上。当棺材运往墓地下葬时。西方人是绝对不会走在棺材前面的，他们认为这样做会使自己的亲人及朋友大难降临，甚至于死亡；但如果这时碰上了一个牧师以及传教士，这一凶兆就会自己消除。遇见灵车都同样会被视为是不吉利的，尤其是空灵车，但这一凶兆只有在灵车面对面地行驶过来时才会真正成为凶兆。

3. 西方主要国家丧葬习俗

（1）英国的丧葬习俗

在19世纪的英国，家中如有人离世，必须要大办丧事才光彩，才能对得起死者。在出殡时，一定要用几匹高头大马拉着丧车穿过闹市。马身上还要披黑色丝绒外罩，车上插着黑色鸵鸟羽毛，丧车后跟着很长的送殡队伍。家中如果不幸有人离世，家人一般会在报上登一个启事，说明逝者死亡时间，葬礼举办地点、日期。亲友们见报后，如果没有特别要事通常都要前去参加，以对死者表示最后的敬意，并对其家属表示真挚的慰问。丧事的礼物为鲜花及花圈，花圈大多由鲜花做成。英国人的葬礼通常分两部分开始。前一部分在教堂内举办，为牧师主持追思礼拜，到会者会遵守事先安排的节目唱圣诗、祷告。后一部分在墓地举办按照英国人的传统习惯，此时只有死者的家属、关系最近的亲戚及最亲密的朋友前去参加。19世纪末期，国家开始干涉丧事活动，医生要开具逝者病情、疗治情况的证明，报官查核，不可以自己埋葬。英国人对死者以土葬为主，参与葬礼的人，不论男女，通常都要穿黑色以及其他色彩暗淡的服装；男子必须要系无花黑领带。

葬前，要给尸体沐浴，穿上生前的礼服，在入殓前再换上一身白衣服，由亲友们送到墓地掩埋。英国人的丧服为黑色，男女一样，只是男的戴顶高帽，帽顶围一条素纱，女子用一条黑纱罩住头。孝服期，男女一样，为祖父母侍服9个月；为父母、为儿女由半年至一年半不等。孝服期满后才可以出门拜客。为兄弟姊妹侍服6个月，前两月不可以出门拜客。夫为妻侍服及妻为夫侍服皆为两年，一年内不可以出门拜客。未满侍服期且赴宴、听乐、嫁娶者，就会遭人讥笑。按照习俗，死者埋葬后没有祭奠仪式，思忆时，可以到墓前放插鲜花，以寄思念之情。

（2）德国丧葬习俗

在德国莱茵河地区，从古至今依然遵循着一个自中世纪流传下来的古老习俗：喝临终酒。人在临终之时，一定要喝一口陈年老酒。听说这种酒为圣酒，可以唤醒死者的亡灵，驱赶缠绕在病床前的招魂魔鬼，使临终者得到安静。人在临终前，家人会把洗礼烛、圣餐烛、圣光烛点燃，并且同时点燃一支红色大蜡烛，将它们搁在死者身旁，以烛光为亡灵祈福，为亡灵照亮通往天堂之路。人在临终前要把镜子用布蒙住，以使亡灵能安详地摆脱尘世罪孽，升入天国。在德国南部山区，人在临终时，家人会把窗户打开，掀开楼顶砖瓦，给死者敞开一条通往另一个世界的路口。在德国的民间传说中，把镜子视为魔鬼的工具，为死神藏避的场所，妖魔使用镜子的反照能力，打扰的人不得安宁。德国许多地区以土葬为主，亲朋目送灵柩安葬在事先安排好的墓穴中。

（3）美国丧葬习俗

按照美国规定，人一旦死去，包括家属在内的任何人都不得私自搬动死者。通常应该由医院负责与家属事先订购的公墓直接联系，尽快把遗体送到公墓。人们经常在生前购妥墓地，避免死后麻烦。美国人视墓穴就如房子、车辆一样，属个人财产，可以留给自已用 ，还可以买进卖出。各个公墓都设有经纪人，负责顾客选择墓穴。葬礼毕，死者的宾朋一般还要与死者的家属聚一下，在一起吃顿饭，代表对生者的同情与慰问。和平常不同的是，这顿饭不是由主人招待，则是由客人们自带食物。公墓各不相同，大者方圆达千亩。美国的墓场一般树木葱郁，墓地通常选在墓场的东、南、西三面的随意一个地方，但禁忌选在北面，因为北面一般埋葬凶犯及自杀者。

据说，基督教教堂的圣坛北面为宣读福音的所在，福音的主旨是让罪人认罪悔改，因此便更进一步认为北面是为那些需要拯救的罪人设置的。关于镜子，美国人也十分忌讳。如果人死了，就要将死者房间里的镜子翻过面，因为他们认为凡是照过镜子的人，也会死亡。后来在美国的一些地方，甚至还发展到挂在死者房间里的相片都要翻过去。丧葬作为为死亡者举办的一种仪式，集聚着人类文化的精华，是民族文化的印记。同时，由于人类自身在生理与心理方面的相同性，在各种丧葬习俗表象的背后呈现出许多相同性。

由于时间与地域的差异，以及民族的多样性，西方人的丧葬仪式丰富多样，西方人对待灵魂的观念、丧葬仪式上的亲情意识、恐惧意识，与其他文化有相同的一面，在多样化的丧葬仪式背后，透视与折射出人类的各种意识。西方人受基督教的影响，认为人的灵魂是不死的，死亡代表着从人生的一个阶段通向天堂生活的过渡，丧葬仪式是一种典型的过渡仪式；人们对于死去的亲人是留恋的，各种形式的丧葬仪式衬托了活着的人对亲人的某种哀思和伤恋；人们在丧葬活动中，潜意识中有一种恐惧感，丧葬仪式上的许多禁忌、违反禁忌将要出现的灾难性后果，就说明了这一点。总之，丧葬活动发展的历史是西方文化史的一个部分。在漫长的历史岁月中，西方人创造了丰富多样的丧葬形式，形成了各种别具一格民族风格鲜明的丧葬传统。它们是人类文化非常重要的组成部分。

第三节　节庆、娱乐习俗

娱乐常常是与节庆联系在一起，各种节庆与娱乐习俗是形成人类生产生活活动的非常重要的组成部分。娱乐活动是节庆活动的主要内容，节庆活动需要娱乐活动制造节日的氛围，是人类文明发展到一定阶段的产物。在人类生产生活活动中，随着社会生产力的发展，社会生活水平的提高，人类文明的进步，娱乐活动越来越大众化、日常化，但是娱乐活动依然是形成现代节庆活动的重要方面。

一、节庆习俗

节日的起源与发展是一个渐渐形成、潜移默化地改善、慢慢渗透到社会生活的过程，为人类社会发展到一定阶段的产物。这些节日与基督教有关，有的源于久远的民间风俗，有的是全国性的，同时也有的是地方性的，有的只限于一村一镇，有的甚至影响全球，形式多样化，异彩纷呈，形成了西方文化习俗的斑斓画面。西方社会历史悠久，民族众多，各民族都会有许多自己的传统节日。

1. 影响世界的节庆习俗

（1）圣诞节

纪念耶稣诞辰的圣诞节是西方基督教国家非常重大的节日。早在中世纪时代就已经形成，据说耶稣诞生于公元前4年，但教士却推算为公元元年，实际上，谁也无法证明耶稣的具体生辰日期，12月25日这一天庆祝耶稣诞生是公元4世纪初由基督教会的神父提出的，目的是与当时异教的节日抗衡。公元3世纪，罗马人广泛信仰太阳神，且于12月25日举办纪念活动。从节气上看，12 月 24 日为北半球的冬至，25 日开始太阳的光照会越来越长，太阳将给人间带来温暖。古代人于 25 日庆祝太阳新生。基督教认为耶稣同样将给人间带来温暖与光明，所以把他的诞辰日和太阳节定为同一天。这样就巧妙地把两者结合起来，给太阳神节注入了宗教的内容，以便于罗马人接受。

其次，12 月 17—24 日是罗马农神节，将圣诞节定于 12 月 25 日，也使世俗的农神节和圣诞节统一起来。圣诞老人，就是圣尼古拉（St. Nicholas），生活于公元 4 世纪的小亚细亚，年轻时就献身宗教，曾担任小亚细亚米拉城主教。他对穷人慷慨又帮助，还特别喜欢儿童，后来成为俄国、希腊、西西里的主保人。1087 年，意大利船员中的基督徒，把圣尼古拉的遗体从小亚细亚运到意大利，并且为他建造了一座教堂。以后经常来这里举办祭奠。圣诞树始于公元 8 世纪的德国。到 12 世纪，每年 1 月 6 日已都有圣尼古拉节。

这是一个分送礼物施舍仁义的好日子，西欧荷兰、瑞士等国都流传有在圣尼古拉节前夕，圣尼古拉将会把糖果玩具等礼物搁在孩子们的袜子里的传说。传说有一次，不列颠教士圣尼法斯在德国的盖斯马尔城外传道，当地人有敬拜偶像的习惯，认为橡树是神树；为了证实橡树不是不可侵犯的，教士当场砍倒了一棵橡树，橡树倒下来砸坏了所有的小树苗，唯独只有一棵极树（冷杉）完好无缺。圣尼法斯说："极树的幸存是个奇迹，我们要把它称作圣婴树。"德国人以后在圣诞节时，推崇冷杉，把冷杉种上，教徒们以冷杉代表基督教的兴起。从历史上看，圣诞树始于远古人民对于代表生命的常青之树的喜爱。古代欧洲人每到冬至时节便向常青的绿色枞树、冬青树、棚寄生树等祈祷生命的复苏。古罗马人冬至节时，将常青树枝挂在室内，代表生机盎然。中世纪时期，人们依然喜爱常青的绿树。英国人偏爱冬青，因为冬青叶上的小棘，使人们回想起耶稣的荆棘冠；棚寄生树在原始时代就被看作神圣之物，认为它可以保治百病。人们将这种树挂在墙上以及门口，用以代表对客人的友善与欢迎。

久而久之，这种对常青树喜爱的古老风俗都融入圣诞节的习俗之中。圣诞节开始确立的几个世纪，庆祝规模较小，人们就是几个朋友在一起，或者和神父在一起，内容也多是按照罗马习俗互相馈送礼物，宗教仪式或圣诞晚餐的气氛庄严而肃穆，它是十几个世纪欧洲人民创新的几种民俗文化的综合体现。以后，跟着12世纪圣尼古拉节的普遍，游吟诗人在圣诞时唱耶稣圣迹的诗，城市行会上演圣诞剧，冷衫成为最著名的圣诞标志等，这一切都为西欧最盛大的节日做好了准备，让圣诞节发展成现代的规模。因为历史的变迁，圣诞节已经变得非常世俗化，并且成为西方国家全民性的一个节日。

它既是一个宗教节日，还是一个社会节日，更是一个家庭节日。圣诞节浓浓的社会生活气息主要表现在对圣诞树的华丽装饰，以及丰富的圣诞食品，还有圣诞礼物与圣诞节期间的民间游戏上。19世纪中叶，又开始流行了一种新的圣诞礼物——圣诞贺卡。赠送这种贺卡既经济且方便，又表达了送卡人庆祝节日的心情。到了19世纪末，这种小礼品已经十分流行。现在，世界上更多的地区把圣诞节认为是西方文化习俗的一部分，全世界已经有140多个国家与地区的人民庆祝圣诞节，圣诞节的影响早已超过它的宗教意义，成为世界性的世俗节日。

（2）复活节

复活节又被称为“复活主日”、“耶稣复苏瞻礼”、“主复活节”，为纪念耶稣死后复活的节日，同样也是西方第二大节日。按照《新约》记载，耶稣死后三天复活升入天国。325年，尼西亚宗教会议决定，把每年春分后第一个月圆后的星期日规定为复活节。复活节前一夜被称之为“复活夜”，教堂于当晚举办传统的宗教仪式，神父手端蜡烛走进教堂，代表耶稣复活给人世间带来希望与光明。复活节的民俗活动有很多种，主要是品尝节日食品。基督教盛兴后，就开始就用彩蛋代表耶稣的复活。鸡蛋为复活节非常重要的节日食品。在古代，鸡蛋代表生命的复苏、多子多福、繁荣兴旺。人们将煮熟的鸡蛋分别染成红色以及绿色，做成复活节彩蛋。彩蛋不仅是给孩子们吃的食物，还是亲友间相互赠送的节日礼物。

同时小兔子也是复活节的代表，因兔子繁育能力特别强，人们就用它代表生命的繁衍。复活节的日期开始可以在3月22日，截止到4月25日。到了近代，复活节的宗教活动已经渐渐变少，但是各地依然保持着一些传统。每当节日来临，人们便会以不同的形式举办纪念活动。意大利西西里岛在庆祝复活节的祭典中，要表演基督受难时的短剧；在英国，每年都会举办复活节化装的游行。其中有民族风格的风笛乐队，孩子们大都会装扮的维多利亚女皇时代的皇宫卫队等；在美国纽约，会举办复活节时装的游行；在希腊，一些地方要举办具有代表性的耶稣葬礼。

（3）狂欢节

狂欢节开始于中世纪的欧洲，一些地区把狂欢节称作“谢肉节”与“忏悔节”。这个节日曾经和复活节有着非常密切的关系。复活节前有一个为期40天的大斋期，就是四旬斋。斋期里，人们不可以娱乐，不能食肉，反省、忏悔，为纪念复活节前三天遇难的耶稣，生活肃穆而沉闷。狂欢节期间，人们可以不受任何约束，可以尽情地展现自我，狂欢节在追求个性发展的西方国家十分受欢迎。因为，在斋期开始的前三天里，人们会专门举办宴会、舞会、游行，纵情欢乐，所以有“狂欢节”这个名称。各国的狂欢节日期不一样，欧洲国家通常在2—3月间，有几个活动中心，如意大利的维亚雷焦，法国的尼斯，德国的波恩、科隆，西班牙的马德里以及瑞士的巴塞尔等地。狂欢节期间，这些地区都会有来自世界各地数以万计的游客，观看各种狂放有趣、极具特色的狂欢活动。化妆游行是不少国家庆祝狂欢节最有代表的主要活动之一。

在维亚雷焦，男女老少穿奇装异服，装扮得滑稽而可笑，制造巨大的彩车，用各种生动的模拟像讥讽社会弊陋；比利时的化装游行，因独特的小丑服装而闻名，滑稽小丑为狂欢节游行的主角，扔橘子为狂欢节的高潮，小丑们人手一只竹篮，将金黄色的橘子扔向欢呼雀跃的人群，橘子代表着吉祥，接到橘子的人据说会好事不断；苏格兰的威士忌狂欢节在每年11月间，一般以开怀畅饮威士忌、彻夜狂欢作乐为特色。现在西方，已经很少有人实行真正的斋戒，狂欢节已经没有实际性的宗教意义，它已经成为当今人们摆脱紧张和压力，使精神得到合适调整的非常轻松愉快的节日。科隆狂欢节是德国十分热闹的狂欢节，不次于巴西狂欢节，它的主角于小丑与狂人，“剪领带”是科隆狂欢节的独特是风俗，在“女人狂欢夜”那天，德国姑娘们拎着大剪刀在街上巡查，看着哪个男人不顺眼就剪其领带。

（4）愚人节

节期在每年4月1日。愚人节出现已几百年了，对于它的起源众说纷纭。愚人节也被称之为“万愚节”，是西方民间传统节日，愚人节比较普遍的说法是来自于法国。1564年，法国首先采取新改革的纪年法格里历（即目前通用的阳历），以1月1日为一年之始。但有些因循守旧的人不赞同这种改革，仍然按照旧历固执地在 4 月 1 日送礼品，庆祝新年。聪明滑稽的人在 4 月 1 日就给他们送假礼品，邀请他们参加假招待会，并且将上当受骗的保守分子称为“四月傻瓜”以及“上钩的鱼”。主张改革的人对这些守旧者的做法增强嘲笑玩弄的力度。因此，人们在 4 月 1 日便互相愚弄对方，成为法国流行的风俗。

18 世纪初，愚人节习俗传到英国，英国的早期移民随后又把这个习俗带到了美国。开始，任何美国人都可以炮制骇人听闻的消息，并且不需负丝毫的道德与法律责任，政府以及司法部门也不会追究。恰恰相反，谁编造的谎言最离奇、最能骗取人们相信，谁还会荣获桂冠。这种做法给社会带来许多混乱，因此引起人们的不满。现在，人们在节日期间的愚弄欺骗已不会再像原来那样离谱，是以轻松欢乐为主要目的。今天，愚人节已经发展成为一个国际性节日，差不多在整个欧洲与北美都非常流行。

（5）情人节

每年 2 月 14 日的情人节又被称为圣瓦伦丁节，这个节日来源于古罗马的牧神节，是西方的传统节日之一。青年男女在这一天相互送巧克力、贺卡与鲜花，用以表达爱意以及友好，现已成为欧美各国年轻人十分喜爱的节日。古罗马人每年 2 月 15 日都会祭祀掌管自然与人间婚姻的牧神卢波库斯（Lupercus）。集会上有一个装着很多姑娘名字卡片的盒子，未婚男子可从从盒中抽随便一张姑娘的名片，并且和这张名片上的姑娘作为节日伴侣，如果未婚男子非常喜欢这个姑娘就可以继续交往。这种节日习俗经常使一对对青年男女结为终身伴侣。公元 270 年，罗马皇帝克劳狄二世（Claudius Ⅱ）为了战争与镇压人民起义，极需兵员，特设法令，不准青年结婚。恋爱中的青年男女因此非常不满，但是又没有办法。

这时，恩特兰纳的瓦伦丁主教约请青年爱侣到他的教堂去举办婚礼，成全了很多人。克劳狄二世派人将瓦伦丁抓到宫里，劝他皈依罗马诸神，以免死刑。瓦伦丁神父坚定地拒绝了，被关进监狱，他爱上典狱长的女儿——盲姑娘阿斯特里乌斯，而且为她治疗眼疾让她重见光明。因为不肯背叛基督教。最后瓦伦丁神父被用乱石与木棒打死。他临刑前给阿斯特里乌斯的离别信最后写上“你的瓦伦丁敬上”。阿斯特里乌斯在瓦伦丁死后又双目失明了。节日留下了抽签的方式，但盒子里装的是基督教圣徒的名条，男女都可以抽签。

瓦伦丁主教死于2月14日。公元496年，罗马教皇取缔了2月15日的牧神节，规定2月14日为圣·瓦伦丁节。教会这样做，是希望他们模仿圣人去生活。青年男子在这一天给自己心爱的姑娘送上情人卡，用来表达对她的爱情，这就是圣瓦伦丁卡。

目前发现的最早的情人卡为1415年由奥尔良公爵查理在伦敦塔狱中写给妻子的情人卡。19世纪中后期，情人节就开始风靡欧美大陆。节日期间，各国的青年男女都会以不同的形式表达出自己的情感。在意大利，未婚女子黎明在窗下静候第一位来到她窗前的男子，他将会是她命中注定的情人；在丹麦，男子时常会以密码给女子写信开玩笑，如密码被猜出，他肯定在下一个情人节再送她一份礼物；在荷兰，青年男女相互赠送鲜花以致敬意；在英国，男女青年的礼物是“瓦伦丁图片”。

2. 绚丽多彩的地方节庆习俗

有些节日具有民族特点，有些节日具有地方色彩，人们以各种奇特的方式来欢度这些节日，西欧各国的民间节日不胜枚举，使社会生活习俗益显光彩。

（1）欧洲的独特节日——“五朔节”

每年5月1日举办的五朔节用来祭祀树神、谷物神，是欧洲古老而又独特的节日。五朔节前夕。城镇及乡村的男女老少先去山林彻夜狂欢。他们到达树林、草地、山坡或山顶上欢度良宵，第二日清晨才携带着木柱（高大的无花果树及衫树）、树枝回来。木柱是他们最崇敬的东西，必须要将树皮、树叶统统去除掉，在上面涂上各种颜色，柱头上插满各种条饰及彩旗，由牛拉回家，最后竖立在空旷的场地上，这就是代表生命及丰收的“五朔花柱”。人们开始围着花柱摆设宴席，尽情欢乐，跳起庄严的祭礼舞蹈“五朔柱舞”。人们在五朔节祀奉花柱是为了增强五谷生长，祈祷神灵保佑。

（2）英国的“木马节”和“鸣钟节”

英国的帕德斯福城春天会过木马节。节日这天，人们追随在蒙着黑布的扁圆形木马后面唱歌跳舞，迎接春天。圣劳瓦顿小镇每一年6月27日过鸣钟节，传说1600年6月27日这天，一位富商在周围森林迷了路，听到远方的钟声便使他找到这个小镇，后来他买了一口大钟，鸣钟一天以做纪念。

（3）法国的“鸡鸣节”和“同龄节”

法国北部的土哥英城那一年要过鸡鸣节。节日这天，人们会拿着一根木棍，带着雄鸡参与鸡叫比赛，两小时内鸡叫次数最多者是冠军。每年1月份的最后一个星期天就是法国的同龄节，该节日产生于19世纪中期的抽签征兵制，当时每年1月份的最后一个星期天为征兵日，凡年满20岁的适龄青年都要到当地政府参加抽签，抽中者服年兵役，参加抽签的人都感到福祸难测，因而在抽签的前一天聚在一起联欢，互祝好运，同龄节由此产生并流行起来。参加者为年满20、30、40岁等整十岁数的男性公民。

（4）德国的“啤酒节”和“葡萄节”

德国为一个多节日的国家，但是其中最引人注目的当属慕尼黑的啤酒节。此节始于1810年巴伐利亚路德维希王子和黛丽丝公主的婚礼，婚礼上，4万多人参与了赛马与狂欢活动。因此，每年9月最后一个星期到10月第一个星期就会成为慕尼黑的啤酒节，节日期间，人们饮酒狂欢。8月，葡萄成熟的时候，德国人就会过葡萄节，人们都会从四面八方会聚到葡萄园，搭起帐篷，共度佳节。晚上举办庆祝仪式，大家推选“葡萄皇后”表演节目，祝酒致吉祥。

（5）威尼斯的“赛船节”

威尼斯最早一次木桨船比赛于1247年9月15日举办，被称为“历史性的雷加塔（木塔船赛）”。据说当年威尼斯周围小岛上的一些菜农，每天清晨去大运河边的菜市卖菜，途中经常举办划船竞赛，所以每年9月的第一个星期日，就成为威尼斯的赛船节。这一天最主要、最隆重的活动，就是在贯穿整个城市的大运河上举办划船竞赛。赛船节的压轴戏为“小刚朵拉”组的比赛。“小刚朵拉”在19世纪时是一种装饰得非常漂亮，并且还很时髦的小游船。“小刚朵拉”赛竞争激烈，冠军可以获得巨额奖金，名字也要载入威尼斯史册。如获得五连冠，便可以得到“桨王”的称号。赛船节期间，还有古装划船表演、体操表演等许多节目，加上成千上万的观众，气氛热烈，场面壮观。

（6）西班牙“法耶节”

每年3月12—19日为西班牙的法耶节。“法耶”为拉丁语“篝火”的意思，法耶节以火为节日的主要内容，人们会燃烧木偶，在熊熊烈火中欢乐庆祝，唱歌跳舞。听说“法耶”节为纪念耶稣的父亲约瑟的节日。传说约瑟只是个木匠，因此这一天为木匠节日，以烧废木料做纪念。当时一些木匠把废木头做成简单模型。对周围事物、邻居丑行开始讽刺，表现含蓄，用意很深，在供大家观赏后把它烧掉。之后这种方式就成为法耶节特定的仪式，用木偶嘲笑现实也成为一种传统。燃放爆竹焰火是这个节日的特色。

（7）瑞士的“登城节”和“洋葱节”

每年12月11日前后，瑞士首府日内瓦的市民都会举办为期一周的庆祝活动，欢度他们传统的爱国节日—登城节。17世纪初，瑞士时常遭到领国的侵犯。在1602年12月11日深夜，邻国的萨瓦公爵集合了数千名的雇佣兵，妄图趁夜深人静之时，一举吞下瑞士这个小小的独立共和国。正当入侵者顺着云梯向日内瓦城的城墙上爬的时候，被机智的哨兵发现。有一位叫鲁瓦约默的老年妇女，听到钟声时，正在厨房做饭，她推开窗子，一眼看见正在登城的侵略者，于是急中生智，端起一锅刚烧好的滚烫的汤向敌人泼去，最后又举起锅向敌人狠狠地砸去，吓得敌人抱头鼠窜。顿时，城里大教堂的钟声齐鸣，市民们听到报警的钟声，纷纷跑向街头，加入保卫共和国的战斗。

日内瓦人民团结一致、共同战斗，最终打败了侵略者。“登城节”由此而来。庆祝活动从12月7日开始，9日晚上，在市中心举办富有民族特色的游行活动。节日期间，人们还举办各种集会，凭吊古迹，庆祝自己的先辈打败侵略者所获得的胜利。

每年6月第四个星期为伯尔尼洋葱节。1405年，伯尔尼发生大火灾，500多间房屋烧毁，伯尔尼区弗里堡的数百名农民帮助市民清理火场重新建造家园。为了报答农民，伯尔尼城允许弗里堡农民进城卖洋葱等农产品。第一次集市于1439年举办，以后就发展成为洋葱节。

（8）希腊的“巴布节”

在希腊奈雅巴特拉的小村，每一年都会过巴布节，纪念善良的女神，也是妇女解放的日子。活动的主体为妇女，男人在家操持家务，年纪大的女子扮成“巴布”，端一大盘奶酪坐于庭院中，等别的女子抢干酪，之后，用饰有鲜花的木车抬“巴布”去广场联欢。入夜时分，开始举行秘密仪式，直到次日凌晨。仪式期间，只有一个男人蒙着眼睛当鼓手，他必须严格地保守秘密，不然就会把他抬到广场裸体示众。

（9）美国的“感恩节”

每年11月的最后一个星期四，为美国人的感恩节，这一天，美国人都要为一年中受到的恩惠而感谢上帝。节日到来后，人们休假三天，连同星期天，共有四天假期。每家人都高兴地相聚在一起，举办家宴，非常热闹。节日前夕，人们要到市场上购买感恩节必不可少的传统食物——火鸡。火鸡的肚内装满用核桃仁、玉米渣、香肠、洋葱、葡萄干等拌成的馅儿，外面刷上油。最后放在火上烤，烤到内嫩外酥时然后浇上肉汁食用。感恩节发源于殖民地时期。1620 年与 1621 年之交的冬天，他们遇到了无法想象的困难，当他们处在饥寒交迫之中，冬天过去时，活下来的移民只有五十来人。1620 年，著名的“五月花”号船满载不堪忍受英国国内宗教虐待的清教徒 102 人到达美洲。这时，心地善良的印第安人给移民送来了生活必需品，还特地派人教他们怎样狩猎、捕鱼与种植玉米、南瓜在印第安人的帮助下，移民们终于获得了丰收。

为了感谢上帝赐予他们的丰收，并且增进同印第安人的友谊，移民们于 1621 年秋天就用猎杀到的火鸡及自己种的南瓜、玉米、红薯、苹果等制成美味佳肴，大摆筵席。周围印第安人会带着鹿、火鸡等礼品前来赴宴。庆祝活动进行三天。第一天，主要为宴席；第二天与第三天，举办摔跤、赛跑、射箭等各项体育竞技比赛，晚上还要举办篝火晚会，人们尽情载歌载舞。这种习俗渐渐地固定，而且年复一年地保持下来。1795 年，美国第一任总统华盛顿宣布把感恩节定为全国性节日；到 19 世纪，这一节日成了美国的民族节日。

3. 西方各国新年异俗

西方各国在欢庆一年一度的新年时，有些奇异的风俗别有情趣。英国人在过新年时，通常认为除夕午夜过后，朝屋里迈进第一只脚的人，将会预示着新的一年的运气。如果来者为快乐、幸福、有钱的人，主人将会全年吉利；如果来者为忧伤、不幸、贫穷的人，主人就会在新的一年里有不幸、晦气。法国人过新年别有风趣。他们在除夕之夜将家中剩下的最后一滴酒喝完。据说这样就可以在新的一年里有好日子过。他们还非常注重元旦这一天的天气，认为这一天天气的好坏关系着新的一年的年景。这一天要是刮东风，则预示着新的一年水果高产；如刮南风，就是风调雨顺，一切吉祥；如刮西风，则渔业与畜牧业增产；刮北风，就是多灾害。意大利人对于除夕的重视程度远远超过其他任何节日。

除夕之夜，人们都会涌上街头，燃放鞭炮焰火，载歌载舞，直到午夜，据说这一切不但是为了驱魔消灾，而且还是为了迎接到各家送新年礼物的老婆婆。午夜回家后，各家各户开始扔掉废旧物品，小到药瓶，大到洗衣盆，并把其他东西一一打碎，接着抛到大街上，除旧迎新；随后，各家各户点起一炉火，通宵不熄。这位老婆婆满头银发，身穿白衣，步履如飞，平常住在“山里”，除夕之夜才会光临各家各户。但凡是“山里”老婆婆到过的人家，在新的一年中都会吉祥如意。德国人过新年时流传一种习俗，除夕之夜，男人们聚在一起喝酒玩牌。当12点的钟声响起，大家都跳到桌子与椅子上去，紧接着再一个个往下跳，表示跨进新的一年，然后在扔棍子，代表辞旧迎新。

在希腊，除夕前夕，提诺斯岛上要搬进一块长满藓苔的大圆石头，代表财源茂盛、五谷丰登。克里特岛上，人们在拜年时带上一块大石头，进屋后把它搁在地上，并且真心祝愿主人有像石头一样大的一块金子。在西班牙，除夕之夜要摆设路障、放捕兽器、挖陷阱对付恶魔。除夕零点钟声响起，人们按钟声吃下12粒葡萄，代表新的一年月月顺利。

4. 体现时代精神的节庆新习俗

（1）芬兰大学生“戴帽节”

芬兰的大学生节已有300多年的历史。从1640年起，在芬兰的第一所高等院校——土尔库学院，就有大学生们在5月13日“花神日”过轻松且愉快的传统。1828年，学院迁到赫尔辛基，改名为赫尔辛基大学，大学生节渐渐提前到5月1日，同芬兰的春节合二为一。自1909年起，大学生节又增添了为大海之神的雕像戴白帽的仪式。1905年，著名的芬兰雕塑大师维莱·瓦尔格伦，在巴黎以留学巴黎的芬兰少女哈维斯·阿曼达（Havis Amanda）为模特雕塑成了一尊大海之神的铜像。但是因为雕像是裸体，曾遭到赫尔辛基一些妇女的反对。但艺术家赋予雕像的青春魅力和艺术品所表现的少女内在恬静美，征服了赫尔辛基的年轻人。特别是大学生，他们作为艺术的知音。保护了这一伟大的艺术佳作。1908年，铜像运回芬兰首都赫尔辛基，耸立于南码头的广场上。

1909年4月30日晚，有些大学生会聚在塑像周围的凯沃思饭店欢庆自己的节日，海风袭来，让人们感到了寒意。由窗户向外望去，他们发现美丽的雕像耸立在料峭寒风之中，于是买了一块白台布，冒着寒风，将台布披在了雕像身上。这时一个大学生还将自己的白帽子也郑重地戴到了塑像的头上。

因此，每年的4月30日，大学生们都会到广场给塑像戴上帽子，渐渐地成了一种戴帽仪式，成了芬兰大学生自己的庆祝活动。

（2）“萨尔茨堡音乐会”与“维也纳的狂欢舞会”

这里从1877年开始举行莫扎特节，到1901年为止共举办过8次。奥地利的萨尔茨堡是18世纪的伟大音乐家莫扎特的故乡。这便是现在每年7—8月间举办的萨尔茨堡音乐节的前身。维也纳是举世闻名的音乐之都。著名的“圆舞曲之王”约翰·施特劳斯的《蓝色舶多瑙河》等著名圆舞曲就是从这里开始传遍世界每个角落的。1877年，约翰·施特劳斯与他的弟弟爱德华·施特劳斯在维也纳著名的歌剧院举办了歌剧院狂欢舞会。因此，舞会的规模越办越大，形成了每年5—6月间举办的一年一度的维也纳狂欢舞会。

（3）五一国际劳动节

1886年5月1日，美国各城市的数十万工人举办了总罢工与示威游行，要求加以改善劳动的条件，实行8小时工作制度。斗争中，芝加哥的工人走在全国工人斗争的最前列。美国工人阶级经过勇敢的斗争，最终获得了胜利。1889年7月，第二国际在巴黎举办代表大会，通过决议，将每年5月1日定为国际劳动节。第二国际的决定，极大地鼓舞了各国的工人阶级。法国工人阶级在那以后，几乎每年都会举办大规模的示威游行，展开争取8小时工作日的斗争。节日的发源和发展为一个社会生活的过程，为民族活动的阶段性产物。节日为形成节庆习俗的核心要素。

各种节日有着各自不一样的规定习俗，这些习俗且都是形成节日的历史事件、民间传说演变而成的，天然地融合了民族性格、民族心理与民族精神，具有非常重要的文化传承性。在节日期间的节庆活动中，民族文化的展示比平常更加集中与典型。西方人的节庆习俗的内容和形式丰富多彩，不论是影响世界的节庆习俗，还是绚丽多彩的地方节庆习俗；不论是体现时代发展的节庆新习俗，还是十分具有民族风味地方新年习俗，其保留着西方民族文化中最精致、最具代表性的方面。

二、娱乐习俗

娱乐为人类生活要求的反映，生活的一些现象通过人们的提炼、总结，成为娱乐的内容与形式。娱乐产生于生产、生活，且贯穿于生产、生活过程中。属于一种非生产性的调节人类生产和生活情绪以及情趣的动作行为与习俗。对于生产、生活而言，娱乐不单是一种消遣、放松方式，而且更是一种鼓动、振奋、庆贺、祝捷方式。娱乐的发展演变，和生产力发展水平有着密切相关的联系，形式与内容通常跟随着时代的变迁且充实更新，发展趋势为原始粗犷、简单向精细复杂、丰富多彩发展。

1. 传统特色的娱乐习俗

（1）古罗马角斗

一种靠杀戮人与动物取乐的娱乐方式——角斗比赛与斗兽娱乐在古罗马长达千余年的历史中，构成了一项极为野蛮而残酷的娱乐活动，延续了足有700年历史，这种娱乐主要由三部分组成：人和人之间的角斗表演，对俘虏处以戏剧性的死刑表演，人和兽搏斗以及兽和兽之间的杀戮表演，这三种不同的娱乐方式聚集到一起，几乎成了古罗马的第一娱乐项目。埃斯特鲁坎人举办这种活动的目的是为向死亡的英雄致敬，这种充满血腥的宗教仪式在当时被视为神圣、勇敢的活动，罗马人真正的角斗活动是从埃斯特鲁坎人那里学来的。公元前264年，第一次正式的角斗比赛产生于罗马，当时共有3对角斗士参加。最开始举办这样的仪式活动主要是为纪念亡者，同时也是为了获得威望。不久，这种斗剑比赛越来越多。在大约公元1世纪的帝国时代，角斗活动逐渐失去了原有的宗教意义，渐渐地演变为公共娱乐活动。自图密善皇帝开始，罗马当局于每年12月都要安排为期10天的角斗表演。

角斗士主要始源于罗马人对外征战中俘虏的战俘奴隶，也有身强力壮的死囚，以及为追求声誉，放弃财产与自由民资格，自愿充当角斗士的富家子弟。一般情况下，角斗士都是由男子充当，也有妇女充当角斗士的。角斗士必须要通过角斗士学校的严格训练之后才能有资格参加正式比赛，在校期间主要学习剑术与武术，训练要求极其严，不合格者，轻者处以鞭笞，重者戴上足枷关进监狱，训练期间不断有人被折磨而死。角斗表演在圆形的露天剧场里举办。剧场附近有梯形看台，剧场中央为圆形角斗场。比赛时，角斗士不穿铠甲，只穿护臂、护腿，佩戴皮条编织成的头盔与面罩，手拿长矛、三叉戟、短剑、短刀、圆盾、防盾等。角斗时，如一方受重伤，可放下武器，举起左手求饶，其对手按观众意愿行事，如果观众怜悯他，就可以免他一死，但是如果观众高呼“杀死他”，他就必死无疑。这时，观众狂呼乱喊，放纵饮乐，场面十分血腥。当失败者倒在血泊中时，得胜者戴上棕榈枝花环绕场一周，以示胜利。第一次斗兽表演是在公元前 186 年在诺比利奥阿斯城举办的，结果两名角斗士丧生。

角斗场上，除了角斗士之间的杀戮之外，还时常举办斗兽和戏剧表演。野兽一般是从非洲选运，用死囚当作训练的活靶。暴君尼禄有时亲自登台表演，亲手杀死过上百头猛兽。角斗的戏剧表演多以历史和神话为题材，多为火盆炙手、兽吃盗贼、阉割男子、火烧活人等令人胆战心惊的情节。奴隶主贵族为了寻求刺激，让角斗比赛变得异常残酷，角斗士战死在竞技场时，许多人的平均年龄是 18—25 岁。根据统计，大约有 70 万人在罗马斗兽场中丧生。公元 403 年以后，罗马的圆形竞技场不再举办角斗：对于当时的罗马人而言，角斗活动是一种高尚的娱乐。在罗马角斗娱乐活动繁荣的时期，罗马人对于这种娱乐活动是比较认同的，把观看这种比赛视为一种高雅的行为。斯多葛学派的代表西塞罗也承认，这种娱乐是一种良好的教育，因为它能够培养罗马人那种沉着、勇敢、视死如归的精神。

（2）西班牙斗牛

西班牙最为传统的娱乐活动为斗牛，无论男女老少都极其酷爱这种活动，经久不衰，现在西班牙共有 300 处斗牛场，以致被称为“斗牛之国”。可以盛下上万人的斗牛场就有 40 多处，全国每年斗牛次数不少于 5000 场，被斗死的公牛不计其数。西班牙斗牛有着历史悠久，在史前文化的石窟里，就有好像斗牛的狩猎图案，12 世纪的文献中就有关于斗牛的记载。16 世纪后半期宫廷开始举办斗牛活动，场面非常讲究，贵族骑士当作斗牛士。18 世纪时，国王腓力五世严禁从事斗牛活动，斗牛活动转入民间。19 世纪初，约瑟夫·波拿巴统治西班牙时，下令恢复斗牛活动，因此斗牛活动更为广泛。1834 年，斐迪南七世建立了第一所培养斗牛士的学校，斗牛成为一种专门职业。现在斗牛多在 3—10 月中旬举行。斗牛表演开始时，七八名衣着金色紧身服的旗手挥动红绿两面旗子挑逗公牛，激起公牛凶悍残暴的野性。

紧接着，两名身着银色戎装、头戴宽边软帽的长矛手骑马入场，当公牛向他们猛扑时，用长矛刺向公牛。使之鲜血淋漓，暴怒异常。然后，两名身着红色紧身上衣与齐膝短裤的梭镖手徒步入场，在规定的时间内把 3 对梭镖投向牛背，让公牛在场内狂奔乱窜。直到最后，斗牛士手拿利剑入场，抖动红色披风引公牛往来奔跑，待公牛力气耗尽，裁判官发出刺杀公牛的命令后，把利剑从牛肩插入公牛心脏，将牛杀死。这时装束着花饰的骡子车就会出场把牛拖走，斗牛士会接受观众的欢呼致意，也可以把帽子抛给观众，接受观众的欢呼、掌声与投来的鲜花。斗牛士按照刺杀水平的高低，分别享有“保留牛耳”、“保留牛尾”、“被从正门抬出”的荣誉。

（3）欧洲赛马活动

赛马为欧洲历史非常悠久的运动之一。自古至今方式变化极多，但是基本的原则都为竞赛速度。公元前 7 世纪，古奥林匹克竞技会上有 4 驾马车比赛，古希腊诗人荷马在《伊利亚特》中提到用马牵引战车进行的竞赛，被认为是有关赛马运动最古老的记述。罗马帝国兴旺时代有驾车赛马、骑马竞赛和所谓的罗马式赛马（骑手跨立两马背上）。当时赛马活动十分频繁，不但有专业赛马工作人员、专用跑道，而且还有关于比赛规则的争执、给马施用兴奋剂的诉讼、押马赌博和观众骚乱等记载。路易十四世在位期间，法国赛马赌博非常流行，“对比赛”为非常普通的赛马方式，在对比赛中，马的主人提供奖金。查理二世在位期间，国王杯赛马活动十分流行，比赛渐渐地有了关于参加赛马匹资格的规定，内容涉及年龄、性别、产地、骑手、过去用途、过去成绩等。这种比赛一般在私人中间进行，后来渐渐地成为公开的赛马活动所代替。18 世纪，英国女王安娜十分热爱于赛马，每年都在德其斯塔举办的赛马会，她都会亲自颁奖。

1714 年，她向马主与会员收费，作为胜利者的奖金，然而她自己的马跑得第一，赢得了奖金，于是对赛马下注产生了影响因素。1869 年，法国人约瑟夫·奥雷发明赛马下注的方式——“巴里·半契尔式”，就是每个人选择自己中意的马，购买这匹马的马券，马券的收入扣除税金以及各项开销与应得的合理利润，其余的钱全部奖给赌中的人。目前，大多数国家采用法国人约瑟夫·奥雷发明的下注方式。1930 年，法国由私人合资成立了赛马委员会，并且得到了政府的批准，由此，赛马活动更加兴盛，至今不衰。

（4）扑克牌的变迁

扑克牌最早开始于 12 世纪北意大利出现的“塔洛牌”（tarocco），开始是王公贵族的游戏。当时的塔洛牌一共有 78 张，22 张王牌与 4 套主牌。22 张王牌分别代表着正义、死亡、教皇与太阳；最后一张王牌为傻瓜，就好比于今天扑克牌当中的小丑。4 套主牌分别代表剑、杯子、货币与棍棒；每套主牌包括 4 张人像：国王、王后、骑士与仆人，10 张数字牌就是从 1 到 10，共 14 张。那是还没有出现红桃、梅花、黑桃、方块 4 套图案。因为塔洛牌是手工绘制而成，造价极高，所以就成为王公贵族的专利品。14 世纪，传到欧洲的中国印刷术在欧洲广泛传播后，扑克牌就开始成为广大民众娱乐的工具。16 世纪，法国扑克牌上的所有人物都是威武雄壮且典雅大方，人物的服装也都变成了亨利七世时代的贵族服装。15 世纪后半期，法国出现了今天扑克牌当中的四种花色，塔洛牌中的杯子变为红桃、剑变为黑桃、货币变为方块、棍棒变为梅花，就是现代扑克牌的基础的初步奠定。

英国扑克牌上通常印满讽刺画与文字。法国大革命期间，反对专制的法国人将 K、Q、J 等贵族味道浓厚的人物全部扔掉，代替它们的为“自由”、“平等”、“勇气”、“正义”等革命用语，54 张扑克牌上印上了启蒙运动领袖卢梭、梭罗等人物的图像。1810 年，德国发明了一套“变形牌”，牌的花色都有所变化，黑桃为树叶状的，方块为铃铛状的，梅花为树的种子，就是只有红桃没有变。牌面上的人物都倒置着并且脸部好像化装舞会的面具。19 世纪后半期，扑克牌大体定形。扑克牌上的人物图像变为两头式的，还增添了小丑，人物所穿的衣服都为亨利七世时代的。

2. 引领时尚的娱乐新习俗

娱乐活动一般既有继承着古代的传统的一面，还有许多创新，体现着时代特色许多新娱乐方式的出现不仅极大地丰富了人们的社会生活，而且使得生活习俗更加斑斓多彩。伴随着工业革命的发展，西方成为现代工业文明的中心，新的科学技术产生了现代化的娱乐方式。

（1）好莱坞电影

一定意义上说，欧美国家很多科学家、发明家，甚至模仿者的漫长的实验，促成了电影这一现代娱乐形式的诞生。电影是随着科学技术发展而产生的一种现代娱乐方式。作为现代科学技术发展中心的欧美地区成为现代电影的诞生之地。1895 年 12 月 28 日，法国奥古斯特·卢米埃尔与路易·卢米埃尔兄弟在巴黎卡普辛路 14 号大咖啡馆的地下室，第一次播放了自己拍摄的《火车到站》、《水浇园丁》、《工厂大门》等十余部短片，这一天成为电影的诞生日。电影自诞生以后，发展非常迅速，影响最大的是好莱坞电影。好莱坞极大地推动了电影的现代工业化整合，促进了现代电影工业的确立，把电影推进到了兴旺时期。美国初期的电影中心是在纽约，后来渐渐转为洛杉矶。1907 年，《基督山伯爵》的导演弗朗西斯·伯格斯领导他的摄制组来到洛杉矶选择外景拍摄。

他们发现，这里风光明媚、光线充足、气候适宜，是拍摄电影外景的天然场所。1910 年，著名导演大卫·格里菲斯带着丽莲·吉许、玛丽·璧克馥等演员来到了洛杉矶，找到了好莱坞这个热情的小镇。接下来，比沃格拉夫公司（Biograph）在这里陆续地拍摄了几部电影，使很多业内人士知道了这块宝地，到好莱坞的电影剧组越来越多，美国电影业开始了移师好莱坞的大迁徙。1911 年，一批从新泽西来的电影工作者在当地摄影师的带领下，来到一家叫布朗杜的小客栈，他们把租到的客栈改装成一家电影公司的样子，创建了好莱坞的第一家电影制片厂——内斯特影片公司（Nestor Pictures）。因此，很多电影公司，如米高梅电影公司（Metro Goldwyn Mayer，MGM）、派拉蒙影业公司（Paramount Pictures，Inc.）、20 世纪福克斯公司（20th Century Fox）、华纳兄弟公司（Warner Brothers）、迪斯尼（The Walt Disney Company）、环球公司（Universal）、狮门电影公司（Lions GatcFilms）、哥伦比亚影业公司（Columbia Pictures）等都在好莱坞落户。1923 年，成为今天好莱坞代表之一的白色大字 H·LLYWO·D 被竖立在好莱坞后的山坡上。

尤其 20 世纪三四十年代，好莱坞电影成了创造梦幻的工厂，培养明星的园地。以好莱坞为基地的美国电影制片业开始越来越发达，好莱坞电影开始了美国商业影片称霸全球电影市场的近百年的历程。好莱坞聚集了很多世界各地顶级的导演、编剧、明星、特技人员，以其场面的大气、火爆，特技的逼真、绚丽，给人们留下非常深刻的印象。好莱坞影片塑造的明星，如鲁道夫·范伦铁诺、玛丽·璧克馥、道格拉斯·范朋克、华莱士·雷德、约翰·基尔伯特、梅·茂莱等人，都变成了世界范围内人们真正崇拜的偶像。20 世纪六七十年代，好莱坞电影风格出现了一次比较大的变化，此前可以称之为经典好莱坞时期，之后则为新好莱坞时期。1927 年 10 月 23 日，阿兰·克劳斯兰德摄制的有声音乐电影《爵士歌王》第一次上映，代表着电影已经迈进了一个新的历史时代，经典好莱坞电影构成了浓重的戏剧化风格。好莱坞巨鳄麦克·塞纳特创造的制片厂制度要求电影必须以迎合最广大观众的审美需求为主要目标，强调程式化情节、类型化人物的“类型影片”。这类影片快速占据了观众的视野。西部片作为最“美国化”的类型片，颂扬、推崇粗犷的个人主义与适者生存的精神，体现着邪不压正的道德理想，在经典好莱坞时期占有非常重要的地位。

弗雷德·金尼曼于 1952 年拍摄的《正午》就在很多方面表现了西部片的特点。20 世纪六七十年代，随着西方社会后工业化、后社会化进程的急剧加速，新的社会艺术思潮开始泛滥，人们对于艺术的欣赏取向与接受程度也产生了一些改变。20 世纪七八十年代，新好莱坞完成了自己的使命，好莱坞电影经过自身的调整完成了向后工业时代的过渡，至今仍然雄踞世界电影王业之首。以亚瑟·佩恩的《邦尼与克莱德》为代表的一批“新式”影片应运从而产生，拉开了新好莱坞时期的序幕。新好莱坞影片强调人物的立体化和心理化，增添了影片的层次和深度，影片的故事融入到更广阔的社会背景中，融入更多的真实性以及社会性，具有更深刻的社会意义。全世界播放的电影大约 85% 是由好莱坞制作。以沃尔特·迪斯尼公司为首的 7 个顶级好莱坞电影工场在全球电影事业中占据着支配性地位。

欧洲电视上播放的电影有七成来自美国。从票房收入来看，尽管好莱坞虽然仅生产全世界故事片中的一小部分，但是它却获得了电影院放映总收入的 3/7。好莱坞电影不仅制造着观众眼前的梦幻，而且迎合听众在精神方面的渴望和向往，即演绎着一段故事，催生出一种强大的社会力量，折射与带领着时代发展的潮流，好莱坞成为美国文化的代表，成为世界流行文化的新时尚。

（2）敲响时代节拍的爵士舞

在不同时期，因经济社会矛盾不同，因此产生人们不同的审美诉求，进而不断地孕育出新的舞蹈形态与舞蹈方式，出现代表不同社会思潮的“时代精神”。爵士舞是美国最为流行舞蹈的代名词，它一开始发源于美洲的黑人社会，植根于美国，是一种跟随爵士乐所产生的各种形式舞蹈的总称。20 世纪早期，因为爵士乐的推广和流行，和它相伴的爵士舞也随之流行。第二次世界大战后，爵士舞极速风靡全球，掀起了当代欧美舞蹈风格的改变，成为 20 世纪流行文化非常重要的内容之一。随着时代的发展，爵士舞在不同时代展现出不同的风貌，先后演化出摇滚舞、迪斯科舞、霹雳舞等多种舞蹈形式。随着聚集这些新兴市民阶层的公共舞厅的变多，社交舞蹈也得到了普遍流传与普及，19 世纪末 20 世纪初，极速城市化使得大量的农村青年移居城市，繁重的工作之余，他们没有什么娱乐活动，公共舞厅成了他们唯一的消遣和社交活动的场所。这股新兴群体进入舞厅后，舞厅舞蹈的风貌随之也发生了巨大的变化。社交舞改变了平常礼仪化、贵族化风格，拘谨烦琐的仪式成分渐渐被淡化，动作不断简化，形式变得更为自由，参与群体陆续扩大。

爵士舞，事实上是非洲部落舞蹈的延伸人们轻松闲适，陶醉在自由自在、愉悦舒畅的舞蹈气氛中，所有这些变化都为爵士舞在 20 世纪风靡流行创造了条件。最初是由黑奴带到美国本土，带有浓厚的黑人文化背景，后来经过白人把基本步伐加以修改，加大了臀部的摆动、肩部的抖动与身体其他部位的独立动作，渐渐演变成美国本土化、大众化的舞蹈。节奏型的切分与动作的即兴是爵士舞最大的两个特点，舞蹈的形式从平常的庄重典雅、深情流畅的拥抱式舞蹈，改变为舞者和舞伴分开、无拘束地扭摆跳跃、尽情宣泄情感的形式。1917 年，白人爵士乐队到达纽约访问演出后，引起了传统爵士舞的热潮。第二次世界大战后，因为爵士乐的极速发展，节奏变得越来越复杂化，舞步的发展很难与其同步配合，导致传统爵士舞原有的舞蹈形式逐渐淡出了人们的生活。20 世纪 60 年代，美国陷入越南战争的泥沼，无数年轻生命成了政治的牺牲品。他们反抗习俗与政治，排斥暴力，用节奏、旋律、狂野、力量、愤怒，追求年轻的自由。

离经叛道成为他们的代名词，生活在毁灭和被毁灭阴影中的年轻人，感到迷惘失落，以长头发、皮夹克、破了洞的牛仔裤和年轻的自由为代表的“嬉皮士”影响了美国的年轻一代。在这种背景下，一种简单的以布鲁斯为基本的，和乡村音乐、传统的流行乐、爵士乐与民间音乐等音乐形式相结合的、极速的、适应于人们跳舞的“摇滚乐”从此产生了。随着摇滚乐的兴旺，在原有爵士舞的基本上加入崭新的动作元素构成的新的舞蹈形式也跟着流行开来，这便是爵士舞的“摇滚时期”。这一时期的舞蹈是那种叛逆的生活方式的反映，成为青年们宣泄情感的方式，他们在舞蹈中猛烈扭动，随意摇摆，无所顾忌地放纵自己，用纯粹精神对抗着社会既成的价值观。

20 世纪 70 年代，美国经济滞涨，政治丑闻不断，社会矛盾激化。面对剧烈的社会动荡与变革，人们感到无可奈何，他们期望在属于自己的小世界里，寻求心灵的自由与个性的解放。个性化与自我表现成为具有绝对优势的流行因素，平常那种以同一种面貌出现的流行时代成为过去，取而代之的是多种风格和潮流方向的并存。这一时期，美国社会爆发了一阵迪斯科舞的狂热，这一新兴舞蹈形式又一次刺激了爵士舞的盛兴。迪斯科音乐强劲的律动性，引诱着人体内在节奏的冲动，音乐的狂热性与感染性非常容易把听众带入到音响的旋涡之中。舞蹈没有固定模式，舞步变得更加自由和随意，动作越来越不讲究技术，人们着魔似的不停扭摆，肆无忌惮地展现自己的个性。迪斯科舞蹈的基调为热情与健康的，人们在迪斯科带来的狂热和自由中，既放松了自我，还找到了快乐。

20 世纪 90 年代，爵士舞产生了新的发展，街舞开始流行起来。80 年代，霹雳舞开始流行，舞者以头、肩、背、膝为重心，贴近地面，迅速旋转、翻滚，动作速度很快、姿势优美。相比迪斯科来说，霹雳舞更具有强大的爆发力，动感与节奏感十分强烈，跳起来能够让人们自由地、尽情地释放自己的激情和能量，成为最受青年人欢迎的流行舞蹈，街舞的动作由各种走、跑、跳和头、颈、肩、上肢、躯干等的屈伸、转动、波浪形扭动等一连串组合而成，节奏激越奔放，舞步挥洒自如，深受青少年喜爱。它发源于美国街边轻松而自由的黑人舞蹈，因其独特的 HIP—HOP 风格与无法抗拒的强大魅力，成为现代舞蹈健身的主流。

（3）迪斯尼主题公园

1955 年，富于想象力与创造精神的美国动画片先驱沃尔特·迪斯尼在加利福尼亚创办了第一座现代化的游乐园，取名为迪斯尼乐园。迪斯尼乐园位于美国加州的洛杉矶县，距离洛杉矶的市中心 43.5 公里，耗资 1700 万美元，是当时世界上构思最精巧的游乐公园。园内共有五个区域：冒险世界、西部边疆、童话世界、玩具王国与未来世界。在有着真人大小卡通形象的乐园中，人们可以驾驶未来车、搭乘密西西比的船尾舳车，嬉游于中世纪的城堡，或漫步于现代美国大街，这是世界上第一个现代意义上的主题公园。1964 年，人们开始筹建一座更大规模的游乐公园。通过 5 年营造，迪斯尼世界于 1971 年 10 月向公众开放。耗费资金 7.66 亿美元，由 7 个风格迥异的主题公园、6 个高尔夫俱乐部与 6 个主题酒店组成。迪斯尼世界位于佛罗里达州的奥兰多（Orlando）郊外。迪斯尼世界即是个游乐场，同时还是一个旅游中心，游客来此还可以到附近的海滩游泳、滑冰、驾帆船，到深海捕鱼，乘气球升空，以及参观附近的名胜古迹，是一座老少咸宜的游乐中心。

像洛杉矶迪斯尼乐园震惊美国西部一样，迪斯尼世界轰动了东海岸的人们。人们对于迪斯尼的向往，实际上并不是出于对于商业的崇拜，只是人们对于欢乐的一种向往。且迪斯尼的文化，也正好迎合了这样的一个需求，从客观层面为人们提供了一个可以享受欢乐的时间与空间。因此迪斯尼乐园在全球每到一处，都能掀起媒体、舆论与游玩者长期的兴趣与热情。不论在世界哪一个国家的迪斯尼乐园，人们都可以在这里寻找到属于自己童年时代的梦想，和回到童年生活无忧无虑的环境中。迪斯尼乐园正是这种想象的乐园。

3. 西方的体育传统

古希腊人、古罗马人十分热爱于体育运动。在古希腊，公元前 8 世纪就有了拳击、摔跤、赛跑、射箭、投枪、掷石饼和战车赛等竞技活动，斯巴达与雅典城邦国出现后，古希腊体育发展更加迅速；古罗马人在和自然、征服周边地区的活动中，深刻知道身体健康的重要性，非常乐于参与各种竞技活动。西方人这种爱好体育的传统对现代体育文化的形成与发展产生了非常重要的影响因素。当代全球体育盛行奥林匹克运动会或者有着悠久历史的田径运动项目马拉松比赛等，都确立于西方古老悠久的体育传统的基本上。

（1）奥林匹克运动会

早期的奥运会是希腊人向诸神献祭、愉悦神灵的宗教盛会。在荷马时代甚至以前，体育竞技活动就已经存在，这些活动尽管性质原始，没有专门的场地，内容也并不统一，但是却为古代奥运会赛项的设置奠定了良好的基础，它们不是作为葬礼的组成部分，就是作为宴饮的伴随活动。有关奥运会的开始问题人们不能达成共识，但是，对于将公元前 776 年定为第 1 届古代奥运会的时间，现在基本上已经没有什么议论。自这一年起，每 4 年的夏至后都会举办一次运动会。古代奥运会一共举办了 293 届，自公元前 776—公元 394，历时 1169 年。

这期间，随着希腊城邦的一步一步衰落，马其顿人、古罗马人的征服战争，古代奥运会也逐渐衰弱。19 世纪末 20 世纪初，为了复兴奥林匹克文化、弘扬奥林匹克精神、促进社会的有序发展、抑制资本主义社会弊端，法国教育家皮埃尔·德·顾拜旦第一个提出恢复奥林匹克赛事。公元 394 年奥运会被作为异教活动而下令禁止。1892 年 5 月，顾拜旦在庆祝法国体育协会成立五周年的大会上发表演说，正式提倡创办现代奥林匹克运动会。1894 年 1 月，顾拜旦草拟了复兴奥运会的具体步骤与需要讨论的问题，并且致函各国体育组织与团体。6 月 16 日，“国际体育运动代表大会”在巴黎索邦神学院（就是今巴黎大学）开幕。大会通过了关于复兴奥林匹克运动的决议，6 月 23 日国际奥林匹克委员会成立，代表了现代奥林匹克运动的诞生。第 1 届奥运会在 1896 年成功的举行了，从此，奥林匹克运动步入了一个新的历史时期。

（2）马拉松比赛

马拉松比赛为田径运动中的一项长距离赛跑的比赛，始于希腊的马拉松镇。公元前 490 年 9 月，希腊军队在马拉松与波斯军队展开激战，结果希腊军队以弱胜强，打败了波斯军队。为了将希腊军队胜利的消息传到雅典，希腊士兵菲迪皮德斯就从马拉松镇跑到雅典报告胜利的消息。雅典人获得胜利的消息后狂欢，但菲迪皮德斯则因为疲劳过度而身亡，为了纪念希腊军队在马拉松镇的胜利与传递胜利喜讯的士兵菲迪皮德斯，1896 年第一届奥运会在雅典召开前，法国语言学家米歇尔·布雷亚尔建议运动会增添一项从马拉松到雅典的赛跑比赛，大会组委会采取了他的建议，同时其定名为马拉松赛跑，全程 40 公里。1912 年，国际业余田径联合会决定这一长度定为今后马拉松赛跑的正式距离。1908 年，第四届奥运会在伦敦举办时，英王室成员要观看马拉松赛跑，组委会特意把比赛路线安排在温莎尔宫广场到主体运动场之间，总长为 42. 195 公里。

在西方文明发展的过程中，娱乐是形成社会生活习俗十分重要的方面。随着娱乐活动的大众化、日常化，娱乐已经变成西方人追求快乐、缓解日常工作与生活压力的一种必不可缺的因素。总体来看，西方人在娱乐观念、娱乐内容、娱乐表现方式上都有自己的特色。娱乐观念多为宗教性与哲理性的，渗透着自律、平等、博爱的人文精神；在内容上，强调娱乐的代表意义、群体体验和对社会的劝诫功能；在表现形式上，更强调借着科学技术手段来增强感观与娱乐效果。现今，随着科学技术越来越多地进入人们的日常生活，西方娱乐出现了产业化、技术化的发展趋势，人们使用先进的科学技术，创造着很多先进的娱乐方式，引领着娱乐的时代新潮。娱乐活动、娱乐习俗、娱乐文化也成为西方人向世界传播自己的价值观念、文化成果非常重要的载体。

第十九章

西方神话

神话和宗教都是世界性的文明现象，它们在历史上起过特别重要的作用，对一个国家和民族的政治、经济、法令、教学、文学、艺术等都有着重要的影响。神话与宗教有着紧密联系。神话是宗教的原始方法，是宗教的土壤，也是其构成部分。在现代西方社会中，科学和司法现已从宗教中分离出来，可是品德培育和心理安慰的功用还持续存在。在人类前期，神话和宗教承当了对世界的解释、司法审判、品德培育和心理安慰等功用。宗教所构成的崇奉系统是人类思想文明的重要组成部分。

神话反映了人类童年时代的思想方法，是人类智力发展进程的起点。在西方，神话一词从希腊一词而来，其原文含义包括“语词”、“言说”、“故事”等。人类各种精神活动，如宗教、文学、艺术、哲学、历史等，都是从神话起步的。世界文明形状多种多样，但一切的神话都具有很相似的主题和相似的发展进程。就其对西方文明的影响来说，相对重要的有希伯来神话、希腊神话、罗马神话、北欧神话等。

第一节　从独立神话到体系神话

一、神话的产生和发展

神话是古代人类对因果联系的主观性回答。零星的、孤立的原始神话是对单个事物之间的因果联系作出的神话式回答，系统神话则力求对全部世界表象和社会表象的因果联系作出全部的回答。因而，系统神话的诞生是古代居民思想才能和认知才能发展到必定时期的产品。这种全部的回答发展到后来，就需要以某个骨干贯穿起来，以便在单个涣散的因果联系之上探究出某个更高的终极性的因果联系。系统神话的诞生，还是各民族神话广泛传达、互相交融的产品。跟着社会生产力和私有制的发展，原始公社逐步分裂，部落联盟与雏形国家逐步构成，各部落的往来日益频繁。在部落互相征战的进程中，获胜的部落会自觉或不自觉地推行他们的氏族部落神祇或神话，以强化他们在政治上的优势地位。

别的氏族部落也会相应地高举自己的氏族部落神祇和神话予以宣传，以与之抗衡。这种抗衡是社会奋斗的古老意识形状方法，势必加强各氏族部落神祇神祇的融合进程，致使神话的改造和新神话的发生，为独立神话凝结为系统神话铺平道路。“任何神话都是用梦想和凭借梦想以征服自然力，分配自然力，把自然力加以形象化；因而，跟着这些自然力实际上被分配，神话也就不见了。”因而，神话从本质上看是一个古代的领域，“古代民族是在神话梦想中阅历了自我的史前年代”。原始先民的迷惑、惊骇、崇拜是神话发生的心理本源。神话是一种世界表象，从人类发展的粗野时期到文明前期，神话一直被发明着。各民族神话的来源虽有着相似的心理和社会基础，遵从着由简到繁、由零星到系统的大致方向，但其发展道路却是千姿百态，并构成了由各种主题、特征、叙说风格、神话形象构成的多姿多彩、形形色色的神话世界。一些神话专家将神话分为独立神话和系统神话两种。

所谓独立神话，又名“原始的、单个的神话”；所谓系统神话，又名“文明的、归纳的神话”。系统神话大致有如下特点：第一，已大致构成了相对完好的神界故事系列，包括世界的来源、诸神的世系、人类的诞生、天灾与救世等主题故事。第二，居于独尊地位的主题开始呈现，并在神界故事系列中起着分配作用，在诸神联系中具有枢纽地位，从而构成一个以具有独尊方位的主神为核心的神际联系网。第三，贯穿系统神话的根本线索，在前期是主神的生殖行动和“神族的血缘”，到晚期则体现为某种抽象的观念，从而使各个神话片段凝结成有机的结构和系统。第四，系统神话对社会生活内容的反映较独立神话而言，却广泛而复杂。人道、人性的要素在系统神话中的比重大大增加。

各民族的神话尤其是系统神话发展是不平衡的，这种不平衡表现在如下三个方面：一是形状上的不平衡，重要表现在神话形象和神话系统两个方面。如埃及、中国神话的神话形象多是动物形体或人兽混合体，而希腊、北欧神话形象则倾向于神人同形。希腊、罗马、北欧神话系统性更强，表现出更高的宗教观念。二是方位上的不平衡。神话的发展情况归根结底取决于它对民族生活的奉献。当神话对民族生活可有可无乃至变成负担时，神话就会遭受危机乃至消亡。三是速度上的不平衡。造成这种不平衡的原因很多，一般来说，独立神话发生在原始社会，而系统神话发生于文明前期，后者是对前者的文明化、逻辑化。

二、神话和宗教的关系

神话与宗教存在着先合后分的联系。一般来说，开始的原始宗教是万物有灵观念下的拜物教，它与原始神话是相同的东西。在古希腊文明中，奥林匹斯宗教和奥林匹斯神话是同步发展的。因而，前期宗教和神话的联系密不可分。前期宗教的方法，是在先民中盛行的神灵崇拜、祭司神祇、假托神灵的巫术等。这种宗教往往依托神话来传达，尤其在文字产生之前，口耳相传的神话传说往往是先民或粗野部族的历史、宗教、图腾崇拜、祖先崇拜、神灵崇拜等的重要载体，是这些民族最重要的精神遗产。前期宗教中的神秘性要素在现代宗教中渐趋淡漠，而宗教作为品德标准的含义日趋重要。

在各民族的史诗中，将历史真实和宗教崇拜结合在一起的表象特别普遍。关于信教者而言，教义中的那些具有神秘色彩的显灵神话，也逐渐不为人所注重。我们更注重的是宗教教义而不是天主怎么发明世界。在前期宗教中，巫术、忌讳、图腾等神秘主义的意识形状占有主导方位，但在今日，跟着理性主义以及科学技术的发展，这种神秘性的市场日益狭隘，不再和我们的一致。宗教也不再凭借这些神秘的东西作为中介来传达自我的影响。在现代宗教中，比如天主的存在方式，天堂、人间、地狱等三重世界，来世、原罪等古代宗教命题已不再重要。

第二节　希伯来神话

希伯来神话可谓西方文明源头之一。希伯来人最早的神话和传说保留在《旧约全书》中。《创世记》头 5 章记载了天主创造天、地、人和伊甸园等神话，在先知书和诗篇中也有一些神话片段。此外，《次经》、《伪经》、《死海古卷》中也有不少神话传说。希伯来重要的神话包括创世、原罪、大洪水、巴别塔等，都出自于《创世记》。这些神话有的取材于周边民族，如巴比伦、埃及、亚述等，有的则是希伯来民族所特有的。

一、内容

1. 创世

开始天主创造天地。地是空无混沌，渊面漆黑。天主的灵行走在水面上。天主说，“要有光”，就有了光。天主称光为昼，称暗为夜。这是头一天。第二天，天主造出空气，并将下水和上水分隔。到了第三天，天主使全国的水聚在一处，使旱地露出来，并使地长青草、菜蔬、树木，各从其类。到了第四天，天主发明出太阳和月亮，区分出白天和晚上，又造出繁星。第五天天主造出飞鸟、游鱼。第六天天主造出地上的野兽和人类的鼻祖。到了第七天，天主对自我的创世工作很满足，所以就休息了。

这一天被定为“圣日”，即“安息日”。希伯来的创世神话显然学习了巴比伦创世神话。创世工序几近相同，都是先造天和天体，然后把水陆分隔，第六天造人，第七天休息。尽管如此，它们在本质上却有天壤之别：巴比伦神话的中心内容是天神与女魔的奋斗，是多神观在神话中的体现，而《创世记》的创世神话以天主为仅有的主人公，它树立了仅有、超验的天主观。由多神观改为一神观，是希伯来人依据自我宗教的需要对巴比伦神话所作的修改，由此天主变成希伯来民族的最高威望。

2. 伊甸园

天主用泥土造出人类鼻祖亚当，将生气吹在他的鼻孔里，亚当就成了有灵魂的活人。天主又为亚当造伊甸园，园中有一棵生命树和一棵分辨善恶的树。天主从亚当身上取下一根肋骨，造出了亚当的老婆——夏娃。夏娃被狡猾的蛇诱惑，违反天主命令从善恶树上摘了果子吃，并给亚当也吃了。天主知晓后，将他们赶出了伊甸园。上述希伯来人有关人类来源的神话与古巴比伦神话也颇有渊源。至此，人类完全失去了永生的希望。

在巴比伦神话中，天神之王玛尔都克在造了天地万物之后，为了使众神革除深重的膂力劳动，他在爸爸埃阿的协助下，用泥和上叛军领袖金古的血造人。人的鼻祖也曾生活在乐土中，园中有衣树和生命树。我们有一次尝了衣树之果，神害怕人吃生命之果，把人赶出了乐土。两个民族神话的相似之处是清楚明了的，但希伯来人在吸收巴比伦神话的时候，依据自我的宗教观和品德观作了改造，确立了天主登峰造极的地位，着重从善弃恶的品德观。

3. 洪水余生

诺亚是一个正派的人，他跟随天主行事。他有三个儿子：闪、含和雅弗。天主看见全世界腐朽了，到处都是暴力。他认为世界充满着罪恶，因为世上的人都过着凶恶的日子。天主使洪水降临到大地，大雨倾盆，不停地下了四十个昼夜。四十天后，诺亚打开了天主事先让其打造的方舟上的天窗。看到大地全都干了后，天主对诺亚说："你和你的老婆，你儿子、儿媳们都从方舟上出来吧。把你带上方舟去的各种地上生物，鸟兽爬虫都放出来吧，让它们繁殖，遍及全世界吧。"诺亚就同他的老婆、儿子儿媳们从方舟上走出来。然后，诺亚为天主修了一座祭坛。

各种地上生物：野兽、家畜、鸟类和爬虫都是男女配对的，也都下了船。他选了各式各样洁净的鸟兽作为供品，放在祭坛上奉献给天主。希伯来上述神话与巴比伦洪水方舟的神话惊人地相似。古巴比伦洪水方舟神话发生的年代早于希伯来洪水方舟神话。有了楔形文字之后，它被记录下来。古希伯来人生活于两河流域时期，接受了这一神话，并在部族内部广为流传。到迦南之后，洪水神话仍很盛行。即便如此，希伯来人的洪水神话所包括的品德要素却是巴比伦洪水神话中所没有的。巴比伦神话中天神恩利尔出于暴烈和固执而发大洪水，消灭人类，连义人也不饶过，显得缺少品德要素。

而古希伯来神话中的天主则是出于品德裁判而发大洪水。天主在履行严格的品德裁判的时候，也施行了仁爱。他选择了诺亚，命他造方舟，使其全家在洪水中得以存活，由于诺亚是义人。希伯来人认为公理是一切根本德行中最重要的，而天主即是公理的化身，天主对人的品德裁判是出于公理而行使权力。在天主面前，凶恶和不义将遭到赏罚和消灭，公理和善良将取得胜利，即善恶报应。

4. 巴别塔

大洪水劫后，全国人都讲相同的言语，都有相同的口音。诺亚的后代不断增加，遍及地上，所以向东搬迁。在示拿地（古巴比伦邻近），他们见到一片平原，定居下来。由于平原上较难得到用作修建的石料，他们互相商议说："来吧，咱们要做砖，把砖烧透了。"所以他们拿砖当石头，又拿石漆当灰泥。他们又说："来吧，咱们要缔造一座城，和一座塔，塔顶通天，为要颂扬咱们的名，以免咱们涣散在全地上。"没想到此举惊动了天主！天主深为人类的虚荣和傲慢而盛怒，不能容忍人类冒犯他的威严，决定惩罚这些傲慢的人们，就像惩罚偷吃了禁果的亚当和夏娃一样。由于人们言语相通，同心协力，建成的巴比伦城富贵而漂亮，高塔直插云霄，好像要与天公一比高低。他看到人们这么齐心协力，如此强壮，心想：假如人类真的修成雄伟的通天塔，那今后还有什么事干不成呢？得想办法阻挠他们。

所以他悄悄地脱离天国来到了人世，紊乱了人类的言语，使他们散居在各地，那座塔也因此半途而废了。由于耶和华在那里搅乱了全国人的言语，使世人"涣散在全地上"，所以那城名叫"巴别"（"变乱"的意思）。希伯来的上述神话同样受到古巴比伦神话的影响。在巴比伦早就有这样相似的记载，在巴比伦古修建艺术中，有不少塔顶有神殿，并有石梯通向塔顶的古塔。可是，古希伯来人在神话中添加了新的含义，即人不该有非分之想，不然必遭赏罚。当大家要一座"塔顶通天"的塔以颂扬他们的名声时，耶和华便紊乱了他们的语言，使他们罢工，以此作为对人类幻想超越本身约束而成为"像天主相同"的人的非分之念、愚妄之举的裁判。希伯来人通过这则神话再次证明了天主的登峰造极、不可违背性。

二、特点

希伯来神话的第一个特征是一神崇拜。希伯来神话的思维基础是一神观念，即认为世界间只要一个最高的、仅有的、分配全部的毅力，除此世界上不存在任何与之抗衡或并列的力量。这与别的民族的神话，如希腊、印度、埃及、巴比伦、中国神话迥异。希伯来人独尊天主，不崇奉别的神灵，这是希伯来人的生存环境和长时间没有一个完整国家的历史造成的。希伯来人磨难的历史使他们信仰天主登峰造极，天主决定全部。希伯来神话将天主塑形成一个完美、登峰造极、无所不能的万世之主，而人不能违背天主，对天主只能依从。只要爱天主，依从天主，才能重获幸福的日子。第二个特征是品德性或伦理性。

希伯来神话的品德观念非常突出。希伯来天主是完美品德的代表，也是一位非常严峻的品德审判之神。他对行善者赐予仁爱、怜惜和福泽；对不义作恶者则进行严峻的赏罚。恰是这种一致而坚决的宗教崇奉和品德规范成为民族存亡的决定性要素。一旦失去了品德的内容，陈旧的崇奉就会溃散，民族的内涵凝聚力也将被消解。第三个特征是历史性。世界各民族的神话大多归于天然神话，各位天神实际上是各种天然力气或天然表象的人格化。简而言之，这些神话与天然相联系，与历史通常没有什么关系。而希伯来人心目中的神是万能的神，不但能操控天然万物，也能分配人类的全部活动和人类的历史发展趋势。贯穿希伯来神话的中心理维，即是“违法—审判—赏罚—救赎”这样一个宗教历史发展观。希伯来神话这一思维特征对后世影响深远。

第三节　希腊神话

希腊神话是欧洲最早的人民口头创作，大概发生在公元前 9—前 2 世纪之间。它历经古希腊人数百年口耳相传，代代相承，不断地艺术加工，在之后的各种文学、历史、哲学著作中保存下来。希腊神话的位置和影响是无与伦比的，其思维性和艺术性都达到了适当的高度，马克思说：“希腊神话不仅仅希腊艺术的武库，而且是它的土壤。”希腊神话不仅对古希腊文学艺术的发展有很大的作用，而且对欧洲文学艺术的发展产生了深远影响。希腊的很多文学艺术著作、史诗、悲惨剧以至造型艺术，大多以神话为题材。现在，希腊神话中的很多人物形象和故事传说，已植根于欧洲公民的日常生活和词汇中，并逐步成为全世界公民的共同语言。

一、源流和定型

希腊神话是很多不一样种族、民族、区域的神话传说互相融合和历史演化的成果。一方面，在公元前两千纪初叶或中叶，印欧语游牧者从亚欧内地进入希腊半岛时，带来了一些非常原始而零散的神，奥林匹斯神话中的一些神，如宙斯、赫拉、阿波罗、阿耳忒弥斯、赫耳墨斯等即源于此。另一方面，早在希腊入侵者到来之前，克里特岛上的米诺斯文明就已有了自我撒播甚广的神话传说，这些神话传说有的随着克里特文明的消灭而不见了，有的则在迈锡尼时期与阿卡亚人入侵者的神话传说相交融。但是在迈锡尼时期，克里特的优雅精巧和错综复杂的神话开始被粗暴勇武的英豪传说所替代，这些英豪传说是对阿卡亚入侵者的汗马功劳的一种夸大式的烘托和回忆，于其间糅合了地中海区域（包含小亚细亚、西亚、埃及和克里特）传播已久的神话传说。

克里特人深受埃及文明的影响，这种影响使得克里特文明具有精致漂亮的特征，这与希腊北部印欧语游牧者的粗俗粗陋的文明有明显的不同。迈锡尼时期是阿卡亚人英豪传说的全盛时期，在此期间，北方印欧语神话与地中海神话的抵触和交融也在紧锣密鼓地进行着。对于奥林匹斯神族与提坦神族以及巨灵之间触目惊心的战争，对于宙斯替代克洛诺斯的神界控制权的故事以及互相敌对的诸神终究都被纳入到一致的神谱之中，都反映了神话的抵触、交融过程。总之，呈现于后世大家面前的那个漂亮而清楚的希腊神话传说是历史交融的成果。在希腊神话中，既包含着东方（埃及、巴比伦、赫梯等）神话的神秘主义色彩，也包含着爱琴海世界的古拙特征，一起又融入了北方印欧入侵者的粗暴勇武个性。

有专家对希腊神话传说的源流总结道，“在历史上，希腊人从全部印欧语诸民族遗产中仅仅秉承了宙斯以及为数甚微的神，从爱琴海区域的前希腊文明中秉承了五花八门的神和英豪；而其英豪故事的空气和情节，则秉承自他们的青铜年代，即迈锡尼时期。希腊神话定型于公元前 9 世纪到公元前 2 世纪所谓的漆黑年代”。东方的影响，在他们的神谱中较为明显；综观其神谱，这种影响成为对有关神的由来以及神的互相关系的观念加以装备和思考的推进力。即迈锡尼文明与城邦制的希腊文明之间的一个短暂的过渡期。“漆黑年代”末期的那些游吟诗人，如荷马和赫西俄德等人，以文字的形式记载了流传于民间的口头传说，而且在记叙的过程中对其进行了体系化改造，从而为后来的希腊文学和艺术提供了谱系清楚的神话传说体系，使希腊人在相当长的一段时间里生息在荷马和赫西俄德的世界中。

荷马史诗相传为盲诗人荷马所作，实际上它是很多民间行吟歌手团体的口头创造。史诗包含了迈锡尼文明以来很多世纪的口头传说，到公元前6世纪才写成文字。作为史料，它不仅反映了公元前11—前9世纪的社会状况，而且反映了迈锡尼文明。荷马史诗包含《伊利亚特》和《奥德赛》两部著作，由这两部史诗构成的荷马史诗是从英豪传说入手的，而且通过英豪传说把神界的故事联系起来。这两部史诗都是对迈锡尼时期曾经发生过的战争和航海活动的一种神话化的烘托，是对阿卡亚人历史和英豪成绩的赞许和歌颂。《伊利亚特》叙述了特洛伊战争第十个年初希腊最骁勇的英豪阿喀琉斯与联军统帅阿伽门农之间所发生的战争，以及对立调停之后阿喀琉斯与特洛伊英豪赫克托耳之间的那些触目惊心的战争；《奥德赛》则描写了特洛伊战争完毕今后希腊英豪奥德修斯（Odysseus）历尽千辛万苦重返家园的故事，这些故事充满了神奇诡谲的异国情调和触目惊心的冒险经历，无疑是对古代希腊人在爱琴海区域（包含小亚细亚和西亚）游历探险事迹的浪漫化描写。

特洛伊战争完毕之后。《荷马史诗》是保留在全体希腊人回忆中的历史。一些希腊城邦的民间歌手和民间艺人就将希腊人在战争中的英豪事迹和成功的通过编成歌词，在大众聚会的场合吟唱。这些故事由民间歌手口耳相传，历经几个世纪，通过不断地增益和修正，到了荷马手里被删定为两大部分，成为定型著作。大概在公元前6世纪中叶，才被用文字固定了下来。我们今天所看到的《荷马史诗》，是公元前3—前2世纪由亚历山大里亚的专家们编订过的著作。荷马史诗主要追述了阿卡亚人进行降服活动的英豪成绩，而赫西俄德的《神谱》则完全是对于神明们的身世源流的记载。

赫西俄德所描写的神谱，虽然在后来的传播过程中发生过一些局部性的修正和变形，但是希腊神系发展演化的根本头绪却从此被断定下来，并且由此而形成了希腊神话谱系清楚的特征。赫西俄德的神谱并非恣意臆造的产品，也不仅仅是对民间散乱的神话片断的概括收拾。它包含着以直观的原始思维方法所表达的一种天然观。

二、内容

希腊神话内容丰富，涉及世界和人类的来源、神的发生及其谱系、英豪传说等内容。

1．神族谱系

神的故事包含前奥林匹斯神系和奥林匹斯神系两个时期。前奥林匹斯神系神话主要是叙述开天辟地和宙斯之前（包含宙斯在内）神族变化的状况，这是希腊神话中最陈旧的一组神话。根据赫西俄德的说法，世界之初只要混沌神（开俄斯）和他的女神老婆晚上在那里掌控全部，他们的儿子即是漆黑，漆黑后来推翻了爸爸，并取母为妻，生了两个孩子，这就是光亮和白昼。他们创造出地母盖娅，地母从自身上生出第一个控制全世界的天神乌拉诺斯。乌拉诺斯又以其母为妻，生出了六男六女，叫作提坦神，乌拉诺斯惧怕自己的儿女攫取自己的位置，因而对他们非常敌视，一生下来就把他们软禁在地下，不让他们看见光亮。

地母盖娅非常气愤，便煽动儿女们起来抵抗乌拉诺斯，其间克洛诺斯起而反抗，打败了乌拉诺斯，救出了被囚的朋友，他便夺得了父位，成为最高的天神。克洛诺斯娶了妹妹瑞亚为妻，但克洛诺斯又惧怕被自己的儿子所推翻，所以就把生下来的每一个后代吞进肚子里，一共吞了五个儿女。瑞亚在孕育宙斯时，为了不致被克洛诺斯吞掉，就躲到了克里特，在山洞里生下了宙斯。瑞亚用破布包了一块石头当作新生儿交给克洛诺斯，克洛诺斯连看也没看就一口吞食了，认为从此万事大吉。宙斯长大之后，设法让爸爸吃了一种吐逆药，使他把吞下的孩子一个个吐出来，之后宙斯就联合被吐出来的兄弟姐妹和克洛诺斯交战，宙斯与朋友姐妹们占据着奥林匹斯山，与克洛诺斯通过了十年的“提坦之战”。

最后地母盖娅决定让宙斯成功，所以宙斯打败了爸爸，在奥林匹斯山建立了以宙斯为首的巨大的神族，宙斯成了第三代神王，这即是奥林匹斯神系之始。以宙斯为首的“奥林匹斯神系”由宙斯的朋友姊妹老婆儿女构成，是一个父权制大家庭的体系。这组陈旧而又原始的神话，反映了远古年代希腊人对世界来源的幻想和婚姻关系（凌乱性交和血缘群婚），也反映了母系社会的状况，由于两次“政变”都是由女神发起的并决定了输赢。它有十二大神：众神之主宙斯，其妻赫拉，海神波塞冬，才智女神雅典娜，太阳神阿波罗，打猎女神与月神阿耳忒弥斯，爱与美之神阿佛洛狄忒，战神阿瑞斯，火神与工匠神赫淮斯托斯，神使赫尔墨斯，农神得墨忒尔，灶神赫斯提亚。他们掌管天然和日子的各种表象与事物。这个以宙斯为首的神的大家族，实际上是父系氏族社会的反映，宙斯的权力高于全部，是人世父系氏族领袖权力日渐增加的反映。

2. 欧罗巴的由来

欧罗巴是腓尼基国王阿革诺耳的女儿，一向深居在爸爸的宫殿里。一天深夜，她做了一个古怪的梦。她梦见世界的两大部分小亚细亚和对面的内地成为两个女性的容貌，在剧烈地争斗，想要占有她。清晨，当欧罗巴和她的女伴在海滨草地嬉戏时，宙斯为年轻的欧罗巴的美貌深深地打动了。但是，他惧怕妒忌成性的老婆赫拉发怒，同时又怕以自己的形象出现难以引诱这纯洁的姑娘，所以他想出了一个诡计，变成为一头膘肥体壮、尊贵而富丽的公牛。欧罗巴还没有来得及明白发生了什么事，公牛现已纵身跳进了大海，快乐地背着他的猎物游走了。

公牛好像很通人性，它越来越接近姑娘，温顺地躺倒在姑娘的脚旁，无限爱恋地瞅着她，摆着头，向她暗示，诱使她爬上自我宽阔的牛背、当公牛走出草地，就加马上速度，像奔马般行进。公牛驮着姑娘一直往前，在游水中迎来了拂晓，又在水中游了整整一天。周围永远是一望无垠的海水，但是公牛却非常灵活地分隔波涛，竟没有一点儿水珠沾在他那心爱的猎物身上。黄昏时分，他们总算来到了远方的海岸，公牛爬上陆地，来到一棵大树旁，让姑娘从背上悄悄滑下来，自己却突然不见了。姑娘正在惊异，却看到面前站着一个飘逸如天神的男人。他告诉她，他是克里特岛的主人，如果姑娘情愿嫁给他，他能够维护姑娘。欧罗巴失望之余便朝他伸出一只手去，表明答应他的要求。宙斯完结了自我的期望。欧罗巴默认了自我的命运，跟宙斯生了三个强大而睿智的儿子。

3. 人类的起源

天和地被创造出来，大海波涛起伏，拍击海岸。鱼儿在水里嬉戏，鸟儿在空中歌唱。大地上动物成群，但还没有一个具有魂灵的、能够操纵周围世界的高档生物。这时普罗米修斯诞生了，他聪明而睿智，知道天神的种子蕴藏在泥土中，所以他捧起泥土，用河水把它沾湿和起来，依照世界的主宰，即天神的容貌，捏成人形。为了给这泥人以生命，他从动物的魂灵中摄取了善与恶两种性情，将它们封进人的胸膛里。这样，第一批人在世上出现了，他们繁衍生息，不久形成了一大群，遍及大地。在天神中，他有一个女友，即才智女神雅典娜；雅典娜惊叹这提坦神之子的发明物，所以便朝具有一半魂灵的泥人吹起了灵气，使它取得了灵性。但有很长一段时刻，他们不知道该怎样运用他们的四肢，也不知道该怎样运用神赐的魂灵。

所以，普罗米修斯便来协助他的发明物。他教会他们观察日月星斗的升起和降落；给他们发明数字和文字，让他们懂得核算和用文字交流思想；他还教他们驾驭牲口，来分管他们的劳作，使他们懂得给马套上缰绳拉车或作为坐骑。他发明船和帆，让他们在海上飞行。他教会大家看病、占卜、采矿、农耕，使他们日子得更舒服。宙斯指令众神造出美貌女子潘多拉，意为“具有一切天分的女性”，来伤害人类。普罗米修斯因为盗取天火遭到宙斯的报复。普罗米修斯之弟埃庇米修斯很高兴地接受了潘多拉。潘多拉一走到埃庇米修斯的面前，就忽然打开了随身带来的盒盖，里边的灾祸像股黑烟似的飞了出来，迅速地分散到地上。盒子底上还深藏着仅有的东西：期望。

但潘多拉依照万神之父的劝诫，趁它还没有飞出来的时候，赶忙关上了盖子，因而期望就永久被关在盒内了。从此，各种各样的灾祸充满了大地、天空和海洋。疾病日日夜夜在人类中蔓延暴虐，而又悄然无声，因为宙斯不让它们闹出动静。各种疾病在大地上猖狂，死神步履如飞地在人世狂奔。普罗米修斯本人也被宙斯用结实的铁链锁在高加索山的悬岩上，下临可怕的深渊，后被赫拉克勒斯挽救。

4. 英雄传说

英雄传说来源于对先人的崇拜，它是古希腊人对远古历史和与天然界奋斗的一种艺术回忆。这类传说中的主人公大都是神与人的子孙，半神半人的英豪。他们体力过人，勇敢特殊，体现了人类降服天然的豪放气概和坚强毅力，实际上是部落团体力气和才智的化身。英豪传说以不同的英豪为基地形成了很多系统，最闻名的英豪人物有赫拉克勒斯、伊阿宋、提秀斯等。赫拉克勒斯是宙斯和阿尔克墨涅之子。

赫拉克勒斯出世后被妈妈丢到野地里，赫拉从旁经过，因不知情用自己的乳汁喂了他，他因而力大无比。他为欧律斯透斯执役时期，完结了十二件大功：扼死铜筋铁骨的涅墨亚森林的猛狮；杀死勒尔涅沼泽为害人畜的九头水蛇；生擒克律涅亚山里金角铜蹄的赤牡鹿；活捉埃里曼托斯山密林里的大野猪；引河水打扫奥革阿斯积粪如山的牛圈；赶开斯廷法罗湖上的怪鸟；捕捉克里特岛发疯的公牛；把狄奥墨得斯的吃人的马群从色雷斯赶到迈锡尼；打败阿马宗女性的领袖希波吕忒，取来她的腰带；从埃里忒亚岛赶回革律翁的红牛，途中将两座峭岩立在地中海的止境（即赫拉克勒斯石柱）；获取赫斯佩里得斯圣园里的金苹果；把冥府的三头狗刻尔柏罗斯带到人间，后又送回冥府。终究，依照宙斯的命令，他成了奥林匹斯的神，赫拉与他讲和，把青春女神赫柏许他为妻。

克瑞透斯在帖撒利的海湾建立城池和爱俄尔卡斯王国，并把王国传给儿子埃宋。伊阿宋是埃宋的儿子，克瑞透斯的孙子。后来，埃宋的弟弟珀利阿斯夺取了王位。埃宋身后，他的儿子伊阿宋逃到半人半马的肯陶洛斯族员喀戎。喀戎叫伊阿宋做一个英雄。为夺回王位，伊阿宋答应帮珀利阿斯取得金羊毛。后来他与孩子遭到美狄亚的诅咒，悉数丧生。在女巫美狄亚协助下，伊阿宋取得了金羊毛，后他与美狄亚成婚，但后来又喜新厌旧扔掉了老婆。也有传说他在遭到诅咒后，死在取得金羊毛的那艘大船下面。提秀斯是雅典国王埃勾斯（波塞冬的儿子）与特隆泽的公主埃特拉之子。当他还在襁褓中时，他爸爸就把他交给了妈妈，回到自己的王国去了。提秀斯 16 岁时就长成了身强体壮的年轻人，终于安然无恙地来到爸爸在雅典的王宫里。那段时刻，雅典城一直为曾承诺向克里特国王弥诺斯进贡一事而困惑不安。

克里特人曾进攻雅典，众神指令雅典人满足克里特所提的条件，即是每年须向克里特王国进贡七对童男童女来喂食半人半牛的怪物。为了杀死怪物，使同胞们免遭更大的沉痛，提秀斯决定作为被选送牺牲品的一员前往克里特。临行前，他向爸爸确保，一旦成功，他将把船上的黑帆换成白帆。他走了，在克里特公主阿里阿德涅的协助下，他杀死了半人半牛的怪物并带着公主一同回来。可是当他的船驶近雅典时，却忘记换上约定好的白帆。他焦虑的爸爸站在山顶上看到远处的黑帆时，就失望地跳海自尽了，从此这片海就叫作爱琴海（埃勾斯的海）。

三、特点

希腊神话的第一个特色是神和人同形同性。希腊诸神都是一些容颜秀美、体魄强健、有血有肉的生灵。尤其是以宙斯为首的奥林匹斯诸神，更以其健美的形体和超凡的才能而变成希腊人的日子理想。宙斯、波塞冬、哈得斯三朋友的威严，太阳神阿波罗的秀美，战神阿瑞斯的剽悍，神后赫拉的漂亮，才智女神雅典娜的傲慢，美神阿佛洛狄忒的鲜艳，先知普罗米修斯的机敏，都变成俗人仰慕和歌颂的目标。有专家在评估希腊神话的特色时指出："尽人皆知，前期希腊宗教的神不过是大写的人罢了。"大多数东方宗教中的神，是悠远的、全能的、使人惊骇而不给人以安全感。所以希腊人使他的神具有与他相同的特性，同人相同的身体以及缺点和需求。希腊人所需求的未必是有特殊灵气的神，而是能够与之对等商谈的神。他幻想出了很多的神性，如互相频频争吵。需求吃喝与睡觉，与人自由地混在一同。乃至偶然与人世妇人生儿育女。

他们与人的仅有差异只是在于这样的事实；他们吃的是仙家美食，饮的是琼浆玉液，因而他们长生不死。希腊神话中的神都具有两层质量，如宙斯的威严和风流，赫拉的正经与妒忌，波塞冬的气势雄伟与心胸狭窄等。与崇高悲凉的英豪成绩相比，神明们的行动通常显得既粗陋又平凡。可是，正是这些非伦理化的理性特色，构成了希腊诸神的魅力和可接近性，使他们为希腊人所爱慕、所神往。他们在道德上的不完美性恰恰构成了他们特性的真实性和饱满性的基础。希腊神话的第二个特色是它体现了一种贵族式的民主精力。当宙斯为首的奥林匹斯神族取代克洛诺斯的提坦神族的控制之后，一种较为宽松的民主氛围出现了。在希腊神话中，从乌拉诺斯到克洛诺斯，再从克洛诺斯到宙斯，每一次子继父业都是经过一场艰苦卓绝的斗争才完结的。宙斯对其后代不再进行强制性的压抑。

尽管他也预知自己将面对父辈相同的悲惨剧结局，可是他既没有像乌拉诺斯那样把后代们囚禁于地下，也没有像克洛诺斯那样把后代吞入腹中，而是让他们与自我一同就座于奥林匹斯山顶的神殿中，一起协商神界和人世的事务，新一代的神遵从一种民主准则天伦之乐。希腊神话的第三个特色是以内涵的自我否定作为神系接连和发展的关键。不管是神王的更迭还是英雄传说，爸爸是通过儿子来进行自我否定的。叛变有时成功，有时失败，背叛者或许会变成新一代的神王和国王，或许会遭到赏罚。可是不管结局如何，背叛的行动都没有与道德领域相联系，背叛者并未因为叛变正统而被斥为邪恶，反而通常因叛变而变得愈加强大和富有魅力。神的家族也经过这种接连的背叛行径而亦趋完美。所以有专家以为，这种保持神系更新和发展的自我否定机制使希腊神话体现出一种推陈出新和以革新为本质的社会进化思维。

第四节　罗马神话

罗马神话没有希腊神话那么兴旺。直到罗马共和国晚期，罗马的诗人才开始模仿希腊神话编写自己的神话。罗马人没有传统的、像希腊神话中那样的神之间的奋斗的传说。古罗马的“神话”不只是故事，而且也展示了神与神以及神与人之间扑朔迷离的联系。

一、主要神明

前期罗马人最崇拜的神是天神朱庇特、战神玛尔斯和容颜活像战神的民族化身奎里努斯。在这三个重要的神祇身上，都鲜明地反映出罗马人的尚武精力和好斗性情。朱庇特不仅是天神、雨神和雷电之神，并且也保佑罗马人在战争中所向无敌。作为护军神朱庇特·斯塔托耳，他保护着罗马军团并保持它的行列；作为祛敌神朱庇特·威耳索耳，他使罗马的敌人丧魂落魄；作为成功神朱庇特·维克托耳，他赐予罗马人打败敌人的荣耀。罗马人为得胜归来的统帅所举办的凯旋式，开始就来源于纪念朱庇特的宗教仪式。在罗马，一切的月圆之夜都是祭奠朱庇特的圣日，罗马最重要的庙宇即是竖立在卡庇托尔山冈上的朱庇特神殿。

随着罗马国家边境的拓宽，朱庇特后来与希腊的宙斯混为一体，变成宙斯的罗马变形。到了共和国晚期和罗马帝国时期，宙斯—朱庇特又与叙利亚的大神巴尔、埃及的大神阿蒙相混合，变成一个具有世界含义的最高主宰。在罗马人的宗教生活中，玛尔斯尽管位居朱庇特之下，可是他的重要性实际上超过了朱庇特，并且大家对他的崇拜可能要早于对朱庇特的崇拜，玛尔斯被说成罗马城的创建者罗慕路斯和勒摩斯的爸爸。每年 3 月初，祀奉玛尔斯的萨利祭司团成员都要手持盾牌，唱着赞许战神的歌，跳着战争舞蹈穿越整个罗马城。罗马年的第一个月即是以他的姓名而命名的（March，即阳历 3 月），在这个月里，有罗马的新年节和场面隆重的兵士节。罗马城中的练兵场被称为玛尔斯广场，到了帝国前期，广场上又建造了一座战神庙。

为了显示他的威风，大家甚至把天空中的一颗血红色的星斗取名为玛尔斯（即火星）。奎里努斯也是意大利最古老的神之一，对他的崇拜后来经常与对玛尔斯的崇拜以及对罗慕路斯的崇拜混杂在一同，因而他又被称为第二战神。除了上述几位神明以外，前期罗马人信奉的还有大地之神台卢斯、司掌植物萌发的女神刻瑞斯和动物繁衍的女神帕勒斯、耕种之神萨图尔努斯和他的老婆收成女神俄普斯、种子成长之神孔苏斯、酒神约维斯、森林和郊野之神浮努斯（也是预言之神）、火神和锻炼之神武尔坎努斯、灶神维斯塔和护神佩纳特、晨光和生育女神玛图塔、开创之神雅努斯（也被视为人类的发明者、道路的维护者和时刻之神），以及保护手工的女神弥涅瓦，等等。这些神中有一部分是在意大利各陈旧部族的原始崇奉的基础上形成的，但更多的是在直接或间接地受了希腊神话的影响之后发生的。罗马开始的一些神明，并非像希腊诸神那样与人同形同性。

而开始的罗马神祇，不管是在形象方面还是在谱系方面，都处于极度紊乱的状况当中。这些神取得人格化的特色，变得与人同样漂亮强健，那是在受了希腊奥林匹斯神话的浸透之后才出现的表象。因而，出现于后人面前的罗马神明通常都穿着希腊的盛装。著名罗马史学家蒙森对此评论道，罗马宗教没有一个体现自我的特有的神像，只有双头的雅努斯神算是破例。共和国中期之后，因为希腊文化的影响日益加深，罗马的乱七八糟的神灵世界才开始朝着系统化的方向发展。许多古老的罗马神在希腊神话中找到了自己的对应者，从而在形象和功能方面变得与这些希腊的对应者如出一辙。这种系统化的改造作业基本上是依照希腊神话的系统进行的。例如，朱庇特与宙斯合为一体，玛尔斯与阿瑞斯合为一体，诸如此类的情况还有：台卢斯与该亚（大地女神）、朱诺与赫拉（神后）、刻瑞斯与得墨忒耳（谷物成长之神）、武尔坎努斯与赫淮斯托斯（火神和冶炼之神）、浮努斯与潘（森林之神）、维斯塔与赫斯提亚（灶神）、涅普顿与波塞冬（海神）、弥涅瓦与雅典娜（才智女神）、狄安娜与阿耳忒弥斯（狩猎女神）、维纳斯与阿佛洛狄忒（爱与美神）、赫尔墨斯与墨丘利（商人保护神）等。

总之，每一个罗马神，后来都找到了一个希腊神的对应者。还有一些神则是直接从希腊神话中照搬过来的，连姓名都没改，如太阳神阿波罗在罗马与希腊同名。跟着罗马对周围区域的占据，附近的神也被吸收到罗马神系中。罗马人被占据区域的神与对罗马本国的神同样敬重。在许多情况下，这些新引进的神在一个专门的典礼中正式被邀请到罗马为他们树立的新圣地。此外，罗马的扩展招引了外国人，他们被允许持续崇拜他们自己的神。密特拉就是这么来到罗马的，他在军队中很受欢迎。

二、罗马建城神话

罗马神话吸收了希腊神话的许多成分。今日有关罗马神话的常识不是来自其时的记载，而是来自于后来一些企图将那些陈旧的传统保存下来的学者的描绘，其间最有名的即是罗马建城神话。相传特洛伊战争结束之后，特洛伊英豪埃涅阿斯经长时间跋涉和漂泊后，到了意大利中部的拉丁姆平原。其子阿斯卡尼在此兴建了亚尔巴·龙加城，并做了该城的国王。当传至努米托为王时，他的弟弟阿穆略运用诡计夺取了王位，还杀了努米托的儿子们，只留下国王的女儿西尔维亚。不许外人接近。阿穆略这么做的原因是他惧怕之后被西尔维亚的子嗣报复。阿穆略强迫西尔维亚充当贞女塔的女祭司，要求她终身坚持童贞，不得婚配；后来又将她囚于孤塔当中。但是，上天并不遂阿穆略的意愿。战神玛尔斯来到塔中，和西尔维亚相爱，使她生下双胞胎罗慕路斯与勒摩斯。阿穆略得知后，非常气愤。

他除了加倍虐待西尔维亚外，还命人将刚刚出世的孪生兄弟投入台伯河中。战神玛尔斯设法救走了西尔维亚，投入水中的双婴被冲到河边，所幸一只母狼用自己的乳汁养活了他们。后来，双婴又被一位仁慈的牧人收养。他们长大成人后，便杀死阿穆略，使努米托重登王位。但他们不愿在亚尔巴·龙加城持续生活下去，后来便到他们在台伯河畔母狼喂食他们的地方建了一座新城。新城建起来得有个称号，他们便以哥哥的姓名罗慕路斯来命名，简称为罗马。这即是罗马城的由来。罗马城池的详细地点，天然是罗马七山中最靠近台伯河边、也最靠近母狼哺乳处的帕拉丁山。罗马城的创建与母狼有着特别密切的联系，正因为如此，罗马人将母狼视为“妈妈之狼”。为了表达感念之情，罗马人精制了一个饲养着一只母狼的永久性兽笼，置放在市政厅前面最显眼的地方，他们还将母狼的形象镌刻在罗马的城上。

第五节　北欧神话

北欧神话起源于对太阳以及天然的生物的崇拜，是斯堪的纳维亚区域所特有的一个神话系统，其构成时间晚于世界上别的几大神话系统。北欧神话的口头传播历史可追溯到公元1—2世纪，主要在挪威、丹麦和瑞典等当地盛行，公元7世纪，跟着一批北上的移民传至冰岛等处。中世纪时，基督教在全欧洲盛行，大部分记载北欧神话的作品被认为是异端邪说而付之一炬，至今保存较为完好的有冰岛史诗《埃达》以及日耳曼史诗《尼伯龙根之歌》等。

一、主要神明

北欧神话是个多神系统，大致上可分成四个系统：伟人、神、精灵和侏儒。伟人发明了世界，生出了众神。但同时也是众神最大的敌人，能够将之理解为人格化的天然力量。神分为两个部族，以主神奥丁为领袖的埃希尔部落以及以大海之神尼奥尔德为领袖的瓦尼尔部落。重要神有十二个，即主神奥丁、弗丽嘉（奥丁之妻，爱神，掌管婚姻和家庭）、索尔（雷神，奥丁之子）、西芙（土地和收成女神，索尔之妻）、弗雷（富饶、兴隆、爱情、平和之神）、洛基（火神，奥丁同母兄弟）、提尔（战神）、弗蕾亚（繁育之神，掌管生育以及爱情，弗雷之妹）、海姆达尔（众神的看护神）、巴尔德尔（亮光之神，奥丁之子）、霍尔德尔（漆黑之神）、布吉拉（诗神，一说为才智、诗词、雄辩之神，奥丁之子）。精灵及侏儒归于半神，他们为神效劳，其详细由来仍很含糊，归于日耳曼区域的发明。

二、内容

1．创世神话

开始世界上只有两个区域，：一冷一热。这两个区域之间有一条又宽又深的大裂缝。当冷热相遇、烟雾和水蒸气冉冉升腾，随即产生了伟人尤弥尔和一头名为欧德姆布拉的母牛。之后，尤弥尔的身上变出了才智伟人密米尔和女伟人贝丝特拉，这是冰霜伟人的宗族。在母牛的舔舐下，冰中则出现诸神之祖布利。布利生下包尔，包尔和女伟人贝丝特拉生下了奥丁、威利、菲。伟人族和诸神不和，两边挑起战火。诸神拿尤弥尔的身体创造出大地和天空。后来尤弥尔被诸神所杀，伟人族战胜，剩余的伟人逃走，并持续对诸神抱持着恨意。尤弥尔的头颅化为天空，脑髓为云，身体成为大地，血液成为海洋，骨骼成为山脉，毛发成为树木。当尤弥尔尸身腐朽长出蛆，这些蛆就成为精灵及侏儒。奥丁命四个具有怪力的侏儒支撑着天空的四角。然后又捕捉穆斯贝尔海姆的火焰，将它们化为星星、月亮、太阳，并拟订了四季的运转。诸神又取来桴木枝造出男子，用榆树枝造了女性。奥丁给他们生命和灵魂，威利给他们理性与动作，菲给他们豪情、外表和言语。这就是人类的鼻祖。

2. 九个世界

世界之树支撑的世界分为三层九个国度，以下是大致的分类。第一层包含：神国阿斯嘉特，是阿萨神族寓居的地方，其间最大的城堡即是奥丁的金宫，英灵殿也在此。华纳海姆是华纳神族寓居的地方。天地之间万物的生养繁殖、海洋和风，都归华纳神族掌控。此神族通晓许多连奥丁都不知道的奥秘咒法。亚尔夫海姆则是精灵之国。精灵生得格外漂亮，具有很高的法力。他们照顾花草，是独爱亮光、最仁慈亲热的小妖精。第二层包含：中庭，即米德加尔特，是人类寓居的地方。约顿海姆是伟人寓居的地方，人类世界到“伟人国度”的路标是一个恐惧的“铁森林”。这里有由冰、火、空气构成的三色彩虹桥，能够通往神国。瓦特阿尔海姆是侏儒寓居的地方。侏儒是凶猛的巧匠，据有各种奥秘的力气和深邃的常识，他们打造出许多宝藏。第三层包含：海姆冥界，即“阴间”。这是一个严寒多雾的地方，永夜的场所，只有死亡者才能抵达。尼福尔海姆是雾之国和死亡国没有明显分别的冰雪世界。穆斯贝尔海姆是火之国。金伦加鸿沟之南是由伟人史尔特尔看护的酷热国度。

3. 末世神话

“诸神的黄昏”是北欧神话传说中诸神与伟人终极决战，世界消灭且重生的世界末日。诸神与伟人之间不断战斗，将引发两大势力的最终决战。那时候，不但一切目所能见的创造物即将消灭，连“伟人国度”“妖精之乡”和“中庭”的居民，“诸神国度”和“死人之国”的诸神，都将随他们所居的世界而归于消灭。最先显现的征兆是人类面对不曾遇过的严冬。在刺骨的严寒中，世界充溢战争和混乱的阴影，原野的恶兽为了寻觅食物四处游荡。决战到来时，诸神的军队迅速地拿着兵器，冲出英灵殿，在原野上布好局势，开始迎击伟大家。大家相互不再宽谅合作，而是手足相残、父子构怨，在丑恶的情欲竞赛中相互残杀。圆盾与圆盾相互碰击，尖利的蛇矛在空中飞舞，像密布的阵雨，喊声不坚定天地。战场上堆满众神和伟人的尸身，平原现已成为一片血海。

星辰从天穹中落下，时间已不复存在，焦黑的地上摇晃着沉入汹涌奔腾的海底。触目所及只有滔天巨浪，世界只剩余一片死寂的缄默沉静和永劫的漆黑。世界归于消灭，极少数还活着的神都逃往南边去，一对人类男女藏身世界之树的树洞中，饮用晨露，活了下来。时间过去了，从他们脚下的大海中出现出新的大地。这片大地比现已消灭的旧世界更漂亮，绿意更深浓，生果树上健壮累累，潺潺的水声从清晨新鲜的空气中传来。在这遥远的南边，漂亮的平原仍和以往一样存在，幸存的诸神踏着平原上的绿草走过，在草丛中，他们似乎见到了以往所度过的黄金岁月。劫火虽消灭了世界，却也烧毁了一切邪恶，新的秩序又从头开始树立，新的世界将会更加美好！

三、特点

北欧神话有着自我的特色。第一个特色是有关人类的创造。最先被创造出来的是女性，而且创造的资料不是大多数神话中所示的泥土，而是一根树枝。第二个特色是由它的地理位置决定的，因为斯堪的纳维亚半岛地处极北，长年寒冷，因而冰霜伟人在神话中的位置很高，其常常令众神感到头痛不已。第三个特色是对于消亡与重生的观念。一方面，不像别的神话系统，北欧神话中的神是不完美的，其本身也要面对消亡的命运，如奥丁为了取得赏识献出了左眼，被吊在树上九夜、饱尝伤口后才得到了标志其力量的蛇矛。另一方面，北欧神话任凭万物消亡，新的生命将再次形成，世界上的一切都是循环的。

四、影响

时至今日，北欧神话在西方文化中仍有相当的影响力，北欧神话对现代魔幻作品有无穷影响。以北欧神话系统为基础的作品，风行全球。《魔戒》三部曲简直是北欧神话的一个翻版，此外如《哈利·波特》、游戏中的《魔兽世界》、《暗黑破坏神》中都有北欧神话的影子。西方人施魔法时运用的法术和符咒中必有北欧文字。其次，北欧神话对西方的各种节日有很深的影响。比如，复活节是以春天女神的姓名命名的，星期、周日是以北欧诸神命名的（周一月神、周二战神、周三主神、周四雷神、周五春神、周六火神、周日太阳神）。

第二十章

西方法律制度

政治制度无疑是西方文明的主要成果之一，而在法律制度方面。西方文明也有着自身的共同发展轨道和奉献。

第一节　古代西方法制

古代西方法制主要是指奴隶社会的法则准则，其时间起止，约从西方世界产生私有制、敌对阶层和出现国家与法的时候起，至公元5世纪西罗马帝国消亡前后停止。

一、古希腊法

法规准则在西方呈现较晚。当亚非一些区域如埃及和西亚、印度等地在古代较早时期便进入文明社会时，欧洲的大部分区域仍然处于无阶层的原始社会，既没有产生国家，也没有法则。直到公元前12—前8世纪，欧洲的爱琴海区域进入阶层社会后，这一情况才有所改观。随着数以百计的城邦国家的出现，希腊世界迈入了文明社会的门槛。各城邦的法则有着较大区别，但它们在法则的实质、方法、内容和概念方面有着很多同样的特征，存在着同样的法则和准则。希腊各城邦的政治准则各不相同，有民主政体、贵族政体、专制政体或混合政体等，但各城邦为了适应政治和经济发展的需要，都制定了各自的“宪法”、刑事、民事法则和程序法，设置了法院等司法机关。作为一个历史年代的地域性法则体系，古希腊法在世界法则准则史上有着共同的奉献。古希腊法的原始渊源是习惯和惯例。公元前8世纪，在古希腊从氏族改变为国家过程中，各城邦普遍进行了立法活动，呈现了成文法，其间又以雅典的法则最为兴旺。

公元前6世纪后，成文法日渐丰富，其间较为著名的有《德拉古法、梭伦法则》、《伯利克里法》、《爱阿提卡法典》和《得岛海商法》等。这些法则文献包含触及政治体制的根本法、行政法、刑法、法院安排和诉讼法，还有民事立法和海事法，反映出古希腊的法则准则发展到了一个昌盛的时期。古希腊世界在地理环境、经济情况和政治结构上呈现出杂乱性、不平衡性和多元性，从未建成一个统一的基地政体，这也使得古希腊法存在着多样化特征。首先，古希腊各城邦都制定了各自适用的法则，完成了从习惯法向成文法的改变。很多城邦的法则相当兴旺，不只制定成文法规，而且内容翔实、部分齐备、体系合理。既有实体法，又有程序法，司法活动准则化。其次，希腊人重视伦理观念，如公理、公正、秩序和理性。在司法实习中，法官依理造法和自在裁量权力较大。

在法庭审问过程中，法官和陪审团以及当事人和律师的兴趣不在于剖析与讨论适用法则条款的内容，而旨在发现所谓“公正”的笼统标准，因而希腊法具有十分杰出的技术上的灵活性。再次，以泛希腊法则观为基础构成了普通法准则。因为各城邦司法准则存在区别，在触及本邦人和外邦人抵触的法则诉讼中，希腊人会运用某些类似于后世的“世界私法”的准则加以解决。这些准则后来演变为适用于全部希腊人的“普通法”，它是从各城邦法则中概括出来的一些希腊人都能够理解和承受的，又在法则实习中经过屡次运用被认为是卓有成效的法则准则。终究，在希腊法则中，“邦际”和“世界”间抵触法现已初现端倪。除了实施“商务法庭”的裁定法外，各地商人在签订契约时还能够各自挑选愿受其约束的法则。这样，两边都能够取得自我原属法则准则中所得不到的有利根据和顺利的程序。如犹太人就能够运用希腊法则，通过放贷取得利息（这种权益在犹太法则中是制止的）。

二、古罗马法

相比于希腊诸城邦而言，罗马的奴隶制国家和法的形成要晚一些，但罗马的法则准则及其法学思维对西方及世界文明的贡献最大。在西方文明史上，罗马首次形成了工作法学家集团，首次出现了法则校园和法则派系，首次写下很多法学作品，为西方法则文明的发展奠定了重要的基础。罗马法制的发展与罗马历史的演变步伐是相一致的。公元前 6 世纪，罗马第六代王塞尔维乌斯进行的政治改革标志着罗马奴隶制国家的最终形成，据说其时曾制定过 50 条法则，触及不法行为和契约两方面内容，尽管具体内容现已无从考证，但一般以为这标志着罗马法的发生。与希腊法类似，罗马法开展的第一步是将“深藏于祭司团的神龛当中的”习惯法变为成文法。如今有史可考的罗马第一部成文法是共和前期的《十二铜表法》。尽管此法的公布旨在保护奴隶制、标准私有制，且刑法严重，但聚集、编撰了不成文的法则，规定了诉讼程序、全部权、债款权、家长权、宗法权以及违法和惩罚等内容，折射出罗马以法治国的精神。

公元前 3—前 1 世纪，因为罗马对外不断扩张，奴隶制经济迅速发展，罗马的共和制开始向集权的帝制改变，罗马法得到了进一步发展，构成了市民法和万民法两个体系。市民法在内容上侧重于公法，触及国家行政管理、国家机关及部分诉讼疑问，有关产业联系方面的内容则不太完善。市民法又称公民法，只是适用于罗马公民内部，是罗马国家固有的法则，《十二铜表法》即是市民法的一个重要组成部分。因为受到古代宗教和城邦观念的影响，市民法不免具有一定的狭隘性和排他性，地方主义颜色也比较浓厚。随着共和国末期罗马版图的扩大，罗马与别的外邦、外族的往来日益增多，联系日益杂乱，市民法现已不习惯新的年代需要，万民法遂应运而生。为了处理罗马公民与外来人以及外来人之间的权力、责任和联系，罗马于公元前 242 年设立了外事最高裁官，其处理的案子不拘泥于市民法固有标准，而是根据“公正”、“公理”准则，创立了一套不同于市民法的专门法则标准，名曰万民法。

万民法的内容着重于债款、债款，不触及家庭、婚姻、继承联系，这些联系或由市民法调整，或由外人原来适用的法则来调整。因而，万民法所根据的法则不限于罗马市民法，一起也吸收了别的民族的标准。公元前 3 世纪，跟着外邦人连续取得罗马公民权，两个法则体系的差别逐步不见。公元6世纪，东罗马帝国皇帝查士丁尼（482—565）将两者统一起来。进入帝国年代之后，罗马法进入到了空前发展阶段。体现为法学研讨昌盛和法学家活动频频且效果愈加重要。这一时期，罗马在法学范畴人才济济，门户纷呈，佳作不断涌现。罗马官方也安排法学家对法则、法规进行整理和汇总，先后编纂了多部法典，其间较为闻名的有以下几部：（1）《永久令》。公元2世纪哈德良皇帝（76—138）命法学家将以往全部裁判官的告示汇编而成，在全国统一适用，且任何人不得更改，这部汇编的公布，宣告了裁判官立法的完结。（2）《格里哥利安法典》和《赫尔莫杰尼安法典》，编纂于公元2世纪末3世纪前期，记录了从哈德良皇帝到康士坦丁皇帝在位的皇帝敕令。（3）《狄奥多西法典》，编纂于公元435年，聚集了康士坦丁皇帝以来的君主敕令3000多种，共16卷，包含公法和私法。（4）《民法大全》，由东罗马皇帝查士丁尼命令撰写而成，其间包含《查士丁尼法典》《法学阶梯》《法学汇编》和《新律》四部分，这些法典尽管新意不多；但对罗马建国以来的法学发展进行了全部的总结和提高，罗马法至此最终完成。罗马法内容丰富、体系科学，其法学论著和成文法典规模庞大，这些都使得罗马法变成古代社会最兴旺、最齐备的法则体系。作为第一个世界性的法典，罗马法具有强烈的创始含义，其以人为本、重视实习的根本精神，历经多年仍然在近现代法则当中焕发着生命力，恩格斯曾评论说，“罗马法是纯粹私有制控制的社会生产条件和抵触的十分经典的法则体现，以致后来全部的法则都不能对它作任何实质性的修正”。

第二节　中世纪的西方法制

中世纪的西方社会归于封建制社会。这一时期西欧的法则准则根本围绕着稳固封建准则，保卫封建政权展开。然而，因为封建控制在不同国家和区域受到了特定的地理环境和特定的历史文明传统因素影响或制约，构成了各不相同的体系和特色。

一、日耳曼法

中世纪时期，日耳曼法较早的变成在西欧占有重要位置的一种法则体系。

古代日耳曼人原来是寓居于罗马国家东北部被称为“蛮族”的一些游牧部落。公元5世纪，日耳曼人乘西罗马帝国国内政治、经济危机，国力特别衰弱之际，入侵并摧毁了西罗马帝国，在被占有的领土上建立起大大小小一系列的日耳曼人王国。在日耳曼人降服西罗马帝国的过程中，其社会阶层联系以及社会准则都发生了急剧的改变。原有的氏族准则分裂，氏族机关变为了国家机关。随着国家的建立，原有的部落法则改变为习惯法。开始是不成文的习惯法，后又相继将习惯法汇编为法典，构成成文法，其间较有代表性的有西哥特王国的《尤列克法典》、法兰克王国的《撒利克法典》、不列颠人的《埃塞博特法典》等。

尔后，因为日耳曼各部落与罗马人的杂居往来，联系日益亲近，日耳曼王国的不少法则都仿效罗马法的立法体系并吸收了很多罗马法的根本精神和具体标准，日耳曼法与罗马法逐步融合为一体。日耳曼法规则，法则当事人不管寓居在何处，一律只适用于其出世的那个部族的法则。日耳曼法重要触及属人法准则、土地全部权、债款、审判等内容。届人法准则重要是断定每自己所适用的法则。其根本准则是：已婚生子女从父法，非婚生子女在生父召回前从母法，如不能辨认其生母，可由本人挑选一种适用法则。在土地全部权上，日耳曼法先后确认了三种方法的土地全部准则：（1）马尔克土地所有制，即自在农人土地所有制。这种准则是日耳曼人氏族准则崩溃时期以地域联系力基础树立的农村公社。在这种准则下犁地为公社集体全部，分配给各家庭独自运用，别的森林、水源、草场也归于公社集体全部，自己居处前后的小块园地归各个家庭私有。（2）大土地占有制。国王经过恩赐、分封等方法将大块土地交给贵族、亲兵和教会，以获得他们的支持，后来这种准则又进一步经过“保护制”、“采邑制”得到稳固和扩大。（3）农奴份地。农奴从贵族处收取份地，只要运用权，这也意味着农人被剥削、压榨和被捆绑在土地上。在债款准则上，因为自然经济占有主导位置，日耳曼法债款制相对较为原始，具体体现为：侵权和违法行为还没有得到清晰区别；契约品种少，只要生意、接待、运用假贷和寄托几种；保存了债款役使制，债款人产业无法偿还债款时，就有可能沦为债款人的终身奴隶。从法则安排来看，日耳曼各王国法院均由一般地方法院和王室法院组成。日耳曼法的审判准则重要体现在如今法院安排和诉讼准则上。

地方法院又分为郡法院和百户法院，两者源于为审判而举行的郡和百户的民众大会。自由人有义务参与审判大会，这是权力也是责任。从诉讼准则看，前期实施自讼准则，由原告传唤被告，如被告非因公事拒不到庭，则要受罚。随着王权的强化，在王室和巡回法院中形成了叫问式诉讼。在审理触及王室利益的案子中，由王室法官或官员自动传讯知情人，在查清现实基础上作出判定。较之罗马法，日耳曼法在方法和内容上都提高不少，但日耳曼法是西欧封建法的滥觞，其准则和很多习惯法的准则今后成了近代西欧法则的重要历史来历。

二、教会法

欧洲中世纪时期，教会实力变成西欧封建准则的精力支柱和世界基地，与此趋势相一致，教会法也发展成了独立的法则体系。教会法又被称为“寺院法”或“宗规法”，是天主教、东正教、基督教以及别的教派教规的总称，但一般指的是中世纪天主教的法则。教会法的发展与基督教的兴衰紧密相连。其大约在公元4—9世纪形成。这个时期教会法刚刚创立，对比粗陋，其法规重要从犹太教的教义和法令以及罗马法中吸取材料，重要内容只限于规定神职人员的宗教规矩，束缚神职人员的行动，《圣经》是其重要的法令根由。公元10—14世纪是教会法的鼎盛时期，跟着罗马教会取得了世俗君主的支持，其权势逐步达到了高峰。教会的位置不断提高，其司法权也随之拓展，教会法变成独立的法令系统，适用于欧洲封建各国的整体居民，其效能甚至高于尘俗法令，起到了保护封建控制的效果。

16世纪的宗教改革更是动摇了教会的威望，教会法适用的规模及其威望日趋弱化，但仍在婚姻、家庭和承继方面临各王法令发生着影响。15世纪之后，独裁王权加强，教会本身迂腐，内部的分裂，致使了教会实力的削弱，教会法也因而走向式微。作为西欧中世纪的一种独立而又完好的法令系统，教会法触及的内容对比广泛，其根本准则有：教阶准则、悉数权准则、婚姻、家庭与承继准则、违法与诉讼准则等。教阶准则是有关神职人员的等级和教务管理的准则。在中世纪的西欧，教会仿照罗马帝国和封建等级准则，在教会内部划分了享有不一样权利的等级，然后形成了等级森严的教阶准则。

教会等级分为三等，教皇位列最高一级，具有对教会业务及其成员的最高的、彻底的管辖权；在教皇下面第二等的是大主教、主教、神父等中高级教职，他们各自管理其所辖教区内的教务，并行使立法和审判的权利。最下一级别的是修士、修女等初级教职，他们是终身为教会效劳的传教人员，辅佐处理教会日常业务。在悉数权准则上，教会法作为披着宗教外衣的封建法，既反映僧侣的利益和要求，也表现了封建主的毅力。它一方面保护世俗的封建土地所有权，同时也直接保护教会所控制的土地的所有权，建立了一套关于不动产的理论准则，严格保护土地占有，不准分割转让不动产。在教会法中，婚姻和承继准则对后世影响力对比大。其重要内容包含，实行一夫一妻制，婚姻应是男女自愿联系，举行宗教仪式男女方可成婚，不准离婚，老婆无条件服从老公，区分遗嘱承继准则与非遗嘱承继准则。这些规矩既有合理的地方，也带有某些消极的要素。

在违法和惩罚准则方面，教会法充满了强烈的宗教颜色，并以虐待异端，保护教会的登峰造极位置作为根本任务。为了维护宗教保护神学的威望，关于先进的科学与思维观念，教会一律斥为异端，施以严酷惩罚。其惩罚大体分为三类：一曰惩治，剥夺受罚者部分或全部的宗教和尘俗权利；二曰报复，重要是罚金或禁止参加宗教活动；三曰补赎，通过读经文、布施、朝拜圣地等减轻或减免处罚。教会法同世俗法院一样具有处理各项法令业务的权利。教会的诉讼准则包含民事、刑事、婚姻和神品等诉讼准则。在审讯程序上，教会法规矩，任何人都能够提起诉讼，且有必要是烦琐的书面方法，教会法官可依据揭发进行审判。在审判中，被告人的权利遭到极大约束，遍及施行有罪推定，广泛施行刑讯逼供。

中世纪的教会法是保护封建经济和政治控制的工具，可是客观上对西方乃至世界法令的发展起到了一定的积极效果。一方面，教会有关婚姻、家庭和承继准则的规矩和准则长时间制约着西方各国婚姻家庭立法的发展，其影响力今日仍可见于西方某些国家的有关法令中；另一方面，教会法以基督教教义为基础，提倡悉数基督教国家都应坚持平和联系，制止战争，要以平和协商办法处理世界争端，约束战争兵器的运用，等等，这对近代世界法的产生起到了推动和促进作用。

三、英法封建君主制国家的法制

除了日耳曼法和教会法这两部中世纪时期具有跨国性或普世性的法令外，作为西欧较早构成封建君主独裁政治方法的法国和英国在法令准则的发展上也有其本身的一些特征。法兰西王国在公元 5 世纪进入等级君主年代。这一时期，地方的习惯法通过私家编撰逐步一致，罗马法、教会法对尘俗居民有着较大的束缚力。16 世纪法国进入君主独裁年代，国王在立法、司法和行政等方面把握了无限的权利。王室以王权为依据，以罗马法和习惯法为基础公布了一系列法规，如路易十四时期的民事诉讼法、刑事诉讼法、海商法，路易十五时期的一些民事法令等。这些法令的编撰加快了法王法令一致的进程。英王法令前期受日耳曼法的影响，以日耳曼部落为基础的习惯法占有着主导位置。但是由于法国封建经济准则的典型性以及法国社会内部法令文明的多样性，在资产阶层革新前，习惯法、教会法仍在法国社会中有重要的影响力，法令的分散性、混乱性依然不同程度地存在着。1066 年诺曼降服后，英王法的三大根由开始逐步构成，其影响一向延续至今。

普通法是在盎格鲁-撒克逊习惯法基础上发展起来的一套法令规矩，重要是在诺曼降服后通过王室法院的活动而构成的，其内容包含在巡回审判准则基础上建立王国《一般习惯法》，并由此统一全王法令，设置各种法令组织处理不同类型的案子，建立陪审准则，判定中“遵照先例”等。衡平法是为补偿普通法诉讼程序的生硬、保存而产生的。在这种法令准则。大法官审理案子时能够不受普通法诉讼程序的约束，依据“公正”、“正义”即自我的判别进行判定。17 世纪衡平法的一些不确定规矩被改变为定形的准则后，衡平法与普通法呈现了交融的趋势。作为对普通法的弥补，衡平法灵敏、简洁的办法一度大受欢迎，但其因人而异的不确定性也遭到了打击。

制定法是通过国王或国家立法机关正式制定成条文的法令，又称为成文法。前期的制定法重要是国王的立法，13 世纪随着作为等级代表机关的国会建立后，制定法又增加了国会立法。制定法中对比重要的有 1164 年和 1166 年的克拉灵顿诏令、1215 年的大宪章、1258 年牛津法令等，其间 1215 年的大宪章是重要的宪法性文件之一。近代以后，随着国会位置的不断提高，制定法逐步逾越普通法与衡平法，在英王法令中占有了重要位置，变成英国最重要的法令根由。

第三节　近现代西方法制

一、大陆法系和英美法系

近代以来，西方主流国家经历了由自在资本主义向垄断资本主义的过渡，这种过渡也在法令准则的演化中打下了烙印。近代法制发展的一个突出表象即是英美法系和内地法系的崛起。此后，伴随着近现代资本主义的拓展，这两大法系也推行到了欧美以外的世界，深刻影响着人类法制文明的发展和前进。内地法系又称“民法法系”、“罗马—日耳曼法系”或“法典法系”，是资本主义国家中历史悠久、散布面广、影响最大的法系。其法令系统由革新胜利今后的资产阶层通过谨慎的立法，以法典方法表现于世。它肇始于法国资产阶层推翻封建独裁控制的大革新。由于法国制定的法令，开始以宪法典、民法典、刑法典、民事诉讼法典、刑事诉讼法典以及商法典或行政法典而著称，所以又被归纳为六法系统。

从历史根由来看，中世纪后期，随着罗马法的复兴，欧洲内地很多国家的大学院系都教授罗马法，树立了法是调整社会联系的重要东西的一致观念，形成并接受以欧洲内地普通法为表现方法的罗马法。因而，这种普通法是欧洲内地专家研究和传播罗马法的产品，是将罗马法的概念、准则和准则联系实际情况，探究当时需求处理的法令疑问的规矩的办法，是通过改造和发展了的罗马法。近代以后，跟着资产阶层启蒙思维学说的鼓起，中世纪占有控制位置的教会神学也遭到了动摇。资产阶层和广大人民群众同封建主阶层的斗争不断尖锐，最终导致一系列的资产阶层革新，夺得政权后的资产阶层。

面临政治、经济、社会等方面都发生剧变，强烈要求树立习惯新形势需求的统一的法令准则以安定革新效果，推进资本主义发展。这种法令准则的系统化、一致化最早呈现在法国。在大革新后，法国采用查士丁尼编纂法典的办法，公布了成文宪法。其间，归于民法和商法等私法规模的立法精神，以自然法学说为指导。拿破仑时期又弥补了民法典、刑法典、民事诉讼法典、刑事诉讼法典和商法典五部法令。反映自由、平等思维，着眼于本位主义，吸取了中世纪以来的内容，创立了有利于资本主义的准则，归于公法规模的立法指导思维、概念、准则则来源于启蒙思维和资产阶层革新。有关法令还引进了英美宪政准则，采用刑罪法定主义刑法思维、吸收英国的陪审准则、弹劾准则和教会法的纠问主义，形成混合型的刑事诉讼准则。在法国的影响下，德国和欧洲内地其他一些国家也都相继仿效完成了本国法典的撰写。跟着近代欧洲列强的扩大，内地法系还拓展到了亚非拉和南美的很多国家和地区。

英美法系又称“英吉利法系”或“普通法法系”，它以英国的普通法为基础，兼以衡平法和制定法为重要根由，交融教会法和商人法。吸收若干罗马法准则和准则而逐步形成的世界性法令。这一法令系统发展相对要缓慢一些，其保存性表现出了英国人对待本国法文明效果的慎重。英国人对保护法的接连性的高度重视，以及通过维持法的接连和稳定来保护法的威望的根本态度。使得发展缓慢的英王法一直立足于坚实、安定的基础上。从 16 世纪开始到 20 世纪前期，英王法在保存相当传统成分的基础上，逐步完成了法令整体的资本主义化。美王法的制定尽管在很大程度上吸收了法国启蒙思维的内容，却坚持了英国式的经验主义和实证主义的传统。随着英美的殖民扩大，英美法系在加拿大、澳大利亚等曾是英美殖民地的国家和地区都有着较大的影响力。内地法系和英美法系在本质上都是资产阶层的法令准则，但两者之间也存在着不少区别。

其一，两者的法令根由不一样。在内地法系国家，法令以制定法首先是法典的办法存在，正式的法令根由重要是指立法机关制定的标准性法令文件，行政机关制定的各种行政法规，只有它们才具有法令上的束缚力，法院的判例不是法令根据。判例法的基础是遵照先例准则，这个准则的要求是，上级法院的判定，乃至本法院以前审理的类似案子的判定中所包含的法令准则和规矩，具有束缚力。在英美法系的国家和地区，制定法和判例法都是法令根据，并且判例法还在法令系统中占有了重要的位置。在英国，上述法院的判定对包含其本身在内的悉数法院均有束缚力；高等法院一个法官的判定，劣等法院有必要遵照。而从制定法来看，内地法系承继了罗马法的传统，习惯于用法典对某一法令的部分所包含的标准做统一的系统规定，法典成了法令的重要方法。在英美法系中法典就要少得多，制定法通常是以独自法令的方法对某类疑问做出专门规定。

其二，法令系统和法官的效果不一样。内地系统关于立法和司法的分工清晰。着重制定法的威望。制定法在各种法令中具有高效能的特性，并且将悉数法令划分为公法和私法两大类，具有概念清晰、系统和具体的部分法构造。在司法上，法官只能严厉执行法令规矩，解说法令仅限于阐释法令的本意，而无创制法令之权。英美法系中，法令系统杂乱，很多中世纪制定的法令和近现代的制定法同样有用，法令缺少系统分类，部分法之间缺少逻辑联系。在司法实践中，着重法官的主观能动性，能够发明先例，能够通过解说、发展先例中的规矩和约束制定法的适用，这也被称为“法官造法”。

其三，司法体系和办法迥异。英美法系和内地法系的司法尽管都围绕审判机关的审判打开，但英美国家的司法机关，不像内地法系的国家那样包含监察机关。内地法系国家对行政事情和纠纷的判定，专门建立了行政法院进行处理；对触及宪法的案子和有争议的裁判，也专门建立宪法法院或宪法委员会来判定。这与英美法系施行的悉数法令案子皆由普通法院审理是有较大区别的。

在诉讼程序上，英美法系的一个重要特征在于陪审制，尤其是在美国，不仅刑事案子，并且在民事案子中，也施行陪审准则。在诉讼方面，内地法系与英美法系的一个重要区别在于，内地法系注重实体法，英美法系注重程序法。英美法系在诉讼程序上还施行对立制。其内容是民事案子中的原被告律师以及刑事案子中的公诉人和被告律师在法庭上对立，扮演了最活跃的人物。陪审团不进行调查，在法庭上也不发问，他们只在听取两边及其证人陈述后，并就最终案子作出判定。法官除了维护法庭次序，既不主动进行调查也不发问，表现为一个消极的仲裁者。大陆法系则有着较大不同，在民事案子中大陆法系不实施陪审准则，陪审制仅适用于重大刑事案子。并且大陆法系在诉讼程序上实施职权制，法官以活跃审判者的身份出如今法庭上，他往往主导诉讼进程。除了上述区别外，两大法系还在法则概念、术语和法则教学等方面有着一些不同之处。

二、近现代英国法制

1．宪法

英国有“近代宪法之母”的称谓，是近代宪政的策源地。英国宪法是国家统治的产物，有着较强的经验主义的色彩。但是，与别的国家不同的是，英国宪法不是集中于某部宪法文件中，而是包含了很多涣散的、不同年代的成文法、习气法和常规，这些法则与通常性法则效能大体持平，且没有制定和修正宪法的其他程序。因而，英国宪法又被称为“柔性宪法”或“不成文宪法”。宪法性法则触及国家的政治准则、国家机关的安排活动准则以及人权问题，英国宪政史上这方面的法则可谓为数很多。最早的宪法性文件是 1215 年的《大宪章》，这是英国封建主为维护自己的既得利益在与国王进行政治博弈后签署的一份政治契约。其间大多数条文尽管到近代现已失去了含义，但文件中所树立的王权应该受约束等准则迄今仍被认为是有用的宪法准则。

1679 年的《人身维护法》规定国家必须要保证公民的人身自在，废弃将监犯软禁在海外，约束不合法逮捕和拘禁的行动。这一法则也因而被英国历史学家和法学家称颂为“人权保证”和英国宪法的“奠基石”。1689 年的《权利法案》是英国约束王权斗争获得的重要实质性进展。法案规定：国王未经国会赞同不得公布法则或中止法则效能，不得纳税、征兵或保持常备军，议员须由自在选举产生，议员有在国内自由发表意见的权利等。《权利法案》扩展了议会的权利，稳固了英国资产阶级革命的成功效果。1701 年《王位继承法》进一步约束了王权，并排除了天主教徒担任英国国王的可能性。法则规定：凡非出生于英国的人皆不得担任国会议员和别的官职；凡在王室担任官职和收取薪俸者均不得为下议院议员，从而避免政权落入外人之手。法则还另外规定，法官任期终身，并只能由国会两院奏请革除；国家的根本法则有必要由国会经过，国王同意方能颁布；国王的赦宥对弹劾案无效等。

议会的立法权因而得到了扩大。《王位继承法》根本上树立了分权和司法独立的准则，稳固了英国“虚君制”的政体。1911 年和 1949 年，英国两度经过了《议会法》，规定财务法案只能由下院提出经过，即便在上院未获经过，也得送交国王同意；对非财务方案上院虽有否决权，但只能否决两次，一旦方案在下院接连三次经过，法案即可通过。《议会法》的通过，大大提高了下院的地位，改动了上院强下院弱的政治力量对比，加快了国会经过法案的进程。自治领的法则不因与英国议会通过的法则相冲突，自治领对在该治理规模内有用实施的英国法则有废弃或修正的权利。

1931 年英国公布了《艾威斯敏斯特法则》，承认了英帝国的自治拥有彻底的立法权。这表明英国的殖民体系开始溃散，英国被迫承认自治领在内政外交上享有实际上的独立地位。除了成文的规矩和法则外，英国宪法还表现在习惯上。这些都是指法则无明文规定，但因为一些历史缘由构成的现实，逐步形变成一种习惯并被国家加以承认并赋予宪法效能的准则和准则，如“国王统而不治”、“辅弼组阁并掌管内阁业务”、“大臣须是议员”等。这些常规只需经过议会立法才能加以修正。

2. 民商法

英国没有民法这一概念，因而，在英国法则中，归于大陆法系中有关民法、私法的内容重要体如今产业法、契约法、侵权行动法、婚姻家庭法等独立的法则中。产业法是从英国封建年代的不动产土地租佣准则的基础上发展而来。资产阶级革命时期，英国国会经过了一系列的土地立法，使土地变成了革除封建依附联系的资本主义性质的私有产业。工业革命后，英国对土地持续进行改革，在19世纪中后期先后两度经过《地产授予法》，规定私人能够自由买卖、租借、典当包含土地在内的悉数产业。20世纪20年代，英国国会再度通过多部涉及产业权利、土地占有联系的法则，废弃了历史上遗留下来的公簿持有地产，使之变为能够自由持有、生意、租借之地产。自然人或法人都能够称为产业信任的受托人。此外，英国还公布法则正式供认了信任准则。

受托人应妥善管理和运营受托产业。法则严厉地维护受益人的利益。受托人如并吞托付产业则应负刑事职责。契约法开始只是完成土地权利的一种诉讼方法。前期法则仅规矩契约须以文字方法订立，加盖印章，有证人做证，法院方能给予承认，口头承诺的契约不具有法则效能。到19世纪，英国法则经过判例对有用契约作出了规定。有用的契约被请求有必要具有以下条件：当事人有必要具有缔结契约的能力；有必要由两边当事人自愿达成协议；有必要具有有价值的对价；契约内容有必要合法；某些契约有必要具有法定方法。直到今日英国也没有构成体系和成文的契约法，契约法的准则大多表现于很多的法则判例和别的一些法则中。侵权法是英国法则体系中的一个陈旧的分支，在英国法则中侵权行动大体被分为两类，第一类重要是对产业的损伤，包含损害不动产和动产；第二类是对人身权利的损害，主要包含威胁、殴打、不合法拘禁、诋毁和损坏家庭联系等。在损害行动的职责准则上，英国法则起先着重肯定职责，即不管行动人片面上有无差错，只需造成损害。

就应该承当悉数职责，现代法则则用差错职责替代了肯定职责，差错职责是指行动人对别人负有职责的场合，假如缺少适当的留意与合理的关怀，行动人就构成差错。工业革命后，英国树立了严厉的职责准则，即在法则规定的某些条件下，不管被告是不是有错，要是发生了损害现实的现象，除非被告能证实损害是因为对方差错形成的，不然就有必要承担补偿职责。这一准则主要适用于采矿、修建和铁路运输等生产部分。对比职责则规定，当原告和被告都在形成的损害中犯有差错的时候，法院应对原告的补偿请求进行对比，由两边共同分管或减轻被告的损失。20 世纪 30 年代，英国还供认了商品职责和对比职责准则，商品职责规定商品制作商因为其商品的包装或质量缺点给消费者形成损害，制作商不管有无差错，都应对消费者进行补偿。资产阶级革命后，英国的婚姻家庭法一度保存了很多封建年代的法则。

婚姻被认为是宗教上的圣典，成婚有必要实行宗教仪式，家长有权决定后代的婚姻，非婚生后代遭到歧视。1836 年《婚姻法》改动了成婚有必要实行宗教仪式的规矩。1857 年《婚姻诉讼法》供认了离婚自在。1937 年《婚姻诉讼法》，废弃了“夫妻一体准则”，供认夫妻产业分立准则；1926 年《婚生法》扩展了婚生后代的规模，规定婚前怀孕、婚后出世的后代或根据以往法则解说的“私生后代”，均可获得合法地位。

3．刑法

英国一向没有一部体系的刑法典，并且还曾长时间地保存了封建性、杂乱性以及法官对法则适用解说的恣意性等特色。中世纪以来，英国法则将刑事违法划分为背叛罪、重罪和轻罪。直到 1967 年《刑事法则》才废弃了这种区别，但背叛罪仍独自作为一类保存了下来。英国的刑法违法现在重要包含：损害国家安全罪（背叛、鼓动暴乱、泄密、制作伪币、纳贿和纳贿、海盗和劫机）、损害公共次序罪（骚乱、损坏治安）、对人的违法（谋杀、差错杀人、损伤、性违法）、对产业的违法（掠夺、偷盗、窝赃、故意损坏别人产业、放火、诈骗）等。在赏罚准则上，英国赏罚在 19 世纪曾经仍表现出了野蛮性、严酷性的特征，死刑有二三百种。这种特征到 19 世纪中叶以后才有所改动。现代英国的赏罚重要有：终身拘禁、拘禁、罚金、无偿劳作赏罚、缓刑、无条件或有条件开释、没收产业等。

4．诉讼准则

英国的诉讼准则选用对立准则。在诉讼中，控诉人与被告双方作为诉讼主体，权利平等，格外是被告人享有辩护权。经过双方的对立与争辩查明现实，法官掌管庭审，但不自动调查、审问，只扮演仲裁人的人物，最终根据查明的本相和法则由法官和陪审团作出判决。资产阶级革命后，英国对源于封建年代的陪审准则进行了改革。在 19 世纪，改革的内容重要是对陪审官人选的资历请求，即由着重封建身份转而着重于产业资历。到 20 世纪 70 年代，根据《刑事审判法》的规矩，彻底废弃了陪审员产业资历的约束。但凡年龄在18—85岁并从13岁起在英国寄居5年以上的男女选民，都能够担任陪审员。

英国的律师准则起源于中世纪的诉讼署准则。英国法则还对陪审准则适用的规模作了规矩：在民事诉讼中，除非单个特定案子（如诋毁）或当事人申请，通常不运用陪审团准则；刑事案子虽保存运用小陪审团，但小陪审团也主要是在刑事法庭初审公诉罪时适用。英国律师分为两类，一类是能够到会各级法院的律师，称出庭律师或辩护律师；另一类只能在下级法院出庭和为当事人书写诉讼，或充任辩护律师与当事人之间联系人的律师，称业务律师或诉状律师。出庭律师因能够充任辩护人而请求严厉，有获得法学学位，参与英国四大律师工会训练，并且经考试彻底合格。业务律师通常只需获得法学学位，加入律师协会，持有律师协会签发的执照证实，即可担任。

三、近现代美国法律法制

1. 联邦宪法

1787年美国宪法是世界上第一部成文宪法。它一方面参照了英国的法则准则；另一方面又以一百多年来殖民地的政治准则和独立后11年的立法经历为根据。宪法在1787年制定之时有序言和篇文章7条，共7000余字。在今后长达200多年的时间内，宪法又以“修正案”的方法做了16次修正与补充，共添加了26条。美国宪法的重要功能即是规定美国国家的权利机构、权利来历、权利制衡。三权分立思想在美国宪法中得到充分表现。宪法第一条规定悉数立法权由参议院和众议院组成的联邦国会行使。第二条规定行政权归于总统。第三条规定司法权归于最高法院及国会与建立的下级法院。上述三条占悉数宪法的80%。宪法的26条修正案的内容主要包含两个方面，一是规定公民的根本权利；二是对联邦政府的选举安排及其官员的职权作了某些调整和约束性规定。

在内容特色上，美国宪法格外注重对权利的制约，这种制约一方面体现在立法、行政、执法三权分立上；另一方面体现在联邦体制中。在关于国家机构的构成以及制约方面，美国宪主要完成了三项作业：（1）确立了政府构成。通过在联邦制内建立政府的三个部分，美国有了一个完整的政治构造。（2）宪法把国家的权利交由三个部分行使。（3）宪法设定了三种权利的制衡联系及其规定。美国宪法既颁发政府权利，又约束政府权利。这种分权与制衡的起点不是为了建立一个最有用的政府，而是为了避免政府滥用权利，避免国家自己走向独裁以及国家对公民权的损害。

美国宪法在公民权的保证上还表现出了一些明显的特色：一是不去充分罗列公民应有哪些权利，而是规定国会不得制定约束公民权利的法则；二是明确指出，本宪法对某些权利的罗列，不得被解说为否定或轻视公民保存的别的权利；三是规定宪法未颁发合众国，也未禁止各州行使的权利，由各州保存，或由公民保存。这些思想与行文方法，是西方“天赋人权”政治思想的法则表现。关于公民权，美国宪法规矩定公民拥有三种根本权利，包含：产业权、生命权和精神权。

2．美国民商法

美国民法归于英美法系，受英国民法系统和准则的影响较大，但在内容与方式上又有自己的特征。尤其是第二次世界大战后，美国立法在很多方面摆脱了英王法的影响，抛弃了英国通常法的一些规定。此外，美国是联邦制国家，联邦与州都有立法权，仅仅是分工不一样。联邦立法以公法为主，私法较少，归于各州的立法权限的有家庭、婚姻、承继、稳妥、公司、收据等，大多为私法范畴。为了一致各州的法令，联邦政府专门建立“一致州法令全国委员会”，着手制定一些统一法，如统一合伙法、统一商法典、统一婚姻法等。但这些法令仅仅推荐给各州通用，各州的立法权并未因统一法而被剥夺。因为各个州的民商立法所采纳的内容和方式不一样，因而在法令的适用上不免抵触。在统一法中含义对比严重的是《美国统一商法典》。它是在近现代美国各商事统一法的基础上编纂并于1952年正式发布的。这部法令以经济为基础，建立了一套习惯现代商业流通所需求的标准，在一定程度上表现了美英法系的商事法令准则。

3．美国刑法

美国刑法源于英国刑法，并在一段时间里主要表现为判例法，但随着年代的发展，美国不断地批改其刑法系统，经过联邦和州立法代替了传法的内容，使得今世美国刑事法令准则主要由制定法构成。美国的刑事立法权由联邦和各州分开行使。最早的联邦立法是1790年的《科罪法》，该法重要触及叛国罪、海盗罪、伪造罪、贿赂罪、公海谋杀罪等别的违法。到1877年，联邦制定的刑事法规均编入了《联邦法令汇编》。除了联邦政府，美国各州也先后制定了多部刑法典，大多数内容是通常法的法典化。对美国刑事法令的修订和法典化有严重影响的是美王法令协会制定的《榜样刑法典》。该法典的意图是给各州修订刑法典或制定现代刑法典供给一个范本，以弥补其时刑事法令在科罪、判刑和惩罚执行方面的规矩不确切和缺少归纳思考的缺乏。1962 年法典的正式文本得以经过。它具有较高的学术价值和演示含义，对联邦和各州立法产生了影响。

4. 诉讼准则

美国设有两套自上而下的法院安排系统，一套是联邦法院安排系统，分为最高法院、巡回法院、区域法院和专门法院。一套是州法院安排系统，分为底层法院、州上诉法院、州最高法院三级。两套系统互相独立，也无从属联系，但在大致触及联邦法令问题时，州最高法院判决应承受联邦法院的检查。在诉讼准则上，美国基本沿用英国的通常法。19 世纪以后，美国对诉讼准则进行了一些改革，使之逐渐简化。

四、近现代法国法制

1. 法国宪法

法国是内地法系国家中最早制定宪法的国家。法国宪法的一个杰出特征便是改变较频繁，曾先后制定了 15 部宪法，这在西方国家中是绝无仅有的。1789 年法国公布的《人权宣言》尽管不是一个完好的宪法，但却是一个重要的宪法性文件，它提出的“天赋人权”、“主权在民”和“三权分立”等法制理念，变成法国日后制定宪法的重要指导性准则。尔后在法国历史上还出现了几部较有影响力的宪法，其间，1791 年的法国宪法废弃了全部封建准则、等级，撤销全部特权，用君主立宪政体取代了君主独裁准则。1848 年宪法则规定了较多的民主权利：如劳动权、义务教育权、废弃对政治犯施行死刑等，并宣告施行遍及、直接、秘密的选举准则，变成法国历史上民主条款最多的一部宪法。

1793 年宪法在公民权利中增加了示威权、受教育权、劳动权、社会救助等内容，对法国的宪政运动和法制建设具有重要含义。1875 年宪法将共和制断定为法国的持久政体，有利于防止统治独裁和君主复辟。1946 年宪法将“民有、民治、民享”作为共和国的准则，赋予了国民议会以最高和广泛的权利，削弱了总统的权利，但是也由此导致战后前期法国政局动乱，政府更迭频频。1958 年“戴高乐宪法”扩展和加强了总统的权利，缩减了议会的权限，稳定了战后法国的政局。

2. 法国民商法

法国民法始于 1804 年的《法国民法典》，这是资本主义国家的第一部民法典。该法典重要调整民事联系，以产业联系为重要内容。法典共有三编，第一编是人，其间包含有关品格和身份的标准。第二编是产业及对于所有权的各种约束，它对比完好地论述了各种物权。第三编是获得产业的各种办法，这部分将获得产业的办法、时效、优先权及抵押权等归纳在一起，又掺杂了一些诉讼标准，变成法典的重要内容。1804 年《法国民法典》公布以来，迄今现已经历了上百次的修改，包含确立了夫妻对等的准则，废弃了家长干涉子女成婚的“同意权”，供认非婚生子女与婚生子女享有对等的产业承继权等。

《法国商法典》公布于 1807 年，共四编。除了民法典，法国还公布了独立的商法典，这是内地法系国家的创始。第一编是对于商业事务，对商人、商业账簿、公司、夫妻产业切割、商业生意所及收据经纪人、生意、汇兑、收据等内容作出了规定。第二编对于海上交易，主要是对于船只的规定。第三编对于破产，具体规定了通常破产和欺诈应负的职责。第四编对于商事法院、诉讼程序。随着年代的变迁，很多商事单行法应运而生，拓宽了商法的范畴。现在《法国商法典》虽仍在运用，但仅仅起到商法通则的效果，其实际含义已不如前。

3. 法国刑法

1791 年制宪会议制定了法国近代第一部刑法典，它对封建刑法进行了彻底改革，撤销了保护封建特权的违法品种，废弃了很多严酷的惩罚。该法典还确立了资产阶层刑法系统，表现了罪刑法定的刑法精神。拿破仑当政期间，法国于 1810 年经过了一部新刑法典。这部法典除持续遵循罪刑法定的准则外，还表现着客观主义和报应刑思维。所谓客观主义即着重于违法的举动，有举动即有职责，无举动则无职责。报应刑则是指惩罚应该依照与加害举动平等的准则进行，也即是“以牙还牙”、“以眼还眼”。这部法典为很多内地法系国家仿效和学习。近现代以来随着社会的发展和刑法理论的改变，法国公布了很多的单行刑事法令，先后屡次修订刑法典。

4. 诉讼准则

法国在诉讼准则上也有其自身的特征。法国的法院分为通常法院和行政法院，实行法院安排的双轨制。法国还在 1806 年和 1808 年先后公布了《民事诉讼法典》和《刑事诉讼法典》。

《民事诉讼法典》触及法院各种程序，规定民事诉讼的审级，规定了起诉、传唤、证人、鉴定人、回避、调停、辩解和诉讼费用。19 至 20 世纪，法国持续修订这部法典，试图消除某些程序上的坏处，1975 年起草并经过了新的民事诉讼法典。法令对保护债权人的利益做了具体规定，表现了诉讼自立的准则。

《刑事诉讼法典》内容主要包含起诉与侦查的规定、搜寻和审判的程序。它实行职权主义的诉讼程序，监察机关代表国家充任公诉人，与法院一同依职权自动查询违法，审讯被告；法令还将预审作为必经的程序。不管罪过轻重，应先将违法嫌疑人交给预审法官进行检查，以便断定被告罪过是不是成立。这部法令在司法实践中经历了屡次补充、修订，并在此基础上构成了 1957 年《刑事诉讼法典》。

第四节　当代西方法制的发展与变化趋势

第二次世界大战后，随着西方经济、政治形势的改变，西方法制的开展也呈现了新的改变和发展趋势。

第一，行政权利不断扩展，法治准则遭到削弱。今世西方国家立法权主体不断扩展，授权立法和委任立法鼓起，议会作为仅有立法机关的威望遭到了动摇。因为政治准则、经济和科学技术的发展演进，立法内容日益专业化、杂乱化，通常议会代表难以担当，因而不得不托付熟悉有关事务或具有专业知识的人员来安排和担任这一任务，其结果是立法权利从议会转到了行政机关手中。此外，在施行方针的时分，政府官员因具有较大的自在裁量权、举动变通权，通常不再严格地依据法治准则行事。随着社会生活的日益杂乱多样，单纯运用普通规定缺乏以解决具体抵触，因而在处理这些问题时，政府和法官时常会作出特别的、就事论事的判决。这些改变无疑损害了法治的准则，不利于法令的稳定性和独立性。

第二，两大法系日渐交融趋同。在欧洲，内地制定法的控制位置受到了冲击。内地法系国家在第二次世界大战后进行重大立法修订时，较少运用法典的方式，而更多地采用更为灵敏的单行法。

与此同时，判例在审判中的效果也越来越受到重视。而英美法系的发展趋势之一则是制定法的效果有所加强，法官倾向于运用立法使法令一致化、合理化和简化，制定法的数量不断增多。就诉讼程序而言，内地法系国家的重要改变之一在于其更多地学习英美法系国家的对立制，并在诉讼中联系并运用对立制和职权制。

第三，作为超国家性质的欧盟法令准则的呈现。欧盟法令的产生和发展是法令准则发展进程中的一个杰出的表象。欧盟法是适用于欧洲联盟的一种特别类型的法令准则，是欧盟安排及其职能的公约、立法、判例等法令标准的总称。额别的国家的法令相比，欧盟法有着自身的一些特征。其一，欧盟法具有超国家性，在其一些重要的文件如舒曼方案和《巴黎公约》中就有“超国家”的措辞，并且欧盟法也确实被用来调整欧盟成员国之间的联系。其二，欧盟法也有类似于国内法的内容，欧盟的一系列规定、规章超出了通常世界安排的类似规矩，实际上是共同体内部法，类似于一国宪法；欧盟安排构造具有国家体制特征，其执委会类似于政府内阁，部长理事会和欧洲议会好像联邦制国家的两院议会，共同行使立法权；欧盟法的效力高于其成员国本王法，并对成员国有直接效力，这和联邦法令与各地方政府法令之间的联系相仿。其三，欧盟法具有世界一体化的性质。欧洲一体化始于第二次世界大战后，先是欧洲经济一体化。继而向政治、军事、社会等范畴的一体化发展，而欧盟法便是以安排的法令的方式断定一体化协作的效果，使之具有持续性和稳定性。总的来看，欧盟法既不是世界法，也非传统含义上的国内法，它实际上是一种与上述两种法令密切联系，又不能单归于这两种法令的、与区域性国家经济和政治联合相习惯的新式法令。

A brief history of Western civilisation

第二十一章

西方政治制度

人类为了管理公共事务，使社会得以存在和发展，就必须从事政治活动；为了有效地管理公共事务就要制定一系列获得权利、共享权利、运用权利和约束权利的规定，这些规定加起来即是一个社会的政治准则。西方国家政治准则从公元前8世纪的古希腊城邦民主准则，发展到今日相对发达和成熟的民主宪政准则，其间经历了十分绵长和弯曲的进程。社会经济形态的变迁，阶层之间的矛盾和奋斗、思维家所提出的政治规划和对实际政治的批判以及不一样国家的民族性格等要素，对西方政治准则的构成和发展都产生了严重的影响。

第一节　古代西方国家的政治制度

一、古希腊民主制度

西方政治准则的来源能够追溯到古希腊特别是雅典城

邦民主制。这一政治准则的源头为西方政治的创新和发展提供了宝贵的参考价值。大约在公元前 8 世纪，古希腊开始进入奴隶社会。它由一百多个独立自治的城邦所构成。城邦通常由一个城市和若干村落构成，面积较小，人口也只要几万人。城邦内的居民被严格地分为三个等级。公民：具有公民权。能够参与城邦的政治生活；自由民：没有公民权，但享有一定的民事自主；奴隶：没有人身自在和公民权，人数众多。希腊城邦出现之初，依然坚持了原始氏族政治的传统，如氏族长老会议、氏族部落大会等公共业务机关。氏族长老会议具有最高权利，国家大事由长老会议提议，交给氏族部落大会进行表决。

由氏族首领和军事领袖构成的氏族贵族，因其无穷的权势和具有较多财富而掌控了城邦权利。此后，跟着布衣实力的发展和强大，很多城邦都发生了冲击贵族政治的奋斗。在此过程中，雅典逐渐创立了以民主制为特征的政治准则。在雅典民主制的发展历史上，有五次较大的政治改革运动：提秀斯改革、德拉古改革、梭伦改革、克利斯梯尼改革和伯里克利改革。提秀斯是希腊神话中的英雄人物，提秀斯改革的重要奉献是雅典的统一和放弃本来的君主政府；德拉古改革制定了雅典的第一部成文法，使社会中等阶级能够担任中下级公职，然后开始改变了贵族独占职位的状况；梭伦改革取消了以往的家世和财富规范，完全打破了贵族独占官职的局势，广阔的基层大众在雅典的历史上首次悉数取得了参与公民大会和担任陪审员的权利，雅典城邦由此时开始了民主准则；克利斯梯尼改革的成果是以地籍替代了本来的以血缘、家世和产业为基础的选民规范，使贵族不能像以往那样凭自己的实力操控政局，使工商业主打破了贵族长时间称雄政坛的局势，变成雅典民主政治的主导力量，大量添加了新公民的数量，基层劳动阶级具有了可观的政治权利，然后扩大了民主准则的基础；伯里克利年代则被誉为是雅典民主的黄金年代，他的改革使一般公民掌握了国家最高权利，完成了“公民在法令面前平等”的政治准则。

雅典民主准则有一套行之有用的政治安排，分别是公民大会、五百人会议和陪审法庭等。公民大会作为古希腊城邦最重要的权利机关，来源于公元前 11 世纪的荷马年代。依据规则，政府只能依照大都公民的权力行事，而不能违背他们的利益和诉求。在雅典，所有公民都有权到会公民大会，大会每

9 天举行一次，雅典人通常在会议上评论和抉择国家大事，经过投票推举高级官员，制定法令，抉择宣战、媾和、建交等严重问题。五百人大会是雅典公民大会的常设安排。其成员由 30 岁以上的整体公民抽签选出。因为不能连任，所以每个公民一生都有机会担任一次大会议员。这一安排担任官吏推举，并对在职官吏施行管理、协调和监督。它还为公民大会准备提案，掌管国家日常作业，履行公民大会的抉择，是事实上的雅典政府。陪审法庭，又称为公民法庭，是雅典重要的民主安排之一。其位置与公民大会适当。年满 30 岁的公民在不负债的状况下都有时机经过抽签推举进入陪审法庭。全雅典共有 10 个这样的法庭，除了少量凶杀案和触及宗教的罪案外，大多数民事和刑事案子都由陪审法庭审理。严重案子的陪审团人数可达上千人。

法庭不只处理私家争论也判决政治业务。如公民大会作出废止或经过一项新法令，有必要由陪审员组成特别法庭检查同意，立法程序方告完成。雅典陪审法庭的这一功用类似于今天美国最高法院。即便法令取得同意，公民仍可向陪审法庭提出违宪申述，法庭有必要对此给予检查并作出终极判决。雅典民主准则是雅典平民奋斗和出色政治家顺应年代改革造就的成果。在这一准则下，除了奴隶和妇女，整体公民都直接参与了对国家的管理；公民内部政治权利对等，公民参与政治的方法尽管幼稚、粗糙，但却是实在和平易的。民主准则激发了雅典人高度的主动精神，使雅典社会宣布无穷的活力，希腊也因而变成古代西方世界的模范。

二、古罗马政治制度

罗马人的文化基本接受和继承了希腊遗风，但其创造力亦不容小觑，在政治体制方面特别如此。古代罗马城邦出现于前 6 世纪。罗马政治体制的发展大体经过了王政年代、共和年代和帝国年代三个时期。在王政年代（前 753—前 509），罗马处于由原始氏族向城邦过渡时期，在政治准则方面施行军事民主制。管理公共事务主要有三个安排：（1）库里亚会议，由整体氏族成年男人参与，担任推举“王”和抉择对外战争；（2）长老议事会，由 300 名氏族高贵构成，帮助“王”处理有关事务，享有较大权力；（3）“王”由库里亚大会推举产生，担任军事和审判。在共和年代（前 509—前 27）的前期，经过了长达 200 余年的布衣与贵族的奋斗后，罗马的国家机器逐渐齐备，一些重要的政治安排基本形成。到公元前 509 年，罗马人废除了王政准则，建立起了奴隶主贵族共和政权。

公民大会，即百人团大会，成立于公元前 6 世纪。公民依照产业划分成若干等级，各等级又效法军队的安排方法建成不一样的百人团，约有 193 个。这些百人团担任抉择战争与媾接，推举执政官，制定法令。到公元前 5 世纪，罗马又创立了特里布大会，即布衣会议，开始只允许布衣参与，其抉择也仅对布衣有用，后发展为整体罗马人参与的公民大会。其抉择对一切罗马人都具有约束力，并因而变成罗马共和时期的最高权利机关。执政官，设置于公元前 510 年。往往是从百人团中选出两人，任期一年。执政官具有最高民政权利和军事权利，对外代表国家，出行时有威严的仪仗，是实际上的国家首脑。元老院是罗马共和时期最有权势的机关。起先它由执政官录用，主要由贵族和卸任的执政官构成，后来改由督察官录用，布衣也能够进入该院。元老院享有同意立法，抉择对外战争和媾接，检查财务预算和司法审判等大权，是实践上的最高行政机关和最高督查机关。

保民官是公元前 5 世纪出现的以维护罗马布衣利益为意图的官职。此官职由罗马布衣会议推举产生，开始仅有 2 名，后添加至 10 名，任期 1 年，他们主要管理军事和民政事务，能够否决元老院危害布衣利益的抉择。随着罗马扩张的加剧，其取得的疆域不断增加。行省制是罗马为操控被降服的区域而树立的一种管理准则。为了操控这些新占据的区域，元老院建立了行省并制定管理规矩，派遣官员进行管理。元老院规则：行省的土地和资本归于罗马国有，由国家运营、租借或让渡；元老院在每个行省录用一名总督，全权担任所辖区域内的政务。到罗马共和国末期，行省还被颁发了必定的自治权。罗马共和国后期，罗马的疆界幅员辽阔。为了平定、处理国内的各种对立以及各阶级不一样的利益，有效地管理国家，原先的政体显然需求调整。跟着罗马国内共和派与独裁派的奋斗今后者的成功而告终，罗马帝国替代了以往的罗马共和国。

在帝国年代（前 27—476），罗马在很长时间内仍保留了共和国时期的一些安排，如公民大会、执政官、保民官和元老院等，但其功能和权利遭到了极大地削弱和限制，实际把握权利的是首脑。首脑实际上享有最高民政权利，具有指挥军队的全权，国家安排的原有很多职权都被首脑所侵夺。到公元 3 世纪以来，因为武士擅权屡次出现，罗马操控者正式扔掉了共和制的外衣，揭露选用君主制。元老院虽在方式上对首脑的权利进行控制，但已经是越来越力不从心。君主自称为“君权神授”，对其操控下的人民具有生杀予夺的大权。至此，罗马政治体制已与东方君主专制根本无异。罗马的政治准则是西方文明源泉之一。共和制时期的罗马更被认为是启示近现代政治构造设计者的样板，对今后的欧洲内地及英、美等国都产生了重大影响。

第二节　中世纪西欧政治制度

西罗马帝国消亡后，基督教和日耳曼文明两大支流开始融入西方政治文明干流。两者与罗马因素联系后，产生了一系列新的政治准则。中世纪的欧洲诸国，政治准则的主要方式是封建君主制。几世纪以后，在地中海区域出现了新式的城市共和国。

一、西欧封建政治制度

欧洲封建君主制依据其呈现的顺序大体能够分为：封建割据君主制、等级（议会）君主制和君主专制三种操控方式。封建割据君主制盛行于公元9—13 世纪。跟着西罗马帝国于公元 476 年被日耳曼人所灭，封建领主制逐渐树立，西欧进入了封建社会。如今土地方面，西欧封建年代施行的是等级分封制，即国王把自己具有的土地分封给大封建主，大封建主又把其土地分封给更小的封建主。由此构成了一种领主和封臣联系及彼此负责任。领主向封臣提供维护，而封臣则需向领主效忠并在战时依照领主的需求供给兵源、兵器和作战。上述这种宗主和附庸的联系有契约确保，并随土地的承继而世代相传。因为封建主在自我的领地里具有独立的司法权、纳税权和军事权，他们事实上变成封建割据实力。在这种封建格式之下，国王仅仅方式上的一国君主，其实践管辖范围仅限于自我的领地。14 世纪法国洒播的一句格言，“我的封臣的封臣不是我的封臣”，恰是对这一状况的描述。国王与各大封建主之间的政治联系由双方契约规定，对其封臣的封臣也无直接支配权。需要指出的是，在等级分封准则下，每个领地的拥有者都有一定的独立空间。

领主与封臣之间的联系取决于契约，一旦某方未能履行责任，契约联系就也许决裂或免除。这种相对独立和平等的特色为今后等级君主制和代议制民主的出现打下了基础。12 世纪开始，随着城市商品经济的发展，西欧封建国家割据的局势有所改观，国王权利不断加强，使之有可能建立一套中心管理和司法判决安排，封建割据君主制改变为封建等级君主制。在英国，英王亨利一世成立了枢密院，内设星室法院，对严重法令案子进行判决。此外，英国和法国还从13世纪开始建立等级代表会议，这是君主、贵族和市民政治联盟的方式，君主经过承受市民代表参与评论某些国家业务，取得市民的支持，加强了王权。等级君主制是封建割据君主制向君主专制准则过渡的中心方式，等级代表会议大多仅是国王的咨询机关，其权利及其对国王的影响力相对有限。一旦王权强壮到满足的程度，中心集权的君主专制操控便会替代了原有的封建等级君主制。15世纪以后，商品经济进一步发展，农人反封建斗争如火如荼，市民力量不断强壮，国王经过武力和财务手段取消了其他的巨细封建主的特权，根本上掌控了国家的一切权力，树立起中心集权的君主专制准则。

以法国为例，16世纪法国的君主专制树立，以往的等级代表会议（三级会议）中止举行，国王凭仗其对合法武力的独占，随意纳税。此刻国王之下的等级会议的权利进一步削弱，国王具有了一个只对自己效忠和效劳的官僚集团。重要决策完全由国王及其近臣作出。在路易十三时期，一代名臣黎塞留曾长时间担任首相职务，他一生致力于把法国建成为一个强壮的君主制国家。到了“太阳王”路易十四年代，君主声称“朕即国家”，君主专制达到了高峰。英国的状况也大体如此，枢密院在国王的直接操作下，制定法令，起着行政中枢的效果。国会尽管还在起效用，但只能依照国王的毅力行事，变成国王的御用品。因而，君主专制即是把在等级君主制下分散在一些有特权的个人和集体手中的一些操控权能汇集到君主手中，安排成一个有用的机器来单独施行一切的操控作业，而且以主权国家的名义和利益运转。

在这一体系下，君主将其行动展示于社会，并把其臣民看作是没有资历积极参加其业务的控制客体。可是，随着欧洲市民阶层的强壮，独裁政体很快受到了来自市民社会的应战。实际上，这一新的发展趋势在中世纪的意大利现已初现端倪。

二、中世纪城市的共和国制度

几世纪以后，欧洲地中海沿岸的某些地区，因为商品经济的发展和市民阶层力气的强壮，发生了若干城市共和国。意大利的米兰、威尼斯、佛罗伦萨等城市，相继经过武力与和平赎买的方法摆脱了原有封建主的控制，取得了城市自治权，树立了城市共和国。这些共和国的特色是：享有独立的行政、司法、财政以及对外宣战和媾接的权利；国家元首为总督，由推举产生，任职毕生；长老会议是城市的最高行政领袖；由上层有产者选出的议会是国家最高权利机关，如威尼斯共和国议会，共由480名上层贵族选出的议员构成。城市共和国的出现意味着西欧城市的复兴。因为其时贵族的实力仍对比较强大，城市议会和行政机关大多由他们操纵。

与此前的希腊、罗马的城市安排和封建准则下的庄园不一样，中世纪欧洲的城市共和国是由很多地位对等的人联系而成的自治团体。在抢夺城市的自治过程中，市民们的独立和自我认识得到了锻造。因为市民脱离土地，独立于庄园的生活条件和环境，更使他们变成一个特别的阶层。他们富有生气和生机，崇尚尘俗和有用，变成中世纪封建社会中的一股新生力量。他们所树立的共和制日后替代了君主制，终究变成现代西方政治准则的干流。

第三节 近现代西方政治制度的建立

近现代西方资本主义政治准则的建立是资本主义生产方法替代封建生产方式的必定要求和成果。中世纪后期，在地中海沿岸的一些城市先后资本主义开始萌发。16世纪呈现的规划较大的工场手工业大大促进了劳动生产率的进步，新资产阶层的力气不断增强。迂腐的封建生产关系严峻阻挠了生产力的发展，资产阶层强烈要求以资本主义生产关系替代封建生产关系。随着资本主义的发展，新资产阶层和封建主的对立日益尖锐。资产阶层认识到，要以资本主义准则替代封建准则，首先要进行意识形态范畴的革新，即欧洲历史上的文艺复兴和启蒙运动的发起。文艺复兴运动以复兴古希腊、古罗马文明的方式，对中世纪封建独裁思维和神学对人的捆绑和糟蹋，提出公民可以对立暴君压迫和公民主权以及契约思维，为资产阶层思维启蒙运动奠定了基础。

尔后于17世纪发起的资产阶层启蒙运动中，启蒙思维家们以“天赋人权”为旗号，以理性、自然法、社会契约论为思维兵器，证明了必须以财物阶层民主制、共和制替代封建独裁的政治准则，为资产阶层革新做好了思想和理论预备。尼德兰革新（1566—1609）是西欧历史上首次成功的资产阶层革新，它推翻了西班牙的独裁控制。17 世纪下半叶开始，荷兰、英国、美国、法国等一些国家财物阶层和资产阶级化的贵族，利用公民大众的力气，经过资产阶级革命或民族独立战争，树立了资产阶级专政或资产阶级和地主联合专政的准则，完成了从封建政治准则到资本主义民主准则的过渡。树立了世界上第一个资产阶级共和国。英国于 1640 年爆发了资产阶级革命，结果在 1649 年废除了君主制，施行共和制。1653 年以共和国“护国主”身份呈现的克伦威尔树立了军事独裁政权，使共和国名存实亡。

1660 年，斯图亚特王朝复辟，重建英国君主制。1688 年，英国成功的进行了光荣革新，并于次年经过了《权利法案》，资产阶级重新掌权。因为遭到英国的历史传统、国情和阶层力气对比的影响，英国依然坚持了君主制，树立了议会制君主立宪的政治准则。1701 年，英国议会经过的《王位继承法》进一步严厉约束了国王和贵族的权利，代表平民的下院变成英国权力的基础。到 18 世纪，英国君主不再到会内阁会议，变成彻底意义上的“虚君”，议会内阁制在英国逐渐树立起来。在英国发生的以议会制为基础的民主准则，对其他国家的资产阶级革命和准则建造产生了无穷的推进效果。美国是世界上第一个树立资产阶级共和国的国家。1776 年 7 月经过的《独立宣言》宣告北美各殖民地脱离英国独立，奠定了美国政治准则的基础。1781 年，美国独立战争夺得胜利。从 1781 年至 1787 年 9 月，美国建立的是比较松懈的邦联制国家。

依据该宪法，美国是一个联邦制、政权安排方式为总统制和施行三权分立的共和国。1787 年 9 月费城制宪会议经过了《美利坚合众国宪法》，并交由各州同意，1789 年该宪法正式收效。这一宪法先后取得各州的同意，开始收效。美国的民主与政治准则变成以后西方很多国家仿效的典型。法国 1789 年开始的资产阶级革命是西方国家中最彻底的资产阶级革命。法国大革命摧毁了封建政权。1789 年法国公布了《人权宣言》。1791 年宪法规定法国为君主立宪制国家。跟着革新的深化，1792 年国民公会又废除了它，建立了法兰西第一共和国。1793 年法国雅各宾政府公布宪法，宣告法国为议会制共和国，施行立法、行政和司法三权分立制，最高权利机关为各省选民选出的代表构成的履行会议，公民享有广泛的政治、经济和社会权利，开始树立了法国资产阶级民主准则。尔后法国的资本主义政权几经反复和曲折，经历了屡次帝制和共和制之间的剧烈奋斗，直到 19 世纪 70 年代以后才稳定地建立资产阶级民主共和制的政治体系。

继英、美、法等国建立资本主义民主准则后，德国等国也在资本主义发展的基础上经过自上而下的方法先后建立起了资本主义政治准则，对世界资本主义政治准则的构成也具有重要影响。总之，到 19 世纪后期，资产阶级在西方重要资本主义国家现已取得了政权，建立起了资本主义的政治准则，其间最具代表性的方式无疑是共和制。即国家权利机关和国家领袖由推举发生的政体方式。英国尽管施行的是君主立宪制，但因为君主没有实际权利，实际上无异于“虚君共和制”。依据国家权利机关和国家元首的不同关系，资产阶级共和制又被分为议会内阁制和总统制两种方式，前者以法国为典型，将议会作为国家权利基地和最高权利机关，政府由议会发生并对议会担任。后者则以美国为代表，以总统为国家元首和政府领袖，行政部门和立法部门互相独立，行政权集中于总统，且总统不必对议会负责。尽管方式不一样，但上述准则都反映了各国的资产阶级立足于本国国情，探究本国政治控制的方法和发展道路的能力。

第四节　近现代西方政治制度的发展

随着西方资本主义经济和社会的发展，其政治准则也在不断发展、完善和改变。从 19 世纪中期至今，这种发展大体经历了三个时期。第一时期从 19 世纪中叶到 20 世纪初，是资本主义政治准则的稳固和完善时期。政党准则、文官准则分别得以建立。资产阶级两党制、多党制轮番掌权为特征的政党准则的构成是这一时期西方各国政治准则的重要内容。资本主义民主准则与封建独裁的重要差异即是以民主准则替代封建独裁。而民主制的完成、稳固和完善是离不开政党准则的。首先，资本主义民主制的体现和重要构成部分依赖于直接和间接的推举，即依托推举发生立法机关和最高行政机关。只要经过政党这一组织才能完成推举和参选这一重任，政治准则要走向老练只能依赖政党制的树立来完善。

因为资产阶级内部存在不一样的利益集团，因此决定了资产阶级两党制和多党制存在的必要性。其次，西方近现代政治准则的另外一个重要特色即是资产阶级政党作为代理人代表资产阶级把握政权。他们经过推举，轮番把握政权。这些政党既保护其代表的资产阶级整体政治、经济利益，也保护其本身的、小的集团的利益；既有利于控制集团内部互相监督，也有利于其掩盖欺骗民众，掩盖资本主义政治准则的实质。英国是世界上最早呈现的政党，最早树立两党制的资本主义国家。1900 年以后，英国政坛重要是保守党和自在党轮番掌权，到 20 世纪以后，随着自由资本主义的示威和工人运动的崛起，工党替代了自在党的位置。在美国南北战争后，民主党和共和党两党在朝的准则也日渐稳固和齐备。法国在 1870 年第三共和国建立后，构成了以多党制为特征的政党准则。

德国尽管也建立起了政党准则，但因为很长的一个时期内，君主在国家政治生活中仍居于基本位置，政党的效果有限。第一次世界大战后，经过魏玛共和国、纳粹德国以及联邦德国和民主德国的开展，这一局势才得到彻底改变。文官准则的构成，即资本主义国家以法令的方式树立了各级文官的考试、选用、查核、奖惩、训练、待遇、退休以及分类管理等规章准则和管理体系。在封建社会，西方各国在官员的选派上施行的是君主赏赐制，行政官吏是君主的奴才，官员的任免取决于君主的好恶。这尽管反映了自由竞赛、机会平等准则，但容易致使糜烂、营私舞弊与效率低下。资产阶级的革新胜利后，尽管从方式上废除了以往封建社会官员的任免准则，但在一个时期里并未构成本身的行政官员准则，而是施行分权限制。

为了防止上述缺点，加强控制，西方资本主义国家树立和逐步完善了文官准则。最早施行文官准则的是英国。1854 年英国政府宣布了《诺斯科特—威廉陈述》，即《对于树立英国常任文官准则的陈述》，奠定了英国文官准则的基础。1855 年成立了不受党派干预的独立掌管文官考试业务的文官委员会。1870 年英国政府第二枢密院令树立了“揭露竞赛”的考试准则。这标志着第一个常任文官准则的正式树立。值得一提的是，英国在树立这项准则的过程中曾学习参阅了中国古代的科举考试取士准则。在英国以后，美国也树立了文官准则。1883 年，美国政府公布《潘迪顿法》，对文官准则进行了改革。第一，对文官选用施行揭露竞赛考试，择优录取；第二，定时查核，按才能和政绩巨细予以升降奖惩；第三，文官常任，非犯大错不能辞退；第四，文官在政治上中立，不能参加党派性的政治活动；第五，设立文官委员会，管理文官考试以保证考试中的正确、统一和公平。

这些改革，把竞赛的机制引入了文官准则，在一定程度上减少了糜烂现象，有利于改善文官素质和激起公职人员的工作积极性，促进了文官的专业化及政府管理上的科学化。文官准则的树立发生了两个重要影响：其一，相关规定指出，文官除非不尽职或违法，否则不得恣意替换，这使得了解状况、经验丰富的人员可以长时间担任官职，有利于坚持政府工作和政策的连续和进步。其二，这一准则可以保证大多数文官在政治上脱离党派奋斗，坚持“中立”，有利于防范政治危险，从政府内部加强了资产阶级控制的稳定性。第二时期从 20 世纪初到第二次世界大战，是西方资本主义国家强化国家机器的军事、行政、经济职能的时期。为了打败其他国家，各重要帝国主义国家从 19 世纪后期开始遍及加强了军队、差人、官僚等国家机器。20 世纪前期，资本主义从自在竞赛时期开展到了独占时期，进入帝国主义年代，各帝国主义国家对资源、殖民地、实力范围的抢夺使得它们间的对立大为加重。

英国先后经过两次严重改革树立，强化了中央官僚体系，并大幅度扩大兵力：施行短期义务兵役制，树立秘密差人，在海兵力气上坚持“双强规范”。美国则建立了司法部，统一掌握了全国的差人和情报安排。为了抢夺世界霸权，美国还大规模扩大水兵。到 20 世纪初，美国变成仅次于英国的第二大水兵强国。与英、美等国相仿，法、德等国也建立了巨大的军事、政治官僚机构，竭尽全力地扩军备战。1914 年爆发了第一次帝国主义国家间的世界大战，英、美、法、俄等协约国终究打败了德、奥同盟。一战后到二战之间，西方国家中的德国、意大利等国先后走上了法西斯化的道路，这是对西方民主准则的反抗。其最大特色即是大资产阶级的独裁控制。他们对内对立任何民主，取消了议会民主制、推举制、政党制、法制等全部资产阶级民主的方式，对外奉行侵犯扩张政策，并于 1939 年发动了第二次世界大战，给世界人民带来了深重灾祸。在这一时期，英、法、美虽坚持了资产阶级民主政治，但为了维护其既得利益，又对外抢夺霸权，对内强化控制，因而继续加强其由军队、差人、官僚构成的国家机器，传统的议会代议制民主准则在一定程度上遭到了削弱。

除了德国、意大利等国走上法西斯独裁道路外，在美国，罗斯福政府为了应对1929—1933年世界经济危机，实施“新政”，运用其权利全面干涉国家的经济生活，先后公布了很多的法令，如《银行法》、《全国工业复兴法》、《农业调整法》等，由国家出面兴办了很多公共工程。之所以呈现上述状况，主要是因为自由资本主义进入到帝国主义后，随着科学技术的发展和社会化大生产的日益复杂，各国国内的阶级对立、帝国主义国家之间的对立和帝国主义国家与殖民地、半殖民地国家的对立都大大加重，西方国家在政治准则上请求经过拓展行政权利和弱化议会的传统权利来加强政府的位置和效果。这些办法在一定程度上平缓了危机对美国经济、社会带来的负面影响。但也由此极大地增加了总统和政府的行政权利。

英国的议会内阁制也发生了变化，把握了议会大都的政党首领在出任辅弼后一般可以左右议会的运作和国家方针。从第二次世界大战后至今，是西方国家政治准则进一步革新与完善的时期。在这期间，西方各国政府的权利进一步高度集中，国家机器不断强化；资产阶级民主制继续开展、完善。第二次世界大战后，西方国家政治准则革新的一个很主要的趋势是“大政府”，即行政权利的不断加强。以此为基础，西方国家进行了一系列重要的行政改革。行政权利加强，国家行政领袖（总统、总理或辅弼等）在国家政治准则中居于基础位置。在政府领袖和议会的关系上，领袖可以掌握其执政党在议会中的大位，掌控议会。因而美国的总统被称为“帝王式的总统”，而英国辅弼掌控内阁也被称为“辅弼民主”。其次，政府领袖对议会经过的提案具有否决权，行政权利在事实上凌驾于议会的立法权之上。第二次世界大战后，美国总统曾屡次行使否决权来遵循自我的方针和建议。如在美国给予我国“贸易最惠国”待遇问题上，乔治·布什、克林顿都曾在其任期内对国会通过的方案进行否决。再次，行政领袖在对外业务上也有了更大的权利。

战后，美国发起的若干次侵略战争如朝鲜战争、越南战争，都是在作出决定后刚才取得国会赞同的。对外战争事关本国公民的根本利益，关系到别的国家公民的严峻利益与世界平和，但决定如此严峻事情的权力实际上把握在国家行政领袖手中。杀伤力最大的核武器的按钮也是掌控在美国总统的手中。最后，在战后崛起的国家干涉微观经济这一理论在凯恩斯主义的指导下，西方国家政府对国家经济的开展也具有更为强大的微观调控和归纳和谐的权利，这也与当今世界的经济世界化、一体化的开展方向是相一致的。因为行政权利在立法、司法、行政三权中不断胀大，议会权利在一定程度上遭到削弱，行政安排因而急剧拓展。以美国为例，美国总统的办事安排建立于罗斯福总统当政时期，现在现已开展到了 18 个部分，除了办公厅、核算局、经济战略局建立于 1945 年，别的都是战后建立的。行政安排和人员编制由此大幅度增加，并致使杯水车薪、机构臃肿、功率低下、行政费用居高不下，引发政府的巨额财政赤字、管理失灵和信任危机。对此西方各国目前正通过裁汰冗员，削减不必要的办事安排等行政改革办法来提高效率，但成效有限。

随着政治发展的不断现代化，国家所承当的社会、经济等功能不断增加，在承当不断增加责任的前提下提高政府工作效率，坚持国家机器的廉洁、公平仍然是一个有待西方各国政府处理的课题。战后资产阶级民主制不断完善的原因是多方面的，其间既有科学技术革命和生产力开展的请求；也有广大民众怨恨两次世界大战和法西斯独裁控制带来的灾祸，强烈请求平和与民主呼声的推进；还有社会主义和资本主义两种社会准则的奋斗和竞赛，使得西方国家为了平缓表里对立，坚持安稳而不得不采取某些改良主义的方针。战后西方政治准则开展的另一个趋势是资产阶级民主准则的进一步完善。西方民主制发展完善的一个主要表现是公民推举权的拓展。英国法令 1949 年规定，年满 21 周岁，在选区住满 3 个月，没有被法令取消资格的公民，不论性别都有推举权。到 1970 年，英国法令又进一步将推举年纪约束降低到了 18 岁。美国 1970 年推举法规则，凡年满 18 周岁，在居处住满 30 天，没有被剥夺政治权利的公民都有推举权。法国到 1974 年才将具有推举权的年纪约束从 21 岁降至 18 岁。

在某些西方国家，公民民主权利的拓展还体现在了直接民主方式逐个“全民公决权”的运用上，即对某些严峻国家疑问的处理由全民直接投票表决，如欧洲的丹麦、法国、英国等国曾屡次就本国在欧洲一体化进程中的某些方针进行全民公决。社会福利准则的广泛推广也是战后西方民主准则的一项主要内容。但这也带来了某些比如“豢养懒汉”，工作效率低下，国家竞赛力降低，高额政府核算赤字等问题。为了平缓社会对立，安稳政治、经济秩序，不少西方国家在战后建立了“从襁褓到坟墓”的社会福利准则，政府承当了更多的社会职能。到 20 世纪末，英、法等国已着手对福利制度进行改革，社会福利的办法和规范较之以往有所降低。综上所述，现代西方各国在政治准则发展方面有着一些各自的不同之处，但也有其特点：（1）议会的权利和地位有所降低和衰落，行政权利不断胀大；（2）政党虽然不是法定的国家安排，但它们现已变成国家政治制度中不可或缺的构成部分；（3）建立起独立和齐备的文官制度和职业化的官僚队伍；（4）由代议制（直接）民主向直接民主开展。

第五节　利益集团与当代西方政治制度

利益集团是西方政治制度的天然衍生物。从广义而言，利益集团是指一个持有相同情绪、向社会提出请求的集团。从狭义来说，利益集团是指持有相同利益，为了一定的意图致力于影响政府方针的集团。它们经过各种途径将自我的利益建议向各个政府决议计划部分蔓延，对政府各部分施加压力，然后影响公共方针的制定。20 世纪以来，利益集团现象在西方日益显著，它们参加公共方针的制定，变成西方国家政治进程中必不可少的环节，对西方的政治准则发展变迁产生主要的影响。利益集团可以被简略地分为寻求经济利益和寻求别的利益两大类。在西方国家，寻求各种经济利益的职业性利益集团、地区性利益集团历史最为悠长、数量最多、活动能力最强、影响也最大，别的寻求特殊社会利益、文明理念、宗教、族群权益的集团也为数不少，特别是 20 世纪 50 年代以后，寻求别的利益的集团的数目和影响力较之以往大为增加，这在某种程度上反映了社会的进步。

利益集团从一开始就与政治活动紧密联系在一起，它们为了达到自己的利益一般会运用各种办法、手法去影响公共方针的制定。这些办法包含：（1）直接游说，经过直接与议员和政府官员的交流，提供情报、起草方案、在听证会上做证、影响主要人事录用。利益集团的游说人员一般会设法与政府官员、议员保持良好的个人关系，经过面对面的接触把本集团的利益、建议、观念表达和传送到决定计划的过程中。（2）间接游说，主要是经过影响大众的情绪对决定计划部分和决定计划人物施加压力，促进他们作出有利于自己的决定或改变情绪。利益集团经过影响大众对当权者施加影响，即是运用了这一点；西方国家的剧烈政治竞赛使得任何政治家都不敢忽略民间的呼声，大众的认可决定了政府是不是具有合法性。（3）司法诉讼，即经过司法程序来到达政治意图。在美国，法院具有司法检查权，因而也是决议计划安排。任何利益集团要是以为政府法规损害了本身的利益，便可以经过必定的理由（一般是违宪）向法院提出诉讼。（4）影响推举。当很多公职人员经过定时推举完成权力变换时，为了替日后的游说和一系列院外活动打基础，利益集团便会想方设法去影响推举，支持和拥护自己态度、建议、怜惜自己利益的人中选。有时，为了抢夺尽可能多的盟友，利益附近、建议观念类似的集团会结成同盟，对政府施加压力。利益集团推进了西方政治准则的发展。其一，对西方民主决议计划机制的影响。在传统的代议制民主准则下，公民经过政党直接同政府发作联系。它们参加决议计划活动的直接性更强。但利益集团不同，它对决议计划者和决议计划部分提出了直接的、明确的、详细的请求，以完成本身的单一利益为意图。其二，利益集团体现了公民政治参与路径的拓展和深化。在今世西方政治实际中，普通公民在经过投票参加政治生活后，还经过利益集团的活动持续不断地参加政治决议计划的各个环节。因而，利益集团的活动极大地拓展和提高了公民的政治参加路径，使不断增加的公民获得了一种新的合法化和准则化的参政方式，客观上迫使政治决议计划进一步民主化。其三，利益集团在客观上变成政治权利制约机制的一部分。20 世纪中期以来，为了确保社会经济的平衡开展，国家行政权利不断胀大，与此同时，权利独断和政治腐败的风险也在增加，美国 70 年代的“水门事情”和 80 年代的“伊朗门事情”即是这方面典型的例子。而利益集团在向国家权利部分寻求集团利益的过程中，势必不断对立法、司法和行政部分构成压力，迫使国家权利部分倾听、思考来自民间的呼声和请求，这在必定程度上平衡了扩大的国家权利，使西方民主准则的权利制衡机制在保存原有三权分立的内部制衡机制的基础上又增加了来自外部的社会制约，有利于政治的民主化。

那些安排精干、智囊众多、方针研究水平高、在政界有广泛人脉的集团一般处于优势位置，而这些又与经济实力是不是雄厚密切相关。利益集团活动对今世西方民主准则有主要的开展含义和弥补效果，但在其运作过程中也存在不少疑问。因而，“资产阶级”的利益相对容易得到照顾，而别的集体或集团的利益则不免被忽略，甚至还会出现为了少数人利益而损害大部分人利益的状况。因而，利益集团方针的狭隘性使得它不一定可以坚持公平性。

另外，利益集团的活动中也掺杂着很多的不合法行动，贿赂、要挟、色诱、做伪证等违法手法层出不穷。虽然存在各种缺陷，利益集团及其活动现已变成当今西方政治准则中的主要运转机制之一，西方各国政府一般也定时与各利益集团交流，制定法令对利益集团的行动进行约束、管理。大家期望它们的行动可以使国家决议计划尽可能地维护“大多数人的最大利益”。

A brief history of
Western civilisation

第二十二章

西方军事

第一节　西方军事制度

军事准则不是历来就有的，与政治准则、法制相同，它随着人类历史的发展而演进，具有时间性和空间性。西方军事准则有其本身的特征，它注重创新和进取精神，引领了近代以来的屡次世界性军事革新。

一、古代西方军事制度

原始社会后期，因为生产力和交流的开展，氏族准则趋于崩溃，各个部落之间经常因为抢夺家畜、奴隶和财富不断发生暴力冲突，战争变成家常便饭。随之而来，为了掠取财富，维护本身安全，在各个氏族内部，军事首长、议事会和部落大会发展成为军事民主制氏族社会的各机关。战士成为一种职业，成为这一时期的主要特征。这些原始社会时期的涉及军事业务的安排和职位，可被视为军事制度的雏形。随着年代的开展，部族间频繁的战争使得军事首长变成一种不可或缺的社会公职，军事首长的财富与权利也日渐增加。这种状况下，军事首长经常拥兵自重，自行其是。在原始的日耳曼人部落中，军事首长早先是经过推举产生，后来逐渐演变为世袭的职位。

军事首长周围有一群特选的勇武之士，他们为军事首长提供粮食和军役，一起也从军事首长那里获取封赏。这些人日后变成军事首长的亲兵。原始社会后期，氏族成员内部的对立日益尖锐。一方面奴隶制业已实施，世袭王权现已萌发；另一方面，氏族内部成员贫富分化越来越严峻，某些氏族成员因负债或贫穷等原因成了奴隶，社会呈现了阶级分化。这些使得氏族公社难以继续维持下去，它逐渐改变成阶级社会的国家机关。当西方世界进入奴隶社会后，原始社会的军事习惯和准则便被奴隶主阶层的国家政权制定或认可的军事准则所替代。公元前 6 世纪今后，古代希腊、罗马关于军队的编组、练习、管理和补给都制定了一些详细的规则。在其时的西方世界中，古代希腊各城邦的军事准则较有特色。从梭伦改造开始，古代雅典将奴隶制城邦的自由民众依照每年农田收入的多少区别为四个等级，这一等级区别成了雅典军事准则的安排基础。根据规则，最富有的两个等级虽享有政治上的特权，但也有必要服兵役，其间第一等级担任建造雅典水兵，第二等级要当马队。第三等级的公民享有的政治权利受到了约束，但他们有必要自我出资金，购买盔甲、武器，构成军队中的主干——重装步卒。第四等级是穷户。他们曾长时间被剥夺担任任何职务的权利，由他们担任轻装步卒。

在配备上，雅典有专门的法律规则，重装步卒配备长达 2 米的长矛、短剑和护身配备，重装步卒中的奴隶身世的兵士配备匕首和小斧；轻装步卒配备有标枪和弩弓；马队的配备为矛和轻盾。雅典军队施行的是公民兵制，兵士的配备和给养自筹，一般没有军饷，自在贫穷的第四等级发少数军饷。公元前 5 世纪，雅典开始运用攻城和投掷的武器。与雅典比较，希腊的另一城邦斯巴达的军事准则则更为重视军事练习，并以此培育武士的坚韧不拔和吃苦耐劳精神。斯巴达是奴隶制专政的国家，所有斯巴达人依托希洛特人（奴隶）的供养，形成终身脱离生产的、专门从事军事活动的特权阶层。斯巴达的兵役准则是公民兵制，兵民合一，兵即民，民亦兵，兵民不分。

斯巴达人是终身的士兵，从 20 岁起正式变成武士，30 岁后方可成婚，执役到60岁，是世界上执役期限最长的常备军。在这期间，他们绝大部分时间住在军营，施行严峻的军事练习，包含体育、击剑、拳斗、操练和跑步等，并进行严峻的共餐制，不得无故缺席。因而，所有斯巴达城就像一座大兵营，斯巴达人只要活着，就得受无休止地训练，过着严酷的军事生活。斯巴达军队主要是主装步卒，重装步卒的编制，开始为5个营，公元前5世纪末已有8个营。到公元前4世纪，军队编制复杂化。军队的最小单位为排，由64人构成。两个排构成一个连，两个连构成一个营，四个营为一个团。作战时，单位区别效果不大，一切重兵都编入一个方阵，全体作战。此外，还有轻装步卒，但其编制数量不定。在古希腊今后鼓起的古罗马施行的是兵民合一制的奴隶制国家。罗马公民从17—45岁须在军队中执役；46—60岁的公民，战时担负护卫后方的任务。他们自备武器，战后解甲归田。古罗马内战前出现了马略的军事改造，选用志愿兵役制，这一准则不管产业资历，因而有很多的无产者应召入伍。

只要参与了20次远征的步卒和10次远征的马队才能够革除军役。按塞维图里乌改造的规则，无产者开始不能变成正式的战斗兵，后来只能充任作战的轻装步卒。因为志愿兵役制不能一直确保足够的兵源，原有的责任兵役准则仍辅佐施行。志愿兵的执役年限为16年。志愿兵退役后，能够从国家分得一块土地。公元前1世纪末，因为战争频繁，志愿兵的执役期限延伸至20年，由此古罗马建立起了一支常备军队。古罗马帝国前期，近卫联队和城市联队的兵士都是从意大利公民中选择的，执役期限为16年。军团兵士也从意大利公民中招募，执役期限为20年。同盟军的辅佐军队从行省居民中招募，执役期限为25年。军团兵士退役后，由国家分配土地。辅佐部队兵士退役后，也处以土地和金钱的奖励。在军事开展上，每逢遇有战事时，古罗马一切后备役的公民有必要按规定的信号集结在城郊。假如躲避兵役，则予以严惩，直至被卖为奴隶。

二、中世纪西方军事制度

欧洲进入封建年代后，国家和军队主要处于封建领主和教会神权的操控之下。因为欧洲政治和军事长时刻处于割据状况，大小封建主混战不断，政权更迭频停，军事准则也长时刻处于紊乱纷歧、动乱多变的状况。在很长一段时间里，欧洲封建国家大多选用了民军制，军队以民军方式出现，其基础是马队构成的君主亲兵，专门从事战争和掠取。尔后，跟着分封制和采邑准则的开展，出现了骑士制度。骑士原本是隶属于贵族的兵士，而且有责任为王国作战，作为酬劳，他们管辖部分农地，收取农租。这样在王国的贵族和骑士之间就构成了一种契约式的雇佣关系。之后，罗马天主教和统治者发起的十字军东征，一度把骑士阶层推向极度昌盛的历史时期，兵士的勇猛和基督教的神圣信仰开始结合，骑士随之也具有了一个新的身份：基督的卫士。

起初所有兵士都有机会变成骑士，不过后来具有地主身份的骑士逐渐构成了一个固定的阶层，他们已然变成贵族、统治者的附庸。虽然呈现了上述新准则，但中世纪政治和经济一直处于割据状态，战争的规划和方针都受到了约束，因而国家的军事准则发展较之古代希腊、罗马而言颇为有限。中世纪后期，因为经济的开展，城市的兴隆，资本主义出产联系的发轫，强壮的王权国家替代了以往的封建割据状况，骑士制度走向衰落，封建领主的私家军队也被收编进了君主制国家的常备军序列。15 世纪，跟着火器遍及配备军队，呈现了炮兵和工兵等新的军兵种，连、营、团、旅成了军队固定的编制单位，规章制度和军服得到了一致，军事练习愈加严峻和准则化，军队大多依托严峻的军法和紧密的监督准则施行管控。

三、近代西方军事制度

随着西方重要国家先后进入资本主义社会，为了对内维持秩序，对外进行海外扩展，大多数国家都大力开展本国的配备力量。对军队进行现代化改造，军事准则也由此发生了严重改变。这些改变就其内容而言大体有以下几个方面：其一，将军队区别为正规军和非正规军两类。正规军由野战军和卫戍军构成，前者是作战的主力部队，由国家担任确保给养，后者驻扎地方，从本地获取补给。军队中师、军变成重要编制单位，它们通常由步卒、炮兵、马队依照必定比例混合配置而成；其二，创设了如国防部和军事委员会一类的国防军事管理和基地集权的指挥组织；其三，在军役上施行遍及兵役制，民众参与军队的等级和产业约束被撤销；其四，建立常设的基地供给准则，成立较为固定的国防后勤机关，担任为配备力量供给；其五，军队强化正规化管理，选用一致编制、制式军服和制式配备，履行一致的纪律和练习准则；其六，加强军事专业教学，培育专门军事人才。

各国纷纷兴办军事院校和各种军事技校，加强武士素质。因为各重要西方列强政治和经济开展的不平衡，新老强国为重新分割殖民地和势力范围进行了剧烈的抢夺。19 世纪后期，大工业的开展使资本主义从自在竞赛进入帝国主义时期。各列强企图发动国家所有的物质财富和精神力气参与这场争斗，战争的规划因而急剧扩展，交兵的空间越来越广，时间旷日持久。在抢夺权势的竞赛和第 2 次科技改造效果广泛运用的布景下，新老西方强国倍感压力的国防系统已不能适应形势的开展，分别于 19 世纪中后期展开了国防军制改造运动，其间较有代表性的国家有美国、普鲁士（德国）、俄国等。这一时期的改造内容归纳起来大体包含三个方面。重要是加强国防军事思想和理论建造。以美国为例，美国为攫取全球霸权，对国防战略思想进行了大幅度地调整，运用马汉的“海权论”改造水兵战略系统，以开展远洋海上力气、操控世界各海洋战略要地为国防开展的战略关键，使美国逐渐拥有了海上的优势位置。

其次，建立新的指挥组织，这方面比较重要的效果是树立了顾问本部准则。到 19 世纪后期，美国变成仅次于英国的世界第二号水兵强国。顾问本部准则为普鲁士所创始，其功能在前期仅限于供给咨询。尔后，经过改造，普鲁士开展出了独立的总顾问部，它变成统筹方案、安排指挥全国军队举动的权利组织。这种制度从根本上改动了以往依托个人和极少数心腹指挥和掌控国家军队的做法，其所具有的优越性在普鲁士一致德国的三次王朝战争中展示无遗。自此，顾问本部准则为各国仿效，变成现当代军事准则的重要构成部分。最终，西方国家建立了新的国防发动机制。德国树立了以铁路为重要运送手段的国家战时疾速发动系统，它企图加强其军事机器的机动性、灵敏性，在将来的战争中经过兵贵神速打败对手。

四、现当代西方军事准则和理论

第一次世界大战完毕后，世界军备竞赛推进着新的科学技术效果并广泛运用于军事领域，呈现了一系列新的兵器和军事技术如坦克、坦克车、航空母舰、战略轰炸机、高速战斗机、雷达技术等，西方各国原有的军事系统遭到剧烈冲击。英国、法国和德国的一批军事理论家在考虑本国军事准则改造的方向时，不谋而合地提出了机械化战争理论。他们认为，因为坦克、摩托化部队、飞机等配备的呈现大大提高了军队的机动性和进攻才能，战争现已进入了机械化年代，因而国防建造、军事准则开展都应该以此为方针。但是因为种种原因，上述赋有前瞻性的主张在英法遭到了贬斥和冷淡。根本没有付诸行动，致使西方民主国家在二战之前丧失了进行军事改造的良机，并为此在二战初期付出了沉重价值。这一改造使得德国的军事建造领先于别的欧洲国家，并在二战初期获得了惊人的战果。相较之下，该理论在德国却得到了重视，希特勒上台后接受了这一理论，并以此改造了德军的安排系统，很快建立起大规划的机械化、摩托化部队，德国的军制进行了与此相适应的一些改造，制定了以霹雳战作为其作战准则的军事战略。

同一时期，意大利、美国的一批军事专家强调制空权，以为飞机的呈现将致使战争的特性发生改变。飞机使战争的影响不再局限于地上大炮的最远射程之内，战场将扩展到交兵国的全境，空中对后方居民和经济目标的打击，更能摧垮对方的反抗毅力，获得战争的胜利。攫取制空权的方法，只能是空中进攻。总而言之，获取制空权，即是阻挠敌人飞行，同时又能确保自己飞行的一种态势。空中战场将是决定性战场，空中力气将是决定性力气。惋惜的是，其实制空权这一理论在西方民主国家中影响力非常有限，反倒是被德、日等法西斯国家奉为圭臬，它们以此改造其军队、军制，一度获得了相对别的国家的军事优势位置。二战后，全球构成了美苏暗斗坚持的局势。面临剧烈的政治、交际、军事接触以及核武器的出现，以美国为首的西方国家，对其国防军事系统再度进行了重要改造，全部改造国家配备力量的构造，改动军备开展的要点。

将威慑力量的建造逐个洲际导弹、战略核潜艇与中远程战略轰炸机三位一体的军事系统作为国防的基础，侧重加强海空军的建造。减小常备军规划，扩展后备役力气。其次，进步核战役下的国防才能。不断更新海陆空三军配备，广泛配备核武器，重视对国民和军事人员进行核防护教学和国防教学，树立本乡防空、防核、防生化武器系统，进步武士和民众在各类战役中的生存才能。最终，改造国家和军队的领导指挥系统。20 世纪 60 年代，美国专门树立了直属顾问长联席会议的联合战略方针方案顾问部，以加强指挥的一元化领导。20 世纪 70 年代以后，世界形势发生严重改变。以美苏为代表的南北极政治格式逐渐向“五大力量基地”、多极化趋势开展。在军事上，美苏构成了新的核均势。与此同时，战后崛起的新技术改造浪潮大大推进了常规武器的效能，而核大战致使两边彼此消灭的远景反而使得在战役中运用核武器的可能性相对减小。

因而，美国和别的西方国家提出了所谓有限战役理论、灵敏反响理论、空位一体化理论等，并将这些理论付诸国防军事系统的详细改造实践。面临越南战役等接二连三的部分常规战役，西方国家穷于应付，难以制胜，它们在暗斗初期过于专注应付全部核战役的国防军事系统的片面性和缺陷暴露无遗。20 世纪 90 年代暗斗完毕后，以电子信息技术改造为重要特征的新技术改造悄然崛起，改造的根本内容能够归纳为四个“改造”、一个“改变”。四个“改造”即是：改造军事技术，推进武器配备的信息化；改造系统编制，从头编组军队的构造；改造作战办法，以表现信息化配备的优势；改造军事思想，以新的理念策划作战与军队建造。一个“改变”即是经过上述四个方面的改造，推进战役形状从机械化战役向信息化战役的方向演化。

使各国重新审视安全环境和战略策略，根据客观环境和片面需求活跃主动地进行战略调整。20 世纪 90 年代以来，美国出于维护其霸权的需求，已进行过三次军事战略调整：1992 年布什政府重要提出“区域防务”战略；1995 年，克林顿政府制定了“灵活挑选和参加”战略；1997 年，又提出“刻画、反应、预备”战略。别的西方国家如英、法、德等国，为追求在世界舞台上的有利位置，也积极适应世界新军事革新开展的潮流，纷纷进行战略调整。可以预见，跟着新军事革新的深入开展，各国还会进行新的战略调整，世界军事准则的发展和演化进入了一个新的历史时期。

第二节　重要战争与战役

一、西方古代战争

战争是为政治意图而进行的装备奋斗。战争是历史开展的成果。原始社会后期，部落之间在往来的过程中常常因为利益对立而发生冲突，运用的暴力手法到达必定程度便形成了战争，这是人类战争的前期形状。随着人类活动规模的扩展和生产力的发展，社会分解的深化，私有制逐渐发生，部落间的战争由此演化为在陆地或水域掠夺资产、资本和人员，具有较大的规划和严酷性，在西方的一些前期文献中便有有关记载，其间较有代表性的是古希腊的《荷马史诗》中有关特洛伊战争的描绘。战争加速了原始氏族公社的分裂，与之相同的是国家阶层的呈现，人类进入了奴隶社会时期。在古典年代较闻名的战争有希波战争（前500—前449）、伯罗奔尼撒战争（前431—前404）、马其顿东侵战争、布匿战争（前264—前146）等，这些战争的规模都比较大，军队的军种一般包含陆军和水兵。这一时期，西方奴隶制国家（城邦）间为了抢夺土地、奴隶而建议战争，有时一国国内的统治集团也会因为争权夺利而互相攻杀，战争变成常见现象。

作战武器主要有战车、战船，弩弓和青铜制成的冷武器。在作战办法上，国家间倾向经过设兵布阵比武。古希腊的城邦通过让他们的装甲步卒构成方阵兵贵神速结束战争；马其顿人改造了希腊方阵，使之更紧凑，更具有攻击威力；罗马方阵的队形构造分为较小的战争单位因此更具有灵活性。不只如此，罗马军团在战争程序上也更为合理，罗马军队主力被分为三个阵列，一般由轻装部队和轻马队建议试探性攻击宣告战争的开始。尔后由持矛兵阵列发射长矛，接着第二阵列、第三阵列的精锐部队用剑和盾建议冲锋，在此过程中罗马军队还会辅之以马队袭击敌人的两翼。罗马军团长期坚持着固定的阵型和杰出的练习，变成罗马帝国对外扩展的利器。在之后的西方世界，希腊—罗马的军事策略继续流传了多年。

二、中世纪的西方战争

中世纪年代，西方世界的战争较为频繁，这些战争在类型上大体有王朝战争、封建割据与统一战争、封建王国之间的战争、农民战争、宗教战争等，其中对历史发展发生严重影响的有：诺曼降服战争（1066）、十字军东征（1096—1291）、英法百年战争（1337—1453）、胡司战争（1419—1434）、德国农民战争（1524—1525）、法国胡格诺战争（1562—1594）、三十年战争（1618—1648）等。战争规模、武器的品种和军队的编制较之以往更进了一步。封建国家的军队以步卒、马队和水兵为主，骑战一度压倒了步战变成主要作战办法，多采用疾速机动、迂回围住、攻击等战术战法。中世纪中后期，我国创造的火药传入西方并被用于军事池畴，欧洲的一些国家军队现已装备了火枪和火炮。在武器和军事技能方面，中世纪前期，军队运用的武器主要是铁制武器，防卫的一方经常经过修碉堡、筑要塞的办法来阻挠攻击。尔后，跟着火炮和火枪的不断改善，枪炮的射程、杀伤力、机动性都大为增强，枪炮开始取代弩弓和长矛变成重要武器，这也预示着热武器年代即将到来。因为火器的很多运用，步兵得以取代马队重新变成最重要的军种。

关于防卫一方而言，因为火药革新和大炮的炮击，他们不得不改善筑城术，依照固定距离建造大视点的棱堡，并在堡垒上装置大炮。这种修建既能躲开敌人的大炮，同时又能对任何攻击的妄图给以反击，变成近代欧洲新式防护工事的雏形。与此同时，造船技能的进步、帆海术的开展和新航路的拓荒等，大大影响了欧洲国家大力开展水兵。他们把火炮、指南针和造舰技能结合起来，不光扩展了活动规划，并且可以远距离造成杀伤。总的来说，因为战略指导思想的保存，也因为侦查、通信设备的匮乏和帆船自身在动力和安全方面的缺陷带来的局限性，中世纪的战争在主动性和机动性方面仍然受到限制。

三、近代西方战争

近代世界历史上的战争在类型上主要有资产阶层革新战争、殖民主义国家的侵犯扩展战争、资本主义国家之间抢夺霸权的战争、殖民地的民族解放战争等，代表性的有法国大革命（1789—1793）、美国独立战争（1775—1783）、拿破仑战争（18世纪末—1815）、克里米亚战争（1853—1856）、德意志统一战争（19世纪中后期）等。这一时期，资本主义国家较为普遍地施行了征兵制和预备兵役制。各军军种构成日益复杂化、专业化。陆军由步兵、马队、炮兵、工程兵和辎重兵构成；马队的装备、编制和战术此时也发生了严重革新，重装马队因其机动性差遭到了淘汰，轻马队得到了较大开展。在军事装备上，各主要西方国家军队从根本上普遍装备了火枪、火炮，火器代已然降临。

各国军队还制定了统一的操典、条令，建立了司令部和总参谋部，新的资产阶层的军事作战系统自此彻底建立起来。拿破仑无疑是其中的佼佼者，他当政时期成功地改革了法国的军事机器。在近代频频的战争中，一批资产阶级军事家在战争中锋芒毕露，他们改革了原有的军事准则和作战办法，使战争呈现出史无前例的新面貌。法军被改编为以师做基本单位，每个师又包含步卒、炮兵、马队三个军种，以便可以独立作战；在军队后勤补给上法军遵从了就地征收和以战养战的准则，然后打破了以往制约军队规划的战场物资疑问；法军的战争队型也由板滞的方阵跋涉改为灵活的纵队运动；战术准则着重在强烈的炮火保护下。

会集优势军力进行及时、坚决、敏捷的攻击，然后尽全力消灭敌军。拿破仑将决战决胜作为其作战的主旨，常常动用大军疾速突入敌国纵深，创造摧毁敌军主力的全局性战机，而不拘泥于一城一地之得失。即便在面临敌强我弱被迫进行防护之时，他也会尽力地保存预备队，乘机迅猛地打破敌人战线一部，并争夺围住冲击敌人的侧翼和后方。经过军事创新和打破欧洲以往的军事传统，拿破仑建立了赫赫战功。

四、现当代西方战争

19 世纪末至 20 世纪初以后，资本主义从自由竞争时期开展到独占时期。帝国主义国家间政治经济开展不平衡性的加剧致使了从头切割殖民地和势力规划的奋斗，呈现战争不断的局势，如日俄战争（1902—1904）、英布战争（1899—1902）、美西战争（1898）以及第一次世界大战（1914—1918）、第二次世界大战（1939—1945）、中东战争（1948—1973）等。此外，还有各国的民族解放战争和民主革命战争，如苏俄十月革命后的内战（1918—1920）和土耳其争夺民族国家独立的战争（1920—1922）、越南战争（1954—1975）等。这一时期的战争不只有现代化的陆、海、空三军参战，还运用了很多先进的武器设备，如装备直升机、坦克、飞机、导弹、原子弹等。战争的规划、严酷性、作战手法的多样性都是史无前例的。第一次世界大战是德奥为中心的同盟国和英法俄为中心的协约国之间的一次史无前例的大规划战争，在战争的发起、方法和内容、战术的开展方面较之以往有了较大进展。90 年代以来，某些局部战争中体现出的新特色还反映了战争向高科技方向开展的新趋势。一战的战争发起范围空前广泛，实效性强。战争发起的范畴不只限于军事范畴并且扩展到了经济范畴。工业生产方面的发起先是因为军队武器装备的缺乏导致的。工业生产中，重工业生产又首当其冲。

接着纺织、服装、食物加工业等轻工业也开始承担很多的战争订货。因为交兵两边相互封闭，很多国家粮食、棉花等供给严重，农业出产也被列入国家统制规划。为了筹集战争经费，金融财政和税收成了统治阶层向人民群众转嫁战争背负的东西。战争发起遂被逐渐引向国家经济生活的大多数范畴。战争前期，战争发起的快慢，是能否获得战略主动权的一个重要因素。德军因为发动、会集、展开的速度最快，在战争前期曾把握了战争主动权，迅速攻占了比利时和法国北部大片疆域。第一次世界大战期间，战争的内容和方法也发生了很大改变。大战爆发后，呈现了时间短的运动战。这一时期战争的根本特色是规划大，战线长。防护重要经过坚守筑垒地带完成，每个地带一般包含2—3道防护阵地。机动性强，两边都小看防护，呈现了以攻击对攻击的局势。当东西线战场相继转入阵地战后，阵地攻防战变成第一次世界大战的根本作战款式，防护战不断受到重视。随着炮兵火力的增强和射程的增大，以及飞机、坦克、化学毒剂的运用，防护军力进一步向纵深作梯次配置。

预备队会集在敌人攻击的重要方向上，用来施行反冲击或反突击。防护战争的内容，由前期重要是对步兵和炮兵的防护，扩展到对化学武器的防护和对坦克、对空防护。战争后期呈现了弹性防护，着重避开对方强壮的火力突击，以强有力的反突击破坏对方攻击。第一次世界大战在战术范畴内最重要的开展，是发生了集群战争的战术和诸军种合作战术。集群战争的准则是“火力会集，人员涣散，小群协同”，即把步卒小分队布置在坦克周围，伴随火炮、重机枪和别的集群战争武器邻近进行战争。这种新战术，把步兵分红很多小的集群，多波次地尾随炮兵火力施行攻击，集群间的距离加大，投入的军力坚持较高密度。

大战中期，出现了坦克和化学武器，飞机也开始直接援助地上作战，然后发生了诸军种合作战术，并得到很大开展。大战期间，炮兵是援助步兵作战的最重要军力。攻击战争中，炮兵负责施行火力预备，炮火预备经常持续数日，建议攻击后，炮兵转入徐进弹幕射击（有时施行双层弹幕射击），直接保护步兵冲击。在防护战争中，炮兵经过施行火力反击、阻拦射击等战术手法援助步兵作战。坦克呈现今后，因为前期性不能完善，未能表现其无穷的作用，只是陆军的一个辅佐军种，主要背负直接援助步卒攻击作战的使命。在一些战争中，曾有少数坦克突人对方战线，要挟敌纵深方针，显现了坦克无穷的开展潜力。第二次世界大战是法西斯侵犯国家与反法西斯联盟之间的一次大规模决战，决定性战场仍然在欧洲。各种规划的重要战争具有诸军种、军种合同作战和宽正面、大纵深的特色，很多战法都归于战争史上的首创。

它汇聚了大规模的战争、游击战、陆战、海战、空战以及多种战法联合运用的多种战争款式。在陆战中，因为高性能、高效率的坦克、飞机很多运用，陆地作战款式变成了以坦克、坦克车为中心的机械化部队和空军紧密协同下的以运动战为主的立体型作战款式，其根本方法是：会集优势步兵、炮兵、坦克兵和航空兵的强壮军力，编成若干个突击集团，从敌军防护集团的正面或两翼，施行战争打破，并以装甲疾速集团敏捷突入敌人纵深，切割围住敌人，破坏敌人的包围，最终对合围之敌施行消灭。这一作战方法重要被德国为代表的法西斯国家用作建议侵犯的俄然手法，被称为“霹雳战”。后来也被反法西斯国家用来作为反击和消灭法西斯军事力量的手法，变成二战中的重要作战方式。在海上，因为航空母舰和海军航空兵的很多运用，海上作战款式变成了以航空母舰舰载机为攻击主力的立体作战款式。其战法一般是以航空母舰舰载机和岸基飞机，协同别的水面舰艇，在航空侦察、雷达侦察和无线电通信合作下，远距离奔袭敌人海上方针或重要海空设备，一起打开反潜作战和防空作战。

狙击珍珠港、中途岛海战等大规划海战都运用了这种作战方式。空中力气在海战中占有了压倒性优势，然后完毕了大炮巨舰的年代。苏联为了抵挡德国功能优良的“梅塞斯密特”飞机而发明了“伊柳申式”低空强击机。二战期间，为了打败敌方，赢得成功，作战双方建议全部科学家、技术人员拼命试制与开展新式兵器，打开了更高层次的军备竞赛，研发和出产新式兵器的实验室和工厂举目皆是。英美为了抵挡功能优越的德国飞机，先后在短期内规划和制造出“飓风式”、“喷火式”、“野马式”战斗机和“空中堡垒”轰炸机。被称为“超级空中堡垒”的美国13—29轰炸机，其续航距离可达7700公里。在剧烈的军备竞赛中，不光飞机、坦克、大炮等兵器的功能和火力不断得到改善与进步，并且制造出很多“秘密兵器”。例如，纳粹德国制造出磁性水雷、飞弹和火箭。

英国为了抵挡德国的潜艇和空袭，研发出“声纳”海底搜索器和雷达设备。美国担心纳粹德国首先掌握原子兵器，不惜代价地赶制成原子弹。随着各种新式高档兵器的呈现，战役的款式愈加趋向立体化、大型化、归纳化、杂乱化，其残酷、剧烈程度更届空前。1944年盟军建议的诺曼底登陆战役，就出动了6500余艘战斗舰艇和运送船舶，约11000架作战飞机、2300架运送机及近2600架滑翔机，全军部队达到278.6万人，这是一次规划无穷、配备杂乱、精心安排、计划周密、需海陆空各兵种密切合作的、军事史上空前的两栖登陆作战。1945年美国对日本本土施放两枚原子弹，使广岛、长崎达20

万平民伤亡，城市修建几成废墟。与正面战场作战方式并存的还有在法西斯军队占领区广大后方冲击敌人的游击作战方式。其毁之烈，其状之惨，为全世界所震动。

埃塞俄比亚、法国、南斯拉夫的游击战等有力地配合了正面战场的作战，在第二次世界大战中起了严重效果。发生在 20 世纪六七十年代的越南战争、90 年代的海湾战争和 2003 年的伊拉克战争，分别代表着高度机械化战争、信息化战争的雏形和信息化战争的完成等几种不一样方式的战争，它们的出现表明，以美国为首的西方国家建议的战争逐步由传统年代进入到高科技年代。高科技战争是指交战两双或一方主要运用高技术兵器配备及与之相适应的作战办法所进行的战争。相对于传统战争，高科技战争有自身的一些独特性。第一，高科技战争注重兵器配备技术优势的比赛。高技术兵器配备自身所具有的无穷效能，使其变成决定战场局势和制约战争输赢的重要因素。具有高技术优势的西方国家，灵敏挑选冲击方针、规划、办法，有用操控战争的规划和进程。更多地掌握着战争的主动权。军队的作战举动已由偏重人力、物力数量优势的对立，转向偏重人员本质和技术优势的比赛。第二，在高科技战争下，战场的高立体、大纵深、全方位特征突出。战争在囊括陆、海空三维空间的基础上进一步向太空和深海拓展，构成多层次的立体对立；导弹等长途火力冲击手法的运用以及军队机动才能大幅度进步，使战场纵深空前加大，前方后方边界模糊；准确制导兵器、电子战兵器和特种作战手法的运用，使战争呈现全方位、多方向的特征。第三，高科技条件下作战向高速度、全天候、全地利开展，军力、火力具有高速机动才能，然后使战役的建议愈加愕然，作战节奏加快，战役进程缩短。新式光学电子设备和夜视器材的很多运用，使军队可以施行全天候、全地利的连续作战，时效显著进步。第四，作战办法发生严重革新。导弹战、电子战等很多新的作战方式呈现，并在战役中表现重要效果。空中作战的位置和效果上升，远战、夜战的比重增大，机动战、联合作战变成基本的作战形状。作战举动愈加着重纵深突击和全体冲击。第五，以电子计算机为基地，集指挥、操控、通信、情报于一体的 CI（Command，Control，Communication，Intelligence）体系的开展和运用，使军队指挥效能和全体作战才能大幅度提高，它也因而变成被优先冲击和炸毁的方针。CI 对立日趋剧烈，攫取战场信息操控权变成军队指挥与作战的条件与焦点。第六，高技术战役愈加注重军事、政治、经济、交际、文明等多种手法的归纳运用，对人的本质要求更高，对后勤的依赖性空前增大。高技术战役的出现开辟了战役开展史上的新阶段，对军队作战理论、体制编制和教育练习等诸多方面都产生了严重影响，现已并正在引发军事范畴的全面而深入的革新。

第二十三章

西方管理思想与管理制度

人类进入文明社会以来，为了生计与发展，在分工协作、一起劳作的过程中，需要某种意义上的管理作业，在此基础上，又逐步产生了管理思维。西方管理思维源源不绝。在上古年代。因为出产力水平低下，大家能把管理活动当作自觉的、有认识的行动，管理思维的记叙也多散见于其时的哲学、军事和经济学等作品中。到中世纪，管理思维虽有所深化，但没有体系化，未能构成一门科学，管理思维也多包含于控制阶级思想家的政治建议当中。进入近代后，随着资本主义管理实习的不断开展，人类的管理思维日趋老练，逐步发展成为一门科学。与此一起，在长时间的实习探究和思考中，大家尝试着将管理准则化，以提高管理效率。西方管理制度的改变有其年代性特色，每一个历史时期都构成了相对应的、具有代表性的管理准则。

第一节　西方管理思想的发展

一、早期的管理思想

古代希腊曾具有高度发达的工商业，为大家发展有计划的生产提供条件，并在此基础上出现了前期管理思维的萌发。苏格拉底、色诺芬、柏拉图、亚里士多德等人都曾阐述过自己的管理思维。色诺芬曾依据自己亲身经营和管理庄园的经历，写成《家庭管理》（又称《经济论》）。这也是古希腊传播下来专门论说经济问题的第一部作品。这部作品在管理思维上的重要奉献在于提出了经济管理的研讨目标与管理水平好坏的区分规范疑问，并认识到了管理的基地任务是加强者的管理这一重要思维，要点剖析了分工的重要性。柏拉图在其代表作《理想国》中，从国家安排视角论说了社会分工这一重要管理思想。他以为，每个人都有多方面的需要，但是大家生来却只具有某种才能。因而，为了生计，大家有必要依托别的人供给各种需要，所以各随其愿构成集体，这些集体联合起来便变成国家。

古罗马没有管理方面的专著，但我们从奴隶主政治家、思维家、哲学家的论说中可以发现其萌发状态的管理思想。此外，他还从运用价值方面来阐明社会分工的必要性，认为每个国家都应当有专门从事各种职业的人，然后可以充分表现自己的对比优势。古罗马思想家现已认识到了现代公司的某些性质。古罗马国家曾创始性地采取了类似现代股份制公司的办法，向公众出售股份。在罗马帝国的建立过程中，罗马人具有了集权、分权到再集权的实习经历。而罗马人在长时间的军事生涯中，不只具有了遵守纪律的品格，并且也具有了以分工和权利层次为其基础的管理职能和规划才能。这些实习既是对管理准则的一种探究，也是管理思想的一种反映。此外，奴隶主思想家老伽图、瓦罗等曾提出有关对管理人员挑选规范的问题，也是古代经济管理思维的反映。在西欧中世纪思想家中，托马斯·阿奎那的思维对管理思维的发展具有一定的启示。

阿奎那认为，世界秩序是按等级的阶梯来安排的，即从非生物体开始，逐步上升到人、圣徒、天使，最高是天主。这种观点反映了西欧中世纪的封建等级观念，实际上也是社会和政治等级管理取向的折射。阿奎那对一系列经济管理问题也提出了一些独到的见解，其间包括花费的适可准则、经济活动的干涉主义、公平价格论、货币论、利息论、商业论等管理思维。除此之外，他还把体力劳作与脑力劳作的分工认为是社会等级区分的基础，要求农奴循规蹈矩。中世纪晚期向近代前期转型的过程中，也呈现了反映年代取向的管理思想。他深信私有制，反对公有制，并论证私有制是人的理性发明出来的，不只契合自然法则，而且契合天主的毅力，是人类存在不行或缺的基础。托马斯·莫尔作为欧洲前期空想社会主义学说的创始人，在其代表作《乌托邦》中明显表达了他的管理思想。

莫尔敏锐地观察到私有制是全部罪恶的根源。他的乌托邦岛已十分注重生产的规划和生产的安排。在国家管理方式上，莫尔建议用民主的办法推举政府官员，按民主的办法管理国家；在经济管理方式上，莫尔想象全部社会经济是依照必定的一致准则管理的。总体来看，管理思想在前期的开展阶段，基本上是以调整人与人之间的联系为主的管理思想，是辅佐君王以获取自己政治上的位置，并以此取得控制者恩宠为主要意图的一种管理思维，其间也包括完成自己政治志向的希望。

二、古典管理理论

自从文艺复兴运动以来，资本主义从萌发到在世界规模内占有控制位置，历时500余年。与此相对应，以商场经济为主体的古典管理思想也经历了近500年，在以泰勒为代表的一代管理学家们首先创立了古典管理理论，然后为现代管理理论的进一步发展敞开了思想之门、才智之窗。它在管理思想史上占有极其重要的位置。古典管理思想，是以工业化大出产为重要背景，以商场经济中安排协调开展为重要研讨目标的管理思想。20世纪初，泰勒、法约尔、韦伯等人企图从三个不同视点，即自己、安排和社会来回答全部资本主义社会宏观和微观的管理疑问，终究创立了古典管理理论，为资本主义处理劳资联系、出产功率、社会安排等方面的疑问，供给了管理思想的指导和科学理论办法。它的重要特征是，使公司在商场的时空中取得生计和开展，把公司取得最大盈利作为终极意图，终究以安排为全体，以公司的盈利最大化作为管理的最基本的指导思想。弗雷德里克·温斯洛·泰勒（1856—1915）的科学管理思想集古典管理思想发展之大成，是管理思想发展史上的一个转折点，同时又是一个较为完善的管理思维体系。

科学管理思想的树立使管理从此变成一门独立学科。其内容可分为作业管理和安排管理等。作业管理是泰勒制的基本内容之一，它由一系列的科学办法所构成，主要包括制定科学的作业办法、制定训练工人的科学办法和实施鼓励性的酬劳准则。泰勒以为科学管理是囊括曾存在的诸多要素的联系，所以他把旧的常识搜集起来加以剖析组兼并归类成规则和条例，构成了一种科学。科学管理的基地疑问是提高劳作生产率。而人的潜力又不会自动跑出来。这样就会得到最佳的办法。当然，为了发掘人的最大潜力，还要做到量才录用，制定训练工人的科学办法。因而，为了最大极限地发掘人的潜力，应当把工人多年堆积的经历常识和传统的窍门归纳收拾并联系起来，然后用这一办法对工人的操作办法、运用的东西、劳作和歇息的时间进行合理搭配，一起对机器安排、环境要素等进行改善，消除各种不合理的要素，把最佳的要素联系起来。

此外，为了最大极限地提高生产率，首先有必要找出最适合干某项作业的人，然后还要最大极限地发掘这个最适合干这项作业的人的最大潜力。因而，泰勒在 1895 年提出了一种具有很大刺激性的酬劳准则逐个“不同工资制”，实施鼓励性的酬劳准则。泰勒在安排管理方面也做出了巨大的贡献。他把方案的功能和履行的功能分隔，改变了凭经历作业的办法，代之以科学的作业办法，以确保管理使命的完结。科学的办法即是找出规范，制定规范、然后按规范办事，而这一找出和制定规范的作业，应由专门的人来担任。方案功能归管理当局，并建立专门的方案部分来承担。方案部分从事悉数的方案作业并对工人发布指令。为了事前规定好工人的悉数作业进程，有必要使辅导工人干活的工长具有特殊的实质。泰勒的功能工长制是依据工人的详细操作进程，进一步对分工进行细化而构成的。泰勒为安排管理提出了一个特别重要的准则——破例准则。所谓破例准则，即是指公司的高级管理人员，把通常平时事务授权给部属管理人员去担任处理，而自己保留对破例的事项，通常也是重要事项的决定方案权和控制权，如严重的公司战略疑问和重要的人员替换疑问等。

这种破例准则，至今依然是管理中特别重要的准则之一。泰勒以自我在工厂中的管理实习和理论探究，冲破了工业革命以来一向延续的传统经历管理办法，将科学引进了管理领域，并创立了一套详细管理办法，为管理理论的系统构成奠定了基础。泰勒建议将管理的功能从公司生产功能中独立出来，公司开始有人从事专职的管理作业。这么就进一步促进了对管理实习的考虑，为管理理论进一步构成和发展拓荒了道路。泰勒制的现场作业管理办法在实习生产安排管理中取得了显著作用。因为采取了科学管理的作业程序和管理办法，推进了生产力的打开，公司生产功率进步了很多倍。因而，科学管理在当时的美国和欧洲遭到期待。即便在今日，科学管理思想依然发挥着无穷的作用。亨利·法约尔（1841—1925）是欧洲一位出色的运营管理思想家，其代表作《工业管理和通常管理》提出了处理安排内部管理功率疑问。法约尔的管理思想主要体现在以下几个方面：

第一，管理的实质及五大要素。法约尔以为，运营和管理是两个不一样的概念，运营是“辅导和引导一个安排去到达一个方针”，运营行动包含六种活动。即技术活动、商业活动、财政活动、安全活动、管账活动和管理活动，任何公司都存在着这六种活动。而管理活动则仅仅这六种活动中的一种，是公司从事运营活动必备的并且是非常重要的宏观活动。他认为，管理即是公司实施方案、安排、指挥、协调和控制的进程。

第二，管理的 14 条准则。法约尔依据自我的作业经历，概括出简明的 14 条管理准则。（1）劳作分工。劳作分工是劳作专业化的客观请求，它不是仅仅只适用技术作业和基础岗位，并且应在管理和功能权限区分方面普遍选用。（2）权力与职责。二者相得益彰，任何一个岗位都是权力与职责的一致。（3）纪律。纪律实习上是以公司与雇员之间的协定为依据的遵守、勤勉、活跃、规则和尊敬的表明。（4）统一指挥。一个部属只能承受一个领导的指令和指挥。（5）统一领导。即一致的管理思维和方案。（6）单个利益服从全体利益。（7）人员的报酬。付酬的办法很多，人员的报酬应当合理，并有必定的鼓励机制。（8）集权与分权。进步部属重要性的做法是分权，降低部属重要性的做法是集权。（9）等级序列。要断定从最高的威望者到最低层管理人员的等级系列。（10）次序。每件东西和每个人都应有恰当而合理的方位。（11）公正。在对待所属人员时管理者应当特别留意善意与公正的联系。（12）人员的安稳。有次序地安排人员和弥补人力资源，人员特别是管理人员的经常改变对公司很不利。（13）首创精神。领导和员工都应当一起具有这种精力。（14）集体精神。联合即是力量，在安排内部要构成联合调和的空气。当然，以上 14 条准则在管理活动中不是呆板和绝对的东西。这 14 条准则是“通常管理理论”的核心内容。在相同的条件下，应当留意各种可变要素的影响。因而，这些准则灵敏，可以习惯于全部需求，但其真实的实质在于懂得怎么运用它们。

第三，倡议研讨管理理论，开展管理教学。法约尔认为，人的管理能力可以经过教学取得。他提出在校园设置这门课程，尤其是在大学或学院开设管理课程，是研讨和教授管理理论的绝好办法。“管理是一切人类活动（不论是家庭、公司、政府）都有的一种活动。”管理理论具有普遍性，可以用于各个活动当中。因为管理是遍及各个领域的，所以管理的一般常识对每一个人都是有益的，应当在各院校中教授。法约尔对管理进程和管理安排理论进行的开创性研讨，对后来的管理理论研讨具有非常深远的影响。马克斯·韦伯（1864—1930）是德国闻名的社会学家和安排学家，被称为“安排理论之父”。他对安排理论的重要奉献是提出了以“官僚模型”为主体的“抱负的行政安排系统”。马克斯·韦伯以为，安排构造应当是“科层构造”，官僚安排是抱负的安排方式，而法定的威望是构建安排的柱石。

人类任何一种活动都应当以某种特定的威望作为基础，缺失了威望的安排不可能一致行动和完成同样的方针；合法的威望基础有三种朴实方式：合法基础、传统基础与神授基础，但只要法定的威望才是官僚安排的构建基础。上述古典管理理论主要是对于活动内部的分工与活动安排来进行研究。一切古典管理理论的相同起点都是为了进步公司安排的管理功率。古典管理理论是围绕四大支柱建立起来的，这四大支柱分别是劳作分工、等级与智能办法、构造以及控制起伏理论。古典管理理论对管理思维的打开起了重要的作用。

第一，古典管理理论提出管理的重要性和普遍性。有安排存在就需求管理，管理的普遍性和社会有安排活动的普遍性相同重要。无论是公司、政府、校园、医院等都需要管理，管理普遍性的含义就在于它的重要性、实用性和科学性。第二，古典管理理论以为，管理准则和管理功能存在于社会当中，经过科学办法可以发现这些准则。时刻研讨和动作研讨的打开，使得管理摆脱了传统的经历式和凭感觉进行的办法。第三，古典管理理论提出了一些管理准则和管理功能，并且把这些准则和功能当作是管理活动的基础，对经济管理有很大的辅助意义，也为总结管理思维史供给了特别重要的参考价值。这对管理思维的打开有着极端严重的作用。第四，古典管理理论奠定了管理学的基础。现代管理技术与管理方法从根本上说是来源于古典管理理论，当今管理学所研讨的依然是古典管理学派所要研讨的疑问，如对总方案和战略方案的研讨、战略的研讨、安排方式方面的研讨、作业和环境方面的研讨等，都是对古典管理思维的继承和开展。古典管理理论是人类历史上第一次以科学的方法来讨论管理问题取得的成果，从本质上反映了资本主义生产力发展到一定时期对管理的必然要求，管理思维的发展、管理技术和方法的进步，则反过来促进了生产力的进一步发展。

三、行为科学理论

从管理思维的视点来看，泰勒的科学管理理论在必定程度上促进了公司劳作生产率的进步和劳资联系的平缓，但是，它疏忽了人的感情需求这一管理活动中最重要的要素。因为现代公司大规模产销活动现已打开，公司内部分工也越来越细，要对每个公司员工进行有用的监督，事实上已不大可行，并且员工的作业规范和作业定额也不易划定。在这种情况下，怎么使公司员工在各自分散的岗位上有效地作业，联系到公司的全体出产功率。而科学管理所倡导的经济影响和物质鼓励也呈现了效用递减现象。20 世纪 20 年代末 30 年代初，世界经济陷入了空前的大危机，在美国，罗斯福政府开始对宏观经济实施控制，这使得管理专家们不得不注重在微观层面上研究造成公司功率降低的影响要素，于是，一种彻底不同于科学管理学派的管理理论出现了，这即是行动科学理论。科学管理学派强调严格管理，认为管得严才能出效率。行动科学理论的出现，弥补了科学管理理论的缺乏，变成管理理论的一块奠柱石。

“行动科学”学派则强调人的行动，认为从人的行动中激起动力，才能提高功率。所谓行动科学，即是对工人在出产中的行动及其发生的缘由进行分析研究，以便调理公司中的人际联系，提高生产率。行动科学理论研究的内容主要包含以下几个方面：一是个别行动研究。个别行动研究是行动科学分析研究公司安排中大家行动的基本单元。在个别行动这个层次中，行动科学主要是用心理学的理论和办法研究两大类疑问，一类是影响个别行动的各种心理要素；另一类是对于个性的人道假说。二是动机与鼓励理论。社会心理学家和行动科学家以为，人的行动都是由动机引起的，而动机是因为大家自身内在的需求而发生的，能满足人的自身需求活动即是一种奖赏。三是集体行动研究。集体行动在安排行动学中是一个重要的疑问，它重要讨论集体作为一种非正式安排、集体的特征、集体的内聚力等。四是安排行动研究。行动科学家认为，一个人终身的大多数时间是在安排环境中度过的。大家在安排中的行动即称为安排行动，它建立在个别行动和集体行动的基础上。

由此可见，行动科学强调人的赋性和需求、行动动机、人际联系等。经过研讨人的赋性和需求、行动动机以及在出产安排中人与人之间的联系等，总结出人类在出产中的行动规则。主要研究个别行动、集体行动与安排行动，意图在于研讨人的心理、行动等对高功率地完成安排方针的影响。依据行动科学理论，管理是对人道的知道深度的外在体现，人是管理进程中疑问的疑问、要害的要害、依据的依据、缘由的缘由。社会越发展，环境就改变越快；环境改变越快，人的改变也就越快，对人道的认知也就越困难。从亚当·斯密提出经济人的观念开始，经李嘉图的群众理论对人道研究的弥补，到泰勒对人道的深入讨论，都是沿着人的经济行动的轨迹开始构建人道大厦的。

社会心理学家乔治·埃尔顿·梅奥（1880—1949）的社会人假设和闻名心理学家马斯洛的需求层次模型，才使大家开始对人的社会行动方面进行研讨。梅奥在《工业文明的人类疑问》和《工业文明的社会疑问》等著作中以为，工人是社会人而不是经济人。出产功率主要取决于员工的作业情绪以及他和周围人的联系。马斯洛则认为，人是有需求的动物，只要没有满意的需求，它就会影响人的行动，而人的需求有轻重缓急，只要低层次需求满意后，才会出现高层次需求。人的需求从低到高可分为生理需求、安全需求、归属需求、尊敬需求和自我完成等。行动科学理论促进了管理思维的打开。这些观念从不同的视点来讨论人的行动问题，但他们都有一定的特色，即从人道主义的情绪中来看待管理疑问。因为人的复杂性，对人道研讨的各个层面、各个视点进行透视就会构成不一样的观念。

它遵循了以人为本的思维，以人力资源为主要资源，高度重视对人力资源的开发和使用，发起以人道主义的情绪对待工人，经过改进劳作条件，进步劳作者作业日子的质量，训练劳作者的出产技术，调动听的活跃性，进而提高劳作功率。这些思维有利于推进生产发展和社会进步。行动科学经过吸收和学习有关学科作用，构成了完善的学科系统。它活跃吸收了心理学、社会学、人类学等学科的科学常识，使用社会调查、调查检验、典型实验、案例研讨等科学办法对人的行动，特别是员工在出产中的行动进行研究，提出了一些调动听的活跃性的学说和办法，并在公司中实习使用，收到了适当的作用。很多管理学家、社会学家和心理学家从行动的特色、行动的环境、行动的进程以及行动的缘由等多种视点打开对人的行动的研究，构成了一系列的理论，使行动科学变成现代西方管理理论的一个重要门户。

四、现代管理学派

在西方古典管理理论和行动科学理论呈现以后，特别是第二次世界大战以后，美国国力与经济水平都得到了大幅度的提高，公司所处的环境、生产运营办法以至社会资源的装备办法也发生了重要的改变，公司管理面对很多新情况和新疑问，管理实习请求发生新的管理理论。这期间除了行动科学理论得到长足的发展以外，很多管理专家（包含社会学家、数学家、人类学家、计量学家等）都从各自不同的视点宣布自我对管理学的见解，呈现了很多新的理论和学说，构成了很多学派。它们彼此影响、彼此浸透、彼此作用，构成了错综复杂、竞相争荣的局势。依据各自的不同，大家对这些理论进行了不同的分类归总。1961 年，美国管理学家哈罗德·孔茨（1908—1984）宣布《管理理论丛林》一文，把当时西方管理学派分为 6 个学派：管理进程学派、经验学派、人群行动学派、社会体系学派、决议计划学派、数理学派。1980 年孔茨又宣告了《再论管理理论丛林》一文，指出西方的管理理论现已发展到 11 个学派：经验案例学派、人际关系学派、群体行动学派、社会协作体系学派、数学（管理科学）学派、社会技术体系学派、决策理论学派、体系学派、权变学派、司理角色学派、运营管理（管理进程或管理功能）学派。尔后，又有一些西方专家提出了弥补，如经济分析和会计学派、管理科学学派、工业工程学派等。美国管理思想史学家丹尼尔·雷恩则把西方的管理理论分为三大学派：（1）管理进程学派。这个学派一共连续了五代。第一代是以法约尔为代表的同一时期的管理学家；第二代是以纽曼、孔茨为代表的管理学家；第三代从今后就进入了管理理论森林，并且各种学派交织在一起，构成一个昌盛的局势；第四代主要指体系管理学派和管理对比研究；第五代主要指权变理论学派。（2）组织行动学派。（3）管理科学即管理中的数量学派。美国的另一位管理思维史学家劳德·小乔治则把西方管理理论划分为四大学派：传统学派（科学管理）、行动学派、管理进程学派、数量学派。管理学家哈罗德·波拉德把西方的管理理论分为三大学派。（1）作业学派：主要代表人物为泰勒、吉尔布雷思、甘特·德鲁克等。（2）阅历学派：该派的理论学家有法约尔、谢尔顿、巴纳德等。（3）社会学派：包括福莱特、梅奥、麦格雷戈、赫茨伯格等管理学家和社会心理学家。20 世纪 80 年代今后，科学技术一日千里，各种文明互相浸透、互相融合，商场竞赛日益白热化。西方管理专家对全球新的竞赛条件下公司的生产和发展进行了深化考虑，管理思维上也发生了很多改变。

第一，由于公司的生产发展环境现已从国内商场转向世界商场，或者说公司的成功主要取决于全球战略的施行，管理思维呈现了从进程管理向战略管理的改变。第二，由于公司生计环境的改变日益剧烈和杂乱，公司有必要不断地调整自我的开展方向，不断地树立自我开展的有用途径，以习惯环境的剧烈改变。因此，管理思维方面提出了由内向管理往外向管理的改变。第三，产品的商场管理也向价值管理发生改变，即公司管理的每一个进程、每一个环节都有必要使公司向商场供给的产品和效劳增值，从而提高公司的管理效率。第四，从行动管理向文明管理改变。管理的客体是含有文明要素的，而文明是浸透到人类文明的任何一个当地和环节的，这些都影响着公司的生计发开展。可见，西方现代管理理论在不断发展，并且随着社会经济环境的改变而改变。了解现代西方管理理论的各种流派的开展脉络，有助于我们认识管理思维的开展进程以及管理准则的改变与演进。

第二节　西方管理制度

西方管理文明的开展进程不只体现为管理思维演进，也包含作为人类宝贵财富的管理准则的变迁。西方的管理准则主要包含政治层面、经济层面与公司层面的管理准则。古罗马的“行省”准则、近代西方的科层制是西方重要的政治管理准则；中世纪的庄园准则与行会准则则是典型的西方经济管理准则；现代公司准则与福特制则是西方公司管理的重要形式。

一、古罗马的行省制度

行省准则是古代罗马奴隶制国家为控制降服区域而树立的一种管理准则，原指意大利境内的行政区或境外由罗马官员治理的区域，后专指意太利境外那些有必要向罗马纳贡的属地。行省设置约始于公元前3世纪下半叶，到公元前130年前后已建立9个行省。随着罗马国家的疆域扩张。行省数目不断增加，遂构成相应的管理准则。每建立一个行省，都由元老院制定治理该行省的法规，规定该行省应交纳贡赋的种类与数量，确定该行省的区域规模、乡镇数目及行省居民的权力和责任。罗马控制者采用包税制来克扣行省居民。行省的税收包含直接税和间接税两种。其间，直接税是罗马帝国赖以生计的经济支柱。内行省、殖民地寓居的罗马公民以及在各省殖民地落户的退伍军人及其子孙，只需有公民权就可不纳土地税和人头税。共和时期，行省直接税划分为土地税和人头税。但行省、自治市新获得罗马公民权的大家须如以前身为行省居民时相同，交纳这两种税。

行省的土地、资本等被宣告为罗马国有财产，由国家运营、转让或租借。元老院向每个行省派遣总督1人、副总督3人和财政官1人。总督一般由卸职的执政官担任，内行省具有生杀予夺的大权。罗马建置行省，广泛构筑道路网，有利于意大利本土与境外属地之间的经济与文明交流。共和国时期，罗马的行省重要由元老院担任。奥古斯都时期（前27—公元14），元老院在省总督的人选问题上根本沿袭共和年代的方法，仍从卸职的执政官和行政长官中录用，但着重正统身世，有必要经历正式晋升阶梯。共和晚期，恺撒改革行省管理准则，扩展行省公民权的授予规模，整饬行省的吏治，施行自治市法，给行省城市以自治权。元老院在合格候选人中抽签遴派，任期1年，对已婚且后代较多的人选予以优待。

而奥古斯都在位时，行省被分为首脑直辖与元老院直辖两类。前者由首脑指使总督管理，总督有权指挥境内驻军；后者由元老院录用总督管理，总督没有兵权。帝国年代，行省开展很快，行省贵族也逐步跻身于控制者的队伍，一起行省的公民权得到进一步扩展。戴克里先在位（284—305）时，为便于控制，减小行省辖区，行省数量增至100个，分属12个大行政区管理。他还将行政权与军权分隔，使行省总督和军事指挥官互相制约。476年，行省准则随罗马帝国的消亡而分裂。行省准则对罗马有效管理广阔被降服区域发挥了重要作用。

二、中世纪的庄园制度与行会制度

1. 庄园制度

庄园制度是西欧中世纪时期重要的经济和政治管理准则。庄园作为一种存在于封建准则中的自给自足的社会经济共同体，是中世纪欧洲经济的根本出产单位。庄园出产包含粮食、衣物、工具等各项日子所需的物品。庄园也是一个自治的政治单位，内有犁地、公地、教堂、领主邸第与农奴住所等。庄园中的土地全部权归于领主，农奴担任耕耘。领主与农奴之间有相互约好的权力与责任。农奴供给劳役、耕耘地步、交纳租税等；而领主则有必要分给土地、供给维护、履行司法。农奴身份介于自由人与奴隶之间。他们并没有完全丧失人身自由，但身份又附着于土地，若无领主的同意，不得随意离开庄园。

尽管农奴自由受约束，且日子艰苦，但有一定的确保性。农奴只需履行责任，就可以代代耕耘土地；一旦遇到艰难，领主也有责任供给适当的帮助。由于在西欧封建社会不存在公共税收，国王不依托税收日子，而是依托自己的领地过日子。庄园领主作为庄园的控制者兼业主，对农奴和贱农有征税权和司法权。因此，庄园所征的税收事实上落入领主手中。庄园的赋税多种多样，主要包含租税、捐赠和劳役。租税以现款或什物交纳，其间最重要的是农奴人头税、土地税、家庭税、田租专利税等。每个庄园一般由一名管家和一个庄头担任运营。管家一般是自由人，由主人派往庄园寓居，担任监督管理该庄园的全部事务。

他要掌管庄园上的各项耕耘、运送作业，管理各项设备，收取各种什物和钱银，每年向总管陈述账目。他的主要任务是组织各项农活，分配劳役，确保播种和收割的准时完结，防止损失和糟蹋，照料家畜、修理耕具，还要进行农产品的售卖活动。庄头是与管家一起担任庄园的人，一般是一名农奴，一般在庄园的法庭上选举产生，任期一年，有时也由管家指定。也有一些庄园是依托租借的方法来运营。在王室或一些大的教会封建地产中，由于一些庄园离基地过远，管理不方便，一般租借给承租人运营，收取固定的钱银地租或什物地租。租借庄园时不只租借庄园的土地，还包含庄园上的设备、家畜以及家禽等，有时还包含库房中的粮食。

承租人承租今后，还获得对庄园的奴才、农奴等劳动力的分配权，由他担任庄园的悉数运营管理。庄园制度在建立之初习惯了其时西欧区域出产力的开展请求，推动了西方社会的开展。尔后，跟着近代欧洲资本主义的兴起，自给自足的封建庄园制度逐步被资本主义生产的农业管理准则替代。在转型的进程中，西方各国从本国国情出发，构成了各具特色的农业管理形式，其间有通过圈地运动完全剥夺小农的“英国式道路”，有通过小农青丝分化而构成的现代大农场运营的“美国式道路”，也有通过改革方法逐步走向农业现代化的“普鲁士道路”。

2. 行会制度

欧洲封建社会的行会准则主要指同一职业的手工业者或商人，为确保本职业的利益而树立的封建性的集体准则。中世纪的欧洲各国商场狭小，难以习惯当时城市手工业的开展，城市手工业者为了扫除互相间的竞赛和乡村手工业产品的竞赛，也是为了抵抗封建领主的压榨敲诈，便逐步联合起来加强自我的力量与位置。他们因袭乡村公社的传统，按照不一样的职业组织了行会。行会有严密详尽的规章，对内确保会员权力、责任平等。对外实施独占。西欧的行会，产生于12—13世纪城市公社起义时期。13世纪时，巴黎大约有100个行会，到14世纪中叶，行会数增至350个左右。一个行会的会员，一般包含本城同一职业的全部匠师。他们主要散布在一些一万多人口的中等城市，在小城市以及对外贸易发达的口岸大城市中行会较少。匠师是小出产者，有自我的作坊和出产工具，有帮工和学徒各两三人。

学徒通过三至五年升为帮工；帮工通过二至三年可以升为匠师，独立开业，变成行会会员。这么就构成了匠师——帮工——学徒的封建行会等级准则。匠师自己参加劳动，但对学徒、帮工有程度不同的克扣。行会由会员选出若干人构成领导机构，这些人变成行会的上层分子。行会的辅导原则是取消竞赛，对内是用全部方法来为全部会员供给对等的时机，对外则为本职业获得独占位置。为此，行会制定了极端具体的规章，几乎对会员的全部行动都做了规则和约束。为了完成匠师间的权益平等，防止互相之间因财物增加不平衡而形成贫富不同，在西欧行会后期，出现了一些新的规章准则，规则对帮工实施鉴定“创作”的准则便是其间之一。

帮工要升为匠师，就有必要先在会长面前做出一件手工很高的产品，以表明他具有了圆满的技术。这一规则减少了帮工升为匠师的时机，减少了竞争，也确保了本职业劳动者的技术水平，确保了产品的质量。自 15 世纪起，又附加了严格的经济条件，规则帮工要升为匠师，有必要具有最低极限的固定财物（作坊房子及出产设备）和流动资金；学徒期满后要为匠师无偿劳动一段时间等。以上的各种条件的约束使会员获得匠师身份越来越艰难。此外，行会还进一步把本行会会员的数目固定下来，不得随意增多，以约束帮工变成匠师。行会制度的树立，在前期有它必定的积极意义与前进效果，维护了城市手工业的生产与发展。

可是随着商场的扩展，行会手工业的生产越来越不能满意商场的需求。商人关于行会手工业者的分配效果也随着商场的扩展而逐步加强。殷实的匠师公开地不恪守规章，摆脱行会的束缚。过去，坚决抵抗商人资本侵入的行会制度，总算在自行分化的进程中被商业的冲击力量攻破。城市行会的会员，逐步地两极分化，小部分成员变成了富有的匠师或亦工亦商的资本家，大多数人则逐步沦为城市无产者。15 世纪以后，资本主义工场手工业逐步开展起来，替代了行会手工业。到 16 世纪，英国的行会制度已根本消除。欧洲内地各国的行会制度残存的时刻较长，法国的行会制度在崩溃后又一度康复并变成王家御用行会，德国的行会制度则到 19 世纪才逐渐消除。

三、西方近代企业制度的形成和发展

西方现代公司准则即现代公司准则，公司准则是西方现代公司准则的典型管理与运营方法。公司的雏形通常可追溯到 15 世纪。其时地中海沿岸商业交易适当兴旺，当交易请求的本钱规划超越家庭所能承当的规划时，就需求发明一种超出枢纽的新经济安排。所以，一种名为康门达的合资契约安排便应运而生。康门达是一种契约，契约的一方把金钱或商品托付给另一方，后者受托从事帆海交易活动，运营所得盈利由两边按契约共享，托付人的责任仅以所出的资产为限。康门达能够看成是有限责任公司的雏形，这种经济安排方法后来逐渐在工商业范畴被广泛应用。到 1680 年，英国先后成立了 49 个此类公司，其中包含在历史上有较大影响的东印度公司。16 世纪今后，因为世界交易的开展和重商主义方针的影响，英国出现了一批以开展海外交易和掠取殖民地为意图的合股交易公司。

17 世纪上半叶，英国树立了公司是独立法人、具有和自然人一样的民法才能的观念，把公司与作为自然人的自己业主制公司和合伙公司区别开来。17 世纪下半叶，英国又呈现了稳定的合股公司安排。股本变成了长期出资的本钱，取得独立化的形状，股权只能转让不能退股，并开始呈现了股票买卖的交易市场。18 世纪，这种合股公司发展到法国、德国和美国，今后又出现于世界的其他地区。19 世纪中叶以后，现代公司准则开展灵敏。随着公司规划的扩展和事务的复杂化，大股东亲身担任高层司理人员，只要中下层司理人员才由支薪的雇员担任的做法已不习惯公司发展的需求，高层管理人员由支薪雇员担任的状况越来越普遍。这些高档管理人员是一些专业运营人员，但不一定是股东，他们通常是因为自己的运营管理才能而被代表所有者的董事会聘用。

19 年世纪 40 年代以后，美国呈现了大规划铁路建造和营运管理，以纽约为基地的美国本钱市场也开始构成。所以，公司制类的公司就从“公司主公司”逐渐演化成了现代的“司理人员公司”。现代公司准则的生长发端于铁路的鼓起。铁路的管理要求专门的技能和练习。当时美国的铁路管理人员都是受过专门训练并具有铁路和桥梁构筑经验的土木工程师，他们在管理知识和才能方面显著强于出资者（股东）。纽约中央铁路公司是美国第一家以专职支薪司理经过紧密的管理体系而运营的现代公司。到 20 世纪初，公司已变成西方重要资本主义国家制作业、采掘业、运输业、公用事业和银行、保险业的重要公司安排方法，现代公司制公司迅速兴起。

四、现代组织管理制度

1. 现代社会管理的有效工具——科层制

科层制（Bureaucracy），即官僚制，最早由德国闻名的社会学家马克斯・韦伯提出。科层制重要指的是一种权利依功能和职位进行分工和分层，以规定为管理主体的安排体系和管理方法。因此能够看出它既是一种安排构造，又是一种管理方法。马克斯・韦伯在对西方文明和东方文明进行广泛的历史研讨和对比研讨的基础上指出，任何有安排的团体，唯其施行“强制性的和谐”方能变成一个全体。作为一种管理方法，科层制为现代社会的安排管理提供了有用的东西。韦伯提出的科层制安排具有以下六大基本特征：

第一，专门化。在科层制安排中，作业是依据作业类型和意图进行区分的，具有很明白的责任规划，它科学地区分每一作业单元和着重去除那些无用的重复作业，考虑到功能穿插的必要，各个成员将承受安排分配的活动使命，并按分工原则专注于自我岗位责任的作业。

第二，等级制。科层体系是法律化的等级准则，任何官员的任命调动是由处在更高一级的官员决定的。现代科层制表现为一整套程序化的命令——遵守联络。各级官员因为遭到非政治化的管理（对他们最重要的肯定评估是技能性请求），下级必须依托其上级的要和解决问题的才能。

第三，规矩化。在科层制安排中，安排作业。包含成员间的活动与联络都受规矩限制。在此种状况下，不允许科层自我随意扩展其举动的范围并表现出所谓的“能动性”。对权利与责任体系的规则详尽而清楚，使得每个人都能够照章办事而不致越出权利与责任体系规划。这就是说，自己在科层体系中现已被物化与原子化了，官僚准则就像一部作业精准的行政机器，它要求其成员仅仅做好自己分内的事，即便在一些状况下，过火的程序化也许会致使效率的低下也在所不惜。

第四，非人格化的理性特征。在科层制中，因为科层安排中的职务和位置不为占有者所专有，所以在处理公事时，请求将私家联络和公事联络严厉辨明，不徇私情。职位集中体现了位置与人物的内在，代表了一整套标准和举动形式，它不受担任这一职位的、任何自己的性情、气质、品德等影响，在一定极限内不因人员变化、自己偏好而改动，自己的性情和毅力在这里难以有所作为。唯有不带私家情感的超逸态度，才能平等地对待所有的人，才能在行政事务中做到公平。这就是非人格化的理性特征。

第五，量才用人。官员的体系内活动，不是由他的上司的自己好恶决定，而是取决于准则所规则的举动的程序化、客观化、他的年资、作业经验、责任心和敬业精力等量化指标。

第六，技能化。现代科层制具有特别完美的技能化程序和手法。在技能化取向的分配下，现代科层制不只是倚重各类专家，并且在管理方法和路径上也越来越科学化、合理化，安排举动的科学化已变成各类科层的一致。所以，自己的举动效应在此无能为力，受到专家辅导的科层的举动方法愈加一丝不苟。不只安排举动技能化，安排方针及这些方针的树立进程也技能化、合理化了。

科层制作为一种管理准则，彰显出无穷的优越性：（1）紧密性。官僚制安排经过等级构造进行操控，按专业化标准，权利分层，职位分层，层层操控、环环相扣、秩序井然，严厉的岗位责任制使全部自己都一致在一个规律体系以内。（2）合理性。因为专业技能知识居于基础位置，任何规则都详细，具有可操作性，因此显示出准确、灵敏、同意、和谐、节约和高效等优势。（3）稳定性。非人格化秩序的树立，使管理的任何进程都源于法规，摆脱了长官毅力，确保了体系的连续性和稳定性。（4）普适性。官僚制安排适用面广，政府机关、公共事业、各种公司乃至私家安排都能够选用。科层制犹如一个无穷的铁笼，将人固定在其中，压抑了人的积极性和发明精力，使人变成一种附属品，只会书写机械的文章，变成没有精力的专家，整个社会将变得毫无生气；人追求理性、合理化，把管理作为一种手法，但最终却在合理化中丧失了自己，管理变成了意图自身。总归，科层制习惯了现代社会的理性化开展的需求，彰显出紧密性、合理性、稳定性、普适性等优势，是现代社会最有用的管理准则；但另一方面因为过于着重管理体系的连续性与稳定性，忽略人在管理进程中的能动性，从而使大家堕入一种无法自拔的受役使位置。科层制在表现出优越性的同时，也显现出一些缺点。

2．企业管理制度的典范——福特制

福特制也称福特主义（Fordism），是一种典型的现代公司出产管理准则，它于20世纪30—50年代在美国构成。第二次世界大战期间，福特主义出产构造和再出产构造的成功施行和推行，使美国在世界规划内的政治经济范畴占有了操控位置。第二次世界大战后，资本主义国家之间的竞赛促使美国福特主义在全世界规划内被引入和推行。20世纪50年代以后，跟着福特主义出产形式在世界规划内的分散，出产、世界交易和金融体系日益世界化，新的世界分工的构成与开展，资本主义世界开始了长达近20年经济增加的黄金时期，福特制也因此在60年代达到了高峰。20世纪70年代，在世界经济危机的冲击下，福特制才衰落下去。福特主义是从一种粗放型的本钱积累战略向以泰勒制劳作安排和大规划出产花费性商品为特征的密集型本钱积累战略的过渡。

福特制具有以下几大特征：第一，经过出产机械化、自动化和标准化构成的流水线作业及其相应的作业安排，以大规划出产来完结劳作生产率的极大进步。经过劳作概念和劳作履行的不断分工与再分工，作业使命被切割为小块，由很快即可练习担任的低技能工人进行。每个工人需完成的动作和作业的速度，由横向切割的科层化管理部门操控的技能体系决定，管理部门完结了对劳作进程的彻底操控，工人丧失了对劳作进程的自主性。第二，劳资之间经过团体谈判树立薪酬增加与出产率联络机制，完成盈利共享。劳作出产率的提高，使薪酬和赢利都得到增加，使劳资双方的利益在经济开展中一致起来。两资双方并不是敌对联络，而是协作、双赢的联络。恰是在这种理念的分配下，福特汽车公司董事会于 1914 年 1 月 5 日经过决议，宣布：“本公司将完结 5 美元作业日。”职工日薪高达 5 美元，这在当时是全部行业平均水平的两倍。同时，公司废除了每天作业 9 小时的准则，而代之以每天 8 小时的三班倒准则。与此同时，福特公司的盈利也相应地增加。1914—1916 年，福特公司的税后纯利分别为 3000 万、2400 万和 6000 万美元。第三，专用性机器出资和低技能工人相结合的出产进程提高了资本的有机构成，经过加快资本周转来下降高资本有机构成对盈利率的影响，促进了公司之间的纵向一体化进程。标准化商品的长生命周期具有很强的可猜测性，拓荒新需求的突破性技能或商品的立异速度变得十分缓慢。第四，高产值、高工薪和高花费之间的良性互动。福特是第一位将群众花费和大规划出产结合起来的企业家，他创始了现代工业社会史的新纪元，使美国的社会经济从以出产定向转向了以花费定向。资本主义工业出产进入大规划出产时期之后，社会具有了为消费者供给很多物质商品的出产才能。这一方面为群众花费创造了物质条件，另一方面也需求很多花费的支撑。群众花费因大规划出产的需求而变成一种激烈的社会需求。

作为一种管理方法的革新，福特制广泛地应用于汽车出产中，节约了时间，下降了资本，增加了产值，增加了工人的薪酬，也使汽车的价格能为广阔公众所承受。商品出产者变得有才能购买他自己刚出产的商品，大规模生产所以和群众花费联络在了一起。20 世纪 70 年代以后，因为公司外部运营条件的严重变化。西方发达国家的公司生产管理形式又呈现了一种新的开展趋势，即从福特制向后福特制改变。从管理视点而言，福特制的作业主要树立在三大原则之上。首先，脑力劳作和体力劳作分工肯定清晰：规划人员担任规划，管理人员担任监督，工人只需要完成简略动作；其次，使用泰勒制，将流水线上的分工专业化到最细微的地步，确保每个工人都能够以最简略的办法完结作业；最后，寻觅最好的出产形式，不管在规划、出产、管理上都需求寻觅最好的形式，达到进步功率和节约本钱的意图。

与福特制的大规划出产与大规划花费对应的特征不同，后福特制出产方法着重的是柔性出产与个性化和多元化花费的对应，即一同满意大规划出产与多元化的需求。相对于福特制出产安排方法，后福特制的基本特征能够归纳为“继续立异＋灵敏制作”。换句话，后福特制更突出了个性化和多元化色彩。

第二十四章

中国文化对西方的影响

在人类社会的文明演进中，大家总是将强势文明和领先文明当作自己学习和效法的典范，追求领先和兴旺的文明是人类社会中各民族和各个国家的共同愿望，同时大家也希望经过与异族和异域文明之间的交流来丰富自己的文明。而这种不同文明之间的学习和交流是人类社会不断向前开展和取得前进动力的源泉之一。希腊学习埃及，罗马传承希腊，阿拉伯参照罗马帝国，中世纪的欧洲又仿照阿拉伯，而文艺复兴时期的欧洲则效法拜占庭帝国，直至近代包括我国在内的东方各国学习西方，无不如此。现实也证明，人类社会发展至今，一种纯而又纯的文明是不存在的，没有一种文明是在真空中构成的，文明一旦发生和构成，就必定产生交流，这是人类往来的必定产品。恰是从这一意义上，英国著名专家罗素指出，“不一样的文明之间的交流屡次证实是人类文明的里程碑”。因而，一切文明都有其对外交流的历史渊源。可以说，没有文明交流，就没有文明开展和历史的前进。

文明在其演进和开展的进程中，大都呈现出两大明显的特征：一是地域性和民族性；二是年代性。所谓地域性和民族性，是指文明的本土性和传承性，具有纵向演进的特征；所谓年代性，是指一种文明在其开展演进的过程中，会与别的文明交流、抵触、交融，并且在吸收别的文明因子的基础上进而构成有别于的明显年代特色。我国与西方相距万里，在长达数千年的文明进程中构成了各具特征的文明。可是，在历史的长河中，它们之间并不缺少直接的或间接的双向文明交流。这种交流实际上是一个彼此弥补的进程，其间，中国文明的西传从前给西方社会及其文明的开展带来了无穷的影响。

第一节　中国文明西传

中国是一个具有五千年文明历史的东方古国，悠长的历史培育出绚烂的文明。在很长的一个历史时期内，中华文明一向处于人类领先文明之列。在汉代、唐代和明末清初等国势强盛或经济兴旺的时期，中华文明都曾借频繁的对外往来，挟一种强势文明之态，向境外传达，直至西方。中华文明西传可谓源源不绝，西方文明中也不乏中华文明元素的影响。

一、早期中国文化的西传

早在先秦时期，中国与欧洲之间就有了直接的、不连贯的交流，内容触及丝绸、技能和艺术等。两汉时期，中国国力强盛，经济兴旺，对外往来频繁，与西方的交流进一步扩展和加深。西汉张骞出使西域，拓荒“丝绸之路”，把我国的丝绸、纺织品和茶叶等运往西方，直达罗马。在希腊和拉丁文献中就有关于“赛里斯”（即丝国或丝国人）的记载。丝绸服装在罗马年代的上层人士中成为一种时髦。魏晋南北朝时期，尽管中国处于割裂战乱之中，但中国文明的西传并未因此而终止。在这一时期，中国的养蚕和丝织技能开始传入拜占庭帝国。及至隋唐时期，中国古代文明发展呈现了高潮，中西文明交流也因而出现了史无前例的昌盛。中国与拜占庭等西方国家的联系更加亲近，经由南海前往西方的“海上丝绸之路”开始出现，以陶瓷为重要特征的、很多的中国产品外销到西方。

中国的造纸术、炼丹术等也在这一时期传入欧洲。宋元时期，特别是元代的大规模扩大，进一步推动了中西文明的交流。更主要的是，这一时期中国与欧洲之间有了不少可以得到确证的直接性往来。在这一时期，不仅中国的丝绸、瓷器很多销往西方，并且中国的航海技能、火药等经过阿拉伯人传入欧洲。西欧的商人、布道士和使者连续来到中国，在带来有关欧洲信息的同时，把很多有关中国的文明信息带回到欧洲，从而使欧洲人对中国有了更进一步的了解，乃至英国中世纪闻名作家乔叟（1343—1400）的《随从的故事》中现已说到“成吉思汗”。前期中国文明西传的使者中，重点说到的功臣是意大利商人马可·波罗（1254—1324）。

马可·波罗生于意大利威尼斯一个商人之家。17 岁时跟从爸爸尼科罗·波罗和叔叔马弗·波罗前往东方，历时 4 年多，于 1275 年抵达中国。他在中国 17 年，简直游遍这一东方古国。中国的富有和辽阔给他留下了深刻的印象。回到威尼斯后，马可·波罗在威尼斯与热那亚的一场战争中被俘。在狱中，他口述了自己的游览阅历，并由作家鲁斯蒂谦记录下来，构成了闻名的《马可·波罗游记》（又叫《东方见闻录》）。《马可·波罗游记》记载了马可·波罗有关中国这一东方最富有的国度的历史、文明等见闻，描写了我国兴旺的工商业、富贵的城市、宏伟的国都、完善的驿道交通和流通的纸币等，由此而引发欧洲人对东方的神往，对日后新航路的拓荒产生了巨大的影响。

继马可·波罗之后，1322 年，方济各会修士鄂多立克（1265—1331）从意大利前来中国游览，游历了泉州、杭州、南京、扬州、大都（北京）等地。1330 年，鄂多立克回到意大利的帕多瓦。他口述了东游阅历，写成《鄂多立克东游录》。其间记载了他在大都停留三年的日子，描写了大都的光辉气势以及中国便捷的驿站制度等。《鄂多立克东游录》成书后，在欧洲广为流传，加深了欧洲人对中国文明的了解。为了纪念鄂多立克对中西文明交流所做出的贡献，世界地舆学会专门在威尼斯为他建立了一尊铜像。元代，中国文明西传加速的又一主要动因是，两边开始直接互派使节交游。1243 年，蒙古军队攻占东罗马帝国，后来又大北波兰和法国联军，欧洲为之震动。1245 年，教皇英诺森四世在法国里昂召开宗教大会，会议决定差遣使节出使东方，劝止蒙古军队西征。

1246 年，天主教方济各会布道士柏郎·嘉宾（1180—1252）受命前往，抵达蒙古上都哈拉和林，参见大汗贵由，劝说未果以后，于次年回来，并将沿途见闻写成《出使蒙古记》。该书是欧洲第一部有关蒙古人的作品，对蒙古帝国的历史和现状做了较具体的描写。他著有《鲁布鲁克东行记》，书中不仅具体介绍了蒙古的状况，并且谈到了中国的风土人情。尔后，另一位方济各会修士鲁布鲁克受法国国王路易九世差遣，于1253年前往东方，参见了蒙古大汗蒙哥，1255年回到巴黎。1287年，伊利汗阿鲁浑欲联合西方基督教国家攻击耶路撒冷和叙利亚，派畏兀儿人列班扫马（？—1294）出使罗马教廷以及英、法等国。其间受到法王菲利普四世、英王爱德华一世和教皇尼古拉四世的接见。

列班·扫马的出访使罗马教廷对中国的兴趣大大增加。1289年，罗马教皇尼古拉四世差遣方济各会修士约翰·蒙特·科维诺（1247—1328）出使中国，1307年，教皇录用约翰·蒙特·科维诺出任中国教区总主教和元大都（北京）大主教。元代之际，横跨亚欧大陆的帝国的建立大大便利了东西方的交流。在这一时期，有证可考的欧洲来到中国的商人和使节现已达数十人之多。东西方使者的彼此频繁出访，大大促进了中国与欧洲之间彼此的了解和文明的交流，神奇而生疏的中国跟着各种游记的出书逐步走入欧洲人的认识中。

二、明清之际及其后的“东学西渐”

明清之际，特别是16—18世纪，是中西文明交流的顶峰时期，也是中国文明西传的黄金期。在这一时期，尽管我国在社会经济和文明的发展方面已开始落后于西方，但丰富的历史和文明积淀仍使它保持着泱泱大国的气度，吸引着世界的重视。与此同时，西方世界开始迈出黑暗的中世纪，向近代社会转型。经过文艺复兴、地舆大发现、宗教改革和启蒙运动的洗礼，欧洲出现了文明盛世，以广大的胸怀吸纳世界文明的精华，充实自己。恰是在这种背景下，出现了中国文明西传的高潮。明朝在大部分时间中实施闭关锁国的方针，因而元代频频往来于东西方的天主教会布道士在明朝时曾一度中止。但是，进入16世纪后，中西文明出现了大规模和往来的年代。在这一时期，除了交游于东西方之间的商人、游客和使节外，西方布道士扮演了中国文明西传的重要人物。其间，中国变成耶稣会传达天主教的目的地之一。16世纪上半期，以西班牙人罗耀拉创立的耶稣会为代表的天主教各修道会安排伴跟着新航路的拓荒，开始向亚洲、非洲和美洲差遣布道士，传达基督教。

尔后，耶稣会在我国布道200余载，变成中西文明交流的最主要的使者。新航路拓荒之初，西班牙和葡萄牙在西方各国向外扩大中走在前列。因而，来自这两个国家的布道士也较早抵达中国，并将中国的文明信息带回欧洲。1556年，来自葡萄牙的多明我会布道士克鲁斯（1520—1570）抵达广州。1570年，他出书《中国志》，其间向西方世界介绍了中国一种“有益健康”的草药饮料，称中国人喜爱向客人献上称为茶的热水。这是中国茶文明走向世界的先声。1585年，西班牙奥古斯丁会布道士门多萨（1540—1617）依据另一位西班牙布道士马丁·德·拉达在中国福建等地的考察报告以及克鲁斯《中国志》中供给的资料等，出书《大中华帝国史》，介绍了中国的历史、地舆、政治准则、文明、技术和文字等，随后被译成英、法、意、荷等多种文字出书传达，变成当时欧洲介绍中国的主要作品。

在耶稣会派往中国的布道士中，出生于意大利的利玛窦（1552—1610）在向西方介绍和传达中国文明方面作出的最大奉献。他于1571年参加耶稣会，次年进入耶稣会的罗马学院学习哲学、神学、数学、天文等，1578年从葡萄牙的里斯本出发前往东方布道，1582年应召到中国传达天主教，主要抵达澳门，并在此学习汉语。两年后，他进入我国内地，1601年抵达北京。以后他一直生活于此，直至病逝。利玛窦除了在我国传达基督教、介绍西方文明和科技外，还将中国文明介绍给欧洲。他在我国时用拉丁文翻译了朱熹的《四书集注》，由此在欧洲引发了“中国热”，“中国学”也因而成了欧洲的显学。他的日记体《利玛窦中国札记》在1615年出书后，成了欧洲了解和研讨中国的主要资料。利玛窦为学中西兼修，因而也被称为集欧洲文艺复兴时期诸种学艺和中国四书五经等古典学识于一身的伟人。卫匡国（1614—1661），意大利人，是继利玛窦之后又一位在中国文明西传方面具有主要奉献的耶稣会布道士。他1643年抵达中国，1661年病逝于杭州。

他精于汉学研讨，取得了杰出的成果。1655年，他出版了有关中国地舆的《中国新图志》，成为欧洲了解我国地舆的必读作品；1658年，他初次在欧洲出版了系统介绍中国的编年体历史作品《中国上古史》。此外，他还著有记载明清易代的历史作品《鞑靼战纪》和研讨汉语的作品《汉语语法》。卫匡国的作品大大拓宽了欧洲人对中国的了解，他是欧洲前期汉学的奠基者之一。此外，来自葡萄牙的耶稣会布道士曾德昭、安文思也对中国文明的西传做出了贡献。曾德昭于 1613 年抵达中国，1636 年回来欧洲。他在回归途中完成了《大中国志》，书中描写了其时中国“适当的殷实昌盛”的现象。安文思于 1640 年来华，在中国生活数十年，其编撰的《中国新史》（亦译《中国的十二特色》或《中国十二绝》）从中国的称号、地舆位置、历史、言语、习俗、物产直至官僚贵族体系等诸多方面，对我国特别是北京做了具体系统的介绍。

17 世纪中叶以后，法国国势强盛，中西文明交流的基地也因而从西班牙、葡萄牙等国转到法国。在这一进程中，出生于比利时的耶稣会布道士柏应理（1623—1693）扮演了十分重要的人物。1656 年，受到从中国回到欧洲的卫匡国的影响，柏应理踏上了前往中国的旅程，并于 1659 年抵达澳门。尔后在中国生活 20 多年。直到 1682 年回到欧洲。柏应理在中国文明的西传方面也做出了杰出的贡献。他所著的《中华帝国年表（前 2952—1683）》使欧洲人对中国历史有了一个较完整的了解。回到欧洲后，他不仅教授汉语，还写出了多本作品，向欧洲介绍我国，大大增进了欧洲对我国的了解。更主要的是，他编辑出版了拉丁文版《中国贤哲孔子》，并把此书献给了法国国王，以此作为对法国国王支持在华布道工作的敬意。

该书内容触及中国传统道教和释教、四书五经、孔子列传、朱熹理学等，是第一部向西方介绍中国传统文明的著作。该书面世后，引发欧洲社会的广泛注重，英文和法文版删节本《孔子的道德》相继出版。柏应理有关中国的介绍引起了法国国王路易十四的极大喜爱。1685 年，路易十四向中国派出了 6 位知晓数学和其他科学知识的“国王数学家”布道士，旨在布道之余，研究中国的文明，将记载的资料充实法国王家资料库。此举不只掀起了耶稣会士的来华高潮，而且大大促进了法国的汉学研讨。据研讨，1687—1773 年间，来到中国的西方耶稣会布道士中，法国人占近 40%。

他们撰写的许多有关中国的著作，包括杜赫德（1674—1734）所著的《中华帝国全志》等，大大加深了法国人对中国的了解，影响了法国思想界，使法国成了其时中西文明交流的基地。由于上述中西文明交流使者的尽力，数十种的中国文明典籍译本初步流行于欧洲。经过意大利布道士殷铎泽、法国布道士金尼阁等人的尽力，包括《大学》、《中庸》、《论语》、《孟子》、《诗经》、《书经》、《礼记》、《易经》、《春秋》等四书五经在内的中国经典著作和《乐经》、《辽孝经》、朱熹的著作等均被译成各种西方文字，在欧洲得到传播。1711 年，比利时布道士卫方济将《大学》、《中庸》、《论语》、《孟子》《孝经》和《三字经》集为《中国六大经典》，译成法文出版。与此同时，欧洲专家研讨中国历史和文明的著作，如《中国通史》孔子《道德论》等也不断推出，标明欧洲人对中国文明现已由猎奇进入深入研究时期。而此刻，英国、德国、美国等国国力强盛，它们日益成为中西文明交流的基地。

19 世纪，虽然西方文明的发展现已跨越了陈腐的中国文明，中国文明西传的高潮现已曩昔，但这一进程并没有间断。马礼逊、卫礼贤、赛珍珠等则是 19 世纪到 20 世纪上半期接力中国文明西传的重要人物。马礼逊（1782—1834）是西方派到中国的第一位新教布道士。他 1807 年抵达中国，在中国度过了 25 年。其间，他不只第一个把《圣经》译成了汉语，而且进行了行之有效的汉学研讨，推出了许多有关中国的著作，其间包括中国历史上第一部英汉、汉英辞典《华英字典》、《通用汉语之法》、《中国大观》等。他还将许多的中国文明经典译成了英文，包括《三字经》、《大学》、《三教源流净》、《太上老君》等，是比较系统地将中国经典译成英文的第一人。卫礼贤（1873 — 1930）出生于德国斯图加特。1897 年德国占有胶澳后，他于 1899 年以同善会布道士的身份来华布道。由于马礼逊在中西文明传达方面的突出贡献，英国格拉斯哥大学于 1817 年颁布其神学博士学位，1824 年，他成为英国皇家学会会员。可是，卫礼贤对中国文明的喜爱远远超过了他的布道工作。

在华时期，他不只兴办学校，而且集中精力于汉学研讨，翻译出版了《论语》、《三字经》、《道德经》、《庄子》、《孟子》、《易经》、《吕氏春秋》、《辽礼记》、《三国演义》等大批中国古典著作，撰写了《中国的儒教》、《中国革命》等许多介绍中国的人文、历史、风俗的著作，还编写了《德汉语言教科书逐一汉语课文》、《德汉语言教程》等。1925 年，他在法兰克福成立了德国第一家“中国学院”（Das China – Institut），出版《爱中国》、《中德年鉴》等汉学研究报刊。20 世纪 20 年代，他先后推出了《中国人的日子智慧》、《孔子逐终身平与工作》、《老子与道教》、《中国文明史》、《中国哲学》等一系列汉学研究名著以及许多有关中国研究的论文。卫礼贤对中国文明的研究获得高度的肯定和评价，1924 年，法兰克福大学聘其为荣誉讲座教授和汉学系主任。

赛珍珠（1892—1973），出生于美国弗吉尼亚，婴儿时即随父母来到中国，在中国日子长达40年，是在中国长大的美国作家，也是一位因描写中国人生活而获诺贝尔文学奖的作家。赛珍珠终身著书多部，其间以1931年出版的描写中国农人生活的长篇小说《大地》最为出名。许多西方人恰是经过她笔下的著作了解了悠远的东方国度。该小说出版后，不只当即成了畅销书，而且取得了1938年的诺贝尔文学奖。此外，赛珍珠还是最早将《水浒传》译成英文在西方出版，把这一中国古典文学名著推向世界的第一人。近代以来，随着中国国门的打开，在西方人来到中国并将中学带回西方，中国赴欧美学习的留学生也成为中国文明西传的又一重要载体。林语堂（1895—1976）则是其间的杰出代表。他曾在美国哈佛大学和德国莱比锡大学学习，1935年之后在美国出版英文著作《吾国与吾民》等，介绍中国文明以及中国公民的日子。20世纪80年代之后，随着中国改革开放的深化，留学和移民西方的中国人不断增加，他们成为中国文明西传的、不可忽视的重要力量。

第二节　中国文化西传对西方的影响

中国文明的西传深深影响了西方社会，特别是16—18世纪中国文明西传的高峰期，恰值欧洲从封建的中世纪向资本主义近代社会转型的时期，来自悠远而陈腐的中国的传统文明对西方的文明、社会甚至政治都产生了巨大的冲击，给近代欧洲烙上了中国文明的印痕。

一、中国科技对西方社会生活的影响

西传的中国文明和科技早年对西方社会产生了巨大的影响。中国的丝绸、瓷器等传入西方后，让西方世界为之倾倒。早在先秦时期，中国的丝绸就通过西北游牧民族运往西方。古罗马年代，由于东西方交通不便，中国的丝绸与黄金等价，只有少数贵族才能享用。丝绸之路开通后，虽然中国丝绸西运有所改进，但仍求过于供，东罗马帝国时期曾因丝绸报价暴升而发布限价法令，违犯者的工业将没收充公。此后很长时期内，丝绸一直是西方上层社会的专用奢侈品。公元6世纪，东罗马帝国才初步引入种桑、养蚕和丝织技术。查士丁尼皇帝因此被称为“丝绸之帝”。

18世纪，中国蚕桑养殖和丝织技术在西方各国扎根。中国丝织技术的西传，影响了西欧城市手工业的兴盛，丰盛了西欧中世纪的社会生活和文明。瓷器是中国的伟大发明，也是中国文明的物化象征，表现着中华文明的精力意蕴和艺术意境。唐代以后，许多瓷器运销西方，不只为本地人民提供了生活上的便利，而且也向他们展示了中国文明的面貌。欧洲因此出现了追捧中国瓷器热，许多王公贵族把具有和保藏中国瓷器当作光荣，一些宫殿还建有专门的“瓷器宫”。16 世纪初期，跟着资产阶级人文主义思想的发展，天主教会的禁欲主义遭到摒弃，寻求现世的豪华成为上层社会的习尚。荷兰、法国、英国等许多国家建立东方交易公司，发展瓷器交易。据估计，18 世纪，中国专门外销欧洲的瓷器起码在 6000 万件以上。

中国瓷器技术也因此传到西方，德国的萨克森等地建立了专门的瓷器工场，复制中国瓷器。特别要指出的是，中国古代发明的造纸术、印刷术、火药和指南针传入欧洲给西方社会生活带来了革命性改变。迄今为止，纸是人类文明思想交流和信息存储的重要介质。中世纪前期，欧洲人的书写资料主要是羊皮，而印制一部《圣经》就起码要花费 300 张羊皮。12 世纪中叶，中国的造纸术经过阿拉伯人传入法国、意大利、德国等国，此后又传入英国、荷兰等国。14 世纪，中国的雕版印刷术随着旅行者也传到欧洲。纸张的出现和印刷技术的发展促进了思想和文明的传播，有利于打破天主教会对思想文明的独占，因此对西方文明进程产生了极大的影响。火药是古代中国公民经过长期实践发明的。

公元 8—9 世纪，火药传入阿拉伯，被称为“中国雪”。14 世纪，欧洲人在与伊斯兰教国家的战争中进一步学到了火药的制造以及火器的运用方法。13 世纪，蒙古人在向西扩展的进程中将火药带到了征服之地，欧洲人也在这一时期从阿拉伯人那里获得了有关火药的知识。火药传入欧洲，引发了军事史上的严峻革新。处于割裂混战状况的欧洲各国为了取得军事上的优势，大力改进火器装备，使欧洲进入热兵器时代。指南针是中国人的发明，北宋时期，中国人现已将指南针用于海上导航。13 世纪，中国的帆海罗盘传入阿拉伯。13 世纪末，地中海区域初步选用罗盘辨别方向，指南针由此传入欧洲。火药和指南针传入欧洲给欧洲文明注入了强大的推动力，为西方文明在世界的扩展奠定了技术基础。指南针的运用大大促进了欧洲帆海技术的行进，为新航路的开辟提供了技术保证；火药的传入和热兵器的运用则使欧洲在前期殖民扩展中处于强势地位。

二、中国传统文化与西方社会

中国文明的西传促成了西方汉学的建立，大大丰富了西方文明。才学过人的中国传统文明大开了西方人的眼界，令其赞不绝口。新航路开荒往后，利玛窦、卫匡国、柏应理、卫礼贤等大批布道士来到中国，把中国的传统文明带回西方。四书五经译成西方多种文字以及辽中国六大经典等的推出，使西方世界触摸到了实在的中国传统文明。许多研究中国历史的著作的出现也使西方人认识了悠长的中华文明，他们从中汲取营养，丰富了西方文明。在西方汉学中，中国古代历史和地舆成为抢手货。在通史方面，一些来华布道士和汉学家翻译或撰写了不少有关中国历史的书本。该书出版后被译成法文等多种文字发行，成为西方人了解中国的一扇天窗。卫匡国的10卷本《中国上古史》是西方世界第一部系统介绍中国的历史著作，叙述了从盘古开天地到公元前1年中止的中国历史。法国布道士金民阁（1577—1628）所著四册《中国历史编年》、柏应理的《中华帝国年表（前2592—1683）》等则使欧洲人对中国历史有了更进一步的了解。

需要特别指出的是，从未到过中国的法国汉学家杜赫德凭着对中国的热爱，根据17世纪来华布道士的报道，于1735年出版了四卷本《中华帝国全志》，内容触及中国地舆、历史、政治、博物等。该书出版后震动欧洲，多次以法文、英文、德文等文字再版，被誉为法国汉学的奠基作之一，直到19世纪末仍被视为有关中国疑问的知识手册。此外，法国耶稣会士冯秉正（1669—1748）1702年来华，先后为康熙、雍正、乾隆三位皇帝效力，他以朱熹的《资治通鉴纲目》为基础，翻译了13卷本《中国通史》，为欧洲学人研讨中国提供了很大便利，并因此而成为法国汉学的奠基者之一。西方汉学界在专史方面也推出了一些专著。卫匡国的《鞑靼战纪》则是根据清武士关和南下江南等史实而撰写的明清战争史，该书出版后一年之内在欧洲连续再版了10多次。

柏应理撰写的《中国贤哲孔子》、《许太夫人传》等书也受到西方人的喜爱。知晓中国文献的法国耶稣会士宋君荣（1689—1759）则相继撰写了《蒙古史》、《大唐史纲》、《中国编年史》等多部著作，对西方汉学界影响颇大，他也因此被称为“18世纪法国最大的汉学家”。另一位法国耶稣会士白晋（1656—1730）则著有《康熙帝传》，对康熙文治武功及其道德、性情、生活、喜爱等做了详细的介绍，称康熙皇帝像法上路易十四一样有高尚的品格和特别的智慧。卫匡国根据中国的文献和资料以及利玛窦等布道士的研究成果，结合自己的观测，制作出了介绍中国地舆的《中国新图志》，共 17 幅全图，其间有中国地图一幅。中国地舆状况也成为西方人的关注点。《中国新图志》成为欧洲人了解中国地舆的必读著作，卫匡国也因此在西方取得了“研究中国地舆之父”的称谓。此外，清代康熙年间编绘的《譬皇舆全图》选用了经纬图法和梯形投影等方法，传到法国后，对法国的大地测量和地图的制造产生了巨大影响。而乾隆年间来华的法国耶稣会士蒋友仁（1715—1774）在《皇舆全图》基础上编制出《坤舆全图》。并将该图寄往法国，印制成了铜版地图。

中国传统文明经典构成了西方汉学的重要内容。如前所述，利玛窦首先把四书译成拉丁文后，日后来华的布道士纷纷仿效，各种不相同版本和文字的四书五经在欧洲地区流传，对包括启蒙思维家在内的欧洲民众产生了深远的影响。我国的文学作品也开始传入欧洲。1731 年，元朝的杂剧《赵氏孤儿》被马若瑟神父（1666—1735）译成法文。1755 年，伏尔泰将译著改编成了五幕剧《中国孤儿》公演，一时震动巴黎。尔后，该剧又被转译成英、德等国文字。其时的欧洲，资产阶级与封建实力斗争剧烈，大家期望使用中国的文学作品来针砭时弊，启迪国人。20 世纪上半期，赛珍珠反映中国农民生活的长篇小说《大地》在美国出书后更是一时洛阳纸贵。

法国在 17—18 世纪国势强盛，文明兴旺。随着中国文明的西传，有关汉学研讨的作品也在不断问世，汉学成了一门学识。这一时期，它不只向中国派出了最多的布道士，汉学研究也走在西方各国前列，出现了一些大型的出版物。1703 年开始在巴黎出书的《耶稣会会士通讯集》一直坚持到 1818 年，其间有关中国的部分占有主要地位。杜赫德所编撰的《中华帝国全志》的主要材料即出于《耶稣会会士通讯集》。1776—1814 年间，法国又连续出版了 16 卷本的《中国全书》（《中国人历史、科学、艺术、习俗、习气等方面论文集》），该书在内容和深度上远远超过了杜赫德的《中华帝国全志》，成为法国汉学发展史上的一座丰碑。

最后一位留在北京的法国耶稣会士钱德明（1718—1793）则给大家留下了《中国古今音乐篇》和《孔子传》等介绍和研讨中国历史文明的成果。进入19世纪之后，因为法国管理着由耶稣会士连续寄回欧洲的很多我国图书，从而使法国汉学“获得了远比别的欧洲国家领先的地位”。

1814年，法兰西学院正式建立了汉语教授座位，以汉学为研讨对象的学识开始专业化。德国在汉学研讨方面属于后起之秀。在德国，前期有关介绍中国的书本大多来自包含意大利、比利时、法国等国的布道士，其间也不乏德国布道士汤若望（1591—1666）记叙在中国布道的3卷本《汤若望回忆录》和基尔彻（1601—1680）介绍中国宗教和风土人情的《图说中国志》。到18世纪，有关中国的作品仍停留于介绍性层面，其中有1735年德国历史学家巴耶尔（1694—1738）出版的《汉语饱览》。还有德国闻名东方疑问专家安德里亚斯·缪勒（1630—1694）出版的《马可·波罗行记订误》和《1685年之中国范本》等主要作品。

进入19世纪今后，德国人才开始了对我国的深入研究。在这一时期，包含郭士立（1803—1851）、花之安（1839—1899）等布道士在内的德国学界推出了《道光皇帝的生平》、《儒教汇纂》、《中国宗教导论》、《从历史视点看中国》等作品，德国闻名地舆学家李希特霍芬（1833—1905）还出版了《中国地舆历史研讨》。其间，花之安被誉为“19世纪最深邃的汉学家”。1909年，汉堡殖民学院建立汉学教授职位，标志着德国汉学开始专业化。尔后，柏林大学、莱比锡大学和法兰克福大学等纷纷设立汉学教授职位，汉学变成一门主要学科。德国汉学迈入西方汉学研究的领先行列。

三、欧洲园林艺术中的中国元素

中国艺术也对欧洲文明产生了巨大影响。中国瓷器和丝绸传入西方后，其形态各异的造型、图画以及重视神韵的艺术个性给寻求规矩和立体体现的欧洲艺术注入了一股新鲜的空气。中国艺术影响西方文明的最典型事例是中国园林艺术给近代西方园林规划带来的革命性改变。传统的欧洲园林大多按照严厉的几何图形规矩规划，具有整齐划一、以直线和对称方法为基调的个性，体现出谨慎的理性，彻底排挤了天然性特色。而这种欧洲传统园林艺术却在17—18世纪呈现了重大改变，其动力即来自己国园林艺术的影响。中国古代园林与西方传统的几何形规矩园林截然不相同，它本于天然，高于天然，将人工美与天然美有机地联系在一起。构成了天然式山水景色个性。

他们从布道士的有关报告和绘画中了解到，中国的园林中通常有小河、小桥、小湖和池塘，它们与小山构成曲线比照。欧洲人早在《马可·波罗游记》的描述中就现已感触到了中国园林之美，但真实了解中国园林还是在大批布道士来华以后。重要重视中国园林艺术特色的是法国耶稣会士李明(1655—1728)。他在《中国现状新志》中说到，中国园林规划的特色是“仿照天然”。另一位法国耶稣会士张诚（1654—1707）对北京畅春园的描述则使欧洲人看到了中国式园林在天然中对悠然闲适的寻求。

而曾参加规划圆明园的法国布道士王致诚（1702—1768）则对中国园林做了更详细的介绍，以为中国园林与欧洲规整和对称的园林个性不相同，考究“天然天成”。比欧洲园林更具画中有诗。这些宣扬深刻影响到欧洲人的园林规划取向。法国人主要引入了我国式园林的个性。1670 年，在凡尔赛呈现了仿中国式的修建“中国茶厅”。1774 年，凡尔赛小特里阿农花园中出现了弯曲小径、假山、山洞和不规则湖面等中国式园林的规划。尔后，各地相继出现了中国式园林。受中国园林艺术影响最大的是英国。早在 1685 年，政治家、作家威廉。坦普尔（1628—1699）就在《论造园艺术》中称誉中国园林好像大天然的一个单元，规划的均衡性是隐而不显，以为不规矩的园林比规矩的园林更美，英国闻名诗人亚历山大·蒲柏（1688—1744）也对中国园林个性推重备至，他乃至对一座几许式园林按中国式个性进行了改建。1742—1744 年时期，钱伯斯来到中国，不只观赏了一些园林，还收集了一批有关中国修建园林的材料。著名专家钱伯斯（1723—1796）有关中国园林的介绍对英国园林个性的转向最具影响力。回国后他先后出书《中国园林的规划艺术》、《东方造园艺术畅谈》等作品，并于 1757—1763 年间在伦敦西南主持修建了历史上闻名的皇家植物园——邱园。

邱园中不只缔造了闻名的中国塔和孔子小屋，并且运用了一些中国园林的方法，辟湖叠山，构筑溶洞。钱伯斯的作品和丘园的规划，对英国园林缔造产生了无穷的影响。我国式个性的假山、林池、小桥流水等园林规划在英国变成一种风气。来自东方的园林之风还吹及德国。德国园林个性从欧式几何园向中式景色园的改变有两种方法。一是对欧式几何园加以改造，使之天然景色化。例如，18 世纪初建成的卡塞尔威廉山原本是一座典型的巴洛克园林，可是，到 18 世纪 80 年代，受到中国园林个性的影响，该园林引入了很多中国元素，缔造了名为“木兰”的中国村寨。村寨坐落在小溪边，以中国亭为基地，周围散落着农家和小桥。施未岑根花园是18世纪中叶缔造的一座法国式园林。但在18世纪下半期，规划师受英国园林规划的影响，不断写入中国元素，包含小修建、假山和小桥，几何形的池塘也变成了天然的湖泊。其间却建有中国茶亭、龙塔等中式修建。最终，这座几何园变成了景色园林。波茨坦的无忧宫是一座巴洛克和洛可可式的园林。

二是直接采用中式景色园林的特点，其代表作是德国的沃尔利茨园。沃尔利茨园是在屡次去英国调查景色园的基础上于18世纪60年代末开始缔造的。全部园林是天然景色式的，经过水面划分为几个景区，既有哥特式小修建，又有中国桥，乃至还有人工小火山，是天然与艺术相结合的杰作。沃尔利茨园也因而被德国闻名的园林理论家希尔施费尔德（1742—1792）称为“德国的最尊贵的园林，是第一个值得重视的天然式园林”。意大利、奥有利地势、瑞典等别的欧洲国家也受到中国式园林个性的感染，使当时的园林缔造带有中国色彩，其间有瑞典斯德哥尔摩市郊的德劳特宁尔摩中式园亭，波兰华沙的拉赵克御园等。时至今日，中国元素在西方的园林中仍随处可见。

四、中国文化与法国启蒙运动

16—18世纪是中西文明的大磕碰和沟通期。“西学东渐”给中国社会带来的无穷冲击相同，中国文明很多西传，也给正在向近代社会转型、传统封建文明思想崩溃之际的欧洲造成了严重冲击。中国传统的儒家思想及其天然观、品德观和政治抱负等，从前对欧洲启蒙运动的展产生过巨大影响。以法国启蒙思想家为代表的近代欧洲资产阶级思想家们用自己的眼光对中国文明进行审视和解读，期望从中寻找到新的文明和思想路径，创建新的思想体系，为资产阶级的反封建斗争效劳。

中国儒家思想文明推重“理”而非“神”的传统变成法国启蒙思想家推倒基督教神学，用理性取代天主威望的有力东西。包括伏尔泰、孟德斯鸠和卢梭等在内的法国启蒙思想家都是天然神论者。西方的启蒙思想家们并没有到过中国，但他们从来华耶稣会士和商人等的作品中汲取了儒家的无神论思维，用以支持他们的理性主义天然神论，为对立天主教会和封建独裁准则效劳。他们一方面对抗天主教会的神学理论，对抗宗教蒙昧主义和神秘主义；另一方面却以为存在一个发明了世界及其规矩的天主。

在他们看来，孔子所创建的儒家学说即是一种天然神论。儒家经典中提出的天、道、礼等，就等同于发明世界及其规矩的天主。儒家要求的修身、齐家、治国等，即是必须遵从天然的规则，即启蒙思想家们所推重的理性。在法国启蒙思想家中，作为启蒙运动旗手的伏尔泰认为，孔子的哲学与欧洲迷信的神示宗教。中国儒家思维最契合人类理性，是一种具有崇高理性、合乎天然和品德的“理性宗教”。他把孔子的品德规范作为其天然神论的思想基础，赞许其“己所不欲，勿施于人”是一种理性、人道的准则，一种具有普遍性含义的天然品德。所以孔子成了 18 世纪启蒙专家们的保护神。其次，中国传统文明中的德治主义思想变成启蒙思想家们对抗封建独裁的主要理论。伏尔泰认为，中国不是一个君主独裁的国家，而是一个建立在家长制控制基础上的君主国家。

在这个国家中，一方面，皇帝根据世袭准则而建立自己的控制，是独裁君主，而是代表着次序；另一方面，他却“以仁爱仁爱、行高德美而著名遐迩”，“循例遵循帝国法则行事”，并非为所欲为，代表着理性精神。在此，我国的君主准则成了一种开通独裁，成了伏尔泰用来打击法国独裁君主的范本。另一位法国启蒙运动思想家，重农学派的代表弗朗斯瓦·魁奈（1694—1774）在 1767 年出版了《中华帝国的独裁准则》，被认为是崇尚中国运动的巅峰之作。在该书中，中国成了一个完美的国度，皇帝的肯定权力遭到制约。“在这个帝国内，即使是由皇帝公布的敕令或法则，也只要在最高审议组织核对注册以后，才能收效。”“中国的基本法彻底不受皇帝的分配”，而君主们则通常是“一个杰出品德的模范”。此外，中国儒家文明重视品德建造的思想也变成启蒙思想家寻觅治国之道、医治欧洲社会的良方。这些对中国专制准则的溢美之词实际上是启蒙思想家们对其时法国专制的直接斥责。

启蒙思想家们把其时欧洲社会的种种坏处看作是品德建造缺失的结果，而他们从当时盛行的柏应理《中国贤哲孔子》等作品中却看到了另一种重视品德建造的文明。英国政治家、作家威廉·坦普尔在《中国贤哲孔子》读后感中所表达的思想具有代表性。他写道：“孔子的作品，似乎是一部伦理学，讲的是私人品德、大众品德、经济上的品德、政治上的品德，都是自治、治家、治国之道，尤其是治国之道。他的思想与推论，不外是说：没有好的政府。大众不能休养生息，而没有好的大众，政府也不会使人满足。所以为了人类的美好……凡属国民，都应端正自己的思想，听取人家的劝说，或遵照国家的法令，尽力为善，并发展其智慧与德行。”包含伏尔泰等在内的法国启蒙思想家们也深受《中国贤哲孔子》的影响，认为中国人将品德放在重中之重的地位，中国的治国之道是以品德为基础的。中国品德的重要体现是后辈对老一辈的敬重。

这种品德准则推行的结果是，官员变成一城一省之父，国王变成一国之父，全国就成了一个大家庭。孟德斯鸠则进一步看到了根据这种品德基础上的互动联系：“敬重爸爸就有必要和敬重全部能够视同为爸爸的人物……联系着。这种品德准则也因而成了政府控制的基础。对爸爸的这种敬重。就要爸爸以爱还报其后代。由此推论……皇帝要以爱还报其子民。”恰是从这一点出发，伏尔泰认为，根据这种品德之上的控制更具优越性。“在别的国家，法令用以定罪，而在中国，其效果更大，用以褒奖善行。”法国启蒙运动时期百科全书派代表霍尔巴赫也得出结论：“中国是世界上唯一的将政治的根本法与品德相结合的国家。这个帝国的悠久历史使全部控制者都理解了，要使国家昌盛，有必要仰赖品德。”而欧洲政府则“有必要以中国为榜样”。可见，在欧洲向近代社会转型的过程中，对来自异域的中国的思想文明经过重新释读，成了法国启蒙思想家为代表的欧洲资产阶级向旧的天主教会和专制控制攻击的锐利武器。

五、中国古代科举制度与西方近代文官制度的形成

始于公元 9 世纪的中国陈旧科举考试准则也对西方产生了巨大影响，西方近代文官制度的构成与之有着密不可分的联系。直到 19 世纪上半期，西方国家文官的选用大多树立在贵族世袭制、君主赏赐制、政党分封等之上。这类文官选用办法带来的结果是，任人唯贤、裙带风盛行，无能之辈充斥各级组织，官员的晋升根据于血统和联系，有才能、有水平者常常得不到选拔。更有甚者，在政党分封制下，执政党的更迭往往构成大批官员一夜之间被调换，引发政局动乱，影响政府方针的连续性。恰是西方文官制度革除坏处的需要和中国科举考试准则的示范效果相结合，促成了西方文官准则的改革和近代文官准则的构成。相较之下，中国古代的科举准则倡导竞赛考试，择优选取，公正取士，唯才是举，显然具有优越性。

中国科举准则对西方的影响最早可追溯到 16 世纪下半期。当时来到中国的葡萄牙传教士克鲁斯和西班牙传教士门多萨分别在《中国志》和《大中华帝国史》向西方介绍了中国经过科举考试选拔官员的办法。克鲁斯说到了中

国奉行“学而优则仕”的用人准则，门多萨则介绍了科举的竞赛性，突出了只要饱学博闻者才能经过国家考试变成官吏的平等性人才选拔制度。17 世纪初出书的《利玛窦中国札记》更是花了适当的篇幅介绍秀才、举人和进士三级科举考试准则，内容涉及考期、考场、考官、科考内容和规定、选取办法、授职仪式等具体情况。利玛窦得出的结论是：中国“全国都是由常识阶级的人来治理的”。葡萄牙传教士曾德昭也在其《大中国志》中详细地介绍了中国的科举准则，特别强调了“自在报考、公正竞赛“的准则，即“普通大众不分工作，均可投考”。

18 世纪，跟着资产阶级启蒙运动的发展和对等、自在、博爱观念的深化，西方社会迫切要求改革陈旧的文官制度，人们对于中国对等竞赛、揭露考试、择优选取的科举准则更加赞誉不已。魁奈也对中国的科举制大加推许。在这方面，法国启蒙思想家们最具代表性。伏尔泰在谈论中国的政府时写道：“人们完全不会设想一个比这十分好的政府，在那里，事无巨细均由彼此制约的大衙审理，而只有经过层层严厉考试的人才能进入这些衙门任职。”他指出，“一个中国人有必要获得通向进士的各种学位，也许变成一名朝廷官员。……那些人是最出色的，皇帝便从他们中心选拔国务大臣、中央行政组织的官员、各省和大城市的当地最高长官，以及帝国内一切别的重要官吏”。对照之下，他对其时法国盛行的卖官鬻爵以及官员的腐败无能大加痛斥。

孟德斯鸠也持相同的观点：“中国没有世袭的官吏和贵族，皇帝经过科举等路径选拔官吏。但凡具有真才实学的人，不论出身怎么样，都有经过科举考试变成官吏的时机。……这种准则有利于进步官吏的本质。”他也相同对法国的卖官鬻爵进行了抨击。英国人也很重视中国的科举制度。早在 18 世纪中叶，就有英国人在杂志上发表文章，说到中国人的“功名头衔均非世袭……每年一度在中国的都城开科取士”。到 19 世纪上半期，已经有大批有关中国科举准则的作品在英国面世，其间，马礼逊在《华英字典》中对包含科举制度在内的中国的教育制度做了详细的介绍。对中国科举制度有较深化分析的是从前随马嘎尔尼（1737—1806）使团访华的斯当东爵士，他在《英使拜见乾隆写实》中写道：“中国的考试据说永久举办，监考人员以及到场的长官和当地官员不许存在一点儿偏见私心……选取的人不止获得一个科名，而且是做官的必要路径。”

这种考试准则对社会上一切阶级的人都是对等的，没有人被排挤在这种机制以外。虽然如此，部分天才的贫民后辈还是能够经过这种制度脱颖而出。但事实上富人后辈受教育的时机比贫民后辈多，天然选取的机会也比贫民后辈多。官的权势是由自己的功名得来的，这也增加官在人民群众中的威信……这种制度对保持社会秩序是有利的。此外，传教士麦都思（1796—1857）和曾任英国驻华外交官的密迪乐（1815—1868）等人也分别在《中国：现状和远景》和《中国人及其暴乱》有关作品中大赞中国的科举制度，呼吁效法中国，树立竞赛性考试制度，提高英国官员的水平。美国人从19世纪上半期开始重视中国的科举制度。19世纪40年代，美国传教士施惠廉曾亲身目睹了广州的乡试局面，慨叹颇深。回到美国后，他出版了《最古老和最年轻的帝国》，介绍中国科举制度的优越性，主张美国政府实施这一制度。

1868年，在中国京师同文馆任总教习的马丁博士（汉名丁韪良）在波士顿举办的"美国东方学会"会议上宣读了《关于中国的竞争考试》的论文，主张美国政府向实施科举制度的中国学习。《北美评论》、《纽约时报》等报刊也都把中国科举制度当作可供仿照的模范加以宣扬。这些都极大地影响了美国政府的决议计划思想。1866年、1868年，有州议员曾两次向国会提出文官改革方案，主张经过揭露竞赛考试选拔优秀人才担任政府官员，方案中有一部分专门介绍了中国的科举制度。此外，包括莱布尼茨在内的德国专家也曾多次主张学习中国的科举制度，并且被普鲁士国王所选用。总之，西方人从16世纪开始就研究中国的科举制度，他们把考试选拔和录用竞赛当作科举制度的合理内核，并加以罗致。

在这方面以普鲁士为代表。从时间上看，德国从18世纪初就开始尝试通过考试选拔和录用官吏的办法。法国则在大革命成功后开始实施考试选拔官吏。英国是在1855年开始选用文官考试制度，并在1870年制度化和正规化。因为英国的文官考试制度体系而卓有成效，遂变成别的欧美国家效法的榜样。19世纪80年代，美国也建立了文官考试制度。中国科举制度对西方文官制度的影响巨大，美国专家威尔·杜兰曾在其巨著《世界文明史》中对中国古代的科举制度做了高度的评估，称其是"人类所发展出的选择公仆的办法中最独特、最令人欣赏的办法。科举制度后为西方文官制度所学习，其对世界文明的贡献可与四大发明相媲美"。